WILHELM GRÖNBECH

KULTUR UND RELIGION DER GERMANEN

ERSTER BAND

WILHELM GRÖNBECH

KULTUR UND RELIGION DER GERMANEN

ERSTER BAND

PRIMUS VERLAG

Einbandgestaltung: Jutta Schneider, Frankfurt
Umschlagabbildung: akg-images, Berlin

Ins Deutsche übertragen von Ellen Hoffmeyer unter Zugrundelegung
der dänischen Originalausgabe ›vor Volkært i Oldtiden‹, Kopenhagen 1909/12,
und der erweiterten englischen Bearbeitung ›The Culture of the Teutons‹, 1931.

Lizenzausgabe 2002 für den Primus Verlag, Darmstadt

Die Deutsche Bibliothek – CIP-Einheitsaufnahme
Ein Titeldatensatz für diese Publikation ist bei
Der Deutschen Bibliothek erhältlich.

13., mit einem Vorwort von Heinrich Beck versehene Auflage 2002

Gedruckt auf säurefreiem und alterungsbeständigem Papier
Printed in Germany

www.primusverlag.de

ISBN 3-89678-229-0

Vorwort von Heinrich Beck

Vilhelm Grønbech

Die Religionswissenschaft nahm in Skandinavien um die Wende vom 19. zum 20. Jahrhundert einen bemerkenswerten Aufschwung. In Schweden bezog Nathan Söderblom, der spätere Erzbischof von Schweden und ökumenisch-engagierte Theologe, die allgemeine Religionswissenschaft in seine theologischen Forschungen ein. In Dänemark lehrte Edvard Lehmann von 1900 an als Privatdozent an der Kopenhagener Universität die allgemeine Religionswissenschaft. Vilhelm Grønbech folgte ihm – nach einem sprachgeschichtlichen Studium – in dieser Funktion und auch in Schweden etablierte sich mit Tor Andrae (auf dem Uppsalienser Lehrstuhl Söderbloms) eine Richtung, die den Gegensatz theologischer und humanistischer Religionswissenschaft mit einem anti-evolutionistischen Konzept und einer auf Quellenkunde und Sprachenstudium beruhenden Methodik zu überwinden suchte. In Deutschland erregte diese Entwicklung Aufmerksamkeit. Die Berliner Universität errichtete 1910 eine Professur für Allgemeine Religionsgeschichte und besetzte sie mit Edvard Lehmann (der bereits 1913 nach Lund ging). Zwei Jahre später gründete die Leipziger Universität ein „Religionsgeschichtliches Seminar" und berief Nathan Söderblom auf die damit verbundene Professur (Söderblom kehrte 1914 nach Uppsala zurück, um das Amt des Erzbischofs der schwedischen Kirche wahrzunehmen). In der Nachfolgediskussion war auch Vilhelm Grønbech im Gespräch, der sich mit „Kultur und Religion der Germanen" (dänisch *Vor folkeæt i oldtiden,* deutsch: *Unser Volksstamm in der Vorzeit)* für das Fach nachdrücklich empfohlen hatte.

Vilhelm Grønbech (1873 in Allinge auf Bornholm geboren und in einer pietistisch geprägten Umgebung aufgewachsen, von 1881 und bis zu seinem Tod 1948 in Kopenhagen lebend) wurde 1902 mit einer Arbeit zur türkischen Lautgeschichte promoviert. Zu seinen Lehrern zählten bedeutende Gelehrte: Vilhelm Thomsen (Turkologe), Karl Verner (Slavist), Holger Pedersen (Keltologe), Otto Jespersen (Anglist), Finnur Jónsson (Skandinavist). Holger Pedersen machte die Dissertation in der „Zeitschrift der Deutschen Morgenländischen Gesellschaft" von 1903 auch der deutschsprachigen wissenschaftlichen Öffentlichkeit zugänglich.

Diese Erstlingsarbeit bewies Grønbechs Vertrautheit mit einer Richtung sprachwissenschaftlicher Forschung, die im Laufe des 19. Jahrhunderts zu hoher Vollendung gelangte – man könnte von „Sprach-Anatomie" sprechen, d. h. einer vergleichenden Darstellung des Baues und der grammatischen Formen einer

Sprache oder eines Sprachstammes und ihrer Funktionen. Daneben bestand eine andere Tradition, die in „organismischer Sicht" Sprache als lebendige Individualität mit je eigentümlicher Weltsicht verstand (Ideen, die etwa J. G. Herder und W. Humboldt vertreten hatten). Sie wurde zwar durch die „anatomische" Praxis in den Hintergrund gedrängt, mit dem Aufkommen einer intensiven kulturphilosophischen Debatte um die Wende zum 20. Jahrhundert gewann sie jedoch neue Aktualität. Grønbech läßt sich in diese kulturelle Wende einordnen – anknüpfend an seine weitgespannten früheren Studien (sprachgeschichtlicher, ethnographischer und anthropologischer Art) und aufgrund eines eingehenden Studiums der Schriften Johann Gottfried Herders wandte er sich einer Kulturanalyse zu, die von einer Ganzheitssicht geprägt und einer religiösen Fundierung bestimmt war. Auch F. Nietzsches Einfluß wird in jüngerer Zeit nachgegangen (Adamsen 1999)

Grønbech entfaltete in der Zeit seines Wirkens an der Kopenhagener Universität eine intensive und weitgespannte Tätigkeit Als sein Hauptwerk darf das von 1909 bis 1912 in 4 Bänden erschienene Werk *Vor folkeæt i oldtiden* gelten. Es begründete seinen Ruf als Religionswissenschaftler, wurde 1931 ins Englische unter dem Titel *The Culture of the Teutons* übertragen (gegenüber der Erstauflage vermehrt um einen *Essay on ritual drama* und einem erweiterten Abschnitt über die Götter). Als Herausgeber der deutschen Ausgabe (1937/39 unter Benützung der englischen Fassung) zeichnete der Germanist Otto Höfler, der dem Werk auch eine Vorbemerkung mitgab. Der Titel lautete nun *Kultur und Religion der Germanen*. Der Zeitpunkt der Übersetzung kam nicht von ungefähr. Einer völkischen Ideologie, die um eine Grundlegung bemüht war, mußte eine Germanendarstellung entgegenkommen, die (in den Worten des Herausgebers) hinabstieg zu „den verborgenen Kraftquellen des Altertums: zu den mythischen Mächten" (vgl auch Höfler 1937).

Im Bemühen um eine heutige Rezeption V. Grønbechs ist es angebracht, einige weitere Arbeiten religions- und kulturgeschichtlicher Art einzubeziehen, die die Voraussetzungen seines Denkens im Blick auf die Kultur und Religion der Germanen zu beleuchten vermögen. Zum 4. Internationalen Kongreß für Religionsgeschichte 1912 in Leiden trug Grønbech mit einem Vortrag *Soul or Mana* bei, der 1913 gedruckt wurde. Auf wenigen Seiten gibt hier Grønbech ein Resümee der vierbändigen Arbeit von 1909–1912. Es folgte 1913 eine Schrift *Religionsskiftet i Norden* (Der Religionswechsel im Norden). Die Abhandlung *Primitiv religion* erschien 1915. Sie weckte wenig Aufmerksamkeit – ungeachtet der Tatsache, daß sie eine für die Zeit neue Naturvolk-These vertrat. In Dänemark fand sie einen Wiederabdruck in einer *Illustreret Religionshistorie* (Illustrierte Religionsgeschichte – unter der Redaktion von Johs. Pedersen) des Verlages G. E. C. Gads von 1948. Derselbe Verlag konnte 20 Jahre später eine erneute *Illustreret Religionshistorie* publizieren (herausgegeben von J. P. Asmussen und J. Læssøe), die in Verbindung mit Carsten Colpe 1971 ins Deutsche übersetzt wurde. Die Übersetzung zeichnet sich auch dadurch aus, daß Grønbechs *Primitiv religion* hier erneut aufgenommen und eine erste deutsche Übersetzung fand.

C. Colpe rühmt im Vorwort die Schrift Grønbechs als klassische Darstellung der Religion der sog. primitiven Völker, die solange nicht veraltet sei, „wie sie eindrucksvoll darzutun vermag, daß aneignende Nachempfindung auf ihre Art zum Verstehen ähnlich viel beiträgt, wie Verfremdung und Analyse". 1925 verfaßte Grønbech zum Lehrbuch der Relgionsgeschichte von Chantepie de la Saussaye den Artikel *Die Germanen.*

Wenn der Herausgeber der ersten deutschen Auflage bemerkte, daß Grønbechs Forschungen ihrer Zeit weit vorausgeeilt seien, so gilt in dem nun noch größeren zeitlichen Abstand von beinahe 100 Jahren seit Erscheinen der dänischen Ausgabe vermehrt, Zeitgebundenheit und verbleibende Gültigkeit einer solchen Darstellung abzuwägen. Dazu sei der Blick einleitend auf 3 Bereiche gelenkt, die als wesentliche Grundlagen seines Gedankengebäudes gelten dürfen: Sprache, Religion und Kultur. Dabei ist zu bedenken, daß Grønbechs Forschungen in eine Zeit fielen, da die Frage nach dem Ursprung der Religion lebhaft diskutiert wurde. Die sog. Naturvölker (wie etwa die eingeborenen Australier) schienen dazu einen wichtigen Beitrag liefern zu können – mit ihrem Glauben an die Beseeltheit der gesamten Natur (Animismus/Seelenglauben). Noch älter schien der primitive Glaube an eine unpersönliche, in allen Dingen waltende Kraft zu sein, die mit dem melanesisch-polynesischen Terminus *Mana* bezeichnet wurde. Die Diskussion um die naturvölkischen Begriffe *Seele/Mana* war begleitet von einer Debatte über den *Kultus*, d.h. die Art und Weise, wie der „Naturmensch" mit den von ihm verehrten Mächten und Kräften umging.

Als *magisch* begriff man die damit verbundenen Kausalvorstellungen und sah darin eine Evolutionsstufe, die schließlich von Religion und Wissenschaft abgelöst wurde. Grønbech nahm diese Vorstellungen auf, entwickelte sie weiter, bezog aber auch bemerkenswert selbständige Positionen.

1. Sprache

Über das Verstehen von Sprache und Kultur der „Naturvölker" (d.h. „Völker, die täglich mit der Natur ringen" I, 151) im Allgemeinen reflektiert Grønbech wenig, umso mehr aber spricht er im konkreten Fall über dieses Problem. Die Sprache wurzelt für ihn „in der Erfahrung des Menschen". Sie empfängt ihre „Kraft aus der Harmonie des Erlebnisses, das die Wirklichkeit enthält" (I, 308, II, 213). Da die Wirklichkeitserfahrung des „Naturmenschen" aber eine ganz andere war als die des modernen Europäers, wird Grønbech nicht müde, auch die sprachliche Differenz zu betonen. Auf dem Weg vom Chaos zum Kosmos ordnen die Kulturen ihre je eigene Wirklichkeit auf unterschiedliche Weise. Die Sprache biete einen Schlüssel, diesen Wirklichkeiten nachzuspüren. Dabei genüge es nicht, eine lange Reihe von charakteristischen Merkmalen zusammenzufügen, man müsse vielmehr – soweit wie möglich – „eine Synthese konstruieren" (I, 320). Dies erfordere ein Einfühlungsvermögen hohen Grades, um die Alterität unterschiedlicher Kultursprachen recht zu würdigen und sie dem heutigen Leser näher zu bringen – und auch die Sprache der „Naturmenschen" war in Grønbechs Sicht eine Kultursprache.

Zwei Züge dieser Sprachauffassung treten besonders hervor:

a. In unserer heutigen Sprachauffassung habe der Satz seinen Mittelpunkt in einem Subjekt, das das Verbum beherrscht. In der Sprache der „Naturmenschen" repräsentiere das Verbum jedoch den Mittelpunkt, die „Seele" (vgl. II, 210). Diese Auffassung (die Grønbech auch am türkischen Sprachstamm bestätigt fand) ist konsequenzenreich. Beherrschend im „primitiven Denken" sind für ihn die bewegenden Kräfte, nicht die statischen Subjekte und Objekte solcher Tätigkeit. Nicht die Akteure zählen, sondern die Aktion. Nicht die einzelnen Göttergestalten stehen demnach im Mittelpunkt seiner Darstellung. Ein gemeinsames germanisches Pantheon oder ein System von mythologischen Lehrsätzen, das überall im germanischen Gebiet Allgemeingültigkeit gehabt habe, ist ihm eine Chimäre (II, 207). Die religiös bewegenden Kräfte waren vielmehr Ehre, Rache und Heil, das Opfer, das Fest u.a. Die Kultur war ihrem Wesen nach aktiv, die Religion wesentlich dramatisch, in Handlung sich äußernd (II, 214). Der Exkurs über das kultische Drama, den Grønbech der englischen Übersetzung anfügte (und den auch die deutsche Übersetzung aufnahm), hat die nachfolgende Forschung zur germanischen Kultur und Religion denn auch mehr fasziniert, als andere Anschauungen des Autors.

b. Die Gedanken fremder Völker zu verstehen, d.h. vornehmlich ihre sprachlichen Selbstoffenbarungen zu deuten, stelle nicht weniger dar, als den Versuch, eine vergangene Realität in die Bedingungen einer gegenwärtigen hineinzutragen – „und es besteht dabei die Gefahr, daß während dieses Prozesses die Wahrheit sich verflüchtigt"(I, 308). Grønbech gibt zu bedenken, daß Kultur keine Masse von Glaubensarten und Vorstellungen sei, sondern eine ausgeglichene Harmonie – und unser Verständnis hänge von der Fähigkeit ab, jeden Begriff in seine rechte Umgebung zu stellen und seinen Einfluß auf alle die anderen Begriffe zu bestimmen (I, 173). Was er unter „ausgeglichener Harmonie" versteht, verdeutlicht er in seiner kleinen Abhandlung zur Primitiven Religion. Von dem „Ganzheitsrealismus" der „Naturmenschen" ist da die Rede, der eine eigene Sehweise darstelle: Das Leben von Mensch und Tier sei ebenso eins, wie Körper und Seele, wie Teil und Ganzes. „Der Primitive sieht deshalb auf die verwirrende Vielfältigkeit in der Natur mit anderen Augen als wir" (Primitive Religion, 17). Uns führe der Gedanke an das Leben weg vom Einzelmenschen, ja weg vom Menschen überhaupt, hinaus in etwas Farbloses, das auf mystische Weise das ganze Universum durchströme und Möglichkeiten für die Entfaltung des Charakters biete. Die „Primitiven" versuchten demgegenüber beständig tiefer in das Besondere einzudringen und forschten nach dem Grund aller Charaktermerkmale in der eigenen Komplexität des Lebens (Primitive Religion, 19). Diesen Verstehensprozeß zu befördern, widmet Grønbech größte Aufmerksamkeit. Wörtliche Übertragungen alter Quellen hält er für geradezu wertlos – eben wegen der damit verbundenen kulturellen Distanz. Es müsse vielmehr ein kommentierendes Verfahren dazutreten, das einen Verstehenshorizont aufbaue, eine „Atmosphäre" um das wörtliche Symbol schaffe (I, 308). Nur so sei ein adäquates Verstehen möglich. „Energie" und „Lebenskraft" sprachlicher Zeichen aus der Gesamtschau einer Kultur zu entwickeln , die „elastische Harmonie zwischen dem innersten Ich des Menschen und seiner Umgebung“ aufzuzeigen (I, 18), blieb Grønbech lebenslang eine Aufgabe, wenn er auch im Alter die eigene sprachliche Leistung in seinem Frühwerk durchaus kritisch sah (Prytz-Johansen 1987, 98). Den Erfolg seines eindringlichen Bemühens um ein aneignendes Nachempfinden und die Konstruktion einer neuen Synthese hat auch die Nachwelt kontrovers aufgenommen.

2. Religion

In der „primitiven Kultur“ stehe die Religion in enger Fühlung zur Alltagswirklichkeit, soziale und religiöse Lebenssphäre könne nicht scharf getrennt werden, Religion und Gesellschaft entsprängen einer Wurzel. Religion ist also auch keine Privatangelegenheit und zu verstehen als eine „Verklärung der Totalität des Lebens und seiner Nöte“ (Die Germanen 1925, 546, II, 197). Äußerungen dieser Art nähern sich einem Religionsbegriff, der Religion als ein kulturelles Postulat begreift, als eine in eine Überwelt projizierte Psychologie. Im Gegensatz zu Herder sieht Grønbech in den Primitiv-Religionen keine göttliche Offenbarung, keine Bildung hin zu Humanität und Religion. Evolutionistisches (und daher auch eurozentrisches) Denken lehnt Grønbech ebenso ab wie eine theologiebestimmte Religionsgeschichte.

Leitend ist der Gedanken, daß die Psychologie die Grundlage des Religionsverstehens sei. So erklärt er in *Soul or Mana* sein Anliegen dahingehend, die „outlines of Teutonic psychology“ zu liefern, um damit dem Problem der „primitive philosophy“ näher zu kommen (Soul or Mana 1913, 4). Um in das Denken der „Primitiv-Völker“ einzudringen, müßten wir „genau so primitiv hören und fühlen wie Kinder, denen das Wissen um die Dinge beigebracht wird, und für jedes neue Volk somit eine neue Wissenschaft aufbauen“(I, 319). In *Soul or Mana* erklärt er, die Differenz der modernen europäischen und der germanischen Psychologien läge in einer radikal unterschiedlichen Haltung gegenüber der Welt.

Zu dieser fundamentalen Alterität trage in Sonderheit der Kraft-Gedanke bei. Alles Lebende, meint Grønbech, war für den Naturmenschen von „Kraft“ getragen (anord. *megin*): die Erde, die Menschen, die Götter usw. Das *Megin* war eine Macht, eine belebende Kraft, die als *Heil* und *Hamingja* den Menschen durchwalte – und die Götter seien Wesen, die diesen neutralen Zustand von Macht mit Persönlichkeit verbinden. Ihr Asen-*Megin* sei graduell (nicht der Art nach) von dem der Menschen verschieden – so wie die Götter auch die Hamingja in voller Fülle besitzen, die Menschen aber nur in Teilen. Das Problem von *Soul* oder *Mana* ist ihm ein Problem kultureller Differenz. Primitiv-Kulturen erlauben in ihrer Konzeption von *humanness* keine derartige Differenzierung, vereinen vielmehr beide Manifestationen in einer unteilbaren Einheit: soul *and* mana!

Zur höchsten Fülle verdichtet sich Kraft/Macht im Opfer (*blót*). Das Blot ist für Grønbech der Inbegriff der religiösen Handlung, „die religiöse Handlung in ihrer ganzen Machtfülle"(II, 163) – ein Schöpfungsakt, aus dem die Götter, Menschen und Dinge erst hervorgehen. Im Vollzug des Opfers würden die Grenzen zwischen Menschen und Göttern verwischt. In dieser tiefsten Manifestation des Kultischen erschüfen die Teilnehmer die Götter und das Leben selbst! Religionen dieser Art seien daher wesentlich dramatisch. Im Drama (das mit dem Fest identisch ist) würden die kultischen Handlungen wie Essen, Trinken, Arbeiten, Jagen, Pflügen, Kämpfen emporgehoben und in ewige, urbildliche, trächtige Handlungen gesteigert: „der Kult wiederholt die Geschichte und das tägliche Leben des Volkes in den größeren Dimensionen der Heiligkeit" – wobei bei den arischen Völkern der große Wettstreit zwischen den Göttern oder den lebenspendenden Mächten und den Tod und Zerstörung säenden Riesen zum beherrschenden Motiv wird (II, 216). Im Fest wird das Leben auf den höchsten Gipfel erhoben, das kultische Drama erhebt sich zu einer leidenschaftlichen Darstellung des vollauf genossenen Lebens (II, 220). Naturreligionen sind für Grønbech Kultreligionen, bestimmt von dramatischer Gestalt, sozialer Natur und schöpferischer Kraft.

Mit der Konzeption eines Kultdramas regte Grønbech die religionswissenschaftliche Forschung nachhaltig an. Der norwegische Theologe Sigmund Mowinckel, der Grønbech während eines Studienaufenthaltes in Kopenhagen 1911–1913 kennenlernte, machte den Gedanken in seinen berühmten *Psalmenstudien* (1921–1924) fruchtbar. Von einer „skandinavischen Schule" wird im Folgenden gesprochen, die die vor dem Exil entstandenen Psalmen am Ritual des sakralen Königtums festzumachen suchte (Handbuch IV, 15). Auch die etwa gleichzeitige Cambridge-Schule (Jane Harrison, Gilbert Murray, Francis Cornford), der Grønbech vermutlich auch Anregungen verdankte, vertrat eine enge Verbindung von Mythos und Ritual in der Entwicklung des griechischen Dramas. Die auf diesem Hintergrund entstandene Arbeit von Bertha S. Phillpotts *The Elder Edda and Ancient Scandinavian Drama* (1920) stellt die heutige Forschung neben Grønbechs *Essay* und sieht darin ein immer noch diskussionswürdiges Konzept eines dramatischen Genres in der Geschichte der nordgermanischen Kultur (Gunnell 1995).

3. Kultur

Für Grønbech ist Kultur das Resultat einer Assimilation, durch die die Welt in Seeleninhalt umgesetzt wird – oder anders ausgedrückt: Kultur ist ein Wiedererschaffen der Welt in neuer Form im Innern des Menschen. Der Drang des „Naturmenschen" nach Kultur, nach Ordnung der Dinge und Gestaltung eines Kosmos vollziehe sich auf dem Hintergrund einer elementaren Angst vor dem Chaos. Chaos erwachse aus einem gestörten Verhältnis von Natur und menschlicher Umwelt. „Primitive" Auffassung und heutiges Empfinden stehen nach Grønbech in dieser Hinsicht nicht in einem unversöhnlichen Gegensatz. Beide betrachten von ihrem Standpunkt aus einen Prozeß, der an der Grenze vor sich geht, wo Menschenseele und Umwelt zusammenstoßen. Das Chaos sei eine Gefahr, die den Menschen in seinem Inneren bedrohe. Sie sei im tiefsten Grund die

Angst vor der Selbstauflösung, vor einer seelischen Leere, die uns verkümmern ließe – „wir sind keine Menschen mehr in des Wortes eigentlicher Bedeutung, und zu allerletzt ist es nicht die Furcht vor der Verachtung der anderen, die uns plagt, sondern unsere innere Unsicherheit und die daraus folgende Angst, wir könnten in ethische Rohheit versinken" (Primitive Religion, 37). Diese kulturelle Aneignung der Umwelt, diese „Gruppierung des Seeleninhaltes, diese Nuancierung der Elemente nach ihrem Platz innerhalb der inneren Harmonie" führt zu einer Vielzahl spezifischer Kulturen, von denen jede das Gesicht einer charakteristischen Religion offenbare – seien es nun die Kulturen der Viehzüchter, Jäger oder Ackerbauern (von Kulturtypen spricht Grønbech). Diese Gesichter und ihr Spiel wiederzugeben, erfordere eine „behutsame Portraitkunst, wenn das Bild nicht eine Karikatur werden soll" (Primitive Religion, 42). Wenn Grønbech in diesen Zusammenhängen von „Naturvolk", „Primitiv-Religion" etc. spricht, verbindet er damit nicht einen Gegensatz von Kultur und Zivilisation. Er setzt vielmehr „Kulturtypen" voraus, die sich in einer „unendlichen Variation" präsentieren (Primitive Religion, 37f.), auf einer Skala sozusagen, an deren einen Ende die Viehzüchter, Ackerbauern und Jäger stehen – mit bestimmten gemeinsamen Zügen, die „stärker hervortreten, wenn ihre Physiognomie im Gegensatz zu den etwas bleichen und wirklichkeitsfremden Gesichtern der Europäer und ihrer Ahnen gesehen wird" (Primitive Religion, 41). Letztere, die Europäer also, bilden den Gegenpol am anderen Ende der Skala. An anderer Stelle verschärft Grønbech den skalaren Gesichtspunkt derart, daß von zwei gegensätzlichen Kulturtypen die Rede ist: dem Typus des Naturmenschen und dem des Europäers, der Primitiv-Kultur einerseits, der Stadtkultur andererseits – jedoch wiederum betonend, daß *primitiv* ein relativer Begriff ist, der dazu beitragen kann, die Vorzeit von Indern, Hebräern, Germanen, Griechen und Römern zu verstehen.

Grønbechs Kulturbegriff ist also sowohl anti-evolutionistisch als auch von einem „Ganzheitsrealismus" geprägt.

In der anti-evolutionistischen Beurteilung der Kultur und Religion der „Naturmenschen" (zu denen er also auch die Germanen zählt) bezieht Grønbech eine Position von bemerkenswerter Eigenständigkeit. Vorherrschend war um die Wende vom 19. zum 20. Jahrhundert eine evolutionistische Sicht. Archäologische und ethnologische Forschung waren sich darin einig, daß der Weg der Menschheit in einem schrittweise verlaufenden Prozeß von niedrigster Kulturstufe zu immer höheren und menschenwürdigeren Zuständen geführt habe. Edvard Lehmann formuliert in einem großen Sammelwerk der Zeit: „Und was von den Kulturanschauungen im allgemeinen gilt, dasselbe läßt sich von den religiösen Ideen dieser frühesten Menschheit im besonderen behaupten. Auch hier scheinen, je tiefer wir in die graue Vorzeit zurückgehen, die Vorstellungen über Leben und Tod, über Jenseits und Götter, die diese Funde durchschimmern lassen, um so dürftiger gewesen zu sein" (Lehmann 1906, 3). Auch die Ethnographie der Zeit entwarf ein Bild, nach dem die Kultur der „Naturvölker" eine frühe und niedrige Stufe in einer weltgeschichtlichen Entwicklung vom Primitiven zum Zivilisierten, vom Barbarischen zum Kultivierten repräsentiere. Was bei Charles Darwin überzeugend als biologisches Gesetz formuliert war, gab auch für die Kulturgeschichte die Perspektive her. E. B. Tylor (1832–1917) entwickelte in seinem zweibändigen Werk „Primitive Culture" (1871) die Idee einer Kulturgeschichte von der Steinzeit bis zur Moderne. Die Naturvölker stehen für ihn auf unterschiedlichen Zeitstufen dieses Entwicklungsganges – und zeugen daher besser als alle Mythenspekulationen von einer kulturellen Evolution. James George Frazer (1854–1941) plazierte in seinem vielbeachteten Werk *Golden Bough* (1890) die Religion als eine Evolutionsstufe zwischen Magie und Wissenschaft. Auch wenn in Deutschland Wilhelm Wundt in seiner *Völkerpsychologie* (1920) noch den evolutionistischen Gedanken vertrat, hatten die Vertreter des sog. Funktionalismus (Malinowski, Radcliffe-Brown) der Diskussion bereits eine neue Richtung gegeben. Der Entwicklungsgedanke verschwand damit nicht aus der wissenschaftlichen Diskussion, doch gewann Grønbechs Erkenntnis, daß die sog. primitiven Völker keineswegs auf unzulänglicher oder rückständiger Kulturstufe standen, Gültigkeit. Ein Problem gab aber Grønbechs Primitiven-Sicht doch auf: die Generalisierung dieser Kulturstufe! *Die* primitive Kultur und *den* primitiven Menschen hat es aber nicht gegeben. Eine derartige generelle Definition ließe sich nur auf hoher Abstraktionsebene ansiedeln – so hoch, daß die Definition blaß und farblos würde. Grønbechs Analysen werfen die Frage auf, wo die Grenze zu ziehen ist.

Dem Naturmenschen schreibt Grønbech weiter einen „Ganzheitsrealismus" zu. Ein solcher Realismus überwinde alle Grenzen zwischen Seele und Körper, Traum und realer Erfahrung, Teil und Ganzem. Hinter einer allumfassenden „kontinuierlichen Lebensform" stehe ein „Lebensfonds" von dem alle sichtbaren Gestalten zehren (Primitive Religion, 15ff.). Diesen Lebensfonds findet Grønbech im Germanischen wieder in dem Begriff des Heils. Wo das Heil fehlt, siecht das Leben dahin. „Es scheint die stärkste Macht der Welt zu sein, die Lebenskraft selbst!" (I, 105). Von dieser Basis aus entwickelt Grønbech eine Ganzheitssicht, eine Anthropologie, die das Individuum in Familie und Sippe integriert und in die Natur einbindet. Das Heil ist aber auch das Fundament einer Werteordnung, in der Friede und Ehre zentrale Begriffe sind. Der Begriff Ganzheitsrealismus als Ausdruck einer umfassenden Lebenskraft im Denken der „Naturmenschen" repräsentiert also für ihn eine universal gültige Charakteristik einer naturnahen, ökonomisch einfach strukturierten und sozial in einem Sippenverband (Klan etc.) organisierten Gesellschaft, zu deren Repräsentanten er letztlich auch noch die nordgermanischen Wikinger zählt.

Grønbechs Beschreibung der Kultur und Religion der Germanen stellt einen Versuch von hoher Eigenständigkeit dar. Niemals , weder vor ihm noch nach ihm, ist eine Wesensschau dieser Kultur so konsequent erstrebt und das damit verbundene Verstehensproblem so eindringlich behandelt worden. Jedoch bezahlt er dafür einen Preis: Die Dimensionen von Raum und Zeit reduzieren sich auf eine Statik, die kaum eine Differenzierung erkennen läßt: räumliche Prägungen und geschichtliche Entwicklungen sind ihm keine Themen. Germanisch wird mit Primitiv-Religionen gleichgesetzt, deren Kulturhöhe zwar hoch gepriesen wird, deren Vielfalt aber in einer weitgehenden Uniformität aufgeht. Nicht der Versuch einer allgemeinen Wesensbestimmung von sog. Primitiv-Religionen ist dabei das Problem, das Grønbech (der auch als *arm-chair anthropologist* apostrophiert wurde) aufgibt. Wohl aber ist zu fragen, ob seine weitreichenden Generalisierungen berechtigt und tragfähig sind und das Ergebnis solchen Vergleichens noch wesentlich zur Beschreibung einer bestimmten Religion in ihrem geschichtlichen Leben beizutragen vermag. Grønbech hat das Problem selbst gesehen. In *Anmærkninger* zu Band 2 der Originalausgabe (1912, 233 – aufschlußreich dazu auch die Einleitung von *Primitiv religion* in der dänischen Originalausgabe) spricht er über das Verhältnis generalisierender und individualisierender Kulturstudien. Die von Ethnologen geübte verflachende „Generalnenner"-Methode lehnt er ab. Er hält aber fest, daß das Wechselverhältnis menschlicher Gedanken und menschlicher Erfahrungen zu den Grundtatsachen aller Kulturen zähle – und dieses Wechselverhältnis sei bei den „Naturvölkern" nun einmal von der Naturabhängigkeit bestimmt und keineswegs in sich so gleichförmig, wie Anthropologen geneigt sind anzunehmen.

Quellen

Die Quellenangaben beziehen sich, wenn nicht anders notiert, auf die (im Folgenden genannten) deutschen Übersetzungen. Auf *Kultur und Religion der Germanen* wird mit den bloßen Bandzahlen I und II der Erstausgabe verwiesen.

Grønbech, Vilhelm, *Vor folkeæt i oldtiden*, I–IV, Kopenhagen 1909–1912.
(I: *Lykkemand og Niding*, II: *Midgård og Menneskelivet*, III: *Hellighed og Helligdom*, IV: *Menneskelivet* og *Guderne*). Eine 2. Ausgabe erschien in Kopenhagen 1955. Eine englische Übersetzung führte den Titel *The Culture of the Teutons.*
(Translated by W. Worster. Revised by the author), London 1931 – ihr war der *Essay on ritual drama* angefügt. Auch die erneute dänische Ausgabe von *Vor folkeæt i oldtiden* von 1955 nahm den *Essay om kultdramaet* auf. Eine erste deutsche Übersetzung gab Otto Höfler unter dem Titel *Kultur und Religion der Germanen* heraus (gedruckt in der Hanseatischen Verlagsanstalt Hamburg-Wandsbek 1937/39). Die Übersetzung besorgte Ellen Hoffmeyer. Auch diese Übersetzung fügte den *Exkurs über das kultische Drama* an. Der Herausgeber steuerte eine *Vorbemerkung* bei, die eine Neufassung erfuhr, nachdem die Wissenschaftliche Buchgesellschaft (Darmstadt) 1954 eine ansonsten unveränderte 5.Neuauflage herausgab. Zahlreiche Neuauflagen folgten.
Grønbech, Vilhelm, Soul or Mana. Paper read to the 4th international congress for the history of religions at Leyden 1912. Copenhagen 1913.
Grønbech, Vilhelm, Primitiv religion. Stockholm 1915 (Populäre etnologiska Skrifter 12. Utgivna under Redaktion av Professor C. V. Hartman, Intendent vid Riksmuseets etnografiska Avdelning). Wiederabgedruckt ist dieser „religionshistorische Klassiker" in Mikael Rothstein (red.), Liv og Virkelighed. Vilhelm Grønbechs „Primitiv religion". Med bidrag af Erik Reenberg Sand og Tove Tyberg. 1996. Eine deutsche Übersetzung erschien unter dem Titel Primitive Religion in: Handbuch der Religionsgeschichte,

hrsg. von Jes Peter Asmussen und Jørgen Læssøe in Verbindung mit Carsten Colpe, Band 1, Göttingen 1971, S. 11–54 – allerdings ohne ein einleitendes Kapitel, das in Dänisch bei M. Rothstein, S. 27–31 nachzulesen ist.

Grønbech, Vilhelm, *Religionsskiftet* i Norden, Kopenhagen 1913. Weitere Ausgabe Kopenhagen 1916 (in der Reihe: Religionshistoriske Smaaskrifter , 2.række, nr. 3 – ging in überarbeiteter Form ein in *Kampen om menesket* , 1930, 2. Ausgabe 1949). Vgl. dazu Inge Skovgaard-Petersen in *Danmarks historie* I, 1977, 100–102.

Grønbech, Vilhelm, Die Germanen. In: Chantepie de la Saussaye. Lehrbuch der Religionsgeschichte, 4., vollständig neubearbeitete Auflage, herausgegeben von Alfred Bertholet und Edvard Lehmann. Tübingen 1925, 538–600.

Grønbech, Vilhelm, Sjæletro, in Kirke-Leksikon for Norden IV, 1929, 206–207.

Ein Schriftenverzeichnis bietet:

Poul Holst, Vilhelm Grønbech. En Bibliografi. København 1948. Weitere bibliographische Hilfsmittel (auch ungedruckte Quellen) verzeichnet J. Prytz-Johansen (1987), 183–188.

Weiterführende Literatur (in Auswahl):

Johannes Adamsen, Herder og Nietzsche hos Vilhelm Grønbech. En systematisk undersøgelse af Grønbechs kristendoms og kulturkritik. Ph. D-afhandling indleveret til Det teologiske Fakultet, Aarhus Universitet, ultimo september 1999.

Per Bilde, Hvad kan vi lære af Grønbech?, in: Religionsvidenskabeligt Tidsskrift 13, 1988, 3–29.

Terry Gunnell, The Origins of Drama in Scandinavia, Cambridge 1995.

Otto Höfler, Ein Bild der gesamtgermanischen Kultur. Zu W. Grönbech, „Kultur und Religion der Germanen“, in: Germanien. Monatshefte für Germanenkunde zur Erkenntnis deutschen Wesens 9, 1937, 193–200.

Edvard Lehmann, Die Anfänge der Religion und die Religion der primitiven Völker, in: Edv. Lehmann u. a., Die orientalischen Religionen, Berlin und Leipzig 1906, 1–27 (In dem Sammelwerk „Die Kultur der Gegenwart. Ihre Entwicklung und ihre Ziele, hrsg. von Paul Hinneberg, Teil I, Abteilung III, 1).

Preben Meulengracht Sørensen, Fortælling og ære. Studier i islændingesagaerne, Oslo 1995 (bes. 294–296).

Ders., Objektivitet og indlevelse. Om metoden i Vilhelm Grønbechs *Vor Folkeæt i Oldtiden* , in: Chaos. Dansk-Norsk Tidsskrift for Religionshistoriske Studier 28, 1997, 77–91.

P. M. Mitchell, Vilhelm Grønbech. En indføring. København 1970. Eine englische Version erschien in der Serie Twayne's World Authors Series 397, Boston 1978 – vgl. dazu die Rezension von Niels Lyhne Jensen in Scandinavica 18, 1979, 165–168.

J. Prytz-Johansen, Religionshistorikeren Vilhelm Grønbech, 1987.

Ders., Religionshistorie, in: Povl Johs. Jensen (Hrsg.), Københavns universitet 1479–1979, Band XI, Kopenhagen 1979, 1–48.

Ejvind Riisgård, Vilh. Grønbechs kulturopgør I–II , København 1974.

Mikael Rothstein (red.), Liv og Virkelighed. Vilhelm Grønbechs „Primitiv religion“. Med bidrag af Erik Reenberg Sand og Tove Tyberg. 1996.

INHALT DES I. BANDES

Einleitung

Unter dem Namen Germanen fassen wir den Volksstamm zusammen, von dem die Skandinavier, Deutschen und Engländer Abzweigungen sind. Der Name selbst ist vielleicht von außen gekommen, uns von Fremden gegeben worden. Wir wissen nicht sicher, was er bedeutet. Zuerst bezeichnete er wohl nur einen kleinen Bruchteil dieser Völker, den Saum, der den Kelten benachbart war; aber im Lauf der Zeit ist er als Sammelname anerkannt worden. Die Römer, die zwischen den Bewohnern Galliens und ihren östlichen Nachbarn zu unterscheiden wußten, nannten diese letzteren Germanen; mit Recht wurde dadurch die enge Verwandtschaft hervorgehoben, die von den frühesten Zeiten an die Bewohner der nördlichen und südlichen Ostseeländer mit den Flußufer- und Waldvölkern in Norddeutschland verband, eine Verwandtschaft, die sich nicht nur in der Sprache kundgibt, sondern noch weit mehr in der Kultur bis in ihre innersten Verzweigungen hinein.

Die Germanen treten plötzlich auf den Schauplatz der Geschichte. Sie erscheinen in demselben Augenblick, wo Rom im Begriff ist, das Fazit seines langen tatenreichen Lebens zu ziehen und die Bestrebungen und Errungenschaften der klassischen Welt zu derjenigen Form zu kristallisieren, in der die alte Kultur den Nachkommen überliefert werden sollte. In dieses Licht treten sie ein und nehmen sich, das läßt sich nicht leugnen, in seinem Glanze verhältnismäßig roh und armselig aus. Es hat zunächst nicht den Anschein, als ob bei ihnen viel zu rühmen gewesen sei.

Wir sehen sie zuerst von außen mit den Augen der Römer und schauen zu ihnen hinein wie in ein fremdes Land. Und erst erblickt das Auge eine große Sturzwelle von Männern, eine Woge von Kriegern, die sich mit der elementaren Wucht des Meeres über Ostgallien ergießt, gegen Cäsars Legionen anprallt und nach einem gewaltigen Rückschlag verebbt. So ungefähr nimmt sich die erste Begegnung Cäsars mit diesen Barbaren in der eigenen Beschreibung des großen Römers aus.

Und hinter dieser Brandung sehen wir in ein dunkles, ödes, trostloses Land, das von rauhen Wäldern starrt und von Sümpfen erfüllt ist. Da drinnen werden uns Gruppen von Männern gezeigt, die in der Zeit, die ihnen zwischen wilden Kriegs- und Plünderungszügen übrigbleibt, faulenzend auf Tierfellen liegen, am hellichten Tage lärmend zechen und in bloßem Müßiggang ihr geringes Eigentum verspielen, Pferde und Frauen, das eigene Leben und die eigene Freiheit, ja sogar noch die Tierfelle auf ihrem Rücken. Und durch diese Gruppen sieht man große, derbe Frauen schreiten mit harten Augen und abweisenden Mienen.

Mitten durch all dieses Lärmen klingt hier und dort eine geheimnisvolle Stimme: eine alte Frau kündet die Zukunft, von ehrerbietigem Schweigen umgeben; eine schwache Vermutung läßt ahnen, daß diese dröhnenden Männer Augenblicke haben, wo sie in atemloser Stille ihre Götter verehren. Aber was machen sie in dem Dunkel ihrer geheimnisvollen Haine? Es werden wohl einfach Menschen geschlachtet: entsetzliche Opfer und Trinkgelage, denn das Johlen und Schreien kann man von weitem hören.

Für die Südländer waren diese Bewohner der nördlichen Einöden einfach Barbaren. Die Römer und Griechen betrachteten ihre Existenz als die bloße Verneinung des zivilisierten Lebens.

Sie betonten, wie geringe Ansprüche die Germanen ans Leben stellten. Die wenigen Bedürfnisse dieser armen Menschen waren bald befriedigt. Ein Fell um den Körper, ein wenig Farbe vielleicht im Gesicht und dann irgendeine Waffe in der Hand – damit ist ihre äußere Erscheinung annähernd gegeben. Prächtig nehmen sie sich in ihrer Halbnacktheit aus, das läßt sich nicht leugnen; denn was die Menschen versäumen, hat die Natur ausgeglichen und ihnen schöne Muskeln und prachtvolles rotes oder blondes Haar gegeben, das der schönsten römischen Dame zur Zierde gereichen würde. Der Germane ist ein Werk der Natur, und er gehört in eine natürliche Umgebung hinein, in die Wälder und auf die Berghänge. Dort l e b t er, sei es nun in der Spannung der Jagd oder auf waghalsigen Fehdezügen. Zu Hause verbringt er die Zeit in einem Halbschlummer, in Müßiggang und Rausch; dort liegt er in Schmutz und Ruß und Rauch an einem Ort, den er wohl sein Haus nennt, der aber eigentlich nur ein Schuppen ist, ein Stall, wo Menschen und Tiere gleich gut zu Hause sind. Den Drang, sich eine Umwelt nach seiner Persönlichkeit zu formen, der wohl als der Adelsinstinkt der Zivilisation bezeichnet werden kann, hat er nie deutlich gespürt. Er lebt in der Wildnis, und das Haus ist für ihn nur ein Schutz gegen die Unbilden von Wind und Wetter, ein leicht errichteter Verschlag, den er ebenso schnell wieder abbrechen kann, um ihn an eine andere Stelle zu versetzen.

Wie der Germane in einem Naturzustand lebt und sich von den Gaben der Natur erhält, so besitzt er auch im Innern die Wildheit dieser Natur. Allerdings ließen die verwöhnten Beobachter aus dem Süden eine gewisse Größe an ihm gelten. Er ist großer Hingabe fähig; er würde sein Leben aufs Spiel setzen für einen zufälligen Gast, der keine anderen berechtigten Ansprüche an ihn hat, als daß er gestern abend in die Hütte seines Wirtes trat und die Nacht auf seinem Lager verbrachte. Die Frauen zeigen oft einen instinktiven Abscheu gegen alles, was sie im geringsten erniedrigen könnte. In Wirklichkeit aber weiß der Barbar gar nichts von solchen Eigenschaften wie Treue und Worthalten. Die Fähigkeit des Unterscheidens, die das Kennzeichen wirklicher Humanität ist, fehlt ihm vollständig. Daß etwas gut ist nach ewigen Gesetzen, ist ihm nicht aufgegangen. Er hat keine Gesetze, und wenn er das Gute tut, handelt er ausschließlich aus einem Naturinstinkt heraus.

Diese Germanen leben und bewegen sich als Horden, Stämme, oder wie man sie nun benennen will. Sie haben eine Art von Königen und so etwas wie Volksversammlungen, wo alle waffentüchtigen Männer erscheinen. Aber man muß sich hüten, dort etwas zu vermuten, was wirklich einer Staatsinstitution entspräche, wie man sie bei zivilisierten Völkern kennt. Der König hat keine wirkliche Macht: die Krieger gehorchen ihm heute und kehren ihm morgen trotzig den Rücken; an einem Tage lassen sie sich vom „König" zu verwegenen Taten anführen, und ein andermal gehen sie trotz seines Verbotes und gegen alle politische Vernunft auseinander und kehren heim, jeder in sein Haus. Und in der Volksversammlung ist das Verfahren so einfach, daß, wer die überzeugendsten Worte gebrauchen kann, über alle anderen obsiegt. Die Krieger schlagen ihre Waffen gegeneinander, und die Sache ist erledigt. Geschenken und Überredungen gegenüber sind sie wie Kinder, aber launenhaft und zügellos, sobald sie sich einer Verpflichtung gegenüber sehen, und unwillig, irgendeine endgültige Regel oder Ordnung anzuerkennen.

Kurz gesagt, diese germanischen Stämme sind nach der Auffassung der römischen Bürger ein Volk mit starken Licht- und starken Schattenseiten in ihrem Charakter – denn solche Wörter wie

Tugend und Laster, gut und böse, kann niemand, der ein Sprachgewissen hat, auf sie anwenden. Der Römer mag von ihrem natürlichen Stolz, ihrem starren Trotz sprechen, den sie sogar in Ketten beim Triumphzug ihres Besiegers bewahren; aber Ausdrücke wie Majestät und Adel wird er unwillkürlich sich und seinesgleichen vorbehalten.

Hier und da bei den vornehmsten Vertretern der klassischen Bildung findet man eine halb ästhetische, halb humane Sympathie für diese Kinder der Wildnis; aber in ihrem Ursprung ist auch sie identisch mit dem furchtgemischten Haß eines Durchschnittsrömers, insofern sie ihren Gegenstand als ein Stück der wilden Natur selbst betrachtet. Inmitten ihrer Zivilisation konnten die Menschen angesichts der Natur krampfhaft von einer wehmütigen Bewunderung gepackt werden für die ursprüngliche Gewalt des Lebens, für die Kräfte, die dahinstürmen, ohne zu wissen, wohin. Der Mensch auf dem Gipfel seiner Herrlichkeit sann schwermütig über das glückliche Los der Naturkinder nach, die sich tief unten im Sumpfe tummelten, ein Zustand, den man selbst – wohl oder übel – nie erreichen konnte.

Tacitus, der Romantiker, sang das Lob des einfachen Lebens in dem persönlichen Stil der Dekadenzzeit mit originellen Verrenkungen im Satzbau und einer Sammlung der allerungewöhnlichsten Wörter, die er finden konnte. Er stutzt seine Wilden nicht künstlich zurecht, macht keinen Versuch, sie klüger oder besser zu zeigen, als sie es in der Wirklichkeit waren. Im Gegenteil, er bemüht sich zu zeigen, wie wenige und einfache Bedürfnisse das Leben des Wilden hat. Seine Begeisterung findet die zartesten Ausdrücke. Bei den Germanen, erklärt er, bedeuten gute Sitten mehr als gute Gesetze; „Zins und Wucher sind ihnen unbekannt, und deshalb entfliehen sie den Lastern viel eifriger, als wenn sie ihnen verboten wären." In ihren Bräuchen geben diese Wilden ihren stumpfen, primitiven Gefühlen einen naiven und unbeholfenen Ausdruck. „Es ist nicht die Frau, die eine Mitgift ins Haus führt, sondern umgekehrt der Mann, der seiner Braut Geschenke bringt ... und diese Geschenke bestehen nicht in Frauenputz ..., nein, ein gezäumtes Pferd, ein Schild, ein Schwert, das ist der Brautschatz. Als Entgelt bringt sie einige Waffen mit für ihren Mann. Diese betrachten sie als die stärksten Bindungen, als das Heiligtum des Heims, als die Gottheiten der Ehe. Damit die Frau sich nicht als außerhalb der männlichen Gedanken und der Wechselfälle des Krieges stehend fühlen soll, wird sie gleich bei der Einweihung zur Ehe daran erinnert, daß sie von jetzt ab Arbeit und Gefahr mit dem Manne teilt ..." Und so auch unter Freunden: „Sie freuen sich über ihre gegenseitigen Geschenke, sie geben und empfangen frei, ohne an Gewinn zu denken; freundliches Wohlwollen ist es, was sie verbindet." Mit anderen Worten: Keine Blässe des Gedankens, lauter unmittelbare Gefühle.

Für Tacitus gilt es gerade zu beweisen, wie alles, „Tugend" und „Laster", bei diesen Menschen natürlich emporwächst. Er malt sie mit so liebevoller Hand und zugleich mit ungeschminkter Wahrheit in den Details, weil er sie als ein Stück unverdorbener Natur ansieht. Er ist in dem Grade von dem Gefühl des Gegensatzes zwischen sich und seinen Barbaren durchdrungen, daß er gar nicht merkt, wie jede Tatsache, die er vorbringt, unweigerlich die schwache Theorie zerreißt, in die er sie einzuspinnen versucht.

Das, was bei dem Kulturmenschen Abscheu und Entsetzen vor dem Barbaren hervorruft, ist das Gefühl, daß er dem Unberechenbaren gegenübersteht, dem Menschen ohne Gesetz. Sorglos, gedankenlos, hält der Wilde seinen Eid, und ebenso sorglos wird er Eide und Versprechungen brechen; er kann tapfer und edelmütig in seiner unbeherrschten Weise sein und in derselben unbeherrschten Weise brutal und tierisch. Jede grausame Handlung, jeder Treubruch macht einen viel abstoßenderen Eindruck, wenn sie ohne Beziehung zu etwas anderem sind, als wenn sie als Verletzung eines geltenden moralischen Gesetzes, als Fehltritt, vorkommen.

Die Barbaren haben keinen Charakter – das ist das endgültige Urteil des Römers. Wenn der Kulturmensch das Böse tut, tut er es schlimmstenfalls, weil es böse ist, und dieses Bewußtsein des Schurken, böse zu sein, macht ihn zu einem menschlichen Wesen, mit dem man verkehren kann. Aber einen Barbaren in seinem Bekanntenkreis aufzunehmen, wäre dasselbe, wie wenn man sein Haus in nächster Nachbarschaft eines Vulkans baute. Was bedeutet es, daß die Barbaren eine Art Häuser errichten, daß sie den Boden bebauen – weiß Gott, ihre Ackerbaumethoden sind höchst primitiv, wenn sie die Oberfläche der Erde ein wenig aufreißen und ihr einen elenden Ertrag abringen, um nächstes Jahr neue Äcker aufzusuchen; – was bedeutet es, daß sie Vieh halten, Krieg führen und unter sich eine Art Justiz üben? Ja, zugegeben, sie hätten eine gewisse Tüchtigkeit im Waffenschmieden – ein zivilisiertes Volk sind sie trotz all dem nicht.

Es war um den Anfang unserer Zeitrechnung, daß die germanischen Völker zum erstenmal in der Geschichte auftraten; ein Jahrtausend später sah die Welt die altgermanische Kultur verschwinden. Für einen kurzen Zeitraum beherrschten die Nordländer den europäischen Schauplatz und entwickelten ihre Rassenmerkmale und Ideale in fieberhafter Eile, um sich dann schnell zu verwandeln und in der europäischen Kultur aufzugehen. Ihr Verschwinden bezeichnet das Ende dieser germanischen Kultur als eines selbständigen Typus.

Auch die Nordländer sind von Fremden gezeichnet worden, von außen gesehen, und das Bild hat in gewissen Punkten starke Ähnlichkeit mit dem, das ihre älteren Verwandten hinterlassen hatten: mit den Berichten der römischen Historiker. Wild, blutdürstig, wenig zugänglich für menschliche Vernunft und menschliche Denkweise, ausgestattet mit „strahlenden Lastern" und im übrigen Teufel – so ist das Zeugnis, das ihnen von mittelalterlichen Chronisten ausgestellt wird. Die zivilisierten Männer, die sie jetzt beurteilten, waren Christen, die die Welt nicht nach Stufen der Kultur beurteilten, sondern sie zwischen den Mächten des Lichtes und der Finsternis geteilt sahen, und nun muß das Unberechenbare notwendigerweise auf irgendeinen Ursprung in tiefen Regionen zurückgeführt werden. Den Barbaren der klassischen Zeit entsprechen die Dämonen des mittelalterlichen Christentums. –

Das Bild steht aber diesmal nicht allein, ohne Gegenstück. Hier oben im Norden hat ein germanisches Volk sich selbst ein Denkmal für die Nachwelt errichtet, sich so dargestellt, wie es in der Geschichte gesehen werden wollte; und es hat sich enthüllt, ohne an fremde Zuschauer zu denken, und doch von einem Drang nach Selbstoffenbarung getrieben.

Äußerlich gesehen scheinen die Nordländer etwas von derselben elementaren, unreflektierenden Gewaltsamkeit, derselben unsteten Rastlosigkeit zu haben, die die gebildete Welt veranlaßt hatte, ihre südlichen Verwandten als Barbaren zu stempeln. Überstürzt und impulsiv, um nicht zu sagen störrisch in ihrer Selbstbehauptung, handelnd unter dem Anstoß des Augenblicks, wechselnd von einem Plan zum anderen – für den kühlen politischen Sinn besteht wohl große Ähnlichkeit zwischen den deutschen Briganten und den nordischen Piraten. Aber unsere vertrauteren Kenntnisse ermöglichen es uns, die Anwesenheit eines beherrschenden und zusammenfassenden Willens unter dem unruhigen Äußern zu erkennen. Was auf dem ersten Blick als planloses Flimmern erscheint, zeigt sich bei näherer Untersuchung als ein ruhigeres Licht. Tatsächlich haben diese Wikinger sehr wenig von der Planlosigkeit, die als „natürlich" bezeichnet werden kann. Es ist in ihnen mehr berechnendes Haushalten als bloß verschwenderische Kraft. Die Männer sind sich klar sowohl über Ziel und Mittel wie über Willen und Macht. Wenn sie auch anscheinend ohne festes Ziel umherirren, haben sie doch in sich einen Richtpunkt, der stetig ist und unveränderlich, wohin sie sich auch wenden.

Die alte Vorstellung von den Wikingern, die wie ein Unwetter über die Länder dahinfahren, die den Reichtum, den sie finden, zerstören und doch selber arm bleiben wie vorher, diese Vorstellung hat in unserer Zeit einem atemlosen Staunen über ihr Verlangen nach Bereicherung weichen müssen. Das Gold, das sie fanden, ist verschwunden. Aber wir wissen jetzt, daß ein Schatz von Wissen und Gedanken, Poesie und Träumen, der aus dem Ausland heimgebracht sein muß, im Norden aufgehäuft war, obgleich solche geistigen Reichtümer um ein vielfaches schwieriger zu finden, zu rauben und heil heimzuführen sind als kostbare Steine oder kostbare Metalle. Die Nordländer scheinen unersättlich nach solchen geistigen Kleinodien gejagt zu haben. Sie sind in unsern Tagen sogar beschuldigt worden, sich das ganze heidnische und christliche Wissen des Mittelalters angeeignet zu haben, und wenn man die norwegische Literatur der Wikingerzeit betrachtet, fällt es schwer, diesen Vorwurf zurückzuweisen, obschon das, was von Bugge und seinen Schülern vorgebracht wird, zu weit zu gehen scheint. Dann fragen wiederum andere höhnisch, ob wir im Ernst glauben sollen, daß unsere Nordländer in irischen Klöstern wie die Schuljungen über ihren Schulaufgaben saßen, um klassische Schriftsteller und mittelalterliche Enzyclopädien zu lesen. Dies würde ohne Zweifel die natürlichste Erklärung sein für moderne Gemüter, die ihre ganze Nahrung aus Büchern und Vorlesungen saugen; doch wir müssen wohl annehmen, daß sie ihr Wissen auf weniger formale Weise erworben haben. Wenn sie aber nicht den Vorteil einer systematischen Erziehung genossen haben, so ist es um so unbegreiflicher, daß sie in diesem Maße zu dem Wissen und der Kunst der Zeit Zutritt erhalten haben. Sie hatten nicht nur einen leidenschaftlichen Drang, die Elemente fremder Kultur zu ihrer eigenen Bereicherung zu verwenden, sondern auch eine geheimnisvolle

Fähigkeit, in die Kultur einzudringen und sie zur Herausgabe dessen zu zwingen, was unter ihrer Oberfläche lag.

Doch dieser Hunger nach Wissen ist noch nicht das Erstaunlichste an diesen Menschen. Daß sie in hohem Maße gelernt und nachgeahmt haben, ist deutlich zu sehen; aber noch heutigen Tages grübeln wir ohne Erfolg und ohne Hoffnung auf Erfolg darüber nach, was sie eigentlich gelernt und was sie aus ihrem Eigenen hinzugefügt haben mögen. Es gibt keine Zauberformel, womit die gesamte Kultur der Wikingerzeit in ihre ursprünglichen Bestandteile zerlegt werden könnte. So vollkommen haben sie das Aufgenommene umgestaltet, daß sein Gedanke und Geist ihr eigener wurde.

Die beiden Seiten müssen durchaus nebeneinander betrachtet werden. Der Nordländer besitzt nicht nur einen mächtigen Drang zur Erweiterung und Bereicherung seiner geistigen Sphäre, sondern dieses Expansionsbedürfnis in ihm wird aufgewogen von einer geistigen Selbstbehauptung, die nicht weniger ausgeprägt ist, und ihm eine hartnäckige Treue zu dem halb unbewußten Ideal verleiht, das den Kern seines Wesens bildet.

Er steht der Welt nicht mit offenen Armen gegenüber, nein, weit entfernt, er ist vielmehr voll Mißtrauen und Zurückhaltung gegen fremde Götter, Wege und Werte, die er als inkongruent mit seiner eigenen Selbstachtung empfindet. Alles Fremde hält er fern, bis er sein Geheimnis geprüft, oder bis er ihm ein Geheimnis abgerungen hat, das ihn selbst befriedigt, und alles, was er nicht auf diese Weise behandeln kann, schließt er aus und von sich ab, er wird sich dessen eigentlich kaum recht bewußt. Aber überall, wo er sich zuerst einer fremden Atmosphäre hingeben und dann ihr Wesen für den eigenen Gebrauch nutzbar machen kann, da nimmt er leidenschaftlich alles, was er vermag, in sich auf und läßt es in sich weiterwirken.

Er besitzt die Festigkeit, die auf einem seelischen Gefüge beruht, und die Geschmeidigkeit, die sich ergibt, wenn sich das Gefüge der Seele in voller Übereinstimmung mit der Umwelt befindet, so daß die Seele elastisch den Anforderungen nachgibt, die die Umgebung an die Menschen stellt. Er ist Herr über seine Umwelt, da er sich selbst beherrscht mit einer Kraft, die tiefer liegt als der Wille und identisch ist mit dem Seelengefüge selbst.

Es sitzt zuinnerst in ihm ein zentraler Wille, der über alles ein Urteil fällt, was sich von außen aufdrängt; ein Vorsatz, der jede neue Errungenschaft ergreift, sie sich für einen bestimmten Zweck unterwirft, sie zwingt, im Geiste ihres neuen Herrn zu arbeiten, und ihr sein Bild aufdrückt; wo sich das nicht erreichen läßt, wird der fremde Stoff verworfen und abgewiesen. Alles, womit er sich befaßt, wird in Kraft umgesetzt, alle Kräfte werden der Zucht unterworfen und dann als gesammelte Energie hinausgeschleudert. Deshalb ist Gewaltsamkeit hier nicht bloß törichte Kraftverschwendung. Der zentrale Wille gibt jeder Tat so viel Antrieb, daß sie jedesmal übers Ziel hinausschießt und ein neues dahinter aufsteckt. So steht das ganze Leben des Menschen unter einem solchen Kraftdruck, daß er selbst immer ferneren Zielen zugeschleudert wird. Aber das Maß und der Maßstab für seine Taten liegen außerhalb seiner selbst. Die letzten Normen, wonach sein Leben beurteilt wird, sind das Urteil seiner Genossen und das Urteil der Nachwelt – Normen, absolut und bedingungslos.

Die Gewaltsamkeit ist von der Tiefe der Seele aus organisiert. Sie ist E n e r g i e, die das geistige Leben wach und hungrig hält und dadurch die geschlossene, festgefügte Persönlichkeit des Nordländers schafft. Ein solcher Mann ist nicht lediglich ein beseelter Augenblick, der sich in Zukunft und Vergangenheit nebelhaft verliert; er ist Gegenwart, Vergangenheit und Zukunft zugleich. Der Mann befestigt sich in der Vergangenheit durch enge Verknüpfung mit den dahingegangenen Generationen. Eine solche Verknüpfung gibt es mehr oder weniger unter allen Völkern; aber der Nordländer macht durch ständiges historisches Gedenken und historische Spekulation, in welcher er seiner Verbindung mit früheren Generationen und seiner Abhängigkeit von ihren Taten nachspürt, aus der Vergangenheit eine lebendige und leitende Kraft. Seine Zukunft ist mit der Gegenwart verkettet durch sein Ziel und seine Ehre und das Urteil der Nachwelt. Der Mann befestigt sich in der Gegenwart, indem er sich selbst in einem Idealtyp reproduziert, einem Typ wie z. B. dem des Häuptlings: freigebig, tapfer, furchtlos, scharfsinnig, grimmig gegen seine Feinde, treu zu seinen Freunden, offen gegen alle. Der Typ ist vom Leben und der Dichtung gemeinsam gebildet worden; er wurde erst gelebt, dann in der Dichtung verklärt.

Die feste geistige Organisation, die den Nordländer als Persönlichkeit kennzeichnet, tritt in seinem sozialen Leben nicht weniger klar an den Tag. Überall wohin er kommt, trägt er in sich eine soziale Struktur, die sich in festen politischen Formen Ausdruck verschafft, sobald er mit einer Anzahl Sprachgenossen zusammengeworfen wird. Er gehört nicht zu dem ungegliederten Typ, der kaleidoskopartige Stammesorganisationen schafft. Wie klein auch sein Volk und wie locker auch der Zusammenhang zwischen den einzelnen Molekülen dieses Volkes sein mag, das soziale Gewissen ist immer vorhanden und betätigt sich. Er ist ein Volk in sich, und er braucht keine künstliche Einheit durch Anhäufung von zahlreichen Einzelmenschen aufzubauen. Sobald er sich an einem Ort für kurze oder lange Zeit niedergelassen hat, schießt ein Gesetzes-Thing aus der Erde und ringsum bildet sich eine Gemeinschaft. Ob ein sozialer Ordnungssinn sich nun in Reichsgründungen Luft machen kann, oder ob er in engere Rahmen hineingezwängt werden muß, – es ist ein tief verwurzelter Trieb, ein integrierender Bestandteil seines Charakters.

Kultur im wahrsten Sinne des Wortes ist eine elastische Harmonie zwischen dem innersten Ich des Menschen und seiner Umgebung, so daß er nicht nur imstande ist, die Umgebung seinen materiellen Zwecken dienstbar zu machen, sondern auch die Impulse der umgebenden Welt in geistige Ideale und Bestrebungen umzusetzen. Der kultivierte Mensch besitzt eine instinktive Würde, die aus Furchtlosigkeit und Selbstvertrauen entspringt, sich in Zielsicherheit kundtut und gleiche Bedeutung hat in Sachen des formalen Auftretens wie in Unternehmungen mit weitreichenden Folgen. In diesem Sinne sind die Wikinger Männer von Kultur; sie sind Herren über sich selbst und ihre Welt mit dem stolzen Recht des Entschlusses. Ihre Harmonie mag arm sein nach ihrem tatsächlichen Inhalt gemessen, aber sie hat trotzdem Kraft und Tiefe.

Welch ein Unterschied zwischen diesen beiden Bildern – dem Bilde, das südliche Federn von den germanischen Zeitgenossen gezeichnet haben, und dem, das die letzten Altgermanen selbst in die Geschichte geprägt haben! Nichtsdestoweniger fassen wir beide unter einem Namen zusammen; und tun es mit reifer Überlegung, mit vollem Bewußtsein dessen, was dieser Sprachgebrauch in sich schließt. Man hat früh entdeckt, daß beide so eng verwandt sind, daß es nicht nur gerechtfertigt, sondern notwendig ist, sie gemeinsam zu behandeln. Die Andeutungen über frühgermanische Sitten, Gesetze, ethische Wertungen, die uns erhalten sind, beweisen, daß jene ersten Germanen mit ihren jüngeren Vettern die Denkweise gemeinsam hatten, das, was Gedanken und Gefühle verbindet und sie zu Trägern der Persönlichkeit macht.

In diesem Lichte aus dem Norden können wir ferner sehen, daß Sueben und Markomannen und wie sie alle hießen, nicht bloße Geschöpfe des Augenblicks waren, bar jedes Charakters, wie die Römer es sich gern vorstellten. Mit Hilfe der Nordländer können wir alle oder beinahe alle die zerstreuten Notizen deuten, die uns überliefert sind, und dort, wo unsre Gewährsmänner nur Sinnlosigkeit sahen, etwas Menschliches finden. Wir bekommen z. B. eine Ahnung davon, daß der Wechsel von Treue und Treulosigkeit bei den germanischen Stämmen, der die Römer so oft veranlaßte, harte Maßregeln zu treffen, in Wirklichkeit in einem ethischen System begründet war. Und wir sehen klar, daß hinter ihrem Verhalten, hinter solchen Tugenden und solchen Lastern ein Charakter stand, weit verschieden von dem römischen, aber weder natürlicher noch unnatürlicher, im Prinzip ebenso konsequent, ebenso verstandesbeherrscht und nicht weniger durch die Rücksicht auf Erhaltung einer bestimmten Einheit in der Persönlichkeit gebunden. Ein staatsmännisches Genie wie Cäsar erkannte auch sehr wohl, daß seine Pläne in bezug auf diese Barbaren, wenn sie einige Festigkeit besitzen sollten, nicht nur lateinisch von ihm ausgedacht werden durften. Schon sein Eifer, die Gedanken der Germanen zu durchdringen bis hinab in den Seelenzustand, der ihre Äußerungsform bestimmte, bezeugt die Tatsache, daß diese „Barbaren" den Stempel der Kultur und das Zeichen des Charakters trugen.

Wir haben vor den Römern voraus, daß wir dazu geführt worden sind, das Leben der Germanen von innen her zu betrachten. Die Römer hatten vorzügliche Beobachtungsmöglichkeiten; der allergrößte Teil von dem, was Römer und Griechen über die Germanen gechrieben haben, ist in seiner Art richtig. Aber jede einzelne Bemerkung, groß oder klein, verrät ihren Ursprung als Streifblick über die Grenze. Man merkt immer, daß der Berichterstatter weit draußen gestanden hat; er hat gesehen, was diese Menschen taten, aber er hat nicht verstanden, warum sie es taten. Ihre Handlungen verlieren in seiner Erzählung Perspektive und Verhältnis; und je korrekter die Einzelheiten sind, desto wunderlicher wirkt die Zusammenstellung. Bestenfalls bekommt man von der Schilderung denselben grotesken Eindruck, wie wenn man von weitem Menschen reden und gestikulieren sieht, ohne zu ahnen, was sie erregt. Es ist ein großer Unterschied, ob man wie die Römer draußen mit einem Volk Bekanntschaft macht und es nach Hause begleitet, um im besten Fall vor der Tür zu stehen und einen Blick auf sein Alltagsleben zu werfen, oder ob man in die Mitte des Volkes aufgenommen wird, die Männer sieht, wenn sie sich zu Hause zur Fahrt bereiten, und sie wieder im Lande empfängt, wenn sie zurückkehren.

Wir sind günstiger gestellt als die südländischen Schriftsteller, aber sind wir viel klüger? Es besteht vielleicht die Gefahr, daß wir zu leicht zu unserm Verständnis gelangen. Das Unvermögen der Römer, die Handlungen der Germanen als menschlich zu erkennen, enthält eine Warnung für uns, daß wir bei unserer Deutung nicht über das wirklich Fremdartige bei unsern Vorfahren hinweggleiten und ihnen fälschlich unsere eigenen Motive unterschieben.

Die Nordländer sind Kulturvölker im vollsten Sinne des Wortes. Wir müssen sie als unsresgleichen anerkennen. Sie lebten ebenso energisch wie wir, fanden nicht weniger Befriedigung am Leben und fühlten sich in ebenso hohem Maße als Herren des Lebens und zwar als Herren, die ihrem Leben selbst ein Ziel steckten und es unerbittlich verfolgten.

Aber die Anerkennung dieser Tatsache betont gerade den Abstand zwischen uns, weil sie noch schärfer den Unterschied hervorhebt zwischen alter und moderner Art, das Leben zu beherrschen und zu genießen. Der Unterschied wird deutlich, sobald wir die Germanen mit dem anderen nordeuropäischen Stamm der alten Zeiten, den Kelten, vergleichen. Unsrer ganzen germanischen Abstammung zum Trotz scheinen wir manchmal näher mit den Kelten verwandt. Sie sind ein moderner Menschenschlag, möchte man sagen. Es ist keine lange Bekanntschaft nötig, bevor man sich ihnen innerlich nahe fühlt. Da steht ein Mann, auf dessen Gesicht sich die ganze Welt, Natur und Menschheit, spiegelt. Die Schönheit der Natur, die Schönheit des Menschen, der Heroismus des Mannes, die Liebe der Frau – diese Dinge ergreifen ihn und bringen ihn in Ekstase; er fühlt und fühlt, bis die Seele am Zerspringen ist – und dann quillt es hervor in einem Strom von Lyrik, in Klage und Jubel, in wehmütigem Sinnen und innigem Preisen dessen, was sein Auge erfreut. Eine religiöse Ekstase überwältigt ihn, er gibt sich dem Übersinnlichen hin, ergreift es und läßt sich davon ergreifen, lebt das übersinnliche Leben wie eine Wirklichkeit mit wirklichen Freuden und wirklichen Schmerzen; er schwingt sich in das volle Erleben des Mystischen hinüber, aber ohne seinen Stand in der sichtbaren Wirklichkeit zu verlieren – im Gegenteil, sein inneres Empfinden sättigt sich an der Schönheit der Natur, an der Freude über das Tierleben auf dem Felde und in der Luft. Auf die Gewaltsamkeit des Lebens antwortet seine Leidenschaftlichkeit; er muß mitgehen, muß sein Blut in demselben eiligen Rhythmus pulsieren fühlen, der außer ihm und um ihn schwingt. Seine Bilder werden ihm nie lebhaft genug, nie reich genug an Farben und Schattierungen. Die Schönheit überwältigt ihn, und in fieberhaftem Eifer, nichts zu verlieren, häuft er Bild auf Bild; das Grauen und die Größe des Lebens erregen ihn so, daß er sich seine Riesen mit einer Unmenge von Köpfen und allen erdenklichen Schrecken ausmalt; seine Helden sind von übernatürlicher Größe, gold- und silberhaarig, und besitzen mehr als göttliche Macht.

Kein Wunder, daß der Kelte uns oft erschreckt und mit seinen formlosen Übertreibungen abstößt. Er erfüllt uns zu Zeiten mit Abneigung, aber nur um uns aufs neue anzuziehen. Die Übertreibung ist die natürliche Folge einer Leidenschaftlichkeit, deren Stärke und Wesen begründet ist in der Empfindsamkeit der Seele für alles Außenliegende, ja für die kleinsten Regungen in der Natur und im Leben des Menschen. Eine solche Fülle des Seelenlebens ist den Nordländern unbekannt; nicht einmal als Ausnahme kommt sie vor.

Im Vergleich zu den Kelten ist der Nordländer schwer, verschlossen, ein Kind der Erde, scheinbar nur halb erwacht. Nur durch schwache Andeutungen kann er sagen, was er fühlt. Er ist tief mit der Landschaft, die ihn umgibt, verbunden, ihre Wiesen und Flüsse erfüllen ihn mit verborgener Zärtlichkeit, aber sein Heimatsinn hat sich nicht in Liebe gelöst. Das Naturgefühl klingt dumpf durch seine Sprache und seine Mythen hindurch; aber er bricht nicht in Hymnen über die Lieblichkeit der Welt aus. Er hat kein Bedürfnis, von dem Verhältnis zu den Frauen zu sprechen, wenn nicht gerade etwas Praktisches mitzuteilen ist; nur wenn es tragisch wird, kommt dieser Gegenstand in seine Dichtung hinein. Mit anderen Worten, seine Gefühle werden nie offenbart, bevor sie eine Begebenheit ausgelöst haben, sie erzählen uns nichts von sich selbst außer durch die Schwere und Bitterkeit, die sie in die entstehenden Konflikte legen. Der Mangel an Ereignissen wirft ihn nicht auf seine inneren Quellen zurück, erschließt nie einen Strom von Grübelei oder Lyrik – er stumpft ihn nur ab. Der Kelte tritt dem Leben mit offenen Armen entgegen, für jeden Eindruck bereit; ungern läßt er etwas tot vor sich zur Erde fallen. Dem Germanen fehlt es nicht an Leidenschaftlichkeit, aber er kann nicht, er will nicht so zügellos zulangen beim Festtisch des Lebens.

Er sieht den Menschen nur von einer Seite: den Menschen, der sich selbst behauptet, seine Ehre behauptet, wie er es nennt. Alles, was sich im Manne bewegt, muß, ehe er es fassen kann, so gewendet sein, daß es auf die Ehre bezogen werden kann, und alle seine Leidenschaft wird zurückgestoßen und aufgehalten, bis sie sich einen Weg nach dieser Richtung bahnen kann.

Seine Freundschaft zum Manne und seine Liebe zur Frau finden nie ihren Ausdruck um des eigentlichen Gefühls willen; sie werden bewußt nur als eine Steigerung der Selbstachtung des Liebhabers und infolgedessen als eine Erweiterung der Verantwortlichkeit empfunden. Diese Einfachheit des Charakters zeigt sich in seiner Dichtung, die im Grunde nichts ist als ein Singen und Erzählen von großen Rächern, denn Rache ist die höchste Tat, sie konzentriert sein inneres Leben und treibt es ans Licht. Seine Rachedichtungen sind immer stark menschlich, weil Rache für ihn keine leere Heimzahlung getanen Unrechts ist, sondern eine geistige Selbstbehauptung, eine Betonung von Stärke und Wert, und so sind die Pein einer Beleidigung oder der Triumph des Sieges imstande, die verschlossenen Tiefen seiner Seele zu öffnen und seine Worte mit Leidenschaft und Zartheit zu färben. Aber die Begrenzung, die die Schönheit und Stärke der germanischen Dichtung ausmacht, offenbart sich in der Tatsache, daß nur die Gefühle und Gedanken, die den Menschen zum Rächer machen und die Gewinnung der Rache fördern, ausgedrückt werden; all das andere wird überschattet. Die Frau findet nur als Walküre oder wenn sie zum Streite aufreizt einen Platz in der Dichtung, im übrigen gehört sie zu dem gewöhnlichen Inventar des Lebens. Freundschaft, das Höchste auf Erden für den Germanen, wird nur erwähnt, wenn der Freund dem Freunde die Hand reicht im Kampfe für Ehre und Wiederaufrichtung.

Es ist Überfluß an Leidenschaft in der Dichtung der Nordländer, aber sie erscheint nur wie ein Geysir, auf und absteigend, sie bricht nie durch, um sich in lyrischem Strömen zu ergießen. Imposant, aber grau; kraftvoll, aber nüchtern. Seine Dichtung ist geprägt von zuverlässiger Schlichtheit und von Beschränkung der Phantasie, die gut in die Grenzen paßt, die von dem großen Realismus des kriegerischen Lebens gezogen wurden. Seine Helden sind an Größe meist mit den heroischen Gestalten des Alltagslebens vergleichbar, und ihre Kräfte übertreffen nur in sehr geringem Grade die gewöhnlichen Normen des Lebens. Es fehlt das fiebrige Tempo, das für die Kelten so charakteristisch ist und das der Überempfindlichkeit entspringt, der Neigung, jeden Augenblick im selben Takt wie die Umwelt zu leben, oder der Unfähigkeit, dem Rhythmus der Umwelt zu widerstehen. Die Reaktion des Nordländers auf die Eindrücke von außen läßt so lange auf sich warten, daß es beinahe aussieht, als ob seine Bewegungen lediglich von innen her entstünden. Die Impulse der äußeren Welt fallen nicht tot auf seine Seele, aber sie werden eingesperrt, gefesselt, sobald sie auf seine massive Persönlichkeit stoßen. Nur eine einzige Leidenschaft kann die aufgespeicherte Energie freimachen: seine Leidenschaft für die Ehre. Ob der Nordländer sich von diesem oder jenem, was ihm begegnet, beeinflussen läßt, das hängt von etwas Geschehenem, etwas Vergangenem ab, oder von etwas Zukünftigem, von einem Ereignis, das ihm oder seinen Vorfahren geschehen ist, oder von einem Ereignis, das zum Nutzen seiner selbst und seiner Nachkommen ins Leben gerufen werden muß. Er lebt nicht im Augenblick; er benutzt den Augenblick, um zu berechnen, wie er ihm zur Erreichung seines Zieles dienen kann. Er haßt keine Sache um ihrer selbst oder um seiner eigenen Person willen; denn kann er sich eine Möglichkeit der Rache durch Aufgeben seines Hasses erkaufen, so reißt er den Haß aus sich heraus, und kann er eine solche Möglichkeit durch eine Feindschaft gewinnen, springt der Haß sofort mit unverhüllter Gewalt hervor. Dies bedeutet nicht, daß der Nordländer zeitweise „außer sich" ist, wenn er Wiedergutmachung für eine Unbill sucht. Ein Rächer ist gewißlich immer Sohn, Gatte, Vater, Mitglied einer legalen Gemeinschaft. Es ist keine Rede davon, daß er sich seiner Menschlichkeit entkleidet, sondern umgekehrt: diese seine ganze Menschlichkeit legt einen Racheharnisch an und verhält sich dementsprechend.

Gerade in diesen Augenblicken der erbarmungslosen Selbstbehauptung erhebt sich der Germane zu moralischer Größe – hierin liegt für uns der Prüfstein unseres Verständnisses. Es ist etwas in der Haltung des Nordländers dem Leben gegenüber, das unsere Zutraulichkeit auf den ersten Blick erfrieren läßt, und wenn dieser Kälteschauer heutzutage nicht mehr so tief empfunden wird, ist es hauptsächlich die romantische Literatur des neunzehnten Jahrhunderts, der wir diese Gefälligkeit verdanken. Mit einer Liebe, die oft allzu entgegenkommend und allzu einsichtslos war, haben die Dichter und Historiker die starken und eigensinnigen Züge der Sagamänner und -frauen geglättet und diese herben Gestalten zu allgemein anerkannten Helden und Liebhabern abgetönt. Die alten Charaktere sind unmerklich modernisiert worden in der Absicht, sie angenehmer zu machen. Die Härte und Unversöhnlichkeit der Nordländer wird hier von ihrem Heroismus und Edelmut überschattet und nur stillschweigend als Begrenzung zugelassen, während in Wirklichkeit diese Eigenschaften in dem eigentlichen Wesen ihrer Kultur begründet waren. Wenn wir plötzlich ihrem Alltagsleben gegenüberstehen, sind wir geneigt, sie als eng und sogar als unmenschlich zu brandmarken, und wir erkennen nicht gleich, daß das, was wir Beschränktheit und Unmenschlichkeit nennen, nicht mehr und nicht weniger ist als Stärke und Geschlossenheit des Charakters. Die Alten sind gerecht, fromm, barmherzig und durchaus von moralischer Festigkeit, aber auf einer Grundlage, die heutzutage nicht allein ausreichen würde, um ein Menschenleben zu tragen.

Wenn wir in die Seele anderer Völker eindringen wollen, müssen wir bereit sein, unsere vorgefaßten Meinungen darüber, wie die Welt und die Menschen sein sollen, abzulegen. Es genügt nicht, eine Reihe von Vorstellungen als möglich oder sogar wahrscheinlich zuzulassen: wir müssen uns bemühen, einen Standpunkt zu erreichen, von wo aus diese fremden Gedanken natürlich werden; wir müssen, so weit es möglich ist, unsere eigene Menschlichkeit ablegen und zeitweilig eine andere Menschlichkeit anlegen. Wir müssen also still und bescheiden von Grund auf anfangen, als wüßten wir gar nichts, wenn wir verstehen wollen, was die Seelen dieser Menschen zusammenhielt und sie zu Persönlichkeiten machte.

Friede

Die Geschichtsschreiber des siebzehnten und achtzehnten Jahrhunderts haben sich stets als Weltbürger gefühlt. Sie standen ihrem Stoff nie als Fremde gegenüber und wußten nichts von der Scheu, die der Fremde immer empfindet. Überall auf der Erde, wo Menschen wohnten, fühlten sie sich zu Hause, jedenfalls solange sie rein körperlich in ihrem Vaterlande oder in den ihm benachbarten Ländern verblieben und alle weiteren Reisen ausschließlich im Geiste unternahmen. Sie betasteten nicht erst unsicher ihren Stoff, sondern gingen unmittelbar auf die Personen los, mochten diese nun der nächsten Vergangenheit oder der fernsten Vorzeit angehören, mochten es Römer, Griechen, Franzosen, Engländer, Hindus, Chinesen oder Indianer sein. Der Forscher trat ohne Formalitäten an seinen Helden heran, drückte ihm herzlich die Hand und sprach mit ihm, wie ein Freund zum Freunde spricht, oder sagen wir: wie ein Weltmann zum anderen redet. Man hegte damals keine Befürchtungen, daß Sprachunterschiede oder verschiedene Zeitumstände dem rechten Verständnis Hindernisse in den Weg legen könnten. Die Menschen waren erfüllt vom großen Glauben an das allgemein Menschliche und von der Gewißheit, daß all das Zufällige sich von selbst entwirren würde, wenn man nur einmal das Menschliche zu packen bekäme. Alle Menschen waren sich ja einig, was Gott sei, was das Gute und das Böse sei, sie waren sich einig in Vaterlandsgesinnung und Bürgerpflicht, in Liebe zu Eltern und Kindern, kurz einig in all dem wahrhaft Wirklichen.

Wenn je diese aufrichtige Unmittelbarkeit, die in dem allgemein Menschlichen ihren zentralen Sammelpunkt sieht, ihre Berechtigung hätte, dann gewiß in bezug auf die Germanen. Hier haben wir eine Gemeinschaft, die auf allgemeine Eintracht, wechselseitige Selbstaufopferung und Selbstverleugnung, auf Gemeinschaftsgesinnung gegründet ist. Eine Gesellschaft, in der jedes einzelne Glied von der Geburt bis zum Tode durch Rücksicht auf den Nächsten gebunden ist. In dieser Gemeinschaft zeigt der einzelne in seinem ganzen Tun, daß er von e i n e r Leidenschaft beherrscht ist: dem Wohl und der Ehre der Verwandten, und keine Verlockungen dieser Welt können ihn auch nur für einen Moment dazu bewegen, die Augen davon abzukehren. Die Alten sagen selbst, daß diese Leidenschaft Liebe ist. Was ist denn natürlicher, als daß wir, die wir aus unserem eigenen Leben die Liebe und ihre Macht kennen, mit dem beginnen, was wir mit diesen Menschen gemeinsam haben. Bei einer solchen Übereinstimmung im wesentlichen muß dann all das anscheinend Fremdartige einfach und verständlich werden.

Bergthora, Njals Gattin, war recht eine Frau vom alten Schlag, ehrliebend, unbeugsam, unversöhnlich. Den Schlüssel zu ihrem Charakter finden wir in den berühmten Worten: „Jung wurde ich Njal gegeben; das habe ich ihm versprochen: e i n Schicksal soll uns beide treffen." In diesen Worten ist etwas allgemein Menschliches, etwas, dessen wahren Wert wir verstehen können. Auf der Mannsseite können wir eine noch altertümlichere Gestalt als Beispiel aufstellen. Egil Skallagrimson, den markantesten Vertreter der Sippenliebe in der Wikingerzeit. Wir sehen ihn reiten, den Leichnam seines ertrunkenen Sohnes vor sich im Sattel, er führt ihn selbst in seine letzte Wohnung, während seine Brust so vor Schmerz schwillt, daß sein Wams zerreißt. Alles ist so unmittelbar ergreifend, so einleuchtend und natürlich, daß man es unwillkürlich empfindet, als könne man Egils ganze Seele in diesem einen Erlebnis durchschauen. Lebensnormen und Gesellschaftsbräuche, Moral und Selbstbeurteilung, die einer so elementaren seelischen Regung entsprungen sind, sind wohl nicht schwierig zu verstehen?

Die Probe läßt sich schnell machen.

In der Geschichte der Färöer steht ein Frauenpaar an hervorragender Stelle, Thurid und Thora, Sigmund Brestasons Gattin und Tochter. Beide sind kräftige und entschlossene Charaktere, so wie Bergthora, und beide werden in all ihren Handlungen von „Liebe" zu Sigmund und seinem Geschlecht geleitet. Sigmund war ein Häuptling von dem Idealtyp der christlichen Wikingerzeit: ehrliebend, niemals einen Strohhalm seines Rechtes aufgebend und immer imstande, seine Sache durchzufechten, offen, tapfer, gewandt – recht ein Mann zum Bewundern und Gedenken. Nach einem Leben in ununterbrochenem Kampfe um die Vorherrschaft auf den Färöern wird er, nachdem er mit Mühe und Not einem nächtlichen Überfall entkommen ist, ermordet. Die Zeit vergeht, und eines Tages erscheint in Thurids Haus Thrond von Gata, der für seinen Ziehsohn Leif um Thora wirbt. Thrond war ein Mann von anderem Schlag, einer von denen, die zum Dreinhauen bereit sind – wenn sie erst das Opfer in ihre Ränke eingesponnen haben, die mit Verschlagenheit Pläne schmieden und immer andere dazu bringen, die Gefahr und die Schande bei der Ausführung auf sich zu nehmen; durch Zwang Christ geworden, war er ein Abtrünniger, der nicht nur die Bräuche des alten Glaubens in seinem täglichen Leben ausübte, sondern sich noch mit der schwarzen Kunst besudelte. Thrond war Sigmunds erbittertster Gegner gewesen; er war es gewesen, der die Tötung von Sigmunds Vater bewirkt hatte, und auch der Überfall, der mit Sigmunds Tode endete, war von ihm geleitet. Und doch stellt Thora Leif, dem Bewerber, in Aussicht, daß sie seinen Antrag annehmen will, wenn er und sein Ziehvater ihr eine Möglichkeit der Rache für den Vater schaffen. Und sie hält ihr Versprechen, sie heiratet Leif und sieht als Lohn drei Männer getötet, ihrem Vater zu Ehren.

Noch einmal treten diese beiden Frauen in der Geschichte der vornehmen Färöer auf. Es geschieht, daß Sigmunds Vettersohn bei einem Aufenthalt bei Sigurd Thorlakson, einem Verwandten von Thrond, getötet wird. Sigurd hat den Mörder sofort niedergehauen, und da in dem unglücklichen Augenblick nur diese drei anwesend waren, fällt ein Schatten von Verdacht auf den Wirt. Die bloße Möglichkeit, daß einer von Sigmunds Verwandten erschlagen und ungerächt liegt, genügt, um Thurid und Thora Tag und Nacht in Unruhe zu halten. Der arme Leif, der in der Sache nichts unternehmen will oder kann, hört daheim nichts als Hohn und Spott. Als dann Sigurd Thorlakson in seiner Verblendung für seinen Bruder um Thurid wirbt, gibt ihre Tochter ihr den guten Rat: „Wenn ich Euch raten soll, gibt es hier keine Ablehnung; wenn Ihr an Rache denkt, könntet Ihr keinen besseren Köder bekommen.“ „Ich brauche meiner Mutter nicht Worte auf die Lippen zu legen“, fügt sie hinzu. Das Geplante geht seinen Gang. Sigurd wird zu einer Besprechung mit Thurid eingeladen. Sie begegnet ihm vor dem Hofe und bietet ihm einen Sitz neben sich auf einem Baumstumpf. Er will das Gesicht dem Hofe zu kehren, sie setzt sich entschlossen umgekehrt mit dem Rücken zum Hofe und mit dem Gesichte nach der Kapelle des Hofes. Sigurd fragt, ob Leif zu Hause sei – nein, er sei nicht zu Hause; ob Thurids Söhne zu Hause seien – ja, sie seien zu Hause; und es dauert nicht lange, bis diese und Leif sich zeigen und Sigurd mit einer tödlichen Wunde heimschicken.

Das waren Thurid, „die große Witwe", und Thora, „von allem Volke als die edelste Frau gepriesen". Ihre Größe lag nicht so sehr in ihrer aufrichtigen und treuen Liebe, sondern darin, daß sie verstanden, was diese Liebe forderte, und daß sie diese Forderungen allem zum Trotze durchsetzten. Die Frage, die an uns gerichtet wird, ist nicht, wie uns diese beiden gefallen, sondern ob wir imstande sind, uns das lobende Urteil über die Liebe der beiden Frauen zu eigen zu machen, ohne Vorbehalt, so wie es dasteht.

Bei einer näheren Betrachtung von Egils Liebe und Schmerz finden wir auch noch einige charakteristische Züge, die geeignet sind, unsern ehrlichen Glauben an das allgemein Menschliche zu trüben. Von Egil wird erzählt: Nachdem er für die Zukunft seines Sohnes gesorgt und ihm einen Sitz in einem Hügel bereitet hatte, mit dem er wohl zufrieden sein konnte, habe der alte Streiter nun selber sterben wollen; aber seine kluge Tochter, Thorgerd, gab ihm seine Lebenslust wieder, indem sie ihm vorhielt, daß nichts den Jüngling so ehren würde wie ein Ruhmesgedicht, und sie ermunterte ihn auf diese Weise, ein Klagelied zu dichten. Zum Glück ist dieses Lied, worin Egil die Schmerzenslast von sich warf, uns erhalten geblieben.

Es liegt ein tiefer Sinn darin, daß dieses schönste Gedicht, das uns die Vorzeit geschenkt hat, ein Gedicht von Sippe und Sippenliebe ist, und daß gerade Egil, der altertümlichste von allen Helden der Saga, sein Dichter ist. Leider erschwert uns die Form im allerhöchsten Grade das Verstehen und den Genuß dieses Bekenntnisses. Egil war nicht nur als Charakter bedeutend, er war zugleich das, was wir einen Dichter nennen, und seine Seele ergoß sich unmittelbar in Verse. Die „Kenningar", Umschreibungen, die ein wesentlicher Bestandteil der alten Poesie waren, fallen von Egils Lippen wie Bilder, die des Dichters persönliche Stimmungen und Gefühle offenbaren. Aber die poetischen Bezeichnungen der alten Skalden sind unsern Ohren so fremd, daß es uns große Mühe kostet, uns in ein solches Verhältnis zu ihm zu setzen, daß seine Bildersprache Leben und Bedeutung gewinnt. Hat man aber die Geduld aufgebracht und sich so weit mit den verkünstelten Metaphern des Skalden vertraut gemacht, daß man verstehen kann, was sich so schwer der Seele des Dichters entringt, so wird man fühlen, wie sich das Leid dieses beraubten Vaters hart und dumpf von Vers zu Vers weiterschleppt.

Er klagt, daß der Schmerz seine Zunge bindet. „Wenig Aussicht ist da, Odins Raubgut zu finden, schwer läßt es sich aus dem Verließ des Schmerzes hervorholen – so geht es dem Trauernden." Egil wendet das Bild von Odin, der mit unsagbarer Mühe aus der Felsenkammer des Jöten den Skaldentrank – den Met der Inspiration – holte, auf sich selbst an, der mit hartem Kampfe durch die Wände des Schmerzes seinem Ausdruck einen Weg erzwingt.

„Das Meer rauscht vor der Tür da unten, wo das Helschiff des Gesippen angelegt hat.

Mein Geschlecht neigt sich zum Falle wie des Waldes sturmgepeitschte Bäume ...

Grimmig war die Lücke, die die Woge brach in den Sippschaftszaun meines Vaters; ungefüllt, weiß ich, und offen steht die Sohnesbresche, die die See mir schlug.

Vieles hat mir Ran [1] geraubt. Und ich stehe arm an Herzensfreunden. Meiner Sippe Bande hat die See zerrissen, einen straff gedrehten Strang aus mir selber.

Und ich sage dir: könnt ich meine Sache mit dem Schwert verfolgen, da wäre es um den Metbrauer [2] getan. Könnte ich ..., da ginge ich zum Kampf mit Ägirs Dirne [3]. Doch zu rechten mit des Sohnes Mörder, fühlt ich, hatte ich keine Macht. Alle Welt sieht, wie leer es geworden hinter dem alten Manne, wenn er einherschreitet.

Mir hat das Meer vieles geraubt – bitter ist es, gefallene Gesippen aufzuzählen – seit er, der als Schild des Geschlechtes stand, aus dem Leben entwich auf die Wege der Seelen.

Selber weiß ich's: In meinem Sohn wuchs kein schlechter Manneskeim heran.

Was sein Vater sagte, hielt er in Ehren, wenn das ganze Volk auch anderen Sinnes war. Er hielt mich aufrecht in meinem Heime, stärkte meine Kraft gewaltiglich. Oft kommt mir in den Sinn, daß ich bruderlos bin. Wächst der Kampf, so sinne ich, spähe aus und denke, welcher andere Mann mir wohl zur Seite stehe, mit Mut zu kühner Tat, wie es so oft mir not tut ...

Zaghaft wird zum Flug, wem Freunde fehlen."

Das sind Worte, die in ihrer großen Schlichtheit zu allen Zeiten wiederholt werden können – jedenfalls so lange das Leben noch ein Kampf bleibt; und ein höheres Lob gibt es wohl nicht für ein solches Gedicht.

Die folgenden Verse bestehen – soweit sie noch verständlich

[1] Göttin des Meeres. – [2] Ägir, der Gott des Meeres. – [3] Ran.

sind – aus Variationen über diese Grundgedanken: Auf niemanden ist Verlaß, denn die Menschen von heute erniedrigen sich und lassen sich willig mit klingender Münze für erlittene Kränkungen bezahlen, anstatt Rache zu fordern für das Blut des Bruders. „Wer einen Sohn verloren hat, muß einen anderen zeugen – kein anderer kann den verlorenen Sprößling ersetzen. Mein Haupt ist gebeugt", sagt er, „seit er, der zweite meiner Söhne, vor dem Brand der Krankheit fiel, er, dessen Ruf unbefleckt war. Ich hatte Vertrauen zu dem Gotte, aber er brach seine Freundschaft, und jetzt ist meine Lust, ihn zu verehren, gering." – Trotz dieser Bitterkeit bleibt er doch eingedenk, daß er die Gabe der Dichtkunst erhalten hat und eine Seele, die die Ratschläge der Feinde zu entdecken weiß, und er vergißt nicht, daß diese Herrschaft über das Wort, sein Trost in manchem Unglück, eine Gabe des Gottes ist, der ihn verraten hat. Finster blickt er in die Zukunft: „Ich bin dicht umringt, Hel steht am Vorgebirge, aber gutwillig mit heiterem Sinn will ich sie erwarten."

Im Grunde ist die erste Hälfte des Gedichts vollkommen zeitlos; der Leser braucht, um es zu verstehen, nicht an eine ferne Epoche und eine ferne Kultur zu denken. Nur die Form, die Form allein, verknüpft es mit Egil, der Skaldendichtung und der Exegese der Gelehrten. Sogar Egils leidenschaftlicher Ausbruch gegen die hohen Mächte, die die Herrschaft in dieser Welt an sich gerissen haben, berührt uns kaum als fremd. Im Gegenteil, wir werden vielleicht diese Worte als echt menschlich preisen und ihnen die ehrenvolle Bezeichnung „Modernen Geistes" verleihen.

Aber unsere Schwäche für alles, was nach Titanentrotz klingt, darf unsere Augen nicht blind machen für die eigentümlichen Ausdrücke, in welchen dieser bei Egil hervortritt. Seine Verse äußern keine instinktive Auflehnung gegen das Schicksal, sondern tiefe Sehnsucht nach Rache und Wiederaufrichtung. Er beklagt, daß er außerstande ist, seine Sache zu verfolgen, sein Recht durchzusetzen. Ist das wirklich so zu verstehen, daß Egil nur, weil er allein in der Welt steht, ohne Gesippen und Gefolge, seine Rachegedanken aufgibt? Wenn man im Innern die Kraft vermißt, gegen einen Gott zu kämpfen, hat es dann einen Sinn, mit einigen treuen Freunden und Verwandten als Rückendeckung aufzutreten? So mögen oder müssen wir fragen, und indem wir diese Frage stellen, wird unsre Sympathie einer weichen, poetischen Stimmung Platz machen, die Verzicht auf jedes Verständnis bedeutet.

Der Schmerz kann den Menschen immer so in die Extreme seines Wesens hinaustreiben, daß seine Worte sich scheinbar widersprechen, aber der Widerspruch des Gefühls ist nicht Sinnlosigkeit, sondern hat seine Erklärung darin, daß die beiden einander widerstreitenden Richtungen sich an irgendeinem Punkt der Seele kreuzen. Manchmal werden die Gefühle in so hohem Grade gesteigert, daß sie miteinander unvereinbar erscheinen, aber der mitfühlende Zuhörer versteht, daß er kein Recht hat zu kritisieren, bevor er die Richtungen bis zu ihrem Kreuzungspunkt verfolgt hat. In Egil besteht ohne Zweifel eine sehr enge Verbindung zwischen den scheinbaren Widersprüchen. Die beiden Verse folgen nicht geistesabwesend aufeinander. Es ist ein innerer Zusammenhang zwischen dem Trotz den Göttern gegenüber und dem Ausbruch der Schwäche beim Anblick der eigenen Vereinsamung, aber wir können sinnen und grübeln, solange wir wollen: wirkliches Verständnis für Egils Gedanken – daß er sich dem Tod überlegen fühlen würde, wenn er einen großen Kreis von Verwandten um sich hätte – läßt sich nicht durch einfache Vertiefung in diese Zeilen gewinnen; das läßt sich nur gewinnen, wenn Egil und seine Zeitgenossen uns die Lösung in die Hand geben. Für Egil scheint das Leben sich als ein Rechtshandel darzustellen, wo der Mann mit den vielen Verwandten zu seinem Rechte kommt, weil er eine Schar eidesbereiter Männer hinter sich hat, deren Eide schwer genug wiegen, um seinen Gegner zu Boden werfen zu können. Wir wollen uns einmal vorstellen, daß sein Ausdruck: „seine Sache verfolgen“ – nicht nur ein poetisches Bild darstellt, sondern daß das ganze Leben mit all seinen Aufgaben einem Rechtshandel glich, wo ein Mann mit einer großen und starken Sippe seinen Willen und sein Glück körperlich und geistig fördern und Macht über seine Umgebung nicht nur durch Kampf, sondern auch durch Eide gewinnen konnte, vermöge der Sippenmacht, die er und die Seinigen besaßen. Wir wollen uns weiter vorstellen, daß dieses Vertrauen in die Macht der Sippschaft und die Hilfe der Verwandten so stark ist, daß es über das Leben hinausgreift und den Tod in seine Gewalt mit einschließt, daß es sich zumutet, Götter zum Gericht laden und sie niederschwören zu können, ja, Himmel und Erde zu erschüttern. Dann gewinnen Egils Worte einen neuen Sinn; sie verlieren nichts von ihrem Gewicht, aber sie werden alles andere als „modern“. Der Titanentrotz schwindet – oder schwindet nahezu – und anstatt dessen tönt ein halb verzweifelter Schrei aus einer unglücklichen Menschenseele. Dann liegt das Paradoxon nicht dort, wo wir es zuerst vermuteten, sondern in einer ganz anderen Richtung.

Und lesen wir nun von diesen Worten vorwärts und rückwärts, so erhalten die anderen Verse, die uns zuerst so glatt auf der Zunge lagen, eine fremdartige Kraft und Gewaltsamkeit – nicht nur, wo die Rede davon ist, daß ein Strang aus ihm gerissen, eine Lücke gehauen worden ist, sondern auch, wo er der Hilfe des Sohnes gedenkt und seinen eigenen Mißmut verrät, wenn er im Kampfe nach einem späht, der helfen soll. Es wäre sehr merkwürdig, wenn wir nicht an Stelle des ruhigen Genießens der Worte eine Unsicherheit in uns spürten, die uns bei jeder Zeile zögern läßt. Die Worte verflüchtigen sich, weil wir selbst unsern Stand verloren und keinen neuen gewonnen haben. Herausgerissen sind sie. Unsere Phantasie flattert unsicher fort von der übertragenen Bedeutung, die uns zuerst als die einzig mögliche erschien, und umschwirrt den Gedanken einer wirklichen Verblutung – doch ohne einen Halt zu gewinnen. Und unsere Unsicherheit muß anwachsen, wenn wir entdecken, daß Egils Bilder von der Sippe als einem Zaun, wo Pfahl an Pfahl steht, vom Tode als einer Lücke in der Sippe und in den Nachlebenden, daß diese Bilder alltäglich sind, gewöhnliche Illustrationen, man möchte beinahe sagen: technische Hilfsmittel. Wir können uns der mächtigen Stimmung des Gedichtes nicht ergeben, bevor wir genau erfassen, worin die Lücke, die Bresche besteht; welche Bedeutung hat das Wort „helfen“? Wir ahnen nun, daß wir die Bedeutung aller Wörter aufs neue lernen müssen.

Hier bricht unser Glaube an das ursprüngliche allgemeine Gefühl als Verständigungsmittel zwischen Menschen verschiedener Kulturen für immer zusammen. Durch bloße Sympathie oder durch Intuition können wir uns den Weg zum Verständnis nicht erzwingen. Es bleibt uns kein anderer Ausweg, als umzukehren und von dem Äußeren nach innen zu dem allgemein Menschlichen vorzudringen.

Kurz gesagt, wir müssen mit der Sippe anfangen, mit dem Stamm, dem Geschlecht: einer Sammlung von Individuen, die in dem Grade zu einer Einheit verbunden sind, daß sie anscheinend gar nicht selbständig handeln können. Was das für ein Gefühl ist, das sie so vereinigt, muß eine spätere Frage werden; die Hauptsache ist hier, daß der einzelne nicht handeln kann, ohne daß alle in und mit ihm handeln; ein einzelnes Individuum kann nicht leiden, ohne den ganzen Kreis in Mitleidenschaft zu ziehen. So absolut ist der Zusammenhang, daß der einzelne gar nicht für sich existieren kann; sobald das Band gelockert wird, sinkt er abwärts als das unglücklichste aller Geschöpfe.

Wir können uns mit dem einzelnen Menschen gar nicht verständigen. Hier liegt der Unterschied zwischen der hellenischen und der germanischen Kultur. Der Hellene steht uns näher, weil wir unmittelbar zu ihm gehen, mit ihm über das menschliche Leben von Mensch zu Mensch sprechen können, uns von ihm in die – wie es uns scheint – fremdartige Welt, in der er lebt, einführen lassen; und aus seinen Äußerungen und Ausdrücken können wir uns einen Begriff davon bilden, wie er auf das, was ihm begegnet, reagiert. Der „Barbar" rührt sich nicht. Er steht starr und abweisend. Wenn er spricht, haben seine Worte keinen Sinn für uns. Er hat einen Mann getötet. „Warum hast du den Mann getötet?" fragen wir. „Ich tötete ihn aus Rache." „Wieso hatte er dich beleidigt?" „Sein Vater hatte meinem Vaterbruder ein häßliches Wort gesagt, da forderte ich die Ehre, die er uns schuldig war." „Warum hast du nicht dem Beleidiger selbst das Leben genommen?" „Dieser war ein besserer Mann." Je mehr wir fragen, je unverständlicher wird er uns. Er erscheint uns wie eine Maschine, die durch Prinzipien getrieben wird.

Der Hellene existiert als einzelner, als Individuum innerhalb einer Gesellschaft. Das germanische Individuum existiert nur als Repräsentant, nein, als Personifikation eines Ganzen. Man könnte sich vorstellen, daß eine starke seelische Bewegung das Individuum aus dem Ganzen herauszerren, es sich selber fühlen und aus sich selber reden lassen müßte. Aber gerade das Umgekehrte geschieht: je mehr die Seele in Bewegung gesetzt wird, desto mehr geht die Persönlichkeit in die Sippe auf. Im selben Augenblick, wo der Mensch am leidenschaftlichsten und rückhaltlosesten seinen Gefühlen nachgibt, nimmt die Sippe den einzelnen ganz und gar in ihren Besitz. Egils Klage ist keine Klage eines Vaters über seinen Sohn; ein Geschlecht klagt stöhnend durch die Person des Vaters. Aus dieser Breite des Gefühls steigt das überwältigende Pathos des Gedichts empor.

Wenn wir zu einem wirklichen Verständnis von Männern wie Egil gelangen wollen, müssen wir fragen: Was ist es für eine verborgene Kraft, die Verwandte untereinander unzertrennlich macht?

Zuerst erfahren wir dann, daß sie einander „Freund“ [1] nennen, und eine sprachliche Analyse dieses Wortes sagt uns, daß es bedeutet: „Die (einander) lieben“ [2]; damit ist uns aber nicht geholfen, denn die Etymologie sagt uns nichts davon, was „lieben“ bedeutet. Wir kommen ihnen vielleicht näher, wenn wir den etymologischen Zusammenhang beachten zwischen dem Wort „Freund“ und den beiden anderen Worten, die in der alten Gesellschaft eine große Rolle spielen: „frei“ und „Friede“. In „Friede“ haben wir die eigene Definition der alten Verwandten („Freunde“) von der Grundstimmung ihres gegenseitigen Verhältnisses. Mit „Friede“ meinen sie etwas in ihrem Innern, eine Kraft, die sie zu „Freunden“ untereinander und zu „Freien“ der übrigen Welt gegenüber macht. Aber natürlich können wir auch hier nicht die Bedeutung des Wortes als unmittelbar gegeben hinnehmen, denn die Jahrhunderte sind nicht spurlos über dieses kleine Wort dahingegangen. Während Wörter wie „Roß“, „Wagen“, „Haus“ und „Kessel“ einigermaßen unberührt von allen kulturellen Wandlungen bestehen können, erfahren alle Bezeichnungen von geistigen Werten in ihrem Verlauf dieselben geistigen Umgestaltungen, die im letzten Jahrtausend hier im Norden in den Seelen der Menschen stattgefunden haben. Und je näher ein solches Wort in seinem Ursprung am Mittelpunkt der Seele liegt, um so durchgreifender wird es seinen Sinn ändern.

Wie kaum ein anderes Wort trägt „Friede“ das Zeichen des umformenden Einflusses von Christentum und Humanismus. Wenn wir den alten Ton des Wortes untersuchen, werden wir darin etwas Strenges finden, eine Festigkeit, die sich jetzt in Weichheit verwandelt hat. Der Friede früherer Zeiten war nicht so passiv wie unser jetziger Begriff, er enthielt weniger Unterwerfung, mehr Wille. Er barg auch ein leidenschaftliches Element in sich – „Freude“ [3] –, das jetzt in Quietismus untergangen ist. Aber soviel sagt das Wort unzweideutig, daß die Liebe, die diese Verwandten verband, nicht im modernen, gefühlsvollen Sinne aufzufassen ist; der Grundton der Verwandtschaft („Freundschaft“) ist Sicherheit.

[1] Anm. d. Übers.: Dänisch *Frœnde,* ein Wort, das sonst mit „Verwandter“ übersetzt werden muß. Isländisch *frœndi,* angelsächsisch *freond,* mittelhochdeutsch *vriunt.*

[2] Anm. d. Übers.: Wahrscheinlich altes präsentisches Partizip, wörtlich „liebend“; ähnlich „Feind“ (englisch *fiend)* = hassend.

[3] Anm. d. Übers.: Dänisch *Gammen,* meist altertümlich für Festfreude unter Freunden gebraucht.

Friede herrscht unter den Verwandten (Freunden). Das bedeutet in erster Linie gegenseitige Unantastbarkeit. So stark auch die verschiedenen Gesippenwillen aufeinander prallen und miteinander ringen mögen, so hartnäckig die einzelnen Köpfe, je nach dem Maß ihrer Weisheit, sein mögen, nie kann von Streit in anderem Sinne die Rede sein, als daß Gedanken und Gefühle sich zum Gleichgewicht durcharbeiten. Es unterliegt keinem Zweifel, daß gute Verwandte gründlich uneinig werden konnten; wie aber auch die Sache lag, die Entscheidung konnte – sollte – mußte notwendigerweise in Frieden und zum Frieden ausfallen.

Jeder Zwist war ohne Stachel. Zwei Verwandte konnten nicht die Hand gegeneinander erheben.

Sobald ein Mann Verwandtschaft witterte, fielen seine Arme nieder. Der Schluß der Saga von Björn Hitdœlakappi erhält einen gewissen heroisch-komischen Anstrich gerade durch diese Tatsache, Björn fiel gegen Thord Kolbeinson und seine Begleiter nach einem heldenmütigen Kampf. Die Ursachen der Feindschaft zwischen den beiden waren viele und vielerlei, man kann gleichwohl ruhig sagen, daß Björn alles getan hatte, was er nur konnte, um Thords eheliches Verhältnis zu erschüttern. Unter den Gegnern spielt Thords junger Sohn, Kolli, eine hervorragende Rolle. Da sagt Björn in dem Augenblick, wo er auf den Knien liegend sich verteidigen muß: „Du gehst heute hart vor, Kolli." „Ich weiß nicht, wen ich hier schonen sollte?" antwortet der Jüngling. „Das mag sein. Deine Mutter hat dir wohl eingeschärft, mich nicht zu schonen; aber es scheint mir, daß du nicht gerade in Sippenkunde deine Stärke hast." Und Kolli antwortet: „Ziemlich spät kündigst du es an, daß wir zwei nicht frei zueinander stehen", und mit diesen Worten gab er jede Beteiligung am Kampfe auf.

Selbst in den isländischen Sagas aus der Verfallszeit haben wir sehr wenige Beispiele dafür, daß ein Verwandter sich auf Unternehmungen einläßt, die zu Sippenkonflikten führen können. Der keineswegs sympathische Färöerhäuptling Thrond von Gata wird mit Geld verlockt, sich gegen seine Vettern zu stellen; aber bevor er sich dazu hergibt, opfert er dem Rechtsgefühl seinen Tribut, indem er dem Versucher sagt: „Das kannst du nicht im Ernst meinen." Wenn wir an einer anderen Stelle lesen, daß ein Mann schwer verblendet gewesen sein muß, weil er sich an einem Kampf beteiligte, wo seine eigenen Söhne sich auf der Gegenpartei befanden, kommt in den Worten eine Mischung von Staunen und

Unwille deutlich zum Vorschein, die stärker spricht als die schärfste Verurteilung, denn hinter diesem Staunen liegt der Gedanke: Wie k a n n er so etwas tun?

Es ist schwierig, einen wahren Eindruck von den tiefsten Grundgesetzen im Menschenleben zu erhalten, die den eigentlichen Kern des Gewissens bilden; noch schwieriger aber, diesen Eindruck anderen lebendig zu vermitteln. Durch bemerkenswerte Beispiele läßt sich nichts erläutern. In Büchern über große und gute Taten wird eine Eigenschaft wie der Friede niemals ihrer Bedeutung gemäß vertreten sein; sie liegt zu tief. Sie äußert sich nicht unmittelbar in den Gesetzen, sie ist die Grundlage aller Sitten und Gebräuche, tritt aber nie selbst ans Tageslicht.

Will man im Ernst wissen, was das Stärkste in den Menschen ist, so muß man das tägliche Leben mit all seinen Hemmungen, mit all seiner Zurückhaltung in kleinen Dingen abtasten. Ist man aber dann einmal der ununterbrochenen Kette von Selbstbeherrschung und Selbstbeschränkung gewahr geworden, die in dem Leben arbeitender Menschen den Zusammenhang bildet, da mag es wohl vorkommen, daß man fast erschrickt vor der Macht, die zutiefst in uns sitzt und uns nach ihrem Willen lenkt. Hat man sich durch den geistigen Nachlaß unsrer Vorfahren durchgearbeitet, so wird man unweigerlich, scheint mir, eine beklemmende Ehrfurcht vor diesem „Frieden“ mitnehmen. Die Nordländer erzählen immer von Kampf und Streit, Zank und Scherereien – bald gilt der Streit einem Königreich, bald einem Ochsen, bald ist es der ungebändigte Übermut eines einzelnen, dann schonungslos vom Schicksal verknüpfte Zufälligkeiten, die die Menschen in einen chaotischen Streit verwickeln – aber wir merken, daß selbst im leidenschaftlichsten Aufruhr jeder einzelne an einem bestimmten Punkt seine Feinfühligkeit bewahrt: jede Begebenheit hat Beziehung zum Frieden.

Hinter jeder Gesetzesbestimmung steht deutlich eine Furcht – eine heilige Scheu – davor, an einer bestimmten Sache zu rütteln, nämlich an den Banden der Verwandtschaft. Wir fühlen, daß alle Gesetzesparagraphen aus der Voraussetzung herauswachsen, daß Verwandte nicht gegeneinander vorgehen wollen und können, sondern einander stützen müssen.

Als die Kirche die Gesetzgebung in ihre Beaufsichtigung einbezog, mußte sie als erstes einen wesentlichen Mangel des alten Rechts feststellen: dieses kannte keine Bestimmungen betreffend Mord unter Verwandten. Dieses Verbrechen wurde deshalb der geistlichen Jurisdiktion unterstellt; die Kirche schuf Strafbestimmungen, so wie sie auch durch Anpassung lateinischer Wörter Bezeichnungen für das Verbrechen schuf.

Als die Gesetzgeber im Mittelalter mutig dem altertümlichen Frieden auf den Leib zu rücken begannen, um modernen Rechtsprinzipien einen Platz zu erkämpfen, mußten die Angriffe zuerst in der Form von Vergünstigungen geführt werden: es wurde einem Mann erlaubt, sich als unbeteiligt an der Sache seines Verwandten zu betrachten; es wurde gesetzlich für angängig erklärt, eine Beteiligung an der Entrichtung der Geldstrafe, die Verwandten auferlegt war, zu verweigern. Eine jahrhundertelange Arbeit war nötig, bevor man die stillschweigende Voraussetzung dieses allgegenwärtigen Friedens aus dem Gesetz entfernen und erreichen konnte, daß als Grundlage der Gerechtigkeit die Menschlichkeit anerkannt wurde.

Eigentümlich genug, gerade in der Übergangszeit, als der Friede im Begriff war, aus seiner Machtstellung als das eigentliche Gewissen verdrängt zu werden, bekam er einen endgültigen gesetzmäßigen Ausdruck, nämlich in den Statuten der mittelalterlichen Gilden, einer Fortsetzung nicht gerade der Sippe, sondern dessen, was im Prinzip mit der Sippe identisch war: der alten freien Friedensgemeinschaften. In den Gildegesetzen heißt es, daß die Gildebrüder keinen Streit miteinander haben dürfen; aber für den bedauerlichen Fall, daß zwischen zweien aus derselben Gilde doch Zwist entsteht, darf keiner der Streitenden, bei Strafe, aus der Bruderschaft ausgestoßen zu werden, seinen Bruder vor einen anderen Richtstuhl als den eigenen der Bruderschaft laden; nicht einmal im fremden Lande darf ein Mitglied einer Gilde seinen Handel irgendeiner Obrigkeit oder irgendeinem Richter unterbreiten.

Die friesischen Bauerngesetze aus dem Mittelalter haben es auch für nötig befunden, die gegenseitigen Pflichten der Verwandten in harten und festen Geboten niederzulegen, indem sie vorschrieben, daß nahe Verwandte – Vater und Sohn, Brüder, Vaterbrüder, Mutterbrüder, Vaterschwestern oder Mutterschwestern – ihre gegenseitigen Streitigkeiten nicht vor Gericht bringen dürfen; sie dürfen nicht Eid oder Rechtszweikampf zwischen sich aufkommen lassen; können sie sich aber über Güter und anderes nicht einigen, da soll einer der nächsten Verwandten zwischen ihnen richten.

Die Bestimmungen der Gilden nähern sich so sehr dem ungeschriebenen Sippengesetz, wie ein lebloses äußeres Gebot sich dem Gewissen nähern kann, das das Leben in sich trägt. Und sie geben uns wirklich von dem absoluten Charakter des Friedens, von seiner Unbedingtheit, einen knappen Begriff. Aber sie können nicht den seelischen Gehalt des „Friedens" geben, denn dann hätten sie, anstatt darauf zu bestehen, daß kein Streit zwischen Brüdern geduldet werden sollte, einfach bestätigen müssen, daß es nie und nimmer möglich wäre, daß ein solcher Streit entstünde. Mit anderen Worten: an Stelle eines Verbotes würden wir die Anerkennung einer Unmöglichkeit haben. Die Gestalten der isländischen Sagas befinden sich noch in diesem Zustand, obschon wir fühlen, daß der Zusammenhang der Sippe im Begriff ist, sich zu lockern. Sie besitzen noch, mehr oder weniger unberührt, die unwillkürliche Ehrfurcht solchen Angelegenheiten gegenüber, die die Sippe als Ganzes angehen, und eine hochentwickelte Vorsicht und einen Vorbedacht bei allen Unternehmungen, die nicht mit Sicherheit als außerhalb der Belange aller Verwandten liegend gedacht werden können. Selbst die unbesonnensten Charaktere zögern bei Versprechungen und Verbindungen, wenn sie befürchten müssen, den Interessen eines Verwandten Abbruch zu tun. Sie schrecken vor solchen Konflikten immer zurück. Der „Friede" zeigt seine Stärke darin, daß er keine Tugend ist, keine außerordentliche Anforderung, sondern gerade eine alltägliche Notwendigkeit, das Selbstverständlichste von allem, gleich für hoch und niedrig, für heroische und unheroische Charaktere. Deswegen erscheinen die Ausnahmen als etwas Abscheuliches, Unheimliches.

Die Verwandtschaft war nicht die einzige Form von Beziehungen zwischen Individuen, und, wie klug und behutsam ein Mensch auch sein Leben einrichtete, er konnte doch nie sicher damit rechnen, jedes schmerzliche Dilemma zu umgehen. Er kann denn auch in eine Lage geraten, wo die Macht des Friedens in ihm augenscheinlich auf eine Probe gestellt wird.

So Gudrun. Ihre eigenen Brüder, Gunnar und Högni, haben ihren Gatten gefällt. Sie klagt ihren Harm in ergreifenden Worten. Der Dichter der *Gudrunarkvida* läßt sie sagen: „Auf der Bank und im Bette entbehr ich, den Freund zu sprechen – das wirkten Gjukis Söhne. Gjukis Söhne wirkten mein Elend, wirkten die schweren Tränen ihrer Schwester." Die nordischen Lieder legen ihr auch unheilverkündende Worte in den Mund, ja, es klingt wie eine Verfluchung, wenn sie sagt: „Dein Herz, Högni, sollten Raben zerreißen auf weitem Felde, wo du vergebens nach Menschen um Hilfe riefest." Aber die Sage hat keinen Platz auch nur für die kleinste Handlung Gudruns zum Nachteil der Brüder. Mit Rat und Tat sucht sie Atlis Rachepläne gegen Gunnar und Högni zu hindern, und da alle Warnungen vergebens sind, läßt sie Atli schwer für die Tat büßen. Die nordischen Dichter, die ihren Schmerz so stark hervorheben, lassen diesen völlig tatenlos bleiben – sie versuchen nicht einmal, den Gegensatz durch irgendwelchen Seelenstreit in Gudrun zu mildern; hier ist kein Bedenken, kein Wägen. Der Friede war ihnen das eine Unbedingte. Der Dichter läßt Högni auf Gudruns leidenschaftlichen Ausbruch mit den tiefen Worten antworten: „Und zerrissen die Raben mein Herz, desto tiefer würde dein Kummer."

Die Sigurdlieder sind Dichtungen nordischer Männer über einen alten Stoff; sie geben uns germanische Gedanken, so wie sie in norwegischen oder isländischen Seelen wiedererlebt wurden. Durch und durch isländisch im Stoff wie im Wort ist die Tragödie, die zu Gisli Sursons unglücklicher Friedlosigkeit führt. Die beiden Brüder, Gisli und Thorkel, die Sursöhne, werden vom Erzähler als recht verschieden im Charakter dargestellt, und in ihren Sympathien gehen sie auch auseinander. Thorkel ist ein naher Freund von Thorgrim, dem Gatten ihrer Schwester; Gisli fühlt sich innerlich mit Vestein verbunden, dem Bruder seiner eigenen Gattin Aud. Zwischen den beiden Halbschwägern ist das Verhältnis augenscheinlich von früher Zeit her ziemlich gespannt gewesen, und schließlich wird Vestein von Thorgrim getötet. Gisli übt heimlich Rache, indem er nachts in Thorgrims Haus geht und ihn im Bett durchbohrt. Die Rachewalter Thorgrims folgen einem natürlichen Verdacht und besuchen Gisli, noch bevor er aufgestanden ist; Thorkel, der bei seinem Schwager wohnt, geht zuerst hinein, sieht den Schnee auf Gislis Schuhen, die auf dem Fußboden stehen, und schiebt sie mit dem Fuß schnell unters Bett. Die Schar muß unverrichteter Sache wieder davonziehen; aber später einmal verrät sich Gisli in einem übermütigen Vers als Täter, und man reitet zu ihm mit der Thingladung. Thorkel ist wiederum mit in der Schar; aber unter einem falschen Vorwand verläßt er seine Genossen, lange genug, um Gisli warnen zu können. Unterwegs kommt die Schar zu einem Hofe, wo er ein Guthaben eintreiben zu müssen behauptet, und er benutzt die Gelegenheit, seinen Schuldner zu mahnen. Aber während sein Pferd gesattelt vor der Tür steht und seine Begleiter denken, daß er in der Stube sitzt und das Geld zählt, reitet er auf einem geliehenen Pferd in den Wald hinauf, wo sein Bruder sich versteckt hält, und als er nun endlich seine verschiedenen Geldsachen geordnet hat und den Weg fortsetzt, wird er auch noch von verschiedenen kleinen Reiseunfällen betroffen, die genügen, um das Unternehmen sehr zu verzögern.

Gislis Hieb war für Thorkel eine ernste Sache. Er sagt selbst zu Gisli: „Du hast mir keine kleine Kränkung zugefügt, als du Thorgrim tötetest, meinen Schwager und Genossen, meinen vertrauten Freund." Die großen Verpflichtungen, die Sitte und Brauch den Freunden untereinander auferlegten, sind ein Zeugnis davon, welchen Ernst man in solch nahes Verhältnis hineinlegte, in wie hohem Grade man sich selbst und den eigenen Willen in der Freundschaft aufgehen ließ. Thorkels Lage ist deshalb bitterer, als sie uns jetzt unmittelbar erscheinen mag. Aber die Freundschaft muß dem „Frieden" weichen, Thorkel hat keine Wahl. Hier finden wir denselben Gegensatz wie in den Gudrunliedern. Thorkels Bitterkeit und sein Friede stehen einander unvermittelt gegenüber; sie können einander nicht so nahekommen, daß sie in Streit zusammenstoßen; sie gehören verschiedenen Schichten der Seele an. Uns mag es vielleicht scheinen, daß ein Glied in dem nüchternen Bericht der Saga fehlt; aber gerade so, wie die Worte stehen, zeigen sie gute isländische Psychologie.

Der Friede ist etwas, was unterhalb von allem liegt, tiefer als alle Neigungen. Er beruht nicht auf dem Willen, in dem Sinne, daß die Friedensgenossen sich immer wieder entschließen, das Verwandtschaftsgefühl allen anderen Gefühlen vorzuziehen. Weit eher ist er der Wille selbst. Er ist mit dem Verwandtschaftsgefühl selbst identisch und nicht bloß etwas, was dieser Quelle entspringt.

Thorkel hat seinen Schmerz, wie Gudrun den ihrigen; aber die Möglichkeit, daß der Schmerz zweischneidig werden könnte, der bloße Gedanke, daß man hier Partei ergreifen könnte, ist ausgeschlossen. Es kann daher nie ein Problem entstehen. Den Zustand, daß Verwandte gegen Verwandte auftreten, kennt die Dichtung nur als Rätsel oder Grauen, als eine Folge von Irrsinn oder als etwas Dunkles, Unbegreifliches, etwas, das nicht einmal Schicksal ist.

Die Gedanken der Menschen haben von alters her jenes Faktum umkreist, daß es durch den Zufall geschehen kann, daß ein Mann seinen Verwandten tötet. In dem Bilde vom Vater und Sohn, die, ohne sich zu kennen, sich im Kampfe treffen und gegenseitig ihr Blut vergießen, ist diese traurige Möglichkeit schon früh poetisch behandelt worden. Einen großartigen Überrest – leider nur einen Torso – von diesen Dichtungen haben wir in dem deutschen Hildebrandslied, wo der Vater bei der Heimkehr von einem langen Aufenthalt im fremden Lande seinen Sohn trifft und von ihm gegen seinen Willen zum Zweikampf gereizt wird. Wir begegnen dem Paare wieder bei Saxo als zwei Brüdern, Halfdan und Hildiger. Im Hildebrandsliede ist es die Ungläubigkeit des Sohnes gegenüber der Verwandtschaftserklärung des Vaters, die das Unheil herbeiführt; der Vater muß den Kampf aufnehmen oder ehrlos dastehen. Bei Saxo wird die innere Kraft des Auftrittes dadurch geschwächt, daß Hildiger gänzlich unbegründet sein Wissen von ihrer Verwandtschaft für sich behält, bis er tödlich verwundet am Boden liegt. Übrigens geht Saxos Sage deutlich auf dieselbe Situation zurück, die in dem deutschen Liede bewahrt worden ist. Hildiger versucht durch List, das Schicksal abzulenken, indem er stolz den Holmgang mit einem unerfahrenen Kämpen ablehnt. Da aber Halfdan unverdrossen seine Herausforderung wiederholt und eine Reihe von Gegnern nach der anderen fällt, bringt Hildiger, der seinen eigenen Ruf durch Halfdans Taten gefährdet sieht, es nicht länger fertig, die Forderung abzulehnen. Eine isländische Version, in der Saga von Asmund Kappabani enthalten, stimmt im ganzen so genau mit Saxos Erzählung überein, daß man eine nahe Verwandtschaft zwischen den beiden annehmen muß; der eine der Brüder trägt da noch den alten Namen Hildebrand, der andere ist mit dem Helden der Saga, Asmund, verschmolzen worden. Der Unterschied zwischen der schlichteren Darstellung des Hildebrandliedes und der dramatischen Künstelei in den nordischen Varianten beruht wesentlich darauf, daß die Sagamänner so viel Wirkung wie möglich für die Klage am Schluß aufsparen wollten.

Die Erzählung von der schicksalschwangeren Begegnung der beiden Verwandten ist, als epischer Stoff betrachtet, nicht spezifisch germanisch; er läßt sich gegen Westen bei den Kelten und gegen Süden bis nach Asien hinein verfolgen. Vielleicht, oder sagen wir wahrscheinlich, stammt er, literarhistorisch gesehen, aus dem Süden – wichtiger ist es jedoch, zu beachten, daß das Thema stets aufs neue wiedergeboren worden ist, bei dem einen Sippenvolk nach dem anderen, ein Beweis dafür, daß dieselben Gedanken überall auf den Gemütern lasteten. Die Menschen grübelten und forschten über das Rätselvolle in der Weltordnung, daß ein Mann gegen seinen Willen gezwungen sein konnte, seinem Verwandten Böses anzutun. Im Germanischen wird die Frage klar und einfach gestellt: der Friede war unverletzlich, aber auch die Ehre hatte ihre absolute Gültigkeit, und die beiden konnten so hart aufeinanderprallen, daß sowohl Friede wie Ehre zerbrachen und der Mensch selber mit ihnen. Leider fehlt der Schluß des Hildebrandsliedes, gerade der Teil, der die gemeinsame Klage der Recken enthalten haben muß. Der Verlust ist doppelt schmerzlich, weil diese gerade den Schwerpunkt des Gedichtes bildete. Saxos Umdichtung und noch mehr die modernisierte Elegie der isländischen Saga geben uns nur einen matten Nachklang. Aber selbst in diesen späteren Nachdichtungen meint man ein Pathos ganz anderer Art als das gewöhnliche zu empfinden: nicht den unerbittlichen Ernst des Todes, sondern ein tiefes Staunen, das sich zum Grauen steigert; keine mutige Anrufung des Schicksals mit einem Gefühl von Trost in der sicheren Überzeugung, daß es für alles eine Genugtuung gibt, und daß auch für dieses eine Genugtuung kommen wird, wenn die Nachlebenden etwas taugen, sondern nur Ratlosigkeit, Hoffnungslosigkeit. Und dieselben Töne klingen an anderen Stellen durch, so in der Hervararsaga, wo Angantyr, als er den Leichnam seines Bruders auf der Walstatt findet, sagt: „Der Fluch ist über uns, ich bin dein Töter geworden; dessen wird man ewig gedenken; böse ist der Richtspruch der Nornen." In diesen Worten drückt er sein Gefühl aus, ein Schreckbild zu sein, so verzweifelt sinnlos ist sein Schicksal, daß es die Gedanken der Nachfahren zwingen wird, darum zu kreisen, so daß er „zum Lied kommender Geschlechter werden wird". Der Schluß der Hildebrandsklage klingt in Saxos Umdichtung ungefähr so: „Ein böses Schicksal, das Unglücksjahre auf die Frohen lädt, begräbt das Lächeln in Schmerz und zermalmt das Schicksal. Denn klägliches Elend ist es, ein Leben in Kummer dahinzuschleppen, unter dem Druck sorgenschwerer Tage zu atmen und von dem Wahrzeichen *(omen)* geängstigt zu werden. Aber alles, was die prophetische Bestimmung der Parzen fest knüpft, alles, was im Rat der hohen Vorsehung geplant wird, alles, was einmal durch Blick in die Zukunft in die Kette der Schicksale eingegliedert wurde, das wird durch keine Veränderung in den Dingen der Zeitlichkeit von seiner Stelle gerückt."

Etwas diesen Zeilen Entsprechendes gibt es nicht in der Saga. Der erste Teil dieses Gedichts besagt dasselbe wie Saxos Paraphrase: „Niemand weiß im voraus, wie sein Tod werden wird. Dich gebar Drot in Dänemark, mich in Schweden. Mein Schild liegt zersplittert an meinem Haupte; da stehen aufgezählt, die ich tötete; da“ – gemeint ist vermutlich: auf dem Schilde– „liegt der Sohn, den ich zeugte und wider Willen ums Leben brachte.“ Worauf dieses anspielt, wissen wir nicht recht. Und dann schließt das Gedicht mit der Bitte an den Überlebenden, zu tun, „wozu sonst nur wenige Töter sich bereit finden“, nämlich den Toten in seine eigenen Kleider zu hüllen, ein Ausgang, der in seiner romantischen Sentimentalität gänzlich unnordisch klingt. Hier hat Saxo unzweifelhaft eine andere, ursprünglichere Version vor sich gehabt. Seine Ausmalung der bösen Tage, die in Ängsten verbracht werden, schließt sich ziemlich eng an alte Gedanken an: eine solche Tat begräbt alle Hoffnung für die Zukunft und verbreitet unter den Nachlebenden eine immerwährende Ängstigung. Wie die Worte ursprünglich in der nordischen Version fielen, darüber Mutmaßungen anzustellen, hat keinen Zweck; aber gerade in Saxos *omen* scheint eine echte nordische Vorstellung eingeschlossen zu sein, nämlich die, daß eine solche Tat ein unheilverkündendes Wahrzeichen bildet. Sonst waltet das Schicksal: was geschehen soll, das wird geschehen; aber hier ist etwas, das außerhalb des Schicksals fällt: man kann und konnte wirklich sagen, daß das Schicksal der Verwandten zersprengt war.

Dieselbe hoffnungslose Grundstimmung durchzieht die Beschreibung des Beowulfliedes von dem Schmerz des alten Vaters, als einer seiner Söhne durch Unfall seinen Bruder in den Tod schickt. Der Dichter vergleicht ihn mit einem alten Mann, der seinen geliebten Sohn jung am Galgen baumeln sieht – ein verzweifeltes Bild für einen Germanen –: „Da erhebt er seine Stimme in Jammersang, als sein Sohn da hängt, den Raben zur Lust, und er ihm nicht helfen kann, alt, betagt, ihn nicht retten kann. Morgen um Morgen, immer gedenkt er des Hingangs des Sohnes; einen Erben an seiner Statt mag er nicht in der Burg erwarten ... Von Kummer gequält, sieht er den Weinsaal öde, die Kammer von Winden durchstrichen, an Freuden leer, im Hause des Sohnes. Der Galgenreiter schläft, der Held im Grabe. Kein Harfenklang, keine Festfreude ist im Hofe wie einst. Er geht zu seinem Lager, singt ein Trauerlied, einsam dem Einsamen; überall auf den Feldern wie im Hause ist ihm der Raum zu weit. So brauste der Schmerz in dem Wederfürsten, die Trauer über den Sohn Herebeald; in keiner

Weise vermochte er sich durch den Tod des Töters Buße für den Mord zu verschaffen, auch nicht durch bittere Tat dem jungen Helden zu vergelten, doch lieben konnte er ihn auch nicht. Kummer band ihn von dem Tage an, wo ihm die Wunde geschlagen wurde, bis er die fröhliche Welt der Menschen verließ."

Aber dem Frieden ist dadurch noch nicht Genüge geleistet, daß die Verwandten einander schonen.

Thorkel Surson war ein schwacher Charakter. Es genügte ihm, eine schiefe Stellung einzunehmen und unter den Rachewaltern des Schwagers zu verbleiben. Er sagt zu Gisli: „Ich werde dich warnen, wenn ich Kunde erhalte von Anschlägen gegen dich, aber irgendwelche Hilfe, die mir Unannehmlichkeiten schaffen könnte, werde ich dir nicht leisten." Gisli betrachtet offenbar eine solche Vorsicht als unehrliches Feilschen mit dem Gewissen. „So wie du mir hier antwortest, könnte ich dir nie antworten, und so könnte ich nie handeln", erwidert er. Ein Mann reitet nicht mit in der Schar der Gegner seines Verwandten. Er legt sich nicht auf die faule Seite, während der Prozeß seines Verwandten stattfindet, und der Umstand, daß derselbe Verwandte seinen Schwager in der Nacht ans Bett festgespießt hat, wiegt offenbar nach Gislis Ansicht nichts. Er geht nicht Schleichwege und läßt dem Verwandten ein wenig Hilfe zukommen – nein, wenn dieser schließlich gar friedlos geworden ist, muß er doch mindestens auf einen Zufluchtsort rechnen können – scheint Gisli im Ernst zu denken.

Und Gisli hat recht. Der Friede ist etwas Aktives, das Verwandte nicht nur dazu bringt, einander zu schonen, sondern sie zwingt, sich gegenseitig ihrer Sachen anzunehmen, einander zu helfen, für einander einzustehen, sich auf einander zu verlassen. Unsre Worte sind in ihrem Gewicht viel zu abhängig von sentimentalen Assoziationen, um die volle Bedeutung des Verwandtschaftsgefühls auszudrücken. Die Verantwortlichkeit ist absolut, weil unter Verwandten buchstäblich einer des andern Taten tun muß.

Die Statuten der Gilden lauten so: „Geschieht es, daß ein Bruder einen Mann tötet, der nicht von St. Knuds Gilde [d. h. von unserer Gilde] Bruder ist ... da sollen ihm die Brüder helfen in seines Lebens Not, wie sie es am besten können. Ist er am Wasser, sollen sie ihm helfen mit Boot, Rudern, Schöpfkelle, Feuerzeug und Axt ... braucht er ein Pferd, sollen sie ihn mit einem Pferd versehen."

„Welcher Bruder, da er helfen kann, es aber nicht tut ... der soll aus der Gilde heraus und ein Neiding genannt werden."

„Jeder Bruder soll seinem Bruder in allen Rechtshändeln helfen." Das heißt: Wenn ein Bruder eine Sache vor Gericht hat, sollen zwölf Gildebrüder gewählt werden, ihm dorthin zu folgen und ihm Beistand zu leisten; die Brüder sollen auch eine bewaffnete Leibwache um ihn bilden und ihn zu und von der Gerichtsstätte begleiten, wenn es not tut. Und wenn ein Bruder vor Gericht einen Eid leisten muß, da sollen ihm durch das Los zwölf Eideshelfer in der Gilde erkoren werden, und die, die das Los trifft, sollen ihm männiglich beistehen. Ein Mann, der seinen Bruder nicht mit dem Eide unterstützt oder der Zeugnis gegen ihn ablegt, muß großer Geldstrafen gewärtig sein.

Es gibt zwei Arten von Sachen. Zwei Arten von Tötungen, z. B.: 1. Ein Gildebruder tötet einen Fremden. 2. Ein Fremder tötet einen Gildebruder. Im ersten Fall sorgen die Gildebrüder dafür, daß der Mörder in Sicherheit davonkommt, zu Pferde oder auf dem Schiffe. Für den zweiten Fall heißt die Bestimmung so: Kein Bruder ißt und trinkt oder hält Umgang mit dem Töter seines Bruders, weder auf dem Lande noch auf dem Schiffe. Die Gildebrüder sollen den Erben des Toten zu Rache oder Genugtuung verhelfen.

Es ist vielleicht schwierig zu verstehen, daß diese doppelte Einschätzung in bürgerlichen Gesellschaften und nicht in irgendeinem Freibeuterlager zu finden ist; sie gilt als höchstes Gesetz für anständige, konservative Fortschrittsmänner, Männer, die in jenen Zeiten sozusagen den Fortschritt in historischer Kontinuität darstellten. Diese Partei-Solidarität im Frieden ist ihre stärkste Verknüpfung mit der Vergangenheit, und der kulturelle Wert dieses Parteigeistes zeigt sich in der Tatsache, daß er als die treibende Kraft hinter den Reformbewegungen des Mittelalters stand. Wie hier die Brüder in den Gilden, waren die Verwandten in dem Grade von „Liebe" erfüllt und so eifrig zur Hilfeleistung bereit, daß sie nicht leicht die Energie erübrigen konnten, um über Recht und Unrecht zu urteilen. Sie waren nicht von Natur und aus Prinzip ungerecht, parteiisch; der Friede und das Rechtsbewußtsein können ganz gut zusammen gedeihen; aber diese gehören, um ein Wort zu wiederholen, verschiedenen Schichten der Seele an und greifen deshalb aneinander vorbei.

Der unnachgiebige Charakter des Friedens wird scharf beleuchtet durch das letzte Auftreten des großen alten Egil auf dem Thing. Es geschah einmal, als Egil alt und etwas beiseite geschoben worden war, daß zwischen seinem Sohne Thorstein und Önund Sjonis Sohn Steinar ein Streit über ein Stück Land ausbrach. Steinar weidete in seinem Trotz sein Vieh darauf, Thorstein hieb seine Hirten immer wieder nieder. Steinar verklagte Thorstein, und jetzt waren die Parteien auf dem Thing. Dann sieht die Thingversammlung, daß eine Schar heraufgeritten kommt, voran ein Mann in voller Rüstung: der alte Egil mit achtzig Mann. Er steigt bei den Thinghütten ruhig vom Pferd, ordnet, was notwendig ist, geht zum Thinghügel und ruft seinem alten Freund Önund zu: „Geschieht es mit deinem Willen, daß mein Sohn verklagt wird auf Friedlosigkeit?" „Nein, gewiß nicht", sagt Önund, „das ist nicht mein Wille, dazu schätze ich unsre alte Freundschaft zu hoch; es ist gut, daß du gekommen bist ..." „Wir wollen sehen, ob du in Wahrheit meinst, was du sagst; nun wollen wir zwei lieber die Sache in die Hand nehmen, als daß die beiden Kampfhähne sich von eigener Jugend und dem Ratschlag anderer gegeneinanderhetzen lassen." Und als die Sache dann Egils Schiedsspruch unterworfen worden ist, verurteilt er seelenruhig Steinar, auf Buße für die getöteten Knechte zu verzichten und seinen Hof zu verlassen; vor den Ziehtagen noch soll er aus dem Bezirk sein.

Es liegt etwas Vornehmes, etwas Stilvolles über dem letzten öffentlichen Auftreten Egils, die Vornehmheit eines edlen, einfachen Charakters. Er nimmt den Ruf zum Schiedsrichter an und entscheidet die Sache – wie wir ja sehen können, gegen alle vernünftige, wahrscheinliche, berechtigte Erwartung –, als ob nur seine eigene Partei existierte, und tut dies mit einer Überlegenheit, die keinen Zweifel übrigläßt, daß er die volle Billigung seines Gewissens hat. Hier steht Egil als der monumentale Ausdruck einer sterbenden Zeit.

Dieselbe Naivität spricht unmittelbar aus einem anderen altertümlichen Charakter, Hallfred mit dem Beinamen der Schwierigkeitsskalde, dessen Leben aus lauter schwierigen Situationen bestand. Er sagte bei einer Gelegenheit, als sein Vater mit seltenem Takt in einer „Schwierigkeit" gegen ihn entschied: „Auf wen kann ich mich verlassen, wenn der Vater versagt?"

Die unmittelbare Aufrichtigkeit, die mit Selbstverständlichkeit den einseitigen Standpunkt einnimmt, stellt Hallfred sowohl wie Egil außerhalb jedes Vergleichs mit großen oder kleinen Beispielen von Eigennutz und Ungerechtigkeit und macht sie zu Typen, und nicht nur zu Typen ihrer Zeit, sondern zu Typen einer bestimmten Kultur. So dachte, so handelte – nicht die Ausnahme, nicht die ausgeprägte Individualität, nicht der etwas über dem Durchschnitt Stehende – so dachte m a n. Der Friede liegt so tief unter allen persönlichen Charakterzügen und allen individuellen Neigungen, daß er sie nur von unten beeinflußt und nicht wie die eine Neigung oder das eine Gefühl das andere beeinflußt. Die Charaktere mögen höchst verschieden sein; aber die Abzweigung der Charaktere beginnt erst oberhalb von diesem Urkern der Seele. Egil war ein Starrkopf, unumgänglich in und außer dem Hause; zu Hause wollte er befehlen, und einen Friedensschluß, bei dem nicht er die Bedingungen diktierte, wäre er nicht geneigt gewesen gutzuheißen. Ein anderer Mann mochte umgänglicher, friedliebender, vergleichswilliger sein, mochte Zusammenstöße geschickt vermeiden und Steine des Anstoßes eifrig aus dem Weg räumen; aber er konnte nur auf der Grundlage des Friedens, der Verwandtschaft, so sein, wie er war.

Vielleicht ist Askel, der rechtdenkende, friedenstiftende Gode aus Reykdal, ein etwas zu moderner Charakter, um recht in Egils Gesellschaft zu passen; aber seine Geschichte, wie sie in der Saga der Leute aus Reykdal erzählt wird, gibt uns jedenfalls ein anschauliches Bild von den Grundregeln der Versöhnung im alten Brauch. Askel hat das Unglück, einen Schwestersohn zu haben, für den Streit ein Lebensbedürfnis zu sein scheint, und es wird die Lebensaufgabe des Reykdalgoden, diesem Vemund auf den Fersen zu folgen und seine Händel wieder in Ordnung zu bringen. Er geht getreu seiner Obliegenheit nach; stets ist er zur Stelle, sobald Vemund einen seiner großen Tage gehabt hat, um eine Versöhnung zustande zu bringen und den Schaden, den sein Verwandter angerichtet hat, wiedergutzumachen. Vemunds Taten im großen beginnen damit, daß er sich mit einem reichen, aber schlechten Menschen, Hanef in Othveginstunga, anfreundet und sich an ihn bindet, indem er sein Angebot, Vemunds Kind großzuziehen, annimmt. Natürlich benutzt Hanef diese guten Verbindungen, um seine Schurkereien in größerem Stil als bisher zu betreiben. Er stiehlt Vieh. Trotz Askels dringendem Ratschlag nimmt sich Vemund der Sache seines Freundes an; ja, er nutzt verschlagen den hochgeachteten Namen seines Oheim's aus, um Männer um sich zu sammeln. Das Resultat ist ein Kampf, worin Hanef und zwei gute Männer auf der einen Seite, ein freier Mann und ein Knecht auf der anderen Seite fallen. Askel kommt dazu und stiftet einen Vergleich auf die Weise, daß Hanef und der Knecht einander aufwiegen, ebenso Mann gegen Mann von den anderen, und schließlich soll die Gegenpartei für den Überschießenden büßen. So richtet der unbefangenste Mann auf Island, wenn er das Unrecht seines Verwandten wiedergutmachen soll. Vemunds nächste Großtat ist die, daß er einen norwegischen Schiffer überlistet, ihm eine Ladung Holz zu verkaufen, die schon an Steingrim von Eyjafjord verkauft war. Steingrim antwortet, indem er Vemunds Knechte töten und seinen Teil des Holzes zu sich nach Hause fahren läßt. Askel muß kommen und die Sache in Ordnung bringen, und als Vemund findet, daß dieser Schiedsspruch ihm keine Genugtuung für die Knechte gebracht hat, bietet Askel ihm volle Zahlung aus seinem eigenen Beutel an. Das will Vemund nicht annehmen; er behält sich in aller Stille vor, selbst bei Gelegenheit die Rechnung abzumachen. Er versucht vergebens, das Mißverhältnis auszugleichen, indem er ein paar Ochsen raubt, die Steingrim gekauft hat – daß er seinen eigenen Nutzen bei dem Unternehmen nicht sucht, bezeugt er dadurch, daß er sie Askel als Geschenk anbietet –, aber er hat auch hier keinen rechten Erfolg, es gibt nur ein paar Morde und einen Vergleich, den natürlich Askel zustande bringt. Das einzige, das Vemund an diesem Vergleich auszusetzen hat, ist, daß Askel wieder den früheren Knechtsmord aus der Rechnung gelassen hat. Er probiert nun den Ausweg, einen Schurken dazu zu kaufen, Steingrim eine raffinierte Verhöhnung zuzufügen, und diesmal scheitert Askels Vergleich an der Erbitterung der Gegenpartei; erst als ein Rachezug damit geendet hat, daß Vemunds Bruder Herjolf getötet worden ist, gelingt es dem rechtdenkenden Goden, einen Vergleich herbeizuführen, worin bestimmt wird, daß – Herjolf gebüßt werden soll, zwei von Steingrims Begleitern das Land für immer verlassen und zwei andere zwei Jahre im Ausland sein sollen. So wird das Spiel fortgesetzt mit Übergriffen von Vemunds Seite – der stets gleich übelgesinnt bleibt – und Vergleichen durch Askel – stets in voller Übereinstimmung mit dem „Frieden" –, bis das Maß endlich voll ist; und als dann Steingrimm mit einem Gefolge sich Askel und Vemund und ihren Männern in den Weg stellt, nimmt der Reykdalgode ohne Lust, aber auch ohne Murren den Kampf an. Das war das Ende von Askel und Steingrim.

Schlauheit und Diplomatie waren nach altem Brauch keine verbotenen Eigenschaften. Es stand jedem Mann frei, sich mit List durch die Welt zu winden, und zwar auch bei Sachen, die unmittelbar das Verhältnis zu Brüdern und Verwandten betrafen. Er konnte mit dem Frieden spielen, solange er nur dafür sorgte, ihm nicht den geringsten Bruch zuzufügen. Aber er mußte immer darauf vorbereitet sein, daß der Friede jeden Augenblick unbeugsam vor ihm aufsteigen konnte. Man konnte sehr wohl seine Verwandten wissen lassen, daß man für seinen persönlichen Teil eine andere Lebensweise der vorziehe, der sie nachhingen, und daß man sich freuen würde, wenn sie den gleichen Grundsätzen huldigten, wie man selbst – das konnte man jedenfalls auf Island in der Sagazeit tun, und ich glaube nicht, daß diese Freiheit neu gewonnen war –; aber der Friede stand gleich fest wie immer. Von den Taten seiner Verwandten Abstand zu nehmen und einen persönlichen, neutralen Standpunkt zu behaupten, davon konnte keine Rede sein.

Ein Mann wird nach Hause gebracht, leblos. Die Frage, was er getan habe, überhaupt nach seiner Vergangenheit, sinkt weit zurück in den dunkelsten Hintergrund. Die Tatsache steht fest: er ist unser Verwandter. Die Untersuchung fragt: Von Menschen erschlagen oder nicht? Wunden? Und welche? Wer war der Töter? Und darauf wählen die Verwandten ihren Führer oder sammeln sich um den geborenen Rachewalter und geloben ihm alle Hilfe bei der Verfolgung der Sache mit Waffen oder mit Prozeß. Die Verwandten des Töters wissen sehr gut, was es gilt; sie wissen, daß die Rache nach ihnen fahndet. So einfach und geradlinig ist die Idee des Friedens. Er rechnet nur mit Tatsachen, nicht mit Erwägungen über die persönlichen Voraussetzungen, die diese gewaltsame Folgerung nach sich gezogen haben.

In der ganzen altnordischen Literatur mit ihren unzähligen Tötungen, unberechtigten oder wohlbegründeten, gibt es kein einziges Beispiel dafür, daß Menschen im Hinblick auf den Charakter des umgekommenen Verwandten freiwillig auf Rache verzichtet hätten. Sie können genötigt werden, ihn so liegen zu lassen wie er liegt, sie können die Hoffnungslosigkeit der Bemühungen um Genugtuung einsehen; aber für sie alle paßt die Äußerung, die ab und zu vorkommt: „Ich würde nichts sparen, wenn ich wüßte, daß es die Rache fördern könnte." Freilich, das ist viel gesagt: kein einziges Beispiel; es könnte Tötungen geben und es gibt wohl solche, über deren weitere Geschichte wir in Unwissenheit gelassen werden. Das positive Zeugnis liegt darin, daß der Sagaverfasser es selten unterläßt, die verzweiflungsvolle Bitterkeit hervorzuheben, die den Männern zuteil wurde, wenn sie die Rache aufgeben mußten. Von der Bitterkeit des erzwungenen Selbstverzichts sprechen auch die Verbote, die in den südlichen wie in den nordischen germanischen Ländern ab und zu erlassen werden gegen das Rachenehmen für einen gesetzlich gerichteten und gesetzlich gehängten Verbrecher.

Auf der anderen Seite kommt der Töter nach Hause und teilt kurz mit, daß dieser oder jener getötet ist, „und seine Verwandten werden kaum finden, daß ich ganz unschuldig daran bin". Die unmittelbare Folge dieser Worte ist, daß seine Verwandten sich darauf vorbereiten, sich selbst und ihren Mann zu behaupten. Wenn sie während der Vorbereitungen dieses oder jenes Wort fallenlassen über die Ungelegenheit eines solchen Benehmens, so sind das Worte, die neben der Handlung herlaufen, ohne jede Neigung, in sie einzugreifen; sie dienen nur dazu, den Eindruck der Entschlossenheit zu verstärken.

Ein Isländer begegnet seinem Verwandten in der Tür mit dem aufrichtigen Wunsch, daß er entweder seine Lebensführung etwas ändern oder einen Ort finden möge, wo er sich lieber aufhielte – und darauf gehen sie zusammen hinein und besprechen, was als Folge seiner letzten Tötung geschehen soll. Oder der Täter antwortet wie Thorvald Krok, der einfach einen Mord auf dem Gewissen hatte, auf die Vorwürfe seines Verwandten Thorarin: „Es hat keinen Zweck, das Geschehene zu beklagen; du schaffst nur dir selbst noch größere Schwierigkeiten, wenn du dich unser nicht annimmst; wenn du in der Sache mit Hand anlegst, lassen sich schon Leute finden, die Beistand leisten wollen." Und Thorarin antwortet hierauf: „Mein Rat ist der, daß ihr mit all eurer Habe hierher zieht und daß wir Leute um uns sammeln ..."

Ein grelles, aber nicht ganz alleinstehendes Beispiel für die zwingende Macht des Friedens ist Hrolleifs Geschichte in der Vatsdœlasaga. Dieser Taugenichts segelt mit seiner zauberkundigen Mutter nach Island, erscheint auf dem Hofe seines Vaterbruders Sæmund und verlangt dort aufgenommen zu werden, da doch verwandtschaftliche Bande zwischen ihnen bestehen. Sæmund bemerkt scharf, daß er wohl leider seiner Mutter mehr als seinen väterlichen Verwandten ähnlich sehe, aber Hrolleif geht über den Vorwurf hinweg mit der Antwort: „Von bösen Wahrsagungen kann ich nicht leben." Als das Zusammenleben mit ihm im Hofe unerträglich wird und Sæmunds Sohn Geirmund sich bei seinem Vater über diesen widerspenstigen Menschen beklagt, meint Hrolleif, es sei eine Schande, über Kleinigkeiten zu nörgeln und seine Verwandten zu mißachten. Er bekommt ein Pachtgut, verübt eine Tötung, für die Sæmund Buße leisten muß, und als er zuletzt das Werk krönt, indem er Ingimund, Sæmunds Ziehbruder, tötet, der aus Freundschaft zu Sæmund Hrolleif ein Stück von seinem Land abgetreten hatte, reitet er geradewegs zu Geirmund und erzwingt sich Schutz mit den Worten: „Hier lasse ich mich töten, dir zur Schmach." – Zu Sæmund kommt einmal ein Nachbar mit wohlbegründeten Klagen über das Benehmen seines Brudersohnes dort im Bezirk. Wir wundern uns nicht über Sæmunds Seufzer: „Es wäre nur gut, wenn dergleichen Männer aus der Welt geschafft würden." Aber was sagt der Nachbar? „Du würdest schon auf andere Gedanken kommen, wenn jemand Ernst damit machte." Darin liegt die größte Schwierigkeit, daß Sæmund in Wirklichkeit genötigt ist, Hrolleif so weit wie möglich beizustehen, nicht nur ihn zu decken, sondern ihn seinen Gegnern gegenüber zu stützen.

Hierher gehört auch ein Auftritt aus der Saga von Vallaljot, wo hauptsächlich Ljots Äußerungen charakteristisch sind. Es sind Tötungen und andere Sachen zwischen Ljot und seinen Verwandten auf der einen Seite und den Sigmundsöhnen Hrolf und Halli auf der anderen Seite vorgekommen. Jetzt ist aller Zwist durch rechtmäßigen Vergleich beigelegt, dank der redlichen Schlichtung Gudmunds des Mächtigen. Bödvar, ein dritter Sigmundsohn, ist inzwischen im Ausland auf Reisen gewesen; jetzt kommt er nach Hause und ist genötigt, während eines Unwetters in dem Hause Thorgrims, eines Bruders von Ljot, Schutz zu suchen. Gegen Thorgrims Willen und trotz seines Versuches, zu verhindern, daß jemand vom Hausstand den Hof verläßt, während die Gäste sich dort aufhalten, entwischt ein Mann, Sigmund, und eilt davon, um Unfrieden zu stiften. Ljot will keinen unbeteiligten Mann töten und den vereinbarten Frieden brechen – sich auch nicht an den Gästen seines Bruders vergreifen. Aber es sind andere da, in denen die Erinnerungen noch brennen, und Bödvar wird auf der Weiterreise von Thorgrims Hof erschlagen. Was sollen die fleißigen Rächer nun anderes tun, als sich zu Ljot, dem besten Manne des Geschlechts, zu begeben. „Mag es auch ein paar starke Worte geben, bei ihm sind wir doch sicher!" „Er war es, der von der Rache abriet", besinnt sich einer, aber er erhält die Antwort: „Je mehr wir seiner bedürfen, um so standhafter wird er uns beistehen." Sie melden also Ljot, daß sie jetzt Verwandtenrache genommen haben, und die Saga erzählt nun weiter: Ljot sagt: „Es ist nicht gut, böse Verwandte zu haben, die einen nur in Schwierigkeiten hineinziehen; hier sind gute Ratschläge teuer." Sie machen sich auf, um Thorgrim zu treffen – die Saga braucht nun nicht hinzuzufügen: und Ljot mit ihnen! – Ljot sagt: „Warum hast du unsere Feinde aufgenommen, Thorgrim?" Er antwortet: „Was sollte ich sonst tun? Ich tat mein Bestes, wenn es auch nicht geholfen hat. Sigmund tat sein Bestes, alles in allem ging es nicht, wie ich wollte." Ljot: „Besser wäre es gewesen, wenn deine Pläne befolgt worden wären, aber ... jetzt wäre es gut, wenn wir nicht zu sehr auseinanderliefen ... Es steht wohl mir zu, Beistand zu leisten, und ich werde die Führung übernehmen; es gelüstet mich nicht nach großen Unternehmungen; aber ich möchte doch keines Mannes wegen etwas von dem meinigen aufgeben." Thorgrim fragt, was aus Eyjolf, einem freiwilligen und eifrigen Teilnehmer des Rachezuges werden soll; Ljot will für ihn sorgen und ihn ins Ausland schicken. „Aber Björn", sagt Ljot, „soll bei mir bleiben, und ein Schicksal soll uns beide treffen." Björn war Ljots Schwestersohn und derjenige, der Bödvars Tötung geleitet hatte.

Einen tönenden Nachhall von diesem aktiven Charakter des „Friedens" hören wir im Heliand, wenn der alte Deutsche die Bergpredigt umschreibt. Als er Jesu Forderung unbedingter Selbstverleugnung verdeutschen soll, wo es heißt: „Wenn dein Auge dich ärgert, deine Hand dich ärgert, dann trenne dich von ihnen" – da sagt er: „Folge nicht dem Freunde, der zum Frevel dich lockt, zur Schuld, der Gesippte. Und sei er dir durch Sippe verwandt auch noch so stark ... besser ist es, den Freund ferne von dir zu stoßen, ihn meidend, Minne nicht mehr ihm zu zeigen, daß du allein aufsteigen darfst zum hohen Himmelreich."

Natürlich können auch persönliche Sympathien und Antipathien sich gegenüber der Macht des Friedensgefühls nicht geltend machen. Das Verhältnis zwischen Thorstein und seinem Vater war nie sehr herzlich gewesen; dieser Sohn war Egil immer zu weich gewesen, zu sehr ein Mann der Vorsicht. Egil fühlte sich nicht wohl in seinem Hause, sondern zog in seinen hohen Jahren zu einer Stieftochter; aber seine persönlichen Gefühle dem Sohn gegenüber ließen ihn keinen einzigen Augenblick bei der Überlegung zögern, ob er in dessen Händel eingreifen sollte oder nicht.

In der Bandamannasaga haben wir eine kleine Geschichte über dieses Thema, einen Sohn und einen Vater, die nie miteinander auskommen konnten, die aber in einem gemeinsamen Gefühl allen Außenstehenden gegenüber einander finden. Der Sohn ist der wohlhabende Odd; Ufeig, sein Vater, ist arm. Odd wird in einen Prozeß verwickelt, den seine Neider ausnutzen, um ihn vollständig einzukreisen. Sie haben sich mit Eiden verschworen, ihn nicht loszulassen, bevor er gerupft ist. Da meldet sich der alte schlaue Ufeig, und im Schutz seiner notorischen Unfreundschaft mit dem Sohne tritt er unter die Verschworenen und öffnet etlichen von ihnen die Augen für das Unsichere in dem Unternehmen. „Ebenso sicher wie mein Sohn Geld im Kasten hat, hat er Verstand im Kopfe, um Rat zu finden, wenn das nötig ist – wißt ihr eigentlich, wieviel von der Beute auf jeden Mann kommt, wenn ihr es zu acht teilen müßt? –, denn ihr sollt nicht glauben, daß mein Sohn zu Hause sitzt und auf euch wartet; er hat ja ein Schiff, und soviel ich weiß, kann der Reichtum, den einer besitzt, auf dem Wasser schwimmen, mit der einzigen Ausnahme von Hof und Boden", und darauf ist der Alte nahe daran, einen mit Geld gespickten Beutel zu verlieren, den er unter seinem Mantel versteckt hat, und den er sich vorher als Preis für die Hilfe von seinem Sohne ausbedungen hatte. Auf diese Weise tat er unverdrossen die Werke des „Friedens", so gut er es verstand, und triumphierte aus einem vollen und guten Herzen über seines Sohnes Sieg bei der großen Abrechnung.

Alles tritt hinter dem Frieden zurück, jede Verpflichtung, jede Rücksicht auf sich selbst, ja sogar die Sorge um die Wahrung der persönlichen Würde, wenn eine solche vom Sippengefühl isoliert denkbar ist.

Das große Sagenbeispiel von Tochtertreue und Schwestertreue ist Signy. Die Völsungasaga erzählt ja, vermutlich durchgehends auf älteren Dichtungen aufbauend, wie eine Uneinigkeit zwischen Völsung und seinem Schwiegersohn Siggeir, Signys Gatten, zu der Tötung des ersteren führt. Der einzige überlebende Sohn Völsungs, Sigmund, muß in den Wald flüchten, wo er auf Rache für den Vater sinnt. Signy schickt den einen nach dem anderen von ihren Söhnen als Helfer zu ihm und opfert sie schonungslos, als sie sich feige und untauglich zeigen. Schließlich geht sie verkleidet und unkenntlich zu Sigmunds Versteck hinaus, und ihr eigener Bruder zeugt mit ihr einen Vaterrächer vom rechten harten Schlage, voller

Sippen-Gesinnung. „Der kampffrohe Jüngling schloß mich in seine Arme; Wonne war in seiner Umarmung, doch leidig war es mir auch", sagt der ergreifende alte englische Monolog. Und als dann schließlich die lang erwartete Rache gekommen ist und das Feuer König Siggeir umzüngelt, tritt sie selbst in die Flammen mit den Worten: „Alles habe ich getan für König Siggeirs Tod, so viel habe ich getan, damit die Rache hervorginge, daß ich nicht länger leben will; ich will jetzt mit Siggeir ebenso gern sterben, wie ich ungern mit ihm gelebt habe."

So weit treibt sie der Friede. Sie kann an keiner Stelle vor irgendeinem Grauen haltmachen, solange ihre Schwersterliebe unbefriedigt ist. Sie wird über das Muttergefühl und das Entsetzen vor der Blutschande unaufhaltsam hinweggehoben. Denn es ist in der Saga nicht die geringste Andeutung, daß Signy als einer der harten Charaktere aufgefaßt würde, in denen die Leidenschaft alle anderen Gefühle an der Wurzel abschnürt.

Man fühlt sich versucht, diese Episode für eine Studie zu halten, für eine Problemdichtung, einen bewußten Versuch, die Macht des „Friedens" über den Charakter zu zeigen. Ich glaube, diese Betrachtungsweise hat einige Berechtigung. Die Erzählung, wie sie dasteht, hat ihre Idee. Bewußt oder unbewußt ist dem Dichter und den Zuhörern daran gelegen gewesen, daß der Friede nach der einen Seite und der Friede nach der anderen Seite – das Verhältnis zu dem Gatten ist auch eine Art des Friedens – so gegeneinandergepreßt wurden, daß sie ihre Kraft bewiesen, indem sie die Menschen zwischen sich erdrückten. Signy m u ß den Tod ihres Vaters an ihrem Gatten rächen, der Menschlichkeit selbst zum Trotz, und sie m u ß sich an sich selbst rächen; ihre Worte: „So viel habe ich getan, damit die Rache zustande kommen sollte, daß ich nicht länger leben will", kommen nicht als leeres Schlußwort, sie verklingen als Thema des Gedichts. Gudrun mag über ihren Gatten trauern, aber ihre Brüder zu kränken vermag sie nicht; Signy muß mithelfen, die Rache für ihren Vater zu fördern, wenn sie auch ihren Gatten und ihre Kinder opfern soll – und noch einiges mehr.

Der „Friede" der Gildengesetze, die den Brüdern befehlen, einander beizustehen mit ausschließlicher Rücksicht auf die Person und ohne Rücksicht auf die Sache, enthält also keine Übertreibung. Und eins hat der Verwandtschaftsfriede, das niemals durch einen Gesetzesparagraphen ausgedrückt werden kann: die Unmittelbarkeit, die Selbstverständlichkeit, das Unreflektierte: „Wir können nicht anders."

Aber woher kommt dieses „wir können nicht anders", als aus Tiefen, die unterhalb von jeder Selbstbestimmung und jedem Sichselbstbegreifen liegen? Wir können dem Frieden folgen, von seiner Entfaltung im Selbstbewußtsein des Mannes an, durch alle seine Abstufungen hindurch und tiefer hinab, bis er in der Wurzel des Willens verschwindet. Wir ahnen, daß nicht der Mensch es ist, der den Frieden will, sondern der Friede, der ihn will. Der liegt auf dem Grunde seiner Seele als das große Grundelement, das die Blindheit und die Stärke der Natur besitzt.

Der Friede bildet, was wir den Grund der Seele nennen. Er ist kein mächtiges Gefühl unter anderen Gefühlen bei diesen Menschen, sondern der eigentliche Kern der Seele, der alle Gedanken und Gefühle gebiert und sie mit Lebensenergie versorgt – oder er ist das Zentrum im Ich, wo Gedanken und Handlungen den Stempel ihrer Menschlichkeit erhalten und mit Wille und Richtung erfüllt werden. Er entspricht dem, was wir bei uns selber das Menschliche nennen. Das Menschliche hat bei ihnen immer das Gepräge der Verwandtschaft. In unserer Kultur wird eine empörende Untat als „unmenschlich" gebrandmarkt, und umgekehrt drücken wir unsre Freude über edles Benehmen aus, indem wir es wahrhaft „menschlich" nennen; bei den alten Germanen wird das erste als zerstörend für das Sippenleben verurteilt, das letzte, weil es die Friedensgesinnung stärkt, gepriesen. Deshalb ist die Tötung eines Verwandten im höchsten Grade Schrecken, Schande und Unglück in einem, während eine gewöhnliche Tötung bloß eine Handlung ist, die je nach den Umständen verwerflich sein mag oder nicht.

Da unten auf dieser Stufe der Unmittelbarkeit gibt es keinen Unterschied zwischen mir und dir, so weit die Verwandtschaft reicht. Wenn der Friede den Grund der Seele bildet, da ist es ein Seelengrund, den alle Verwandten gemeinsam haben. Dort grenzen sie aneinander, ohne daß irgendwie Wille oder Reflexion als Stoßkissen dazwischenlägen. Die Verwandten verstärken einander; sie sind nicht wie zwei oder mehr Individuen, die ihre Kräfte zusammentun, sondern sie handeln in gleichem Takt, weil tief in allen ein Geheimnis sitzt, das für sie weiß und für sie denkt. Ja, noch mehr, sie sind so verbunden, daß der einzelne von seinen Gefährten Kraft an sich ziehen kann.

Diese Eigentümlichkeit des Menschen kennt der Bär sehr wohl, nach dem, was man im nördlichen Schweden erzählt. „Lieber mit zwölf Männern als mit zwei Brüdern kämpfen", lautet ein Sprichwort, das man dem klugen Tiere zuschreibt. Von zwölf Männern kann er den einen nach dem anderen gründlich beseitigen; die zwei aber kann er nicht einzeln erledigen. Und wenn der eine fällt, geht seine Stärke auf seinen Bruder über.

Diese Solidarität – wie sie in den Rachegesetzen zum Ausdruck kommt – ruht auf der natürlichen Tatsache der psychologischen Einheit.

Durch die Kanäle der Seele brechen Tat und Leid des einzelnen hervor, verbreiten sich über alle, die demselben Stamme angehören, so daß sie im wirklichsten Sinne jeder der Täter der Taten des anderen werden. Wenn sie ihrem Mann zum Richtstuhl folgen und ihn bis an die Grenzen des Möglichen unterstützen, da handeln sie nicht, als ob seine Tat die ihrige wäre, sondern weil sie es ist. Solange die Sache nicht beigelegt ist, stehen alle Verwandten unter permanenter Herausforderung. Nicht nur der Töter ist in Gefahr, durch das Schwert zu fallen, das er zückte, der Rache kann ebenso gut und ebenso voll an einem seiner Verwandten Genüge getan werden, wenn die Gekränkten finden, daß dieser leichter zu treffen ist, oder wenn sie ihn als einen würdigeren Gegenstand der Rache betrachten. Steingrims Worte klingen so natürlich, als er zu Eyjolf Valgerdson kommt und ihm erzählt, daß er auf der Suche nach Vemund gewesen ist, aber gehindert wurde und deshalb seinen Bruder Herjolf genommen hat (aus der Saga ist nicht zu ersehen, daß Herjolf etwas mit Vemunds Taten zu tun gehabt hatte). „Eyjolf gefiel es nicht recht, daß es nicht Vemund oder (dessen Bruder) Hals geworden war; aber Steingrim sagte, sie hätten Vemund nicht treffen können; ‚doch hätten wir am liebsten gesehen, daß er den Hieb bekommen hätte'. Eyjolf hatte dann auch nichts dagegen einzuwenden." – Der Klang der Worte, der leidenschaftlosen, praktischen, selbstverständlichen Rede und Gegenrede, sagen uns gleich besser als viele Umschweife, daß wir hier vor einem Erlebnis stehen und nicht vor einer Reflexion oder vor einem herkömmlichen Brauch. In einer anderen Saga muß ein Mann mit seinem Leben für die verliebten Abenteuer seines Bruders büßen. Ingolf hatte Ottars Tochter durch seine aufdringlichen Besuche in ihrem Heim gekränkt, und ihr Vater behauptete die Ehre seiner Tochter, indem er Ingolfs Bruder Gudbrand töten ließ. Ingolf selbst war zu wachsam, um den Beschützern des Mädchens Gelegenheit zu geben, sein Leben zu nehmen; so hatten sie keine andere Wahl, als ihn durch den Körper seines Verwandten zu treffen.

Ebenso leiden alle, die durch die Bande der Verwandtschaft verbunden sind, unter einer Verletzung, die einem einzelnen ihrer Sippe zugefügt wird; sie fühlen alle die Wunde gleich schmerzlich; alle sind sie gleich fähig, Rache zu suchen. Wird eine Buße verhängt, so haben alle gleichen Anteil an ihr.

So bezeugen die Verwandten ihre Einheit an Seele und Körper, und diese gegenseitige Identität ist die Grundlage, worauf die Gesellschaft und die Gesetze der Gesellschaft beruhen. In allen Verhältnissen von Menschen zueinander wird nur mit dem Frieden, nie mit Individuen gerechnet. Was der einzelne getan hat, bindet alle, die im selben Friedenskreise leben. Die Verwandten des Getöteten treten *in pleno* als Kläger auf. Es ist die Sippe des Getöteten, die die Buße empfängt, und die Summe wird so geteilt, daß sie an jedes einzelne Mitglied der Gruppe gelangen kann. Die beiden Sippen geben einander, als Körperschaft gegen Körperschaft, das Versprechen des Friedens und der Sicherheit für die Zukunft.

Wenn eine Sache, die Körperverletzung oder Kränkung betrifft, vor Gericht gebracht wird, so muß der Richtspruch sich in den Grenzen halten, die durch die Verwandtschaft gezogen sind. Der Friedenskreis bildet ein Individuum, das nur durch Amputation geteilt werden kann, und sein Recht bildet ein Ganzes, das kein Urteil zergliedern kann. Die germanische Rechtslehre hat nirgends bei der Bewertung der Tat Raum für ein „einerseits – andererseits"; sie kann lediglich der einen Partei volles Recht und der anderen Partei volles Unrecht geben. Wenn ein Mann erschlagen wird und seine Freunde auf ihr Recht auf sofortige Rache verzichten und die Sache vor das zuständige Gericht bringen, muß die Gerichtsversammlung den Klägern entweder ihr Recht und ihren Frieden zusprechen oder sie als der Genugtuung unwürdig erklären. Im ersten Fall stellt die Gerichtsversammlung ihre Gewalt hinter die gekränkte Partei und entzieht damit dem Angeklagten jedes Recht; im anderen Fall, wenn die Tötung in der Selbstverteidigung oder nach Herausforderung geschehen ist, sagt das Gericht zu den Klägern: „Euer Friede soll daniederliegen, ihr habt kein Recht auf Rache."

Wir haben von Kindheit an gelernt, die Geschichte vom Stabbündel als Beispiel für die Wichtigkeit des Zusammenhalts anzusehen. Die alten Germanen nehmen in ihrer seelischen Haltung einen ganz anderen Standpunkt ein. Sie betrachten die Einheit nicht als durch Addition entstanden. Die Einheit ist das zuerst Gegebene. Der Gedanke an gegenseitigen Beistand spielt bei diesen Männern keine hervorragende Rolle; sie sehen es nicht so, als käme Mann zu Mann mit seiner Stärke, als würde das Ganze zusammengetan, als läge die Kraft in dem, was es verbindet. Für sie ist die ganze Gemeinschaft zerbrochen und mit ihr die Kraft aller Männer, sobald nur eins der einzelnen Glieder herausgerissen wird. Und so vergleichen sie die Gruppe der Verwandten mit einem Zaun, wo Stab an Stab steht und sie ein heiliges Feld umschließen. Wenn einer von ihnen gefällt wird, entsteht eine Lücke in der Sippe, dann liegt ihr Feld offen und wird zertreten.

So ist also der „Friede", der in alter Zeit die Verwandten miteinander verband: eine Liebe, die sich nur als „Einsgefühl" charakterisieren läßt, und die so tief liegt, daß weder Sympathien noch Antipathien noch irgendeine Stimmung des Tages irgendwie Ebbe oder Flut in ihr hervorrufen kann.

Kein Erlebnis ist mächtig genug, um in diese Tiefe hinunterzureichen und sie zu stören. Nicht einmal die stärksten Gefühle und Verpflichtungen Nicht-Verwandten gegenüber können durchdringen und irgendeine innere Tragödie, irgendeinen Seelenkonflikt hervorrufen. Signy, um den typischen Fall zu nehmen, wird dazu getrieben, das zu tun, was sie am liebsten unterlassen hätte; die ergreifenden Worte: „Wonne war darin, doch leidig war es mir auch", geben unzweifelhaft auch ihre Gefühle wieder, so wie sie nach der vollzogenen Rache dasteht. So nahe können die Nordländer der Tragödie kommen, daß sie einen Menschen darstellen, der an seinem Handeln leidet. Aber von einem inneren Streit in dem Sinne, daß sie in Angst überlegt, was sie wählen soll, ist auch bei Signy keine Rede. Das Tragische kommt von außen; sie handelt natürlich und ohne Überlegung, und ihre Handlung zieht sie bis auf den Grund. Wenn die Uneinigkeit unter Verwandten erst als dichterischer Stoff bewußt ausgenutzt wird wie in der Laxdœlasaga, wo die beiden Vettern einer Frau wegen gegeneinander kämpfen, da befinden wir uns auf der Schwelle zu einer neuen Welt.

Die Laxdœlasaga handelt von dem tragischen Widerstreit in der Seele eines Mannes, der durch den Ehrgeiz einer Frau mit seinem

Vetter in Feindschaft gerät. Die charakterfeste, hochmütige Gudrun kann nie vergessen, daß sie Kjartan geliebt hat, aber von ihm vergessen wurde, und als sie Kjartans Vetter Bolli heiratet, macht sie diesen zum Werkzeug ihrer Rache. Endlich kommt der Tag der Abrechnung: sie erfährt, daß Kjartan auf einem einsamen Ritt an dem Hofe Bollis vorüberkommen wird. Gudrun stand auf mit der Sonne, erzählt die Saga, und weckte ihre Brüder: „Wie ihr geartet seid, hättet ihr irgendeines Bauern Töchter sein müssen – ihr tut ja weder Nutzen noch Schaden. Nach all der Schande, die Kjartan euch zugefügt hat, schlaft ihr gleich gut, ob er am Hofe vorüberreitet mit einem Manne oder mit zweien ..." Die Brüder zogen sich an und bewaffneten sich. Gudrun bat Bolli, mitzugehen. Er machte Einwendungen wegen der Verwandtschaft mit Kjartan. „Mag sein; aber es wird dir doch nicht gelingen, es allen recht zu machen; wir trennen uns, wenn du nicht mitgehst." Aufgestachelt von diesen Worten nahm Bolli seine Waffen und ging hinaus. Die Schar legte sich bei der Kluft Hafragil in den Hinterhalt. Bolli war schweigsam an jenem Tage und lag oben am Rande der Kluft, aber es gefiel seinen Schwägern nicht, daß er da oben lag und Ausguck hielt, im Spaß packten sie ihn an den Beinen und zogen ihn herunter. Als Kjartan durch die Kluft kam, begann der Kampf. Bolli stand müßig da, das Schwert Fußbeißer in der Hand. „Nun, Verwandter, warum bist du eigentlich hergekommen, wenn du als untätiger Zuschauer dabeistehen willst?" Bolli tat, als höre er Kjartans Worte nicht. Schließlich bringen die anderen Bolli zum Handeln, und er stellt sich Kjartan in den Weg. Da sagt Kjartan: „Jetzt hast du dich wohl zum Neidingswerk entschlossen; ich will aber lieber den Tod von dir nehmen, als ihn dir geben." Darauf warf er seine Waffe weg, und ohne ein Wort tat Bolli den tödlichen Hieb. Er setzte sich gleich nieder und stützte Kjartan, der in seinen Armen starb.

Dieses: ja – nein, ich will – ich will nicht, liegt ganz und gar außerhalb des Bereichs des Friedens; in diesem Kapitel finden wir die Spuren von dem Interesse des Mittelalters an geistigen Problemen; aber die alte trostlose und deshalb im Grunde poesielose Tragik klingt noch durch. Es ist weniger Tragik als moralische Verzweiflung in den Worten Bollis an Gudrun, als sie ihn bei der Heimkehr beglückwünscht: „Dies Unglück wird mir spät genug aus dem Gedächtnis schwinden, auch wenn du mich nicht daran erinnerst."

Der Friede ist also das Verwandtschaftsgefühl an sich; er ist ein für alle Male bei der Geburt gegeben. Die Sympathie, die wir als das Resultat eines Bestrebens, uns auf den andern einzustellen, betrachten, war eine natürliche Voraussetzung, war ein Charakterzug.

Mit der Liebe unserer Zeit verglichen trug das alte Familiengefühl einen Stempel beinahe nüchterner Zuverlässigkeit. Nichts von dem Hochdruck des Gefühls, den moderne Menschen anscheinend als für die Liebe lebensnotwendig empfinden, nichts von dem Schmerze der Zärtlichkeit, die heute der dominierende Ton in der herzlichen Sympathie zu sein scheint – sowohl zwischen Mann und Mann wie zwischen Mann und Frau. Der christliche Liebesheld wird von seinem Brand verzehrt, er steht in Gefahr, zu bersten durch seinen Drang zur Hingebung und Aufnahme. Die Menschen der Vorzeit wuchsen sich stark und gesund in der Geborgenheit ihrer Freundschaft; der Friede ist durchaus inneres Gleichgewicht und Nüchternheit.

Es ist dann natürlich, daß in den Wörtern, die der Germane von sich selber am liebsten gebraucht, Wörtern wie „Sippe" und „Friede", die Geborgenheit die innerste Bedeutung ist. Geborgenheit, aber mit einem deutlichen Klang von etwas Aktivem, etwas Wollendem und Handelndem oder jedenfalls von etwas, was immerfort auf dem Sprunge zur Handlung sich befindet. Während ein Wort wie das lateinische *pax* in erster Linie – wenn ich mich nicht irre – den Gedanken hinlenkt auf Niederlegung der Waffen, auf einen Gleichgewichtszustand, der der Abwesenheit störender Elemente seine Entstehung verdankt, bedeutet F r i e d e etwas Bewaffnetes, Schutz, Verteidigung – oder auch eine Friedenskraft, die die Menschen in freundlicher Gesinnung hält. Selbst wenn der Germane davon spricht, Frieden zu schließen, ist die Grundvorstellung nicht die, daß unruhige Elemente entfernt und alles zur Ruhe kommen muß, sondern die, daß eine Friedenskraft zwischen den Streitenden eingeführt werden soll.

Der Übersetzer angelsächsischer Gedichte hat unzählige Schwierigkeiten zu gewärtigen, weil kein modernes Wort den Sinn erschöpfen kann von Wörtern wie *freodu* und *sib*, die „Friede" bezeichnen sollen. Wenn er sich damit begnügt, immer wieder in jeder Verbindung das Wort „Friede" zu wiederholen, wird er dadurch gerade die Bedeutung verwischen, die die betreffende Zeile verständlich macht; und fängt er an, abwechselnd verschiedene andere Ausdrücke einzusetzen, so vermag er nur den obersten Ausläufer seiner Bedeutung wiederzugeben; er zieht dann einen kleinen Büschel vom Wort ab, aber die Wurzel hat er nicht mitbekommen. Die Energie des Wortes, seine lebendige Kraft, geht verloren. Wenn an einer bestimmten Stelle Feinde oder Verbrecher um Frieden bitten, da bedeutet das Wort voll und ganz: Aufnahme in einen verzeihenden Willen, Zutritt zur Unverletzlichkeit; und wenn Gott in der Genesis dem Patriarchen „Friede" zusagt, da hat es die volle Bedeutung von Gnade, es ist der aufrichtige Wille, mit ihm zu sein und ihn zu schützen, für ihn zu kämpfen und, wenn es not tut, zu seinem Vorteil ein Unrecht zu begehen. Es sind denn auch nicht nur Menschen, sondern zum Beispiel befestigte Stätten [1], die bedrängten Menschen „Frieden" gewähren können.

„Friede" ist auch noch der gegenseitige Wille, die Einträchtigkeit, Milde, Treue, worin Menschen innerhalb ihres Kreises leben. So war nach der Darstellung in der angelsächsischen Genesis „Friede" der Zustand, in welchem die Engel mit ihrem Herrn lebten, bevor sie sündigten. Dieser Friede war es, den Kain durch seinen Brudermord zerriß: „Indem er Minne und Friede verwirkte." Und ebenso sagt Maria zu Joseph, als er daran denkt, sie zu verlassen: „Du willst unsern Frieden zerreißen und unsre Liebe preisgeben."

Als Beowulf Grendel und dessen Mutter getötet hat, sagt der Dänenkönig in dankbarer Hingebung: „Ich will dir meinen Frieden geben, wie wir es vorher verabredet haben", und etwas Höheres kann er nicht geben. Aber derselbe volle Sinn von Hingebung und Verpflichtung ist vorhanden, wenn die beiden Erzfeinde Finn und Hengest nach einem verzweifelten Kampfe ein festes Friedensbündnis schließen – wenn auch kurz darauf der Wille doch versagt.

Aber damit ist der Inhalt der Wörter nicht erschöpft. Sie bezeichnen nicht nur den redlichen, entschlossenen Willen zur Treue. Unbeschränktes Vertrauen bildet den Kern, aber dicht darum liegt ein Reichtum von Gefühlsabtönungen: Freude, Lust, Hingebung, Liebe. Ein großer Teil der oben zitierten Stellen, wenn nicht alle, sind nur halb verstanden, wenn diese Töne nicht mitschwingen. Im Angelsächsischen umspannt *sib* – oder Friede – die Bedeutungen von Erleichterung, Trost – wie wenn es heißt: *sib* folgt auf Trauer – bis zu Liebe. Und wenn der Nordländer von dem „Frieden der Frau" spricht, glüht das Wort von Leidenschaft.

Wir brauchen nicht daran zu zweifeln, daß das Friedensgefühl

[1] Anm. d. Übers.: einge-„friedigte" Plätze.

Liebe enthielt, daß die Verwandten einander l i e b t e n, und zwar stark und innig. Es ist die Liebe, die das kleine altnordische Wort *sváss*, angelsächsisch *svæs*, von seinem ursprünglichen Sinn abgewandelt hat. Es bedeutet wohl von vornherein am ehesten: eigen, nahe angehörig; aber in der angelsächsischen Poesie zeigt es eine Neigung, sich an Benennungen von Verwandten anzuklammern, und gleichzeitig ist sein Inhalt immer inniger geworden: vertraut, lieb, geliebt, froh. Im Nordischen hat es sich ganz um diese Bedeutung verdichtet, und dort ist es ein sogar sehr starkes Wort, um Liebe zu bezeichnen. Soweit wir sehen können, ist das Verhältnis zwischen Brüdern und ebenso zwischen Brüdern und Schwestern bei den Germanen, wie im allgemeinen bei den kulturverwandten Völkern, ein sehr inniges gewesen. Das Geschwisterverhältnis hat eine Macht wie kein anderes, den Willen, die Gedanken und Gefühle zu verinnerlichen. Die Verwandtschaft hat sowohl Tiefe wie Reichtum besessen.

Außer Liebe hat „Friede" auch eine starke Betonung von Freude. Das angelsächsische Wort *liss* stellt eine besonders charakteristische Verschmelzung von Zärtlichkeit und Festigkeit dar, die bewirkt, daß es oft mit Verwandtschaftsgefühlen verbunden wird. Es bezeichnet die Milde und Rücksichtnahme, die Verwandte einander gegenüber fühlen. Es drückt die Huld des Königs gegen seine Gefolgsmannen aus; in dem Munde christlicher Dichter tritt es gern als Bezeichnung für Gottes Gnade auf. Dann ist *liss* aber auch Freude, Lust, Glück, gerade die Lust, die man in seinem Heim, unter seinen nächsten, treuen Freunden empfindet. Diese beiden Töne – die in Wirklichkeit natürlich nur einer waren – klingen durch Beowulfs Worte: „All meine *liss* ist in dir, nur wenige Verwandte habe ich außer dir!" so grüßt er seinen Oheim Hygelac und begründet hiermit, daß er seinem Verwandten seine Siegestrophäen anbietet. „Aller Friede ist zerstört durch den Fall des furchtlosen Tryggvason", diese einfachen Worte offenbaren den bodenlosen Schmerz, den Hallfred bei dem Tode seines geliebten Königs fühlte.

Die Freude war ein charakteristischer Zug beim Manne, ja sie war das Zeichen seiner Freiheit. „Froh-Mann" mußte man geheißen werden können, wenn das Urteil ganz lobend sein sollte. Die Verse der Havamal: „Froh soll ein Mann zu Hause sein, freigebig gegen den Gast und milde", zeigen uns, was von einem Manne verlangt wurde, und sie stimmen überein mit dem Geiste, der aus dem folgenden Beowulf-Vers spricht: „Sei freudig den Geaten gegenüber und vergiß nicht, sie zu beschenken", so ermahnt die Königin den König der Geaten. So wie „kühn" und „wohlgerüstet" zu den immer wiederkehrenden Adjektiven gehören, womit der Held eingeführt wird, muß „froh" hinzugefügt werden, um anzugeben, daß nichts fehlt an seiner vollen Männlichkeit; wenn Beowulf uns also erzählt, daß Freawaru mit Frodas frohem Sohne versprochen war, beabsichtigt der Dichter nicht, die Stimmung des Prinzen zu schildern, er beschreibt ihn nur als den vollkommenen Kämpen.

Freude war ein wesentlicher Zug an der Menschlichkeit und deshalb eine Eigenschaft des Friedens. Der Zusammenhang zwischen Freude (Lust) und Freundschaftsgefühl war so innig, daß die beiden gar nicht einzeln existieren konnten. Alle Freude ist an Frieden gebunden, außerhalb seiner gibt es nichts und kann es nichts geben, was diesem Namen entspricht. Wenn der Genesisdichter die aufrührerischen Engel von Lust, Friede und Freude abfallen läßt, gibt er in dieser Wortzusammenstellung nicht so nebenbei eine Aufzählung der zwei oder drei wichtigsten Güter, die ihnen der Aufruhr kostete, sondern er gibt in einer Formel einen Ausdruck für das Leben selbst, von seinen zwei Seiten gesehen.

Unsre Vorfahren waren sehr gesellig in ihrer Freude. Zusammensein und Wohlsein war eins bei ihnen. Wenn sie um den Tisch oder ums Feuer sitzen, je nachdem, müssen sie immerfort lachen und lärmen – sie fühlen Freude, *gaman*. Dieses *gaman* ist ein Wort mit einer umfassenden Bedeutung, und es reicht weit über die Freuden des Tisches und des Gespräches hinaus; aber eigentlich ist es Gesellschaft – mit anderen Worten, es ist das Gemeinschaftsgefühl, das die Grundlage ihres Glücksgefühls bildet. *Manndreám* – „Mannesfreude" – Freude an dem Zusammensein mit Männern, ist der angelsächsische Ausdruck für Leben, Dasein und Sterben heißt, den *manndreám* oder *gumdreám (guma* = Mann) aufgeben, die Freude an Menschen, die Freude am Leben, die Freude an der Halle; es ist der Verzicht auf Freude an der Verwandtschaft, an der Ehe, an der Erde, an dem Familienerbe, an dem fröhlichen Heim.

Nun sind wir in der Lage zu verstehen, daß Lust oder Freude keine dem geselligen Verkehr entspringende Fröhlichkeit ist; sie holen ihre erheiternde Kraft daher, daß sie mit Frieden identisch sind. Der Inhalt der Freude ist ein Familiengut, ein Erbgut. Das angelsächsische Wort *feasceaft* bedeutet wörtlich: der kein Los, keinen Anteil hat, der Friedlose, der keine Sippe hat, aber zur gleichen Zeit enthält das Wort unser „unglücklich, freudlos"; nicht, wie wir glauben möchten, weil solch ein Vertriebener notwendigerweise ein trauriges Dasein führen muß, sondern weil er der Freude den Rücken kehrte, als er fortging. Die bestimmte Form, „die Freude", muß in individualisierender Bedeutung aufgefaßt werden als eine Freudensumme, die an das Haus gebunden ist, und die der Mann zurücklassen muß, wenn er sich in das Leere hinausbegibt; es gibt keine Freude ausgestreut draußen in der Wildnis. Derjenige, der aus der Freude der Seinigen und des Seinigen ausgestoßen ist, hat alle Möglichkeit verloren, das Wohlbehagen der Fülle in sich zu empfinden. Er ist leer.

Die Verwandtschaft ist die unerläßliche Vorbedingung, um das Leben als ein menschliches Wesen leben zu können; daher ist das Leid, das irgendein Friedensbruch hervorruft, so entsetzlich, so ohne Seitenstück in der Erfahrung, so unerträglich und brutal, allen höheren Inhalts bar. Uns will es scheinen, daß ein solcher Konflikt, wie Gudruns, als ihr „Sprechfreund" getötet ist und sie ihre Brüder als die Täter sieht, die tiefste Bitterkeit enthalte, daß er die Seele zerreiße. Aber unsere Vorfahren kannten etwas Schlimmeres als Zerreißung, nämlich die Auflösung. Ein Friedensbruch ruft ein Leiden hervor, das tiefer liegt als jede Leidenschaft: es ist die Verwandtschaft selbst, die erstickt wird, und damit folgt das Aussterben aller menschlichen Eigenschaften. Was der Elende leidet oder was er genießt, kann keine eigentlichen Gefühle mehr in ihm hervorrufen. Die Kraft zur Freude selbst ist gestorben. Die Fähigkeit zum Handeln ist getötet. Die Energie wird aufgelöst und weicht einem Zustande, den der Nordländer mehr als alles fürchtete und mehr als alles verachtete: der Ratlosigkeit.

„Bußloser Kampf, vermessene Sünde, wie Finsternis über Hredels Seele fallend", sagt der Beowulf über den Brudermord; in diesen Worten wird die ratlose, energielose Angst zusammengefaßt, die eine Folge des Friedensbruches ist.

Hiermit ist uns eine neue Aufgabe gestellt worden. Die Freude ist etwas Wesentliches für die Menschlichkeit. Sie ist unzertrennlich mit dem Frieden verknüpft, eine Summe und ein Erbe; aber außerdem hatte diese Freude einen eigenen Inhalt.

Im Beowulf wird von der Heimkehr des Helden von Streit und Mühen so gesungen: „Von dort aus zog er nach seinem teuren

Heim, lieb seinem Volke, heim zu der holden Friedenshalle, wo er seine Kampfgefährten, seine Burg, seine Schätze hatte." Was bedeuteten denn diese Zeilen den ursprünglichen Zuhörern? Was riefen die Worte „teuer" und „lieb" und „hold" in ihnen hervor? Was wir bisher gesehen haben, zeigt uns nur annähernd die Stärke dieser Worte und was wir nicht in sie hineinlegen sollen. Was waren es für Vorstellungen, mit denen diese Freude verknüpft war?

Die Antwort gibt das alte Wort Ehre.

Ehre

Friede und Ehre, sie sind die Summe des Lebens, der Inbegriff dessen, was ein Mann zu einem vollen und glücklichen Leben braucht.

„Seid fruchtbar und mehret euch und erfüllet die Erde", läßt die Genesis Gott zu Noah beim Verlassen der Arche sagen; und das heißt bei dem angelsächsischen Genesisdichter so: „Seid fruchtbar und mehret euch; lebt in Ehren und Frieden mit Freuden."

Es lebte einmal auf Island an dem Isfjord ein alter Mann, der Havard hieß. Er war zu seiner Zeit ein wackerer Mann gewesen, aber er war nicht reich und hatte keinen großen Einfluß. Sein einziger Sohn Olaf erregte wegen seiner Beliebtheit und Keckheit den Neid des Goden des Isfjord, des mächtigen und schroffen Thorbjörn von Laugabol. Thorbjörn wollte mehr sein als der erste, er wollte der einzige Mann von Ansehen im Orte sein, und das erreichte er, indem er Olaf tötete. Als die Botschaft Havard gebracht wurde, sank er laut stöhnend zusammen und blieb ein ganzes Jahr im Bett liegen. Niemand glaubte auch im Ernst, daß ein alter, einsamer Mann von den übermütigen Leuten auf Laugabol Genugtuung würde eintreiben können. Havards tapfere Frau hielt den Hof in Ordnung, fischte am Tage mit dem Knecht und verrichtete ihre übrige Arbeit in der Nacht; am Ausgang des Jahres brachte sie den Alten dazu, sich zusammenzuraffen und sich auf den Weg zu machen, um Buße zu fordern. Er begegnete großem Hohn – erhielt nicht einmal eine abschlägige Antwort; er könne außerhalb des Geheges nachsehen, dort würde er einen Gaul finden, der ebenso alt, hinkend und lahm wie er selbst wäre; das Pferd hätte lange Zeit zappelnd dagelegen, jetzt hätte es Krätze bekommen, es könne vielleicht noch auf die Beine kommen; dieses arme Tier könne er gern mitnehmen und behalten, wenn er Trost brauche für den Tod seines Sohnes. Havard torkelt heim und liegt noch ein Jahr im Bett.

Noch einmal fügt er sich der Gattin und macht einen Versuch; er geht ungern, aber „wenn ich wüßte, daß es noch Rache gäbe für meinen Sohn Olaf, da sollte es mich nie gereuen, wie teuer ich sie kaufen müßte." Also reitet er nach dem Thing. Beim Eintreten des Alten in die Thinghütte kann Thorbjörn sich nicht gleich darauf besinnen, was sein Geschäft sein könne. Havard sagt: „Die Tötung meines Sohnes Olaf steht immer vor mir, als sei es eben geschehen, und mein Geschäft hier ist also, dich um Buße zu bitten." Er bekommt weiter nichts für seine Bemühungen als neuen Hohn, blutigen Hohn. Gebeugt geht er aus der Hütte und bemerkt kaum, daß der eine und andere nicht unbedeutende Mann ihm ein Wort gönnt. Seine Bettlägerigkeit im dritten Jahre wird durch Gliederreißen noch schwerer erträglich. Bjargny, seine Frau, verrichtet weiter die Arbeiten auf dem Hofe und findet dazwischen Muße, sich bei ihren Verwandten Hilfe zu sichern und sich über Thorbjörns Reisen und Wege Nachrichten zu beschaffen. Dann kommt sie eines Tages wieder ans Bett, als es zum dritten Male Sommer geworden ist: „Jetzt hast du lange genug geschlafen; diese Nacht soll die Rache für deinen Sohn Olaf vollbracht werden; nachher ist es zu spät." Das war etwas anderes als die trostlose Aussicht, wieder ausreiten und um Buße bitten zu müssen. Havard sprang aus dem Bette, eilte, seine Rache vor Tagesgrauen zu vollbringen, und kam am Morgen zu Steinthor auf Eyri, um den Tod von vier Männern zu melden und ihn an einen Wortwechsel auf dem letzten Allthing zu erinnern: „Es kommt mir nämlich vor, als ob du sagtest, wenn ich ein wenig Beistand brauchte, könne ich ebensogut zu dir wie zu anderen Häuptlingen kommen." „Den Beistand sollst du haben", sagte Steinthor, „aber ich möchte wissen, was du unter großem Beistand verstehst, wenn der, den du jetzt brauchst, nur wenig ist." Und nun setzte Havard sich breit und sicher in den zweiten Hochsitz auf Eyri, lachte über die Zukunft mit ihren Schwierigkeiten und scherzte mit allen, die in seine Nähe kamen, „denn jetzt hatte aller Harm und aller Gram ein Ende".

Havard erlitt eine Schmach, einen Ehrverlust. Es erschüttert ihn, bis ins Mark. Das Übel rüttelt ihn, den alten Mann, daß er gelähmt niedersinkt. Da liegt er, während ein einziger Gedanke so hartnäckig an ihm nagt, daß er meint, die drei Jahre nicht geschlafen zu haben. Auf dem Thing geht er einher, wie ein Zuschauer ihn beschreibt, „ungleich den anderen, groß an Wuchs und etwas bejahrt; er schleppt sich vorwärts und sieht doch aus wie ein rechter Mann; er scheint von Kummer und Unruhe erfüllt".

Als aber dann die Wiederaufrichtung kommt, da schießt die

Ehre wiederum durch seine Adern, neugeboren, neues Leben gebärend. Da strecken sich alle Glieder, die Lungen weiten sich. Mit einem Seufzer des Erwachens fühlt der Mann das Leben noch einmal durch sich und aus sich strömen. Die Kräfte schwellen an. Das Herz wird jung, so jung, daß es wieder lernen muß, was Gefahr ist, was Schwierigkeiten sind; es wird voll übermütiger Lebensfreude, voll wahrer Lebenslust, die sich keinen Deut um den Tod kümmert.

Paulus Diaconus erzählt von einem alten Langobarden, Sigvalde, der ebenso wie Havard hart geprüft wurde und ebenso mannigfaltige Freude aus seiner Trauer erntete. Er hatte zwei Söhne im Kampf mit den einfallenden Slawen verloren. In zwei Schlachten rächte er sie mit großem Eifer, und als eine dritte Schlacht vor der Tür stand, wollte er trotz aller Warnungen mit in den Kampf, „denn", so meinte er, „jetzt, da ich volle Genugtuung für meine Söhne erhalten habe, kann ich froh dem Tod begegnen, wenn es so sein soll". Und damit ging er in den Tod aus lauter überströmender Lebenskraft.

Die Ehre ruft gleich die Rache ins Gedächtnis. So muß es sein; wer an Ehre denkt, muß Rache sagen, nicht nur, weil die beiden immer in den Erzählungen verbunden sind, sondern vielmehr, weil man nur durch die Rache hindurch die Ehre in ihrer ganzen Tiefe und Breite sehen kann: Die Rache ist die Verklärung und die Erklärung des Lebens; so wie das Leben sich in dem Rächer betätigt, ist es am wahrsten und am schönsten.

Das Leben erkennt man an seiner Ekstase. Es gibt eine Art Verzückung, in welcher Menschen aus sich herausgehen und sich vergessen, um im Unendlichen, im Zeitlosen zu versinken. Aber es gibt auch eine Ekstase, wo Menschen aus sich herausgehen, ohne ihren festen Stand in der Zeit zu verlieren, eine Verzückung, wo sie das Höchste und Tiefste – ihr Höchstes und Tiefstes – wie in einem Kraftgefühl erleben, wo sie eine Weile im Genuß des Anwachsens ihrer Stärke verharren und darauf weiterstürmen, stärker und mutiger.

An dieser lebensvollen Verzückung soll man das Leben erkennen. In ihr offenbart die Kultur ihr Wesen und ihren Wert. Um ein fremdes Zeitalter gerecht zu beurteilen, müssen wir erst teilhaben an der Ekstase jener Zeit. Das Erlebnis dieses einen Augenblicks gibt mehr als die Erfahrung vieler Jahre, weil die ganze Gedankenfülle und Gefühlsfülle der Kultur dort in der höchsten Potenz verdichtet ruht. Im großen Erlebnis sollen die gebrochenen Lichtstrahlen des Alltagslebens verklärt werden; die Freude des Lebens, das Leid, die Schönheit, die Wahrheit und das Recht offenbaren uns hier ihr innerstes Wesen. Was ist der Inhalt von Freude und Leid eines Volkes? Die Beantwortung dieser Frage zwingt uns weit in die Kultur des Volkes hinein. Aber ebenso wichtig ist es, den Stärkegrad der Freude zu messen; was ist die höchste Steigerung bei jenen Menschen: Jubel, Lust, seelische Erquickung, lärmendes Lachen, Lächeln oder was? Und was ist ihnen das Leid? Etwas, das sie genießen können, wenn nicht anders, so doch in der Dichtung veredelt, oder eine Pestilenz, etwas an sich Fürchterliches und Verächtliches?

Was Christentum war, damals, als das Christentum eine „Kultur“ bildete, eine geistige, lebenspendende und lebensnotwendige Atmosphäre, das fühlen wir, wenn wir uns, so weit es möglich ist, das Erlebnis eines Vaters vergegenwärtigen, der Gott preist, weil seine Kinder für würdig gehalten werden, für Jesu Namen zu leiden. Der Jude offenbart sich in dem Augenblick, wo er einen neugeborenen Sohn auf sein Knie setzt und ihn mit seinem Segen zum Erhalter seines Stammes weiht. Hellas muß man durch den alten Diagoras erleben, als er nach dem Sieg seiner Söhne in den Wettspielen auf ihren Schultern sitzt, umjubelt und „in seinen Kindern glücklich gepriesen“.

Die Ekstase der Germanen wird im Augenblick der Rache erreicht.

Havard und Sigvalde stehen auf heiligem Boden. So sehr wir auch davon entfernt sind, ihre Gründe und Erwägungen zu verstehen, werden wir doch von Ehrfurcht vor diesen Gestalten gepackt. Nicht ihre Männlichkeit, ihre Gewaltsamkeit, ihr Humor, ihr Scharfsinn sind es, die unser Interesse erregen; wir fühlen undeutlich, daß die Rache der höchste Ausdruck ihrer Menschlichkeit ist, und so werden wir genötigt, unsre Ehrfurcht in mitfühlendes Verständnis für die Ideale zu verwandeln, die ihre Taten hervorrufen.

Die Rache macht sie groß, weil sie jede Möglichkeit in ihnen entfaltet – nicht nur einige wenige blutdürstige Eigenschaften. Sie spannt ihre Unternehmungslust beinahe über die Kraft, macht, daß sie sich stärker, mutiger fühlen. Aber sie lehrt sie auch warten, sich besinnen, berechnen; jahraus und jahrein kann ein Mann warten und wägen, alle seine Pläne darauf einstellen, die flüchtigste Gelegenheit für eine Ehrenabrechnung zu ergreifen; ja sogar seine täglichen Verrichtungen in der Wirtschaft, wenn er sein Heu und sein Vieh besorgt, werden so zurechtgelegt, daß er immer nach den Wegen Ausschau halten und jeden Augenblick sehen kann, ob der erwünschte Mann vorüberreiten sollte. Die Rache lehrt ihn, mit Zeit und Raum wie mit Kleinigkeiten zu rechnen. Er wird von der Erinnerung durch die Zeit getragen, und er kann über Land und Meer getrieben werden nach einem Ziel, das er vor sich sieht. Ein sechsjähriger Knabe, der seinen Vater vor seinen Augen getötet sieht, findet gleich das rechte Wort: „Nicht weinen, sondern erinnern."

Die Rache hebt ihn empor und verklärt ihn. Sie hebt ihn nicht nur, sondern hält ihn schwebend, läßt ihn auf einer höheren Ebene fortleben. Dies kann geschehen, weil das Verlangen nach Genugtuung nicht nur die erhabenste von allen Empfindungen ist, sondern zugleich die alltäglichste, die allgemeinste menschliche. Welche Unterschiede sonst zwischen Menschen auch bestanden, in einem begegneten sie sich: sie mußten, sollten und konnten nicht anders als Genugtuung suchen.

Was war denn Rache?

Sie war k e i n Ausschlag eines Gerechtigkeitsgefühls. Es gibt Völker, die in der Gerechtigkeit das Lebensprinzip des Daseins erblicken, das Grundgesetz, das die Welt zusammenhält und bewahrt. Zwischen dem Betragen der Menschen und dem Gang der Gestirne besteht für sie eine Art direktes Verhältnis, so daß ein ungesühntes Verbrechen wie eine Gefahr über der Menschheit brütet. Um Hungerjahre, Niederlagen oder überhaupt Störungen der Weltordnung zu vermeiden, muß man daher nötigenfalls die Söhne für das Verbrechen der Väter richten und umgekehrt. Zu diesen Völkern gehören die Germanen nicht. Diese Gerechtigkeit erfordert eine ganz andere Art von Gewissen als das, womit unsre Vorfahren ausgestattet waren.

Auch verstanden diese Menschen nicht die symmetrische Moral, diejenige, die das Gleichgewicht wiederaufrichtet, indem sie ein Auge für ein Auge ausschlägt. Die Germanen begriffen das Wort Vergeltung ebensowenig wie das Wort Strafe.

Wenn mit Rachedurst der Wunsch bezeichnet wird, durch Vernichtung der Feinde seiner Lust zu genügen, dann paßt das Wort nicht auf die Germanen. Die Rache wird mit aller Sorgfalt geplant, mit der größten Kaltblütigkeit ausgeführt, man möchte sagen mit geschäftsmäßiger Kaltblütigkeit. Der Rächer schlägt sein Beil in den Kopf des Gegners, wischt das Blut im Grase ab, „verhüllt" die Leiche, wie es die Sitte verlangt, und reitet davon. Er hat keine Lust, sich weiter mit dem Gefallenen zu befassen – Verstümmelung einer Leiche ist in der Geschichte des Nordens etwas so Vereinzeltes, daß es den Täter als eine Ausnahme stempelt, das heißt als einen geringeren Mann. Schlimme Erinnerungen können ein seltenes Mal einen Mann aus der Fassung bringen. Havard hieb Thorbjörn einen Hieb quer übers Gesicht, nachdem er ihm die Todeswunde zugefügt hatte, denn Thorbjörn hatte ihn einmal ins Gesicht geschlagen mit einem Beutel, in welchem Olaf Havardsons Zähne seit dem Tage, wo sie durch den Todeshieb herausfielen, aufgehoben gewesen waren. Aber Havards Tat rief sofort bei seinem Gefährten Hallgrim die Frage hervor: „Warum behandelst du einen toten Mann auf diese Weise?" Sogar wenn der Mann noch nicht gestorben war, wenn er tödlich verwundet dalag, wurde es als unmännlich angesehen, ihm noch einen Hieb zu versetzen. Die Tat kann Neidingswerk genannt werden.

Nur selten frohlockt ein Sieger über den Getöteten, und wenn es einmal vorkommt, ist es deutlich nur eine zufällige Begleiterscheinung, nicht das Zentrale im Gefühl der Befriedigung. Hinter der äußeren Stille der Rache brandet die Seele in Jubel, in Stolz; die Vollführung der Tat vermag besser als irgend etwas anderes begeisterte Worte hervorzupressen zum Preise der Tat, zum Preise desjenigen, der die Tat übte, desjenigen, um dessentwillen sie ausgeführt wurde, oder der Sippe, der sie beide angehörten. Aber diese Ausbrüche kommen aus der Tiefe; aus ihnen spricht die Ekstase des Lebens.

In dem Strafenden wie in dem Rachegierigen kreisen alle Gedanken um jenen anderen, um das, was mit ihm geschehen soll, ob er richtig und fühlbar getroffen werden kann. Der Rächer dagegen hat das Zentrum seiner Gedanken in sich selbst. Es kommt alles darauf an, was *er* tut, nicht, was der andere leidet. Der Rächer *holt* etwas. Er *nimmt* Rache.

Zwei Dinge sind für eine rechte Rache erforderlich: daß der Kränker durch Waffen fällt, und daß die Waffe von dem Gekränkten geführt wird. Wenn der Töter vor dem Ausgleich der Sache auf andere Art umkam – eines natürlichen Todes starb oder verunglückte –, so hatten die Gekränkten nicht weniger Anspruch auf ihre Rache; sie mußten sich dann an die Verwandten des Kränkers halten und so auch, wenn er ihnen lebendig entwischte, zum Beispiel diesen Zeitpunkt wählte, um zu verreisen und sich in der Welt umzusehen, etwa bei Königen fremder Länder gute Sitten zu lernen. Auch empfand die gekränkte Sippe es nicht als Genugtuung, wenn der Täter von der Hand eines unbeteiligten Dritten fiel; ihre Rache stand noch aus, denn sie hatten nicht „für ihren Verwandten Ehre erhalten".

Da mußte aber auch der Gegner notwendigerweise eine Ehre haben, sollte die Kränkung an ihr wiedergutgemacht werden können. Der unglücklichste Tod für einen Mann war, von Unfreien getötet zu werden, und besonders dann, wenn diese auf eigene Faust handelten und kein Mann von Ansehen als Anstifter dahinterstand; denn bei Unfreien war keine Rache zu holen. Einer der ersten Landnahmemänner Islands, Hjörleif, wurde von seinen Knechten überfallen und getötet. Als sein Ziehbruder Ingolf später die Leiche fand, brach er in die klagenden Worte aus: „Unheilvolles Schicksal für einen tapferen Mann, daß Knechte seinen Tod wirkten." Als Havard die Tötung seines Sohnes rächte, ließ er die Knechte unbehelligt; die Tat würde dadurch nicht „mehr gerächt" sein, daß er auch noch ihnen ihr elendes Leben nähme. Ähnlich dem Tod von Knechteshand war das Schicksal dessen, der von einem Landstreicher getötet wurde, von einem Mann, der keine Genossen der Ehre, keine Ziehbrüder oder Kampfgefährten auf der Welt hatte; nicht nur konnte die Rache leicht durch ein Mißgeschick verlorengehen, da sie an einem einzigen Individuum hing; auch die Ehre, die man von einem solchen „Einzelgänger" eintrieb, war an sich nur mäßig.

Aber auch unter echten Verwandten konnte es in der Bewertung der Rache Unterschiede geben. Empfand die Sippe ihre Kränkung sehr tief, etwa weil der Getötete einer ihrer besten Männer gewesen war oder weil seine Verwandten überhaupt ihre Ehre hoch einschätzten, da zogen sie es vielleicht vor, gleich nach einem besseren Mann in der Familie des Kränkers zu zielen. Dieser Drang, seine Rache an einem Verwandten des Kränkers zu befriedigen, der als ein „würdigerer" Gegenstand der Rache betrachtet wurde, stirbt im Norden erst spät aus.

In der Einleitung zu dem norwegischen Frostathinggesetz muß „König Hakon, der Sohn König Hakons, der Sohnessohn König Sverris" sich noch tief beklagen über „die böse Unsitte, die lange in diesem Lande gewesen ist, daß allwo ein Mann umgebracht wird, die Verwandten des Toten denjenigen der Sippe des Töters nehmen wollen, der als der Beste angesehen wird, auch wenn er weder wissend, noch wollend, noch bei dem Totschlag anwesend war, und sie wollen sich nicht an dem rächen, der getötet hat, obschon sie dazu Gelegenheit haben", und folglich gedeihen die Bösen, und die Guten bekommen keine Belohnung für ihre Friedfertigkeit, „und wir sehen uns der besten Untertanen des Landes beraubt", seufzt der Landesvater.

Die Bitterkeit im Ton deutet darauf, daß der Trost vorläufig ziemlich fern ist. Gewiß wollten die freien Bauern gern in Sicherheit im Lande wohnen, und wenn der König ihnen zu einem solchen Frieden verhelfen konnte, dann sollte dies oder jenes Verbot und Gebot willkommen sein; aber ebenso sicher wie die Unterlassung des Tötens den Landfrieden gebessert hätte, ebenso sicher war es, daß der Mensch nicht davon leben konnte, nicht getötet zu werden. Und wenn nun Not am Mann war, was gab einem da der König? Den Gewinn der Heilung ihrer verwundeten Ehre, den die guten Untertanen des Königs sich auf die alte Weise verschafften, konnte er ihnen durch kein neues Rechtsmittel ersetzen. Und solange die Ehre als ein Grundfaktor in der moralischen Selbstachtung des Volkes, ja als der eigentliche Zweck des Gesetzes dastand, konnte man ihr nicht mit einer scharfen amtlichen Verfügung ein Ende abkappen. Verbote und Gesetzesbestimmungen von oben sind im besten Falle nur Vorläufer, Herolde einer Sinnesänderung, die Jahrhunderte braucht, um sich durchzusetzen, und solange „Gesetz" und „Recht" einander nicht in neuer Einheit gefunden hatten, solange war der „Mißbrauch" des Volkes, sein Mißverstehen des eigenen Nutzens, stärker als Königsmacht und Vernunft. „Kein anderer Mann im Lande hat eine so wackere Rache wie er erhalten – für keinen anderen sind so viele als Buße gefällt worden" – das war und blieb der beste Beweis dafür, daß der Gefallene der Größte unter den Männern seiner Zeit gewesen war.

Die Rache besteht also darin, daß man dem anderen etwas wegnimmt. Man erwirbt sich Ehre von ihm. Man will seine Ehre wiederhaben.

Durch die Kränkung ist dem leidenden Teil ein Verlust zugefügt worden. Er hat etwas von seiner Ehre verloren. Aber diese Ehre ist nicht etwas, was er zur Not entbehren kann, etwas, was er nur als Luxus braucht, und ohne das genügsamere Charaktere schließlich auskommen können. Er kann sich nicht einmal mit dem Teil, der ihm bleibt, vertrösten; denn die erlittene Kränkung ist mit einer Wunde zu vergleichen, die sich von selber nicht schließen will und die unaufhörlich weiterbluten wird, bis all sein Leben ausgeronnen ist. Kann der leere Raum nicht wieder ausgefüllt werden, so wird er nie mehr er selber. Die Leere kann auch Schmach genannt werden, sie ist ein Leiden, ein schmerzhafter Krankheitszustand.

Njal, der friedfertige, friedenstiftende Njal, verliert nicht viele Worte darüber; aber die menschlichen Gefühle sind in ihm ebenso unverdorben wie in dem tapferen Recken Egil. Er warf einen Blick auf seinen alternden Körper und sagte: „Ich kann meine Söhne nicht rächen, und ich will nicht mit Schanden leben", und damit warf er sich auf sein Bett mitten in den Flammen. In einem solchen Charakter wie Kveldulf brach das Leiden in gewaltigen Krampfeszuckungen aus. Sein Sohn Thorolf war in nahezu offener Fehde gegen den König Harald selbst gefallen; es schien hoffnungslos für einen einfachen Bauern, von Norwegens mächtigem König Ehre zu erhalten. Er selbst war alt und verbraucht; aber der Hunger nach Ehre wirkte in seinem alten Körper als ein Stimulans, das die letzten Reste von Kraft sammelte, um jemanden umzubringen, „den zu verlieren für König Harald übel sein wird". So verschieden die beiden Männer an Naturell sind – sie repräsentieren wohl die beiden äußersten Pole der isländischen Kultur –, sie denken und fühlen doch gleich und handeln von derselben Voraussetzung aus: der Unentbehrlichkeit der Ehre und der Unumgänglichkeit der Rache. Solange die Menschen noch das alte Leben lebten, gleichgültig ob die äußeren Formen heidnisch oder christlich waren, konnte ein Mann unter keiner Bedingung die Rache darniederliegen lassen; es war für ihn nicht möglich, sich über die Forderungen der Ehre hinwegzusetzen, weil sie von innen kamen und sich als ein quälendes Angstgefühl meldeten.

Es war einmal ein Isländer, der etwas Großes, fast Übermenschliches tat. Nach dem Volkskampf auf dem Allthing im Jahre 1012, als die Aussichten auf Vergleich trübe waren und alles auf eine schicksalschwere Sprengung des Freistaates zu deuten schien, erhob sich der mächtige Häuptling Hall von Sida und sagte: „Alle Männer wissen, von welchem Schmerz ich getroffen wurde, als mein Sohn Ljot fiel. Der eine oder andere mag wohl denken, daß er einer der Teuersten werden würde von allen, die hier gefallen sind (d. h. einer von denen, dessen Tod die höchste Buße kosten würde). Aber dies will ich tun, damit Männer sich vergleichen: ich will meinen Sohn ungebüßt liegenlassen und meinen Gegnern doch vollen Frieden und Vergleich geben. So bitte ich dich, Gode Snorri, und mit dir die Besten hier, daß ihr durchsetzt, daß ein Vergleich zwischen uns zustande kommt." Darauf setzte Hall sich nieder. Und bei seinen Worten klang lautes Beifallsmurmeln, alle priesen laut seine gute Gesinnung. „Und darüber, daß Hall seinen Sohn bußelos liegenlassen wollte und so viel für den Vergleich tat, ist noch zu erzählen, daß die ganze Thingversammlung Bußen für ihn zusammenlegte, und das Zusammengelegte war nicht weniger als acht Hundert in Silber; aber das war vierfache Mannesbuße."

Das Leben ist aber nicht nur gefährdet, wenn Blut fließt. Die Ehre versickerte ebenso verhängnisvoll durch die Wunde, die mit einem Stock oder mit einem scharfen Wort oder bloß mit einer höhnischen Zurücksetzung zugefügt wurde. Und das Heilmittel ist in allen Fällen dasselbe.

Wenn ein Mann dasitzt und im Gespräch seinen Worten mit einem Stecken Nachdruck verleiht und dann leider die Nase seines Kameraden trifft, sollte dieser vielleicht lieber berücksichtigen, daß der Gestikulierende kurzsichtig war und sich warm geredet hatte. Jedenfalls kann es wohl nicht als ganz guter Ton betrachtet werden, gleich aufzufahren und zu versuchen, dem anderen die Axt auf die Nase zu pflanzen; findet man aber den kurzsichtigen und eifrigen Erzähler einige Monate später in seinem Bett getötet, so weiß man, daß da einer gewesen ist, um „den Steckenhieb zu rächen". Niemand wird prinzipiell der Tat die Bezeichnung Rache verweigern. Und war der Getroffene ein Mann von Ehre, dann würde kein Außenstehender ihm das Recht aberkennen, so zu handeln, wie er tat; umgekehrt, sie würden sofort einsehen, daß der Nasenstüber für ihn ebenso verhängnisvoll werden konnte wie ein abgehauener Arm oder ein abgehauenes Bein. Wenn keine Ehre für die Kränkung geholt würde, könnte in der kleinen Wunde sozusagen eine Blutvergiftung entstehen.

So geschah es dem Isländer Thorleif Kimbi. Er hatte auf einer Auslandsreise an Bord eines norwegischen Schiffes das Mißgeschick gehabt, sich seinem Landsmann Arnbjörn gegenüber etwas hitzig zu benehmen, als die beiden beim Kochen waren. Arnbjörn fuhr auf und versetzte Thorleif mit seinem warmen Löffel einen Schlag an den Hals. Thorleif würgte die Schande hinunter: „Die Norweger sollen nicht ihren Spaß an uns beiden Isländern haben und uns wie ein paar Köter trennen, aber ich werde daran denken, wenn wir uns auf Island treffen.“ Thorleifs Gedächtnis scheint indessen schwach gewesen zu sein. Als er aber eines schönen Tages auf Freite geht, bekommt er vom Bruder des Mädchens die Antwort: „Ich werde dir meine Meinung sagen; bevor ich meine Schwester mit dir verheirate, mußt du sehen, daß du die Breischrammen am Halse geheilt bekommst, die du vor drei Jahren in Norwegen erhieltest.“ Und jener Schlag mit dem Löffel und die mit den Schrammen begründete Ablehnung brachten zwei ganze Bezirke miteinander in Fehde und führte zu tiefen und dauernden Entzweiungen der beteiligten Geschlechter. Vom Standpunkte des Frühgermanentums aus betrachtet ist hier kein Mißverhältnis zwischen der Ursache und ihren Folgen.

Wurde ein Mann Dieb oder Feigling genannt – was er nicht war – oder bartlos – was sich vielleicht tatsächlich nicht leugnen ließ – in jedem Fall mußte er, wenn er seine Würde behalten wollte, vollen und ganzen Ersatz für die Anschuldigung eintreiben. Es ist bekannt, daß Njal den Mangel hatte, daß ihm kein Bart wuchs. Gunnars Gattin Hallgerd sah es und verschwieg es nicht: „Daß ein so kluger Mann, der für alles einen Rat weiß, nicht auf den Gedanken gekommen ist, dort Mist anzufahren, wo es am meisten not tut! Der bartlose Greis soll er heißen, seine Söhne können dann den Namen Mistbärte erhalten. Du aber, Sigmund, du solltest es in Verse setzen; laß es uns zugute kommen, daß du dichten kannst.“ Sigmund tut alles, was ihm die Bewunderung der schönen Hallgerd sichern kann und ihre Beifallsausbrüche: „Du bist ein Kleinod, so wie du mir Freude machst“. Die Beschimpfung tat ihre Wirkung nicht nur bei den jungen heißblütigen Njalsöhnen, sondern ebensosehr bei Njal selbst. Die Verse kamen Bergthora, Njals Gattin, zu Gehör. Und als sie bei Tische saßen, sagte sie: „Ihr seid durch Geschenke geehrt worden, sowohl du, Vater, wie deine Söhne; ihr zeigt euch als schlechte Ehrenmänner, wenn ihr es nicht lohnt.“ „Was sind das für Geschenke?“ fragte Skarphedin. „Ihr Söhne bekamt alle zusammen ein Geschenk, man nannte euch die Mistbärte; der Hausvater wurde der bartlose Greis genannt.“ „Wir haben doch nicht der Weiber Art, daß wir uns über alles erzürnen“, sagte Skarphedin. „Erzürnt hat sich Gunnar in eurem

Namen, und wenn ihr nicht hier euer Recht betreibt, da werdet ihr nie einen Schimpf rächen." „Es scheint der Alten Spaß zu machen, uns aufzuhetzen", sagte Skarphedin und verzog den Mund zum Lächeln; aber Schweiß sprang ihm aus der Stirn, und er bekam rote Flecken auf den Backen, und das war etwas Ungewöhnliches. Grim schwieg und biß auf seine Lippen, und Helgi war nichts anzusehen. Höskuld folgte Bergthora nach, als sie hinausging. Sie trat wieder herein, schäumend vor Zorn. Njal sagte: „Na, na, Mutter, man kommt zum Ziel, auch wenn man sich Zeit nimmt. Und so geht es in vielen Sachen, mögen sie einem auch ans Herz greifen, es erntet nie eitel Lob, wenn Rache genommen wird." Am Abend aber hörte Njal eine Axt gegen die Wand klirren. „Wer hat unsre Schilde heruntergeholt?" „Deine Söhne gingen mit ihnen fort", sagte Bergthora. Njal zog Schuhe an und ging hinaus, ums Haus herum; da sah er sie den Hügel hinaufstreben. „Wohin?" „Nach Schafen", antwortete Skarphedin. „Gegen die trägt man keine Waffen; ihr dürftet ein anderes Geschäft vorhaben." „Dann wollen wir Lachse fischen, wenn wir die Schafe nicht finden." „Wenn das so ist, wäre es zu wünschen, daß euch der Fang nicht entginge." Als er zu seinem Lager kam, sagte er zu Bergthora: „Alle deine Söhne sind bewaffnet fortgegangen; es scheint, daß deine scharfen Worte ihnen ein Ziel aufgesteckt haben." „Danken werde ich ihnen von Herzen, wenn sie wiederkehren und mir Sigmunds Tod melden." – Sie kehren heim mit der guten Botschaft und sagen es Njal. Und er antwortet: „Viel Glück zur Tat!"

Es gab für alles nur eine Rache, die Rache in Blut. Wäre nur von Vergeltung oder Selbstbehauptung die Rede gewesen, hätte man ohne Zweifel mit gleicher Münze zahlen können. Da die Menschen einen solchen Glauben an die Macht eines Hohnworts über die Ehre hatten, sollte man meinen, daß sie auch den eigenen Spottworten einige Wirkung zutrauten. Aber böse Worte für böse Worte geben, brachte nicht die Ehre zurück; der Stachel aus den Worten des anderen blieb stecken, und die Rache konnte verlorengehen. Ein Mann würde es kaum wagen, einen Feind gefangenzunehmen und ihn zu verhöhnen, anstatt ihn sofort zu töten, man fürchtete sich davor, Erniedrigung an Stelle der Genugtuung zu holen, und so wurde es als unmännlich betrachtet, einen Feind zu demütigen, anstatt ihn zu töten. Die Rache war eine zu teure Sache, als daß man mit ihr spaßen konnte.

Die Ehre machte, daß der Mensch rächen m u ß t e, nicht nur, daß er rächen k o n n t e. Die Gilden lebten ebenso wie die alten Verwandtenkreise in Frieden und Ehre, und in ihren Statuten sind die Grundsätze der alten Gesellschaft in Paragraphen zusammengefaßt. Ein Mann wird aus der Gilde ausgestoßen und für einen Neiding erklärt, wenn er seinem Bruder den „Frieden" bricht in irgendeinem Streite, der zwischen ihnen entstand, gleich wo sie sich begegnen, zu Hause, in der Gildehalle, in den Gassen der Stadt oder draußen in der Welt; er zieht sich denselben Richtspruch zu, wenn er sich der Sache seines Bruders nicht annimmt, wo dieser in Händeln mit Leuten außerhalb der Bruderschaft Hilfe braucht; aber nicht weniger vergeht sich ein Bruder, wenn er eine Entehrung erträgt, ohne die Hilfe der Brüder herbeizurufen; rächt er nicht mit Hilfe der Gildegenossen die Beleidigung, so wird er als „Neiding" aus der Bruderschaft ausgestoßen.

Obschon der Friede keinen unmittelbaren Ausdruck in den Gesetzen erhalten hat, ist er doch in ihnen vorhanden. Seine Macht war so selbstverständlich, daß die Gesetzgeber ihn erst dann gewahr wurden, wenn sie begannen, in Opposition gegen ihn zu geraten. Die Ehre aber ist in den Gesetzesparagraphen in hohem Grade berücksichtigt.

Für die Friedensgenossen ist die Rache eine P f l i c h t; das Gesetz sanktioniert diese Pflicht als ein R e c h t. Die isländischen Gesetze erlauben Tötung auf der Stelle als Vergeltung für einen Angriff oder für einen Hieb, auch wenn dieser keine Spuren an der Haut hinterläßt. Im Falle von tieferen Hieben und Wunden und von Beschimpfungen ernsteren Charakters kann der Kränker frei niedergehauen werden, wo und wann er vor der nächsten Allthingsversammlung angetroffen wird. So lange ist die Rache zulässig. Geht man aber nach Hause und läßt die kleine Kränkung an sich haften oder läßt Herbst, Winter und Frühling über die größere Kränkung verstreichen, so hat man sein Recht auf eigenhändige Abrechnung verspielt, und dann kann man seinen Gegner nur durch das Gesetz belangen. – So lautet ein Gesetz, das mit sich selbst im Streite ist. Die Entwicklung geht in der Richtung der Einschränkung des Racherechts; aber solange die Notwendigkeit der Rache im Prinzip anerkannt wird, werden die Grenzen auf rein äußerliche Weise gezogen. Kein Wunder, daß diese lose errichteten Schranken sich als zu schwach erweisen, den Verfolger zurückzuhalten.

In den norwegischen Gesetzen ist die allmähliche Einschränkung einen Schritt weitergekommen. Dort ist die Rache im wesentlichen nur bei den allerernstesten Kränkungen anerkannt. Man mußte sich selbstverständlich vor der Rache beugen, die ein Mann für Tötung eines Verwandten oder für Entehrung eines Angehörigen nahm; eine solche Rache in die Rubrik Verbrechen hineinzuzwängen, und wäre es von der mildesten Art, das ließ sich im frühen Mittelalter nicht machen. Das norwegische Königsgesetz will aber auch hier am liebsten jeder Selbsthilfe Einhalt gebieten. Vor den allergrößten Schimpfwörtern mag es vielleicht ein wenig zögernd stehen; – kann man einem Mann das Recht verweigern, mit der Axt zu antworten auf eine Anrede wie die folgende: „Du Vettel, du Petze, du Aas, ein Knecht bist du!“? – Aber eine Wunde oder einen Hieb, einen Puff und ein Spottwort sollen Männer auf das Thing tragen.

Nichtsdestoweniger sieht man deutlich den echten Untergrund durchschimmern. Hakon Hakonson kann in seinem großen Gesetzentwurf aus der Mitte des dreizehnten Jahrhunderts, der als Einleitung zum Frostathinggesetz dient, nicht umhin, zu sagen, daß Rache für Wunden und echte Kränkungen Gültigkeit haben soll, wenn sie genommen wird, bevor von der Gegenpartei Buße angeboten wird. Die leise Willkürlichkeit in dem Zusatz: „Wenn nicht der König und andere verständige Männer anderer Meinung sind“, ist charakteristisch für alles hilflose Reformieren von oben; man gibt dem alten Regime seinen Segen und fügt eine Redensart hinzu, die als Reform gelten soll. Wiederholte der Kränker im Vertrauen auf sein Vermögen, seine Macht oder auf einflußreiche Verwandte seine Kränkung, so mußte es dem Verletzten anheimgestellt bleiben, ob er Vergleich annehmen wollte oder nicht.

Halb humoristisch ist eine Verbesserung, die man seiner Zeit als vielversprechend angesehen zu haben scheint: daß ein Mann, der rächt, gerichtlich nicht zu belangen sein soll, wenn die Rache die Kränkung nicht an Größe übertrifft. Der eventuelle Überschuß soll beim Vergleich nach seinem wahren Wert abgeschätzt und die Wiedergutmachung dementsprechend entrichtet werden. Ein gut gemeinter Gedanke, wenn man sich nur einigen könnte, welche Strafe dem Vergehen entspräche, und was das Überschießende, wenn vorhanden, wert sein könnte. Der Gedanke nimmt sich besser aus in der Form einer milden Ermahnung als Leitfaden für das Gewissen der Gefolgsmannen: „Nimm keine zu schnelle Rache und laß die

Rache nicht gar zu groß sein". So steht es in König Magnus' Hofgesetz vom Jahre 1274.

Alle diese Einschiebungen tragen den Stempel der Schwäche und Unentschlossenheit; gerade an den Verbesserungen merkt man, wie klar und einfach der alte Brauch im Bewußtsein ruht: daß Kränkung dieser oder jener Art Heilung erfordert, und daß Heilung in der Rache sicher zu finden ist. Freilich, neue Gedanken sind im Anzuge; aber vorläufig haben die Reformatoren nichts, womit sie einen neuen Grund legen können, und deshalb müssen sie auf dem alten weiterbauen und Verbote gegen Rache damit begründen, daß Rache etwas ist, was kein Mann entbehren kann.

Freilich ist zwischen Gesetz und Leben ein Gegensatz zu erkennen. Der Gesetzgeber scheint einen feinen Blick für Grade und Abtönungen bei Beleidigungen gehabt zu haben, von denen praktische Leute gar nichts wissen wollten, oder die sie nur solange anerkannten, als sie sich in juristischer Gesellschaft befanden. Da saßen die braven Norweger auf dem Thing und hörten es sich mit Interesse an, wenn die Gesetzeskundigen den Unterschied entwickelten zwischen der Wunde, die den Knochen bloßlegte, sich bei geeignetem Heilverfahren aber wieder ganz schließen konnte, und dann dem juristisch bösartigen Fall, wo ein so und so großes Stück Fleisch herausgeschnitten und zu Boden gefallen war. Die Zuhörer merkten sich in ihrem Gedächtnis, wieviel für die erste und wieviel für die zweite Sorte bezahlt werden sollte. Oder sie hörten sich an, wie Schimpfwörter klassifiziert wurden. „Volle Buße soll gezahlt werden, erstens: Wenn man zu einem Mann sagt, daß er im Wochenbette gelegen hat, zweitens: Wenn man sagt, daß er unnatürliche Gelüste hat, drittens: Wenn man ihn mit einem Aas, einer Petze oder einer Dirne vergleicht." Es ist auch ein voll zu büßendes Wort, ihn Knecht oder Hure oder Hexe zu nennen, im übrigen gibt es nur Scheltwörter, für die man eine kleine Buße fordern kann, oder die man mit einem: „Das bist du selbst", rächen kann. – Dann wurde das Thing aufgehoben und die guten Männer zogen heim und rächten große wie kleine Beleidigungen in Blut, als hätte es nie irgendwelche Abstufungen gegeben. Oder die Isländer, diese harten Köpfe, die sich stritten, sich schlugen und sich rächten in der ganzen Einfachheit der Ehre, sie zogen auf das Allthing und hörten den Gesetzessprecher den Tötungsabschnitt mit all seiner kunstfertigen Umständlichkeit vortragen, wo Voraussetzungen und Möglichkeiten und Umstände endlos aufgetrennt und verwoben wurden. Niemand lachte, nein, alle folgten mit tiefstem Interesse.

Dieses Bild ist im höchsten Grade humoristisch. Wüßte man es nicht besser, so möchte man eine Spaltung in der Gesellschaft vermuten. Doch nein. Auf Island jedenfalls gibt es keine Spur von Trennung in eine gesetzgebende Kaste und eine gesetzlose Menge. Dieselben starrköpfigen Bauern, die sich im Gau miteinander herumschlugen, waren in hohem Grade Juristen mit Neigung und Begabung für die Verwicklung der Gesetze. Ja, es sind gerade diese Bauern, die isländisches Gesetz zu einem kleingemusterten Gewebe von Kasuistik gemacht haben. Das Recht hat auf der Sagainsel durch ständige Rechtshändel und fleißige Gesetzgeberei ein besonderes Gepräge von nahezu raffinierter Systematik erhalten wie fast nirgends sonst. Etwas Ähnliches gilt für Norwegen. Wenn es auch überall Gesetzeskundige in engerem Sinne neben den Nichtgesetzeskundigen gab, betrifft diese Unterscheidung doch nur das Wissen des Volkes und nicht das Interesse.

Es läßt sich eine andere Erklärung geben, die durchschlagender ist. Die Menschen bleiben nicht immer auf derselben Stufe stehen; aber sie bewegen sich jedesmal nur mit einem Teil der Seele vorwärts. Ein und dasselbe Individuum hat in sich ein Zukunfts-Ich, das sich triumphierend behauptet, wenn der Mann in einer öffentlichen Funktion auftritt oder in Zusammenarbeit mit den Seelenhälften anderer Gleichgesinnter; daneben ein altmodisches, konservatives Ich, das die Führung zu Hause im Alltagsleben übernimmt, und das überhaupt jede Gleichgewichtsstörung der Seele auszunutzen weiß, um seinen Nebenbuhler zu überrumpeln und zu entthronen. Die norwegischen und isländischen Gesetze stellen kein Ur-Recht dar; im Gegenteil, sie sind beide Fortschrittserscheinungen. Es ist das fortschrittliche Ich, das in ihnen spricht. Es ist eigentümlich genug: während die Norweger eine Schätzungsskala für Wunden kennen, die verschieden taxiert werden, je nachdem sie in eine innere Höhlung gehen (das kostet 1/2 Mark alter Währung) oder in der Haut bleiben (kostet 1 Öre), je nachdem die Wunde ohne Narbe geheilt wird (Preis 1 Öre) oder mit Narbe (6 Öre), sind die Isländer offenbar nicht darüber hinaus, eine Wunde eine Wuunde zu nennen. Hätten wir die Möglichkeit, die Gesetze Jahrhundert um Jahrhundert zurückzuverfolgen, würden wir sehen, daß die Formen immer einfacher werden, daß sie sich mehr und mehr der Einfalt des Alltagsdenkens nähern.

Aber daraus folgt keineswegs, daß die Vorfahren der Norweger und Isländer gar keinen Unterschied gemacht hätten. Die Abschätzung der Kränkung liegt so tief im Charakter des Gesetzes, daß man annehmen muß, daß sie auch in der Volksseele tiefe Wurzeln hatte. Obwohl das isländische Gesetzbuch, „die Graugans", die Grenze für das Racherecht ziemlich tief nach unten verlegt, so daß einfache Schläge mit eingeschlossen sind, so deutet doch das Vorhandensein einer Grenze an, daß gewisse Kränkungen zu gering waren, um mit Blut bezahlt zu werden. Ohne Zweifel haben unsere Vorfahren auf einem sehr frühen Stadium ihres Daseins die Entdeckung gemacht, daß ein Mann manchmal mit Absicht, manchmal aus Mißgeschick Schaden stiftete. Oder die Beobachtung hat sich ihnen aufgedrängt, daß gewisse Epitheta in ihrem Wortschatz stärker waren als andere; und in ihrem täglichen Verkehr haben sie sich zu diesem Unterschied bekannt.

Das Interesse für Abstufungen war tief und stark und unzweifelhaft alt. Eine bedingte Unterscheidung großer und kleiner Kränkungen war wohl bekannt und anerkannt. Wir haben keinen Anlaß, daran zu zweifeln, daß die Menschen vom ersten Anfang an bei kleinen Wunden eher zu friedlichem Vergleich geneigt gewesen sind als bei großen. Ob dieser möglich war, hing von der Eigenart des einzelnen Falles ab: was in der Vergangenheit mit der Kränkung zusammenhing, wie sie ausgeführt worden war und nicht zuletzt, wer der Kränker war, ob er und seine Verwandten solche Männer waren, daß ein Vergleich mit ihnen Ehre bedeutete. Aber eins stand fest: der Wille zur Versöhnlichkeit wurde nicht von irgendwelcher Neigung getragen, den unbedeutenden Schlag unbeachtet vorübergehen zu lassen; wollte oder konnte der Kränker die beschädigte Ehre nicht wiederherstellen, so mußte Rache genommen werden, genau als wäre es eine Sache auf Leben und Tod.

In dieser Beziehung war das Gesetz ebenso starr und unschmiegsam wie jedes private Gefühl, das unbedingte Wiederaufrichtung verlangte. Daß der Kränker außerstande ist zu büßen oder daß er nicht mehr existiert, das beseitigt nicht die Tatsache, daß der Gegner bußebedürftig dasteht. Die Geringfügigkeit einer Kränkung vermindert nicht die Notwendigkeit der Wiederaufrichtung der Ehre. Vor diesem Grundsatz machen alle Fortschrittsbewegungen halt. Die Gesetzesreformatoren in Norwegen schieben die Rache so weit wie möglich in den Hintergrund. Sie betonen, daß die Gesetze da sind für die, die ihrer bedürfen, und jetzt werde es außerdem königliche Beamte geben, deren Lebensaufgabe es sein wird, den Leuten die Genugtuung zu verschaffen, die sie früher selbst, so gut es ging, haben suchen müssen; aber sie fühlen sich doch veranlaßt hinzuzufügen, daß in dem Fall, wo der Gegner sich nicht beugen will und der Wille des Beamten nicht durchdringt, derjenige, der selbst seinen Schimpf rächt, Gegenstand äußerster Rücksichtnahme sein soll; ja, wenn die Rache das verdiente Maß nicht übersteigt, soll er nicht belangt werden können. „Bleibt das Wergeld aus, so können die Verwandten den Toten rächen, und sie sollen in nichts dadurch gehindert werden, daß der König dem Töter Frieden und Erlaubnis, im Lande zu verweilen, gegeben hat", – so heißt es wörtlich in König Hakons großem Reformvorschlag, der die Einleitung zum Frostathinggesetz bildet.

In diesem Gerechtigkeitsideal ist der augenscheinliche Widerstreit zwischen der Theorie des Gesetzes und der Praxis des Alltags berücksichtigt worden. Die Germanen hatten eine starke Neigung für friedliche Beilegung von Zwistigkeiten, aber die Vermittlung stand außerhalb und versuchte einen Vergleich durch gegenseitige Übereinkunft zustande zu bringen, ohne im mindesten das Recht des Friedens zu beeinträchtigen. Später spiegelt das Gesetz die eigentümliche germanische Rechtsauffassung wider, nämlich wenn es zwei verschiedene Tendenzen zu einem System zusammenarbeitet. Die Gesetzgeber des Übergangszeitalters möchten die Vermittlung zu einem wesentlichen Bestandteil der juristischen Verhandlung machen und nähern sich also einem Gesetzessystem, das auf Wägen und Schätzen der Kränkung aufgebaut ist, während sie gleichzeitig für Abschaffung des alten Rechts auf private Rache arbeiten. Durch diese Ausgleichsprozeßvorgänge wurde das germanische Recht allmählich in Übereinstimmung mit dem römischen Recht gebracht, aber es dauerte lange, bevor es die Idee der absoluten Wiedergutmachung als oberste Richtlinie von Recht und Gerechtigkeit aufgab.

Der Anspruch auf persönliche Genugtuung wird nicht bloß äußerlich vom Leben und der Gesellschaft anerkannt, er ist vielmehr das allerinnerste Geheimnis, das Tragende in der nordischen Gesetzgebung. Wenn das Gulathinggesetz herausplatzt mit einem: „... da ist es gut, wenn gerächt wird", oder es heißt: „Niemand kann mehr als dreimal Buße für Kränkungen verlangen, ohne dazwischen Rache zu nehmen", so ist das keine Gesetzlosigkeit, keine Herausforderung des Gesetzes, die sich mutwillig die Perücke aufsetzt und mit komischer Feierlichkeit Zynismen ausspricht. Diese Sätze sind lediglich ein direkter Ausschlag der rechtfordernden Energie, die das ganze Netzwerk von Gesetzesbestimmungen geschaffen und entwickelt hat, von welchem sie sich abheben, aus welchem sie hervorspringen.

Der Geist des Gesetzes kann als juristisches Mitgefühl mit dem Gekränkten und seinem Leiden charakterisiert werden. Das Thing ist die Stätte, die er aufsucht, um Heilung zu finden. Mit anderen Worten, jeder Angriff wird unter dem Gesichtspunkt: persönliches Unrecht, betrachtet. Es ist gleich, ob ein Mann den Leichnam seines getöteten Verwandten auf das Thing trägt, ob er einen auf frischer Tat ertappten Dieb mit gefesselten Händen dorthin führt oder ob er mit einem Schimpfwort beladen ankommt, der Ruf ist immer derselbe: „Gebt mir Genugtuung, gebt mir meine Ehre wieder!"

Eine Handlung ist an sich kein Verbrechen, sie wird erst Verbrechen (wenn wir dies Wort gebrauchen wollen) durch ihre Wirkung auf einen Menschen. Trifft sie einen frischen und gesunden Mann, so ist ihm Schaden zugefügt worden, und der Schaden muß ihm wiedergutgemacht werden. Die Buße, die die Gesellschaft für ihn einzutreiben übernimmt, wenn er an sie appelliert, ist, übereinstimmend mit der alten Terminologie, sein „Recht", – das heißt ungefähr: sein Wert. Und hat er kein „Recht an sich", d. h., ist er ein Mann ohne Ehre, so kann es kein Verbrechen geben.

Die rechtsbehauptende Energie, mit welcher der Richtstuhl dem Kläger beisteht, ist keineswegs geringer als woanders, wo es die Aufgabe des Richters ist, zu strafen und zu schirmen. Im Gegenteil. Sie ist stärker, da sie von dem Grundgedanken erfüllt ist: Es muß, es soll Genugtuung geben, denn die Wohlfahrt des Klägers steht auf dem Spiel; er ist ein gezeichneter, ein gefällter Mann, wenn ihm keine „Ehre" verschafft wird. Ist der Täter außer Reichweite, gut, da müssen seine Verwandten heran; es handelt sich nicht darum, einen Täter zu finden, sondern darum, jemanden zu finden, der Genugtuung verschaffen kann.

Unter den südlichen germanischen Stämmen ist das Racherecht in der geschichtlichen Zeit überall in Auflösung begriffen.

Der äußerste Standpunkt wird wohl vom Gesetz der Burgunden eingenommen, das Todesstrafe für Tötung bestimmt und damit darauf zielt, jede eigene Rache aus der Welt zu schaffen. Die guten Burgunden waren auf dem Wege zur Vollkommenheit doch nicht weiter gekommen, als daß es für den Gesetzgeber notwendig war, im gleichen Atemzug hervorzuheben, daß kein anderer als der Schuldige verfolgt werden dürfe. Die übrigen Völker waren offenbar noch nicht über das Stadium der Einschränkungen hinaus, als sie ihre herkömmlichen Bräuche aufzuzeichnen begannen. Leider erlaubt der zufällige Charakter der Gesetze uns nur in einzelnen kurzen Einblicken die Bewegung zu verfolgen. Das Alemannengesetz scheint zwischen der Befriedigung der augenblicklich auflodernden Rachelust und dem bedächtigen, planenden Rachewillen unterscheiden zu wollen; wenn ein Mann mit den vorhandenen Helfern sogleich einen Töter verfolgt und ihn in seinem Hause niederhaut, so kommt er mit einer Mannesbuße davon; holt er aber erst Beihilfe, steigen die Bußen auf den neunfachen Betrag. Bei den Franken beginnen erst die Karolinger im Ernst zu reformieren. Die Rache ist in den älteren Zeitläuften, jedenfalls für größere Kränkungen, noch voll anerkannt. Das salische Gesetz erwähnt Strafen für den, der eigenmächtig den Kopf herunterholt, den der Racher als Kundgebung seiner Tat auf einen Pfahl gesteckt hat. Nebenher erfahren wir von einem tapferen Manne, Gundhartus, daß er sich wegen drohender Rache daheimhalten mußte. Er hat sich in seiner Not an Einhart gewandt, und nun schreibt dieser (wohl um das Jahr 830) einen warmen Brief an Hraban, um diesen Diener Christi dazu zu bewegen, den Mann von seiner Kriegspflicht zu befreien, da sie ihn unfehlbar in die Gewalt seiner Feinde bringen würde. Die Reformbestrebungen der Könige bestehen hauptsächlich in herzlichen und eindringlichen Ermahnungen an die Behörden, daß sie die Leute veranlassen sollen, sich zu vergleichen und die Rache aufzugeben.

Außerordentlich lehrreich sind die Einschränkungen, die die Rache im Recht der Sachsen erfährt. Fürs erste wird sie in den Fällen ausgeschlossen, wo der Schaden von einem Haustier oder von einem Gerät, das dem Eigentümer aus der Hand geflogen ist, ausgeführt wird: der Besitzer soll büßen, aber gegen Rache geschützt sein. Weiter soll ein Mann nicht unschuldig für das haften, was seine Hausleute begehen; hat er die Tat heimlich angestiftet, so muß er natürlich büßen oder Rache dulden; hat aber der Schuldige tatsächlich aus eigenem Antriebe gehandelt, kann man sich von ihm lossagen und ihn mit seinen sieben nächsten Verwandten die Verantwortung tragen, d. h. das Ziel der Rächer sein lassen. Schließlich wird, wenn es sich um Mord handelt, den Gesippen im weiteren Sinne das Recht zugesprochen, sich mit einem Drittel einer einfachen Mannesbuße Immunität vor der Rache zu erkaufen; der ganze Rest des ungeheuren Wergeldes (neunmal Mannesbuße) fällt auf den Täter und seine Söhne, und sie allein müssen die Rache tragen, wenn Zahlung ausbleibt.

In dem kurzgefaßten Friesengesetz erhalten wir folgende Aufklärung. Wer einen anderen zur Tötung verleitet – und hier muß man wohl wiederum in erster Linie an das Verhältnis zu Untergebenen denken – kann die Rache nur meiden, wenn der Täter flüchtig ist; er zahlt dann ein Drittel der Buße. Verbleibt der Täter im Lande, so muß es dem Gutdünken der Gekränkten anheimgestellt werden, ob sie die Rache an dem Anstifter aufgeben und sich versöhnen lassen wollen. Kann ein Mann sich von Teilnehmerschaft an der Tat seines Knechtes freischwören, so entgeht er auch der Rache; aber die volle Buße soll er doch zahlen.

Die Gesetzgeber der Langobarden beschäftigen sich viel mit der Rache und bemühen sich, deren Wirkungskreis etwas einzuschränken. Die einzelnen Verfügungen gewähren einen interessanten Einblick in die Stellung der Rache, sowohl im Gesetzesleben als auch in den Fällen der Selbstrache. Durch zufällige Mannestötung, Unglücksfälle während der Arbeit, wo mehrere zusammen sind u. dgl., weiter in Fällen, wo unbeaufsichtigtes Vieh Schaden anrichtet, soll die Rache ausgeschlossen sein. Für Kränkungen und Schläge darf man sein Recht nicht selbst suchen, heißt es in Rothars Edikt; man soll sich mit einer Geldbuße begnügen. Dafür erhöht aber der König die Preise: „Aus dem Grunde haben wir für allerlei Schläge und Wunden höhere Bußen gesetzt als die, die unsere Vorfahren kannten, damit die Buße die Rache verdränge und alle Sachen unter vollen Vergleich gebracht werden."

Aus einer Stelle in König Liutprands Edikt erhalten wir zufällig einen Einblick in das Leben der Langobarden und sehen, wie die Rache unter den Parteien hin- und zurückgeschleudert wird, wenn sie erst einmal freigestellt worden ist. Der König hat von einem traurigen Geschehnis Kunde erhalten: ein Mann hatte die Kleider einer badenden Frau genommen und sie versteckt. Liutprand verhängt schnell eine sehr hohe Geldstrafe für eine solche Unziemlichkeit. Dem Verbrecher muß in einem solchen Fall mit Recht volle Mannesbuße auferlegt werden: „Denn", sagt er zur Begründung, „gesetzt der Vater der Frau oder der Bruder oder der Mann oder ein anderer Verwandter wäre dazugekommen, so hätte es einen Kampf gegeben. Ist es dann nicht besser, daß der Sünder Mannesbuße zahlt und lebt, als daß die Rache sich über seine Leiche zwischen den Geschlechtern erhebt und größere Bußen daraus hervorgehen?"

Die langobardischen Gesetzgeber appellieren übrigens an die Vernunft ihrer Untertanen; es gilt, unmerklich eine höhere Moral in die altmodischen Köpfe hineinzubringen und die Rache behutsam von Gesetzlichkeit und Schicklichkeit zu trennen. Die langobardischen Mädchen scheinen der guten alten Sitte entwachsen, in Zucht und Ehren mit dem Gatten zufrieden zu sein, den die Familie gewählt hatte. Es kommen ständig Fälle vor, wo ein verlobtes Mädchen mit dem von ihr selbst Auserwählten davonläuft, und die Entführung bewirkt natürlich jedesmal Rache und Fehde. Jetzt versucht Liutprand, ob nicht das Mädchen durch die Aussicht, ihre gesamte Aussteuer zu verlieren, veranlaßt werden könnte, die Verlobung zu respektieren. Sie soll ihr Teil verlieren und nackt und mit leeren Händen von ihrem Heim fortgehen. Er verbietet streng dem Vater oder Bruder, hier milden Gefühlen nachzugeben, „damit die Streitigkeiten aufhören und die Rache fortfallen möge".

Von den nördlichen Völkern sind die Dänen – und die Angelsachsen – einigermaßen würdig, an die Seite der Burgunden zu treten. Nominell ist alle Rache verworfen. Aber die Gesetzgeber können ihre Sprache schlecht den neuen Gedanken anpassen. Wenn sie die Unfähigkeit der Frauen und der Geistlichen, Bußen zu geben und zu nehmen, begründen wollen, greift die Formulierung unwillkürlich die alten Worte auf: „Weil sie an keinem Manne Rache nehmen und kein Mann an ihnen." Oder ein Ausdruck wie der folgende läuft mit unter: „Will der Verwundete die Tat nicht einklagen, sondern will er rächen ..." In der Verordnung Waldemars II. über Tötung herrscht auch der merkwürdigste Widerspruch zwischen Inhalt und Sprache. Die Verordnung bezweckt, die Verwandten von der Verpflichtung zur Zahlung eines Teiles des Wergeldes zu befreien. „Während der Töter im Lande ist, soll man an keinem anderen Manne als ihm Rache üben." Flüchtet er – so daß die Gekränkten mit leeren Händen dastehen – so sollen seine Verwandten Buße anbieten, und tun sie dies nicht, so haben sie, wenn einer von ihnen vom Rächer getötet werden sollte, es nur sich selbst zuzuschreiben, da sie keine Mannesbuße angeboten haben. Aber natürlich ist der Rächer nicht von der Buße befreit – er soll sozusagen für sein Recht zahlen, genau wie der Burgunder, wenn er, von Schmerz und Zorn getrieben, in sofortiger Erwiderung seine Tötung begeht; das alte System ist also formell an der Wurzel gebrochen.

Die Schweden waren nicht ganz so weit fortgeschritten wie ihre südlichen Nachbarn. Die Gaugesetze legen besonderes Gewicht darauf, daß man nur an dem Täter Rache nehmen darf, nicht an seinen Verwandten. Bruch an diesem Grundsatz fällt unter „unrechte Rache", ein Begriff, der auch in Dänemark bekannt gewesen ist, da z. B. die Verordnung Waldemars II. über Abschaffung der Eisenprobe zwischen Tötung eines unschuldigen Mannes und Tötung „als rechte Rache" unterscheidet.

Auf Gotland, wo die Entwicklung keineswegs rückständig war, aber in vielen Beziehungen eigene Wege ging, hatte man eine besondere Art, die Rache zu umgehen. Die Vorschriften des gotländischen Gesetzes darüber, wie man sich verhalten soll, „wenn es der Teufel will, daß ein Mann einen anderen Mann tötet", sind doppelt interessant, weil sie einerseits die Schwierigkeiten, die sich der Abschaffung der Rache entgegenstellen, hervorheben, andererseits eine Lösung durch Ausnutzung altertümlicher Mittel geben. Es wird vorgeschrieben, daß der Töter mit seinem Vater und Sohn und Bruder, oder, wenn diese nicht vorhanden sind, mit den nächsten Verwandten fliehen und sich vierzig Nächte lang auf einer der drei Kirchenfreistätten der Insel aufhalten soll. Von dort begeben sie sich zu einem neuen Wohnort, fern von ihrem Heim; sie dürfen sich ein Gebiet von drei Dörfern und dem umgebenden Wald bis halbwegs nach der nächsten bewohnten Ortschaft aussuchen – doch darf in diesem Gebiet kein Thing, keine Stadt und nicht mehr als e i n e Kirche liegen. Dort verbleiben sie. In drei aufeinanderfolgenden Jahren sollen sie Bußen anbieten; und auch wenn der Gekränkte die Bußen gleich beim ersten Angebot annimmt, so soll er doch nicht entehrt sein. Schlägt er die Bußen aus, wenn sie zum dritten Male geboten werden, da soll das Volk über das Geld verfügen und der Täter vor Rache geschützt sein.

Überall steht die Rache im Zeichen der B e s c h r ä n k u n g. Erst wurde sie von dem Willen zum Schadenstiften abhängig gemacht; dann wurde sie auf große Kränkungen wie Tötung und Ehebruch beschränkt, und schließlich war sie nur noch eine Art Vergeltung gegen den Täter selbst unter Befreiung seiner Sippe von jeder Verpflichtung, mit ihm zusammen Buße leisten zu müssen.

Überall Beschränkung. Und gerade dieser Abbau eröffnet den

Durchblick in eine Zeit hinein, wo die Notwendigkeit der Wiederaufrichtung der Ehre ganz und gar jede Erwägung in bezug auf böse Absicht verdrängte, wo z. B. jede Wunde auf einen bestimmten Verantwortlichen zurückgeführt werden mußte, sogar in Fällen, wo die Waffe selbständig gegen den Willen des Besitzers gehandelt hatte. Aber die benutzten Bemäntelungen weisen auf eine frühere Zeit hin, wo der Leidende weit eher geistiger als körperlicher Heilung bedurfte, eine Zeit, wo die Rache Universalheilmittel war.

Diese Überbleibsel von den Bemühungen des Königs und der Kirche, die Selbstrache zu unterdrücken, besagen aber noch mehr; die Rache wird offen als Notwendigkeit anerkannt, für die die Reformatoren Ersatz schaffen müssen. Beschränkungen werden nur unter der Bedingung eingeführt, daß die Wiederaufrichtung auf andere Art erlangt wird, und unter der Voraussetzung, daß die Verwandten, wenn der neue gesetzliche Weg nicht zum Ziel führt, das Recht haben sollen, ihre Ehre lieber zu suchen, als sie zu gefährden. Das war ja das letzte Wort in der Verordnung Waldemars gegen die Hilfe der Verwandten: sie haben es sich selbst zuzuschreiben, daß sie die Rache über sich herriefen, da sie keine Buße geboten haben. Auch die Angelsachsen müssen genau wie die Langobarden und Norweger das Racherecht als letzten Ausweg bestehen lassen, wenn der Kränker auf keine andere Weise Genugtuung schaffen will – oder k a n n.

In einigen ganz vereinzelten Fällen finden wir die Auffassung, daß das Gesetz zum Zwecke der Bestrafung da ist, um die Bösen einzuschüchtern und die Guten zu beschirmen; so in der Vorrede zum Jütländischen Gesetz, im Burgundengesetz und hier und da in Königsreskripten. Es steht da wie auswendiggelerntes Schulwissen, vollkommen isoliert, ohne irgendwie auf die Rechtsbestimmungen abzufärben; steht sozusagen da, um zu beweisen, wie unvereinbar mit allem germanischen Denken dieses Prinzip ist. Solange die Reformatoren die Tatsache nicht umstoßen können, daß Kränkung einen Mann vergiftet, solange müssen sie von Zeit zu Zeit ihre eigenen Worte im Munde umdrehen. Sie waren zu sehr Männer ihrer Zeit, als daß sie sich hätten vorstellen können, ein Leiden sei dadurch zu beseitigen, daß man das wichtigste Heilmittel dagegen abschaffte.

In Dänemark wurde die Mannesbuße in drei Teile geteilt: einer fiel an die Erben des Getöteten, einer an seine Verwandten väterlicherseits und einer an die Verwandten mütterlicherseits. Aber wenn es nun keine Verwandten mütterlicherseits gibt und wenn – so sagt Eriks Gesetz – „derjenige, der von ihm abstammt, entweder knechtischer Herkunft ist, so daß er nicht erben kann, oder sich außerhalb des Reiches aufhält, so daß seine Verwandtschaft nicht auffindbar ist, da sollen seine Verwandten väterlicherseits, auch wenn sie den ersten und zweiten Teil schon erhalten haben, den dritten noch dazu nehmen; denn ihr Verwandter darf nicht ungebüßt bleiben, wenn er ein freier Mann ist; vollauf soll für ihn gebüßt werden", – so fest sitzt die alte Begründung noch bei diesen verhältnismäßig fortschrittlichen Gesetzgebern. Die Ehre ist das Zentrale im Wesen des Mannes. Die Genugtuung ist ein Betandteil eben dieser Ehre, den der Gekränkte um seines Lebens willen haben muß und soll. Und dieses Seelenheilmittel müssen die Gerichte dem Kläger verschaffen.

Im Gotlandgesetz heißt es von einem zum Pfarrer geweihten Manne, der eine Kränkung zu rächen hat, dem aber die Buße versagt wird: er soll vor allem Volk auf das Thing gehen und seine Sache vorbringen, indem er sagt: „Ich bin ein gelehrter Mann, für den Dienst Gottes geweiht, ich darf nicht schlagen, noch kämpfen; Buße würde ich nehmen, wenn sie mir geboten würde, aber Schande dulde ich ungern."

Da haben wir in einem kleinen Bilde das Wesen des germanischen Rechtsgefühls. Schande wollen wir nicht dulden. Und von den Richtstühlen kommt eine laute Antwort auf diesen Ruf, weil das Gesetz in Wirklichkeit mehr ist als eine Bestätigung, daß die Rache für die Wohlfahrt des Mannes notwendig ist. Das Recht muß sich der Sache des Gekränkten annehmen und sich mit all seinem Gewicht und seiner Gewalt für ihn einsetzen, denn wenn es seine Forderung nach Rache ablehnte, würde es ihn aus der Gesellschaft ausstoßen. Das Recht ruht auf dem Grundsatz, daß ein Individuum, das die Schande an sich haften läßt, nichts mehr unter Männern gilt; es kann künftig nicht den Schutz der Gesetze fordern. Wird ein Mann feige geschimpft, und rächt er sich nicht durch Herausforderung und Sieg, so ist er feige und rechtlos – so heißt es sowohl im Süden wie im Norden. Es ist wohl wahr, daß die Kränkung eine Privatangelegenheit ist, insoferne sie ein privates Leiden ist, für welches der Mann selbst Heilung suchen muß; die Öffentlichkeit ergreift nicht die Initiative zu irgendwelcher Verfolgung des Täters. Aber ebenso sicher ist, daß die öffentliche Meinung den Gekränkten aus der Gesellschaft ausstoßen würde, wenn er sich nicht rehabilitierte. Außerdem kann der Leidtragende, wenn er klagt, gewissermaßen seinen Schmerz auf die Allgemeinheit übertragen; er kann das Volk an der Schande und ihren Folgen teilnehmen lassen. Das Thing muß ihm Wiederaufrichtung verschaffen, soweit es sich mit den Mitteln, die ihm zur Verfügung stehen, machen läßt; das Thing muß sich mit dem Gekränkten solidarisch erklären und seine Widersacher von sich stoßen – wenn nicht eine Versöhnung und Wiederaufrichtung zustande gebracht werden kann. Tut das Volk dies nicht, wird es vielleicht von der Kraftlosigkeit angesteckt. Der Kläger hat gewissermaßen die Macht über das Volk und sein Gewissen, aber nicht kraft der allgemeinen Gerechtigkeit, nicht etwa, weil ein Grundgesetz der Gesellschaft „du darfst nicht" sagt und Bestrafung fordert; nein, nur auf Grund dieses einen: geschieht nichts, gehe ich zugrunde, und ich kann euch mit mir ziehen.

Ein Mann, der es unterläßt, eine Kränkung zu rächen, ist ein „Neiding" und steht nicht mehr unter dem Schutz der Gesetze.

Aus dem Munde der Verwandten klingt der Schrei nach Ehre so durchdringend, weil die Angst ihn hervorpreßt. Es war wohl im wesentlichen eine Formsache, wenn in Friesland einer der Verwandten des Getöteten sein Schwert zückte und dreimal aufs Grab schlug, um in Anwesenheit des ganzen Geschlechts sein: „Rache! Rache! Rache!" auszurufen. Eine reine Formsache ist auch folgender feierlicher Akt: Die Kläger ziehen das Schwert und stoßen den ersten Ruf aus, tragen die Leiche auf das Thing und stecken nach zwei weiteren Rufen ihre Schwerter wieder in die Scheiden. Aber die Formen sind nicht gewaltsamer, als es den Gefühlen entspricht.

Es war Spannkraft genug in den Männern, um den Ruf weit hallen zu lassen. Das Gesetz kennt keine solche unbeherrschte Gewaltsamkeit. Es spricht abgemessen und wortwägend, aber doch eindringlich wie der, der einen Menschen in Lebensgefahr sieht, und alles in allem betont das Gesetz die Unentbehrlichkeit der Ehre ebenso eindringlich, wie es der Ruf der Verwandten tut. In dem deutlichen, formgebundenen Vortrag des Gesetzsprechers kann die Forderung einem nicht derart entgegenspringen, wie in dem wilden Ruf der Sippe: „Rache! Rache!", und doch mag es sein, daß wir, wenn wir den Sinn recht für das öffnen, was er in seinen kurzen, gereimten Sätzen vorbringt, gerade durch dieses indirekte Zeugnis den überwältigendsten Eindruck von der Energie der Ehre erhalten, einen Eindruck, der um so gewaltiger ist, als wir hier die Energie in eine die Gesellschaft tragende Kraft umgesetzt sehen.

Das germanische Gerichtsverfahren beruht auf dem Prinzip, daß eine Anschuldigung – gesetzlich vorgebracht, natürlich – genügt, um den Mann zu gerichtlicher Verteidigung zu zwingen. Jeder muß bereit sein, die bloße unbegründete Bezichtigung mit seinem Eide und mit dem Eide von Eideshelfern zu entkräften. Tut er es nicht, so unterliegt er der Bezichtigung; nach alter Denkart ist die Sache ebenso entschieden, als wenn er sich offen schuldig erklärt hätte. Man kannte keine Furcht davor, daß ein Mann auf diese Weise unschuldig verurteilt werden konnte, weil man das Schweigen im Grunde nicht als ein stillschweigendes Bekenntnis nahm, sondern eher die Bezichtigung als ein Verfahren auffaßte, die Schuld in einen Mann hineinzulegen. Wer die Bezichtigung nicht zurückschleudert, läßt sie sozusagen in sich niedersinken und sich von ihr brandmarken. Der Verklagte beweist nicht seine Reinheit, er reinigt sich.

Das ist das tragende Prinzip im Gerichtsverfahren der Germanen, das Band, das sie in einer Rechtsgemeinschaft zusammenhält. Auch im täglichen Leben scheint es, daß der eine Mensch kraft seines bloßen Wortes Macht hat über den anderen. Man kann einen Mann dazu „hetzen", seine Stärke, seinen Mut, seine Tollkühnheit auf die Weise zu zeigen, die man ihm vorschreibt. Man kann ihn zwingen, indem man Zweifel an seiner Männlichkeit äußert. Die Nordländer haben einen besonderen Ausdruck für solche zwingenden Worte; *fryjuord* nennen sie sie, das sind Worte, worin man seinen Glauben an die Mängel des Betreffenden in dieser oder jener Beziehung ausdrückt. Da war zum Beispiel ein Mann, der Mar hieß. Diesen Mar wollten gewisse Leute gern für immer los werden; infolgedessen kam eines Tages eine verdächtige Person auf seinen Hof und erzählte ihm, daß sein Ochse draußen im Moor liege. Mar weiß wohl, wo er seine Ochsen hat, da aber der andere ein Wort darüber fallen läßt, daß es sehr merkwürdig sei, daß er es nicht wagt, nach seinem Vieh zu sehen, muß der Bauer in das Moor hinaus und seinen Tod dort finden.

„Du wagst es nicht": das genügt, um einen Mann dazu zu bringen, sein Leben einzusetzen. Gregorius Dagson opferte seine Sache und sein Leben, weil er der Macht eines Spottwortes nicht widerstehen konnte. Als er und Hakon sich trafen, war zwischen ihnen ein Fluß; das Eis war unsicher und Hakon hatte, unter dem Schnee versteckt, Waken hauen lassen. Gregorius traute dem Eise nicht, er hielt es für besser, zur Brücke zu gehen. Aber die Bauern begriffen nicht, daß ihm der Mut fehle, auf gutem Eise gegen die kleine Streitmacht vorzurücken. Gregorius antwortete: „Selten war es nötig, daß man mich wegen Mangel an Mut verspottete, es soll auch jetzt nicht nötig sein; seht ihr nur zu, daß ihr folgt, wo ich vorangehe; ihr seid es ja, die schlechtes Eis versuchen wollen; ich habe keine große Lust, aber eure Sticheleien will ich nicht dulden. Das Heerzeichen voran!" Wohl an die 20 Mannen folgten ihm, die andere kehrten um, sobald sie das Eis unter sich fühlten. Dort fiel Gregorius. Und dies geschah noch im Jahre 1161.

Ein Mann hat Macht über seine Mitmenschen mit Hilfe der *fryjuord*, weil diese Spottworte die Ehre seines Gegners gefährden. Antwortet die Ehre nicht, indem sie sich erhebt und ihre Stärke zeigt, wird sie von einer Lähmung beschlichen. Der Mann sinkt abwärts und wird „Neiding". Wenn ein Isländer oder ein Norweger seinem Gegner zuruft: „Sei du jedermanns Neiding, wenn du nicht mit mir kämpfst", wirken seine Worte wie die kräftigste Zauberformel; denn respektiert der andere die Herausforderung nicht, bleibt er wirklich sein Leben lang ein Neiding. Im Hildebrandslied ruft der Vater sein schmerzerfülltes Weh über das Schicksal: „Jetzt soll mein eigenes Kind mich mit seinem Schwert schlagen, mir mit seinem Beil den Tod geben oder ich muß sein Töter werden." Aber was hilft es! „Der wäre am feigsten von allen Ostmannen, der den Kampf jetzt ausschlagen wollte, wo dich so sehr danach gelüstet ..." So unwiderstehlich ist die Gewalt des Spottwortes, daß es das entsetzlichste Unglück von allen hervorzwingen kann: die Gesippentötung.

Ebensosehr wie Schläge und Hiebe verbiegt ein Schmähwort oder eine Anschuldigung etwas im Inneren des Mannes, etwas, das Ehre genannt wird, etwas, das das eigentliche Rückgrat seines Menschentums bildet. Auf diese Weise macht man seinen Nachbarn vor Recht und Gesetz zu einem Geringeren. Das Upplandgesetz hat ein Überbleibsel der alten Rechtsordnung aus der heidnischen Zeit, eine Anschuldigung wegen Feigheit: Der eine sagt: „Du bist kein Mann, du hast keinen Mut!", der andere sagt: „Ich bin ein ebenso guter Mann wie du!" Da müssen sie sich auf einem Kreuzwege mit Waffen begegnen; wer sich nicht einfindet, ist Neiding und rechtlos. Oder wie die Langobarden sagten: Schimpft man einen anderen feige, muß man die Behauptung durch Rechts-Zweikampf aufrechterhalten können; unterliegt man dabei, soll man gerechterweise für seine Falschheit büßen. Schimpft jemand ein Weib Hexe oder Hure, sollen ihre Verwandten versuchen, sie durch Rechtskampf zu reinigen, oder aber sie trägt die Strafe für Hexerei oder Hurerei. Hier legt der Schmäher durch seine Behauptung Feigheit oder Hurerei in den anderen hinein. Ebenso legt der Kläger vor dem Gericht Diebstahl oder anderes Häßliche in seinen Widersacher hinein und zwingt ihn, die Reinigung zu unternehmen.

Die Ehre, die in dem Bezichtigten verbogen worden ist, muß aufgerichtet werden, ihr muß die Kraft, den Mann zu erfüllen, zurückgegeben werden. Die Beleidigung ist als ein Gift zu betrachten, das herausgeschleudert und auf den Absender zurückgeschleudert werden muß. Darauf muß der Gekränkte zu voller und ganzer Stärkung seines Menschentums vom Kränker Ehre zurückerstattet bekommen. Einfache Selbsterhaltung zwingt ihn, für jede Kränkung Wiederaufrichtung zu suchen; denn ein Mann kann nicht in Schanden weiterleben. Aus diesem Gefühl ist die Verfassung der Gesellschaft hervorgegangen, ein Grundgesetz, hart genug, um harte Naturen in einer geordneten Gemeinschaft unter der Zucht der Gesetze zusammenzuhalten.

Wenn ein Mann zögerte, eine Beleidigung zu rächen, so traten seine Verwandten auf und erklärten: „Wenn du es nicht wagst, wollen wir Abhilfe schaffen, denn es ist eine Schande für uns alle." Aber auch wenn vom Gegner Wiederaufrichtung empfangen worden war, war die Sache doch nicht ganz ausgewetzt. Der bitterste Teil der Schande war noch geblieben, da einer der Verwandten eine Kränkung auf sich hatte sitzen lassen, anstatt sie sofort abzuschütteln, und auf diese Weise die Schande über sich und sein Geschlecht gebracht hatte. Diese Wunde konnte durch kein Blutvergießen geheilt werden, und, was schlimmer war, es gab keine Genugtuung dafür.

Die Kränkung, die Lästerung, konnte von innen kommen, wenn ein Sippengenosse Feigheit oder Schlappheit zeigte, indem er eine Gelegenheit vorübergehen ließ, sich durchzusetzen, sein Dasein in Ehren zu behaupten. Oder er stempelte sich selbst als einen Sohn der Unehre, indem er eine Tat ausführte, die nicht zu verantworten war, etwa, daß er einen Mann „ermordete". Schließlich konnte die Sippe auch noch von einem blutigen Hieb, der unbüßbar und bußelos war, getroffen werden: wenn derjenige, der den Hieb austeilte, selbst einer der Gesippen war.

Da mögen von den Verwandten solche Worte klingen wie: Lieber fort, als feige; lieber eine Lücke in der Sippe an der Stelle, wo sein Platz ist. Wir wissen etwas darüber, was es gekostet haben mag, dergleichen zu sagen; ein Mann muß seinem Friedensgefühl Gewalt antun, um diese Worte über die Lippen zu bringen; er muß erfüllt sein von einer Angst, die seine ursprüngliche Furcht, die Zahl der Gesippen verkleinert und die Aussicht auf reiche Nachkommenschaft der Sippe vermindert zu sehen, überragte; es muß so weit mit ihm gekommen sein, daß er vergessen hat, welchen Schmerz es für jeden im Kreise persönlich bedeutete, wenn ein Strang, ein straff gedrehter Strang, aus ihm herausgerissen wurde. Wenn wir uns klar gemacht haben, was Friede bedeutet: die Lebensfreude selbst und das Pfand eines Lebens in der Zukunft, und wenn wir imstande sind, dieses Verstehen in Sympathie umzuwandeln, so müssen wir bei den Worten zittern: lieber eine Lücke, wo sein Platz ist.

Wenn Schande von innen kommt und alle Wiederaufrichtung ausschließt, ruft sie eine lähmende Verzweiflung hervor.

In der Prosa-Edda wird von Balders Tod erzählt: „Als Balder gefallen war, verloren die Asen ihre Sprache, und die Hände versagten, als sie den Täter greifen wollten; der eine blickte den anderen an; alle hatten sie e i n e Gesinnung gegen den, der dieses Werk getan hatte; aber niemand konnte es rächen; der Friede der Stätte war zu stark. Aber als die Asen ihre Sprache wiederfanden, brachen doch die Tränen zuerst hervor, so daß niemand ein Wort zum anderen über seine Trauer sprechen konnte. Odin aber empfand das Unglück am schwersten, weil er am besten begriff, welch großen Verlust die Asen durch Balders Fortgang erlitten. Als aber die Götter wieder zu sich kamen, fragte Frigg, ob jemand unter den Asen sich ihre Liebe und ihre Gunst erwerben wolle und den Helweg reiten, um Balder zu suchen und Hel Lösegeld für ihn zu bieten, wenn sie ihn heim nach Asgard ziehen ließe."

Kein Leser zweifelt wohl daran, daß der Dichter bei dieser lebendigen Schilderung aus wirklichem Erleben schöpft. Ohne Zweifel war der Mythos noch aus früher Zeit überliefert; was er aber in seiner volkstümlichen Form auch enthalten haben und was sein Kern auch gewesen sein mag, bevor er seine endgültige Gestalt erhielt, jedenfalls hat er im Dichter eine Angst herausgepreßt und ausgelöst, die immer sprungbereit war. Durch das Gewicht des inneren Erlebens ist dieser Augenblick ein schicksalhafter Wendepunkt geworden. Da stehen die Götter, jung und froh, jubelnd in ihrer Stärke und in ihrem Heil, und da fällt wie ein plötzlicher Kälteschauer der grause Herbst plötzlich auf sie nieder. Sie haben keine Kraft zum Entschluß und zur Tat. Und während wir hinblicken, ballen sich die Schatten, sie werden länger und länger, und weit draußen verschmelzen sie in unabwendbarer Finsternis. Durch sein inneres Pathos ist der Auftritt als ein Wendepunkt in der Geschichte der Menschen und Götter gekennzeichnet; es überkommt uns das Gefühl, daß Balders Tötung den Untergang der Götter und das Ende der Welt ankündigt.

Ein Mensch konnte wirklich eine Katastrophe erleben, die eine nicht wieder gutzumachende Zerstörung über einen ganzen Kreis brachte, und aus einem solchen Erlebnis – des Friedensgefühls in dem Augenblick vor seinem Zusammenbruch – hat der Mythos all sein Leben geschöpft. Ich setze nicht im geringsten voraus, daß der Dichter selbst in seiner eigenen Familie das Unglück gesehen hat; es geschieht so leicht, daß sich die überwältigende Stärke des tiefsten, allerelementarsten Gefühls in eine Vorahnung dessen verwandelt, was der Verlust bedeuten würde, daß ein scheinbar sehr kleiner Anstoß es zu tragischer Größe emporwachsen lassen kann. Aus diesem Zusammenstoß zwischen dem Gegenstand der Dichtung und der Erfahrung des Dichters, aus dieser Inspiration, wie wir es nennen, ging das allgemeingültige Bild des Friedens, der sich selbst verletzt, hervor. So stehen die Verwandten in ihrer Not. Die Hände fallen ihnen nieder, sie blicken scheu vor sich hin aus Angst, den Blick des anderen zu treffen; keiner kann ein Wort hervorbringen. Auf einmal ist alle Lebenskraft gebrochen. Niemand weiß etwas; alle wanken zwischen zwei Möglichkeiten von einer Seite zur anderen, wie es der Beowulf einmal treffend in der Zeile über König Hredel ausspricht: „Dem Täter dieser Tat böse Worte zu geben, vermochte er nicht, doch lieben konnte er ihn auch nicht." An die Stelle der alten Entschlossenheit, die immer nur zögerte, um die rechten Mittel zu suchen, tritt blindes Tasten. Die Götter wissen nichts Besseres, als einen Boten bettelnd zu Hel zu senden und hinterher auch noch bei allem Leblosen und allen Lebenden betteln zu gehen und sie anzuflehen, durch ihr Weinen Balder aus dem Totenreich emporzuführen. Darin liegt keine Übertreibung, wenn es auf menschliche Verhältnisse übertragen wird. Die Verwandten, die die Schande gemeinsam tragen, haben kein Vertrauen zu der eigenen Rache oder Abwehrkraft. Kränkungen von außen werden ihnen zu stark. Sie bücken sich unwillkürlich, wo sie sonst aufrecht ständen. Sie kämpfen ohne Hoffnung in der verzweifelten Gewißheit, daß das Unheil nicht aufzuhalten ist. Dieser Jammer ist recht eigentlich, was die Alten Ratlosigkeit nannten, die Unfähigkeit, einen Weg zu finden.

Damit ist der Untergang des Geschlechtes gewiß. Als Beowulfs Gefolgsmannen ihren König in seinem Kampf mit dem Drachen verlassen, werden die Folgen ihrer Feigheit mit diesen Worten geschildert: „Keiner eures Geschlechts soll jetzt jemals mit Freude nach dem Golde greifen, das Schwert als Gabe dargereicht sehen; verödet ist die Wohnstätte der Väter, verödet das Leben. Jeder Mann aus eurem Geschlecht soll mit leeren Händen in die Fremde wandern und sein Erbland hinter sich lassen, sobald tapfere Männer weit und breit von eurer Flucht erfahren, von eurem Neidingswerk. Besser ist der Tod, als ein Leben in Schande."

Wir stellen uns bei diesem Satz des angelsächsischen Gedichtes das Unheil zunächst wohl als bürgerlichen Tod vor; wir denken uns das Geschlecht „verjagt", in Landflüchtigkeit als Folge eines öffentlichen oder stillschweigenden Richtspruchs. Darin haben wir bis zu einem gewissen Grade recht; aber die Verurteilung ist nicht das Primäre, sie ist nur eine Folge tieferer Ursachen. Das Unglück liegt nämlich nicht allein in der Verachtung der Menschen. Die Schande macht die Verwandten nicht nur unwürdig zur Teilnahme am Leben der Menschen, sondern auch und im eigentlichsten Sinne untauglich dazu. Sie ist eine innere Störung. Wenn nicht die Feigheit der einzelnen Männer die Gefährten ansteckte und sie außerstande setzte, Männlichkeit zu beweisen, so würde die Sippe nicht dermaßen wie ein welker Strauch werden, der sich mit einem Griff herausziehen und aufs Feld werfen läßt. Die Friedlosigkeit ist ihrem innersten Wesen nach eine Krankheit und mit Ehrlosigkeit identisch. Diesen Zustand nennen die Nordländer Neidingschaft, und darunter verstehen sie Auflösung der inneren Eigenschaft, die das Individuum gleichzeitig zum Mann und zum Verwandten macht.

Das Wort Neiding begegnet uns jetzt auf Schritt und Tritt. In ihm liegt die ganze Angst vor dem nicht wiedergutgemachten Ehrverlust. Und bei jeder neuen Begegnung bekommt das Wort einen tieferen und unheimlicheren Klang. Neiding sein heißt, daß der Mann sein Menschentum verloren hat. Er wird nicht als Mensch angesehen, und der Grund ist der, daß er tatsächlich keiner mehr ist.

Der Zustand, worin Hredel und seine Leidensgenossen sich befinden, bildet einen diametralen Gegensatz zu Havards Lebensfülle. In den Ehrlosen geschieht eine Auflösung aller menschlichen Eigenschaften. Vor allem wird der Friede der Verwandtschaft aufgelöst. Das innige Zusammenhalten schwindet, die Bedingung nicht nur dafür, daß die Mitglieder in Übereinstimmung miteinander handelten, sondern dafür, daß sie überhaupt handeln konnten. Die Ehrlosigkeit frißt den Frieden durch, so daß die Verwandten verdorren und auseinanderfallen wie verstreute Einzelmenschen, das heißt wie Neidinge.

In dem Hause, wo ein Gesippe ungerächt liegt, herrscht kein voller und wahrer Friede. Die Sippe lebt in einem Interregnum, in einem unheimlichen und gefährlichen Zwischenzustand, wo alles Leben gleichsam darniederliegt und auf Erneuerung wartet. Der Hochsitzt steht leer; dort darf niemand sitzen, bevor die Ehre wiederhergestellt worden ist. Die Männer halten sich fern von der Umwelt, sie gehen zu keiner Männerversammlung. Ihre Menschenscheu beruht darauf, daß sie keinen Sitz haben, wo Menschen versammelt sind. Wo sie hinkommen, müssen sie es sich gefallen lassen, als Schatten betrachtet zu werden. Die Neidingschaft ist im Anwachsen, und sie reißt eine neue Schicht der Seele an sich bei jeder Gelegenheit zur Rache, die unbenutzt verstreicht. Freude gibt es nicht. Wenn von einem Isländer berichtet wird, daß er zwischen dem Fall seines Bruders und der Rache nicht gelacht habe, so spricht sich darin etwas sehr Wesentliches aus, da doch die Kraft zur Freude selbst erfroren war.

Der Zwischenzustand ist gefährlich; denn läßt die Wiederaufrichtung gar zu lange auf sich warten, so endet es damit, daß die Kräfte zum Rachenehmen schwinden. Dann geht die Erwartung und die Entschlossenheit in Ratlosigkeit und Verzweiflung, in Selbstaufgabe über.

Der Verlauf ist in allen Ehrensachen derselbe. Ob die Kränkung eine Tötung, eine Lästerung oder etwas anderes ist – sie bewirkt Leere in denen, die sie trifft. Erhalten sie nicht ihr Recht vor Gericht entweder dadurch, daß sie über den Kränker obsiegen, oder dadurch, daß sie sich von der Anklage reinigen – und sich Wiederaufrichtung verschaffen –, so gehen sie unter, und dann ist es gleichgültig, ob die Niederlage aus Mangel an Willen, an Kraft oder an Glück erfolgt ist. Das große Entsetzen kommt daher, daß gewisse Handlungen von vornherein Wiederaufrichtung ausschließen, so daß der Leidende von jeder Hoffnung auf neue Stärkung und Befreiung von dem Gefühl der Leere abgeschnitten ist. Bei Tötung innerhalb der Sippe steigt die Ratlosigkeit, weil etwas getan werden muß, das nicht getan werden kann. Die Arme sinken, wenn die Verwandten versuchen wollen, den anzurühren, der das Unglück verschuldet hat. Und wenn die Verwandten sich auch überwinden können, sich an ihm zu vergreifen, so ist ja doch in seinem Blute keine Genugtuung. Es kann nicht dazu benutzt werden, die Ehre zu benetzen, damit sie sich zu neuem Leben erhebe.

Wir werden wohl an uns selber die Ratlosigkeit als einen Seelenkampf nachempfinden können, in dem der Wille in innerer Zwietracht sich selbst verzehrt. Ohne Zweifel können wir auf diese Weise etwas von der Neidingangst der Alten erleben, aber es ist eine Frage, ob wir auf diesem Wege in den Mittelpunkt des Leidens eindringen können. Was die Alten am härtesten drückte, war die Kraftlosigkeit; der Kampf in ihrer Seele wurde ausgekämpft zwischen dem Willen zur Tat und der Unfähigkeit zur Tat; die Symptome der Neidingschaft sind deshalb gleichzeitig Angst und Dumpfheit. Wenn die Seele von innerem Streit zerrissen wird, kann Hilflosigkeit Linderung bieten; der Germane aber erreichte den Höhepunkt der Verzweiflung in den Fällen, wo die Tat ausgeschlossen war, weil sie kein Ziel hatte. An einem Verwandten konnte keine Rache genommen werden. Aber welchen Unterschied machte es, ob der Töter ein Gesippe oder ein Fremder war, wenn der letztere etwa ein Knecht ohne Ehre oder ein Landstreicher ohne Verwandte war? Wenn man nicht hinter dem Knecht seinen Herrn oder hinter dem Vieh den Besitzer oder hinter dem Einsamen einen Kriegerbund erreichen konnte, da hatte man seinen Verlust zu ertragen, und der Verlust bedeutete in allen Fällen Leere.

Jede Verletzung der Ehre erweckte dasselbe Angstgefühl. Im Grunde gab es keinen „natürlichen" Tod: in welcher Weise auch die Verletzung beigebracht worden war, wurde sie als eine Gefahr, als ein Schrecken und eine Kränkung empfunden. Egils verzweifelter Ausruf gegen den „Metbrauer" klingt ja gewissermaßen modern – der Mensch behauptet sein Recht gegen jeden, sei er auch ein Gott. Ihrer äußeren Form nach scheint seine Herausforderung wohl eher einer Übergangszeit anzugehören, wo Götter und Menschen ein wenig die Fühlung miteinander verloren hatten. Aber im

Grunde enthält diese Herausforderung ein sehr primitives Element. Hinter der späten Form liegt ein altes Todesgefühl, die Urfurcht und der Urtrotz. Der Tod war eine Anomalie, etwas Unnatürliches und Unverständliches; man späht aus nach jemandem, der ihn verursacht hat, und findet man keinen Töter im Lichte, sucht man ihn im Dunkeln. Man sucht vielleicht nach dem Urheber des „Zaubers". Die Beklemmung des natürlichen Todes ist im germanischen Gemüt in der Sorge um die Zukunft des Toten untergegangen; aber immer wieder kann die alte Verzweiflung neu auferstehen in dem Gefühl, daß der Friede verletzt ist. Egil zeigt sich hier wieder als die ursprünglichste, die antikste der nordischen Gestalten. Sein Ausruf: „Könnte ich meine Sache verfolgen ..." hat viel mehr Hoffnungslosigkeit und Ratlosigkeit in sich als Trotz. Es ist ein lauerndes Neidinggefühl, das seinen Worten ihre Bitterkeit verleiht. Aber Egil ist stark genug, um die Ratlosigkeit zu überwinden; auf dem Einsamkeitsgefühl schwingt er sich zu dem Trotz der Resignation empor. Der Untergang des Friedens zwingt seine geistige Persönlichkeit zur Selbstverteidigung. Er pocht auf das, was seine Dichtkunst und sein Wille über Menschen vermögen, wenngleich sie dem Gotte gegenüber machtlos sind; jetzt will er ruhig auf Hel warten, unerschüttert derselbe sein, der er immer gewesen ist. In dieser Ich-Behauptung greift Egil weit über die Kultur hinaus, in der er seine geistigen Wurzeln hat. Solange der Friede die unentbehrliche Grundlage für alles menschliche Leben war, vermochten solche Heimsuchungen einen Mann nie emporzuheben. Da war die Trauer ausschließlich ein Gift, das den Frieden durchfraß, die Sippe zerstörte, ihre Ehre zersetzte und Neidingschaft an die Stelle von Menschenwürde setzte. In dem Augenblick, wo die Verwandten sich außerstande erklärten, jemanden zu finden, der ihnen als Ziel ihrer Rache dienen konnte, hatten sie ihr eigenes Todesurteil besiegelt, sowohl geistig als auch gesellschaftlich.

Wenn die Schande eine Folge von geistigem Selbstmord ist, so gibt es im ganzen Universum keine Wiederaufrichtung. Der Verlust bleibt unheilbar. Nur eine Möglichkeit ist vorhanden als einziger Ausweg zur Rettung der Sippe: Tilgung des Unglücksmannes. Man kann die Ehrlosigkeit ausmerzen, bevor sie den ganzen Körper vergiftet, aber eine furchtbare Selbstüberwindung ist erforderlich, um den Frieden zu durchbrechen und an sich selbst Hand zu legen.

Die Balderdichtung zeigt uns hier wieder in einem poetischen Bild, welche Gefühle in den Verwandten stritten. Doch muß man hier wohl sagen: die eine der Balderdichtungen; denn allem Anschein nach hat es zwei gegeben. Auf der einen Seite steht die Version, der der Verfasser der Prosa-Edda folgt, wo die Tötung Balders mit Hermods Sendung in die Unterwelt zusammengeschweißt wird. Die andere Fassung scheint Balders Tod mit der Sage von Odins und Rinds Sohn, Vali, in Verbindung gebracht zu haben. Leider erhalten wir nie den vollständigen Zusammenhang, sondern sind gezwungen, auf unseren eigenen Schlüssen zu bauen, die sich auf zerstreute Andeutungen in der alten Literatur stützen. Der Dichter der Völuspa hat in seiner anspielungsreichen Darstellungsweise die ganze Episode in folgende Zeilen zusammengefaßt: „Aus dem Baum, der so schmächtig schien, kam ein gefährlicher Pfeil des Harms; von Hödurs Bogen löste er sich. Balders Bruder, schnell geboren, der Sohn Odins, vollzog, eine Nacht alt, die Tötung. Er wusch seine Hände nicht, kämmte seine Haare nicht, bis er den auf den Scheiterhaufen trug, der Balder erschlagen." Und in einem anderen Gedicht der Edda, „Balders Träume", wird die Rache für Balder so geweissagt: Rind gebiert Vali in den Westsälen. Der Sohn Odins vollführt, eine Nacht alt, die Tötung; wäscht nicht die Hand, kämmt nicht das Haar, bevor er Balders Erschießer auf den Scheiterhaufen trägt." Saxo hat die Sage in dieser Form gehört. Er läßt dem Odin, der „wie alle unvollkommenen Gottheiten recht oft die Hilfe der Menschen benötigt", von einem Lappen weissagen, daß er als Rächer für Balder einen Sohn mit Rind, einer ruthenischen Fürstentochter, zeugen soll. Saxo gibt uns außerdem eine nähere Beschreibung von Odins Freiersnöten in den Westsälen, wie er sein Glück als Held, als Goldschmied und, als weder heldische Taten noch goldene Ringe auf das Mädchen einen Eindruck machen, als Arzt versucht, der die Krankheit erst herbeiruft und sie dann heilt. Aber ob diese Kalamitäten eigentlich hierher gehören, wo doch nur von einem Rächer für Balders Tod die Rede ist, wissen wir nicht. Leider haben wir gar keinen Anhaltspunkt dafür, ob und wo dieser Mythos in der Sage von Balder wurzelte, aber es sieht freilich so aus, als ob der Dichter, der die Geschichte erzählt hat, auf primitive Vorstellungen anspielte. Er brauchte einen Rächer, der ein Verwandter und doch kein Verwandter war. Der junge Held vollführt seine Tat, bevor er sich gewaschen und gekämmt hat – das heißt, bevor er ein menschliches Wesen geworden ist. Jedenfalls, auch wenn wir nichts Bestimmtes darüber sagen können, welche Gefühle die Wikingerzeit erfüllten, als sie diese beiden Überlieferungen verknüpfte, so können wir doch die Geschichte hinnehmen als ein Symbol für die Hilflosigkeit der Verwandten, wenn ihre Ehre durch einen der ihrigen verletzt worden war; sie suchen sich von dem Gefühl der inneren Hilflosigkeit zu befreien und den Schaden zu tilgen.

Eins können wir sicher sagen: wenn es die volle Tilgung der Schande, des Urhebers der Schande, galt, haben die Verwandten kaum je menschliche Hilfe herbeigerufen; sie haben ihm den Weg in die Vernichtung oder den Weg in den Wald offen gelassen. Sie haben ihn nicht eigentlich von sich gestoßen, ihn eher indirekt gezwungen, sich loszureißen, und erst wenn der Friedensbrecher sich selbst von der Sippe abgekehrt hatte, haben sie ihre Hände erhoben und ihn feierlich für ausgeschlossen aus dem Bezirk des Friedens und der Menschlichkeit und seinen Platz als leer erklärt.

Solange die geringste Möglichkeit bestand, die Lebensfähigkeit der Sippe ohne gewaltsamen Eingriff in ihren Organismus zu erhalten, hat man wohl die schmerzliche Amputation hinausgeschoben. Denen gegenüber, die durch Feigheit und Untätigkeit mehr und mehr Ehrlosigkeit über die Verwandten brachten, hat man es wohl zuerst mit aufreizenden, anstachelnden Worten versucht. Hier hatten die Frauen eine große Aufgabe und nach allem, was wir wissen, waren sie der Aufgabe gewachsen. Wir besitzen ja Illustrationen genug, um uns den Einfluß der germanischen Frauen auf ihre Männer, Brüder und Väter zu veranschaulichen. Sie konnten Strich um Strich das Bild von den Begleitumständen der Kränkung einkerben, wie wenn Gudrun zu ihren Söhnen sagt: „Eure Schwester – Svanhild war ihr Name – ließ Jörmunrek von Rossen zertreten, von weißen und schwarzen Rossen auf der Straße des Krieges, von grauen Rossen, eingefahren am Zügel, von Rossen der Goten.“ Sie konnten lebendige Gleichnisse gebrauchen, schlagender als die eines jüdischen Propheten, wie es die feurige isländische Witwe Thurid tat, die ein Rinderbugstück nur in drei Teile geteilt auftragen und die Söhne selbst die Deutung finden ließ: „In größere Stücke wurde euer Bruder zerhackt.“ Nach dem Fleisch ließ sie einen Stein als Nachspeise folgen; das sollte bedeuten, daß sie in die Welt paßten wie Steine auf einen Eßtisch, „da ihr es nicht gewagt habt, euren Bruder Hall zu rächen, der ein so trefflicher Mann war; ihr seid weit abgewichen von euren Gesippen ..." Sigrid, die Schwester von Erling Skjalgson, begleitete ihren Schwager Thorir Hund ans Schiff, nachdem sie ihm die Leiche ihres Sohnes Asbjörn gezeigt hatte, der in nahezu offenem Aufruhr gegen König Olaf umgekommen war, und bevor Thorir an Bord ging, sagte sie frei heraus: „Sieh, Thorir, so hat mein Sohn Asbjörn deine liebevollen Ratschläge befolgt. Er lebte nicht lange genug, um dir nach Verdienst zu lohnen; aber wenn ich es auch nicht so gut machen kann, wie er es gekonnt hätte, soll es doch am Willen nicht fehlen. Ich habe hier ein Geschenk, das ich dir geben möchte, und ich würde mich freuen, wenn es dir zum Nutzen gereichte. Hier ist der Speer, der in seinem Körper aus- und einging – das Blut sitzt noch daran. Er paßt in Asbjörns Wunde, du siehst es wohl ..."

Thorgerd, Olaf Pfaus Frau, war eine Egilstochter, und sie hatte den Sippenstolz ihres Vaters. Sie bat einmal ihre Söhne, ihr auf eine Reise nach dem Westen zu folgen, und als die Gesellschaft vor den Hof Tunga kam, wendete sie ihr Pferd und sagte: „Wie heißt der Ort?" Die Söhne antworteten: „Das weißt du doch, er heißt Tunga." „Wer wohnt dort?" „Weißt du das nicht, Mutter?" „Doch", antwortete Thorgerd mit einem tiefen Seufzer, „das weiß ich freilich, dort wohnt der Töter eures Bruders. Ihr seid nicht wie eure Gesippen geartet, daß ihr einen solchen Bruder wie Kjartan nicht rächen wollt, – nie hätte euer Muttervater Egil so gehandelt; schlimm ist es, tatenlose Söhne zu haben, – so wie ihr seid, hättet ihr die Töchter eures Vaters sein sollen und hättet verheiratet werden müssen. Wie sagt das Sprichwort, Halldor: ein Tropf ist in jedem Geschlecht; darin war Olaf unglücklich, das läßt sich nicht leugnen: seine Söhne mißglückten ihm. Jetzt können wir umkehren; nur das war hier mein Geschäft, Euch daran zu erinnern, wenn ihr es vergessen haben solltet." Halldor hat recht, wenn er sagt: „Dir werden wir nicht die Schuld geben, Mutter, wenn es uns aus dem Sinn kommen sollte."

Die Frauen schreckten auch nicht davor zurück, vielsagende und leichtverständliche Gebärden anzuwenden. Prokop erzählt, daß die gotischen Frauen, als sie sahen, welchen kleinen Kerlen ihre Männer sich ergeben hatten, den Männern ins Gesicht spuckten und mit Hohn auf die triumphierenden Feinde zeigten.

Diese Beispiele bilden eine bedeutungsvolle Ergänzung zu dem oben Gesagten. Aus den Worten und Taten dieser Frauen spricht ein Gefühl von der gewaltigen Spannung, die durch ein Leben in der Ehre in den Menschen erzeugt wurde – und daher haben die Worte Bedeutung über die einzelne Situation hinaus, auf die sie sich in der Saga beziehen. Sie geben uns die Gewißheit, daß eine solche Ehrennot die Menschen bis zum äußersten bringen konnte. Es liegt in ihnen eine indirekte Andeutung von dem, was geschehen konnte, wenn die Aufreizungen nicht halfen.

In einem Falle erfahren wir mit Gewißheit, daß die betroffene Partei schnell zur Amputation schritt und die Schande von der Erde austilgte. Wenn eine Frau entehrt worden war, gingen die Bestrebungen ihrer Verwandten in erster Linie darauf hinaus, bei dem Kränker Ehre zu holen. Aber das war gewöhnlich nicht der Abschluß. Die entehrte Frau wurde als Schänderin der Sippe betrachtet; sie belastete ihren Stamm und brachte seine Ehre in dieselbe Gefahr wie ein feiger Mann. Sogar wenn eine Frau verheiratet war, hafteten ihre Verwandten für sie. Der Gatte legte die Schande auf diese und bat sie, die Frau und sich zu reinigen. Gregor von Tours gibt ein Beispiel davon, wie man zu seiner Zeit eine solche Sache behandelte – ein Beispiel, das in allem Wesentlichen typisch für germanische Denk- und Handlungsweise ist. Von einer Frau wurde gesagt, daß sie ihren Mann betrogen hätte. Darauf gingen die Verwandten des letzteren zu dem Vater der Frau und sagten: „Du mußt deine Tochter reinigen oder sie muß sterben, damit ihr Vergehen unsre Sippe nicht beflecke." Der Vater erklärte, von ihrer Unschuld überzeugt zu sein, und, um die Beschuldigung niederzuschlagen, bot er an, sie durch Eid zu reinigen. – Wenn die Verwandten sich aber nicht reinigen können, müssen sie mit ihr zusammen die Schande tragen; sie müssen sich zu Neidingen machen lassen oder die Schande ausrotten. Es war einmal ein Geschlecht, erzählt Gregor, das in Erfahrung gebracht hatte, daß eine seiner Frauen von einem Priester verführt worden war; alle Mann eilten, die Schande des Geschlechts zu rächen, indem sie den Priester fingen und das Mädchen lebendig verbrannten.

Das Geschlecht vollführte diese Ausrodung mit Rücksicht auf die eigene Wohlfahrt, aus Selbsterhaltungstrieb. Die Notwendigkeit der Tat hat ihre Spur in den Gesetzen hinterlassen, und wir finden sogar Anzeichen davon, daß das Recht einmal Pflicht gewesen ist. In Rothars Verfügung, daß die Öffentlichkeit eingreifen soll, wenn die Verwandten keinen Gebrauch von ihrem Recht machen, gegen eine Verwandte einzuschreiten, die sich mit einem

Manne vergangen oder einen Knecht geheiratet hat, spricht sicher altes Rechtsempfinden. Schwedische Gesetze bezeugen das Recht der Eltern, ihre Töchter zu verjagen.

Wenn eine Frau das Haus ihres Vaters oder ihres Mannes entehrt hat, wird sie mit Peitschenhieben von Hof zu Hof getrieben oder gezwungen, sich selbst das Leben zu nehmen – so beschreibt Bonifazius die Hauszucht der Sachsen in der heidnischen Zeit. Die letzte Alternative weist von der Gesellschaftsjustiz auf das zurück, was wir Sippenamputation genannt haben; die Schande wird getilgt ohne unmittelbare Verletzung des Friedens durch die Verwandten.

Wenn die Sippe so unbändig hart gegen ihre weiblichen Mitglieder vorging, war der Grund nicht der, daß die Germanen gering von dem „Frieden" und der Unverletzlichkeit der Frauen dachten. Nein, umgekehrt, weil die Frau sozusagen den allerinnersten Platz im Frieden inne hatte, war die Gefahr des Unheils beim Verfall ihrer Ehre um so größer. Deshalb mußte das Unglück, das durch eine Frau oder ein Mädchen entstand, sofort und gründlich unterbunden werden. Aber wir besitzen genügend Hinweise darauf, daß Männer mit verhängnisvollen Fehlern mit derselben harten Hand weggeräumt worden sind, doch auch mit derselben Behutsamkeit, um zu vermeiden, daß Blutschuld an den Überlebenden haften blieb.

Ehre als die Seele der Sippe

Ohne Ehre ist das Leben unmöglich; es ist nicht nur wertlos, sondern läßt sich nicht behaupten. Ein Mann kann nicht mit Schande leben, das bedeutet in der alten Sprache viel mehr als jetzt – dies „kann nicht" ist dasselbe wie „ist nicht dazu imstande". Wie das Leben im Blute wohnt, so wohnt das Leben wirklich in der Ehre: läßt man die Wunde offen, so daß die Ehre unaufhörlich zur Erde sickert, so folgt Ermattung, Dahinsiechen, eine Störung, die sich zu Angst, Verzweiflung, Atemnot, Todeskampf steigert.

Das Menschsein selbst hat zur Voraussetzung, daß Friedensehre in den Adern pulsiert. Ohne sie welkt die Menschennatur dahin, und in dem leeren Raum wächst eine Tiernatur auf, die zuletzt vom ganzen Körper Besitz ergreift. Der Neiding ist ein Wolfmann.

Es gab keine Ausnahme. Alles Menschenleben (bei „Menschenleben" darf man natürlich nicht Unfreie und dergleichen Wesen mitrechnen) war derselben Notwendigkeit unterworfen. Alle stimmten darin überein, daß Schande ausgewetzt, Ehre aufrechterhalten werden mußte. Und doch, wenn sich die Frage erhob, worin Schande bestand, was die Ehre umfaßte, die die Verwandten aufrechtzuerhalten verpflichtet waren, da waren die Menschen sofort durch Scheidewände getrennt. Eine Kränkung war eine Kränkung, sie rief dieselbe Wirkung im Bauern wie im Häuptling hervor. Aber die Hochgesippten waren leichter verletzbar, empfindlicher als der kleine Mann, was zum Beispiel indirekte Hintansetzungen betraf. Und das Volk respektierte das Recht oder vielmehr die Verpflichtung, so zu fühlen. Der Unterschied beruht nicht so sehr darauf, daß jene gewisse Dinge, die einfachere Naturen nicht beachteten, als Beleidigung aufnahmen, sondern eher darauf, daß ihre Gefühle feiner waren, ihre Haut zarter: sie merkten Kränkungen, wo gröbere Naturen nichts fühlten. Noch schärfer vielleicht tritt die Ungleichheit hervor auf der positiven Seite der Ehre. Bei den Vornehmen setzte man ein höheres Gefühl für das, was sich ziemte, voraus; geringere Leute konnten sich mit

Kniffen durchs Leben winden und doch Ehrenmänner sein. Aber um die Unterschiede richtig auseinanderzusetzen, müssen wir das Wesen und den Inhalt der Ehre näher untersuchen.

Der erste Teil der Egilsaga ist aufgebaut auf dem Gegensatz zwischen Thorolf Kveldulfson, dem Häuptling auf Torgar, und den Hildiridsöhnen, den Bauern auf Leka, die reich, aber niederer Herkunft sind. In Thorolf hat der Sagamann das nordische Ideal eines wohlhabenden, freien Mannes gezeichnet: mutig, unternehmend, prachtliebend; innig in der Freundschaft, treu und offen gegen die, denen er Treue versprochen hat, aber schroff denen gegenüber, die nach seiner Ansicht keine Ansprüche an ihn haben. Ränken und Verdächtigungen gegenüber ist er beinahe blind, das heißt, er sieht nur wenig, und er kümmert sich nicht um das wenige, das er sieht. Will der König sich von seinem offenen Betragen nicht überzeugen lassen, so zeigt er höflichen Trotz und Starrköpfigkeit: Wenn der König seine Lehen einzieht, so bringt er es fertig, sein Häuptlingsleben mit Hilfe von Handelsreisen und Wikingzügen fortzuführen, er beantwortet die Beschlagnahmen des Königs mit Küstenraub und hält, ohne nach links oder rechts zu weichen, seinen Kurs gerade auf den Kampf mit dem König von Norwegen. Die Hildiridsöhne haben ihren Namen nach der Mutter erhalten, und damit ist ihre Geschichte angedeutet. Ihre Mutter, die schöne, aber niedriggeborene Hildirid, fand einmal Gnade vor den Augen des alten Björgulf; er heiratete sie, aber die Hochzeit fand unter solcher Vernachlässigung der Formen statt, daß die Familie daraus den Vorwand nahm, den unbequemen Nachkommen das Sippenrecht zu entziehen. Vergebens versuchen die jungen Männer, sich Anerkennung zu erwerben und bei Bard, Björgulfs Enkelsohn, ihrem gleichaltrigen Verwandten, ihre Erbansprüche durchzusetzen. Nach Bards Tod wird Thorolf auf Grund seiner Heirat mit der Witwe Vertreter des Björgulferbes. Auch er weist höhnisch die „Kebssöhne“ zurück, die Nachkommen „eines kriegsgeraubten Weibes“. Dann wählen sie den Weg über den Königshof, entfachen bei Harald Verdacht durch Hinweis auf Thorolfs prächtigen Haushalt, erschleichen sich Thorolfs große Lehen unter dem Vorwand, daß sie mehr aus ihnen für des Königs Schatzkammer herauswirtschaften können, geben den Übergriffen Thorolfs Schuld daran, daß ihre Versprechungen nichtig werden, und bereiten schließlich den Fall des Empörers vor. Aber den jämmerlichen Schurken ist es nicht vergönnt, ihren sauer erkauften

Sieg zu genießen; die Vergeltung erreicht sie vorher. Thorolfs Freunde nehmen gründliche Rache.

Ruhig und sachlich erzählt der Sagamann diese Begebenheiten, aber durch seine nüchternen Worte trifft das Urteil diese Männer um so sicherer. Thorolf konnte nicht anders handeln, er war aus vornehmem Geschlecht; er konnte dem Könige dienen, solange sein Dienst ihm lauter Ehre brachte, aber er konnte sich von niemandem, auch nicht von einem Könige, vorschreiben lassen, wie er mit seiner Ehre haushalten sollte, mit wie vielen Hausleuten er sich umgeben, in welcher Pracht er selbst und sein Gefolge auftreten dürften; er konnte sich nicht so tief bücken, daß eine Anklage, eine Verdächtigung zu ihm heraufreichte und er eine Verteidigung versucht hätte. Es stand für ihn fest, daß eine Einmischung des Königs in seine Sachen eine Kränkung war, die ihn berechtigte, sich selbst sein Recht zu verschaffen. Hat der König sein Handelsschiff mit Beschlag belegt, nun gut, „wir werden auf dem Hofe nicht Mangel leiden, wenn wir mit König Harald Gütergemeinschaft haben“, und sofort macht er Raubzüge an der norwegischen Küste. Die Schlauheit, Lügenhaftigkeit, Verleumdung, Heuchelei, Schmiegsamkeit der Hildiridsöhne waren natürliche, unvermeidliche Charakterzüge bei Männern, die mütterlicherseits von dem klugen, schwerreichen, niedrig geborenen Högni auf Leka abstammten, der „aus eigener Kraft groß geworden war“.

Der Unterschied zwischen Thorolf und seinen niedrigstehenden Verwandten zeigt einen Hauptgrundsatz der germanischen Seelenbetrachtung: Hohe Geburt und edler Charakter sind ein und dasselbe. Aber obwohl diese Worte eine direkte Wiedergabe der germanischen Weisheit sind, hat der Satz doch seine genaue Bedeutung verloren, wenn er auf moderne Verhältnisse übertragen wird; das Spiel der Farben ändert sich, weil unsere moderne Kultur es in einem anderen Lichte sieht.

Wenn die Geschichte in unserer Sprache wiedergegeben wird, handelt sie von einem Helden, der über seinen eigenen Adel strauchelt, der vom Schicksal sozusagen durch seine eigenen Tugenden bezwungen wird; aus seiner edlen Offenheit werden Scheuklappen, so daß er die Verleumdung nicht sieht, seine Vorliebe für den geraden Weg wird ihm ein Zaum, seine Selbständigkeit ein Zügel, dem er gehorchen muß, und nun lenkt das Schicksal ihn selbstherrlich geradeswegs in den Untergang hinein. Andererseits hören wir von zwei unedlen Strebern, die, als das Unglück völlig entschieden ist, als Opfer an die Gerechtigkeit vernichtet werden. Es ekelt einen an, sich selbst bei derartiger ästhetischer Wollust zu ertappen. Läßt es sich aber anders lesen? Unser Interesse an den intrigierenden Parvenüs ist ja in der Tat mit ihrer Rolle als Schurken im Stücke zu Ende.

Hier stehen wir vor einem wesentlichen Unterschied zwischen „alter" Epik und „moderner" Wiedergabe der Konflikte des Menschenlebens in dichterischer Form. Unsere Epik ist von einer Willkürlichkeit getragen, die sich als Moral oder Idee oder künstlerisches Prinzip vermummt; schon bevor irgendeine der Personen zur Welt kommt, hat der ordnende Gedanke des Verfassers ihr Schicksal gesponnen, einzelne von ihnen vorausbestimmt, durch die Idee verklärt zu werden, andere aber, die Idee durch ihren Untergang zu verherrlichen. In so hohem Grade ist uns der Drang, eine dichterische Vorsehung im oder richtiger über dem Stoff zu fühlen, Natur geworden, daß wir unbewußt die alte Dichtung zurechtlegen, um sie auf diese Weise zu genießen. Wir verlegen das Interesse auf die eine Seite des Konfliktes, und damit haben wir das herausgenommen, was für den ursprünglichen Zuhörer die Pointe der Geschichte ausmachte. Die alte Dichtung kannte keinen höheren Gesichtspunkt, kein absolutes, im voraus gegebenes Resultat, das in der Erzählung lediglich durchgerechnet würde, um bewiesen zu werden. Der Schwerpunkt liegt immer viel näher an der Mitte zwischen den beiden Parteien als unser ästhetischer und moralischer Sinn es vertragen könnte. Die „Moral" entsteht erst durch den Zusammenstoß und die Abrechnung zwischen den beiden Faktoren. Es ist oft unmöglich zu sagen, welcher Seite der Dichter bei der Schilderung von Sippenfehden seine Sympathie leiht, weil das Interesse an der Erzählung sich nicht in ein „Für" und „Wider" spaltet. Wer einmal isländische Sagas einigermaßen unvoreingenommen gelesen hat, wird immer wieder eine Nachwirkung dieses Gleichgewichts an sich gespürt haben – vielleicht mit einer gewissen Verwunderung oder sogar mit Unzufriedenheit. Die isländischen Sagas sind arm, bettelarm an Schuften, – die sentimental umgearbeitete Njalsaga lasse ich außer Betracht; als G a n z e s gehört sie in eine andere Welt hinein. Aber gerade weil das Epos einen R i n g k a m p f zwischen Männern wiedergibt und keine Vorführung mit vorher berechnetem Resultat, kommt der Triumph um so zerschmetternder und brutaler. Er folgt auf einen Kampf, einen Sieg, bei dem das Recht des einen das Recht seines Gegners niederschlägt und es zu Staub zermalmt. So schwer es uns auch fällt, es zu verstehen: die alte Dichtung war Ernst, war den Zuhörern ein Stück Wirklichkeit von derselben handgreiflichen Realität wie die, die unter ihrer persönlichen Mitwirkung vor sich ging.

Aus dem Gegensatz zwischen Thorolf und den Hildiridsöhnen entsteht also ein wirklicher Konflikt. Der Charakter Thorolfs ist durch seine Ehre bedingt; sein Edelmut zieht seiner Handlungsfreiheit scharfe Grenzen; er kann nicht lügen, nicht Schleichwege gehen, nicht Augendiener sein. Und wenn er seiner Prachtlust weniger folgte, wenn er die Hälfte seiner Hausleute in die Welt schickte, so daß sie den Leuten hätten melden können, daß Thorolf auf Torgar es nicht mehr wagte, so große Mannschaft wie früher zu halten, wenn er seine Zwistigkeiten mit geringeren Männern einem Richtstuhl unterwürfe mit der Verpflichtung, sich dem Urteil zu fügen, wenn er im Vertrauen auf seine gerechte Sache seinen kleinen Widersachern entgegenkäme und demütige Beweise seiner Redlichkeit anböte – dann wäre er von seinem Edelmut abgefallen, und seine Ehre würde ihn richten.

Das Betragen und der Charakter der beiden Brüder ist nicht weniger stark durch ihre Geburt bedingt, und daher haben sie das Recht, so zu sein, wie sie sind. Sie kämpfen für die eigene Ehre und die ihrer Mutter; ihre Handlungen sind von purem Ehrgefühl diktiert. Sie haben keine anderen Mittel, ihre gerechte Rache durchzuführen, als die von ihnen verwendeten, und der Sagamann kann ihnen den Teil Anerkennung nicht versagen, der ihnen ihrem vornehmen, hochgesinnten Widersacher gegenüber gebührt, der entsprechend der Art seines Blutes mit anderen Waffen kämpft und kämpfen muß. Nichtsdestoweniger enthält die Schilderung ihres Vorgehens eine Verurteilung ihrer Niedrigkeit. Ihre Zwangslage rechtfertigt sie nicht, im Gegenteil. Sie haben schon recht, aber in dem Widerstreit, in den die Ehre sie bringt, und durch ihn werden sie zu Schuften.

Hier haben wir ein Dilemma, das uns weit auszuschauen zwingt, wenn es gilt, die Ehre eines Volkes, seine Ethik, zu werten. Unsere Aufgabe läßt sich nicht lösen, bevor wir nicht so tief eingedrungen sind, daß dieser Gegensatz aufgehört hat, ein Widerspruch zu sein.

Ein hochgeborener, hochgesinnter Mann muß seinen Edelmut nicht nur durch die Art zeigen, wie er sich Kränkungen gegenüber verhält und wie sich sein Benehmen darstellt, sondern auch durch die Art, wie er sich der Angelegenheiten anderer annimmt. Mit Sicherheit durfte man Hilfe in Schwierigkeiten bei den Vornehmen des Gaues erwarten. Ein isländischer Vater, der seinen Sohn verloren hatte und sich nicht in der Lage befand, mit eigenen Kräften eine Rache oder eine Rechtssache durchführen zu können, ging zu dem Bauern, der die Führung im Bezirk hatte, und sagte: „Ich will deine Hilfe, damit du mir in der Sache mein Recht verschaffst", und er begründete seine Forderung mit einem: „Es gilt auch deine Ehre, daß Übeltäter sich im Bezirk nicht breit machen dürfen." Da mußte jener Vornehme die Rache übernehmen. Trieben Zauberer ihr Unwesen im Gau, mußte der Häuptling „etwas dagegen tun", denn sonst hätte er kaum „seine Ehre aufrechterhalten können". Ja, nicht genug damit, daß derjenige, der über Männer befehlen wollte, sich der lebenden Friedensstörer annehmen mußte, es konnte auch vorkommen, daß er beim Umgehen von Gespenstern zugezogen wurde und erfahren mußte, daß hier eine Ehrenaufgabe für ihn läge. Der Mann war gezwungen, jeder Aufforderung, die an ihn gerichtet wurde, nachzukommen und zwar mit Rücksicht auf sein eigenes Wohl und Wehe. Ein Hilfesuchender mochte, wenn es notwendig war, damit drohen, sich auf der Stelle niederhauen zu lassen, und die Folge wäre Schande für den gewesen, der ihm seine Tür verschlossen hatte.

Die persönliche Ehre des Häuptlings, seine Mannesehre, litt Abbruch, wenn er es unterließ, seine ganze Kraft für die Erfüllung seiner Standesverpflichtungen einzusetzen. Er hatte keine Beamtenehre, die er zuerst hätte drangeben können. Die Häuptlingschaft sank in einem Zuge zur Neidingschaft hinab, ohne erst bei einfacher bürgerlicher Achtung stehenzubleiben. Ein Mann von Häuptlingsgeburt und mit Häuptlingsansehen mußte offenes Haus halten für die Leute, die seinen Schutz suchten. Er hatte kein Recht dazu, nach der Würdigkeit des Bittstellers und seiner Sache zu fragen; die Tatsache, daß dieser bei ihm Zuflucht suchte, genügte, um seine Ehre der Welt gegenüber zu verpflichten. Gäbe der große Mann den Flüchtling preis, anstatt sich der verzwickten und heiklen Sache anzunehmen, die ein solcher Gast oft mit sich brachte, so würde sein Benehmen nicht nur als Schwäche, sondern auch als Ehrlosigkeit gestempelt werden.

Diese durchgehende Einheit ist ein echtes Kennzeichen der alten Ehre; sie kennt keine Abstufungen, keine mehr oder weniger verletzbaren Punkte, keine Kreise mit voneinander unabhängigem

Eigenleben – sie ist durch und durch sie selbst, vom allerinnersten Kern im Mannesgefühl an bis zur alleräußersten Peripherie des sozialen Einflusses des Mannes. Es gibt kein Körnchen Unterschied zwischen dem, was der Mann seiner allgemein menschlichen Würde schuldig ist, und dem, was er als Standesperson an Mehrverpflichtungen hat. Er kann also nicht sein soziales Ansehen fortwerfen, ohne auch moralisch abzusterben.

Das Ansehen eines Edeln ist eine große, hochgewachsene Ehre. In dem Appell an die Häuptlingschaft eines Mannes liegt nichts Geringeres als ein Appell an die „Ehre", geschärft durch Anspielungen auf die mehr als gewöhnliche Empfindlichkeit seiner besonderen Ehre. „Sei du jedermanns Neiding, wenn du dich meiner Sache nicht annimmst", sagt der Hilfesuchende mit demselben Gewicht wie ein anderer: „Zieh deinen Weg als Neiding, wenn du nicht rächst."

Eine kleine Kulturgeschichte liegt in dem Worte „Tugend" verborgen; es bedeutete in alter Zeit soviel wie: taugen, sein, was man sein sollte. „Tugend" in modernem Sinne setzt, wenn ich so sagen darf, eine Freimachung moralischer Kräfte zum ästhetischen Gebrauch voraus. Auf dem Hintergrunde einer Durchschnittsmoral, die ein jeder erreichen kann und mit der einem jeden gedient sein kann, entfaltet die höchste Form der Tugend sich in voller Pracht. Die „Barbaren" kennen keine Tugenden, weil sie keine Minimum-Moral besitzen. Wie hoch auch ein Mann sich über das Allgemeine erhebt, er ragt nie über seine Pflicht hinaus; sie wächst mit ihm. Wenn es im Isländischen von einem Bauern heißt: „Er war ein so braver Mann, ein solcher *þegnskaparmadr*, daß er jedem Mann freie Beköstigung gab, solange er nur essen wollte", ist es auffallend, daß das Wort, mit welchem er gepriesen wird, *þegnskaparmadr*, ganz einfach die Mannesehre, das „Gewissen" bedeutet, auf das sich jeder Mann beim Schwören vorm Gericht berief. Und ebenso selbstverständlich, ohne irgendwelche symbolische Verzerrung des Wortes, heißt derjenige, der es sich wohl leisten könnte, seine Mitmenschen zu beköstigen, aber seine Vorratskammer vor ihnen verschließt: Kostneiding. Er war ebensosehr ein Neiding wie ein Meineidiger. Der König war freigebig – und nun klingen die Lobreden über ihn: er streute das Gold um sich, man sah es den Männern und Frauen, ihrer goldfunkelnden Brust und ihren Armen an, welch herrlichen König sie hatten; nie früher war ein solcher König unter der Sonne geboren worden. Aber wehe dem Fürsten, den die Freigebigkeit verließ! Der Geiz war ein Zeichen unter anderen, daß er seinem Untergang entgegenschritt. Unheimlich klingen die Worte des Beowulf über Heremod: „In Heremods Seele wuchsen blutdürstige Gedanken, er gab seinen Dänen keine Ringe, wie gute Sitte gebot. Freudlos erwartete er die Zeit, da er die Ernte seiner Taten empfing: Langwährenden Krieg im Lande." Ein rätselhafter Fluch ruhte auf ihm und verdorrte seine Lust am Geben: Neiding!

Das Außerordentliche bewundern, das können diese Vorzeitmenschen, wie wir hier schon sehen. Ihre Lobpreisungen schwingen sich hoch empor. Aber gerade das Leidenschaftliche in ihren Huldigungen macht einen beklemmenden Eindruck auf uns. Sie jubeln dem König zu, wie sie dem Schwerttänzer zujubeln würden, wenn er dem Tode näher und näher kommt, je wilder und kunstfertiger er tanzt; greift er daneben, wird er unter einer Last von Hohn und Verachtung erliegen. Durch Gedichte und Sagen geht ein Beifallsmurmeln, bald deutlich ausgesprochen, bald meisterhaft angedeutet, über die rechte Todesverachtung des Helden; aber jeder, der auch nur ein wenig mit dem Geist dieser Gedichte vertraut ist, weiß auch, daß es zu diesem Lob nur e i n e n Gegensatz gibt, und fühlt instinktiv, wie das Urteil ausgefallen wäre, wenn der Held den Schmerz nicht mit Lachen erstickt hätte. Der Dichter des Atliliedes schildert Högnis trotzigen Hohn, als man ihm das Herz ausschneidet, und gibt der Todesverachtung des Helden einen Hintergrund, indem die Henker seinem Bruder erst ein blutiges Knechtsherz vorlegen, als wäre es Högnis; aber „da sagte Gunnar, der Fürst der Männer: ‚Hier liegt das Herz Hjallis des Feigen, ungleich dem Herzen in Högni, dem Kühnen; es zittert hier auf der Schüssel doch nur halb soviel wie in der Brust . . .' " „Hier liegt das Herz Högnis des Kühnen, ungleich dem Herzen Hjallis des Feigen; so wenig es hier auf der Schüssel zittert, noch weniger zitterte es in Högnis Brust." Ein moderner Leser wird zuerst von der Wucht des Auftritts erschüttert, aber wenn er ihn zum zweiten Male liest, könnte seine Bewunderung sich in erstauntes Nachdenken verwandeln über die Art, wie der Dichter die Unerschrockenheit des Helden hervorhebt, indem er ihr die verächtliche Furcht eines Knechtes gegenüberstellt. So arm an Abstufungen war bei den Alten die Wertung von Männern und Männlichkeit.

Die Moral der Germanen läßt sich nicht in eine Hierarchie von guten Eigenschaften einordnen. Es gibt bei ihnen nicht den geringsten Ansatz zu einem System, wo Tugend sich über Tugend wölbt wie eine Reihe von Himmeln. Eine solche Rangordnung setzt Zentralisation voraus: alle Menschen müssen unter dieselbe Verdammnis gestellt werden, bevor sie klassifiziert werden können. Die Germanen kennen kein gemeinsames moralisches Gehenna. Richtiger gesagt: das Böse, die Neidingschaft, hat gar keine Wirklichkeit, sie ist etwas Negatives, ein gänzlicher Mangel an menschlichen Werten. Die Neidingschaft ist der Schatten, den jede „Ehre" ihrer Natur entsprechend wirft. Deshalb steht die Grenze so scharf zwischen Bewunderung und Verachtung, ohne Abstufungen, ohne ein neutrales Grau. Und deshalb verläuft die Grenze so verschieden bei den verschiedenen Menschen. Das, was einen Mann zum Neiding, Verbrecher, Nichtswürdigen macht, ist bedingt durch das, was ihn zum Ehrenmann gemacht hätte.

Für den Mann aus königlicher Geburt lag die Grenze sehr hoch oben. Seine Ehre war, über ebenso viele Männer zu befehlen wie seine Vorfahren oder über noch mehr; der Größte, der Tapferste, der Klügste, der Freigebigste genannt zu werden innerhalb des Gesichtskreises, der den Machtbereich seines Geschlechts gebildet hatte. Und unmittelbar außerhalb dieser Ehre stand der Neidingstod. Dies ist der geheime Gedanke, der alle germanischen Häuptlinge kennzeichnet, ihr Schicksal entscheidet und sie für einen bestimmten Lebensgang stempelt. Er hat einen typischen Ausdruck erhalten in der Beschreibung der isländischen Saga von jenem berühmten Familienrat auf Vestfold, wo Olaf, später der Heilige genannt, seine Absicht kundtat, Norwegen zu fordern.

Drei Personen nehmen teil an der Beratung. Neben Olaf sitzt sein Stiefvater Sigurd Sau, der Bauernkönig. Er lauscht auf die bedeutungsvollen Worte des jungen Thronforderers und folgt mit einem weiten Blick dem kühnen Plan, der über Norwegen hinwegrollt; er sinnt nach, wie breit der Weg ist, sieht die harten Ecken, gegen die das Unternehmen stoßen muß, er sucht die Hände, die es durch die engen Klüfte zwängen sollen. Sigurd findet mehr Jugendeifer als Voraussicht in dem Plan, aber er meint schließlich doch: „Es ist leicht zu verstehen, daß ein Bauernkönig wie ich von anderer Art sein muß als du; denn als du noch halb ein Kind warst, warst du schon voller Wetteifer und wolltest der erste sein, wo du nur konntest ... Jetzt weiß ich wohl, da du dieses so eifrig angefangen hast, daß es keinen Zweck hat, dir abzuraten, und es nimmt nicht wunder, daß solche Ratschläge wie diese alle anderen aus dem Nest werfen, vorzüglich in den Herzen draufgängerischer Männer, jetzt wo sie Haralds Geschlecht und Königtum dahinsinken sehen." Auf der anderen Seite Olafs sitzt die Königsmutter Asta. Sie ist jetzt die pflichttreue Frau des Bauernkönigs, aber sie kann nicht vergessen, daß sie die Mutter eines Abkömmlings von Harald Schönhaar ist. Durch so viele Jahre hat sie ihren Ehrgeiz zügeln müssen; jetzt löst der Sohn alle Bande und ihr Sippenstolz richtet sie auf und läßt sie den Kopf höher tragen. Da sie mitten in der Ehre steht, die Sigurd von außen betrachtet, findet sie andere Worte: „Mit mir steht es so, mein Sohn, daß ich mich über dich gefreut habe, und wenn deine Macht am größten wird, wird auch meine Freude am größten sein; ich werde mit nichts zurückhalten, was ich tun kann, aber hier bei mir ist wenig Hilfe zu holen. Lieber eine kurze Zeit König über ganz Norwegen sein wie Olaf Tryggvason, als das Leben in fetter Fülle vollenden wie die Klein-Könige dieser Gegend." Und aus dem Allerinnersten der Sippe kommen Olafs Worte: „Ihr werdet gewiß in der Rache für diese Sippenschande nicht so saumselig sein, daß ihr nicht alles dafür einsetzt, den Mann zu stärken, der bei der Wiederaufrichtung unsres Geschlechts Führer sein will." Die Sippenschande, das ist für den Sagadichter der springende Punkt in der Geschichte Olafs. Seine Sippe war die erste in Norwegen gewesen, und die Ehre des Geschlechts erforderte, daß sie diesen Platz über allen Häuptlingen des Landes sich erhalten mußte.

Wenn wir jetzt die höchsten Formen der Ehre betrachtet haben, so liegt der Gedanke nahe, nunmehr die niedrigsten Grade zu betrachten. Was war der geringste Lebensbedarf an Ehre für die Menschen? In gewissem Sinne liegt die Antwort in den Gesetzen, in ihrem Generalnenner für das Menschliche enthalten; wir könnten den Wert des Mannes aus der Summe dessen berechnen, wofür er Genugtuung suchen durfte; und indirekt haben wir etwas Ähnliches getan. Um das richtige Verhältnis herauszubringen, müssen wir jedenfalls die aktive Seite der Ehre etwas stärker betonen, als es in dem förmlichen Ausdruck der Gesetzesparagraphen geschieht. Die nordischen Gesetze künden, wie wir gesehen haben, noch Rechtlosigkeit bei mangelnder Männlichkeit, gleichgültig, ob die Schwäche sich darin zeigt, daß der Mann keine Forderung annimmt oder darin, daß er den kürzeren zieht; und sie zeigen, daß es keine Etikettenphrase ist, wenn man es vorzieht, „lieber zu sterben als ein Neiding zu heißen, weil man sich ohne Kampf ergeben hat." In diesem Falle frißt die Friedfertigkeit sich ebenso tief in den Mann hinein wie die Schande, die er auf sich zieht, wenn er einen Bruder ungerächt läßt. Aber in ehrgeizigen Geschlechtern, ja überhaupt in gesunden Geschlechtern, konnte die Ehre sich nicht damit begnügen, still zu stehen und sich mit dem Schilde zu decken – man konnte nicht warten, bis die Probe herankam, man mußte Gelegenheit suchen, sich zu zeigen. Es gibt im Altnordischen eine bezeichnende Redensart für einen jungen Mann, der sich als würdiger Nachkomme eines würdigen Vorfahren gezeigt hat. Es heißt von ihm, daß er seine Abstammung behauptet hat, wörtlich: „sich in seine Sippe geführt hat." Als der Isländer Glum auf seiner ersten Auslandsreise zu dem Hofe des Vaters seiner Mutter, Vigfus, kam und an den Hochsitz trat, wo sein Verwandter saß, „groß und breit, mit einem mit Gold eingelegten Schwerte spielend", um zu grüßen und seine Verwandtschaft anzuzeigen, wurde ihm ein sehr kühler Empfang zuteil. Der Jüngling erhielt einen Sitz ganz unten auf der unansehnlichsten Bank und wenig Aufmerksamkeit. Der junge Mann wartete geduldig, bis sich eines Tages Gelegenheit bot, durch Tötung eines Mannes zu glänzen. Da taute Vigfus mit einmal auf. „Jetzt hast du den Beweis erbracht, daß du aus unsrer Sippe bist; ich wartete bloß darauf, daß du dich mit Männlichkeit in die Sippe führen solltest."

Denselben Ausdruck gebraucht Jarl Hakon gegen Sigmund Brestason, den Sohn eines färöischen Häuptlings, als dieser nach der Tötung seines Vaters bei dessen Freunden in Norwegen Zuflucht sucht: „Ich will an Kost für dich nicht sparen; aber du mußt dich selbst in deine Sippe führen durch eigene Kraft" – nämlich indem du die tödliche Wunde heilst, die dein Friede und deine Ehre erhalten haben. Wenn Vigfus das Wort gebraucht, liegt also etwas mehr als die bloße Bestätigung guter Gaben dahinter; es bedeutet geradezu das Eintreten in den Frieden, den Übergang von dem gefährlichen Schattendasein zu einem voll befestigten Leben in Ehre. Und ohne Zweifel ist die Saga im Recht, wenn sie Vigfus so feierliche Worte in den Mund legt.

Die Isländer haben einen charakteristischen Ausdruck für einen Jüngling, der noch nicht gezeigt hat, daß er das Leben seines Vaters als seine Norm und seinen Ansporn empfindet. Sie nennen ihn *verrfedrungr*, das heißt einer, der schlechter ist als sein Vater. Der berühmte Entdecker Leif begann seine Mannesjahre mit dem Versprechen, daß er kein *verrfedrungr* sein wollte. Hiermit wird die

Einstellung bei der Ausbildung der Jugend angedeutet. So früh wie möglich wurde der junge Mann in das gemeinsame Ehrenleben der Sippe hereingezogen, angeleitet, sich als Teilhaber an der Verantwortung zu fühlen. Und es hat den Älteren wohl nicht an anstachelnden Worten gefehlt, wenn sie Schwerfällige anspornen wollten. Der Anfang der Vatsdœlasaga entwirft ein Bild davon, wie der alte Ketil Raum seinen Sohn mit steigender Mißbilligung betrachtet und den Kopf über ihn schüttelt, bis er eines Tages nicht länger schweigen kann, sondern zu moralisieren beginnt: „Heutzutage benehmen sich die jungen Leute ganz anders als damals, als ich jung war. Damals wollten sie gern etwas für das eigene Ansehen tun, entweder auf Wikingfahrt ziehen oder sich sonstwo in gefährlichen Unternehmungen Gut und Ehre erwerben, aber jetzt wollen sie nur mit dem Rücken am Feuer sitzen und mit Bier die Hitze kühlen, und es ist schlecht bestellt mit der Männlichkeit und der Kühnheit ... Du besitzt freilich nicht viel an Stärke noch an Größe, und das Innere wird wohl dem Äußeren entsprechen, so daß du wohl kaum in die Spuren deiner Vorfahren treten wirst. In alter Zeit war es Sitte bei Leuten unsrer Art, daß sie sich auf Kriegszüge begaben, sich Gut und Ehre verschafften; und dieses Gut wurde nicht vom Vater an den Sohn vererbt – nein, das nahmen sie mit sich in den Grabhügel, so daß ihre Söhne es auf demselben Wege erwerben mußten", und so eine ganze Weile weiter. Leider scheint es, daß der Sagamann etwas von der glühenden Begeisterung für eine gute alte Zeit besitzt, womit man gewöhnlich verrät, daß die gute alte Zeit unwiderruflich vorüber ist. Daraus ergibt sich auch, daß er den alten Ketil etwas mehr rhetorisch begabt und etwas mehr der historischen Belehrung ergeben darstellt, als die Häuptlinge des neunten Jahrhunderts gewöhnlich waren. Eine Aufmunterung wie die, die er seinem Sohne gibt, wäre in den guten alten Zeiten in weniger gelehrten Worten, aber dafür ein gut Teil schärfer ausgefallen. Es ist auch kaum ganz gute Historie, wenn die Saga einen echt romantischen Wegelagerer im Walde liegen läßt, so nahe an Ketils Hof, daß Thorstein, der Sohn, seinem Vater eine große Überraschung mit seiner Tötung bereiten kann, ohne Gefahr zu laufen, sich durch viele und lange Vorbereitungen zu verraten.

Die Vatsdœla gibt uns im folgenden noch einen ganz alltäglichen Auftritt, der zeigt, wie ein Jüngling wirklich sein Recht auf Anerkennung gefordert hat, in Tagen, wo das Leben keine romantischen Wegelagerer zu bieten hatte, sondern nur seine eigene brutale Prosa. Das Geschlecht der Leute aus Vatsdal, in erster Linie durch Thorgrim von Karnsa vertreten, muß befürchten, das *godord* (das Häuptlingtum) in Vatsdal zu verlieren und mit ihm seine überlieferte Führerschaft. In der Versammlung, die den Goden küren soll, sitzt Thorgrim im Hochsitz, und vor ihm auf der Diele zwischen den Knechtsjungen steht der zwölfjährige Thorkel, sein unehelicher Sohn, den er nie hat anerkennen wollen. Thorkel stellt sich vor ihn hin und betrachtet ihn und die Axt in seiner Hand. Thorgrim fragt, ob ihm die Axt so gut gefalle, daß er gern einmal damit schlagen möchte; es sei in der Halle ein Mann, in dessen Kopf sie gut passen würde, und „das würde mir bedeuten, daß du dir selbst einen Platz unter uns Leuten aus Vatsdal gewännest". Der Knabe zögert nicht, die Axt wie angedeutet zu gebrauchen, und Thorgrim hält sein Wort, weil „der Bursche sich selbst in seine Sippe geführt hat".

Der Verfasser der Anfangskapitel der Vatsdœla steht, was Verständnis für die Vergangenheit und die Kunst betrifft, weit hinter der Meisterschaft zurück, mit der der Familienrat auf Vestfold nachgedichtet ist. Die Überlieferung war glücklicherweise stark auf Island, und sie tritt in dem Wortschwall des Sagamannes deutlich hervor. Dieser Vater, der da wartet und wartet, daß der Sohn seine Zugehörigkeit zu dem alten Stamme offenbare, er ist echt. Seine Forderung, daß der Sohn sich selber seinen Platz erobern soll, ist historisch berechtigt. Es mußte in dem Leben jedes jungen Mannes ein Zeitpunkt kommen, wo er sich in die Reihen der Älteren setzte. Die Alten warteten, ließen das Beispiel wirken; wenn aber die Probe auf sich warten ließ, bekamen die Jungen zu hören, daß ein solcher Zwischenzustand, wo ein Junger seine Ansprüche auf Verwandtschaft noch nicht geltend gemacht hat, eine Gefahr in sich birgt. Und wenn der Verfasser seinen Helden davon sprechen läßt, wie die Vorfahren, ihre Taten und ihr Wandel verpflichten, deuten seine blühenden Redensarten auch die Gewalt der Überlieferung an.

Eine eigentümliche langobardische Etiketteforderung, auf die Paulus Diaconus hindeutet, scheint ebenfalls daraus hervorgegangen zu sein, daß der junge Fürstensohn, um Sitz und Berechtigung zu erlangen, wie sie ihm nach seiner Abstammung gebührten, durch einen gewissen demonstrativen Ehrgeiz seinen Platz gewinnen mußte. Paulus Diaconus erzählt: Einmal, als der Langobardenprinz Alboin sich in einer Schlacht gegen die Gepiden ausgezeichnet hatte, baten die Krieger seinen Vater dringend, ihn durch einen Platz am königlichen Tische zu ehren; aber der König antwortete, indem er sie auf Sitte und Brauch hinwies, die es einem Königssohn wehrten, mit seinem Vater am Tische zu sitzen, ehe er von dem Fürsten eines fremden Volkes Waffen empfangen hatte. – Die Auftritte im Beowulf scheinen nahezu ein Seitenstück zu dieser kleinen Geschichte zu sein. Da zieht der Held hinaus und kommt zum fremden Königshof, wirkt große Taten, empfängt mit Jubel die herrlichen Waffen und Kleinode als Lohn und tritt mit Ehren in die heimatliche Halle, um dem Verwandten im Hochsitz seine Taten zu melden und seine Ehrengaben ihm zu Füßen zu legen. Und obwohl Beowulf dem Anfang des Gedichtes zufolge schon ein berühmter Held war, als er die Fahrt zur Halle des Dänenkönigs unternahm, klingen doch die Worte, mit denen die Beschreibung seiner Jugend schließt, genau so, als ob diese Tat einen Wendepunkt in der Geschichte des Helden gebildet hätte: „Er duldete lange Geringschätzung; die Geatenknaben hielten ihn nicht für gut genug; der Fürst der Mannen hatte ihn keines Sitzes auf der Bierbank für würdig befunden; sie glaubten gewiß, er sei ohne Keckheit, ein feiger Edeling; doch der Kummer des Kühnen wendete sich." Und dann ergreift sein Verwandter die Gelegenheit, ihn mit Land zu belehnen: „Sieben Tausend, Halle und Herrschersitz; beide hatten das Erbrecht auf das Land, Sitz und Erbe, doch der eine vor dem anderen; ihm, dem Trefflichsten, stand das Reich zu." Diese Zusammenstellung kann nach meiner Ansicht nur anzeigen, daß im Dichter eine starke Ideenassoziation zwischen Jugendtat, Sich-in-die-Sippe-Führen und Übernahme eines Erbsitzes herrschte.

Es ist nicht unwahrscheinlich, daß die Germanen, ähnlich wie viele andere Völker auf entsprechender Kulturstufe, eine Mannesprobe dieser oder jener Art verlangt haben, bevor sie ihre Jünglinge in den Männerkreis aufnahmen. Was für Fürstensöhne galt, muß auch für die geringeren freien Männer Geltung gehabt haben. Vielleicht liegt in Cassiodorus' Epigramm: „Bei den Goten machen die jungen Leute sich durch Männlichkeit mündig", mehr Wahrheit, als man, da es von dem großen Virtuosen der Phrase stammt, von vornherein glauben möchte.

Das Spiel der Knaben verrät die gegenseitige Wertschätzung der Männer: der kleine Thorgils war ungefähr fünf Jahre alt geworden, ohne etwas Lebendiges niedergehauen zu haben, und nun mußte er abseits schleichen, um den Speer im Blute eines Pferdes zu röten, weil die Kameraden bestimmt hatten, niemanden als Spielgenossen aufzunehmen, der nicht schon Blut vergossen hätte. Die Männer achteten sorgfältig darauf, daß niemand mit jungfräulichen Waffen in ihren Bund trat. Natürlich muß die Bluttaufe eine hervorragende Stellung in einer Gesellschaft wie der germanischen einnehmen, wo Kampf und Krieg als das eigentliche Handwerk des Mannes im Vordergrund stehen. Die Waffentat, die Waffenprobe, ist durch den Nachdruck, womit sie blitzartig den Ehrgeiz offenbart, wohl geeignet, ein Sakrament der Jugendweihe zu sein; Beinamen wie Helgi Hundingstöter, Hygelac Ongentheowstöter enthalten ein ganzes Heldengedicht. In der alten Auffassung des Blutes als eines kräftigen Lebenstaus sind krasser Materialismus und Heldenidealismus natürlich und unzertrennlich verschlungen.

Die Vaterrache oder die Verwandtenrache im weiteren Sinne war sicher in unruhigen Zeiten oft das Berechtigungszeugnis des jungen Mannes für einen Sitz im Vaterheim. Aber die Ehre allein und ausschließlich im Zeichen der Tötung zu sehen, führt doch zu einer gar zu einseitigen Beurteilung des Lebens. Es wurden größere Anforderungen an den edlen Sprößling gestellt, als daß er bloß ein Töter sein sollte. Er führte sich in die Sippe ein und hielt sich in der Sippe durch seine Gastlichkeit, Freigebigkeit, Hilfsbereitschaft oder Bereitwilligkeit, sich der Sache seiner Bekannten und der Flüchtlinge anzunehmen, durch Adel im Auftreten und durch Prachtentfaltung. Und die Augen wachten von allen Seiten darüber, daß er in jeder Beziehung seinen Platz ausfüllte. Dieser Platz war der breite, geräumige Sitz, den seine Väter für sich als notwendig betrachtet hatten. Der Wandel, das Verhalten der Vorfahren sind für ihn maßgebend; hier spricht Ketil Raum als erfahrener Mann. Olaf konnte sein Pflichtgefühl nicht näher umschreiben, als indem er „Harald Schönhaars Erbe" sagte. Auch geringere Männer konnten nicht anders bezeichnen, was für sie gut und richtig war, als indem sie sagten: „So handelten unsre Vorfahren nie", – oder – „So war es der Brauch unsrer Vorfahren."

Die Geschlechtstradition allein ist der ethische Maßstab, der Gut von Böse trennt. Eine feste Grenze kannte man sonst nicht. Man hatte natürlich ein grobes Durchschnittsmaß, das haben alle Völker. Die Germanen wußten, daß gewisse Handlungen, Diebstahl in erster Linie, Mord und einige wenige andere Untaten einem Manne

Schande brachten, wer auch der Übeltäter sei, so wie sie auch wußten, daß Tötung Tötung, Kränkung Kränkung sei; aber damit war nicht gesagt, daß jeder, der sich von diesen Unehrenhaftigkeiten frei hielt, als ehrlicher Mann betrachtet werden konnte. An seiner Überlieferung mußte er ablesen, was für ihn böse oder was gut sei – diesen Unterschied in ganzer und voller moralischer Anpassung genommen. Geldstrafen zu empfangen z. B. war für die meisten ehrenhaft und ehrlich; gehörte man aber einer Familie an, die sich etwas darauf zugute tat, daß sie niemals Verwandte im Beutel getragen oder immer doppelte Mannesbuße verlangt hätte, war ein Bruch mit der Überlieferung eine wirkliche Gemeinheit. Die verfassungsmäßige Ehre der Sippe vertrug diese Abweichung nicht. Das isländische Wort *verrfedrungr* verändert allmählich seine Bedeutung in „Schurke", „unmoralische Person", also kurz: in „Neiding". Diese Änderung hat wohl tiefe Ursachen, kann jedenfalls solche haben; sie steht in vollem Einklange mit dem Geist der Verwandtenmoral. Die ethische Norm beruht nicht auf dem, was für alle anwendbar ist. Das Unbestreitbare, in dessen Bezeichnung als Recht und Unrecht alle übereinstimmen, ist nur ein roher Durchschnitt der nebeneinandergestellten individuellen „Ehren". Jeder Kreis hat seine eigene Ehre, eine Erbschaft, die genau in dem Zustand, worin sie weitergegeben wurde, bewahrt und ihrem Wesen entsprechend behauptet werden muß. Die Ehre ist das Stück Land, auf dem ich und die Meinigen geboren sind, das wir besitzen und von dem wir abhängen; so wie dieses ist, weit und reich, voll Vieh und Korn, oder arm und sandig, so ist unsre Ehre. Ehre ist das geistige Gegenstück zum Boden und Grundbesitz, worin alle Kühe und Schafe, alle Pferde und Waffen, die zu ihm gehören, vertreten sind, und zwar nicht als Zahlen oder Werte, sondern als Individuen.

Und wie die einzelnen Glieder des Besitzes Stück für Stück ihr Gegenstück in der Ehre haben, so sind natürlich die Verwandten auch persönlich in ihr vertreten. Die Ehre bildet einen Spiegel, der die Bilder derjenigen bewahrt, die sich in ihm gespiegelt haben. Da stehen alle Verwandten in ihrem besten Schmuck und mit ihren besten Waffen, und je kostbarer ihre Rüstung ist, um so kostbarer wird die Ehre. Da stehen alle die Begebenheiten, die, soweit das Gedächtnis reicht, innerhalb des Geschlechts geschehen sind: alle großen Taten, alle üppigen Feste, alle kostspielige Gastlichkeit – da stehen sie und fordern ihr Recht. Dort wird nun auch das Entwürdigende auftreten, und wehe den Verwandten, die es anstarren müssen, ohne in mächtigen Wiederaufrichtungstaten Trost für ihre Augen zu finden. Die schwedischen Bauern sagten: „Wehe über das Geschlecht, das einen der Seinigen außerhalb der Friedhofsmauern begraben muß." Das war das größte Unglück, das einem Hause widerfahren konnte; auch wenn der Tote seiner Sünden wegen außerhalb in ungeweihter Erde lag, beruhigten die Verwandten sich nicht, bevor sie ihm einen Platz innerhalb des Friedhofs gekauft hatten, und dies nicht lediglich oder doch im wesentlichen mit Rücksicht auf seine zukünftige friedliche Ruhe, sondern um nicht die Schande an das kommende Geschlecht zu überliefern. So fühlten die Bauern im Norden noch in späten Jahrhunderten die Sippenschande als eine unerträgliche Last, als ein Erlebnis, das Tag für Tag aufs neue durchlebt werden mußte.

Die Ehre ist so weit davon entfernt, ein unbestimmtes, ideales Etwas zu sein, daß sie geradezu gezählt, befühlt werden kann. Die Ehre ist der Besitz des Geschlechts, sein Einfluß, sie ist die Geschichte des Geschlechts, eine Geschichte, die aus wirklichen Überlieferungen zusammengesetzt ist, und zwar aus überaus klaren, minutiösen Überlieferungen vom letzten Geschlecht ab bis zurück zum Großvater, vielleicht Urgroßvater und außerdem aus mythischen Kristallisationen der Urzeit, das heißt aus dem ganzen Zeitraum, der hinter diesen Vorfahren liegt.

Die Ehre umfaßt das Vieh und die Vorfahren, weil beide ebensosehr in den Verwandten wie außerhalb von ihnen leben. Das Vieh wie auch die Waffe und das Schmuckstück existieren in der Verwandtenseele nicht nur als Gegenstände von diesem oder jenem Wert; sie sind nicht durch ein Besitzgefühl äußerlich angehängt, sondern liegen eingebettet in Gefühlen von weit innigerer Art. Die Vorfahren füllen die Lebendigen aus; ihre Geschichte wird nicht als eine Reihe von Begebenheiten empfunden, die einander auf den Fersen folgen, die ganze Geschichte lag ausgebreitet vor den Nachkommen wie ein gegenwärtiger Zustand, so daß alles, was einst geschehen war, immer wieder geschah. Jeder Verwandte empfand es, als ob er das selbst erlebte, was einer seines Geschlechts einmal in die Welt hineingelebt hatte; und er fühlte sich nicht nur im Besitz der Taten der Alten, sondern erneuerte sie wirklich in seinen eigenen Handlungen. Jeder Eingriff in das Erworbene und Ererbte, wie Raub und Überfall auf das Vieh oder das Anwesen, mußte mit Rache erwidert werden, weil durch den Hieb ein Feld im Bild der Ehre zerschlagen worden war. Aber ein deutlich ausgesprochener Zweifel, ob nun jener alte Großvater wirklich das getan habe, was über ihn verlautet, ist genau so gefährlich fürs Leben, weil es etwas aus den lebenden Verwandten herausreißt; der Hohn trifft nicht nur jenen längst abgeschiedenen, sondern noch mehr denjenigen, der jetzt durch dessen Taten lebt. Die Kränkung ist ein Schnitt in den Mann selbst, sie reißt ein Stück aus seiner Seele, seinem Gehirn, und hinterläßt ein Loch, das nach und nach mit Wahnvorstellungen gefüllt wird.

Durch eine Kränkung wird ein Stück Seele mit den anhaftenden Gedanken und Gefühlen herausgerissen. Und die Wunde ruft dasselbe Schwindelgefühl hervor, das eine Mutter empfindet, wenn ihr durch den Tod ihres Kindes ein Teil ihrer Seele geraubt wird: eine ganze Menge ihrer Gedanken und Gefühle wird überflüssig, ihre Instinktbewegungen werden unnütz; sie streckt die Arme nachts ins Dunkle, greift nach etwas, und ihre Hände bleiben leer. Der Hohlraum in der Seele ruft eine vollkommene Unsicherheit hervor, wie man es sich vorstellen muß, wenn die natürliche Anpassung gestört ist, so daß die Hand jedesmal ihr Ziel verfehlt, wenn sie nach einem Gegenstand greift. Ein Hohlraum in der Seele weckt die Angst in ihrer wildesten Gestalt. Wenn die Mutter sich einbildet, daß jemand ihr Kind getötet oder daß sie es selbst umgebracht habe, oder wenn sie befürchtet, daß die Welt einstürzen werde, wissen wir, daß diese Vorstellungen nur die Nahrung bilden, womit ihr Verstand die Angst zu sättigen sucht. Sie muß nach allen Arten furchtbarer Phantasien greifen, um dieses Heischen der Angst einen Augenblick nur annähernd zu stillen. Und, psychologisch gesehen, besteht kein Mißverhältnis zwischen ihrem Empfinden und dem Gedanken an einen Weltuntergang. Wenn das Loch sich nicht schließt, wenn sich kein neues Seelengewebe bildet, stirbt die Seele an dem unleidlichen Hunger. Die Trauer endet mit Wahnsinn.

Dieser Vergleich zwischen dem Ehrverlust der Gesippen und dem Kindesverlust der Mutter ist treffend, weil er denselben psychologischen Vorgang wiedergibt, nur unter verschiedenen Bedingungen. Die Mutter ist im Begriff, im alten Sinne des Wortes Neiding zu werden – sie wurde in alter Zeit tatsächlich Neiding, wenn sie nicht „Wiederaufrichtung erhielt" – und das, was in dem Ehrverletzten vor sich geht, ist gerade eine solche Erschütterung der ganzen Seele, ein geistiges Erdbeben, das die Selbstachtung und die moralische Haltung zerrüttet, dem Mann die Verantwortungsfähigkeit für seine Taten nimmt, wie wir sagen würden.

Nur in den allerextremsten Fällen können wir in unsrer Kultur etwas finden, das sich mit den alten Erfahrungen deckt. Denn die bodenlose Niedrigkeit der Schande beruht darauf, daß das geistige Leben damals von einer gewissen Menge und einer gewissen Art von Vorstellungen abhängig war. Die „Bildung" war ein Familienkleinod, vielleicht für unser Auge nicht sehr verschieden in den verschiedenen Familien, aber in Wirklichkeit von frühester Jugend an unterschiedlich gekennzeichnet, geprägt von Überlieferungen, bestimmt durch Umgebungen und deshalb nicht leicht veränderlich. Die Persönlichkeit war lange nicht so beweglich wie heutzutage, und es fiel ihr viel schwerer, das Verlorene neu zu bilden. Wenn ein Verwandter eine Idee verloren hatte, konnte er den Verlust nicht dadurch ausgleichen, daß er von anderer Seite her Ideen holte; so wie er an den Familienkreis gebunden war, worin er aufwuchs, so war er von dem seelischen Inhalt abhängig, der in ihm großgezogen worden war. Die Überlieferungen und Erinnerungen seines Geschlechts, die Freude am alten Erbe und Familienbesitz, das Bewußtsein des Ziels, der Stolz auf das Ansehen und den guten Leumund bei den Nachbarn, dies war seine Welt, und außerhalb von diesen Dingen gab es keine geistigen Werte, aus denen er für sein intellektuelles und moralisches Leben hätte schöpfen können. Ein Mann kann in unsrer Zeit aus seiner Familie ausgestoßen werden, ob es sich um Vater, Mutter, Bruder und Schwester oder um eine ganze Gesellschaftsschicht handelt, aber er braucht deshalb nicht zugrunde zu gehen; denn keine Familie, auch nicht die allergrößte, kann den ganzen Seeleninhalt eines einigermaßen wohlausgestatteten Menschen absorbieren. Er hat Teile seines Ich hier und dort untergebracht, sogar die Natur steht in geistiger Beziehung zu ihm. Das Mitglied einer Sippe aber hatte einen leeren Raum um sich; das braucht nicht zu bedeuten, daß der Verwandte alle weiteren Interessen entbehren mußte, daß der Mann sich nicht als Mitglied einer größeren politischen und religiösen Gemeinschaft zu fühlen vermochte, aber diese Assoziationen waren erstens verhältnismäßig schwach, so daß sie sich nicht neben dem Frieden geltend machen konnten, zweitens konnte er eben nur auf dem Wege über die Verwandtschaft oder über den Frieden an ihnen teilhaben, und sie besaßen keine selbständige Existenz. Ein von der Sippe Ausgestoßener kann nicht in der Natur Trost suchen, denn ihre am meisten hervorstechende Eigenschaft ist Feindseligkeit – außer wenn sie ihm vom Menschengeschlecht durchgeistigt, bebaut und bewohnt, gegenübersteht. Und selbst unter solchen schönen Gefilden begegnet ihm nur sein Heimatgau, sein „Erbland", ganz und gar mit freundlichen Gefühlen. Dasselbe zeigt sich in den Fällen, wo der Neiding dadurch für die Welt gerettet wird, daß ein neuer Kreis, eine Sippe oder ein Kriegerbund ihn aufnimmt, er geht dann nicht allmählich von seinem früheren Zustand in den neuen über, sondern er springt über eine Kluft und wird ein ganz neuer Mann.

Die Ehre ist dasselbe wie Menschentum. Ohne Ehre kann man kein lebendes Wesen sein; verliert man die Ehre, so verliert man das lebendige Element, das den Menschen zu einem denkenden und fühlenden Wesen macht. Der Neiding ist leer und ständig von der allesumspannenden Angst verfolgt, die aus der Leere hervorgeht. Die verzweifelten Worte Kains klingen im Angelsächsischen besonders bitter, weil sie der Angst des Germanen vor der Einsamkeit entspringen: „Ich habe keine ‚Ehre' in der Welt zu erwarten, da ich deine Huld, deine Liebe, deinen Frieden verwirkt habe." Voll Trauer wandert er fort aus seinem Lande, und von nun an gibt es kein Glück mehr, er ist ohne Ehre und Gunst *(árleas)*. Seine Leere bedeutet, modern ausgedrückt, daß er keinen Lebenszweck hat. Die Leiden, die er durchmachen muß, werden schwerer drücken als zuvor, da sie alle in ihm aufgehäuft werden, und sie werden gefährlichere Wunden hervorrufen, da es kein Heilmittel für sie gibt. So ist es also buchstäblich wahr, daß niemand ein menschliches Wesen sein kann, ohne Gesippe zu sein, oder daß Gesippe dasselbe bedeutet wie menschliches Wesen; diese Worte sind keineswegs bildlich gemeint. Friede und Ehre bilden die Seele. Von diesen beiden Grundbestandteilen scheint der Friede tiefer zu liegen. Der Friede ist die Grundlage der Seele, die Ehre ist all das Unruhige, das über ihr liegt. Aber sie sind nicht von einander getrennt. Die Kraft der Ehre ist das Gefühl der Verwandtschaft, und der Inhalt des Friedens ist die Ehre. So ist es natürlich, daß eine Verletzung der Ehre nicht nur als eine innere Schwäche, sondern auch als eine Lähmung der Liebe empfunden wird. Da die Ehre eine so große Bedeutung hat, beginnen wir nun auch die Art der Freude *(gaman)* zu erfassen, die die Verwandten empfanden, wenn sie am Feuer zusammensaßen und sich am Frieden erwärmten.

Wie Friede und Ehre sich gegenseitig durchdrungen haben, das kommt unter anderem in dem Gebrauch des angelsächsischen Wortes *ár* zum Vorschein. Wenn ein Flüchtling zu einem König kommt und um *ár* bittet, so kann das Wort mit Gunst oder Schutz übersetzt werden; aber wir müssen bedenken, daß die *ár*, die der König ihm gewährt, für ihn Friede und menschliche Würde bedeuten. In der christlichen Sprache ist Gott der Spender von *ár*, Huld, indem er den Menschen das Leben gedeihen läßt. *ár* umfaßt also Glück und Ehre und gegenseitiges Wohlwollen, und der Übersetzer von alten englischen Dichtungen muß immerfort haltmachen, weil es in seiner eigenen Sprache an einem entsprechenden Ausdruck fehlt. So sagt Hrodgars Königin von dem Vetter ihres Sohnes, Hrodulf: „Ich kenne meinen Hrodulf, den frohen, weiß, daß er die Knaben in Ehren *(ár)* halten wird, wenn du, Scyldingenfürst, vor ihm die Welt verläßt. Ich glaube, daß er unsern Söhnen mit Gutem vergelten wird, wenn er bedenkt, wie wir ihm *ár* gaben, als er klein war, ihm zur Freude und Erhebung." Wenn Abrahams und Lots Mannen sich streiten, wird die Friedensliebe des Patriarchen vom angelsächsischen Dichter mit den folgenden Worten ausgedrückt: „Wir beide sind Verwandte, es soll kein Streit zwischen uns sein", und der Angelsachse fügt erklärend hinzu: *„ár* wohnte in seiner Seele".

Der Einblick in das Wesen der Ehre eröffnet uns die Möglichkeit, den Charakter der Freude zu verstehen. Die Aussprüche, die wir angeführt haben und die sich auf das Leben der Männer in Glück und Ehre bezogen, wenn sie mit glücklichen, furchtlosen Gedanken im Kreis ums Feuer saßen, haben nun ihren vollen Sinn erhalten, der nicht mit modernen Worten ausgeschöpft werden kann.

Die Ehre umfaßte in der alten Gesellschaft die Rache, aber die Ehre, so wie wir sie bis jetzt gesehen haben, erläutert nicht, was das Blutvergießen zu einem so kräftigen Heilmittel für geistige Leiden machte. Ehre enthält vieles, das über die hier gezogenen Grenzen hinausführt und das nur durch eine noch weitere Betrachtung des geistigen Lebens dieser Männer seine Erklärung finden kann.

Heil

Wohin wir in die Welt blicken, begegnen wir der Macht des Glückes, des Heils. Der letztere Ausdruck, der nicht den Glücksfall, die Zufälligkeit und die Abhängigkeit vom Äußeren einschließt, deckt sich besser mit der Auffassung bei den Alten, und doch müssen wir, um das Wort vollständig in seinem Sinne zu verstehen, geduldig und ohne Vorurteile die altgermanischen Gedankengänge rekonstruieren.

Das Heil bewirkt jeden Fortschritt. Wo es fehlt, siecht das Leben dahin. Es scheint die stärkste Macht der Welt zu sein, die Lebenskraft selbst.

Wenn die Äcker eines Mannes gute Ernten trugen, wenn seine Felder nur selten von Frost oder Dürre heimgesucht wurden, sagte man, er sei *ársæll,* das heißt: er besaß Ernteheil.

Wenn sein Vieh gedieh und sich vermehrte und immer wohlbehalten und vollzählig von den Sommerweiden heimkehrte, war er *fésæll,* das heißt: er hatte Viehheil.

Wer auf einem kargen Streifen Land an der Küste wohnte, konnte ohne „Ackerheil" auskommen, dafür hatte er wohl Fischerheil, oder er war vielleicht *byrsæll,* das heißt: er hatte immer günstigen Fahrwind. Die Sage erzählt von einem berühmten Geschlecht im Nordland, den Hrafnistamännern, daß sich stets ein günstiger Wind erhob, sobald sie die Segel hißten – auch, wenn das Wetter unmittelbar vorher vollkommen windstill gewesen war. Auch Hadding hatte nach Saxo eine besondere Gabe, den Wind gut auszunutzen; denn obschon seine Verfolger denselben Wind und ebenso viele Segel hatten, konnten sie ihn doch nicht einholen. Dieser Zug ist im Norden kein Märchenmotiv, keine phantasievolle Erfindung eines Sagamannes – die Olafs von Norwegen standen auch in dem Ruf, „Wetterheil" zu besitzen, und unzweifelhaft mit vollem historischen Recht. Olaf Tryggvason war soviel mehr *byrsæll* als andere Männer, daß er in einem Tage so weit segelte wie andere in dreien. Schweden hatte unter seinen Königen einen Erik Väderhat („Wetterhut"), der seinen Beinamen daher haben soll, daß er sozusagen den Wind in seinem Hut hatte; er konnte ihn wenden, wenn er seine Kopfbedeckung herumdrehte.

Diese besondere Form von Heil ging nicht verloren, als die Küstenbewohner des Nordmeeres nach Island zogen. Von einem Isländer wird berichtet, daß er so *byrsæll* war, daß er immer bestimmen konnte, welchen Hafen er anlaufen wollte; von einem anderen, daß er in einem Tage so weit segelte, wie andere in dreien.

Bei anderen war wiederum das Kampfheil die hervorragende Eigenschaft. Wenn berufsmäßige Krieger wie Arnljot Gellini ihren Glauben in wenigen Worten ausdrücken wollen, wissen sie nur zu sagen, daß sie sich auf ihre Stärke und ihr *sigrsæli,* ihr Siegesheil, verlassen. Bei Häuptlingen tritt das Siegesheil in vollem Glanze hervor. Unter ihnen gibt es geborene Kampfgenies, die überall, wo sie hinkommen, den Sieg nach sich ziehen. Alle Könige Norwegens aus dem Geschlecht Harald Schönhaars hatten das große Siegesheil, und wenn Jarl Hakon eine Zeitlang den Platz als Herrscher über Norwegen ausfüllen konnte, so verdankt er es nicht zum mindesten seinem Heil im Siegen und im Verfolgen und Töten. Das band das Volk an ihn, denn es meinte, kein anderer käme ihm in dieser Gabe gleich. Mit diesem Ton beginnt auch im Beowulf die Erzählung von Hrodgars Königstum: ihm war Kriegsheil, Kampfehre, verliehen, so daß die Verwandten ihm solange folgten, bis die Jugend herangewachsen war und sich um ihn scharte.

Siegesfürst wird der König im Angelsächsischen öfters genannt, und mit diesem Namen ist ausgedrückt, was die Germanen von dem Häuptling verlangten und worauf sie sich verließen, nicht nur bei dem großen Landesführer, dem König, oder bei den kleineren Führern, den Gaufürsten, sondern auch bei den Freibeuterkönigen ohne Land. Die Anwesenheit des Fürsten war dem Volke ein sicheres Pfand für den Sieg im Kampfe. Die Angelsachsen versammelten sich mutig zum Widerstand gegen die fremden Wikinger, wenn nur ein Mann von Häuptlingsrang sich an die Spitze stellte und die Mannschaft der Gegend aufrief; solange er aufrecht stand, kämpften sie mit Todesverachtung für Heim und Herd. Aber ebenso störrisch blieben sie zu Hause, wenn der Heerpfeil ohne Anregung eines geborenen Führers herumgeschickt wurde, um sie zu gegenseitiger Hilfe aufzurufen, oder sie liefen in den Wald und ließen die Fremden schalten und walten.

Einmal, als die Ostangeln von dem sieghaften und gefürchteten Mercierkönig Penda angegriffen wurden, wußten sie in ihrer großen Not keinen anderen Ausweg, als zu ihrem alten König Sigeberht zu gehen, der aus Liebe zum himmlischen Licht die Königswürde abgelegt und sich in ein Kloster eingeschlossen hatte. Sie baten ihn und flehten ihn an, herauszukommen und die Schar zu führen; und obschon er die angebotenen Waffen von sich warf und sich mit erhobenen Händen auf seinen Mönchseid an Gott Vater im Himmel berief, zwangen sie ihn doch in die Schlacht. Das Bild des Königs in der Mönchskutte, der, mit einer Weidenrute in der Hand, in den Kampf mit hereingezogen und dort niedergehauen wird, ist so wehmütig, so ergreifend, weil es einen so tiefen historischen Sinn birgt.

„Und als sie sahen, daß ihr Häuptling gefallen war, flohen sie alle", dieser Satz wiederholt sich ständig in den Sagas, und seine Wahrheit wird immer wieder von der Geschichte bestätigt. Wenn das Kampfheil des großen Mannes versagte, was konnte da das geringere Heil der geringeren Männer helfen? Gregor erzählt, daß Chlodwig die entscheidende Schlacht gegen die Alemannen dadurch gewann, daß er, als es am schwärzesten aussah, sich Christus versprach; kaum hatte er seinen Sinn in die richtige Richtung gekehrt, da flohen die Feinde. Es heißt weiter: „Und als sie sahen, daß ihr König gefallen war, ergaben sie sich und bettelten um Gnade." Der Beginn der Geschichte stimmt nur wenig mit der Fortsetzung überein. Die Sache ist die, daß die fromme Tendenz des Geschichtsschreibers im Anfang obgesiegt hat, und für sie waren nur Chlodwig und Christus nötig; dafür siegte im Nachsatz die Geschichte über den Kleriker, sie gibt dem Alemannenkönige, was ihm gehört. Aber wenn wir auch zugeben müssen, daß der Mythos von Christus als Siegesspender ungeschickt eingefügt worden ist, so hat der fromme Verfasser doch im wesentlichen recht darin, daß er Christus seine Glorie durch Absetzung des stärksten Machtgefühls unter den Heiden, nämlich des Königsheils, behaupten läßt.

Durch diese kleinen Bilder aus dem Leben sind wir mit einem Schlage in eine fremde Welt versetzt. Das Heil wirkt vor unsern Augen mit der ganzen Macht, die es besaß, die Gemüter zu stärken oder zu lähmen. In seinem höchsten Vertreter, dem Könige, offenbart es recht sein eigentümliches Wesen. *Sein* Siegesheil gilt mehr als ein ganzes Heer. Wenn der König kommt, von seiner kleinen Heerschar umgeben, zerstreuen sich die Bauern wie Lämmer, die den Wolf wittern. Dies war in einer Zeit, wo jeder Mann von Jugend auf ein Krieger war, beständig der Fall. Es ist nicht anzunehmen, daß das Königsgefolge an Waffentüchtigkeit und Kampfeslust so sehr der wohlhabenden Bevölkerung des Landes überlegen war, denn das Gefolge des Königs bestand ja in Norwegen und in älterer Zeit auch bei den übrigen Germanen hauptsächlich aus jungen Freiwilligen, deren jeder eine gewisse Anzahl Jahre diente, bis er einen solchen Grad von Ansehen und Ausbildung erreicht hatte, wie er es für seine Stellung in der Gesellschaft nötig fand. Durch die ersten zwei Jahrhunderte der Geschichte Norwegens, das heißt in den Kindheitsjahren des norwegischen Großkönigstums, wo es buchstäblich keine zehn Jahre hindurch unbestritten dastand, nennt die Überlieferung kaum eine einzige Schlacht, wo ein Bauernheer es vermocht hätte, einer Gefolgsschar, die vom König selbst geführt war, wirksamen Widerstand entgegenzusetzen. Die Schlacht bei Stiklastadir, wo die Bauern über die Königsmänner, Kreuzmänner, Christmänner siegten, hat einen besonderen Platz in der Geschichte: die Sieger flohen in panischem Schrecken, und der geschlagene Fürst ging daraus hervor wie ein Halbgott. Als Olaf sich in den Kampfreihen zeigte, „fielen den Bauern die Arme nieder", die Gedanken verwirrten sich sogleich, alle Mann waren im Begriff davonzulaufen. Angestrengtes Aufreizen und Anstacheln unter Hinweis auf die verhaßte Regierung Olafs war nötig, um sie auf ihren Plätzen zu halten. Wenn wir der Beschreibung in der Saga glauben können, so war die Tapferkeit der Bauern eher eine Art rasender automatischer Bewegungen, worin ihre Angst sich Luft machte, weil ihre Beine sie nicht aus dem Kampfe tragen wollten. Olafs Fall entfesselte die Panik im Bauernheer: die Bauern liefen auseinander und suchten zu Hause Zuflucht, und ein halbes Jahr später wurde der König heiliggesprochen.

Ob man nun die Sagamänner als Verkünder der Tatsachen oder als phantasievolle Dichter auffaßt, der Wert ihrer Berichte als psychologische Dokumente bleibt doch unbeeinträchtigt. Für die Seele der Nordländer waren die Schlacht bei Stiklastadir und die Tage, die ihr vorausgingen, in mystischen Zauber gehüllt, und die Erinnerungen verdichteten sich zu einem Bild, das zu gleicher Zeit peinlich realistisch in den Details und mystisch im ganzen war. In Olaf wurde das alte Königsheil verklärt; durch die Kraft seines Heils erhob er sich zu der Glorie eines Märtyrers, und seine Verklärung als Heiliger überbrückt die Kluft zwischen dem alten und dem neuen Glauben. Die christlichen Dichter preisen den heiligen König, weil er allen Männern gute Erntejahre und Frieden gab.

Um vollauf zu verstehen, was Königsheil war, müssen wir fragen: Was gehörte in alter Zeit dazu, ein rechter König zu sein?

Das Siegesheil, die Kraft zu siegen, war nur eins der Kennzeichen, die den mächtigen Mann von den alltäglichen Personen unterschied. Durch und durch ist sein Wesen von höherer Kraft und größerer Widerstandsfähigkeit. Das Leben sitzt fester in ihm, ob es nun gegen die Waffen fest ist, oder diese sich von der Stelle, wo er steht, zurückzubiegen scheinen. Zum ersten Male verfehlt Olaf Tryggvason sein Ziel, als er mit dem Bogen nach Jarl Erik zielt. „Das Heil dieses Jarls ist freilich groß", ruft er. Es heißt in der alten Art von Harald Kampfzahn, daß Odin ihm Unverletzbarkeit gegeben hatte, so daß schneidende Waffen ihn nicht angreifen konnten. Wenn aber auch eine so große Widerstandsfähigkeit nur bei den ganz wenigen besonders Begünstigten vorkam, so dürfen wir doch annehmen, daß der König den Vorteil vor gewöhnlichen Kriegern hatte, daß seine Wunden leichter und vollständiger heilten. Jedenfalls besaß er eine heilende Kraft, die sich anderen mitteilte. Der germanische Häuptling hatte eben hierin die Voraussetzung für die Heiligenwürde, und zwar eine Voraussetzung, die im frühen Mittelalter von großer Bedeutung war, weil das Christentum sich zum großen Teil durch seine Macht über die Krankheiten legitimierte. Es besteht kein Zweifel, daß man eifrig, mit unbewußter Absicht, wenn man so sagen darf, diese Keime des Heiligtums im Königstum gepflegt hat; die Mirakelgeschichten und die Legenden aus dem südlicheren Europa blieben leicht an Olaf haften, und es war den Leuten natürlich, an der letzten Ruhestätte des Königs Heilung zu suchen.

Zu der Zeit, als Olafs Bruder, Harald der Gestrenge, und sein Sohn, Magnus, vereint über Norwegen herrschten, kam eine Mutter mit ihrem Sohn, der das Gedächtnis verloren hatte, um bei König Harald Rat zu holen; der König meinte, daß der Kranke an Traumlosigkeit litte und riet ihr, den Knaben von Magnus' Waschwasser trinken und darauf auf Magnus' Lager schlafen zu lassen. Die Wirkung war eine augenblickliche: Beide Könige erschienen ihm im Traum, der eine sagte: „Hab Gesundheit", der andere: „Hab Verstand und Gedächtnis", und nun erwachte der Knabe lachend und hatte sein Gedächtnis wiedererhalten. Die Könige der Franken besaßen diese Heilkraft nicht weniger: eine

Mutter heilte ihren Sohn mit einem Absud von Fransen, die sie von König Gunnthrams Überwurf genommen hatte. In älteren Zeiten war es wahrscheinlich allgemeiner Glaube, daß der König heilende Hände hatte, wie es in Sigdrifas Anrufung der Götter heißt: „Gib uns Edelingen beiden (ihr und Sigurd) Sprache und Weisheit und heilende Hände, solange wir leben."

Auch die gewaltigsten Angriffe der Natur prallten vom Heile des Königs ab. „Könige ertrinken nie", sagte der Sohn Wilhelms des Eroberers, Wilhelm der Rote, als er sich während eines Gewitters in ein Boot warf, um über den Kanal zu fahren und einen normannischen Aufruhr im Keim zu ersticken. Olaf der Heilige geriet während der Überfahrt nach Norwegen in große Gefahr durch einen Sturm; aber „die gute Mannschaft, die er hatte, und sein Heil halfen ihm unverletzt ans Land".

Mit demselben Recht hätte ein Olaf wohl sagen können, daß Könige nie von widrigem Winde aufgehalten würden. Jedenfalls gehörte es mit zur rechten Häuptlingschaft, daß das Heil in der Not einen günstigen Wind schickte. Die Gewässer trugen Fischschwärme an die Länder der Fürsten, wie wir vermuten dürfen – von Jarl Hakon wird ja berichtet, daß die Fische zu seiner Zeit in alle Föhrden hineingingen. Ernteheil herrschte auf seinen Feldern und gab dicke und schwere Ähren. Ernteheilig und friedensheilig sind die Beinamen, die dem mythischen Idealkönig der Schweden, Fjölnir Yngvifreyson, verliehen wurden; und wenn wir *sigrsæll*, siegesmächtig, hinzufügen, haben wir den Dreiklang, der das ganze Leben umspannte. Ein König ohne Kriege mochte zu den Ausnahmen gehören, aber er sollte *fridsæll*, friedmächtig, in dem Sinne sein, daß er den Kampf außerhalb der Grenzen hielt oder jedenfalls verhinderte, daß er die Felder verheerte. Die Kriegsflut soll Ehre und Ruhm an ihn herantragen, Kleinode und Beute aufhäufen, aber nicht zerstörend über das von Korn strotzende Land und über das von Fett schwellende Vieh hineinbrechen.

„Schwer ist es, gegen das Heil des Königs zu kämpfen", und „Vieles vermag des Königs Heil", sind alte Sprichwörter, die die Härte und die innere Festigkeit der Häuptlingsgabe ausdrücken, und die Weisheit, die in diesen Sprüchen enthalten ist, erhebt sich zu so klugen Ratschlägen wie diesem: Man soll sich dem großen Heil nicht in den Weg stellen, man soll sich von ihm tragen lassen. – Wenn man in die Heerschar des Königs trat und das eigene Siegesheil von seinem höheren Heil beleben ließ, so wurde man im allerbuchstäblichsten Sinne wertvoller. Der König war so voll Heil, daß er es an alle in seiner Nähe ausstrahlen konnte. Wenn man den Häuptling dazu brachte, sich für ein Unternehmen einzusetzen und zu sagen: „Ich will mein Heil dazu tun", so trug man sein Siegesheil mit in den Waffen, hatte sein Windheil mit in den Segeln. Von einem solchen Manne kann man geradezu sagen: „Er geht nicht allein, denn das Königsheil folgt ihm". Eine Aufforderung zu einer gewagten Unternehmung in der Sache des Königs fand oft die Antwort: „Ich will es mit deinem Heil versuchen." Ein Mann mit des Königs Huld wie z. B. Hallfred der Schwierigkeitsskalde lebt sein ganzes Leben im Schatten des Königsheils. Als er einmal von hinten überfallen wird, ruft er Christus um Hilfe an, und es gelingt ihm mit „Gottes Beistand und Olafs Heil", den Angriff zurückzuschlagen. Sogar sein erbittertster Gegner, Gris, den er aufs blutigste gekränkt hat, ergreift mit Freude die Gelegenheit, einen Zweikampf zu vermeiden; denn „er möchte nicht gern gegen das Königsheil kämpfen".

Der Glaube daran, daß der König die Gabe besaß, anderen und ihren Unternehmungen sein Heil einzuverleiben, ist von den Isländern zu der spaßhaften Erzählung von dem armen Manne Hroi, seinem Glück und Unglück, verarbeitet worden. Hroi war ein tüchtiger Schmied und ein unternehmender Kaufmann, tapfer, begabt („mit Witz geboren"), aber das Heil wollte sich ihm nie recht zugesellen – wieviel Gold er auch im Handel zusammenbrachte, es ging doch unter, sobald er in die See stach, und wenn er durch seine Tüchtigkeit als Handwerker sich wieder in die Höhe gearbeitet hatte, setzte er das Aufgesparte im Geschäft zu. Da kam er auf den Gedanken, zu König Svein Gabelbart zu gehen und ihm vorzuschlagen, Teilhaber zu werden. Als er mit seinen Geschäftsplänen vor König Svein trat, rieten die Männer des Königs stark davon ab, mit einem solchen Unglücksvogel einen Bund zu schließen; aber Hroi erwiderte zuversichtlich: „Des Königs Heil vermag mehr als mein Unheil", und der König war viel zu weitblickend, um nicht dieser Erwägung mehr Bedeutung beizumessen als allen Bedenken. Von diesem Tage ab wurde Hroi vom Reichtum heimgesucht; auf friedlichen Kauffahrteifahrten gewann er sich Gold an den Küsten der Ostsee, und kein einziges Mal verlor er ein Schiff auf dem Meere; er teilte seine Beute mit dem König und verwandelte dessen Freundschaft in Liebe. Und als die Krone von allem gewann er noch die Prinzessin; denn obschon seine

Braut nur die Tochter eines schwedischen Vornehmen war, war sie ebensoviel wert wie eine Durchschnittsprinzessin.

In der Tat ist es das Kennzeichen des Königsheils, daß es überfließt und andere mit seinem Reichtum erfüllt. Auf dem Schlachtfelde fegt das Königsheil wie ein Sturm über die Feinde dahin; es bahnt denen, die ihm folgen, den Weg und wirbelt sie mit empor zum Sieg. Aber neben dieser Sturmmacht geht ein stiller, ununterbrochener Strom von Heil, der Tragkraft hat und wirklich auch das Volk emporhebt, seine Arbeit mit Segen füllt, sein Gedeihen bedingt. Wir erfahren zufällig in bezug auf die Burgunden, daß sie ihren Königen die guten Erntejahre des Landes zuschrieben, aber sie umgekehrt auch konsequent für die Mißernten büßen ließen. Genau so dachten die Nordländer. Den Sagen zufolge sollen die Schweden sogar ihren König Domaldi „für gute Jahre geopfert" haben, als in seiner Regierungszeit eine hartnäckige Hungersnot eintrat. Am Anfang der Geschichte Norwegens steht Halfdan *ársæli,* der größte Erntespender, den das Volk gekannt hatte, als ein Urbeispiel für die Dynastie Harald Schönhaars. Eine Zeit lang sah es aus, als ob das Heil des Halfdangeschlechts zerbrochen wäre: in den Tagen der Eriksöhne gab es schlimme Mißernten, und je länger diese Fürsten im Lande herrschten, desto bitterer wurde die Not, und „das Volk legte diesen Königen die schlechten Ernten zur Last". Dann erhob sich ein neues Häuptlingsgeschlecht, in dem der Segen voll und ganz war. Während der Regierung Jarl Hakons trat eine so große Änderung in den Ernten ein, daß nicht nur „das Korn überall wuchs, wo es gesät war, sondern auch die Heringe an allen Küsten ans Land kamen". Doch in den anderen Zweigen des alten Stammes stand Halfdan der Erntespender wieder auf, und in Olaf dem Heiligen wurde seine Erbschaft kanonisiert: „Der Mann Gottes gibt allen Männern gute Jahre und Frieden", singt der Dichter Thorarin Loftunga zu Ehren des heiliggesprochenen Königs.

Wir dürfen aber hieraus nicht voreilig schließen, daß das germanische Königtum begründet war in der Zaubergabe gewisser Personen, als Magiker aufzutreten. Von einem modernen Standpunkt aus mag es aussehen, als hätte ein König genug zu tun, wenn er die Sonne und den Mond und einige Elemente so nebenbei beherrschen mußte, und über diese meteorologische Befähigung hinaus Ansprüche an ihn zu stellen, mag übertrieben erscheinen; und doch waren noch andere Eigenschaften notwendig, um einen

Mann unter den alten Verhältnissen zur Häuptlingschaft emporzuheben. Um die Eigentümlichkeit des germanischen Königs zu verstehen, müssen wir um ihn herumgehen und ihn auch noch vom sozialen Standpunkt aus betrachten, und unser Verständnis wird nun davon abhängen, ob wir die Kenntnisse zu verschmelzen vermögen, die wir von diesen beiden Seiten aus gewinnen.

Wir brauchen nicht weit zu suchen, um festzustellen, wie der König ausgesehen hat; sowohl Idealbilder wie wirkliche Porträts sind uns überliefert. In dem Geschlecht Harald Schönhaars sieht der Typus so aus: Groß (größer als die meisten Männer), stark, schön (der schönste Mann von allen); kühn im Kampfe, der Tüchtigste im Gebrauch seiner Waffen; geübt in allen Spielen, Bogenschütze, Schwimmer. Unter den Königen Norwegens ist Olaf Tryggvason die vollkommene Verwirklichung des Ideals: er hieb gleich gut mit beiden Händen, warf zwei Speere auf einmal und konnte auf den Riemen gehen, während die Männer ruderten, und dabei mit drei Schwertern in der Luft spielen.

Ehrgeizig und immer auf der Hut, daß niemand ihn in irgendeiner Beziehung überholte; nie mit der erreichten Ehre zufrieden, solange mehr zu gewinnen war.

Tief- und weitschauend in seinen Plänen; klug alle Mittel benutzend, die zum Ziel führen konnten; redegewandt und überzeugend, so daß die Männer nur wollten, was er ihnen vorgeschlagen hatte.

Fröhlich, lustig, freigebig zu seinen Männern, gewinnend, so daß alle jungen, kecken Männer von ihm angezogen wurden.

Ein guter Berater und ein treuer Freund; grimmig gegen seine Feinde und gegen die Feinde seiner Freunde; der vollkommene Freund seiner Freunde.

Dies ist der germanische Königstypus, wie er in den unzähligen Fürstenlobpreisungen der Literatur gestaltet worden ist, und so spiegelt er sich auch in der Schilderung Offas durch den Dichter des Beowulf: „Der speerkühne Mann, weit und breit durch Kämpfe und Geschenke verherrlicht; mit Weisheit schirmte er sein Erbland", – und weiter durch die nordischen Gedichte und Sagas hinunter. Groß, schön, tapfer, tüchtig, freigebig – diese Worte geben die Ganzheit der Tugenden, ohne die kein König auskommen konnte; fehlt ihm eine dieser Eigenschaften, so fehlt ihm alles.

Die Lobpreisungen bedeuten in Wirklichkeit eine Forderung,

eine Bestimmung dessen, was vom König verlangt wurde. Nicht nur der König, der über große Reiche herrschte, mußte dem Ideal genügen, sondern auch der Häuptling, dessen Machtbereich auf einen kleinen Bezirk beschränkt war, mußte einen gewissen, nicht unbedeutenden Teil all dieser Eigenschaften besitzen. Diese umfassende Vollkommenheit moralischer und physischer Art gehörte zum Wesen der Häuptlingschaft. Vom kleinsten Gauführer wurde verlangt, daß er das Recht seiner Freunde fest verteidigte und niemandem erlaubte, ihnen zu nahe zu treten, daß er soviel Ehrfurcht einflößte, um Fremden die Lust zu nehmen, sich einzumischen. Jeder Mann im Gau hatte das Recht, die Kränkung, die er nicht selbst bewältigen konnte, dem Häuptling vor die Tür zu legen; und blieb sie dort ungerächt liegen, rief sie unweigerlich die Neidingschaft über das ganze Häuptlingsgeschlecht herab. Es gehörte Kraft dazu, ein solches Erbe anzutreten. Wenn im Bezirk Zwistigkeiten entstanden, war auch der Häuptling der nächste dazu, um die Sache zu ordnen, die Schwierigkeiten zu lösen, so daß „alle mit seiner Entscheidung zufrieden waren".

Wenn wir bedenken, daß der König in einem solchen Falle mitten zwischen zwei „Ehren" stand, die beide gleich empfindlich und gleich unentbehrlich waren, so dürfen wir vermuten, daß er mit einem sehr großen Schatz von Weisheit und Scharfsinn ausgestattet gewesen sein muß – und mit Opferwilligkeit überdies, so daß er sich nicht davor scheute, aus seinem Eigenem herzugeben, um eine verwundete Ehre zu heilen. Wir finden eine Bestätigung unsrer Vermutung, wenn wir bedenken, wie ein isländischer Gode, Thorkel Krafla in Vatsdal, einmal vorging, als auf dem Thing eine Tötung begangen worden war. Er ging mit der rachebereiten Partei zu der Hütte, wo der Töter sich aufhielt. In der Tür begegnete er der Mutter des Mannes. Sie hatte an Thorkel eine Forderung, denn sie hatte einmal sein Leben gerettet. Sie versuchte, ihren Einfluß geltend zu machen, aber er begegnete ihr mit den Worten: „Jetzt steht es anders, als da wir uns zuletzt sprachen, aber geh du hinaus, dann brauchst du nicht zu sehen, daß dein Sohn niedergehauen wird." Sie handelte sofort nach seinem Wink, kleidete ihren Sohn in ihre eigene Tracht und schickte ihn mit den Frauen hinaus. Und als Thorkel ihn draußen in Sicherheit sah, stellte er sich in die Tür und redete Vernunft: „Es geziemt sich nicht für uns, unsre eigenen Nachbarn und Thinggenossen zu töten. Vergleich wäre jedenfalls besser." Dies ist eine Episode aus der späten Sagazeit, aber eine Episode der Art, wie sie häufig auf den Steppen oder in den Bergen vorkommen, wo der Stamm noch in der alten Art unter der Herrschaft eines Häuptlings lebt.

Es war keine Sinekure, die königliche Würde zu erben. Das Königtum erforderte ungewöhnliche Geisteskraft und große Begabung, aber diese Eigenschaften waren ein Bestandteil des königlichen Charakters. Daß der geborene Führer so große Dinge ausrichten, seinen Untertanen Recht und Ehre verschaffen und, was noch schwieriger war, ihre Ehren im rechten Verhältnis zueinander behaupten konnte, das verdankte er eben der Tiefe und Macht seines Heils. Es fiel ihm leichter als anderen, Männer zu vergleichen, sie dazu zu bringen, ihm zu folgen; die jungen Männer blickten zu ihm empor; sie wollten nur, was er wollte, die älteren Männer kamen zu ihm mit ihren Schwierigkeiten – weil er *vinsæll* war, das heißt, „Freundesheil" hatte, weil er *mannheil* hatte, die Gabe, mit Menschen umzugehen. Zur Erklärung dieser Beliebtheit könnte man auch sagen, daß er frühzeitig die Hingabe der Leute gewann „durch seine Schönheit und die Milde seiner Rede" *(blidlæti)*. Von einem anderen König wird erzählt, daß er die Liebe seiner Mannen gewann, „weil er mächtig und weise war und Ernteheil hatte"; das Wort, das wir mit „weise" übersetzen, ist ein sehr bedeutungsvoller Ausdruck in der alten Sprache und sagt soviel wie Klugheit, Schlauheit, Geschmeidigkeit, mit einem modernen Worte: Diplomatie. Sein Freundesheil hing von verschiedenen Faktoren ab, nicht am wenigsten von seiner Fähigkeit, Gold um sich zu streuen; um den Hof eines geizigen Königs scharte die Jugend sich nicht. Alle diese Gaben gehören mit zum Königsheil, die Diplomatie so gut wie die Freigebigkeit, die Schönheit so gut wie die Beredsamkeit. Es gibt kein Auseinanderhalten der Eigenschaften, die wir als natürlich bezeichnen würden, von den andeden, so etwa von der Heilkraft oder von der Gabe, Fruchtbarkeit zu spenden.

Es wäre töricht, die Überlegenheit der Königsgefolgschaft über das Bauernheer mit einem abergläubischen, panischen Schrecken vor der Person des Königs begründen zu wollen und abzuleugnen, daß die schicklalschwere Bedeutung, die sein Fall für den Verlauf der Schlacht hatte, in einem natürlichen Verhältnis zu seiner Bedeutung als Leiter des Kampfes stand. Das wußte man wohl; der „Führer im Kampf", der „Schlachtenlenker" sind ja alte Häuptlings-Epitheta.

Es ist nicht der geringste Grund vorhanden, diesen ehrenden Bezeichnungen späteren Ursprung zuzuschreiben und die anderen germanischen Völker der fehlenden Einsicht betreffs der Feldherrnbegabung des Königs zu bezichtigen. Ebenso sicher wie der König den Sieg erzwingen konnte und sollte, indem er denen, die ihm nahten, Mut und Stärke einflößte und die Augen der Feinde verdunkelte, so daß sie über ihre eigenen Pläne strauchelten, ebenso sicher hatte es für ihn große Bedeutung, ein wohldiszipliniertes Heer zu besitzen und die taktischen Möglichkeiten eines Heeresverbandes ausnutzen zu können, der gewissermaßen von innen heraus geschlossen war. All dieses: Die Disziplin des Heeres, die Feldherrnkunst des Führers, die Stärke seines Hiebes, seine Gabe, den Sieg zu erzwingen, gehören mit zum Königsheil. Ob wir sagen: das Heil des Königs befähigte ihn dazu, Waffengebrauch und Kriegskunst zu erlernen und mitten im Kampfe unverwundet zu bleiben – oder ob wir ihm die Begabung fürs Waffenhandwerk zuschreiben, eine Begabung, die mörderische Waffen von ihm abgleiten ließ, das kommt auf eins hinaus. Der König war der „heilhafteste", d. h. unter anderem der tapferste, der tüchtigste, der weiseste und erfindungsreichste Krieger.

Um es kurz zu sagen: das Heil ist in der Auffassung der Germanen nicht etwas, was von außen kommt und Fähigkeiten und Unternehmungen seinen Stempel aufdrückt. Damit ist der Unterschied von dem, was wir heute Glück nennen, gegeben, und doch müssen wir gelegentlich das Wort Glück für Heil benutzen, wenn wir die Gedanken der Alten wiedergeben, weil das Wort Heil heute für uns den vollen, weiten Sinn verloren hat. So auch, wenn die Rede ist von dem großen Unterschied zwischen den Menschen, was ihr Heil oder Glück betrifft. Arme Leute haben nur „e i n Glück, und das ist dünn": sie mögen wirken und werken, soviel sie wollen, sie erhalten doch nur den geringsten Lohn für ihre Mühe. An anderen „klebt das Glück wie Dreck", wie das jütländische Sprichwort sagt; sie können es einfach nicht los werden. Aber der Germane zog aus dieser Erfahrung nicht die Folgerung, daß Wille und Erfolg, Begabung und Glück jedes von einer besonderen Seite des Daseins kommen und miteinander Blindekuh spielen. Er machte nicht den Mißerfolg zum Grundprinzip im Menschenleben, und er gab nicht dem Schicksal oder den Göttern alle Gewalt und alle Verantwortung für einen schlechten Ausfall.

Eines Mannes Ernteheil ist die Kraft, die ihn zu Wachsamkeit, zu rastlosem Wirken antreibt, die seine Arme die Hacke schwingen läßt, daß es eine Art hat, und Schick und Schneid in seine Arbeit legt; es leitet die Hacke, so daß er sie nicht vergebens in einen kargen, unnachgiebigen Boden einhaut, sondern gerade die Poren der Fruchtbarkeit sich öffnen läßt; es schickt das Korn aus der Erde empor, schärft den Sproß, daß er die Ackerkrume durchdringen kann, macht, daß die nackte Pflanze nicht schutzlos erfriert und das ausgewachsene Korn nicht unempfänglich für Sonne und Regen dasteht und vor lauter Hilflosigkeit zu nichts wird; es begleitet die Ernte ins Haus, bleibt bei ihr beim Dreschen und Zermahlen und gibt dem Brot oder dem Brei die Kraft des Nährens, wenn das Essen aufgetragen wird.

So ist es mit dem Ernteheil, dem Jahrheil, und so auch mit jedem andern Heil. Ein Mann hat Heil und Segen mit seinem Vieh, wenn das Futter die Rinder dick und fett macht, wenn die Kühe reichlich Milch in ihren Eutern haben, wenn sie auf der Sommerweide sind, ohne daß Wolf und Bär ihnen schaden, und wenn sie im Herbst vollzählig heimkommen; aber ebensosehr zeigt sich sein Heil wohl darin, daß er, wenn sie verloren gegangen sind, es versteht, sie aufzuspüren und dort zu finden, wo es keinem anderen einfiele zu suchen.

Segeln heißt Schiffe lenken können, siegen heißt tapfer und gewandt sein, Heil in Weisheit bedeutet Tüchtigkeit im „Plänemachen, wenn es not tut“. Die Ingimundsöhne, die früher erwähnt wurden, waren Männer von großem Heil; „schwer ist es, sich wider das Heil der Ingimundsöhne zu stellen“; man fürchtete sich von Jökuls Mut und seiner „Berserkerwut“, aber ebensosehr vor dem „Witz und Heil“ seines älteren Bruders Thorstein. Dieses Heil zeigt sich darin, daß er immer im voraus weiß oder rät, was seine Gegner im Schilde führen; er durchschaut jede Kriegslist, auch wenn sie mit Zauberei ausgesonnen ist, so daß es nie möglich ist, ihn und seine Brüder zu überraschen. Das Heil zeigt sich darin, daß diese warten, die Zeit verstreichen lassen, alles vorbereiten oder auch ohne Zögern zuschlagen können, immer fällt der Hieb gerade im rechten Augenblick. Als ihr Vater in ihrer Abwesenheit getötet worden und der Töter, Hrolleif, glücklich zu einem Verwandten entronnen ist, hält Thorstein seinen Bruder zurück mit den Worten: „Wir müssen ihn mit Kunst suchen und nicht mit Ungestüm“; er sucht darauf den Mann auf, der Hrolleif

Unterschlupf gewährt hat, und durch sein kluges Auftreten erreicht er, daß Hrolleifs Verwandter den Unglücklichen aufgibt und ihn von seinem Hofe fortschickt. „Du magst sagen, was du willst“, sagt Thorstein ruhig, „er ist selbstverständlich hier; aber du hast größeren Nutzen davon, daß er unschädlich gemacht wird, da er so viel Böses gegen euren Willen gestiftet hat; nicht nur meines Vaters wegen bin ich hinter ihm her, er hat viel zu viele Schuftereien begangen, als daß wir hier stillsitzen könnten; wir können ihn ja außerhalb deiner Gemarkungen ergreifen, so daß es dir keine Schande macht; sag ihm nur, daß er hier nicht sicher ist; und ein Hundert in Silber kann ich gut entbehren.“ Ebenso ruhig, wie Thorstein hier verhandelt, verweilt er auf dem Hofe bis zum nächsten Tage, und auf dem Heimweg eröffnet er seinen Brüdern, daß Hrolleif wohl zu seiner Mutter, dem Zauberweib, nach Hause gegangen sei und nun dort festgenommen werden müsse, bevor sie Zeit gewänne, ihren Zauber an ihm auszuüben. Nach einem schnellen Ritt überraschen sie die Leute mitten in der Vorbereitung zu ihren Schwarzkünsten, durch welche die alte Hexe ihren Sohn gegen die Gefahr gefeit machen will; sie fügen alles so geschickt, daß die Hexe ihren Blick nicht auf die Brüder richtet, bevor diese selbst ihre Augen auf sie gerichtet haben – sonst hätte das Weib über sie Macht bekommen – sie sehen durch alle Sinnesverblendungen durch und erkennen die Vettel trotz aller Kniffe, und sie hat gewiß recht, wenn sie sagt: „Es war nahe daran, daß ich meinen Sohn hätte rächen können; aber die Ingimundsöhne sind große Heilinge.“

So ging es allen, die mit Thorstein Händel hatten; wie sie auch vorgingen, ob sie Zauberei oder einfache Menschenlist verwendeten, immer trafen sie ihn vorbereitet. Er durchschaute alles von vornherein, und wenn er erschien, „half keine Augenverblendung, denn er sah alles, wie es war“ – in seinem „rechten Wesen“, wie es in einer anderen Saga heißt.

Selbstverständlich durfte ein Häuptling nicht mißtrauisch sein und immer Gefahr wittern – eine solche feige Vorsicht wäre ja ein unverkennbares Zeichen gewesen, daß er kein Weisheitsheil hatte, sondern im Dunkeln tastete. Nein, der König sah einfach durch die Schale der Dinge hindurch und wußte, was hinter geheuchelter Freundlichkeit verborgen war, und deshalb saß er sicher und ruhig, wo alles gut und schön war, ohne sich durch Vorahnungen sein Behagen trüben zu lassen. Als Harald Schönhaar bei dem prächtigen Gelage Thorolfs auf Torgar gewesen war, kamen die Hildiridsöhne zu ihm und beglückwünschten ihn zu seiner glücklichen Fahrt, indem sie hinzufügten: „Es ging ja, wie zu erwarten war, du warst doch der klügste und glücklichste *(hamingjumestr)*, denn du hast gleich geahnt, daß alles nicht so aufrichtig gemeint war, wie es aussah ... und da können wir dir denn auch erzählen, daß es die Absicht war, daß du umgebracht werden solltest; aber die Bauern kriegten Stechen in der Brust, als sie dich sahen." Man muß es den beiden lassen, daß sie wußten, wie man Königen schmeichelt.

Wenn wir sehen wollen, was Mangel an Heil *(gæfuleysi)* ist, finden wir ein Beispiel in der Saga, die von den Händeln zwischen Hrafnkel Freysgode und seinem Widersacher Sam berichtet. Durch Mut und recht viel freundschaftliche Hilfe bekam Sam die Oberhand über den mächtigen und hochfahrenden Häuptling Hrafnkel; aber als er seinen Feind unterworfen hatte, begnügte er sich trotz aller wohlmeinenden Ratschläge damit, ihn zu demütigen und ihn zu zwingen, seinen Hof und den Bezirk zu verlassen. Hrafnkel baute sich einen neuen Hof und arbeitete sich langsam wieder in die Höhe. Als sechs Jahre um waren, war er so stark geworden, daß er an die vergangenen Zeiten denken konnte, und als er eines Tages erfährt, daß Sams Bruder von einer ruhmvollen Auslandsreise zurückgekehrt ist, legt er sich in den Hinterhalt und erschlägt ihn sogleich auf seinem ersten Ritt von der Landungsstelle. Sam sucht seine alten Freunde und Helfer auf, aber sie begegnen ihm mit kühlen Worten: „Wir haben einmal alles für dich zurechtgelegt, so daß du dich mit Leichtigkeit behaupten konntest. Aber es kam, wie wir es ahnten, als du Hrafnkel das Leben schenktest, daß du das bitter zu bereuen haben würdest. Unser Rat war es, ihn zu töten, aber du wolltest deinen Willen durchsetzen. Man braucht nicht sehr genau hinzusehen, um den Unterschied an Klugheit bei euch beiden, dir und Hrafnkel, zu erkennen: er ließ dich in Frieden sitzen und gebrauchte erst seine Kraft dazu, den aus dem Wege zu schaffen, der ihm der Bedeutendste zu sein schien. Wir wollen nicht, daß dein Mangel an Heil uns zu Fall bringen soll."

Der norwegische Thronforderer Olaf Ugæfa – der Heillose – erhielt seinen Beinamen wegen der Halbheit seiner Pläne, als ein nächtlicher Überfall auf Erling Skakki ihm fehlschlug. Erling hatte weniger Männer als er, wurde überrumpelt und erlitt einen großen Verlust; aber die Dunkelheit verbarg ihn, und im Schutz eines Zaunes gelangte er zu seinen Schiffen. „Und das sagten die Leute, daß Olaf und die Seinigen im Kampfe nur ein geringes Heil offenbart hatten, so sicher wie Erlings Partei ihnen doch in die Hände gefallen wäre, wenn sie nur mit mehr Klugheit vorgegangen wären."

Der ganze Unterschied zwischen *rede*, guten, klugen und erfolgreichen Plänen, und *unrede*, schlechten Plänen, die wohl ausgezeichnet aussehen mochten, aber doch im Grunde fehlerhaft waren, liegt im Heil. Ein weiser Mann bereitet seine Unternehmungen vor in Übereinstimmung mit den Zeiten und den Umständen, worunter sie zur Ausführung gelangen sollen. Er versteht Umschau zu halten und alles, was er sieht, zu deuten. Er läßt sich nicht von Möglichkeiten verwirren, sondern versteht die wirkliche Lage mit strenger Logik zu erkennen. Als Thorstein fand, daß die Zeit gekommen war, den Tod seines Vaters zu rächen, begab er sich geradewegs zu dem Gehöft, wo der Töter versteckt war, und forderte dessen Beschützer auf, den Elenden auszuliefern; als der Verwandte sich unschuldig stellte, sagte er ruhig: „Du, Geirmund, bist Hrolleifs einziger ansehnlicher Gesippe, also ist er hier bei dir und nirgendwo sonst", und diese Folgerung hatte die ganze Sicherheit des Heils in sich; sie war nicht aus Verdacht, Vermutung, Wahrscheinlichkeit hervorgegangen, sondern aus Einsicht und Wissen. Aber der Weise kann noch mehr: er beurteilt Menschen von vornherein so, daß er nicht durch schicksalsschwere Verbindungen mit Männern, deren Ratschläge unfruchtbar sind, auf Irrwege geführt wird. Aus sicheren Kennzeichen in Gesicht, Gebärden und Betragen schließt er, was in dem Fremden steckt, ob er ein Heiling *(hamingjusamligr)* ist, einer, der zu Freude und Nutzen für seine Umgebung wird, oder ob er ein Mann ist, den man lieber meiden muß. Der sehr Kluge kennt sich sogar auch noch in der Welt aus, die außerhalb des Menschenlebens liegt, und kann den Zusammenhang zwischen Erscheinungen und Taten erraten; er kennt das Wetter und versteht, was die Tiere sagen, oder jedenfalls, was sie sagen möchten. Er besitzt viel „altes Wissen" über Dinge und Begebenheiten der Vergangenheit, ein Wissen, das ihm nicht nur Würde und Ansehen verleiht, sondern zugleich Sicherheit in der Einschätzung dessen, was jetzt geschieht, und Einsicht in das Wesen der Dinge. Er sieht die Vergangenheit ebenso wie die Gegenwart um sich ausgebreitet: die beiden durchdringen einander und erklären einander. Aber seine Weisheit müßte nur armselig sein, könnte er nicht mit Vergangenheit und Gegenwart zugleich ein Stück des Ungeborenen beherrschen. Scharfsinn und Zukunftssinn waren identische Bezeichnungen bei den Alten. Das Unbekannte gelangte auf mancherlei Wegen zu dem Heiling. Er war vielleicht ein starker Träumer, sah die Dinge, bevor sie Gestalt annahmen, sah im voraus Männer ihre geplanten Wege dahinziehen. Hallfred, der Vater des Freysgoden Hrafnkel, zog ja mit seinem ganzen Gehöft um, weil ein Mann im Traume zu ihm sagte: „Dort liegst du unvorsichtig, Hallfred; bau dein Gehöft wo anders auf, im Westen hinter Lagarfljot; dort ist all dein Heil", – und am selben Tage, wo er all das seinige in Sicherheit gebracht hatte, wurde der Ort durch einen Bergsturz begraben. Auch Thorstein Ingimundson entgeht dem Anschlag eines Zauberweibes auf Grund eines Traumgesichts, und als sie ihn nicht in die Falle locken kann, mag sie wohl sagen: „Schwer ist es, sich wider das Heil der Ingimundsöhne zu stellen." Zu Traum und Hellsehen kommt noch das unmittelbare Wissen hinzu, das mit den Worten ausgedrückt werden kann: „wenige Dinge kommen ihm unerwartet, überraschen ihn", oder einfach: „mein Sinn sagt mir ...".

Deshalb kann der „Weise" von vornherein seinen Plan durch die Zeitläufte verfolgen, ihn prüfen und anpassen, bevor er in Gang gesetzt ist, ihn zurückhalten, bis die Bahn frei ist. Wenn aber die Weisheit nicht weiter reichte, würde der „Rat" oder Plan doch nur wie ein Boot sein, das ohne Bemannung aufs Wasser geschoben und einem günstigen Strome oder einem günstigen Winde anvertraut würde; aber das Heil des weisen und starken Mannes folgte seinem Plane, lenkte, trieb vorwärts und hielt auf das Ziel zu. Der Gedanke geht vorwärts und wirkt mit Kraft und Geschicklichkeit das, was er vollführen soll. Es ist, als hätte er Augen zu sehen und Verstand, der für ihn spräche; jedenfalls kann er sich in den Sinn der Menschen hineinbohren und sie lenken, wie er will. Von allem, dem er auf seinem Wege durch die Welt begegnet, ergreift er Besitz und macht es zu seinem Werkzeug.

Der Erfolg eines Planes hängt ausschließlich davon ab, was dieser von Anbeginn an mitgebracht hat, denn er entsteht dadurch, daß das Heil eine neue Möglichkeit befruchtet und mit Leben erfüllt hat; je mächtiger das Heil ist, desto lebenstüchtiger ist sein Nachwuchs. Die Pläne, die von den größten Geistern stammen, sind gleichzeitig die kühnsten und in der Ausführung die sichersten. Das Königsheil erzeugt gewaltige Eroberungsgedanken – wie damals, als Harald das Heil hatte, Norwegen zu sammeln – und geniale Erfindungen, wenn z. B. ein Heerkönig den Gedanken faßt, sein Heer im „Keiler“ [1] aufzustellen, was, mythisch ausgedrückt, heißt, daß der Plan eine Gottesgabe war.

Hat man nicht selbst Heil genug, um einen so großen „Rat“, wie man ihn braucht, großzuziehen, da geht man wohl zu einem mächtigeren, zum Könige zum Beispiel, und bittet ihn, das Seinige zu dem geplanten Unternehmen beizutragen. Und das war selbstverständlich: ging man zu einem Manne in einer schwierigen Sache und bat ihn um einen Rat (in unserer Bedeutung des Wortes), da erwartet man einen Heil-Rat (isl. *heil ráđ)* zu erhalten und keine leeren Worte, in die man selbst Erfolg und Segen legen mußte. Leere, heillose Menschen konnten mit geistigen Kleinodien übel umgehen, weil sie sie nicht zu gebrauchen verstanden – das war ihre eigene Schande; wenn man es richtig machte, mußte der Rat Früchte einbringen. Natürlich enthält das alte Wort *rede* oder Ratschlag verschiedene Bedeutungen, die in unsrer dualistischen Kultur scharf abgegrenzt sind; Plan und Entschluß einerseits und Ratschlag andererseits ist nichts als Heil in Verbindung mit den eigenen oder anderen Angelegenheiten.

Wenn ein Plan wirklich Leben enthält, kann er nur durch ein größeres Heil vernichtet werden. Ein Gedanke von höherer Weisheit kann auftreten und ihn zum Kampf herausfordern. Die höhere Weisheit braucht nicht zu warten, bis der „Rat“ erst in Gang gesetzt worden ist, sie kann sich wie ein Alp auf das Heil des geringeren Mannes legen und ihn unfruchtbar und verwirrt machen. So geschah es, um ein Beispiel aus dem Leben zu nennen, dem weisen Thorleif von den Opländern, als Olaf Tryggvason aus rein christlichen Gründen dem aufsässigen Heidenführer nach dem Leben trachtete und seinen treuen Diener, Hallfred den Schwierigkeitsskalden, hinschickte, um seinen Wunsch auszuführen. Als der Dichterheld sich verkleidet auf Thorleifs Hof zeigte, fragte der alte Mann ihn, welche Neuigkeiten er brächte und be-

[1] Anm. d. Übers.: Keiler (dänisch *Svinefylking*) war die Schlachtordnung, die von Harald Kampfzahn und mehreren anderen Königen verwendet wurde, wobei das Heer in der Form eines Keiles mit der Spitze gegen den Feind aufgestellt wurde.

sonders, ob er etwas von einem gewissen Hallfred wüßte, denn „er zeigt sich mir oft im Traum; nicht daß es merkwürdig wäre, daß ich träume, aber es werden in Bälde Königsmannen hierherkommen und aus ihm, Hallfred, kann ich nach den Erzählungen der Leute nie recht klug werden, und das Heil ist mir entschwunden in den Dingen, die kommen sollen" – mit anderen Worten: ich kann von ihm träumen, aber ich sehe in Träumen nichts als einen Schleier über der Zukunft.

Sobald ein Mann aus der Vorratskammer der Worte die Rede hervorholte, konnten die Zuhörer bald erkennen, ob er ein Heiling war. Die Nordländer, und wohl die Germanen überhaupt, fühlten große Bewunderung für die Wortkunst. Lobpreisungen der Beredsamkeit finden sich häufig in ihren Dichtungen, und ihre feine Fassung in Verbindung mit der sicheren Beurteilung der Wirkung läßt uns das Wohlbehagen mitempfinden, womit die Zuhörer sich niederließen, wenn ein Mann unter ihnen aufstand, der Heil dazu hatte, seine Worte sicher in jeden beliebigen Hafen zu führen. Der Heiling pflegte seine Rede in knappen, scharfen Bildern zu gestalten, wie es die Nordländer liebten; der eine wohlgeformte Satz zog den nächsten nach sich, genau wie beim Fechten die einzelnen Bewegungen, Hieb und Parade, sich ineinander fügen, wenn sie von einem „heilhaften" Körper ausgeführt werden; aus dem Heil heraus wurden Kraftsprüche geboren, die eine Schwierigkeit im Kern trafen und mit einem scharfen Stoß die umstrittene Frage entschieden. Das Heil inspirierte einen Mann so, daß er noch im Augenblicke seines Falles Worte über die Zunge gleiten ließ, die so scharf geprägt waren, daß man sie zu seinem Ruhme im Gedächtnis behielt. Aber die Worte, die von einem großen Heiling ausgingen, hatten dann auch die Zweischneidigkeit, die für die Waffen siegreicher Männer eigentümlich war: sie schlugen ein unter den Menschen, lösten den Zauber der Lauheit und der Mutlosigkeit oder machten heimliche Hasser zu offenen Feinden, eine Fähigkeit, für die auch Egil den Göttern dankte. Es war ein großer Unterschied zwischen den Worten eines Bauern und denen eines Königs, auch wenn beide ungefähr dasselbe meinten. Wenn Olaf Tryggvason auf dem Thing aufstand, wo beredte Männer sich versammelt hatten, um ihm zu widersprechen, wurde alle Gegnerschaft von den Worten des Königs niedergeschlagen.

Worte waren gefährlich. Sie drangen durch das Heil hindurch und setzten sich im Manne fest. Sie ließen sich nicht mit scharfen

Pfeilen vergleichen, die wohl verwundeten, aber doch herausgezogen und zu Boden geworfen werden konnten. Denn sie waren lebendig, sie krochen in ihrem Opfer herum und höhlten es aus, bis keine Kraft mehr in ihm war, oder sie verwandelten es und bildeten es nach ihrem eigenen Wesen.

Es war oft klug, seine Feinde mit Worten zu bearbeiten, bevor man sie mit Waffen angriff; man konnte auf diese Weise die Wachsamkeit des Feindes schwächen, seinen Mut, seine Geschmeidigkeit und seine Unverletzlichkeit auflösen. In Saxos Bericht über Fridleifs Kampf mit dem Jöten beginnt der König den Kampf mit Schmähungen; denn dem mittelalterlichen Mönch zufolge mußte der Jöte leichter zu besiegen sein, wenn man ihn erst mit höhnenden Versen herausgefordert hatte: „Du drei-leibiger Jöte, der du die Stirn beinahe gegen den Himmel schlägst, warum läßt du das lächerliche Schwert am Schenkel baumeln? ... Warum schützt du deine kräftige Brust mit einem zerbrechlichen Schwert? Du vergißt, wie groß du bist, und verläßt dich auf den kleinen Dolch. Bald werde ich deinen Ausfall vereiteln, wenn du mit der stumpfen Schneide haust." Jetzt ist zu befürchten, daß das Schwert zu leicht wird, und daß seine Schneide sich außerstande zeigt, durchzudringen. „Da du ein so ängstliches Tier bist ... sollst du auf die Nase fallen; denn in deinem stolzen Körper trägst du ein feiges und furchtsames Herz, und dein Mut ist nicht deinen Gliedern gleich ... Deshalb sollst du ruhmlos fallen, nicht unter den Kecken deinen Platz haben, sondern unter die, die niemand kennt, eingereiht werden." Jetzt wäre es für den Jöten das Beste, sich nach seinem Mut und seiner Ehre umzusehen und zuzuschlagen, bevor das Wort gewirkt hat. Er „verliert den Mut", wenn die fremde Kraft nicht so schnell wie möglich zurückgeworfen wird.

Als die Briten einmal von dem König der Northumberländer angegriffen wurden, hatten sie ein ganzes Heer von Mönchen mitgenommen und an einem sicheren Ort aufgestellt, damit diese während des Kampfes beten sollten. König Æthelfrid ließ praktischerweise zuerst diese Mönche von seinem Heer angreifen und niederhauen, und darauf hieb er auf die Krieger ein. „Wenn sie ihren Gott gegen uns anrufen", sagte er, „kämpfen sie ja gegen uns, auch wenn sie keine Waffen gebrauchen, da sie uns doch mit ihren Gebeten widerstehen." Es mag ja wohl sein, daß solche „Gebete" wirklich an Gott gerichtet waren, aber Æthelfrid wußte, daß die „Neidworte", wenn sie auch einen kleinen Umweg machen mußten, doch ganz sicher zuletzt die erreichen würden, denen sie zugedacht waren.

Worte haben eine solche Kraft, daß sie einen Mann verwandeln können, wenn sie in ihn eindringen, und aus einem tapferen Mann können sie einen Feigling oder Neiding machen. Die Verleumdung setzte ihn nicht nur in den Augen seines Nachbarn herab – nein, umgekehrt, dessen Verachtung ist eine Folge davon, daß Hohn und Spott in den Mann eingedrungen sind, seine Männlichkeit angegriffen und ihn im buchstäblichsten Sinne zu einem geringeren Wesen gemacht haben; der Hohn frißt sich durch die Ehre und den Frieden hindurch und ruht nicht, bis das Menschentum an der Wurzel zerstört ist. Je größer die Zusammenballung von Heil und Ehre im Urheber ist, um so stärker ist das Wort, und um so gefährlicher wird die Verwundung. Was kleine Leute sagten, die nicht viel Geisteskraft übrig hatten, die sie in ihre Worte legen konnten, das war ziemlich leicht zu nehmen, ja, gewisse Mächtige konnten es ganz ignorieren. Aber wenn Heil hinter den Worten stand, war es das klügste, sie schnell unschädlich zu machen und sich durch Rache wieder Ehre zu verschaffen. Wenn norwegische und isländische Gesetze gegen mildere, alltägliche Mißgriffe in der Wortwahl den Rat geben, sie zu erwidern, Wort um Wort, so hat das nur eine sehr begrenzte Gültigkeit und muß mit größter Vorsicht aufgenommen werden; man darf nie vergessen, daß die Erwiderung keine Genugtuung bringt, man muß sich wohl überlegen, ob die Sache so ist, daß man auf eine Stärkung der Ehre verzichten kann.

Aber Worte können natürlich ebensogut einen Segen in sich haben. Ein gutes Abschiedswort ist eine Kraftspende für den Reisenden. Wenn der König sagte: „Glück zu, mein Freund", zog der Mann davon – ein Stück von des Königs Kraft in sich. „Bis ans Ziel der Reise wünsche ich dir Glück, darauf nehme ich es wieder zurück", sagt man noch volkstümlich in Dänemark. Wurde einem beim Empfang am neuen Ort ein gutes Wort gesagt, war dieser Wunsch eine wirkliche Zugabe zum Heil. Als Olaf Pfau in seinen neuen Hof einzog, stand sein Vater, der alte Höskuld, draußen und sprach „Worte des Heils"; er hieß Olaf willkommen, mit Heil, und er fügte bedeutungsvoll hinzu: „Das sagt mir mein Sinn als gewiß, sein Name soll lange leben." *Orðheill*, Wortheil, ist die isländische Bezeichnung für einen Wunsch, der Macht hat, entweder zum Guten oder zum Bösen, je nachdem der Sprecher seinen guten Willen in die Worte legte und sie zu einem Segen machte oder sie mit seinem Haß erfüllte, so daß sie als Fluch wirkten. Mannesleben war in Worten sowohl wie in Plänen und Ratschlägen. Gedanken und Worte sind einfach abgesonderte Stücke der Menschenseelen, deshalb kann man sie in vollem Ernste als lebendig betrachten.

Das alte Wort für Rat, *rede* (angelsächsisch *ræd*, althochdeutsch *rât*, altsächsisch *râd*, isländisch *rád*) bildet eine vollkommene Illustration zu der germanischen Seelenverfassung. Wenn es anderen gegeben wird, bedeutet es „Rat“; wenn es auf das Heil angewendet wird, das in der Seele wirkt, bedeutet es „Weisheit“ oder einen guten Plan; und von einem ethischen Standpunkt aus bedeutet es „gerechte und aufrichtige Gedanken“. Aber das Wort enthält natürlich auch den Begriff des Erfolgs, der klugen und gerechten Plänen folgt, und andererseits auch den der Macht und der Herrschaft, in denen sich ein gesunder Wille auswirkt. Männer, die schwierige Sachen besprechen müssen, brauchen „Rat“ und Witz, sagt ein alter englischer Schriftsteller. Nach der Erzählung des angelsächsischen Dichters kamen die abtrünnigen Engel zu Fall, weil sie nicht länger ihren „Rat“ ausführen wollten, sondern sich von Gottes Liebe abkehrten; sie taten, was sündig und zur gleichen Zeit „ungeraten“ war und führten so ihre eigene Vernichtung herbei. Und Satan klagt, daß Christus seinen „Rat“ unter dem Himmel vermindert und ihn ratlos gemacht hat. Ein „ratloser“ Mann ist geschwächt durch Mangel an Wille, Mangel an Macht und Mangel an Selbstbehauptung. Der Dichter des angelsächsischen „Christ“ benutzt diesen Ausdruck, um die Verworfenheit der Verdammten auszumalen, die beim Jüngsten Gericht zur linken Hand stehen und den Befehl des Herren („Gehet hin, ihr Verdammten“) hören: „Sie können dem Geheiß des Himmelskönigs nicht widerstehen, des Rats beraubt, wie sie sind.“ Bevor wir das Wort in seiner ganzen Bedeutung verstehen, können wir nicht die Tiefe im Ausruf Satans erfassen: „Warum sollte ich dienen, ich kann mir einen höheren Sitz als den Gottes errichten: starke Kampfgenossen, ruhmreiche Helden von unbiegsamem Mut, die mich im Kampfe nicht verlassen werden, haben mich zu ihrem Herrn gewählt, mit solchen läßt sich ‚Rat‘ finden.“

Um die Gewalt der alten Gedanken zu fühlen, müssen wir darauf achten, daß unsre dynamischen Theorien nicht mit hineinschlüpfen; „Rat“ bedeutet nicht Energie, die in den Worten wohnt, sondern die Worte selbst sowohl wie die Seele. Das Heil dehnt sich in ununterbrochener Fortsetzung von der Seele des Mannes bis zum Horizont seiner sozialen Existenz. Und auch dieses ist angedeutet in der Bedeutung von „Rat", die auch noch den Zustand oder die Lage des Mannes mit einschließt, seinen Einfluß und seine Befugnis.

Der innere Zustand eines Heilings wird im Isländischen als „ein ganzer Sinn" beschrieben, *heill hugr,* was natürlich Weisheit sowohl als Wohlwollen und Freundlichkeit umfaßt. Der Mann von „ganzem Sinn" ist treu zu seinen Verwandten und seinen Freunden, grimmig gegen seine Feinde und leicht umgänglich, wenn geringere Männer seine Hilfe suchen. Sein Rat ist eine wirkliche, gute Gabe für den Empfänger – ein ganzer Rat, im Isländischen *heil rád.*

Nach außen ist das Heil abhängig von der gegenseitigen Liebe der Verwandten. Dem Blühen des Friedens folgten Heil und Wohlstand. Und im umgekehrten Falle, wenn die Männer sich nicht einigen können, kränkelt das Leben und welkt, bis alles verödet ist. Diese Regel gilt für alle Friedensgemeinschaften, nicht nur für die Familie, sondern auch für zeitliche Verbindungen im Zeichen des Friedens (und unter einem anderen Zeichen war kein Zusammenschluß möglich). Wenn Männer sich zu irgendeinem Unternehmen zusammenschlossen, zum Fischen oder anderer Beschäftigung, hing der Erfolg von der Kraft der einzelnen ab, freundschaftliche und aufrichtige Beziehungen zueinander zu halten. In der Laxdœlasaga erhalten wir zufällig die Aufklärung: „Kluge Männer legten großes Gewicht darauf, daß man sich auf den Fischplätzen gut miteinander vertrug; denn man sagte, daß Männer weniger glücklich beim Fang waren, wenn Streit entstand, und die meisten nahmen sich daher in acht."

Mit der Ehre steigt und fällt das Glück des Geschlechts. Wer sich Ruhm verschafft, der erkämpft sich nicht nur die Vorteile, die ein höheres Ansehen einem Manne verleiht – er mehrt den Segen, das Wachstum, die Fruchtbarkeit seines Viehs sowohl wie die seiner Felder; er legt den Grund zum Entstehen neuer Gesippen: die Frauen werden leichter und häufiger gebären, die Kinder werden besser und hoffnungsvoller gedeihen. Noch in späten Jahrhunderten stand die wechselseitige Bedingtheit der Ehre und des Heils so eingewurzelt im norwegischen Volksglauben, daß gesagt werden konnte: Niemand hat das Heil, Reichtum zu sammeln, bevor er zwei Menschen getötet und die Buße dafür an die Erben und den

König gezahlt hat. Und dieselbe Gedankenverbindung ist die Ursache des Vertrauens norwegischer Bauern auf das Heil und die heilende Kraft in den Geschlechtern, die von harten und mörderischen Männern abstammten, deren „Ehre" durch zahlreiche Tötungen bestätigt worden war.

Wenn der Friede und die Ehre dahinsiechen, folgt Abstieg in allem, was das Geschlecht angeht. Abstieg und zuletzt Untergang. Der Beowulf hat, wie wir sahen, schon eine Beschreibung der Folgen des Neidingswerkes gegeben: das Aussterben des Geschlechts, der Verfall seiner Güter. Ohne Zweifel zielen jene Verse, in welchen der Feigheit Lohn aufgezählt wird, bewußt auf die Leiden, die der Verachtung entspringen, die das Volk für den Verlust an Ehre empfindet; aber die Schilderung kann Wort für Wort auf jene ältere, ursprünglichere Anschauung angewendet werden, für welche die sozialen Folgen der Schande nur ein Korrelat ihrer unmittelbar zerstörenden Wirkung waren: „Nie mehr soll jemand aus dem Geschlecht froh das Gold ergreifen."

Die nordische Darstellung der letzten Dinge ist nur eine vergrößerte Form dieser Verwünschung: die Menschen werden ständig elender, ihre Tatkraft, ihr Mut, ihre Zuversicht, ihr Gemeinschaftssinn und ihr Friedensgefühl werden verzehrt; „Brüder kämpfen und bringen sich Tod, Bruderssöhne brechen die Sippe, arg ist die Welt, Ehebruch furchtbar, . . . nicht einer will des anderen schonen", wie nahe verwandt sie auch seien; die Wärme der Sonne nimmt ab, die Erde wird kalt und öde, früher Frost und später Frost zerbeißen die Sprossen; ständig schwächer werden die Sommer und ständig strenger die Winter.

Der Dichter der Völuspa ist sicher durch Berührung mit dem Christentum zu dieser eschatologischen Vision angeregt worden; aber es finden sich nur unbedeutende Spuren unmittelbarer Beeinflussung durch christliche Gedanken. Die geistige Anregung, die er vom Westen empfing, hat den Dichter so tief ergriffen, daß die alten Sagen und Bilder wieder in ihm auferstehen und neue Bedeutung gewinnen. Sein Glaube an die alten Ideale, seine Furcht, sie im Strudel der Wikingerzeit verstümmelt zu sehen, befruchten sich gegenseitig, und bei der Berührung mit dem Christentum entsteht aus dieser Verschmelzung von Ethik und Erleben kraft eines leitenden Gedankens eine einheitliche Geschichtsbetrachtung. Der Dichter, der die überlieferten Sagen zu seinem Zwecke gestaltet, ohne auf irgend sichtbare Weise ihren Inhalt zu verändern, und eine Menge widerstrebenden Stoffs in eine Einheit zusammenfaßt, erblickt wie in einer Vision, die Anhäufung von Schuld, von der die Götter, Untat an Untat reihend, ihrem Gericht entgegengetrieben werden. Für den Dichter ist Schuld identisch mit Bruch von Frieden und Ehre. Die Stärke seiner Idee offenbart sich in der Tatsache, daß er den Mythos von Balders Tod enge mit der Lehre vom jüngsten Gericht verknüpft. Das Bild von den Göttern, die einen ihrer Brüder töten, wird in den Mittelpunkt gestellt, so daß es die mächtigen Wirkungen der vorausgegangenen Begebenheiten zusammenfaßt und die Dämmerung der Götter und der Welt ankündigt.

Der Grundsatz, daß Heil und Fortschritt von Friede und Ehre abhängig sind, war aus der Erfahrung hervorgegangen, aber der Satz ließe sich mit derselben Wahrheit umkehren: Das Heil ist die Bedingung, die Friede und Ehre bestimmt.

Zerbricht der Friede, so daß Verwandte sich gegeneinander vergehen, da liegt der Fehler am Heil; es ist entweder beschädigt worden oder war von Anfang an unzulänglich und läßt die Menschen ohne Hilfe und Hoffnung. Eine brave Frau namens Saldis freute sich sehr über ihre beiden Töchtersöhne; sie waren beide vielversprechende Burschen, und außerdem hatten sie einander innig lieb. Eines Tages kam die zukunftkluge Oddbjörg auf den Hof. Saldis stellte mit Stolz dem Gast ihre Enkelkinder vor und bat sie zu weissagen, indem sie hinzufügte: „Sieh zu, daß deine Worte Glück verheißen.“ „Ja, vielversprechend sind die beiden Burschen“, gab Oddbjörg zu, „wenn das Heil nur für sie reicht – aber das kann ich nicht klar sehen.“ Kein Wunder, daß Saldis ihr hart zuredete; aber die andere antwortete bloß: „Ich habe nicht zuviel gesagt – ich glaube nicht, daß ihre Liebe lange dauern wird.“ Als sie noch mehr gedrängt wird, entfährt es ihr: „Sie werden einander nach dem Leben trachten.“ Und so geschah es. – Als Sverrir die Leichenrede über seinen Verwandten und Gegner, König Magnus, hielt, fing er so an: „Der Mann, an dessen Bahre wir jetzt stehen, war ein braver Mann, leutselig zu seinen Mannen – aber wir Verwandten hatten nicht das Heil, uns gut miteinander zu vertragen“, und dann weiter „mit vielen schönen Worten, derart, wie er sie nach seinem Belieben zu drehen wußte.“ Es ist lehrreich zu sehen, wie Sverrir, dieser hochbegabte und reflektierte Streber, bei seinen wohlberechneten Versuchen, volkstümlich zu sprechen, immer wieder auf die alten Vorstellungen zurückgreift; er ist selbst durch und durch modern, und absichtlich verknüpft er seine Sache mit dem Christentum und den starken Kräften, die die Zukunft für sich haben; aber um die Menschen im Gemüt zu packen, muß man volkstümlich sprechen, das weiß er. Und er versteht es zu tun.

Braut und Bräutigam brauchen Heil, um ein glückliches Paar zu sein. Hrut, ein Isländer von ungewöhnlichem Ansehen und hoher Geburt, also ein Mann von großer Klugheit, heiratete spät; eines Tages schlugen seine Freunde ihm eine Partie mit einer Frau aus guter Familie namens Unn vor. Hrut ging auf den Plan ein, aber recht zögernd, und er sagte. „Ich weiß nicht, ob wir beide Heil miteinander haben werden." Hrut wußte zu der Zeit nicht, daß er dem Zauber einer mächtigen Frau verfallen würde – auf einer Reise nach Norwegen gewann er die Gunst der Königsmutter, und dieses Verhältnis verbitterte später Hruts und Unns gemeinsames Leben und zerstörte schließlich die Ehe.

Neidingschaft, die Tat und der Zustand des Neidings, ist mit Unheil identisch. „Spät wird mir dies Unheil aus dem Gedächtnis schwinden", sagt Bolli, als Gudrun ihn zu der Tötung seines Ziehbruders Kjartan beglückwünscht; und in der Völsungasaga wird Sinfjötli wegen seiner gewaltsamen Laufbahn mit diesen Worten verhöhnt: „Dir geschah alles Unheil, du tötetest deine Brüder." Mit ergreifender Kraft bricht das Gefühl in Kalf Arnasons Worten nach der Schlacht von Stiklastadir durch. Kalf und sein Bruder Finn hatten in der Schlacht auf entgegengesetzten Seiten gekämpft, da Finn ein eifriger Parteigänger des Königs war, während Kalf einen hervorragenden Platz unter denen bekleidete, die des Königs Sturz herbeiführen wollten. Als der Kampf vorüber war, suchte Kalf das Feld ab und bot seinem Bruder, der schwer verwundet dalag, Hilfe an. Aber Finn hieb nach ihm und nannte ihn einen treulosen Schurken und einen Verräter des Königs. Der Hieb traf nicht, und Kalf rief: „Jetzt hat dich der König behütet, er wünschte dir kein Unheil, aber er wußte, daß ich Schutz brauchte." Kalf, der Olafs erbittertster Gegner gewesen war, preist jetzt das Heil des gefallenen Königs als stark genug, um den unbändigen Schmerz und Zorn eines Königsmannes davon abzuhalten, in Neidingschaft umzuschlagen.

In Gislis Saga findet sich ein Wortwechsel, wo die Worte „Unheil" und „Neidingschaft" wechselweise mit gleicher Stärke benutzt werden. Nachdem Gisli den Gatten seiner Schwester getötet hatte, wurde er von einem Versteck zum anderen gejagt; aber die unaufhörlichen Verfolgungen seiner Feinde wurden lange Zeit glücklich durch die Bemühungen seiner Frau Aud vereitelt. Bei einer Gelegenheit, als Eyjolf, der die Rächer führt, Aud dazu zu bringen versucht, ihren Gatten aufzugeben, läßt sie ihren Hohn über ihn aus und beleidigt ihn so tief, daß er schreit: „Tötet den Hund, mag es auch eine Petze sein." Durch die Einmischung eines tapferen Mannes unter den Rächern, Havard, entging Eyjolf der Schmach, Hand an eine Frau zu legen; als Havard sah, daß Eyjolf sich vergaß, rief er: „Dieses unser Werk ist schmählich genug, auch ohne daß wir eine solche Neidingschaft begehen; auf, laßt ihn nicht an sie heran." Eyjolfs Zorn wandte sich nun gegen seinen Freund, und er sagte: „Es ist ein wahres Wort: schlechtes Geleit hat man nur, wenn man es von zu Hause mitbringt." Aber die Saga fährt fort: „Havard war sehr beliebt, und viele wollten ihm gerne folgen; sie wollten auch gern Eyjolf vor solchem Unheil retten."

Wenn Neidingschaft Unheil genannt wird, ist diese Bezeichnung nicht etwa als eine Entschuldigung aufzufassen; im Gegenteil, die Worte enthalten eine strenge Verurteilung des Mannes, der als „heillos" verklagt wird. Wenn König Hakon in der früher erwähnten Verurteilung des Rachenehmens am unrechten Mann eine solche Tat Unheil nennt, wählt er den allerschärfsten Ausdruck, den er in seinem Wortschatz finden kann, das Wort, das der Todsünde am nächsten kommt. Unheil ist Frevel und ein „heilloser" Mann ist dasselbe wie ein Neiding oder, in gewissen Fällen, ein angehender Neiding. Die gröbste Art, einen Mann abzuweisen, der sich um Freundschaft bewirbt, ist, ihm zu sagen: „Du siehst nicht aus wie ein Heiling *(úgæfusamligr)*, und es ist das klügste, nichts mit dir zu tun zu haben"; diese Worte enthalten böse Befürchtungen sowohl in bezug auf die Moral wie auf die Klugheit. Um die volle Bedeutung dieses Satzes zu erfassen, müssen wir zwei parallele Lesarten anführen: du hast kein Heil in deinem Tun und kannst deiner Umgebung nur Unheil bringen, – und: man kann sich nicht auf dich verlassen, von dir kann man alles erwarten. Auch wenn Njal von seinen Söhnen sagt, daß sie keine Heilinge sind, hatten die Worte vielleicht zu der Zeit einen bittereren Unterton, als wir jetzt spüren; sie besagen, daß den jungen Männern Witz und Scharfsinn fehlt, und sie bedeuten ferner, daß es ihnen an Selbstbeherrschung und moralischem Rückhalt mangelt.

Die unheimlichen Symptome der Neidingschaft beruhen darauf, daß Heil und Ehre identisch sind. Das Heil ist die Verbindung von Frieden und Ehre von einer anderen Seite aus gesehen, und Unheil im alten Sinne ist ganz einfach die Kehrseite des Verwandtschaftsgefühls, das wir nun zu verstehen gelernt haben.

Das Heil bewirkt, daß die Menschen ihren Frieden, ihre Freundschaft, ihre Versprechungen zu halten vermögen, und daß sie es unterlassen, unehrenhafte Handlungen zu begehen. Aber das Heil ist mehr. Es gibt den Menschen den Willen, moralisch zu handeln, oder richtiger, es ist der moralische Wille selbst. Als Hrut die Befürchtung äußert: „Ich weiß nicht, ob wir beide Heil miteinander haben werden", da denkt er an die Kraft, gegenseitige Liebe zu haben und zu hegen, an die Fähigkeit, in ihrem Heim den Frieden zu schaffen, und auch an die Kraft, sich über einander freuen zu können und Nachkommen zu haben.

Im germanischen Denken ist die moralische Wertung immer bereit, an die Oberfläche zu steigen. Für das, was wir unter gut, fromm, rechtschaffen verstehen, haben die alten Germanen keine besseren Ausdrücke als glücklich, h e i l h a f t (das Wort „heilig" hat heute eine spezifisch christliche Bedeutung gewonnen, so auch „selig", das dem altnordischen *sæll*, dem gotischen *sēls* entspricht). Ursprünglich enthalten diese Wörter die Begriffe: Reichtum und Gesundheit, Glück und Weisheit. In späteren Sprachperioden hat die ethische Seite des Gedankens oft die Oberhand gewonnen und den Gebrauch des Wortes in christlichen Schriften bestimmt. So waren *sēls* und der Gegensatz *unsels* für den gotischen Bibelübersetzer die beste Äquivalente für das „gut" und „böse" im Neuen Testament.

Heil als das Leben der Sippe

Heil ist der letzte und tiefste Ausdruck für das Wesen des Menschen und zugleich der umfassendste. Man kann nicht weiter gelangen; wie tief man auch in die Menschenseele eindringt, nie wird man hinter das Heil blicken. Vor allem ist das Verwandtschaftsgefühl eine Äußerung des Heils, und wenn Bosheit und Neidingschaft hervorbrechen, ist es ein Zeichen, daß das Herz dieser Sippe zerstört ist, und wir können dann mit Gewißheit voraussagen, daß auf dieses erste Neidingswerk andere folgen werden, und daß das Wirken dieser Sippe keine Frucht tragen wird. So urteilten die Leute ganz natürlich über Sigurd Slembi, als er nach der Tötung seines Bruders den Königsnamen beanspruchte: „Wenn du wirklich ein Sohn von König Magnus bist, da war deine Geburt heillos (*úgiptusamligr:* unheilverheißend), und so ist es ja auch gekommen, wenn du deinen Bruder ermordet hast.“ Das Unheil ist keineswegs eine „Folge“, die hinter den Untaten oder der Schande nachhinkt. Die Germanen erwarten mit vollkommener Sicherheit, sie rechnen geradezu damit, daß das Urteil früher oder später an der Stelle erscheint, wo die Schande sich gezeigt hatte, und zwar aus dem Grunde, weil die Verkettung der Begebenheiten nicht eine Folge von Gottes strenger Abrechnung war. Vergehen und Vergeltung sind nicht durch ein Zwischenglied verbunden, das möglicherweise zerbrochen werden kann.

Heil ist also die Kraft, die einen Mann geistig trägt und die von seiner Person ausgeht, seine Worte und seine Taten erfüllt; es umfaßt alle Forderungen der Sippe, ihre Macht und ihre Möglichkeiten, ihre Fertigkeiten und ihre Hoffnungen, ihre Eigentümlichkeit und ihren Charakter. Heil enthält geradezu das Leben der Sippe; das Geschlecht wird *kynsæll,* glücklich in Verwandtschaft, genannt, wenn die Verwandten zahlreich sind und ständig neue Mitglieder geboren werden, um die freiwerdenden Stellen auszufüllen. Im Heil liegt ferner das Leben als soziales Sein, das äußere Ansehen, das die Familie genießt. Von glücklichen Verwandten sagt man, daß sie Mannesheil (*mannheill*) haben, das heißt das Heil, die Freundschaft und die Hingabe anderer zu besitzen, und Rufheil *(ordheill)*, so daß die Leute Gutes über sie sagen, also mit Wohlwollen und Ehrerbietigkeit von ihnen sprechen. In der angelsächsischen Genesis verspricht Gott Abrahams Sohn *freondspéd*, Freundesheil oder, wie wir es ebensogut übersetzen können: Reichtum an Freunden. – Schließlich enthält Heil Ehre, sowohl die, die in der Herrlichkeit des Ruhmes ausstrahlt, wie die, die, zur Spannkraft verdichtet, in der menschlichen Seele ruht.

Das Heil prägt das Äußere des Mannes. Woher hatten die Nordländer die Scharfsicht, daß sie mit einem Blick den Mann erkennen konnten? Bei der ersten Begegnung konnten sie entweder sagen: Er ist ein Mann, der Heil und Ehre verspricht *(sæmiligr* und *hamingjusamligr)*, einer, von dem Heil zu erwarten ist *(giptuvænligr)*, oder: Er trägt das Zeichen des Unheils *(úgiptubragd)*. Zum Teil geschah es durch Intuition, wie wir sagen würden, oder, wie die Alten gesagt hätten: der Sinn des Beobachters sagte ihm, was er vom Fremden denken sollte – zum Teil aber auch mit Hilfe von äußeren Kennzeichen; das Heil drückte sich ja deutlich aus in den Mienen, dem Gang, dem Benehmen und dem Auftreten des Ankömmlings und nicht zum wenigsten in seinem wohlgenährten Aussehen, seiner Gesundheit, seiner Tracht und seinen Waffen. Nur ein Geschlecht von Reichtum und Erfolg vermag seinen Jüngling in bunten Kleidern und mit einer prachtvollen Axt, einem „Erbstück", hinauszuschicken.

Als die Njalsöhne mit ihren Freunden ihren berühmten Gang rund durch die Hütten am Allthing machten, um Freunde für den entscheidenden Prozeß zu werben, brachte Skarphedin es fertig, bei einem mächtigen Mann nach dem andern das keimende Wohlwollen zu töten, weil er sein ironisches Lächeln und seinen bitteren Spott nicht dämpfen konnte. Der scharfsichtige Häuptling, Snorri der Gode, entdeckte den geheimen Grund von Skarphedins Mißerfolg und sagte: „Gewaltig siehst du aus, Skarphedin, aber jetzt ist dein Heil bald zu Ende, und ich möchte glauben, du hast nicht viel mehr übrig vom Leben." In früheren Zeiten, als die Worte noch die ursprüngliche Kraft bewahrt hatten, war das Urteil über einen Mann in dem einfachen Satz enthalten: Sein Heil versagte.

Dieses Heil – oder die *hamingja*, wie das nordische Wort heißt – umfaßt alles, was das Menschentum eines Mannes ausmacht, Körper wie Seele; um den vollen Wert des Ausdrucks zu erfassen, müssen wir bedenken, daß diese Hamingja eine Einheit bildet und durch und durch homogen ist. Auch wenn sie sich in verschiedenen Formen offenbart, je nachdem sie nun durch die Augen, die Hände, den Kopf, durch die Waffen oder das Vieh in Erscheinung tritt, ist sie eins und unteilbar. Hinter dem sichtbaren Mann oder genauer hinter dem sichtbaren Kreis von Verwandten steht eine gesammelte geistige Kraft, deren Verkörperung die Verwandten sind. Bei einer Stärkeprobe wird die ganze Hamingja eingesetzt, und aus der Entscheidung geht sie noch stärker hervor und noch schöner an allen Gliedern – oder ganz und gar verkrüppelt.

Diese geschlossene Stärke ist es, die für gewöhnliche Menschen das Königsheil so unüberwindlich macht. „Du hast nicht Heil, dich mit dem Könige zu messen", mag es heißen, und damit ist gemeint, du hast nicht Verwandte genug, nicht Witz, Mut, Kampfheil genug; dein Siegesheil ist zu klein, dein Fruchtbarkeitsheil ist zu schwach, usw. Während du schläfst, wird die Hamingja des Königs die deinige überrumpeln, sie blenden und verwirren; seine Hamingja wird in den Seelen anderer Männer mit der deinigen kämpfen und sie zum Krüppel schlagen, und bevor ihr noch im offenen Kampf miteinander steht, wirst du ein gelähmter Mann sein. Die Nordländer haben den Ausdruck *etja hamingju,* wörtlich: das Heil mit einem Mann zusammenhetzen, genau so wie man mit ihm Rosse zusammenhetzen mochte, um seinen Streithengst mit dem des anderen sich beißen und eine Kraftprobe ausführen zu lassen. Tatsächlich war jede Kraftprobe zwischen Männern ein Kampf zwischen zwei Heilsmächten, ein Geisterkampf. Der Ausfall des Streites beruhte in hohem Grade auf der Schnelligkeit und Geschwindigkeit des Mannes, so wie der Erfolg des Pferdes von der Geschicklichkeit seines Besitzers abhängig war, es zu stützen, anzutreiben und mit der Roßstange hochzuhalten; aber außerdem erfüllt doch etwas Stärkeres den Schauplatz, der Kampf zwischen den Gegnern war nur ein Teil von einem Streit, der auf einem größeren Schlachtfeld von Mächten ausgefochten wurde, die nie schliefen.

„Du hast nicht das Heil, dich mit dem Könige zu messen", sagte Kveldulf zu seinem Sohne Thorolf, als die Beziehungen zwischen dem Könige und dem jungen Häuptling sich mehr und mehr einem offenen Streit näherten. Aber lange vor dieser Zeit hatte der Greis seine Söhne davor gewarnt, überhaupt etwas mit Harald zu tun zu haben. „Mein Sinn sagt mir, daß wir Verwandten kein Heil mit diesem König haben werden, und ich will nicht zu einer Begegnung mit ihm ziehen.“ Die Saga läßt Thorolfs Bruder in seiner Erklärung an den König denselben Ausdruck benutzen, als dieser ihn später nahezu in seinen Dienst pressen will: „Thorolf war ein viel bedeutenderer Mann als ich, und er hatte nicht das Heil, dir zu dienen. Ich will dir nicht dienen, denn ich weiß, daß ich kein Heil haben werde, dir solche Dienste zu leisten, wie ich möchte, und wie man sie mit Recht erwarten könnte.“ Die Sache war die, daß diese Großbauern nicht die Anlagen für eine solche Stellung besaßen, oder, was dasselbe ist, sie hatten nicht den Willen, sich ihr anzupassen.

Und hier stehen wir vor einer tief verwurzelten Eigentümlichkeit in der Psychologie des alten Charakters. Der Gedanke, daß die Kraft kommt, wenn man bloß ernsthaft will, oder umgekehrt, daß die Kraft vielleicht vorhanden ist, daß aber der Wille fehlt, hatte keine Geltung für den Nordländer. Alle seine Eigentümlichkeiten rühren von der Art seines Heils her: Halsstarrigkeit und Mut, Stolz wie die Neigung, dem Größeren zu dienen, Gewaltsamkeit und Unumgänglichkeit wie auch Furchtlosigkeit. Das Heil ist die Sinnesart, der Charakter und der Wille. Mit unsern Vorstellungen von der Wechselwirkung zwischen Lust und Wille werden wir bei den alten Sagas immerfort vor unlösbaren Rätseln stehen. Oft scheint es, als ob Menschen gern Verderben bringende Unternehmungen aufgeben möchten, als ob sie gern Mißverständnisse und Feindseligkeiten aus der Welt schaffen möchten, aber etwas Unsichtbares lenkt alle ihre Bestrebungen vom Ziele ab. Wir mögen sagen, sie können nicht, weil sie nicht wollen, oder sie wollen nicht, weil sie nicht können, denn beide Sätze sind wahr. Wenn wir in solchen Fällen Schicksalsglaube und Schicksalsgebundenheit heranziehen, übersehen wir leicht den eigentlichen Grund dafür, daß diese Männer dem Schicksal nicht haben widerstehen können: nämlich, daß sie ihr eigenes Schicksal wollten. Der Wille in ihnen ist es, der sie gegen Lust und Berechnung aufhetzt und ihre ernstesten Pläne zunichte macht, weil der Wille sein eigenes Gesetz hat und nicht außerhalb der ihm durch sein eigenes Gesetz gezogenen Grenzen wirken kann. Das Heil der Kveldulfsöhne war ein für allemal so beschaffen, daß es sich nicht dem Königsheil fügen konnte; und daher war es am besten, die beiden getrennt zu halten. Es war nicht so sehr der Unterschied an Stärke, der das gegenseitige Verhältnis der Menschen in der Welt bedingte, sondern vielmehr die Ungleichheit in ihrem Charakter.

Das Heil des Häuptlings hatte weit größeres Gewicht als das des Bauern. „Du bist reich an Heil“ (wörtlich: dein Heil ist ausgiebig) und „alles gelingt in deiner Hand“, sagt Sæmund bezeichnenderweise zu dem alten Vatsdœlahäuptling Ingimund, als er selbst mit seinem unbotmäßigen Verwandten Hrolleif nicht mehr fertig werden kann und Ingimund bittet, ihn zu sich zu nehmen. Das Geheimnis, daß der Häuptling Macht hat, das Unmögliche zu tun, liegt aber nicht in der Schwere, sondern in der Eigenart seines Heils.

Diese Eigenart des Heils bildet die natürliche Grundlage für die Macht und den Einfluß des germanischen Königs. Seine formelle Macht ist sehr gering oder kaum vorhanden; ob die Männer seinem Gebot folgen wollen oder nicht, hängt von ihrem augenblicklichen Gutdünken ab.

Die Südländer beobachteten die Anarchie, die sich in den germanischen Heerscharen entfaltete, und gaben es ganz auf, in den monarchischen Prinzipien der Germanen nach Vernunft zu suchen. Diese Barbaren zeigen ihrem Fürsten keine Ehrfurcht, sie grüßen ihn nicht, sagen klassische Schriftsteller; mißfallen ihnen die Beschlüsse des Königs, umzingeln sie sein Zelt und zwingen ihn mit lauten Rufen, seine Pläne zu ändern; sie setzen Krieg durch, wenn er Friede will, und Friede, wenn es ihn nach Krieg gelüstet; es mag geschehen, daß sie ihn in einem Anfall von Unzufriedenheit einfach fortjagen. – Man merkt hinter den Worten das Achselzucken und Kopfschütteln ernster Männer und glaubt eine unhörbare Frage aufzufangen: Wozu in aller Welt halten diese Menschen sich denn Könige? Wir haben keinen Grund, die Beobachtungen unserer Gewährsmänner anzufechten; sie sind meist aus der Intelligenz eines gebildeten Geistes hervorgegangen und mit dem wachsamen Interesse dieses Geistes für das Näherrücken der Barbaren an die Grenzen der Zivilisation angestellt worden. Es besagt nichts, daß der Beobachter nur die äußeren Bewegungen sah und gerade durch seine Kultur verhindert war, das Nervensystem zu erkennen, von dem sie ausgelöst wurden. Diese Feststellungen müssen in irgendeinem Verhältnis zu der nicht weniger unanfechtbaren Tatsache stehen, daß die germanischen Königsfamilien eine ungewöhnliche Zähigkeit besaßen. Wir sehen, wie die alten Volksstämme unter wechselnden Schicksalen und Verhältnissen den größten Teil von Europa durchstreifen, bald um ihr Leben kämpfend, bald breit und behaglich in eroberten Ländern sitzend, aber immer, Jahrhunderte lang, unter demselben Königsgeschlecht.

Prokop gibt einen köstlichen Bericht von den rastlosen Königsexperimenten, in dem sowohl die Vorderseite wie die Kehrseite der Loyalität der Barbaren mit karikaturenhafter Schärfe abgezeichnet sind. Die Heruler, so berichtet er, kamen eines Tages auf den Gedanken, daß sie erproben wollten, wie es wohl wäre, ohne König zu leben; also töteten sie ihre einzige königliche Persönlichkeit. Doch kaum hatten sie die Süßigkeit der Freiheit gekostet, da entdeckten sie, daß dies nichts für sie war. Sie bereuten, was sie getan hatten, und fühlten, daß sie um jeden Preis den alten Zustand wieder herbeiführen mußten, und da schickten sie eine Abordnung aus den Mittelmeerländern nach dem Norden hinauf, um einen König aus dem alten Stamm zu holen. Die Sendboten durchtraben Europa und finden in Skandinavien einen Prinzen; aber leider stirbt er ihnen auf dem Rückweg unter den Händen. Unbeirrt kehren sie um und holen einen neuen Vertreter, den sie nun glücklich nach dem Süden bringen. In der langen Zwischenzeit, wo reichlich Zeit zum Nachdenken war, war es den anderen zu Hause eingefallen, daß man in einer so wichtigen Frage doch nicht Justinian übergehen dürfe; und richtig, der wußte zufällig einen eingeborenen Heruler, der am Hofe von Byzanz lebte, und den er deshalb besonders empfehlen konnte. Doch wie gerade alles aufs beste geordnet ist, kommt die Nachricht, daß der herbeigeholte Skandinavier im Anmarsch ist. Da die Heruler Justinian und seine guten Mannen so bemüht haben, wollen sie nun auch zeigen, daß sie des ihnen bewiesenen Vertrauens würdig sind: sie folgen mit Begeisterung ihrem Oberhaupt ins Feld, bereit, dem Spätgekommenen den Garaus zu machen. Unglücklicherweise haben sie inzwischen eine ruhige Nacht, in der sie sich die Sache überlegen können, und die benutzen sie dazu, zur Partei des Weithergekommenen überzugehen und es dem kaiserlichen Kandidaten selbst zu überlassen, den Weg nach Byzanz zurückzufinden. – So weit die Schilderung des antiken Historikers.

Eine höchst kuriose Geschichte, die jedoch durchaus den Stempel der Wahrscheinlichkeit trägt. Derartige kaleidoskopische Charaktere finden ihresgleichen nur in den Berichten der Europäer über das, was sie bei wilden und barbarischen Völkern erlebt haben. Die Analogie mit den Untersuchungen moderner Ethnologen erhöht die Wahrscheinlichkeit, daß Prokop einfach notorische Tatsachen berichtet; aber dieser Vergleich läßt auch die Möglichkeit zu, daß Prokop eine verborgene Regel, auf die sich die Taten der Barbaren bezogen, nicht gesehen hat. Die Erklärung liegt zum Teil in den politischen Beziehungen zwischen den Herulern und dem Kaiser in Byzanz, zum Teil auch, und zwar hauptsächlich, in der geistigen Abhängigkeit des Volkes von dem rechten König, dem König von Gottes Gnaden, wie wir sagen mögen, oder aus des Heils Gnaden, wie die Heruler hätten sagen können. Jordanes hat das monarchische Prinzip in seiner schlichten, mittelalterlichen Art so formuliert: Die Goten sahen in ihren Adelsfamilien etwas Höheres als Menschen, nahezu Halbgötter, „die, in deren Heil sie gleichsam siegten".

In Schweden lebten der König und sein Volk offen und ehrlich zusammen, ohne Illusionen. Die Grundparagraphen des Westgötagesetzes, die sich auf die Gerechtsamen und Pflichten des Königs beziehen, sagen: Die obersten Schweden sollen den König festnehmen und ihn fortjagen. Und wenn wir diese bündige Bestimmung mit Snorris Beschreibung der Thingversammlung bei Upsala vergleichen, finden wir hierin eine eindrucksvolle historische Illustration zu dieser Regel. Bei dieser Gelegenheit redet Thorgny, der Gesetzessprecher, den zornigen König wie folgt an: „Jetzt wollen wir Bauern, daß du dich mit Olaf dem Dicken versöhnst und deine Tochter mit ihm verheiratest ... Aber wenn du nicht nach unsern Worten handeln willst, werden wir alle gegen dich aufstehen und dich töten und keine Ungesetzlichkeit und keinen Unfrieden von dir dulden. So taten unsre Vorfahren vor uns; sie warfen fünf Könige in einen Brunnen, weil sie vor Übermut strotzten, wie du jetzt uns gegenüber. Nun sage gleich, welches Schicksal du wählst."

Es ist keine große Herrlichkeit in einer Königsmacht, deren Vertreter sich in diesem Ton anreden lassen muß. Indem der Gesetzessprecher aber den historischen Präzedenzfall für einen solchen Gehorsam seitens des Königs erwähnt, zeigt er unabsichtlich die Beziehungen zwischen König und Volk von einer anderen Seite. Thorgny läßt König Olaf wissen, welche Vorfahren er gehabt hat, Männer, die jeden Sommer auf Kriegszügen draußen waren und sich die östlichen Länder unterwarfen: noch sind die Erdwälle zu sehen, die sie drüben in Finnland, Estland und Kurland errichtet haben; diese Helden, fährt er fort, waren nicht zu stolz, um dem Rat anderer Männer zu lauschen. Thorgny hat ganz recht. Aber wenn Olaf von Schweden, der arme Schlucker, seinen Vorfahren ähnlich gewesen wäre, hätte er ruhig andere um einen Rat bitten können, ohne Furcht, in einen Frieden hineingezwungen zu werden, der gegen seinen Willen ging. Leider wissen wir von diesen Vorfahren Olafs nicht viel mehr, als was Thorgny uns hier erzählt; soviel aber ist ziemlich sicher: die Bauern waren es nicht, die diese Kriegszüge und Heerfahrten in andere Länder hinein planten; es war der König. Erik der Siegreiche, Björn und wie sie alle hießen, diese schwedischen Erobererkönige, ernteten sowohl Ehre wie Vorteile aus den Kriegszügen. Die Bauern erhielten ohne Zweifel ihren Anteil an der Ehre und vielleicht auch ihren Teil der Beute, aber die Vorteile des Landgewinnes können in der Wirtschaft des Bauernhofes nie so vollständig wie am Königshofe ausgenutzt werden. Der König versäumte zu Hause keine täglichen Pflichten, wenn er auf Zügen abwesend war, aber die Bauern hatten wohl eigene Arbeit genug, um im Sommer vollauf beschäftigt zu sein. Wenn also die Könige die Worte der Bauern nicht haben vernachlässigen können, so werden auch die Bauern die Worte des Königs willig gehört haben, so viel dürfen wir wohl daraus schließen.

Diese Kraftprobe zwischen dem Sprecher der Bauern und dem Upsalakönig steigert sich zu einem Symbol des germanischen Königtums, worin sowohl seine eigentümliche Stärke wie seine eigentümliche Schwäche scharf gekennzeichnet ist. Hier wie überall bei den nördlichen Völkern war es die Initiative des Königs, die dem Volke die Aufgaben stellte. Er steht, und nicht nur vor den Augen der fremden Chronisten, als der Eroberer da, von dem die Pläne ausgehen, und zwar in der Form eines Befehls. Er befiehlt, aber er hat über das hinaus, was wir seine Persönlichkeit nennen könnten, nichts, worauf er sich stützen könnte, um seine Befehle durchzuführen. Keine Statuten und keine Königsprärogative halten ihn aufrecht, wenn er anfängt, „Ratlosigkeit“ zu zeigen. All seine Macht sitzt im festen Griff des überlegenen Heils, versagt der einen Augenblick, dann kommt das Volk mit seinem: „Wir wollen keine Ungesetzlichkeit von dir dulden“, und in diesem Fall kann der König nur wenig unternehmen, das nicht unter den Begriff Ungesetzlichkeit fiele. Aber solange die Pläne des Königs mit der Kraft des Heils hervorgebracht werden, folgen die Männer, führen seine Pläne aus, unterwerfen sich ohne hörbares Murren Willkürlichkeiten und Beeinträchtigungen ihrer Freiheit.

Dann gibt es im Grunde nur wenig, was nicht unter den Begriff Recht oder Gesetzmäßigkeit fiele.

Es kann auf den ersten Blick so aussehen, als wäre die Königsmacht nicht fest im Volksleben verankert. Und doch ist die Wahrheit die, daß das Königtum eine Institution ist, die, von vorübergehenden Launen abgesehen, durch keine Umwälzungen erschüttert werden kann. Wer den Königssitz innehat, hat es in seiner Macht, sich selbst zum Staat zu machen, und umgekehrt kann er sich zu einem willenlosen Schatten des Staates umbilden; aber sich selbst auslöschen kann er nicht. Während die Gesetze wachsen und welken, steht das Häuptlingtum fest, weil das Geschlecht, dessen Vertreter der König oder Häuptling ist, ein Heil von ganz ungewöhnlicher Art besitzt, nicht nur stärker und vielfältiger, sondern im Wesen grundsätzlich verschieden von dem aller anderen Geschlechter.

Wenn das Volk den König wegfegt, dann ist die Ursache die, daß es das Schwinden seines *sæli,* seiner Sieghaftigkeit, spürt, aber das Heil selbst, das Heil eines Geschlechts, woraus sein persönlicher Einfluß hervorquillt, das kann es nicht entbehren. Es weiß, daß es gefährlich ist, den König zu verstoßen; er hat etwas Besonderes in sich, das nirgendwo sonst im Lande zu finden ist, ein Heil, auf das es sich verlassen kann, und zwar mit einem Vertrauen, das ganz unten in den tiefen Schichten der Seele verwurzelt ist, wo nicht nur der Lebensmut sitzt, sondern auch die Lebensfurcht. Mag auch der einzelne Inhaber des Titels degenerieren: an seinem Geschlecht hält das Volk doch fest. Es muß einen Vertreter dieser außerordentlichen Hamingja im Kampfe dabei haben, sonst ist all seine Tapferkeit vergebens. Ein Kind aus dem Königsgeschlecht konnte mehr ausrichten als eine Schar von mutigen und tüchtigen Kriegern. Der kleine König Ingi, das arme Kind, wurde, zwei Jahre alt, in die Falten von Thjostolf Alasons Mantel gehüllt und unter dem Banner in der Schlacht vorangetragen, die sein Recht auf Norwegen entscheiden sollte. Das Heil wohnte offenbar in ihm, denn die Männer, die ihn trugen, siegten an jenem Tage; aber es war doch zu zart, um alle Püffe und Stöße zu vertragen: seine Beine und sein Rücken waren nachher nie mehr gesund.

Auf dieselbe Weise benutzte die fränkische Königin Fredegunde ihren kleinen Sohn, Chlotar, als Schild gegen das Unheil. Sie hatte ihren Mann, König Chilperich, töten lassen, um ihren Sohn an seine Stelle zu setzen. Jetzt kam als Rächer König Chilperichs Bruder über sie, der zahlreiche Verbündete hatte. Fredegunde setzte alles auf einen Wurf, wagte einen Überfall bei Tagesgrauen und siegte; aber sie hatte auch während des ganzen Kampfes selbst den kleinen Chlotar mitten im Heer auf dem Arm getragen.

Wenn wir nun aber die Sonderstellung des Königsheils derart hervorheben, werden wir mit unsern modernen Vorstellungen, die immer Kategorien bauen, unweigerlich die germanischen Könige als eine Gattung zusammenfassen und das Königsheil als etwas Absolutes in der germanischen Kultur hinstellen. Und so verlieren wir das eigentliche Geheimnis aus den Augen, daß das Heil jedes Königs etwas ganz Besonderes war, das seine Bedeutung eigenen individuellen Kräften verdankte.

Die Geschichte des norwegischen Königtums, sein jahrhundertelanges Ringen mit dem alten Häuptlingstum, das durch die Hersen oder Gaukönige vertreten wurde, kann als eine großartige Erläuterung der Individualität des Königsheils dienen. Die Könige in Norwegen waren ihrer Macht und Stärke wegen berühmt. Olaf Tryggvason regierte, scheinbar, als Selbstherrscher: er „zwang Norwegen, das Christentum anzunehmen"; die nicht wollten wie er, verstümmelte er, tötete er, oder er schickte sie Hals über Kopf aus dem Lande; er konnte auf den abenteuerlichen Zug nach Wenden hinausziehen von den Mächtigen Norwegens mitsamt ihren Flotten begleitet. Aber in den Sagas steht Olaf bei weitem nicht immer als derjenige da, der über den Willen des Volkes und der Volkshäuptlinge triumphiert.

Sobald der König sich in die Länder hineinwagt, die nicht im engsten Sinne zu seinem Erbgut gehören, treten die Großbauern des Bezirks als seinesgleichen gegen ihn auf und stellen Bedingungen. Als Olaf Tryggvason mit seinem Bekehrungsvorschlag auf dem Gulathing erscheint, erhält er von Ölmod dem Alten die Antwort: „Wenn du vorhast, uns zu zwingen, unsre Rechte zu beeinträchtigen (das heißt: den Rechtszustand, in dem wir leben) und uns zu unterjochen, dann wollen wir mit all unsrer Macht widerstehen, und der Sieg mag dann den Ausschlag geben. Aber wenn du es uns Verwandten lohnend machen willst, dann könntest du dir unsere Dienste gewinnen." Sie setzen keinen geringeren Preis für ihre Loyalität als eine Heiratsverbindung mit dem königlichen Hause Norwegens und verlangen die Schwester des Königs für ihren Verwandten Erling Skjalgson. Der König sieht gleich das

Ehrenvolle in diesem Vorschlag. Olaf hält nun mit den Bauern ein neues Thing ab, um die Religionsfrage zu erörtern, und als Ølmod und der neue Schwager des Königs, Erling Skjalgson, mit ihrem ganzen Sippenkreis den Vorschlag des Königs unterstützen, „da traute sich kein Mann zu widersprechen, und das ganze Volk wurde christlich gemacht". Bei dieser Gelegenheit war es, daß Erling Skjalgson die Jarlswürde mit diesen berühmten Worten ausschlug: „Meine Verwandten sind Hersen [1] gewesen." Später war Olaf der Heilige auf ähnliche Weise genötigt, zu einem Vergleich mit Erling zu gelangen, und was dieser Vergleich bedeutete, zeigt sich bei einer späteren Gelegenheit so deutlich, wie man sich es wünschen kann, indem Erling tatsächlich ein Heer auf die Beine stellt und an der Spitze von ein paar tausend Mannen erscheint, um seine Ansprüche geltend zu machen.

Was wir hier sehen, ist die Kraftprobe zwischen dem alten Gaukönigtum und dem neuen Reichskönigtum. Und die Kleinfürsten sind, wo sie auf eigenem Boden stehen, die stärkeren. Das Volk folgte ihnen scheinbar blind, „wollte nichts anderes, als was sie sagten", stemmte die Schultern fest unter die Forderungen, die der Häuptling stellte, und oft setzte es sie wirklich durch, denn die Männer taten, was sie taten, in vollem Vertrauen auf das Heil, das ihren Häuptling beseelte. Die Großbauern verließen sich auf sein Heil, weil sie seine Kraft in sich selbst gefühlt hatten. Diese Fürsten gehörten einem Geschlecht an, das Generation um Generation den Mittelpunkt im Leben des Gaues gebildet hatte: das Geschlecht hatte Reichtum und Heil genug gehabt, um einsame Abenteurer aufzunehmen, ihnen einen Platz an seinem Tisch zu geben und sie so mit Kraft zu erfüllen, daß sie seine Kämpfe ausfochten; es hatte Macht genug gehabt, um Heil auszustrahlen über die, die auf eigene Kosten das Feld bebauten und das Vieh hüteten; Fruchtbarkeit und Fülle sickerte aus seinen Äckern auf die der anderen hinüber, in dem Kielwasser dieser Verwandten segelten die anderen mit gutem Fahrwind, in der Kraft dieses Hochgeschlechts siegten sie, im Zeichen ihres Heils und ihrer Klugheit versöhnten sie sich. Der Herse war ebensowenig wie der Landeskönig ein unumschränkter Herrscher, vielleicht sogar noch weniger; er hatte nicht viel zu befehlen. Aber im Grunde war er mächtiger als ein Despot. Das Heil seines Geschlechts war mit den

[1] Anm. d. Übers.: Kleinkönige.

alltäglichsten Handlungen der anderen Geschlechter vielfach verschlungen, mit ihrer friedlichen Arbeit und mit ihrem Zwist. Er sprach Recht unter ihnen und konnte das tun, weil er die alten erprobten Worte des Gesetzes und dessen Geist als lebendige Kraft in sich trug. Er war die Verkörperung des Gemeinschaftsgeistes, würden wir vielleicht sagen; aber jetzt fühlen wir ja deutlich, daß diese moderne Formel zu flach ist, um seinen ganzen Einfluß auszudrücken, sie muß ersetzt werden durch die alte Wendung: er hatte Rechtsheil in sich. Er war Gegenstand einer Abhängigkeit von solcher Tiefe, daß sie in dem Selbständigkeitsgefühl der Abhängigen verankert war.

Harald Schönhaar hatte Norwegen zu einem Königreich vereinigt und die Gaufürsten unterworfen. Aber weder er noch seine Nachfolger vermochten diese zu vernichten; das Heil der Usurpatoren vermochte nicht einmal durch das Heil der Hersen durchzudringen und im Volke selbst Wurzeln zu schlagen. Das alte Verhältnis zwischen der Gaubevölkerung und ihren Häuptlingen mußten die Haraldsprößlinge unangetastet lassen, so daß sie über einen großen Teil von Norwegen in Wirklichkeit nur mittelbar herrschten. Lange Zeit hindurch verblieb Norwegen eine Sammlung von Ländern, und die „Völker" bewahrten die alten Verbindungen mit ihren Häuptlingen: erst durch diese bekamen sie Fühlung mit dem Großkönig. Immer wieder zeigt sich ein Zug von Fremdheit, ja sogar von Gleichgültigkeit in ihrer Haltung dem „ausländischen" König gegenüber. Was war er den Bauern? Sie fühlten nicht sein Heil den Boden unter ihren Füßen bewegen, das Heil ihrer Hersen aber bestätigte sich in ihren Ernten.

Das Selbständigkeitsgefühl der Länder und Völker unter Harald und seiner Dynastie bis in die Zeit der großen Thronkämpfe hinein kann nicht leicht stark genug betont werden. Aber je mehr wir es hervorheben, desto schärfer beleuchten wir die Macht eines Königs wie Olaf Tryggvason. Sein Siegeszug durch Norwegen und seine Fahrt zu den Wenden, wo er sich die Mitgift seiner Königin sicherte, treten vor diesem Hintergrund in ihrer wahren Großzügigkeit hervor. Auf andere Weise, aber nicht weniger deutlich, offenbart die Macht des Königs sich in der Schlacht von Stiklastadir, wo das Großkönigtum trotz des Falles Olafs des Heiligen, trotz des Sieges der Bauern, seine Apotheose feiert. Vergleichen wir dieses Treffen zwischen König und Hersen mit jenem anderen Auftritt zwischen Olaf Tryggvason und Erling auf dem

Gulathing, können wir nicht umhin, zu sehen, daß die politischen Verhältnisse in Norwegen sich verändert haben; dies große Ereignis kann nur verstanden werden unter Berücksichtigung des Einflusses der europäischen Geschichte auf das Wachstum der Königsmacht. Aber Olafs des Heiligen Überlegenheit ist von weit größerem Maß, als es irgendeine Generation aufbauen könnte, auch wenn sie mit der Eilfertigkeit einer Übergangszeit Revolution auf Revolution häufte. Um fest begründet zu sein, muß die historische Erläuterung dieser Jahre unterbaut werden von einfühlendem Verständnis für die instinktive Ehrfurcht des Volkes vor dem Großkönigsheil und für das unreflektierte Vertrauen des Großkönigs in sein eigenes Heil. Durch das Ineinandergreifen dieser Tendenzen und religiöser und politischer Ideen, die von auswärts kamen, verwandelte Norwegen sich von einem germanischen Königtum in einen mittelalterlichen und christlichen Staat. Der Tod Olafs bildet einen Wendepunkt in der norwegischen Geschichte, weil alle Strömungen der Zeit, nationale wie kosmopolitische, in Olaf zusammenliefen und ihn zu einem königlichen Heiligen erhoben.

Snorri Sturlusons Beschreibung des Streites zwischen Olaf und und den Bauern ist ein würdiges Gegenstück zu seiner Schilderung des Auftrittes auf Vestfold. Die Worte und die Begebenheiten jener denkwürdigen Tage haben eine Schwere, die weit über den Augenblick hinausweist, als fänden die großen Mächte, die die Geschichte vorwärts steuern, Ausdruck durch Menschen und Menschenmassen. Die Schilderung vereinigt eine innere Wahrhaftigkeit, die nur aus naher Vertrautheit hervorgehen kann, mit einer Genauigkeit in der Ausführung der äußeren Tatsachen, wie sie bloß ein treues Referat zu bewahren vermag. Das erste, was uns auffällt, ist die vollkommene Hilflosigkeit der Bauern und ihrer Führer: die Männer laufen hin und her, fragend, tastend, keiner der Häuptlinge wagt es, die Führung zu übernehmen, der eine schiebt die Verantwortung auf den andern. Auf der Seite Olafs dagegen trägt alles den Stempel der Ruhe, des vertrauensvollen Abwartens, der Ordnung, des Gemeinschaftsgefühls. Olaf besitzt die sammelnde geistige Kraft, die das ganze Heer in einem elastischen Griff trägt. Den gegnerischen Häuptlingen fehlt Sicherheit, und sie fühlen deutlich ihre Schwäche. Im Bauernheere droht die Spannung des Heils jeden Augenblick zu erschlaffen. Jeder einzelne der kleinen Häuptlinge k ö n n t e wohl für sich allein stärker sein als der König, aber gesammelt können sie nicht gegen ihn aufkommen. Zu Hause in ihrem Gau mögen sie wohl alles mögliche leisten können, aber außerhalb sind sie nicht viel wert. Hier zeigt sich das Geheimnis von Olafs Abstammung: das Heil des Herrschers war von solcher Ausdehnung und Größe, daß es seine Strahlen über ganz Norwegen hinwegschicken und auf ein ganzes Heer verteilen konnte, ohne abzunehmen. Olafs Heil war nicht von einem besonderen Boden oder von einem besonderen Bund von Männern abhängig, es war überall siegreich, wo der König sich zeigte.

Es scheint ein Widerspruch darin zu liegen, daß des Königs Heil ganz Norwegen umfassen konnte, aber plötzlich seine Kraft verlor, wenn es auf einen engen Bezirk Anwendung finden sollte. Aber der Widerspruch besteht nur für uns, weil wir die beiden Arten von Heil nur nach ihrer Kraft beurteilen und nicht sehen, daß der entscheidende Unterschied in ihrem Wesen liegt. Das Heil des lokalen Häuptlings war absolut, konnte aber nur der Seele des Tals, des Bezirks und des Stammes entsprechen; es konnte natürlich auch hinreichen für die Fischgründe außerhalb des Territoriums des Gaues oder für die Seefahrten der Männer des Gaues; aber um andere „Länder" und andere Thingbezirke zu umspannen, müßte es wohl erst eine Verwandlung durchmachen, es müßte erst die fremde Kraft in sich aufsaugen und sie assimilieren. Jedes Heil hat seine eigene Art. Mit einem ausgeprägten Viehheil auf Fischfang zu ziehen, würde dasselbe Resultat zeitigen, als wenn man versuchte, Dorsche mit einer Pflugschar zu angeln. Im Osten herrschen und Fruchtbarkeit spenden zu wollen mit einem Heil, das im Westen zu Hause war, war ebenso verdreht und ebenso unmöglich; um Norwegen zu verteidigen oder zu erobern, war das Heil eines Harald notwendig. Jarl Hakon, der dem mächtigen Geschlecht angehörte, das am Ende des zehnten Jahrhunderts auf Hladir in der Nähe von Drontheim saß, hatte, als Haralds Dynastie in Verfall kam, die Königsgewalt in Norwegen an sich gerissen, und er brauchte seine Macht mit ziemlicher Härte und beging viele Übergriffe, so daß das Volk sich empörte. Sein Griff um Norwegen war unsicher, denn es war nur zusammengehalten von seiner persönlichen Verschlagenheit und der Stärke seines Charakters; aber trotz aller Aufruhrlust waren die Norweger doch tatsächlich gezwungen, die Stunde abzuwarten, wo Olaf Tryggvason als würdiger Gegner sein Heil gegen das Heil der Jarle von

Hladir stellen würde. Als Olaf nach Norwegen kam, wurde er, wie die Saga erzählt, von den Bauern mit folgenden Worten empfangen: „... wir dachten nach der Schlacht mit den Jomsburgwikingern, daß niemand sich mit Jarl Hakon messen könnte in Siegesheil und in vielen anderen Eigenschaften, die ihn zum Häuptling geeignet machten; aber ... jetzt haben alle seine Frechheit so satt bekommen, daß er Reich und Leben verlieren soll, sobald wir ihn auffinden. Wir glauben, daß dies mit deiner Hilfe und deinem Heil geschehen soll, Heiling wie du bist, da du im ersten Anlauf seinen Sohn Erlend überrannt hast. Deshalb bitten wir dich, Häuptling zu sein für diese Schar." In dem Satze: „Wir glauben, daß dies mit deiner Hilfe und mit deinem Heil geschehen soll ..." finden wir ungefähr hundert Jahre norwegischer Geschichte erklärt. Sollen wir aber genauer bestimmen, was Haralds Stammesheil war, können wir nur sagen: Die Hamingja eines norwegischen Königs besteht darin, König von Norwegen zu sein, fähig zu sein, bald in Viken, bald in Drontheim zu sitzen, fähig, mit einem Heer von Viken-Kriegern ebensogut wie mit einem Heer von Drontheim-Kriegern siegen zu können, fähig, durch Norwegen zu ziehen, von Landschaft zu Landschaft, von einem Thing zum anderen, in einer Art von friedlichem Erobererzug, so wie es sein Stammvater einst in vollem kriegerischen Ernst tat, als er die Gaukönige unterwarf. Und die einzige Erklärung für dies Heil ist die Geschichte, die berichtet, wie Harald es geschaffen und seine Söhne es behauptet haben.

Dieser Glaube an das individuelle Heil als etwas, das gleichzeitig Wille und Impuls, Notwendigkeit und Befähigung ist, bricht besonders glanzvoll in dem letzten großen Repräsentanten der Dynastie durch. Sverrir, der unbekannte Priester von den Färöern, hatte einen doppelten Kampf zu bestehen, als er in Norwegen landete, um die Krone mit der unbewiesenen Behauptung zu fordern, daß er durch seinen Vater, Sigurd Mund, von Harald Schönhaar abstamme. Die hingebende Treue, die jedem Thronforderer entgegentrat, wenn er sich nur als Nachkomme Harald Schönhaars vorstellen konnte, mußte in diesem Falle erst vom Eroberer selbst im Volke aufgebaut werden. Durch seine Siege mußte er in den Wankelmütigen Schicht um Schicht die Gewißheit aufbauen, daß das Heil, das ihn trug, das einzige entscheidende, Olafs eigenes Heil sein mußte. Seine Genialität zeigt sich darin, daß er mit allen Mitteln der Rede, der List, der Verschlagenheit, ja des Betrugs, die Bestätigung durch Tatsachen so weit wie möglich auf seine Seite herüberzwingen und fest in das Volksbewußtsein einzuhämmern versteht. Und dieser geistige Kampf ist um so eindrucksvoller, als er nie klar vor das Bewußtsein tritt, sondern zwischen instinktiven Empfindungen im König sowohl wie im Volke ausgefochten wird. Ob Sverrir selbst an sein ererbtes Heil glaubte oder nur mit einem wirksamen Glauben operierte, der schlummernd im Volke vorhanden war, ist eine überflüssige Frage. Es kommt in der Geschichte jedes „Glaubens" ein Zeitpunkt, wo er von starken Persönlichkeiten als Waffe benutzt werden kann, von solchen, die scharfsichtig genug sind, um sich nicht von seiner Begrenztheit Fesseln auferlegen zu lassen; das Geheimnis ihres Einflusses liegt darin, daß sie sich rein verstandesmäßig über ihre Umgebung erheben und zur gleichen Zeit aus einem Glauben, der in seiner Art ebenso instinktiv und positiv ist wie das blinde Vertrauen der Masse, Kraft zu ziehen vermögen. Ein solcher Mann war Sverrir.

Sverrir ist die interessanteste Persönlichkeit in der Geschichte Norwegens, weil er die alte Vorstellung vom Königsheil in moderne Theorien über die Rechte und das Wesen des Königtums verwandelt. Seine eigentümliche Stellung als Vertreter einer Übergangszeit offenbart sich in dem Widerspruch zwischen seinen deutlichen Vernunftgründen und ihrer logischen Begründung. Sobald er anfängt, seine Ansprüche zu rechtfertigen, entgleist er und stellt eine Erläuterung der Psalmen Davids als prophetische Voraussagung seines eigenen Schicksals hin; er nennt sich selbst den Boten Gottes, ausgesandt, um die Übermütigen zu züchtigen, die sich in den Königssitz gesetzt haben, ohne königlichen Blutes zu sein; erst in der Theorie von der ewigen Vorbestimmung des Königs nach Gottes Rat, von seiner Berufung und von seiner Pflicht, der Berufung zu folgen, seiner Bestimmung, eines Tages vor Gott Rechenschaft ablegen zu müssen über das ihm anvertraute Pfund, findet er einen festen Stand. Aber hinter diesem Theoretisieren steht die Überzeugung, daß jeder Inhaber des Königsheils nicht nur das Recht, sondern auch die Pflicht hat, seinen Teil des Königtums zu fordern, und daß alle Gesetze und jedes Recht im Lande vor dem Machtanspruch des königlich Gebürtigen zurücktreten müssen. „Olafs Gesetz" ist das Symbol seiner königlichen Forderung. Mit anderen Worten, Sverrirs Leben dreht sich noch um die Voraussetzung, daß in jedem Haralds- oder Olafssprossen eine Kraft steckt, die ihn zwingt, König von Norwegen zu werden oder zu sterben. Die königliche Geburt ist nicht Wille oder Pflicht, auch nicht Wille und Pflicht, sondern gleichzeitig Pflicht mit der Spannkraft des Willens und Wille mit der Unerbittlichkeit der Pflicht. Die königliche Geburt ist eine Naturkraft von derselben wesentlichen Zielstrebigkeit wie die, welche die Pflanze zwingt, ihre Wurzeln in der Erde zu befestigen, nur daß die Pflanze ihre Bestimmung in mancherlei Boden erfüllen kann, das Heil aber nur einen einzigen Platz hat, wo es leben kann. Der königliche Wille kann nach Sverrir nur als Äußerung einer Kraft gedacht werden, die Königstaten um sich streut, die von keinem anderen als nur von diesem einen, dem Haraldssproß, ausgeführt werden können.

Der Färöer-Priester zwang das Volk zu sagen: „Sverrir ist scharfsichtig, Sverrir hat Siegesheil" – und die Gegenpartei konnte als Erwiderung nun nicht sagen: „Viele sind scharfsichtig, viele haben Siegesheil", sie mußten auf eine Schmähung seiner Religion zurückgreifen, indem sie sagten: „Mit des Teufels Kraft schmiedet er seine Pläne und schlägt er seine Schlachten."

Haralds Königtum zeigt uns das Wesen des Heils und der mit dem Heil verbundenen Eigenschaften deutlich erkennbar im Lichte der Geschichte; es zeigt uns die absolute Individualität des Heils, die auf keine andere Weise erklärt noch charakterisiert werden kann als durch Erbschaft: was wir von unsern Vätern erbten; was sie die Kraft hatten, zu sein, zu tun. Der Unterschied zwischen arm und reich beruhte nicht darauf, daß jene nur eine kleine Menge Heil bekommen hatten, sondern darauf, daß ihr Heil arm und wenig dehnungsfähig war, nur wenige Möglichkeiten besaß, und diese waren auch noch begrenzt und schwach. Das Heil des Großbauern war wie er selbst, breit und sicher, reich an Vieh und Korn, strahlend in prächtigen Kleidern und Waffen; das Heil des Häuptlings fügte noch die größere Macht hinzu, die Prachtlust, die Kraft zum Siegen. Aber hiermit ist noch nicht das Entscheidende gesagt, nämlich, daß das Heil jedes Bauern, jedes Häuptlings, eine Persönlichkeit war mit besonderen Eigentümlichkeiten, ihrer Stärke und Schwäche, ihren Absonderlichkeiten und durch und durch an einen bestimmten Besitz gebunden. Wir müssen wiederum die Einzahlform mit ihrer stillschweigenden Annahme der Gemeinsamkeit in menschlichen Dingen aufgeben und statt Heil die Mehrzahlform Heile setzen, um zu betonen, daß diese Persönlichkeiten nicht Ausstrahlungen irgendeines Urprinzips sind.

Oder wir können an Stelle des Wortes Erbe das Wort Ehre setzen. In Ehre haben wir genau das, was das Heil zu vollführen imstande sein muß, um sich zu behaupten. Von den Vorfahren hat die Sippe ihr Ansehen erhalten, von ihnen ihre „Ideale", die Norm jedes Betragens: wie kühn, unternehmend, unbiegsam, edelmütig, unversöhnlich, freigiebig die Verwandten sein sollten, wieviel Viehheil, Ernteheil, Fahrwindheil sie haben sollten. Von ihnen hatte die Sippe auch den Bestandteil des Heiles geerbt, der Freundschaft und Feindschaft genannt wird. Die Ehre, und mit ihr das Heil, geben, wir wir gesehen haben, ein Bild von der Welt der Sippe. Das Heil trägt als Gegenbild seiner Umwelt auch deren scharfgeschnittene Züge.

Der Satz, daß Verwandtschaft mit Menschentum identisch ist, der erst eine zweckmäßige Umschreibung zu sein schien, entpuppt sich mehr und mehr als die buchstäbliche Wahrheit. Alles, was im menschlichen Wesen vorhanden ist, trägt den Stempel der Verwandtschaft. Rein äußerlich gesehen kann ein Mensch überhaupt nur als Mitglied einer Sippe einen Platz in der Welt finden – nur Neidinge sind freie und einzelne Wesen. Und der allerinnerste Kern im Menschen, sein Gewissen, sein moralisches Urteil sowohl als auch seine Weisheit und Klugheit, seine Fähigkeiten und sein Wille haben ein besonderes Sippengepräge. Sobald der Mann aus dem „Frieden" heraustritt und sich von dem Kreise, in welchen er hineingeboren wurde, losreißt, hat er keine Moral, weder Rechtsempfinden noch Richtlinien für sein Denken. Außerhalb der Sippe oder in dem Zwischenraum zwischen den Sippen ist alles leer. Das Heil, oder, wie wir vielleicht sagen würden, die Vitalität, ist keine gleichmäßig verbreitete Energie; sie ist an gewisse Zentren geknüpft und erfüllt das Dasein als Ausstrahlungen von diesen vitalen Zentren der Sippen.

Die Kraft zum Leben kommt von innen, quillt aus einer Quelle inmitten des kleinen Kreises hervor und überflutet von dort aus die Welt. Um seinen Platz als Mann ausfüllen zu können, muß der Germane zuerst Verwandter sein. Die Moral, das Gefühl für Recht und Gesetz, das ihn in einer Staatsgemeinschaft, einem Kriegerbund, einer religiösen Gemeinschaft als Mitglied auf seinem Platz hält, ist durch seine Gefühle als Verwandter bedingt. Je sippschaftgebundener er ist, desto fester wird sein Gemeinschaftsgefühl sein; denn seine Loyalität kann nichts anderes sein als das Friedensgefühl, auf einen größeren Kreis ausgedehnt.

Vergleichen wir die alte Kultur in dieser Beziehung mit der Zivilisation unserer Zeit, so zeigt sich das Wesen des Heils, sowohl in seiner Expansion wie in der Konzentration. Wir unsrerseits müssen immer erst Menschen sein, bevor wir Verwandte werden können. Unser Glück im engeren Kreise ist von einem umfassenderen Leben außerhalb von ihm abhängig, und wir müssen in die Welt hinaus, um Nahrung für unser Heimleben zu finden. Wir können keine Fortschritte in der Welt machen, weder unserm Beruf nachgehen noch unsren Egoismus oder unsre Familienvorurteile pflegen, ohne mit der übrigen Menschheit in Konflikt zu geraten, wenn wir uns nicht bis zu einem gewissen Grade dem, was wir Menschheit nennen, assimilieren. Bei uns ist das Familienleben nur möglich, wenn die Individuen die Güter der Menschheit nach Hause schleppen und ihnen den Familienstempel aufdrücken, und es ist das Zeichen einer egoistischen Natur, Gedanken und Ideale auf dem größeren Felde der Gesellschaft aufzulesen und dann nach Hause zu eilen, um sie in Familiensegen umzusetzen. In unsrer Kultur bedeutet das einseitige Familienleben eine Verengung und eine ständige Verminderung jedes geistigen Wertes; es kann nur zur Verarmung der Gedanken und Erschlaffung der Gefühle führen. Der Familienegoismus ist aus dem einfachen Grunde ein Frevel, daß er in sich unmöglich ist; er kann nur ein Schmarotzerdasein führen. Er trägt sein eigenes Urteil in sich; denn eine logische Durchführung seiner Grundsätze führt zum Selbstmord, gerade wie ein Staat von Amazonen oder ein Staat von Männern ohne Frauen sich selbst aufheben würde.

Für den alten Sippenmann gehen die Linien in der entgegengesetzten Richtung. Es ist der Friede, der seinen Charakter bildet, und eine Verinnerlichung des Friedens bedeutet eine Vertiefung seines Charakters. Stärkung der persönlichen Behauptung von Ehre und Sippe bringt größere Tiefe und größere Spannung in die moralischen Gefühle und den moralischen Willen, weil sie eine Bereicherung des Bewußtseins bedeuten. Je mehr in sich konzentriert und *sui generis* ein Sippenmann ist, um so stärker ist seine Persönlichkeit und um so größer sein Wert als Mann.

Das Sippengefühl ist die Grundlage alles geistigen Lebens und das einzige Mittel, mit einer größeren Welt in Verbindung zu kommen. Dieselbe Macht, die das germanische Individuum zu einem Familienmitglied werden läßt, hindert es daran, lediglich ein Familienmitglied und nichts weiter zu werden. Durch die

Stärke und Tiefe des Friedens und der Ehre werden die Sippen in Bündnisse verschmolzen und größere Gemeinschaften ins Leben gerufen. Die Thinggemeinschaften zum Richten und Schlichten und das Königreich oder der Staat für gemeinsame Unternehmungen sind Institutionen, die das Wesen des Heils erfordert. Wer die Stärke und Tiefe des Friedens und der Ehre jener Männer empfunden hat, läuft nicht Gefahr, die Sippe bei seiner historischen Betrachtung zu benachteiligen; aber er wird auch nicht in die Versuchung geraten, sie als d i e Einheit des Daseins aufzustellen, als das Geheimnis, das alles in der Gesellschaft und im Leben unsrer Vorfahren erklärt.

Die Welt

Wenn man einen Gegenstand lange und aufmerksam betrachtet hat, spürt man das Bedürfnis, ihn gegen seinen rechten Hintergrund zu sehen. Die äußeren Maße des Gegenstandes müssen als relative Dimensionen ausgedrückt werden, damit er als ein Teil in die Wirklichkeit der Welt eingehen kann.

Demjenigen, der vorurteilsfrei die Rache, wie sie war, und die Ehre als eine die Menschen bewegende Kraft nacherlebt, so roh und erhaben, wie sie wirklich gewesen sind, dem werden unsre Vorfahren im Lichte neuen Lebens erscheinen. Wenn es uns gelingen könnte, diese Männer, deren Leben in Ehre und Heil wir kennengelernt haben, als einen Teil der Welt, und das Heil als wesentliches Glied unter den menschlichen Begriffen vom Leben überhaupt zu sehen, dann würden uns sowohl die Menschen wie ihr Heil eine tiefere Realität gewinnen.

Midgard – altisländisch *midgardr* – wurde die Welt genannt, in der die Menschen leben, und sie dehnte sich weit nach allen Seiten. In der äußersten Ferne, wo der Himmel sich auf die Erde hinuntersenkt, auf die die Menschen treten, oder auf das Meer, in dem sie fischen, hat die Menschenwelt ihre Grenzen. Der Weg dorthin ist weiter, als der Heimsasse gewöhnlich glaubt. Man kann Tag auf Tag, fünf oder vielleicht mehr Tage nacheinander gehen oder segeln, bevor man zu den Bergen kommt, die die Menschen umschließen, oder zu dem tiefen Abgrund, in den die Gewässer rauschend hinabstürzen.

Dort an den Grenzen Midgards treffen sich Wege von unten und von oben. Einer wendet sich steil rückwärts, aber wohin er führt, erfahren wir nie recht. Es scheint, daß nie einer den Weg gegangen ist. Die Brücke – der Regenbogen –, die bald Bifröst, bald Bilröst genannt wird –, brennt nämlich lichterloh, man sieht von ferne ihre glühenden Farben – und sie ist ungangbar für alle Wesen, die nicht im Feuer leben können. Aber sie führt doch wohl zu einem höher liegenden Lande, zu einem, das zu den Häupten der Menschen, die in Midgard wohnen, liegt.

Auf der anderen Seite führt ein Weg abwärts nach der dritten Welt, die sich sowohl von Midgard nach außen hin als auch unter Midgard hinein erstreckt; der Weg fällt durch tiefe, dunkle Täler, die vom Tosen eiskalter, schäumender Ströme erfüllt sind. In den Tiefen ist es naßkalt und hohldröhnend, aber der Boden ist fest; der Weg trägt sterbliche sowohl als auch tote Männer, und er ist oft befahren worden, so daß man nicht im unklaren darüber zu sein braucht, wohin er führt, und was man am Ende des Weges findet. Die dritte Welt ist, soweit man weiß, von unendlicher Ausdehnung. Nichts hindert einen kühnen Abenteurer daran, in das Land vorzudringen, das sich von Midgard aus in die vereiste Tiefe hinabsenkt, wenn er meint, genügend Mut zu besitzen, um dem Unbekannten entgegenzutreten, genügend Stärke und Klugheit, um sich einen Weg zu bahnen durch Gefahren, Hindernisse und Versuchungen ganz anderer Art, als sie auf der Erde vorkommen. Er muß ein starker Mann sein, denn hier wird Stärke nach einem vielfach größeren Maßstab gemessen – und doch, wie groß seine Kraft auch sein mag, sie wird ihm nur bei untergeordneten Dingen nützen; im übrigen aber muß er sehen, mit Geschick und Witz durchzukommen. Doch das menschliche Maß an Witz genügt auch nicht, denn alles, was er nun sieht, ist von ganz fremder Art – er muß ein großer Errater sein.

Es werden kaum sehr viele sich so weit vorwagen, und einige dieser Abenteurer, die sich von nichts abschrecken lassen, werden wohl nie zurückkehren. Aber immerhin sind so viele wiedergekommen, daß man von Augenzeugen weiß, wie Utgard – oder Außengard, wie diese Welt im Norden genannt wurde –, aussieht.

Diese Augenzeugen haben berichtet, daß das Licht, das über der Erde scheint, erlösche, wenn man über Midgards Grenzen hinauskomme. Der Tag vergehe in Dämmerung mit wildzuckendem Aufleuchten, das blende und verwirre, die Dunkelheit jedoch nicht zerstreue. Der Weg führe über feuchttriefende, reifbedeckte Berghänge, von denen eiskalte Winde herabfegen, durch Flüsse, die, gefüllt mit Gift und Schwertern, dahinschäumen. Ringsherum sitzen Unholde, Wesen, die weder Tier noch Mensch sind, mit stechendem Blick. Aus ihren Augen schieße ein unheimliches Licht wie eine Flamme; aus ihrem Rachen steige beißender Atem in dicken Wolken, und er sei so scharf, daß er einem Manne die Haare auf dem Kopfe absenge und die Augen blende. Sie sitzen da, Äser in ihren Krallen haltend. Ganz weit draußen lebe – nachdem, was man erzählt, denn so weit scheint niemand gekommen zu sein – der Adlerjöte Hræsvelgr: wenn er von einer Leiche hochfliegt, um sich auf eine andere hinüberzuschwingen, geht von der Kraft seines Flügelschlages ein Sturm aus, der weit über die Erde hereinbraust.

Alles sei häßlich, unheimlich, unglückverheißend; voll von Tücken für den, dessen Augen nur an menschliche Maße gewöhnt sind. Die menschenähnlichen Gestalten, die sich draußen in der Nebelfinsternis bewegen, seien so ungeheuer, daß man sie kaum als lebendig erkenne, bevor es zu spät sei. Was eine Kluft zu sein scheint, zeigt sich vielleicht als das Tor eines Hauses, und mitten in ihm stehe ein Jöte, die Beine übers Tal gespreizt. In der Höhle sitzen seine Weiber, grau und zottelhaarig, und stochern in einem Feuer herum, in Stellungen, die die Häßlichkeit aller Glieder verraten. Die Ströme, die der Wanderer durchqueren muß, seien anderer Art, als die Gewässer in Midgard; denn wenn er in sie hineingehe, schwellen sie um ihn und seien wie lebendige, haßerfüllte Wesen. Und so sei alles dort von einem fremden und feindlichen Willen erfüllt. Nichts sei, was es zu sein scheine. Alles sei Blendwerk und Sinnestäuschung. Dinge, die tot scheinen, werden durch Berührung lebendig.

Nur ein ganz besonderes Heil, das sich nicht nur durchzuwinden und durchzusetzen verstehe, sondern auch in allem, was ihm begegne, die verborgenen Eigenschaften erraten und ihnen mit einer List ähnlicher, unirdischer Art entgegentreten könne, nur ein solches Heil könne den Mann retten.

So sind die Erzählungen der Norweger von ihrem Utgard. Weiter südlich, in Dänemark und Schweden, wo Felsen und Berge weiten Feldern und fast undurchdringlichen Wäldern Platz machten, muß diese Welt eine ganz andere Gestalt gehabt haben. Mag sein, daß sie an manchen Orten wie eine große Lichtung ausgesehen hat, wo die Dunkelheit sich ringsum in Stämmen und Zweigen, zu einer dichten Mauer verflochten, erhob. Hinter ihr ist der Ort, wo die Friedlosen mit den Wölfen zusammen herumschleichen. Auch dort ist Nebel und Finsternis. Da sind Pfade, die keine Wege sind, weil sie nicht so sind, wie Menschenfüße sie austreten. Da sind große Moortümpel unter unruhigen, verzauberten Wäldern. Gewitter steigen aus den Seen, wenn der Wind das Wasser emporhebt und es als Unheilswolken über die Erde hineintreibt, so daß der Tag sich verfinstert. Im „Eisenwald“ hausen mißgestaltete Jötenweiber mit ihrer Brut; ihre Nasen und ihre Krallen sind scharf wie Schwerter und ebenso geeignet, Menschen zu zerfleischen. Brut auf Brut setzen die Vetteln in die Welt, Wölfe und Unholde durcheinander. In dem sumpfigen Dunkel, wo jeder Zweig sich wie eine Eisenkralle im Wanderer festhakt, strauchelt er blind umher, bis er sein Leben als Beute irgendeines Unholds beendet. Vieh, das sich da hinein verirrt, kommt zurück mit Zeichen, daß es angehaucht worden ist, und es ist verdorben.

Man möchte vermuten, daß es eine dritte Auffassung von Midgard gegeben hat, die vielleicht auf den weiten Ebenen vorherrschte, deren Grenze von Himmel und Erde gebildet wurde, wo sie sich unmittelbar berühren. Die Geschichte von Hadding und seinem Besuch in der Unterwelt, wie Saxo sie wiedergibt, mag vielleicht aus einem Lande stammen, in dem der Horizont die Wände der Welt bildete. Man ging dann – wie viele zu anderen Zeiten es taten – durch den Himmelsrand wie durch eine dichte, dunkle Wolke, eine festgefügte Finsternis, und kam auf weite Ebenen hinaus, wo alles gut und erfreulich für das Auge war. Wenn man dort nichts Erschreckendes und Erschütterndes antraf, war es nur, weil die Gefahren noch tiefer verborgen lagen. Gemeinsam für alles Unterirdische ist die Unberechenbarkeit, das Verwirrende für Auge und Ohr. Der Ast wird zu einer Schlange, wenn man ihn ergreift, und wie eine Schlange tötet er durch seinen Biß. Dort sind Wesen, die dem Fremden den Hals umdrehen können, wenn sie ihn bloß anblicken. Früchte und Flüssigkeiten haben sinnverwirrende Kraft. Man kennt nicht das Wesen der Dinge und kann deshalb nicht durch richtige Maßregeln böse Folgen abwehren.

Im scharfen Gegensatz zu der Furcht vor dem Ödland jener Welt steht die Freude über Midgard. Hier blicken die Männer mit frohen Augen über den Acker hin. Im Beowulf heißt es von der Menschenwelt: „Einer, der die Vorgeschicke der Menschen, die in ferner Zeit geschahen, gut kannte, hat gesagt, daß der Allmächtige die Erde geschaffen hat, die strahlenden Gefilde, von Wassern umrieselt; der siegreiche Gott hat Sonne und Mond als Lichter für die Völker der Erde gesetzt und den Schoß der Erde mit Zweigen und Laub bedeckt" –, im Gegensatz zu dem Reich der Unholde, wo steile Klüfte nur einen schmalen Pfad für einen einzelnen Mann offen lassen, wo unbekannte Wege über jäh abstürzende Felsen hinabführen, die ein Unterschlupf vieler Unholde sind; freudloser Wald hängt über dem grauen Gestein; seltsame Schlangen winden sich im Wasser, und Trolle liegen lang gedehnt auf den Landzungen. Diese Bilder aus dem Beowulf charakterisieren den Unterschied, den die Germanen zwischen Land und „Unland“ machen. Es bedeutet in diesem Zusammenhang wenig, daß der Dichter „das Land“ mit fremden Worten beschreibt und seine Milde verherrlicht, indem er es als im Ratschluß eines außenstehenden Gottes gegründet, durch den Abglanz seines Schöpferwillens verschönert darstellt – hier ist nur von dem entscheidenden Unterschied die Rede: der eine Ort ist öde, die Heimstätte der Bosheit und des Unheils, der andere ist die Wohnung des Volkes, das in Heil, in Frieden, in Ehre lebt. An Stelle der „strahlenden Gefilde“ des angelsächsischen Dichters können wir ja ganz einfach die nüchterne Bezeichnung der Nordländer *fjölnýt fold,* der „vielnützliche Boden“, setzen. Von jenem anderen Bereich lesen wir, daß sogar der Hirsch, der vor den Hunden durch den Wald flüchtet, lieber sein Leben läßt, als daß er in jenen See springt; denn der Ort war nicht *heore.* Wir müssen lieber das alte Wort stehen lassen, wie es ist, denn jeder moderne Ersatz verlangt nach einer Erklärung, um das rechte Gewicht zu erhalten. Das Wort *heore,* altisländisch *hýrr,* neuhochdeutsch „geheuer“, bedeutet das Milde, Sanfte, Angenehme, Sichere; der Gegensatz *unheore, úhýrr,* „ungeheuer“, ist nicht nur das Barsche, Unangenehme, sondern das Unheimliche, Unheilverheißende; ein Ort, ein Zustand, eine Atmosphäre, die alles vermissen läßt, was Menschen brauchen, um zu leben; es ist die „heillose“ Luft, die sie erstickt. „Geheuer“ ist mit anderen Worten „glücklich“, „heilhaft“ im alten Sinne, und damit ist wohl alles gesagt. Jener Ort ist „ungeheuer“, *unheore;* dieser Ort, die Wohnstätte der Menschen, ist „die freudvolle Heimstätte“. Der Wald, der den Sumpf überschattet, wird freudlos genannt, bar jener Lust, die das Kennzeichen des Menschenlebens ist.

Sonderbar genug, mag man denken. Es fehlte ja hier in Midgard nicht an unheimlichen Dingen. Trolle und Zauberei machten sich oft genug bemerkbar. Mitten hinein in die liebliche Erde, in das herrlichste Leben, in die schönste und größte aller Königshallen, wo der Jubel am lautesten tönte, unter die tapfersten Männer, die das Leben am höchsten liebten und den Tod verachteten, schießt eines schönen Tages gerade das „Ungeheure“ in Grendels Gestalt. Da steht die Zauberei, die Teufelei mit allem, was die Tapferen vor allem anderen fürchten: dem Tod in Unehren, in feiger Angst, in Häßlichkeit, nämlich ohne Kampf und ohne Leichenfeier.

Die Alten haben in ihrer Weise recht, wenn sie sagen, daß die Welt groß ist, daß man Tage und Nächte reisen muß, um an die Unheimlichkeit selbst und an das Totenreich heranzugelangen; aber sie wissen auch sehr gut, daß diese Grenzmächte es zu Zeiten wohl vermögen, in diese Welt herüberzugreifen. Die meisten Völker haben ihre Hadeshelden, die so weit fortziehen, daß sie ganz von der Jötenwelt verschlungen werden, und nachher in die Heimat wie in ein fremdes Land zurückkehren; die Norweger waren wohl kaum das einzige germanische Volk, das solche Langfahrtmärchen erzählte. Aber diese Sagen erhielten ihre anregende Kraft und ihre Wirklichkeit aus der alltäglichen Erfahrung. Schon eine Meile oder zwei von der Heimat konnte ein Mann mit jenem „Unland" Bekanntschaft machen, und gerade die Tatsache, daß jeder Zuhörer etwas von unheimlichen Mächten erlebt haben mußte, ermöglichte es ihm, das Tatsächliche im nüchternen Bericht des Entdeckers zu würdigen.

Es gehört etwas mehr als einfache Phantasie dazu, sich in die alte Welt mit ihrem Midgard als Zentrum des Universums hineinzuversetzen und sich dort heimisch zu fühlen. Man kann aus den gegebenen Überlieferungen kein Bild rekonstruieren – wie es die zahlreichen vergeblichen Versuche, vom Kosmos der Nordländer eine Karte zu zeichnen, zeigen. Freilich wohnten die Jöten unter dem Horizont, aber wie läßt sich das damit vereinigen, daß sie nachts dicht an die Haustür schlichen? Midgard ist eigentlich nur die Welt des Tages; sobald die Sonne sinkt und die Menschen sich in ihre Häuser zurückziehen, ist die Erde rauhen und wilden Dingen überliefert. In Wirklichkeit ist die Welt nicht bei Tag und bei Nacht dieselbe, so wenig wie ein Neiding, der am Tage ein menschliches Antlitz trägt und allen anderen Menschen gleicht, sich aber in der Nacht im Wolfspelz davonstiehlt und wie ein reißendes Tier herumstreift. All das „Ungeheure", das am Tage vom Licht in Fesseln geschlagen ist, erhebt sich, sobald die Sonne schwindet, und schweift in seiner Jötenmacht umher. „Alle feindlichen Toten werden stärker in der Nacht als am hellen Tage." Vielleicht gelingt es, das Verworrene zu entwirren und das System zu retten, wenn man den Gedanken an eine Schichtung der Welt festhält. Utgard – ich gebrauche dieses spät-isländische Wort aus Mangel an einem besseren, da Wörter wie „Wüste", „Wildnis", „Totenreich" jedes nur eine Seite des Unbekannten bezeichnen – Urgard erstreckt sich ja unter die Erde hinunter, wie wir wissen, und kann zu jeder Zeit durch unzählige Öffnungen mitten in die Welt emporschießen. Hier und dort, mitten auf den lieblichen Feldern sind Tore, die in das Heim der Ungeheuer hinunterführen. Vielleicht war es ein solcher Zugangsweg, auf dem dieser und jener Held in das Innerste des Totenreiches drang; jedenfalls konnte man auf diesem Wege ebensoweit gelangen, als wenn man über den Horizont dahinwanderte. Aber dieses Jötenland unter unsern Füßen ist keine Provinz des hinter dem Horizont liegenden Hauptlandes. Ob man in die Erde hineingehen und über die Erdgrenze wieder heimkehren kann – wer weiß? Niemand leugnet es, weil niemand es behauptet hat. Wäre die Frage gestellt worden, würde man sie sicher bestätigend beantwortet haben. Aber diese Bestätigung wird aus den Überlegungen, die das Problem hervorruft, geboren, sie ist nicht von vornherein gegeben. Die Höhle in der Erde ist Utgard selbst, identisch mit dem Orte jenseits des Gesichtskreises. Und die Brut der Unholde im Walde draußen ist nicht durch eine unterirdische Verbindung mit einer unteren Welt emporgekommen. Die alte Vorstellung von der Welt stimmt nicht mit unsern geographischen Karten überein, auf welchen die verschiedenen Länder mit ihren Grenzlinien sauber Seite an Seite liegen, denn die alte Welt wurde nicht rein als ebene Fläche ohne Tiefe nur mit dem Auge gemessen.

Es gehört etwas mehr als Phantasie und etwas mehr als Konstruktionsgabe dazu, Midgard und Utgard ins rechte Verhältnis zueinander zu bringen. Nacherleben ist notwendig. Wir müssen die Welt aufs neue aufbauen unter Weglassung alles Angelernten, unter Weglassung von Atlas und Topographie. Bei uns wird die Welt dadurch gebildet, daß die Beobachtungen nach Meßschnur und Kompaß eingeordnet werden; wollen wir aber auch Midgard und Utgard aufbauen, so müssen wir unsere Erfahrungen als eine schwerwiegende Masse betrachten und dann auch noch bedenken, daß hier keine Waage und keine Gewichte nützen; alles muß in der Hand gewogen werden. Die Erfahrungen sind zu vielseitig und vielgestaltig, als daß sie in Zahlen und Maßen ausgedrückt werden könnten. Sie bestehen nicht nur in den Eindrücken, die das äußere Auge treffen, sondern sie haben zugleich eine innere Wirklichkeit. Wenn wir hören, daß die Alten sich das Ende der Welt dicht außerhalb ihrer Ortschaft dachten, möchten wir uns wohl ihren Gesichtskreis als sehr eng vorstellen; aber das Entscheidende in ihrer Weltbetrachtung liegt eher in der Tatsache, daß der Inhalt ihres Gesichtskreises viel tiefer war, als wir denken.

Wie groß ist die Ortschaft? Wenn wir diese Frage mit unsren Worten, jedoch möglichst nahe an die Gedanken der Alten herangebracht, beantworten, muß die Antwort lauten: Sie umschließt uns Menschen, sie ist voll Ehre, Heil, Fruchtbarkeit – und dies bedeutet: sie ist die Welt. Ja, die Ortschaft ist Midgard selbst. Wir können auch so fragen: Wie groß ist der heilige Baum, der in der Mitte der Ortschaft steht, der Stammbaum der Sippe? Kraft seiner Heiligkeit und seiner segnenden Gabe trägt er die Welt auf seinen Wurzeln und überschattet die Welt mit seinen Ästen. Dann ist er ja der Weltbaum selbst, und was macht es dann, daß sein sichtbarer Schatten mit einem Blick umfaßt werden kann?

Durch die Untersuchung des Heils und der Ehre haben wir uns die Erfahrungen der alten Germanen angeeignet; wir brauchen sie nur noch in ihrer vollen Schwere auf uns wirken zu lassen. Auf der einen Seite die Menschen und das Menschenleben, so tief, wie es in seiner Intensität reicht; auf der anderen Seite die Jöten, die heillosen Neidinge, das heillose Land. Der Teil, der uns am nächsten liegt, der Tummelplatz der Menschen, ist ganz von Heil durchdrungen, von *heore,* während jenes *unheore* an Dichte und Unheimlichkeit zunimmt, je mehr wir uns von der Heimat der Menschen entfernen. Am äußersten Ende erfüllt es alles, so daß es sich in greifbaren Gestaltungen gaukelnder Sinnestäuschungen verkörpert, ganz wie man es in der Nacht oder im Walde erlebt. Wer kennt nicht die Grenzen seines Landes, wo sein Heil aufhört? Stehen wir nicht jeden Augenblick mitten in unserm Heil und sehen nach allen Seiten, wo das „Ungeheuerliche“ wie eine Mauer vor unserer Ehre, unserm Willen steht?

Solche Erfahrungen, die ebensosehr nach Tiefe und Art wie nach Dimensionen messen, Erfahrungen, welche die Nacht als eine Grenze gleicher Art, wie die durch eine Bergkette aufgebaute empfinden, konnten sich mit einer Geographie, die auf Flächenmessung beruht, nicht begnügen. Die topographische Wirklichkeit wird nicht willkürlich beiseite gestellt, um einer Phantasielandschaft Platz zu machen, aber, um eine wahre Abbildung des germanischen Universums zu erreichen, muß sie sich anpassen und auch der geistigen Wirklichkeit ihren Platz einräumen – wenn wir ein solches Wort wie „anpassen“ gebrauchen können, ohne notwendigerweise an eine bewußte Umgruppierung von Beobachtungen zu denken. In der Frage nach dem Verhältnis der beiden Reiche zueinander und nach der Beschaffenheit ihrer Grenzen tritt jede unwesentliche

Lokalisierung vor der überwältigenden Bedeutung der Wesensverschiedenheiten zurück. Das Heilsland ist eine Einheit, die von „unheilvollen“, „nicht geheuren“ Enklaven nicht gebrochen wird und es nicht werden kann. Und alles „Ungeheure“ gehört zusammen als ein Ganzes, außerhalb Liegendes, als etwas, was nur durch Überschreitung der Grenzen Midgards erreichbar ist. Es ist bei weitem nicht so, daß eine unterirdische Verbindung notwendig ist zwischen der Höhle in der Erde und dem Lande hinter dem Horizont; die beiden sind vielmehr in der Vorstellung der Germanen ein und derselbe Ort, auch im geographischen Sinne. In die Nacht hinausgehen bedeutet, ins Dämonenland reisen.

Trotz aller Macht, die die Dämonen und Utgard besitzen, bleibt doch die Wahrheit bestehen, daß Midgard den Menschen gehört, und zwar weil sie die stärksten sind, die Sieger. Wenn die Zauberei es wagt, in das Gebiet der Sonne einzudringen, kommt sie nur, um sich vernichten zu lassen und durch ihre Niederlage das Licht zu verherrlichen. Der Beowulf wurde nicht zu dem Zwecke geschrieben, um arme Schlachtopfer ein für allemal durch ein Übermaß von Grauen und Schrecken abzustumpfen. In den Erzählungen und Liedern der Germanen machen die Menschen der Zauberei gründlich den Garaus, sie hauen sie kurz und klein, verbrennen sie, begraben sie unter schweren Steinhaufen – und freuen sich über den Ruhm.

Zwischen dem Sonnenreich und der Frostfinsternis besteht der wichtige Unterschied, daß hier die Menschen als diejenigen stehen, die auf eigenem Boden mit einem Heer von Verbündeten kämpfen: Bäume und Steine, Tiere, Waffen, das Land selbst ist für sie da. Sie kennen alles um sich herum, wissen, daß es ist, was es zu sein scheint, wissen, daß eine Ordnung da ist, auf die sie sich verlassen können. Sie besitzen das Geheimnis der Dinge, so daß sie die Natur zwingen können, ihnen Beistand zu leisten. Straucheln sie als Folge einer Unvorsichtigkeit, können sie wieder auf die Beine kommen, sie können Rat, Hilfe für geschehenen Schaden und im Notfall Wiederaufrichtung finden; aber dort draußen fallen sie durch den kleinsten Fehltritt den unbekannten Mächten in die Hände. Der Baumstamm, auf den sie fallen, hält sie fest und wirft sie dem Stein zu, der Stein wiederum seinem Nachbarn, und der Nachbar wirft sie einem Vampyr vor die Füße, und dort enden sie als blutleere, ausgesogene Äser. Draußen befinden sie sich mitten unter Horden wilder Tiere, die sie jeden Augenblick fest im Auge behalten müssen, und doch ahnen sie nicht, welche Gefahr ihnen droht; hier aber tritt die Natur ihnen freundlich auf Schritt und Tritt entgegen und stellt sich ihnen zur Verfügung.

Die Menschen kennen das Wesen aller Dinge, besitzen ihr Geheimnis oder noch mehr: sie halten die Seele aller Dinge in ihrer Hand. Sie kennen ihre „Welt" bis in die innersten Winkel, so daß sie mit all dem vertraut sind, was da kreucht und fleucht und die vielen Wohnungen bevölkert. Wenn ein Tier über den Weg läuft, wissen sie mit ziemlicher Sicherheit, woher es kommt, wohin es soll und weshalb es in jener Richtung sprang. Ihr Wissen ist mehr eine Art persönlicher Vertrautheit mit der Natur als irgendwelche Naturkenntnis.

Es gibt natürlich eine Unmenge von Dingen, die der Mann sehen und wissen m u ß , solange er der Natur von Angesicht zu Angesicht gegenübersteht, solange er Tribut von ihr erpreßt und für sich nimmt, was er braucht. Er muß wissen, und er weiß es auch, wo die Tiere und Pflanzen zu finden sind, die ihn mit Nahrung und Gerät versehen; er muß den größeren Tieren auf den Fersen folgen und ihre Klugheit mit List überbieten können. Und er muß über die Launen und Gewohnheiten der Natur genau Bescheid wissen, um sich danach einrichten zu können. Oft genug müssen die kleinen und die weniger reichen Leute darben – die ältesten Götter haben unter vielen anderen gnädigen Geschenken den Menschen auch einen Gürtel gespendet, der enger geschnallt werden kann, um die Qualen des hungrigen Magens zu beschwichtigen – und hätten es diese Streiter nicht verstanden, sich auf die Natur einzustellen, ihre geheimsten Hilfsmittel auszunutzen und den rhythmischen Gang des Jahres zu berechnen, wäre ihre Saga frühzeitig zu Ende gewesen. Jagd und Schonungsgesetze z. B. rühren in ihrem Ursprung ganz gewiß von denselben Göttern her, die den wunderbaren Gürtel gespendet haben.

Aber die Menschen achten natürlich auf viel mehr als nur auf das, was sie, streng genommen, zur Selbsterhaltung brauchen. Sie begnügen sich nicht mit oberflächlicher Beobachtung der Tatsache, daß gewisse Insekten Pünktchen auf den Flügeln haben, sondern sie zählen die Pünktchen nach Art der schlichten nordischen Bauern, merken sich die Ungleichheit an Zahl bei den verschiedenen Individuen und treffen ihre Vorkehrungen für die kommende Zeit nach dem Wink, den ihnen die Zahl der Pünktchen gibt. Das

Wissen von der Natur, das diese Menschen besitzen, hat keine Lücke, weil die Beobachtungen nicht aufs Geratewohl, sondern von vornherein unter der Leitung der Überlieferung gesammelt werden. Die Sinne der Jugend werden nicht nur zur Höchstleistung angespornt, sondern diese werden auf Zusammenwirken eingestellt. Die jungen Leute werden nicht nur dazu angelernt, auf der Lauer zu liegen, sondern sie müssen selbst auf Raub ausgehen und das schnellste, das seltenste Tier im Fluge fangen. Natürlich reichen die Kenntnisse des Naturmenschen nur so weit, wie Auge und Ohr mitmachen; wo die Beobachtung aufhört, enden seine Kenntnisse unmittelbar. Wenn die Zugvögel im Winter davongezogen sind und das kleine Getier sich in die Erde verkriecht, da können nur Mutmaßungen über die Lücke in der natürlichen Beobachtung hinweghelfen. Dann setzt der Mensch seine Hypothese ein – und verspielt das ganze Prestige, das seine Erfahrung ihm bei modernen Wissenschaftlern verschafft hatte. Wir kommen mit der ganzen Unwissenheit der Stadtbewohner, um den Mann zu bewundern, der die ihn umgebende Natur kennt, aber auch mit einem Gehirn, das nach Studien von Hand- und Lehrbüchern schnell bereit ist, die Resultate jedes Wissens abzuschätzen, und so sind wir fähig, das Wissen des primitiven Menschen zu verkennen. Obschon wir aber als wahr zugeben müssen, daß die Hypothesen des Naturmenschen sich nicht gegen die empirische Wissenschaft behaupten können, ist es doch nicht weniger wahr, daß seine Mutmaßungen den Stempel seiner Vertrautheit mit der Natur tragen, und je mehr wir uns von der Herrschaft unsrer Zeit frei machen und den Mut fassen, ihre Weisheit als relativ zu betrachten und nicht als die Norm, wonach alles andere beurteilt werden soll, um so leichter fällt es uns, die einfältigen Mythen und den relativen und vorwärtsstrebenden Charakter, den sie oft besitzen, zu respektieren. Genau besehen, bergen sie Tiefen von Wissen und Einsicht in sich.

Es muß so sein; „Naturvölker“ – in dem Sinne von Völkern, die täglich mit der Natur ringen, nicht in dem mythischen Sinne, den das Wort in der modernen Wissenschaft erhalten hat – Naturvölker m ü s s e n ihre Umgebung durch und durch kennen. Solche Völker dürfen nicht nur nach dem literarischen Ausdruck ihrer Naturkenntnisse beurteilt werden. Ihre Vertrautheit mit der Natur gibt sich ja deutlich in ihren Erzählungen und erklärenden Mythen zu erkennen: woher die verschiedenen Vögel ihren besonderen Schrei haben, warum das eine Tier eine ganze Brut gebiert oder das Nest voll Eier legt, während das andere mit einem einzigen, häßlichen Jungen herumtrabt; so auch in ihren Rätseln, z. B. in dem der Nordländer von der Spinne: ein Wunder mit acht Füßen, vier Augen und mit Knien, die höher sind als der Bauch; oder in dem von den Schneehühnern: Spielschwestern, die übers Land ziehen, zur Winterszeit mit einem weißen Schild, im Sommer mit einem schwarzen. Doch solche Mythen und Rätsel schwimmen schließlich im Wissen der Menschen ganz auf der Oberfläche, und nur ganz ausnahmsweise lassen sie erraten, wie tief es bis auf den Grund ist; sie deuten hier und da an, was gesehen wurde, geben aber keine klare Anschauung davon, wie die Menschen es sahen. Jagdgeräte und Jagdmethoden der Völker, ihr Ortssinn und ihre Schonungsmaßnahmen für das Wild sind Zeugen ihrer Vertrautheit mit den geheimsten Gewohnheiten der Natur. Vielleicht auch ihre Spiele. Wollen wir die unendliche Feinfühligkeit des Gehirns eines „Wilden" kennenlernen, müssen wir ihn spielen sehen, müssen ihn sehen, wenn er eine mimische Darstellung seiner Umgebung gibt; die Bewegungen der Tiere und Vögel, ihren Gang, ihre Angst, ihre Klugheit, ihre Elternsorgen – das alles ahmt er mit höchster Kunst oder höchster Natürlichkeit nach.

Der europäische Beobachter sieht immer wieder mit Erstaunen, daß die Vertrautheit des Naturmenschen mit den Vorgängen in der Natur sich selten oder nie als impressionistische Beschreibung oder Darstellung verkörpert. Es scheint, daß die Kunst der realistischen Erzählung bei den unliterarischen Völkern der Erde, deren Lieder und Geschichten von den Missionaren und Ethnologen der modernen Wissenschaft gesammelt worden sind, weit eher eine Ausnahme bildet. Und unsre Vermutung, daß der Mensch sehr langsam die Fähigkeit erworben hat, die Dinge so zu malen, wie sie gesehen werden, wird bestätigt durch die epische Poesie der Völker wie die der Griechen und Germanen, die imstande waren, ihre Volkspoesie in Literatur zu verwandeln, bevor ihre Gedanken in philosophische und theologische Kanäle abgeleitet worden waren. Nach Homer, dem Beowulf und der Edda zu urteilen, dürfen wir mit vollem Recht behaupten, daß es unsern Vorfahren an realistischer Unmittelbarkeit gefehlt hat.

In der Volkspoesie finden wir kein Spiegelbild des wechselnden und schillernden Lebens ringsum, alles ist hier Kunst, Stil. Die Erde wird vielleicht die breite, die weitpfadige genannt, und diese Beiwörter werden dann mit ermüdender Ausdauer jedesmal wiederholt, wenn die Erde in der Dichtung erwähnt wird; der Tag bricht immer so an, daß die Morgenröte ihre rosenroten Finger über den Horizont breitet. Wenn unsre Vorfahren ihre Schlachten beschreiben sollen, wissen sie nur zu sagen, daß der Wolf voller Erwartung dem kommenden Krieger, dem Bewirter des grauen Untiers, entgegenheulte; der Rabe flatterte in der Luft und schrie zu seinem grauen Bruder hinunter, und schließlich kam die Stunde, wo der Leichenvogel sich auf seine Atzung hinunterschwang und das graue Untier, im Blute watend, herumlief. Dieses Schema wird ohne Rücksicht auf Art oder Verlauf des Kampfes verwendet. Wolf und Rabe bedeuten Kampf und Tötung, ob nun Heere aufeinanderstoßen und die Heerführer die Tiere mit Atzung füllen, oder ob ein paar Männer einen dritten überfallen und „ihn den Wölfen geben“; „da hörst du Raben krächzen, Adler krächzen, froh über Atzung; da hörst du Wölfe heulen über deinen Gatten“, – so verkündigt der Dichter den Mord Sigurds durch seine Schwäger. Die Volksdichtung drückt sich durch feste, gleichsam ausgemünzte Formeln für die verschiedenen Taten im Leben, für Kampf und Jagd, Fest und Schlafengehen aus. Personen, Tiere, Dinge sind durch feststehende Adjektive bezeichnet, in welche ein für allemal der Stempel ihrer Eigentümlichkeit eingeprägt ist.

Die Ochsen kommen stets „schleppenden Fußes“, ob der Zuschauer nun Gelegenheit hat, ihren Gang zu sehen oder nicht – ja, sie müssen den schleppenden Fuß haben, auch wenn sie in Situationen erscheinen, die sie daran hindern, die Beine zu rühren. Zerstörten nicht die Bewerber Penelopens den Besitz ihres Gatten, indem sie täglich seine Schafe und seine fußschleppenden Ochsen abschlachteten? Wenn ein Mann in einer Versammlung aufsteht, um zu sprechen, steht er da als der fußflinke oder der wagenlenkende Held. Das Schiff eines Mannes ist schnellsegelnd, seefahrend, oder auch gebogen, gerade gebaut, mit zahlreichen Ruderbänken; und er kann, auch wenn er sein Fahrzeug aufs Land gezogen hat, sich neben den Anker seiner meerspaltenden Schute hinsetzen und dort die Fremden empfangen, die zu seinem schnellsegelnden Schiffe herunterkommen. Es ist ebenso natürlich für Beowulf, sein seekreuzendes Schiff klar zu machen, wie für die Wellenrosse in der isländischen Poesie, übers Meer zu galoppieren. Da˛ Schiff, das Skjölds Leichnam auf die See trug, wird eisbedeckt genannt, wenn aber ein moderner Leser daraus schließen würde, daß diese Begebenheit zur Winterzeit stattgefunden hätte, würde er mehr Kenntnis der Sache für sich beanspruchen, als der Dichter des Beowulf besessen hat.

Ein altenglisches Gedicht schildert malerisch, wie die Recken in die Schlacht eilen: „Die Recken eilten heran, die Edelgesinnten, sie trugen Banner, die Schilde klangen. Der magere Wolf im Walde freute sich und der schwarze, walgierige Rabe; sie wußten beide, daß die Heermänner sie zum Fest auf Kosten der Todgeweihten laden wollten; ihnen flog, lüstern nach Atzung, der taugefiederte, schmutzigfarbige Aar nach." Bei näherer Betrachtung entdeckt man, daß die Konvenienz aus jedem Wortgefüge hervorlugt: so und nicht anders hat ein Dichter den Auszug des Heeres zu schildern. Die so breit ausgemalte Erwartung der Tiere soll nicht andeuten, daß dieser Kampf härter, die Zahl der Erschlagenen größer sein soll als bei anderen Kämpfen – nein, Wolf und Aar freuen sich immer auf den kommenden Fraß. Der Aar ist hier nicht deswegen „taugefiedert", weil der Kampf an einem frühen Morgen eingeleitet wird, auf betauten Flügeln kommt er herangesaust in der heißesten Mittagszeit – der Tau gehört mit zu dem Bild eines Adlers.

Im Isländischen kann der „in der Tanne wachende" Aar trotz seines hohen Sitzes doch die Leichen der Gefallenen zerreißen, wenn es not tut. Astschüttler oder Astverderber wird der Wind sehr passend genannt in Gudruns Klage über ihre Einsamkeit, wenn sie sagt: „Einsam bin ich wie die Espe im Hain, der Gesippen beraubt wie die Föhre des Reisigs, leer an Freunden wie der Baum an Laub, wenn am sonnigen Tag der Astverderber naht." Aber in alter Zeit war nichts Ungereimtes darin, den Wind mit demselben Namen, den „Astverderbenden", zu nennen, wenn er übers Meer fegte und die Wellen hochtürmte.

Bei den Germanen wird der König Ringbrecher, Schatzverschwender oder Kampfförderer, Wölfeätzer genannt; die Männer sind Biertrinker, Ringempfänger und Brünnenträger – und brünnenbekleidet sind sie, ob sie nun gerade in Rüstung sind oder nicht. So finden wir vielleicht: „den kampfberühmten, schatzspendenden König, der es mit Freude anhört", daß Beowulf einen Kampf mit Grendel anbietet, und ein andermal sehen wir den „kampffördernden" Fürsten zu Bett gehen.

Wie die Walküre zu Helgi sagt: „Ich meine, ich habe Besseres zu tun als Bier zu trinken mit spangenbrechenden Fürsten", – so ruft Helgi zu seinem Bruder: „Es geziemt den ringbrechenden Fürsten übel, sich mit Worten zu streiten, auch wenn sie Fehde miteinander haben." Die Meisen in den Büschen stellen nach Fafnirs Tötung Betrachtungen an über Sigurd und Regin, und die eine drückt sich so aus: „Wäre er klug, der spangenverschwendende König, dann äße er das Herz des Wurms." Nach der Untat an ihren eigenen Söhnen spricht Gudrun zum unglücklichen Atli: „Du, schwerterspendender König, hast die blutigen Herzen deiner Söhne in Honig gekaut ... Nie mehr wirst du sie sehen, die goldspendenden Fürsten, wie sie ihre Speere schaften, die Mähnen der Rosse schneiden und davonsprengen." Derselbe Verfasser, der Gudrun diese Worte in den Mund legt, rühmt die Kaltblütigkeit Gunnars im Schlangenhof, als er das Versteck des Nibelungenhortes nicht verraten will, denn „so soll der ringverschwendende Häuptling sein Gold im festen Griff halten."

Kein Wunder, daß die Leser der Gegenwart mit ironisch erhobenen Brauen um sich blicken und sagen: „Wo ist die vielgepriesene Ursprünglichkeit, wo ist die natürliche Unschuld, von der man reden hörte, und wonach die Volkspoesie im Gegensatz zur Kunstdichtung ihren Namen erhielt? Wenn in allen diesen Gedichten überhaupt noch Natur vorhanden ist, müssen jedenfalls die Eigenschaften, an denen wir natürliche Unschuld erkennen, auf traurige Weise aus ihnen vertrieben worden sein."

Stil oder richtiger Stilisierung ist gerade das bezeichnende Wort für diese Dichter und ihre Technik. Wie soll man wohl in irgendeiner modernen Sprache die Beschreibung des Beowulf von der Rückkehr der Krieger in die Königshalle wiedergeben? „Sie gingen dorthin, wo sie erfuhren, daß der Schützer der Helden, der Töter Ongentheows, der junge, der gute Kriegerhäuptling, in der Mitte der Burg Ringe ausstreute." Der Leser darf aus diesen Worten nicht den kalten logischen Schluß ziehen, daß ein angelsächsischer Häuptling den ganzen Tag in seinem Hochsitz saß wie ein Sämann, so daß ein Fremder nach dem unaufhörlichen Klingen des Goldes den Weg dort hinein finden konnte. Der Satz taugt auch nicht als Grundlage für die Hypothese, daß Hygelac eben von einem Zug heimgekehrt war und jetzt Auszeichnungen verteilte, oder daß es Lohntag war. Andererseits enthalten die Verse mehr als einen poetischen Hinweis auf den Ort, wo er seine Freigebigkeit auszuüben pflegte, es liegt wirklich in ihnen, daß Hygelac jetzt in diesem Augenblick im Hochsitz in seiner Halle sitzt. Der Satz kann in keiner andern Sprache, als in der, worin er geschrieben wurde, wiedergegeben werden. Der König ist der, der Ringe verteilt, und die Halle ist der Ort, wo er durch Geschenke und Gastfreiheit die Männer an sich bindet.

Und doch, wenn man das Stilisierte in der alten Dichtersprache lange betrachtet, muß man die Entdeckung machen, daß sich etwas dahinter bewegt. Durch nähere Bekanntschaft gewinnt man den starken Eindruck, daß gerade hinter dieser stilisierten Kunst eine reiche und lebendige Erfahrung steht, vollgeladen mit Leben. Diese Gedichte lassen sich nicht in dieselbe Klasse einordnen wie Werke von Epigonenschulen, die eine Sprache handhaben, in der literarischer Geschmack Sinn und Kraft ersetzt. Wir fühlen, daß die Augen der Männer, die so schrieben, voll von Erinnerungsbildern waren. Sie besaßen eine reiche Phantasie, die in den Sinnen wurzelte. Ihr Wortschatz ist davon geprägt, daß diejenigen, die diese Worte gebrauchten, ein Leben in unmittelbarem Erleben führten. Diese Menschen sprechen nicht wie Künstler, die mit bewußter Feinheit des Geschmacks die Ausdrücke der Sprache wählen oder verwerfen; sie wählen unbewußt, denn sie stehen selbst in der Gewalt ihrer eigenen Erinnerungsbilder.

Jeder, der von Xenophon zu Homer kommt oder von den Sagas zur Edda, wird sich wahrscheinlich immer seines ersten Staunens erinnern – wenn er nicht das Unglück hatte, den Übergang auf einer verhältnismäßig niedrigen Schulstufe zu vollziehen, wo alles Griechische einigermaßen gleich, nämlich wie ein willkürliches Muster von Vokabeln, aussieht, mögen die Zeilen nun in ihrer vollen Länge auslaufen und Prosa genannt werden oder kurz abbrechen und Poesie heißen. In dem Augenblick, wo er das eine Buch zumachte und das andere aufschlug, überschritt er eine geheimnisvolle Grenze, um in eine Welt einzutreten, die ganz anders beleuchtet war. Die Sagas und die Werke der Geschichtsschreiber handeln von Königen und Bauern und Kriegern, und sie erzählen von diesen Personen genau mit dem Grade von Vertrautheit oder Fremdartigkeit, den man nach der langen Zeit, die zwischen uns und ihnen liegt, erwarten mußte. Aber die anderen? Wo finden wir den Grundton, der diese verstreuten Töne zu einem Tonsystem vereinigt? Der Inhalt ist es nicht, der Schwierigkeiten macht. Homers Seele ist uns verwandt genug. Aber die Worte haben oft etwas Fremdartiges, beinahe Mystisches an sich, als gehörten sie einem anderen Zeitalter an. Fühlt der Neuling nicht, daß diese „seltenen“ Vokabeln, deren Bedeutung zum Teil unbekannt ist, bloß Wrackteile einer untergegangenen Sprache sind? Es wird ihm kaum klar werden, daß das, was ihn stutzig macht, das Uneinheitliche ist: diese archaischen Worte verlangen eine vollkommen andere Umwelt als die gemeinsame und allgemeine hellenische und skandinavische, aus welcher sie emporragen, sie weisen zurück auf eine Zeit, wo sie nicht in einer fremden Welt alleinstanden, sondern einen Kreis von Verwandten und Bekannten um sich hatten, die alle denselben Stempel der altertümlichen Würde und der Gewichtigkeit trugen. – Der jugendliche Leser bewegt sich einige Zeit unter ihnen mit einem Gefühl des inneren Widerstreites, bis die Gewohnheit mit ihrer Linderung kommt und ihn aus der qualvollen Erwartung einer Deutung befreit, die die gewöhnlichen Grenzen der Exegese überschreiten würde.

Der junge Schüler wußte nicht, was seine Unruhe bedeutete, er konnte sie nicht in Fragen umsetzen, noch weniger in Gedanken. Aber nichtsdestoweniger hatte er recht, wenn er die Anwesenheit von Geistern spürte, wo sein Lehrer scheinbar nichts sah oder hörte. Viele der Vokabeln, bei denen er verwundert haltmachte, sind tatsächlich Überreste einer Zeit, wo die Sprache anders ausgemünzt wurde als heute. Bei aller Achtung vor der Majestät des Zufalls darf man doch ruhig behaupten, daß die Angelsachsen z. B. nie eine solche Heerschar vor Wörtern für „Meer" erfunden hätten, wenn sie keinen Gebrauch für sie gehabt hätten. Eine Reihe wie die folgende hat etwas Ehrfurchtgebietendes an sich: *brim, egor, flod, flot, geofon, häf, härn, holm, lago, mere, stream, sund, sæ.* Oft genug werden die Dichter beschuldigt, mit halb unerlaubten Mitteln eine falsche Pracht erschaffen zu haben, indem sie aus Drang nach Variation inhaltsarme Wörter nehmen und sie für mehr stehenlassen, als sie eigentlich besagen. Versuchen wir einmal die imponierende Phalanx zu verkleinern, indem wir z. B. *stream* herausnehmen und sagen: es ist eigentlich Strom und nur in weiterer Bedeutung Meer, oder wir sagen von *brim*, daß es eigentlich Brandung bedeutet und nur im Notfalle für „Meer" verwendbar ist. Aber dieser Trost ist eitel. Gewiß hatte jedes dieser Wörter seine eigene Bedeutung, aber nur in dem Sinne, daß es dazu diente, eine Einheit zu bezeichnen, unter Hervorhebung einer besonderen Eigenschaft an ihr, oder die Einheit im Lichte einer solchen Eigenschaft gesehen. Die Dichter sind nicht immer so schuldig, wie wir sie hinstellen, denn ihre Methode kann, auch wenn sie zu willkürlichen ästhetischen Tricks degenerieren mag, durch alten Brauch gestützt und durch den ursprünglichen Charakter der Sprache gerechtfertigt sein. Die alten Wörter hatten immer einen tiefen Hintergrund. Das, was wir unter Sinn verstehen, ist eigentlich durch Spezialisierung entstanden, indem eine bestimmte Eigenschaft oder eine Seite aus der Einheit losgerissen und zu einem abstrakten Begriff gemacht wurde. In unsrer anders abgestimmten Ausdrucksweise, grob ausgedrückt, können wir z. B. sagen, daß *stream* nicht Strom bedeutete, sondern Meer in Strömung; die abstrakte Vorstellung von einer Bewegung ohne einen bewegten Gegenstand ist den Alten nicht in den Sinn gekommen.

Dieser Reichtum an Ausdrücken ist ein Beweis unter anderen dafür, daß die Menschen in alter Zeit klare, genaue und treffende Vorstellungen von der Welt und den Dingen in ihr hatten und nur in scharfbezeichnenden Worten von ihnen sprechen konnten. Ebenso zeugen ja die kennzeichnenden Adjektive bei Homer von einer bestimmten und vorherrschenden geistigen Sehkraft. „Die fußschleppenden Ochsen", oder richtiger: „die Ochsen, die während des Ganges das eine Bein gegen das andere drücken", einen solchen Ausdruck wird man kaum gebrauchen, wenn man es nicht nötig hat, wenn man nicht in sich ein Bild hat, das dieses Wort hervorbringt. Der gleiche Realismus ist zu spüren im dichterischen Wortschatz der Nordländer und überhaupt bei den Germanen. Hier im Norden werden substantivische Ausdrücke bevorzugt, wo der Südländer verschwenderisch mit Adjektiven umgeht; hier sagt man: „der Astschädiger, der Ringbrecher, der Kampfförderer", während man im Süden den Wind oder den Fürsten beim Namen nennen und die Eigenschaft in ein Adjektiv kleiden würde. Wie bedeutungsvoll dieser Unterschied auch sein mag, wenn es gilt, den Charakter der Sprache und dadurch indirekt den des Volkes zu beurteilen, offenbart er doch keine tiefere Ungleichheit in der Art des Denkens. Ich habe oben absichtlich mit Adjektiven übersetzt, um etwas von der Feinhörigkeit für den Wert von Zusammenstellungen zu erwecken, die durch überliterarische Nachdichtungen altisländischer Poesie abgestumpft worden ist. Ringbrecher, Heerwalter z. B. sind keine Titel, wie man uns hat lehren wollen. Diese Wörter degenerieren wie alle anderen durch den Mißbrauch der Skalden; aber es ist kein Grund vorhanden anzunehmen, daß sie in den Eddagedichten und übrigens auch bei den älteren Hofdichtern ohne Bedeutungskraft stehen. Gerade die Variationen sprechen gegen eine solche Annahme; wenn wir z. B.

bald *hringbroti,* „Ringbrecher", bald *hringdrifi,* „der, der Ringe um sich wirft", finden und bald auch andere Wortverbindungen, haben wir nicht das Recht, den Dichter zu beschuldigen, daß er in prosodischen Nöten sei. Und jedenfalls müssen die Worte einmal suggestive Kraft besessen haben.

Von dem poetischen Wortschatz der Germanen können wir uns nur annäherungsweise eine Vorstellung machen. Seine ursprüngliche Fülle und Kraft, sein allgemeiner Charakter kommen in den ziemlich späten Nachdichtungen, die jetzt die einzigen Vertreter der großen poetischen Kultur Nordeuropas sind, nicht unmittelbar zu ihrem Recht. Hier im Norden müssen wir oft die alten Wortbilder aus einer Unmenge halb mißverstandener und ganz unverstandener Wörter hervorholen, die in irgendeinem Skaldenhandbuch Aufnahme gefunden haben, als die Gedichte verschwunden waren, in welchen die Wörter lebendig gewesen waren. Manch ein epischer Ausdruck wurde nur vor der Vergessenheit bewahrt, weil er als Name an einem mythischen Wesen haftete. In Snorris Anleitung für höfische Dichter finden wir z. B. den kurzen Hinweis, daß man die Art, einen Bock zu erwähnen, dadurch variieren kann, daß man das Tier *hornumskvali* nennt, „der, der mit den Hörnern rasselt" oder „der mit den nach hinten gebogenen Hörnern". Auf dieselbe Weise kann ein Bär als *íugtanni* bezeichnet werden, ein Wort, das irgendeine Eigenschaft an den Zähnen der Bestie enthalten muß, oder als „blauzahnig"; einer seiner anderen Namen ist „Schritterweiterer", was auf den charakteristischen Gang des Bären hinweist oder auf seine Fußstapfen, in ähnlicher Weise, wie wenn man von ihm als „Breitweg" spricht. Wir finden den Raben „taugefiedert" und „Frühflieger" genannt, den Habicht „Wetterbleicher" – „Bleicher" passiv oder richtiger neutral verstanden wie oben bei „Schritterweiterer". Dieselbe suggestive Kraft liegt in dem Namen *duneyrr,* der für Hirsche verwendet wird, und dessen eigentliche Bedeutung ist: „der mit rasselnden Hufen über Kiesel springt".

Von der scharfen Charakterisierung, die in diesen alten Epitheten steckt, können wir uns heutzutage nur einen mangelhaften Begriff machen. Die Vokabeln unsrer Wörterbücher sind immer zu umfassend in ihrer Bedeutung, verglichen mit den Verben und Substantiven, die den Alten zur Verfügung standen. Wir haben kein Wort, das die Genauigkeit besitzt, um jenes *skvali* wiederzugeben, das gebraucht wurde, um ein Zusammenstoßen der Hörner zu bezeichnen, und dieser eine Fall mag genügen, um zu zeigen, wie lose alle unsre Übersetzungen sich mit dem ursprünglichen Sprachgebrauch decken. Die Etymologie ist ein viel zu grobes Hilfsmittel, als daß sie einen Anhalt bieten könnte, sobald nicht nur von toten Vokabeln, sondern von lebenden Gedanken und Gefühlen die Rede ist, so wie diese einst die Sprache durchgeistigten und die Worte mit feinen Assoziationen erfüllten. Wir mögen durch Analyse feststellen, daß das Wort *slithherde* – im Angelsächsischen vom Eber gebraucht – mit „grimmig" wiedergegeben werden kann, aber der Etymologe weiß so viel und so wenig von seinem wirklichen Leben wie derjenige, der das Wort bloß aussprechen hört. Unsre Beispiele können also nur schwache Andeutungen von einer Welt geben, die reich an gesehenen, gehörten und gekosteten Dingen war, und die jetzt für immer verschlossen ist.

Homers Werke sind keine Volkspoesie, die Ilias und die Odyssee tragen hinlänglich deutliche Zeichen, daß sie aus einer zusammengesetzten Kultur herrühren. Die Edda und der Beowulf sind keineswegs urtümliche germanische Poesie; wir finden sowohl Verfeinerung wie Verfall in ihnen. Ohne Zweifel ist sowohl hier wie dort eine nicht unbedeutende Stilisierung erkennbar, eine notwendige Folge der Tatsache, daß die Form einer früheren Zeit angehört als der Inhalt. Der Stil der Skalden, ob angelsächsisch oder isländisch, kann nicht von Manieriertheit freigesprochen werden, aber seine Steifheit ist nur die alte poetische Sprache in ihrer äußersten Konsequenz und zeigt also in hohem Maße die natürliche Neigung des primitiven Denkens. Die Strenge des Stils ist eine Erbschaft aus den frühesten Zeiten, und die innere Ungleichartigkeit, die wir bei Homer und in geringerem Grade im Beowulf und in einigen der Edda-Dichtungen spüren, ist eine Folge der Einmischung einer späteren Kultur, die in ihrer Art des Erlebens realistischer und impressionistischer war. Wir würden sehr im Unrecht sein, wenn wir die Rhapsoden einer späteren Zeit für den Widerspruch dieser Bilder tadeln wollten: die Poesie, die hinter Homer und der Edda liegt und die diese Ausdrücke als ihre Form schuf, war um kein Jota natürlicher. Es ist fraglich, ob der Verfasser des Atliliedes, der den „Ringverschwender" preist, weil er „sein Gold im festen Griff hält", und Högni „den kühnen Reiter" nennt, in dem Augenblick, wo er an Hand und Fuß gebunden liegt, dieser Zeilen wegen in die Schar der Epigonen gewiesen werden muß.

Wie diese Poesie spricht, so sprach das Volk, aus dessen Mitte das Epos entstand. Die dichterischen Bilder, in welchen scharfe Beobachtung auf eigentümliche Weise mit der Neigung zu Ideenassoziationen verbunden ist, sind keine Stilprodukte, sondern unvermeidlicher Ausdruck der Denkart dieser fernen Menschen, und sie spiegeln das Urteil des Volkes über sich selbst und seine Helden wider. Die äußere Erscheinung der Menschen, ihre Bekleidung, ihre Art, sich zu bewegen, wie auch ihre Art, sich auszudrücken, sind in der heroischen Dichtung durch ein gewisses poetisches Dekorum festgelegt; ein Held, der seine Gefühle nicht in dem überlieferten Wortgefüge ausdrückt, ein Held, der es sich gefallen läßt, ohne seine Titel „bewaffnet" oder „kühn" oder „langlockig", genannt zu werden – alles Attribute, die jeder freie Mann fordern muß, wenn er irgendwelche Achtung vor sich selbst hat – ein solcher Held sieht einem König ähnlich, der in bloßem Hemde auf seinem Throne sitzt. Der germanische Fürst muß froh, heiter und milde sein, wie auch die Verhältnisse faktisch sein mögen; als Grendel Heorot heimsucht, ist Hrodgar nichtsdestoweniger der frohe Hrodgar, der gute König, der in all seinem Schmerz sich selbst nichts vorzuwerfen hatte. Ein Mann mußte *eadig*, fest in seinem Heil, sein; und als Hredel aus Trauer über das Neidingswerk seines Sohnes stirbt, kann der Dichter ihm doch nicht den Beinamen *eadig* entziehen, so wenig wie Noah aufhören kann, der glückliche Mann zu sein, als er trunken von Wein daliegt und in Gegenwart seines Sohnes beschämt wird. Es liegt in der Natur gesunder Männer siegreich zu sein, und keine Gefahr kann sie ihrer menschlichen Charaktermerkmale berauben. Wenn die Helden Israels auf der Mauer sitzen, in banger Erwartung, was der morgige Tag bringen werde, und nach dem drohenden Lager der Assyrer starren, kann der angelsächsische Dichter es nicht unterlassen, Judith als die abzubilden, die „dem Siegervolk gute Botschaft brachte" und ihm später zurief: „Ihr siegreichen Helden, seht Holofernes' Kopf." Das Dekorum geht viel tiefer als alle poetische oder soziale Etikette. Es ist eine Folge der Gewichtigkeit der Personen, die es ihnen unmöglich macht, ihr Benehmen den Ansprüchen einer einzelnen Situation anzupassen.

Die moderne Dichtung geht aus von dem Bruchstückhaften in der menschlichen Erscheinung. Ganz gleich, womit die Menschen untereinander beschäftigt sind, ob sie die tiefsten Angelegenheiten des Herzens – und der Leidenschaft – erörtern oder ein Alltagsgespräch führen, ob sie kämpfen oder lieben, sie zeigen einander immer nur einen kleinen beleuchteten Abschnitt der Seele; der größere Teil ihres Seelenlebens liegt im Dunkel, wird nur geahnt oder von Streiflichtern kurz aufgehellt. Aber die alten Helden sind immer in voller Ansicht zu sehen. Sie sind wie jene wohlbekannten Figuren auf vorzeitlichen Gemälden, die dem Zuschauer die Seite zukehren und ihn doch mit beiden Augen anblicken. Sie können uns nicht gestatten, eine Sache nur durch Schlüsse zu verstehen, denn dazu sind sie selbst außerstande; das Bewußtsein ihres ganzen vorhergehenden Lebens, der Verpflichtungen und Vorrechte ihrer Stellung, ebenso des ganzen früheren Lebens ihres Stammes, befindet sich ständig im Vordergrunde ihrer Seele. Wenn ihre Gespräche miteinander so unverhältnismäßige Tiefen erreichen, auf Familiengeschichte und Familienverhältnisse zurückgreifen und weit die Grenzen der Situation, die den Gedankenaustausch veranlaßt hatte, überschreiten, so ist dies nur eine unter vielen Äußerungen ihres Gefühls der Einheit. Wenn das Gefolge des Königs die Braut des Herrn zur Brautkammer geleitet, fühlen sie sich alle als Schildträger, obschon ihre Schilde aus Lindenholz über ihren Sitzen in der Halle hängen. Wenn die Männer Stein auf Stein legen und die Mauer allmählich wachsen sehen, fühlen sie doch den Schwertgriff in ihrer Hand; es sind die Schwertträger, die bauen. Wenn sie sich hinsetzen, um zu essen und trinken, können sie keinen Augenblick, selbst bei dieser allgemein menschlichen Tätigkeit, ihre Tapferkeit und ihren Ruhm ablegen. Auch wenn sie ihre ganze Rüstung ablegen und zu Bett gehen, muß es doch immer noch der gepanzerte, schwertschwingende, roßbändigende Held sein, der unter die Felldecke kriecht. Und jedesmal, wenn sie einen Hieb tun, müssen die Zuhörer verstehen, daß alle Überlieferungen eines Geschlechts in diesem Hieb vorhanden sind, das Ungestüm eines Helden, der unbezähmbare Rachedurst eines Sohnes oder richtiger: die Wucht des Hiebes zwingt den ganzen Titel des Helden mit Vater und Vorfahren in die Verse hinein.

Es sind nicht nur die Männer, die bei jedem Schritt, den sie tun, den Zuhörern ihre ganze Persönlichkeit aufzwingen. Homer weiß, daß die Königin, die mit ihrem Gatten auf dem Hochzeitslager ruht, die Schleppkleidtragende ist. Als Judith das Lager der Assyrer verläßt und den Kopf ihres Feindes trägt, geht sie in all ihrer Königinnenwürde einher als die Kluge, die Tatkräftige, die

Weißwangige, die Ringgeschmückte; aber weder sie noch irgendeine germanische Frau von hoher Geburt würde jemals anders erscheinen, welches auch ihr Ziel und was auch ihre Aufgabe sein mochte. Wealhtheow, die Königin der Dänen, schreitet goldgeschmückt durch die Halle, die Männer grüßend; die edle Frau reicht erst dem König den Becher, zuletzt kommt sie, die ringbedeckte Königin, die seelenstarke, zu dem Platz, wo Beowulf sitzt, und grüßt den Geatenfürsten, weise in Worten.

Und so wie die Männer und Frauen sind, so ist die Welt, in und mit welcher sie leben. Dieselbe Schwere kennzeichnet alles, was sich Gedanken und Sinnen darbietet. Das Pferd, das an seinen Ketten kaut, steht da als der hurtige Renner, und das Pferd, das über die Ebene springt, läuft als das schönmähnige, einhufige, das es immer ist. Kommt man von ferne, so sieht man nicht nur die Tür und die Vorderseite des Hauses, sondern zugleich die ganze Einrichtung, die Pracht und das Leben darin. Die Burg, der der Reisende sich nähert, ist nicht nur hoch-dachig – so daß die auf den Bänken Sitzenden die Decke nicht dicht über ihren Köpfen fühlen – sie ist nicht nur weit – mit Plätzen auf den Bänken für eine große Schar –; sondern sie strahlt im Leuchten und Widerschein der Waffen, und sie ist voll von Gold und Kostbarkeiten. Der Wanderer erblickt schon von weitem, vom Wege aus, die hochgemauerte Burg, er sieht – vom Wege aus in weiter Ferne – Hallen sich über Schätze erheben, Häuser über das rote Gold gewölbt. Anders verhält es sich wohl nicht, müssen wir annehmen, mit den Hügeln, die wie blaue Wolken am Horizont stehen; für den, der sie von vielen Wanderungen her kennt, würden sie, wenn auch in Nebel gehüllt, die vielfach zerklüfteten Hügel, die Hügel mit den schattigen Wegen sein. Wenn der Norweger an sein fernes Heimatland dachte, würde er wahrscheinlich seine Worte ähnlich denen des homerischen Helden formen: „Zwischen Troja und Phtia sind sowohl dunkle Berge wie ein lärmendes Meer.“ Wenn ein Mann auf die Erde springt oder auf den Rücken fällt, ist der Fleck, den sein Körper deckt, immer noch: die Erde mit den vielen Wegen, die korntragende, die vielernährende, oder die breite. So sprechen die Griechen, und die Nordländer sagen von der Schlange, daß sie auf ihrem Bauche die breite Erde bekriecht.

Diese Fülle und Ausdehnung des Gedankens gehört nicht ausschließlich der poetischen Sprache an; sie haftet der Sprache überhaupt an und zeigt in der Rechts-Phraseologie ihre Spuren weit in das Mittelalter hinein. Der Gesetzgeber, der „Rasen“ sagt, muß „grün“ hinzufügen; Mörder, Diebe und dergleichen Leute sollen am Strand begraben werden, „wo das Meer dem grünen Rasen begegnet“, wie das norwegische Gesetzbuch anordnet. Er kann nicht Gold nennen, ohne es als rot oder strahlend zu bezeichnen und Silber nicht, ohne „weiß“ hinzuzufügen; in der präzisen Sprache des Gesetzes ist der Tag der helle Tag und die Nacht die dunkle oder finstere Nacht.

Bei Homer gibt es zwei Schichten, die leicht voneinander unterschieden werden können. Auf der einen Seite stehen Ausdrücke, die durch Vergleich gebildet werden, die reichen Bilder, die mit einem „gleich wie“ eingeleitet sind. „Gleich wie der Ost und der Süd wetteifernd in den Klüften des Gebirges den dichten Wald schütteln, und Buche und Esche und die schlankborkige Kornelle mit furchtbarem Lärm einander mit ihren hervorstechenden Zweigen peitschen, während es von zersplitterten Stämmen kracht, so stürmten Trojaner und Achaier aufeinander los und hieben aufeinander ein; keiner dachte an Flucht.“ Der Mann, der so spricht, hat die Seele erfüllt von einer Situation, von einem Augenblicksbild; der Auftritt, der vor seinem inneren Auge steht, erweitert sich nach allen Richtungen und eröffnet ringsum einen Ausblick auf andere Bilder. Der Dichter heißt alle Ideen-Assoziationen willkommen und folgt in ruhigem Genusse dem breitesten der Wege, den die Situation ihm eröffnet. Anders verhält es sich mit den Bildern, die in solchen Ausdrücken enthalten sind, wie „die fußschleppenden Ochsen“, „die vielwegige Erde“, „die blaue Woge“; sie sind keine Schöpfungen des Augenblicks, sondern umgekehrt, Produkte vieljähriger Erfahrung. Hier ist es nicht der Dichter, der folgt, sondern die Vorstellung, die ihn zieht und zwingt, weil sie in der Tiefe seiner Seele verwurzelt ist. Die Umschreibung ist älter als der Vergleich. Sie erinnert an eine Zeit, wo die Seele niemals von individuellen Sinneseindrückten lebte, wo sie vielleicht ebenso wach wie jetzt alles empfing, was sich den Sinnen darbot, aber nicht bei dem isolierten Eindruck haltmachte, sondern vielmehr die Erfahrungen zu einer einheitlichen Vorstellung zusammenschweißte. Von dem Mann der Umschreibung kann man sagen, daß er sich mit allen seinen Sinnen erinnere, aber alle seine Erfahrungen von einem bestimmten Gegenstand üben eine gegenseitige Anziehung aufeinander aus und gehen eine unauflösliche Verbindung ein. Jede neue Beobachtung wird von den vorhergehenden aufgesogen und bildet mit ihnen eine Einheit, so daß die Bilder, die mit all ihrer natürlichen Wahrhaftigkeit, ihrer Genauigkeit und Stärke in der Seele leben, keine individuellen Vorstellungen, sondern allgemeingültige Ideale sind, ebenso inhaltsreich, schwer und beharrlich wie die Heldendichtung.

Diese Denkart ruft die Menschen jeden Augenblick zur Rechenschaft für ihre Handlungen und ihr Wesen, ohne den Unterschied zwischen verschiedenen offiziellen und privaten Ichs zu kennen – dessen wir uns jetzt erfreuen. Die Gestalten, denen wir in der alten Dichtung und in der alten Geschichte begegnen, lassen sich nicht in die öffentliche und die private Persönlichkeit, in den feierlichen und den alltäglichen Menschen, in König, Hausvater, Mann, Richter, Ratgeber, Krieger einteilen. Man kann nicht „Mann" sagen, ohne „bewaffnet" zu denken, und sagen wir das, so baut der Gedanke auf diesem Grund das Ganze auf. Es ist deshalb nichts Gekünsteltes in Cædmons Ausdruck: „Der Bewaffnete und sein Weib, Eva." Es mag für unsere Ohren sonderbar klingen, wenn Jesus der „Ringspender" genannt wird und seine Jünger als das Gefolge, die tapferen Krieger erwähnt werden. Aber für den Germanen war es unmöglich, diese Ausdrücke zu vermeiden, solange der alte Gedankenkreis noch nicht gebrochen war. Es war keine wirkliche Vorstellung, daß Jesus auf Wikingzügen durch die Länder fuhr; der Dichter sagt auch nicht nur deshalb „Ringspender", weil es Sitte war, den Mann als Freigebigen zu besingen. Jesus war ein Heiling (Heiland), seine Jünger waren Heilsempfänger, und das Verhältnis zwischen Herr und Mannen war nicht in der Qualität eines Bruchstücks zu verstehen; es mußte die Vorstellung von der Einheit aufgreifen und alle Wörter in seinen Dienst stellen.

Die Vorstellung von einem Wolf oder einem Adler wird von all den gehäuften Erfahrungen gebildet, die zu verschiedenen Zeiten über Leben und Charakter, Gewohnheiten und Aussehen, Wille und Triebe der betreffenden Tiere gemacht worden sind. Und so steht das Tier als ein untrennbares Ganzes da, es lebt sein Leben ohne Rücksicht auf seinen Platz in einem klassifizierenden System, es besitzt seine Glieder und ihre Eigenschaften auf eine weit unbedingtere Weise als heutzutage. Denn der Gedanke war so vollkommen von der Vorstellung der Einheit beherrscht, daß ihm jede Neigung fehlt, die Welt im Querschnitt aufzufassen, indem er z. B. das Tierreich als Köpfe, Körper, Beine, Schwänze analysierte oder den Wald als Blätter, Zweige, Stämme, Wurzeln. Die einzelnen Teile haben gar nicht die unabhängige Wirklichkeit in sich, die erforderlich ist, um solche Wortformeln herzustellen wie „Bein" oder „Kopf"; der Kopf wird nur gedacht als der Kopf eines bestimmten Tieres und ist dann entweder ein Hundekopf oder ein Wolfskopf oder irgendeine individuelle Varietät von Kopf. Sogar ein Huschen, das man vor sich auf dem Pfad sieht, hat einen besonderen Charakter, er wird das Laufen dieses oder jenes Tieres sein, keine Bewegung im allgemeinen.

Es ist also nicht das Märchen allein, das die Kunst versteht, einen ganzen Organismus heraufzubeschwören aus einer einzelnen Klaue oder einem Haar oder einem Faden. Das alte Sprichwort: „Wo ich die Ohren sehe, erwarte ich den Wolf", galt bei den primitiven Menschen in einem weit buchstäblicheren Sinne als bei uns; im selben Augenblick, wo die beiden Ohren hervorlugten, sprang der Wolf empor, lief herbei, brachte eine ganze Atmosphäre mit, setzte alle Sinne in Arbeit, so daß das Auge seinen Lauf sah, seinen schielenden Blick nach rückwärts, das schmutzige Gelb seines Fells; die Nase spürte ihn, die Hand fühlte ein Kitzeln von dickborstigen Haaren. Und er bringt nicht nur seine ganze Atmosphäre mit sich, wenn er kommt, sondern er verbreitet ein ganzes Milieu um sich. Er tritt auf wie ein Charakter und strahlt seine Gewohnheiten, seine Lebensweise in eine eigene kleine Welt aus.

Selten findet man in der Volkssprache solche generellen Begriffe wie „Baum" oder „Tier" angeführt. Die Erde ist mit Eichen, Buchen, Eschen, Ulmen, Föhren bewachsen; ihre Bewohner sind Wolf, Bär, Hirsch, Adler, Rabe, Schlange. Der Bann der Friedlosigkeit gilt im Nordischen, so weit wie F ö h r e wächst. Das Sprichwort: „Des einen Tod, des anderen Brot" heißt in der nordischen Spielart: „Was der einen Eiche abgekratzt wird, kommt der anderen zugute." „Die Kiefer, die allein auf dem Felde steht, wird morsch", weder Rinde noch Nadeln können sie schirmen. Es ist ein gutes Wahrzeichen, wenn man den Wolf unter den Zweigen der Esche heulen hört. Der große Welt-Baum heißt nicht Yggdrasils B a u m , sondern Yggdrasils E s c h e. Die Poesie bewahrt hier wie immer den alten Wirklichkeitssinn. Sigrun sitzt vergebens wartend bei Helgis Grabhügel: „Jetzt wäre er gekommen, wenn er zu kommen gedächte; jetzt ist keine Hoffnung mehr, denn die Adler hocken schon in der Esche, und Schlaf ist in ihren Augen."

„Einsam bin ich jetzt wie die Espe auf dem Hügel“ (wenn ihre Gefährtinnen, eine nach der anderen, dahingewelkt sind) – so klingt Gudruns Klage.

In der Sprache, die auf den Steppen, auf der Heide, in den Wäldern gesprochen wird, spielen ordnende und klassifizierende Bezeichnungen nur eine untergeordnete Rolle. Die allgemeinen Bezeichnungen stehen ganz im Hintergrund; sie bilden nur den Schatten, nicht aber den Stamm der Wirklichkeit, wie sie es bei uns tun. Die individuellen Erscheinungen stehen einander so schroff gegenüber, erheben sich so unabhängig vom natürlichen Boden, daß sie keine unmittelbare Berührung miteinander haben können; und als Folge davon hat die systematische Einordnung in Tiere und Pflanzen, in Arten und Klassen, die bei uns von allergrößter Bedeutung ist, gar keine Anhaltspunkte.

Einheit und Unabhängigkeit, das sind die beiden Haupteigenschaften der Bilder in der einfachen Denkart, die noch in den Ausläufern der heroischen Dichtung durchblickt, und zu der wir überall bei außereuropäischen Völkern Gegenstücke finden. Unsre Wörter sind weit und unbestimmt, weil wir die Dinge nur lose sehen und fühlen und uns infolgedessen mehr mit den Beziehungen zwischen den Phänomenen als mit den wirklichen Gegenständen befassen. Unsre Welt ist auf Verallgemeinerungen und Abstraktionen aufgebaut, und die Wirklichkeiten des Lebens treten zurück hinter die farblosen „Tatsachen“ (wie wir sie nennen) der Ursache und Wirkung, der Gesetze und Kräfte und Neigungen. Die Wörter der alten und primitiven Völkerstämme sind eng und treffend und entsprechen der Erfahrung von Menschen, die ihre Augen nicht über die Natur hinschweifen ließen, sondern genau jeden einzelnen Gegenstand betrachteten und sich seine Kennzeichen merkten, bis jede Einzelheit in ihrer vollen Gestalt als eine Einheit vor ihrem inneren Auge stand. Diese Entschiedenheit der Erfahrung hemmt in hohem Grade die Analyse und die Klassifizierung; aber das bedeutet nicht, daß das geistige Leben sich auf einfache Verifizierung des Tatsächlichen beschränkt oder daß die Begriffe nur Bestätigung der Eindrücke sind. Im Gegenteil, die Ideen haben bei diesen Denkern eine solche Stärke und Bedeutsamkeit, daß bisweilen Fremde die Primitiven sämtlich als Philosophen zu betrachten geneigt sind; die Wahrheit ist aber die, daß sie sich gerade durch die Kraft und Wirklichkeit ihrer Ideen von den Philosophen unterscheiden.

Die Begriffe, die den Inhalt unsres geistigen Lebens bilden, wie: Farbe, Schönheit, Pferd, Mann, sie existieren für sich in den Zwischenräumen zwischen den Dingen der Welt, und unsre Empfindungen sind nur die Haken, an denen sie aufgehängt sind. In der primitiven Seele ist jede Vorstellung eng mit einem Gegenstand verbunden; das Ding wird gleichsam in seiner Perspektive gesehen. Dem engen Spielraum des Wortes entspricht eine schwindelnde Tiefe seiner Idee, da diese in sich alles einschließt, was von dem genannten Gegenstand gedacht werden kann. Die Bedeutung beschränkt sich nicht darauf, nur den Körper des Gegenstandes zu decken, sondern umfaßt ebensosehr seine Seele. In der Idee von „Eiche" liegt alles, was man von *quercus* denken kann; von der Eiche selbst, wie sie sich vor uns erhebt oder mit Händen gefühlt werden kann, von ihrer Rede, ihrer Form, ihrer eigentümlichen Art sich zu bewegen, ihrer Fruchtbarkeit und dergleichen angefangen bis zur „Eichheit", dem Zustand, Eiche zu sein, der Eigenschaft, die sie zur Eiche macht. So umfassend ist der Gedanke, so innig der Wirklichkeit angeschmiegt. Die volle Tiefe des Wortes ist nicht erreicht, bevor wir beim reinen Sein stehen, einem Sein, das in bezug auf Geistigkeit jeden Anspruch erheben darf, in die Gesellschaft der höchsten Ideen aufgenommen zu werden, das aber nichtsdestoweniger sich von unseren ehrwürdigen Abstraktionen dadurch unterscheidet, daß es einen ausgeprägten Charakter hat; ein reines Sein, in welchem die Eigenschaften gelappter Blätter, knorriger Zweige, breitkronigen Wuchses, eßbarer Schalenfrüchte von Anfang an mit enthalten sind.

Wenn wir jetzt versuchen, diesen alten Gedanken nachzuspüren, mag es sein, daß die Anstrengung, die wir bei der Arbeit empfinden, sich unwillkürlich unserer Beurteilung jener alten Denker aufdrängt und uns veranlaßt, sie uns als tiefsinnige Grübler vorzustellen. Noch größer ist die Gefahr, daß die Bewegung unserer Gedanken in die Gedankengänge, die wir verfolgen, eingeht, so daß wir uns primitive Gedanken als etwas Verzwicktes und Ausgeklügeltes vorstellen. Für uns, die wir uns bemühen, die fremden Gedanken eines Fremden nachzudenken, liegt die Schwierigkeit vor allem darin, die Einheit festzuhalten und jeden Verdacht der Grübelei und Tiefsinnigkeit zu verbannen. Die primitive Vorstellung wird nicht durch eine Reflexion geschaffen, bei der etwas aus der Wirklichkeit abstrahiert wird, noch durch eine Analyse, die die einzelnen Elemente aus ihrer natürlichen Verbundenheit löst und sie wieder in logische Kategorien einordnet – sie ist gerade umgekehrt von einer vollen Übersicht abhängig, die – ihrem Wesen nach – aller Analyse feind ist. Wir nennen die primitive Vorstellung Eiche – Eichheit zweiseitig, aber mit bedingtem Recht, insofern die Vorstellungen primitiver Völker nichts enthalten, was mit Recht dualistisch genannt werden kann. Sie deuten gleichzeitig auf etwas Geistiges und etwas Materielles, aber es gibt keine Naht, wo Stoff und Geist sich treffen. Idee und Realität, was empfunden wird und was gefühlt wird, sind identisch; sie sind sozusagen zwei entgegengesetzte Pole der Vorstellung. Wir können mit dem Konkreten anfangen, mit einem Wolf, einem Stein; und allmählich, durch seinen Charakter und seine Eigenschaften, durch seine Bosheit und sein Wohlwollen, seine Beweglichkeit und seine Schwere, gelangen wir zu den Eigenschaften der Wolfheit und der Steinheit, die so subtil sind, wie es irgendein Philosoph ausspinnen kann, und gleichzeitig doch so stark in ihrer Realität wie irgendein Sinneseindruck. Und wir können mit einer Kraft anfangen, mit der Kraft, ein Wolf, ein Stein zu sein, und durch die Wirkungen, die diese Kraft hervorruft, wiederum zu dem schweren Gegenstand gelangen, der vor uns steht. Wir können uns von Pol zu Pol hin- und zurückbewegen, ohne irgendeinen Purzelbaum, ja, ohne den kleinsten Sprung. Die Verbindung ist ununterbrochen, weil der Gedanke in keinem Punkt die Vorstellung von einer Umgrenzung in Form und Charakter verliert.

Die Dinge unsrer Welt sind in einem solchen Grade flach und silhouettenhaft, daß sie einander überdecken und zu so unbestimmten Wesenheiten verschmelzen wie „Natur“ und „Welt“. Tatsachen sind bei dem primitiven Menschen plastische Gegenstände und Formen, die sich frei vom Hintergrunde abheben, und wenn unsre umfassende Phrase „die ganze Welt“ ins Altnorwegische übersetzt werden soll, bekommt sie folgende Form: „Soweit wie Christen zur Kirche gehen, Heiden ihre Götter ehren, Feuer ausbricht, der Boden Früchte trägt, der Sohn die Mutter ruft, die Mutter den Sohn nährt, Männer Feuer anzünden, Schiffe fahren, Schilde blitzen, Sonne scheint, Schnee treibt, Kiefer wächst, der Falke den ganzen lenz-langen Tag mit vollem Wind unter den Flügeln fliegt, der Himmel sich wölbt, die Erde bewohnt ist, der Wind heult, das Wasser in die See fließt, Knechte Korn ernten.“

So gelangen wir zum Verständnis dafür, daß die ursprüngliche Art, das Leben zu schildern, im wahrsten Sinne des Wortes realistisch ist. Die epischen Formeln, wie wir sie benennen können, malen die Welt, wie sie ist, aber ihre Welt ist sehr verschieden von dem Ort, wo wir uns bewegen und unser Dasein führen. Die primitiven Menschen unterscheiden sich von den modernen Europäern nicht nur in den Theorien über die Wirklichkeit, sondern in der Wirklichkeit selbst.

Leben und Seele

Es ist eine traurige Tatsache, daß die moderne Erforschung des primitiven Denkens uns von jedem wirklichen Verständnis der fremden Kulturen und Religionen weiter und weiter fortgeführt hat. Die Ursache dafür ist nicht schwer zu finden. Der Europäer wird behindert von seinem naiven Glauben an sein eigenes System und an seine eigene Logik als Maßstab für alle Dinge; der Missionar und der Ethnologe versuchen andauernd Kulturen von vollkommen andersartigem Zuschnitt in ein fertiges System hineinzuzwängen, in ähnlicher Weise wie der Philologe früher alle Sprachen nach dem System der lateinischen Grammatik ordnete; genau so wie die Einführung von Gerundium und Supinum und Ablativ die Struktur der indischen oder arabischen Sprache nur verwischen konnte, so kann unser strenger Dualismus die primitive Psychologie nur verwirren. Die Skandinavier, die Griechen, die Hindus, die Israeliten sowohl wie die Inder und Australier wurden nach diesem Katechismus examiniert: was denkst du über die Seele? wie faßt du den Zusammenhang zwischen Seele und Körper auf? was wird aus der Seele, wenn sie den Körper verläßt? – als ob der hellenistische und europäische Dualismus, wie er in den Katechismen und Handbüchern der Psychologie enthalten ist, der Ursprung aller Weisheit wäre. Durch eine solche Examination von außen mögen ohne Zweifel Tatsachen ans Licht gebracht werden, aber die Tatsachen sind oft mehr als falsch, weil sie aus ihrem natürlichen Zusammenhang herausgerissen sind. Ohne die Auffassung des primitiven Denkens als einer festen Einheit würden die Aussagen unsrer Vorfahren über Leben und Tod unverständlich sein.

Alle Völker erkennen einen Körper und eine Seele oder richtiger eine materielle und eine spirituelle Seite bei allem, was existiert. Der Vogel hat einen Körper, der in die Luft gehoben wird, und er hat eine Seele, die es ihm ermöglicht, zu fliegen und mit seinem Schnabel zu hacken. So ist auch der Stein ein Körper, aber in diesem Körper ist eine Seele, die will, und die es dem Stein ermöglicht, Schaden zu tun, zu schlagen, zu verletzen und zu zerschmettern; eine Seele, die ihm seine Härte, seine rollende Bewegung, seine Gabe, das Wetter vorauszusagen oder den Weg zu weisen, verleiht.

Bis hierher – wo Seele und Körper als zwei Hälften des Daseins aufgestellt werden – können wir unsere Analyse des alten Denkens ruhig durchführen. Aber sobald wir versuchen, jeder Hälfte ihren zugehörigen Teil zuzuweisen und ihre Einflußgebiete abzugrenzen und voneinander zu trennen, fallen wir von einer Schwierigkeit in die andere. Fangen wir damit an, im Körper nach der Seele zu suchen, können wir ihn kreuz und quer zerlegen und zerschneiden, nie können wir unsern Finger auf eine Stelle legen, wo sie nicht ist, und ebensowenig auf eine Stelle, wo sie ausschließlich ist. Und gehen wir nun dazu über, die Eigenschaften eines Dinges, eine nach der anderen, einer Prüfung zu unterwerfen, in der Hoffnung, das Ding in eine aktive, Initiative verleihende Seite, den Teil der Seele, und eine träge, gehorchende, ausführende Seite, den Teil des Körpers, teilen zu können, gelangen wir ebenso sicher zu widersprechenden Definitionen; wir werden uns sehr bald genötigt sehen, die Einteilung auf eigene Verantwortung vorzunehmen, wenn wir das System retten wollen. Es gibt keine Naht. Ein zuverlässiges Kennzeichen dafür, was Seele, was Körper ist, im Vogel und im Stein, wird man unmöglich entdecken können.

Dagegen ist es nicht schwierig, die Seele zu finden; wo wir auch hingreifen beim Stein oder Tier oder Baum, bekommen wir sie zu fassen. Sie tritt uns ihrer selbst bewußt entgegen als etwas, das weiß und will, handelt und leidet – mit anderen Worten als eine Persönlichkeit. Wir können, was die Germanen betrifft, hinzufügen, daß der Körper der Sitz der Seele ist. Das heißt, daß in seinem Innern ein kleiner Wicht sitzt, der ihn belebt und bewegt, lenkt und leitet und ab und zu in Ungeduld über sein schwerfälliges Medium sich nackt in die Welt begibt und die Dinge auf eigene Faust in Ordnung bringt. Es ist ohne Zweifel etwas daran, daß hellsichtige Leute einen kleinen Wicht oder ein kleines Tier gesehen haben, das den Körper verließ und wieder hineinschlüpfte, wenn es dachte, daß niemand es sähe; und dieser kleine Wicht war die Seele. Aber wenn wir versuchen, die Seele zu greifen und sie ans Licht zu ziehen, so daß wir ihre Form und ihre anderen Eigentümlichkeiten erkennen können, werden wir bald merken, daß sie uns neckt und durch die Maschen jenes Netzes hinaussickert, das sie selbst dadurch gesponnen hat, daß sie als persönliches Wesen, in menschlicher Gestalt oder im Bild eines Tieres erschien. Die Seele, die eben so bestimmte Eigenschaften, so feste Persönlichkeit besaß, löst sich in einen Hauch von Kraft auf; sie nimmt die Form eines jeden Raumes an und erfüllt ihn, ja sogar ohne die Begrenzung der Selbständigkeit, so daß sie von anderen Seelen als Eigenschaft angenommen werden kann. Die Seele eines Mannes kann in einem Stein oder in einem Schwert wohnen, sie kann durch eine Berührung oder durch den Atem in einen seiner Genossen übergehen und die Stärke oder Klugheit des Empfängers vermehren. Die Seele, die eben so selbständig war, enthüllt sich als etwas Neutrales, das der polare Gegensatz der Persönlichkeit ist.

Aber sie ist mit ihren Künsten noch nicht zu Ende. Schritt für Schritt oder ganz allmählich entweicht sie unsern Fingern in mehr und mehr geistige Formen des Daseins; Kraft, Eigenschaft, Wille, Einfluß, – nirgends läßt sie sich greifen. Immer sind wir hinter ihr her und fangen doch nur ihre Wandlung; und wenn wir sie durch alle Existenzen gejagt haben, von der Grenze zwischen Materie und Geist an und durch die mehr und mehr geistigen Verfeinerungen hindurch, und nun meinen, ihr am Rande des reinen Nichts Einhalt gebieten zu können, geht sie in einen Zustand über, den unsre Sprache nicht benennen kann, der aber am nächsten mit unsrem Wort Energie oder sogar Prinzip wiedergegeben werden kann. Sie offenbart sich plötzlich als Leben. Sind wir dann dreist und geschickt genug, sie zu fassen und sie aus ihrem Körper zu reißen und festzuhalten, sie einzuschließen, um zu sehen, was aus dem Ding ohne sie wird, da zeigt es sich, daß es die Existenz, das Dasein selbst ist, das wir ergriffen haben. Es war die Seele, die den Stein hart und den Vogel fliegend machte, aber es war auch die Seele, die Stein und Vogel ermöglichte, überhaupt zu sein. Ohne Seele kein Stein; einem Stein das Leben nehmen, heißt, ihn ins absolute Nichts verschwinden lassen.

Aber das geht über unsre Kraft. Die Existenz herausreißen – das können wir nicht. Aber festhalten können wir sie. Trotz all ihrer Wandlungen ist die Seele nicht so geistig geworden, daß Menschenhände sie nicht anfassen könnten. Und drücken wir sie nun in der Hand, werden wir früher oder später spüren, daß es weh tut. Nach einer Weile gebiert das Leben einen scharfen, harten, eckigen Gegenstand zwischen unsern Fingern. Haben wir Mut und Klugheit genug, der Seele durch alle ihre Wandlungen zu folgen und sie unerbittlich festzuhalten, muß sie zu irgendeiner Zeit ihre erste Gestalt annehmen und mit ihrer ganzen Persönlichkeit antworten. Da muß sie hervortreten, nicht nur sichtbar und materiell, sondern in der Form, in der sie als Teil der Welt erscheint.

Erst dann ist die Verwandlung vollständig. Jetzt haben wir das Geheimnis des Lebens in der primitiven Erfahrung kennengelernt. Die Seele ist mehr als der Körper, so wie dieser in raumfüllender Wirklichkeit gesehen und gefühlt wird, aber sie ist nicht etwas außerhalb des Materiellen Bestehendes. Wenn wir die Abgrenzung zwischen Innerem und Äußerem nicht finden können, bleibt uns nichts anderes übrig, als die Wahrheit in Ehren zu halten und zu sagen, daß der Körper ein Teil der Seele ist oder sogar die Seele selbst. In dem Augenblick, wo wir einen Stein fest mit der Hand greifen, haben wir die Seele des Steins angefaßt, es ist die Seele, die wir fühlen. Die Möglichkeit besteht immer, daß der Körper von der Seele aufgesogen wird und verschwindet, um nach einiger Zeit wieder ans Licht zu treten. Das Geistige kann die Materie verlassen, um sich in anderen Formen zu offenbaren; aber wenn es erscheint und sich sehen, hören, fühlen läßt, da geschieht die Offenbarung kraft der Natur, die die Seele besitzt. Wie weit es sich auch fortbewegt, hat es doch immer den Stoff in sich gebunden. Bis zu einem gewissen Grade ist es möglich, von Seele *und* Körper zu sprechen, aber die Unterscheidung geht nicht so tief, daß es möglich ist, die beiden auseinander zu reißen.

Eine Seele läßt sich nicht in eine unsrer engen Formeln einfangen. Die Sprache gibt uns einen Wink, daß wir unsre Gedanken weit dehnen sollen, und warnt uns gleichzeitig davor, zu viele der Unterscheidungen zu gebrauchen, die in unserer Welt so nützlich sind. Wir müssen mit dem Materiellen beginnen, durch die Persönlichkeit mit ihrem Willen und ihren Gefühlen hindurchgehen (nicht um sie herum), von ihr hinaus in das Neutrale, in das, was wir Leben nennen, weiter durch das Leben in das Ideale, in das Dasein, in die Existenz, und erst dort, im Urgrund der Welt, erreichen wir die Grenze der Seele.

Aber wenn wir so weit auf den Grund der einzelnen Seele gekommen sind, hört der Weg plötzlich auf, gerade an dem Punkte, wo für unsre Vorstellung alle Wege sich treffen. Wenn wir in unsrer Philosophie die Tiefe erreichen, die wir Leben oder Existenz nennen, fühlen wir, wie wir vor dem Eingang zum Ursprung aller Dinge stehen, vor der Urquelle, die durch ein Netz von Kanälen von Seele zu Seele fließt. Das Leben ist für uns eine farblose Kraft, die jede Anzahl von ungleichartigen Formen belebend zu erfüllen vermag, und unser Problem des Lebens besteht darin, wie wir erklären sollen, daß das Ein und Alles sich in die mannigfaltigen Gestaltungen der Welt verwandelt. Anders ist es mit dem praktischen Denker. Für ihn hört jedes Denken an diesem Punkte auf. Zwischen den Seelen ist die undurchdringlichste aller Scheidemauern befestigt: ein Schlund, eine Leere, ein Nichts. Die Trennung ist so absolut aus dem einfachen Grunde, weil sie nicht in einer Mauer besteht, die der Gedanke selbst gebaut hat, sondern in dem Fehlen jeder Vermutung und dem Fehlen jedes Anreizes zum Nachgrübeln, weil alle Dinge der Welt in sich abgeschlossen sind. Uns scheint es unwillkürlich, als ob in dem Worte Leben – oder Dasein, wie wir lieber sagen sollten – eine Aufforderung läge, über die gemeinsame Bedingung alles Existierenden nachzusinnen. Aber in der primitiven Kultur kann eine solche Frage überhaupt niemals eine Antwort verlangen, weil sie auf der gegebenen Grundlage nicht Fuß fassen kann.

Leben, Dasein, so weit ist der Begriff der Seele, aber die Reichweite dieses Satzes wird uns erst klar, wenn wir ihn umkehren: Seele, so eng ist der Begriff des Daseins. Leben ist nichts Allgemeines, nichts Verbindendes, sondern eher das, was die größte Trennung in der Welt bewirkt; nicht eine gemeinsame Grundlage, sondern eine individuelle Eigenschaft. Das Leben ist immer als Charakter bestimmt. Es erklärt, nein, es enthält alles, was den Besitzer des Lebens vor allen anderen Wesen auszeichnet, alle seine Eigenschaften und Fähigkeiten, alle seine Neigungen und Bedürfnisse, es enthält ihn selbst bis zu dem Bau seines Körpers.

Wie tief der Unterschied zwischen unsern Gedanken und jenen anderen in diesem Punkte geht, wird uns wohl erst recht klar, wenn wir sehen, daß die primitive Seele weiter reicht als die bloße Person, so daß sie auch die Lebenssphäre einschließt. Nicht nur die Lebensweise eines Tieres, sondern auch sein Lebensgebiet gehört mit zu seiner Seele. Die Poesie hat eine deutliche Abspiegelung dieses Einheitsbegriffes bewahrt. Der Rabe kann nicht auftreten, ohne den Gedanken an Schwärze, an Taubeflügeltheit mitzuführen; aber ebenso sicher bringt er eine ganze Leichenatmosphäre mit. Der Dichter der angelsächsischen Genesis steht in diesem

Punkt ganz und gar unter der Herrschaft der alten Denkart. In jener Dichtung wird berichtet, daß Noah erst einen Raben von der Arche ausschickte, aber der flog hin und zurück, bis die Erde trocken wurde, und dies formt von selbst die folgende Erklärung in seiner Seele: „Noah dachte, wenn er kein Land auf seinem Fluge fände, würde er gleich über den breiten Gewässern zurückgeflogen kommen, aber diese Hoffnung schlug fehl; er setzte sich froh, der dunkelgefiederte, auf eine dahinschwimmende Leiche und suchte nicht weiter." Schwärze und Leichengier, die Leichenverzehrung und sogar die Leiche selbst sind Teile der Rabenseele. Wenn der Rabe walgierig, schlachtgierig genannt wird, dann bedeutet es in Wirklichkeit, daß genau so wie der Rabe zum Kampf gehört, der Kampf oder richtiger die Schlacht einen Teil vom Leben des Raben bildet. Der Wolf hat auch Leichennatur, er wird das Leichenungetüm genannt; aber hier muß noch etwas Wesentliches hinzugefügt werden, nämlich das, was durch „Heidegänger", „Heidetreter" ausgedrückt wird. Die Wildnis ist ein Teil seiner Seele. Auch die hinzugefügten Worte „im Walde" folgen von selbst, sobald das Tier genannt wird; der Wolf freute sich im Walde, der Wolf heulte im Wald, ja sogar der „graue Wolf im Walde" lief auf der Heide über die Gefallenen.

Die Kluft zwischen den Seelen ist unübersteigbar, sie reicht bis an die Wurzel der Welt hinab. Alle Wesen erheben sich direkt aus dem Urgrund, völlig gesondert. Nirgends ist eine Brücke. Es liegt etwas Irreführendes in der Vorstellung, daß alle Dinge, auch die wir leblos nennen, eine Seele haben und infolgedessen ein Leben. Es könnte für uns den Anschein haben, als ob der Abstand zwischen den verschiedenen Existenzen damals eher geringer gewesen sei als heute, da doch alle Dinge in dem Besitz von Willen und Gefühl verbunden waren, ja sogar in Verstand und in der Gabe, sich äußern zu können. Aber dieses Leben war nicht, wie wir es uns natürlich vorstellen, ein gemeinsames Sein, und weit davon entfernt, die tausend Dinge näher aneinander heranzubringen, hielt es sie streng getrennt.

Leben ist Wille. Alles, was ist, handelt, weil es einen Drang dazu fühlt, weil es Gefallen an diesen und Mißfallen an anderen Dingen findet. Die Seele des Steins sowohl wie die des Baumes oder des Tieres ist voll von Wunsch und Zweck und Gutdünken, aber der Wille des Steins ist nicht der des Tieres, und der des Menschen ist es auch nicht. Der Mensch mußte bald entdecken, daß jedes Wesen seiner Umgebung auf seine eigene Weise liebt und haßt, übereinstimmend mit seinen unverletzbaren Grundsätzen – nach seiner eigenen Natur. Diese Entdeckung ist es, die den Menschen so wach und so scharfhörig für alle Äußerungen der Seelen rundum gemacht hat. Wehe dem, der glaubte, daß die Dinge menschlichen Willen und menschliche Macht hätten! Wer sich vorwärts kämpfen muß und imstande sein will, dem morgigen Tage die Eroberungen von heute zu übergeben, der muß vor allem begreifen, was seine Umgebung will; alle Erziehung geht darauf hinaus, den Neulingen Seelenkunde beizubringen und sie dadurch zu befähigen, den Weltkampf aufzunehmen. Dann wohnt im Menschen ein starkes Gefühl von dem Unterschied zwischen der Leidenschaft und der Selbstbeherrschung in ihm einerseits und den geistigen Kräften, die von allen Seiten gegen ihn anstoßen, andererseits. In seinen verschiedenen rituellen Gebräuchen offenbart der primitive Mensch seine Fähigkeit, zwischen den verschiedenen Willensäußerungen, die in seiner Welt am Werke sind, unterscheiden zu können. Die Zeremonien, mit denen er einen ausgiebigen Regenguß erreichen will, sind nicht dieselben wie die, welche er gebraucht, wenn er wünscht, sich das Wohlwollen des Büffels zu sichern, und das Büffelritual unterscheidet sich wiederum von seinen Bewerbungen um andere Tiere. Wir werden durch unsre Sprache und durch unsre Neigung verleitet, alle abstrakten Wörter im Singular zu benutzen; aber unsere Einzahlform „Wille“ ist das Resultat einer Gedankenarbeit, die zu jener Zeit noch gar nicht getan worden war, wo der Baum und das Tier und der Stein Wirklichkeiten waren und nicht wie jetzt bloß Schatten auf dem Hintergrunde der Natur. Wir mißdeuten, was wir die Personifizierung der Natur durch den primitiven Menschen nennen, weil wir die Mythologie im Lichte der hellenistischen Philosophie sehen; unsre poetische Sprache sowohl wie unsere wissenschaftliche Terminologie ist aus alexandrinischem Anthropomorphismus abgeleitet, und die ganze europäische Spekulation über Mythen und Legenden hat unter der Herrschaft der Mentalität der Stoiker und Neuplatoniker gestanden, welche die ursprünglichen griechischen Gedanken über Natur und Mensch in ein rationalistisches und sentimentales System zu verwandeln suchten. Primitive Wörter, die die Europäer mit „Seele“ übersetzen, besitzen zum großen Teil die Bedeutung unserer Wörter „Existenz“ oder „Dasein“, aber andererseits ist alle primitive Existenz Leben.

Wenn wir wissen möchten, wie despotisch das Leben in Midgard ist, wäre es das Richtige, zu fragen, z. B. ob der Stein nicht ein totes Ding sei. Nach allen Analogien bei anderen Völkern und nach Andeutungen in der Dichtkunst und in den Gebräuchen der Germanen zu schließen, hätten unsre Vorfahren dieses Paradoxon mit einer unwilligen Geste abgeschüttelt, nicht nur als etwas Müßiges, sondern auch als etwas durchaus Sinnloses. „Tot" hatte in dieser Verbindung keinerlei Bedeutung für sie. Sie hätten sich nicht gegen den Gedanken gewehrt, denn sie hätten einfach nicht verstanden, was in der Frage läge.

Es ist eine Aufgabe des Menschen gewesen, sich den Weg zu dem Begriff „Leblosigkeit" vorwärtszudenken, und er hat die Aufgabe außerordentlich schwierig gefunden. Immer und immer wieder offenbart er seine Verwunderung über die Phänomene, die der Realität des Lebens zu widerstreiten scheinen. Er schlägt sich lieber herum mit Hypothesen von Verwandlung, Metamorphose und Übergang des Lebens in anders wirkende Formen. Und da sind die Wege weit. Es dauert Jahrhunderte, bis er sie soweit durchforscht hat, daß er gezwungen wird, umzudrehen und dem Problem als einem unerbittlichen Feind in die Augen zu blicken. Je näher es ihm auf den Leib rückt, um so mehr tritt er in harte Opposition zu ihm; er leugnet den Tod, erklärt ihn für eine Unmöglichkeit. Er will nicht einmal anerkennen, daß die Begrenzung des Lebens einen Teil der Ordnung der Dinge bildet; angesichts der harten Tatsachen fällt er auf die Behauptung zurück, daß „der Tod" einmal durch ein Mißverständnis in die Welt gekommen ist. Bald ist es ein gewaltsamer Überfall durch etwas außerhalb der Heimat der Menschen Befindliches, der diese Störung in dem ursprünglichen Zustand der Dinge verursacht hat, bald ist es die eigene Dummheit des Menschen, die zu tadeln ist, indem ein längst vergangenes Geschlecht in einem kritischen Augenblick einen Fehler begangen und durch Vernachlässigung einer Lebensregel der allgemeinen Lebenskraft Eintrag getan hat. Und nur ganz langsam wird dieser „Tod", der für ihn doch ein Schein ist und bleibt, in der Richtung auf Vernichtung vertieft, das heißt, er schiebt das Leben über den springenden Punkt hinaus und läßt es in ein Nichts hinunterfallen, das er immer und immer wieder als etwas Positives auffaßt, als ein seiendes Nichts, ein massives Loch. Den Tod selbst hat er nie gefunden.

Also nicht infolge eines Schlusses von sich selbst auf andere weist der Mensch dem Dasein das Leben als Grundlage zu. Wenn er Leben sagt, spricht er das Wort nicht als eine Entdeckung aus, deren Umfang er erfaßt. Das Leben ist ja die Voraussetzung für alles. Die Menschen haben ebensowenig das Leben entdeckt, wie sie das Licht entdeckt haben. Im modernen Denken ist Leblosigkeit stets noch eine bloße Modifikation des Lebens, welche erreicht wird, wenn man allmählich die hervorragendsten Eigenschaften des organischen Daseins wie etwa Bewegung und Gefühl ausschließt; wir versuchen, Leben auf Leblosigkeit zu reduzieren, aber alles, was wir erreichen, ist eine Negation, wir vermögen nie eine Existenz von anderer Ordnung zu gründen; und infolgedessen zeigen sich die Charakteristika des Lebens, sobald wir anfangen, über Stoff und Tod zu grübeln. Der große Unterschied zwischen der primitiven Spekulation und modernem Denken besteht nicht darin, daß wir Existenz sagen, wo die Schöpfer der Mythen Leben sagten, sondern darin, daß wir e i n e Art von Leben auf alle Dinge ausdehnen und so das Leben zur Grundlage für eine Hypothese der Einheit machen. Die europäische Philosophie hat so sehr das Denken von der Erfahrung losgelöst, daß es möglich wird, die ganze Natur im Gleichnis des Menschen darzustellen. Wir haben entdeckt – oder richtiger, wir haben von den Griechen gelernt und die Entdeckung weitergetragen –, daß es menschliches Leben und menschliche Existenz ist, die in Pflanze und Stein wohnt. In den letzten drei Jahrhunderten ist es die Aufgabe der Philosophie und der Wissenschaft gewesen, dem Leben und der Existenz die deutlichsten menschlichen Züge zu rauben und sie zu unbestimmten, farblosen Begriffen zu reduzieren, die allen Organismen und im weiteren Sinne allen Phänomenen angehängt werden; aber obschon Leben und Existenz den Namen gewechselt haben und jetzt Kraft oder Gesetzmäßigkeit genannt werden, haben sie doch nicht ihren Charakter gewechselt, und in den Formeln der Entwicklungslehre – um nur ein Beispiel zu nennen: in dem Kampfe ums Dasein und dem Seufzen der Natur – kommt reiner Anthropomorphismus an die Oberfläche. Dieser Anthropomorphismus ergab die Konstruktion einer inneren Verwandtschaft zwischen allen Dingen der Welt. Alle Fragen sind auf diese Weise in einem Problem gesammelt: dem Problem vom Ursprung und Wesen des Lebens, dem Sinn der Welt. Hier zeigt sich der Unterschied, der es für moderne Menschen so schwierig macht, die Gedanken und die Probleme der alten Kultur zu verstehen. Leben, Existenz, Dasein, Seele, Stoff werden bei uns natürlich in der Einzahlform gebraucht und enthalten eine Verallgemeinerung der Erfahrung, die bei den Schöpfern der Mythen kein Seitenstück hat. Für den primitiven Menschen ist das Leben nicht eins, sondern Legion, der Seelen sind nicht nur viele, sondern sie sind vielfältig.

Um die Gedanken fremder Völker zu verstehen, müssen wir notwendigerweise ihre Selbst-Offenbarungen mit unsern Ausdrücken wiedergeben; aber es kommt vor, daß unsre Worte eine solche Last von vorgefaßten Meinungen mit sich führen, daß diese Last den zarten Mythos oder den philosophischen Gedanken mitten in der Erklärung zerdrückt. Wünschen wir eine wirkliche Verbindung mit unsern Mitmenschen herzustellen, so müssen wir darauf achten, unsre Worte umzuwerten, bevor wir sie auf seine Erfahrungen übertragen. Wir müssen so weit wie möglich unsre festen Formeln beiseite stellen, bis wir den Gegenstand, auf den sie angewendet werden sollen, umschritten und von allen Seiten betrachtet haben. Doch wird die Analyse uns nicht die ganze Strecke bis zum engen Vertrautsein führen können. Kultur ist keine Masse von Glaubensarten und Vorstellungen, sondern eine ausgeglichene Harmonie, und unser Verständnis hängt von der Fähigkeit ab, jeden Begriff in seine rechte Umgebung zu stellen und seinen Einfluß auf alle die anderen Begriffe zu bestimmen.

Die primitiven Begriffe von Leben und Existenz stimmen weder mit unsern Begriffen überein, noch stehen sie im vollständigen Gegensatz zu unserer Wissenschaft und Psychologie. Der Glaube an Seelen schließt keine Personifizierung natürlicher Dinge ein, andererseits schließt er auch nicht die Möglichkeit aus, daß Sonne und Erde menschliche Gestalt annehmen können. In Skandinavien ist die Natur von Mächten in menschlicher Gestalt bevölkert. Aus der Erde und aus den Hügeln gucken Elfen und Zwerge, eine Schar von Jöten brüllt in den Bergen, vom Meere antworten Rans Töchter, die verführerischen und hartherzigen Wellenmägde und ihre grausame Mutter, und daheim in der Halle der Tiefe sitzt der ehrwürdige Ägir. Über den Himmel gehen Sonne und Mond, ja manche sagen, daß die beiden in Wagen fahren, mit geharnischten Rossen als Vorspann; die Sonne wird von zwei Wölfen verfolgt, die gierig nach ihrem strahlenden Körper schnappen. Von der Sonne und dem Mond heißt es nicht nur, daß sie sich vermählt haben, sondern auch, daß sie Nachkommen haben.

In der alten Reihe von kleinen norwegischen Gedichten, die die

Heidreks-Rätsel genannt werden, treiben die Wellenmägde ihr Spiel mit annähernd der gleichen Freiheit wie Nymphen:

„Wer sind die Mägde, die wehklagend schreiten? Vielen Männern haben sie Leid gebracht, so bringen ihre Zeit sie zu.

Wer sind die Mägde, die viele zusammen in Scharen schreiten, helles Haar in weiße Tücher gehüllt? Keine der Mägde hat einen Mann.

Wer sind die Witwen, die zusammen schreiten? Selten nur sind sie mild zu Fremden; im Winde müssen sie wachen.

Wer sind die Mägde, die in Schaumhemden gehen zur Förde herein? Ein hartes Bett finden die Weißhaubigen, und in der Stille spielen sie nicht."

Aber diese Verse drücken die Gedanken der Nordländer nur halb aus; die andere Hälfte wird durch die Namen angedeutet, die diese hellhaarigen, grausamen Geschöpfe tragen: eine der Mägde wurde „Wallend" genannt, eine andere „Himmelgleißend", eine dritte „Stampfend", eine vierte „Kalte", eine fünfte „Blut-haarige". Diese beiden Hälften müssen zusammengefügt werden, wenn wir den wahren Wert der alten Beschreibung des Meeres erhalten wollen. Moderne Leser verwandeln unbewußt die Bilder des Rätsels unter dem Einfluß der gegenwärtigen Natur-Poesie. Unsre Wiedergabe ändert die Perspektive des Bildes, weil unsre Wörter mit anderen Assoziationen geladen sind, und, wenn sie zusammengesetzt werden, eine Atmosphäre schaffen, die den alten Dichtungen fremd ist. Wenn wir diese Schilderung der Wellen lesen, die gegen die Küste branden oder in langen Reihen einander verfolgen, so genießen wir den Anblick scharfgeschnittener Formen, und wir atmen die salzigen Spritzer der Brandung ein, aber diese unsere Rekonstruktion ist gleichzeitig viel zu plastisch und viel zu impressionistisch, weil es nach unserer Art des Erlebens der überwältigende Eindruck des Augenblicks ist, der sich in poetischen Bildern einen Ausgang sucht. Die alten Worte geben nicht den Eindruck von Augenblicksstimmungen wieder, und um das alte Bild in seiner Tiefe wiederzugewinnen, müssen wir die modernen Anspielungen und ihre gefühlsmäßigen Werte durch die Andeutungen, die in den Namen der Wellen-Mägde enthalten sind, ersetzen: Stampfende oder Kalte oder Bluthaarige; sie zerstören das niedliche Bild der weißgliedrigen Nymphen und verbannen gleichzeitig alle Gefühle, die von der augenblicklichen Schönheit des Meeres emporgerufen werden. „Viel hat Ran mir abgezaust, meiner Sippe

Bande hat die See zerrissen", so klagt Egil, als sein Sohn ertrunken war, und seine Worte können gedeutet werden, als hätte er Ran aufrecht stehen sehen, ein furchtbares Weib, die Hände um das gepreßt, was ihm gehörte. „Ägirs Dirne", schreit er ihr zu in seinem herausfordernden Trotz. Aber die Dichter konnten noch in späten historischen Zeiten von Ran und Ägir als dem Meere sprechen, das sie waren, ohne ihre Persönlichkeiten zu verschleiern. „Das Roß der Seehügel reißt seine Brust aus dem Munde der weißen Ran", sagt ein Skalde vom Schiff, das durch die Wellen fährt; ein anderer schildert das harte Stampfen eines Fahrzeugs mit diesen Zeilen: „Die feuchtkalte Ran führt immer wieder das Schiff in Ägirs Rachen hinab." Der Dichter des Helgi-Liedes hört nun, wie lange Kiele mit dem Getöse der Brandung, mit der Schwester der Kolga (d. h. die Kalte) zusammenstoßen, und sieht im nächsten Augenblick, wie Ägirs furchtbare Tochter versucht, die Schiffe zum Kentern zu bringen, sieht, wie die Tiere der Brandung (die Schiffe) sich aus Ägirs Hand losreißen.

Auf dieselbe Weise ist die Erde das eine Mal ein Weib, das schreit und droht oder empfängt und Kinder gebiert, ein anderes Mal ist sie imstande zu verwelken oder Männer in ihrem Schoß zu begraben. In diesem Augenblick noch erhebt der Fluß sich gleich einem Manne, um den Durchwatenden herauszufordern, im nächsten stürzt er sich wie eine Flut über seinen Feind und ertränkt ihn im wütenden Schäumen seiner Gewässer. In einem Preislied auf Jarl Hakon versucht Hallfred seinen Zuhörern einzuprägen, daß der emporgekommene Häuptling aus dem Norden wirklich Norwegen erobert und durch seine Siege ein Recht erworben hat, das Land zu beherrschen, den Erbansprüchen des gestürzten königlichen Hauses zum Trotz; und er ist nicht zufrieden, bis er die Sache so lange gedreht hat, daß er sie von vier verschiedenen Seiten aus zeigen kann. Das Hauptthema ist, daß der Jarl die Erde erobert hat und eine feste Verbindung mit ihr eingegangen ist. Der Krieger ließ nicht gern Auds schöne Schwester allein und brauchte deshalb den Wahrspruch des Schwertes gegen die laubhaarige Erde, Odins angelobte Braut. So wurde die Ehe gestiftet, sie schlossen einen Vertrag, wonach der Jarl, der Ratkluge, die einzige Tochter von Onar, die waldgekleidete Frau, als Braut gewann. Er hat die breitzügige Tochter von Baleyg erobert mit den bezwingenden Worten des Stahls. In seinem Eifer, die Macht und das Recht Hakons zu preisen, erschöpft der Dichter die Umschreibungen der Sprache und gibt uns unwillkürlich ein Verzeichnis über die Verwandtschaftsbeziehungen, die die Erde mit anderen Mächten eingegangen war, und obschon Onar und Aud und Baleyg nicht viel mehr als Namen für uns sind, brauchen wir nicht daran zu zweifeln, daß diese Personen und ihr Verkehr mit der Erde im alten Glauben und in echten Mythen begründet waren. Hallfred tut der Sprache keine Gewalt an, wenn er Norwegen als eine königliche Braut schildert, die es wert war, von einem ehrgeizigen Jarl wie Hakon gefreit zu werden, aber die Attribute der Königin sind nicht die einer menschlichen Frau. Onars Tochter ist die „waldgekleidete", Baleygs Weib ist die „breit-geschnittene an Zügen", Odins Braut ist „laub-haarig", und in diesen Verzierungen nähert Hallfred sich auch den gebräuchlichen Wendungen der poetischen Sprache.

Dieselbe Gewandtheit und Kunstfertigkeit im Spielen mit überlieferten Worten finden wir bei einem anderen Dichter, bei Eyvind in den Spottliedern, die er über Harald Graumantel dichtete, den geizigen König, der nach der Art kleiner Leute seine Schätze in der Erde versteckte. In den Tagen des guten Königs Hakon, singt er, funkelten die Ringe an den Armen seiner Krieger und Skalden; das Gold ist die Sonne, die auf den Habichtshügeln – die Jagdfalken wurden ja auf dem Arm getragen – strahlen soll, und dort leuchtete es zur Zeit Hakons des Guten; aber jetzt liegt es im Leib von Thors Mutter verborgen.

Die höfische Dichtkunst in Norwegen kann uns kaum die alte germanische Vorstellungskraft im allgemeinen erläutern; die Umschreibungen waren für Dichter wie Hallfred und Eyvind mehr wie Teile einer Rede, die von einem ehrgeizigen Skalden frei gemischt werden konnten, wenn er seine Erfindungskraft zeigen wollte. Es ist nicht nur so, daß die Kunst zur Kunstfertigkeit herabgesunken ist; die Dichter verstellen oft die Wörter, bis sie neue und eindrucksvolle Wirkungen ergeben. Der Gegensatz zwischen der goldenen Sonne auf den Hügeln und dem dunklen Schoß der Erde ist ein schöner Einfall, der beweist, daß Eyvind ein moderner Dichter mit einer von der westlichen Kultur berührten Vorstellungskraft ist. Aber diese mittelalterlichen Skalden in Norwegen können sich von der überlieferten Sprache, die von Männern der Vergangenheit für sie vorbereitet worden war, nicht befreien; sie versuchen ihre individuellen Vorstellungen und Einfälle mit den Mitteln, die ihnen zur Verfügung stehen, auszugestalten, und deshalb zeigen ihre Verse den Niederschlag der alten Vorstellungen, in Redensarten und Wendungen verkörpert.

Wenn die Erde Odins Gattin, Thors Mutter, genannt wird, wenn der Wind als Fornjots Sohn bezeichnet und das Meer als Ran, Ägirs Weib, aufgefaßt wird, so sind die Mythen nicht Vermenschlichungen oder Personifizierungen im modernen und alexandrinischen Sinne. Die Menschenähnlichkeit wird den anderen Eigenschaften der Naturerscheinungen hinzugefügt oder richtiger ausgedrückt: menschliche Erscheinung tritt wie eine Eigenschaft unter anderen Eigenschaften in die Seele von Erde, Wind und Meer, aber sie behindert nicht im geringsten das unpersönliche Wirken der Naturkräfte. Es besteht kein Widerspruch zwischen Subjekt und Verbum in der Schilderung der Winterstürme bei dem Skalden: „Fornjots Söhne begannen zu wirbeln", und es ist auch kein Bruch mit dem gesunden Menschenverstand in einer Sturmschilderung wie dieser: „Die Regenschauer kardeten und zwirnten die sturmfrohen Töchter des Ägir." Der Mond gebiert, die Erde ist eine Mutter, Steine setzen Junge in die Welt, und das heißt, daß diese Wesen zeugen, empfangen und entbunden werden, denn so geschieht alle Fortpflanzung unter der Sonne. Aber das besagt noch nicht, daß die Erde sich nun auch zu einem menschlichen Wesen umbilden und ein Lager aufsuchen muß, um ihre Kinder zu gebären. Das wenige, was wir von dem praktischen Verhältnis unsrer Vorfahren zu der Welt um sie herum wissen, läßt, wie sich bald zeigen wird, vermuten, daß sie sich nicht an die natürlichen Dinge wie an Pseudo-Persönlichkeiten wandten; gleich ihren primitiven Brüdern auf der ganzen Erde versuchten sie die Freundschaft und die Kräfte von Tieren, Bäumen und Steinen durch viel sicherere Maßnahmen zu gewinnen. Wenn der Dichter Frigg Boten schicken läßt zu Feuer und Wasser, Eisen und allen Arten von Erzen, zu Steinen, Erde, Bäumen, Krankheiten, Tieren und Vögeln, um ihnen das Versprechen abzunehmen, Balder nie zu schaden, stellt er sich eben nicht vor, daß diese Boten hinausgehen, um an den Türen von Dämonen und Nymphen anzuklopfen; seine Zuhörer müssen vertraut gewesen sein mit einer Methode, nach der sie sich unmittelbar an die Dinge selbst, an die Seelen wenden konnten.

Um diese ganze Vorstellung, wie sie in der Seele der Germanen lebte, zu erfassen, müssen wir versuchen, die Bestandteile zu verschmelzen, die sich nach unserm Denken nicht miteinander vereinbaren lassen, und außerdem müssen wir unsre Gewohnheit, die Natur im Lichte des Augenblicks zu betrachten, abstreifen. Das Wort „sturm-froh“ auf Ägirs Töchter angewendet, das jetzt für unsere Phantasie das Spiel der Wogen hervorruft, hatte einen tieferen Sinn und viel weniger Augenblicksbedeutung. Wir begreifen das einigermaßen, wenn wir die Kriegsfreude der Helden in der alten Dichtung zum Vergleich heranziehen. Die modernen Ersatzwörter können nie die Energie der germanischen Worte auffangen; es genügt nicht hinzuzufügen, daß die Adjektive früher kräftiger waren oder daß die Kampffreude heftiger war. Für unser Gefühl entsteht die Ekstase des Kämpfens aus dem Zusammenstoß zwischen den Kriegern; in der alten Psychologie sind Kampffreude und der Kampf selbst eine dauernde Eigenschaft des Mannes oder ein Teil seiner Seele. Auf dieselbe Weise ist Sturmfreude eine Eigenschaft, die der Seele oder der Natur der Wellen innewohnt. Wenn die Welle kalt oder Ran feuchtkalt genannt wird, bedeuten die Adjektive nicht, daß das Weib kalt ist wie das Meer, sondern daß sie die Kälte des Salzwassers in sich hat; die eisige Kälte gehört zu ihrer Seele genau wie das Alter oder die Langlebigkeit zu der Natur des Bären gehört, aus welchem Grunde er im Angelsächsischen – und heute noch in der Volkssprache – „der Alte und Furchtbare“ genannt wird.

Wir können die Seele der Alten zusammenflicken, aber es wird uns nie gelingen, ihre lebende Einheit in unsrer Sprache auszudrücken, weil unsre Worte für vollständig andersgeartete Begriffe geformt sind und jedem Versuch widerstehen, sie in eine neue Ebene einzubiegen und nach neuen Mustern zusammenzufügen. Um aber die Art des primitiven Menschen zu verstehen, müssen wir uns bis zu einem gewissen Grade seine Erfahrung vergegenwärtigen können. Wir müssen sehen, daß die Seele oder die Idee der Erde etwas Ganzes ist, das sich ohne Sprung von der Vielwegigkeit bis zur Mutterschaft spannt. Die nordische Hel ist der Tod, und sie ist genau so neutral wie wir uns den Tod denken können, aber Hel ist auch ein Reich für die Toten und sie ist eine wirkliche Person, (nicht nur eine blasse Personifikation) die als Tod wirkt und die Fäulnis selber ist, die blau und schwarz von Farbe ist. „Hild“ bedeutet Schlacht, nämlich den Lärm der Waffen, die brandende Menge von kämpfenden Männern, und außerdem bedeutet es Schlacht-Mädchen.

Der Anthropomorphismus wurzelt in der primitiven Erfahrung,

weil die Persönlichkeit von Anfang an im Wesen jeder Seele ruht, aber sie kann nicht hervorbrechen, bevor der Gedanke sich von der Erfahrung loslöst. Nicht bevor der Mensch so sicher an seinem Platze steht, daß er nicht mehr nötig hat, seine Umgebung jeden Augenblick mit einem gebieterischen Blick anzustarren, nicht bevor er anfängt, seine eigene Natur bewußter ins Auge zu fassen und über die Vorgänge in seinem Innern nachzudenken, äußert sich die Neigung, das Universum zu vermenschlichen. Dann aber wird er ein Naturdichter. Erst wenn dieser Standpunkt erreicht ist, kann er es wagen, seine Umgebung als ihm ebenbürtig zu betrachten und ihr dieselbe Behandlung angedeihen zu lassen, die er selber schätzt und vor der er sich beugt. Vor dieser Revolution weiß er nur zu gut, daß es notwendig ist, den Charakter der Seelen zu erkennen, damit er das Wohlwollen der Natur genießen und sich vor einer schädigenden Kraft schützen kann. Die richtige und eigentliche Vermenschlichung wird dann geboren, wenn der Mensch sich in Städte und Burgen verschanzt, die Natur mit Hilfe von dicken Wällen ausschließt und sich auf gesellige Unterhaltungen mit seinen Mitmenschen beschränkt.

Die große Veränderung geschieht in dem Augenblick, wo die Persönlichkeit, die bis dahin von den natürlichen Kräften abhängig war, nach rein menschlichen Vorurteilen zu handeln anfängt. Wenn die Seele befreit wird, so daß sie sich über ihre Erscheinung erhebt, dann – und nur dann – ist sie ein menschliches Wesen. Wenn Nymphen nicht mehr dahinwogen, wenn die Erde nicht länger ihre Kinder in sich verbergen kann, wenn die Sonne auf einem Wagen steht und ein paar leuchtende Rosse lenkt, die sie zusammen mit den gesamten Eigenschaften der Sonne in einen Stall hineinstellen kann, dann ist die Natur zerbrochen, und die Personifikation ist geboren worden.

Es ist für uns schwierig, unbedingte Begriffe wie Leben und Dasein auf einen so kleinen Umfang zusammenzudrängen, wie sie ihn haben müssen, um auf die Seele der Vorzeit Anwendung zu finden, ohne daß gleichzeitig die Tiefe verschwindet. Wir kommen den alten Gedanken vielleicht am nächsten, wenn wir sagen, daß das Leben und das Dasein damals eine Natur war – Natur im alten Sinne gebraucht als etwas, das von der Geburt oder vom Ursprung ab da war, etwas, das unzertrennlich anhaftet und das sowohl Wesen wie Charakterzüge bedingt. Eine Natur kann nur ganz bestimmte Wirkungen zeitigen, nämlich die, die in ihr liegen, wie z. B. vier Beine von der besonderen Art des Wolfes, mit diesem und jenem Geruch zusammen, einen Rachen, der auf diese oder jene Weise auf- und zuklappt, eine Neigung zum Raub und zum Herumschleichen in der Einöde. Eine andere Natur kann nur etwas Eckiges, Hartes, Schweres hervorbringen, das in gewissen Fällen herunterrollen und einem Manne, der ihm im Wege steht, die Zehen abbeißen kann. Aber dann hat die Natur es auch in sich, daß sie es nicht unterlassen kann, ihre Wirkungen auszuüben. Die Wolfheit mag wohl als Seele existieren, aber früher oder später wird sie sich als eine reißende Bestie zeigen.

Überall wo der Charakter verschieden ist, sind die Beseelten durch eine unüberbrückbare Kluft des Sonderlebens geschieden. Die Unvereinbarkeit der Natur überwiegt und überschattet jede äußere wie jede innere Gleichheit. Die Natur eines Baumes, sein Charakter, wird an seinem Aussehen erkannt: ob er rauhe Rinde hat oder glatte, ob seine Blätter rund oder länglich sind, ob er in die Höhe oder in die Breite wächst; aber auch an seinem Verhalten: e i n Baum hat Rinde, die bei schlechtem Wetter glänzt, die eines anderen wird dunkel und drohend; an einem Baum raschelt das Laub, auch wenn das Wetter still ist, ein anderer ringt die Arme wild im Sturm, läßt sie aber sonst schlapp hängen. In dieser Gewohnheit des Baumes liegt eine Offenbarung seiner innersten Seele; viel Weisheitsheil hat, wer die Seele eines Baumes an seinem Verhalten ablesen kann. Man weiß, daß der eine Baum Kenntnisse und Wahrsagegaben besitzt, die der andere nicht aufweist oder jedenfalls nicht auf so deutliche Art.

Und schließlich ist die Nützlichkeit eines Baumes ein Teil seiner Seele. In der Natur der Eiche liegt es, das Meer zu befahren, wie in der der Esche, Speerschäfte zu bilden. Die Arteinteilung von Büschen und Bäumen in den alten Sprachen geschieht nach ihrer Bedeutung für das menschliche Leben; sie werden in Bäume mit hartem Holz und in Bäume mit weichem Holz geteilt, in die unfruchtbaren und in die fruchtbaren, die Menschen und Tieren Nahrung geben; vielleicht auch in solche, die gut fürs Feuer sind, und in schlechtbrennende. Aus dem angelsächsischen Runenverzeichnis erhalten wir ein Bild – wenn auch ein undeutliches und nur bruchstückhaftes – von den Seelen der Bäume. Die Eibe ist „rauh auf der Außenseite, hart, fest im Boden, Nährer des Feuers, tiefverwurzelt" – und noch etwas, was wir nicht verstehen. Die Birke ist „ohne Frucht, trägt Äste, doch ohne Sprößlinge; sie ist schön an Zweigen, heiter geschmückt bis in die Wipfel, schwillt von Laub, Spielgenossin der Luft". Die Eiche dient „den Menschenkindern zur Erhaltung des Lebens; häufig fährt sie über die See, und die Woge setzt ihre Kernfestigkeit auf die Probe". Die Esche „ist sehr hoch, den Menschen teuer; sie hält ihren Stand fest im Boden, auch wenn viele Männer einen Überfall auf sie machen", – und wir müssen hinzusetzen, wenn der Sinn ganz klar werden soll: sie hält zähe ihren Stand, nicht nur, wenn sie ihre Wurzeln zum Felsen hinabsenkt, sondern auch als Eschenspeer in den Händen des Kriegers.

Auch die Steine haben ihre Natur, die ihnen ihre Trägheit und ihre Härte gibt, sowohl ihre Gabe, sich gelegentlich zu bewegen, ihre Schärfe beim Schneiden, ihre Kraft im Zermalmen – jeder Stein nach seiner Art. Der unbeirrbare Ortssinn jener Menschen beruht darauf, daß sie von der Kindheit an jeden Baum, jeden Stein, jede kleine Erhöhung des Erdbodens kennen; sie sind gewohnt, das einmal Gesehene so genau im Gedächtnis eingeprägt zu tragen, daß nicht die kleinste Veränderung ihnen entgeht. Sie wissen also wohl, daß die Steine auf freiem Felde ihre verschiedenen Charaktere haben, die sich nicht nur in ihren Formen offenbaren, sondern auch in ihren „Gewohnheiten", vielleicht in der Gabe, den Weg weisen zu können.

Die Berge und Hügel, die den Gesichtskreis bilden, haben, wie der weiß, der sie jahraus, jahrein beobachtet, alle ihre Eigentümlichkeiten; sie sind alle empfindlich für das, was in der Luft geschieht, aber sie künden den morgigen Tag, sein Wetter und seine Ereignisse nicht auf die gleiche Weise, vielleicht auch nicht mit derselben Weisheit. Etliche von ihnen haben die besondere Aufgabe, die Tageszeit anzugeben; je nachdem die Sonne „auf" diesem oder jenem Punkte im Gesichtskreis steht, teilen die Menschen ihr Tagewerk und ihre Ruhestunden ein – und ihre Natur wird bezeichnet durch solche Namen wie „Mittagshügel" oder „Vesperspitze".

Es scheint, daß unsre Vorfahren mit besonderer Zuversicht den Ratschlägen und Wahrzeichen folgten, die fließendes Wasser ihnen spendete; es finden sich schwache Hinweise darauf, daß sie mit scharfer Einsicht die Seele aus der Form und den Bewegungen der Wasserfälle deuteten, vielleicht lauschten sie auch den Eigentümlichkeiten in den Stimmen fallender Ströme. Ein Dichter, der sich jenseits der Kinderweisheit der Welt stehend fühlte, der Bischof

Bjarni Kolbeinson, verwahrt sich in seiner Jomsvikingadrapa ausdrücklich gegen den Verdacht, daß er seine Weisheit „unter Wasserfällen" geholt haben sollte; es ist, als ob sein Gewissen fast vor all dem Heidentum zurückschreckte, das er über seine Lippen bringen mußte, wenn er in der alten Form Gedichte machte. Was Plutarch von den Sueben Ariovists erzählt, hat wohl weitere Gültigkeit: sie wahrsagten aus den Wirbeln der Flüsse und aus den Windungen und dem Rauschen der Ströme. In jedem Falle, auch wenn der Satz als Ganzes in Plutarchs Gehirn geboren und nicht Wort für Wort durch die Gedanken der alten Deutschen bestätigt wäre, drückt er das aus, was den Germanen im wesentlichen erfüllte, wenn er mit gespannter Aufmerksamkeit unter einem Wasserfall saß.

In unsrer Vorstellung sind die Tiere nach ihren Zähnen und ihrer morphologischen Struktur eingeteilt, und wir führen unsere zoologischen und botanischen Systeme mit uns, wenn wir uns hinausbegeben, um die Welt zu erforschen, wie sie von einem Hindu oder Buddhisten, von einem Australier oder Indianer gesehen wird. Mit reizender Naivität zerstückeln wir die Kenntnisse, die wir von anderen Völkern erhalten, um sie fertigen Kategorien einzuverleiben, und machen so alle Mythologien der Welt zu Unsinn oder Aberglauben. Was in allen Weltteilen not tut, ist geduldige Erforschung der primitiven, nichteuropäischen Erfahrung. Der Ethnologe muß erst lernen, was er sehen soll und wie er es sehen soll; er muß jedes Tier mit den Augen des Eingeborenen beobachten, ohne sich auf sein eigenes Kompendium zu beziehen, und auf diese Weise muß er eine neue Zoologie, Botanik und Mineralogie zusammenstellen oder richtiger, so viele Zoologien und Botaniken, wie es verschiedene Beobachter gibt. Auf den nordamerikanischen Prärien muß er seine gewöhnliche Vorstellung von einem radikalen Unterschied zwischen fliegenden und laufenden Geschöpfen aufgeben, um zu lernen, daß die Krähe und der Büffel in derselben Weise verwandt sind wie der Wolf und die Heide im nördlichen Europa, weil es ein wesentlicher Zug im Charakter der Krähe ist, die Büffelherden zu umschwärmen und ihre Anwesenheit zu verraten. Bei den Skandinaviern muß er langsam seinen Begriff vom Mond zusammenstückeln, indem er lernt, daß er wandert, die Jahre zählt, Glück und Unglück entscheidet und Krankheit sendet. Um zu verstehen, was ein Germane mit „Eiche" meint, müssen wir einfach lernen, daß Seetüchtigkeit genau so gut zu ihren Eigenschaften gehört, wie ihr knorriger Stamm und ihre eßbaren Früchte. Wahrsagung ist fließenden Strömen so gut eigen wie Schnelligkeit und Kälte.

Der Außenstehende muß die Tatsachen stückweise sammeln und zu einer neuen Einheit verbinden; jede Andeutung, die von den Lippen des Fremden fällt, während er die Dinge betrachtet, muß ohne irgendwelche selbstherrliche Unterscheidung zu den Einzelbeobachtungen gefügt werden, ob sie nun mit unsren Ideen zusammenfällt oder aber unsrer Naturphilosophie widerspricht. Im nördlichen Europa ist unser Stoff spärlich und bruchstückartig, aber wir sind doch imstande, aus den Überbleibseln der poetischen und juristischen Sprache ein Abbild zu gewinnen. Was die See betrifft, so erfahren wir, daß sie kalt, salzig und weit war; ferner wird sie bei den Isländern kohlen-blau genannt, bei den Angelsachsen *fealu,* fahl, in Worten, die andere Gedankenverbindungen andeuten als die von bloßen Farben. *Fealu* enthält möglicherweise eine Anspielung auf die Unfruchtbarkeit der Tiefe, so wie die griechischen Epitheta. Sie ist grausam, und vielleicht enthält kohlen-blau einen Hinweis auf ihre tödliche Macht. Sie ist der Weg im Lande der Möwen, der Schwäne und Ganner, im Lande der Seehunde, Wale und Aale, der Weg der Schiffe und Seefahrer. Und zu diesen Epitheta muß noch das Bild Ägirs, des Meermannes, und Rans, des Weibes der Tiefe, gefügt werden. Die Erde ist weit, groß, gewaltig, weiträumig, ausgedehnt; sie behauptet sich als unbeweglich fest. Sie wird die Grüne – sogar die Immergrüne – genannt und die Wachstumspendende, die Gebärende, die Ernährende; „so weit die Welt wächst", ist ein nordischer Ausdruck für: „über die ganze Welt".

Aber es gehört auch zu der Natur der Erde, wegsam zu sein; weil sie den Füßen der Menschen Pfade bietet und Raum zum freien Ausschreiten, erhält sie den Namen: Weg oder Wege; und hier können wir mit eigenen Augen sehen, wie tief im Alltagsgedanken die Worte verankert sind. Odin kann im Gedicht mit einer Hindeutung darauf, wie er durch ein Loch in den Berg hineingekrochen ist, um Gunnlöd, die Jötenbraut, zu freien, sagen, daß „die Wege der Jöten" über und unter ihm standen, und in der alten Alltagssprache ist Norwegen einfach soviel wie „Nord-Wege", und die „Ost-Wege" bedeuten Rußland. „Grüne Pfade" ist im Norwegischen ein Name, der Midgard im Gegensatz zu dem öden Utgard bezeichnet; in der Zusammenstellung vereinigen sich zwei Eigenschaften der Erde: ihre Fruchtbarkeit und ihre Wegsamkeit – die Gebärende und die Weitpfadige. Hierzu kommen noch die Andeutungen aus dem praktischen Leben. Wir erfahren, daß die Menschen, wenn sie in Not waren, die Kräfte der Erde anriefen, entweder um die Folgen starker Getränke abzuwehren oder um sich vor schädlichen Einflüssen zu schützen. In einer angelsächsischen Formel wird eine Anweisung gegeben, Erde in die linke Hand zu nehmen und Erde unter den rechten Fuß zu legen und zu sagen: „Erde hat Macht gegen alle Arten von Wesen, gegen Neid und Vergeßlichkeit, gegen die Zunge eines mächtigen Mannes." Die Verse sind enthalten in einigen Anweisungen für Landwirte, beim Ausschwärmen der Bienen zu gebrauchen, aber ihr Inhalt zeigt ihre Anwendbarkeit für viele andere Lebensumstände. Möglicherweise begegnen sich die Vorstellungen von Festigkeit und Fruchtbarkeit der Erde in dieser Beschwörung. Schließlich ist die Erde ein Weib, das empfängt und gebiert, das Menschen und Dinge in ihrem Schoße oder in ihrem Leib birgt.

In Bärheit, Wolfheit, Rabenheit, in Eichheit, Buchheit, Ulmheit endet die Seele nach der einen Seite zu. Aber kehren wir dann um, um die Grenze der Seele nach der äußeren Seite hin zu suchen, nach dem Lichte zu, so werden wir bald entdecken, daß der Weg länger ist, als wir dachten. Die beiden Flügel der Natur, der eine, der in das Dasein hinunterreicht, und der andere, der sich in die Erscheinung hinausstreckt, müssen genau gleicher Länge sein; so weit die Natur geht, das heißt solange Eigenschaften und äußere Gestalt dieselben sind, ist das Leben identisch. Alle Wölfe, alle Eichen, alle Steine haben dasselbe Leben. Und alle Mitglieder derselben Klasse sind nicht nur Teilhaber einer bestimmten Art von Seele und eines bestimmten Vorrats an Lebenskraft, sondern sie sind sowohl seelisch wie körperlich identisch, so daß sie gegenseitig ihre Leiden erleiden und gegenseitig ihre Kränkungen, ihren Zorn oder ihr Wohlwollen empfinden. Das urtümliche Denken betrachtet die räumliche Trennung als einen unwesentlichen, zufälligen Umstand; man gerät in Versuchung, es so auszudrücken: Es fühlt die Solidität des Stoffes, des Körpers, ist aber blind für seine Ausdehnung im Raum; und vielleicht ist dieser Ausdruck mehr als ein paradoxes Bild.

Für die primitive Erfahrung des Lebens hat die Identität eine tiefere Grundlage als bloße Fortdauer. Wir vereinigen unsre getrennten Sinneseindrücke und machen ein Ganzes aus ihnen, indem wir mutmaßen, daß die Welt voll ist von einzelnen Wesen, und daß jedes einzelne Individuum ein eigenes geradliniges Leben führt; wenn das Tier uns aus den Augen entschwindet, so stellen wir uns vor, daß es irgendwo verborgen unter den tausend Dingen der Erde eine Daseinslinie zieht, bis es wieder auf unsrem Pfade erscheint. Das Universum ist durchkreuzt von Millionen und aber Millionen von Fäden, jeder von einem isolierten Individuum gesponnen. In der primitiven Erfahrung aber ordnen sich die Tatsachen in einem anderen Muster. Alle Bären sind dieselbe Seele und derselbe Körper, und jede neue Erscheinung eines Bären – sei es nun derjenige, den wir gestern sahen, oder der entfernteste von allen aus der ganzen Gattung, so würden wir denken – ist eine neue Schöpfung der Seele. Ein Bär ist jedesmal eine Neugeburt, wenn er neu erscheint, denn die tiefe Verbundenheit im Dasein der Seele ist eine dauernde Kraft der Wiedergeburt. Nach unsrer Beobachtungsweise werden Tiere entweder gezählt oder sie werden zu einer gemeinsamen Art oder Gattung vereinigt; wir sprechen von einem Wolf, von Wölfen und von dem Wolfe; aber in der ursprünglichen Sprache und Dichtkunst ist das Tier weder dieser besondere Wolf noch d e r Wolf, der die Kapitelüberschrift einer Tierkunde bildet, sondern einfach Wolf. Diese individuelle und doch allesumschließende Natur ist es, die in den angelsächsischen Lehrgedichten geschildert wird wie in dieser Beschreibung des Bären: Der Bär soll alt und schrecklich sein, oder, in moderne Worte übertragen: Hohes Alter und Schrecken sind seine Natur oder Seele.

Die volkstümlichen Märchen haben die alte Art des Erzählens bewahrt, und unter der Decke einer überlieferten Sprache erhalten sich noch schwache Ausläufer der alten Vorstellung: der Wolf, der das kleine Rotkäppchen verschlang, ist sicher kein bestimmtes Tier, das sich in diesem Teile des Waldes aufhielt, sondern der Wolf des Waldes.

Die Sonne ist auch von Tag zu Tag dieselbe, denn es gibt nur die eine Sonnen-Seele; aber wenn in der Rechtssprache von diesem oder jenem bestimmt wird, daß es durchgeführt werden soll vor der fünften Sonne oder an dem Tage, wo fünf Sonnen am Himmel vorübergegangen sind, dann bedeuten die Worte wirklich, daß heute e i n e Sonne kommt, morgen eine andere, und daß schließlich eine fünfte über die Vollführung des Unternehmens scheinen wird. Es liegt kein Grund vor, sich zu wundern, wenn wir uns eines Tages plötzlich – in einem Ritual oder in einer Geschichte – Angesicht zu Angesicht mit einer ganzen Reihe von Sonnengöttern befinden. Jeder Tag ist eine neue Geburt, aber alle Tage sind nichtsdestoweniger Dagr, Dellings Sohn, um mit den Worten des nordischen Mythos zu sprechen, genau wie der Winter der Sohn von Vindsvalr und der Sommer der Sohn von Svasudr sind. Die Mythen bestätigen einfach die Tatsachen, wenn sie, wie sie es manchmal tun, ein großes Wesen schaffen, den Häuptling aller Bären oder den Vater der Sonne und des Mondes, das das Leben der Bärheit oder der Sonnenheit verkörpert und seine Boten in die Welt schickt. Nähern wir uns aber von der Seite des poetischen Denkens der mythischen Vorstellung, so brauchen wir nicht daran erinnert zu werden, daß Vaterschaft himmelweit verschieden ist von unsrer Zeugung, die das individuelle Leben als die Linie voraussetzt, auf welcher das Dasein aufgebaut ist. Der „Wind-Kalte", des Winters Vater, und der „Luft-Süße", des Sommers Vater, sind nichts anderes als die immerwährende Seele, die zur rechten Zeit in Erscheinung tritt.

Die Kunst des Lebens

Kein Wunder denn, daß das Leben in Midgard trotz allen Gefahren und unvorhergesehenen Ereignissen so sicher erscheint. Der Mann steht fest und selbstsicher auf seinen Füßen, unerschrocken all den Utgardwesen zum Trotz, die immer wieder Streifzüge über das Ackerland machen; er kämpft auf dem eigenen Felde und mit einem Heer von Bundesgenossen.

Wir sahen den Mann außerhalb der Grenzen der Welt blind straucheln: jeder Schritt war ein Rätselraten, und es waren Rätsel der Art, wie die Jöten sie aufgeben, wenn das Leben von ihrer Lösung abhängt. Dieser oder jener Held mag sich ausnahmsweise da draußen wenige Tage durchschlagen und wohlbehalten heimkehren, aber dort zu leben ist unmöglich. Wäre Midgard so beschaffen, daß die Menschen gezwungen wären, sich so im Blinden vorwärts zu tasten, da hätten die Jöten bis ans Ende der Tage über die Welt geherrscht.

Nun gibt es aber kein solch unsicheres Tasten. Die Menschen kennen die Seelen aller Dinge, sie wissen, was in jedem einzelnen Wesen an Willen zum Guten wie zum Bösen liegt, sie kennen die Natur des Hasses und die Natur der Liebe, sie können sich das Wohlwollen zunutze machen und sich vor dem Übelwollen behüten, sie können am rechten Platze abbiegen und zur rechten Zeit zugreifen. Kraft ihrer Weisheit können sie herrschen, und wo die Macht nicht hinreicht, können sie ihre klugen Pläne mit Sicherheit entwerfen, ohne befürchten zu müssen, das Ziel zu verfehlen wie so oft in jenem Lande der Dämonen. Sie können die Seelen der Dinge zwingen, ihnen zu dienen, indem sie sie freundlich stimmen. Pflanzen, in denen ein feindlicher Wille wohnt, und die unweigerlich den Unwissenden von innen heraus auffressen, können von demjenigen, der ihre Seele kennt, durch verständnisvolle Behandlung während des Wachstums oder weise Zubereitung nach dem Sammeln in nützliche Stärke- und Heilmittel verwandelt werden. Der Mann hat die Steine in seinen Dienst gestellt und sie in Geräte verwandelt, in welchen jeder schädliche und vernichtende Wille nach außen gekehrt ist und alles Wohlwollen nach innen, nach dem Besitzer zu, so daß er sie ruhig handhaben und durch sie seinen Zweck erreichen kann. Er ist von gezähmten Seelen umgeben.

Es gibt wohl kaum eine Seele, die ein kräftigeres Zeugnis von der Klugheit des Menschen ablegen kann als das Feuer. Was dieses gewesen ist, und was es noch sein kann, erfahren wir aus den Namen, die ihm gelegentlich gegeben werden. Es teilt den Namen *frekr* mit dem Wolf und ist also dem „frechen, gierigen" Raubtier zugesellt; grausam und gefräßig heißen andere seiner Eigenschaften. Und nun, was ist das Beste auf der Welt? „Feuer ist das Beste unter den Söhnen der Menschen, der Anblick der Sonne, Gesundheit und Leben ohne Tadel" – in einer solchen Aufzählung, die mit dem Größten der Welt, tadelloser Ehre, endet, behauptet das Feuer seinen Platz. „Feuer schützt oder hilft gegen Krankheit", heißt ein anderer alter Spruch, und wer etwas vom Leben des Volkes weiß und von der Bedeutung des Feuers für die Wohlfahrt der Menschen und des Viehs, der ahnt, welchen tiefen Sinn dieser kleine Satz in sich birgt. Das Feuer ist der Lebensernährer, sagt die Dichtersprache. Und diese Umbildung des unruhigen Elementes haben die Menschen selbst vollbracht; die Menschen bändigen die Flamme stets aufs neue, weihen sie und widmen sie dem Dienst in Midgard. Den Brauch bei der alten Weihe kennen wir nicht, aber aus späterer Volkssitte können wir uns jedenfalls einen Begriff von ihrer Art bilden. Bei bestimmten Feiern oder wenn das Schwinden des Heils auf die Notwendigkeit einer Erneuerung hinwies, wurde das Feuer auf allen Herden gelöscht; die Bewohner einer Ortschaft versammelten sich und riefen neues Feuer ins Leben mit Hilfe jenes altehrwürdigen Feuerzeuges, wo Holz an Holz gerieben Feuer erzeugt; aus der neu entzündeten Flamme wurde Segen in Stall und Scheune geholt, und auf dem Herde wurde neues Leben entfacht.

Aber letzten Endes sind Midgards Bewohner nicht von dem Wohlwollen der Seelen abhängig; sie sind nicht nur die Klugen, die es verstehen, aus der Schwäche und dem Edelmut eines anderen Nutzen zu ziehen; sie können ihn auch unter ihren Willen zwingen. Der Jäger kann das Wild, das er jagt, in seine Gewalt bekommen, so daß es ihm nicht entspringt, sondern umgekehrt aus eigenem, freiem Willen ihm in den Weg tritt, ihm nicht grollt und nicht auf Rache für seinen Angriff sinnt. Der Ruf dringt nur aus der Ferne von Seele zu Seele, eine Kluft ist zwischen dem Menschen und den Dingen um ihn befestigt, und niemand kann kraft des Lebens, das in ihm ist, unmittelbar so auf ein anderes Wesen einwirken, daß er aus seiner Seele Antriebe und Neigungen hervorgehen läßt. Aber um so leichter ist es, sich in eine fremde Seele hineinzuschleichen und sie durch ihre eigenen Glieder und ihre eigene Stärke in Bewegung zu setzen. Erscheinung und Eigenschaft sind, wie wir gesehen haben, nicht zufällige Auswirkungen der Natur. Nimmt man eine der Eigentümlichkeiten der Seele an, nimmt man die ganze Seele in sich auf und macht sie zu dem eigenen Willen. Kann man bloß an einem einzigen Punkt mit der Seele Verbindung anknüpfen, so hat man sie ganz; das Leben wohnt ebenso voll und ganz in dem kleinen, abgerissenen Teil wie in dem springenden, spähenden, wollenden Organismus, und wenn man sich diesen kleinen Teil einverleibt, indem man ihn ißt oder ihn an sich bindet, so saugt man die ganze Seele ein. Aber der Zweck wird ebenso sicher auf geistigem Wege erreicht; durch mimische Nachahmung der Bewegungen und des Verhaltens des Körpers erwirbt man dessen Natur und setzt sich in den Besitz der ganzen, großen, körperreichen Seele – oder zieht sie jedenfalls halbwegs in sich hinein. Man kann in die Natur eines Tieres hineingehen, indem man mit seinen Bewegungen sein Ziel verfolgt, indem man sein Schleichen nach Beute, seinen Sprung, seine Art zu fressen, vielleicht seine Paarung nachahmt. Und nun kann man das Tier von innen heraus nach seinem Willen beugen. Eigentlich genügte ja die Idee an sich, wie wir sagen würden, um einem Herrschaft über die Seele zu verschaffen, wenn man nur die Idee in einer handlichen Form festlegen könnte. Vielleicht ist der Name ein solches wahres Symbol, in welchem die Seele eingeschlossen ist; dann besitzt er einen Zauber, der den Feind überwältigt. Irgendein gefährliches Wesen stellt sich dem Mann in den Weg, öffnet seinen Rachen, um ihn zu verschlingen, starrt ihn an, als wolle es ihn in Stein verwandeln; aber er schleudert sein: „Ich kenne deinen Namen!" gegen den Unhold, und wenn es wahr ist, daß er seinen Namen meistert, sinkt der Angerufene kraftlos nieder oder macht sich böse schielend aus dem Staube. Meistern aber heißt alles wissen, was der Name besagt: die Gewohnheiten der Bestie, ihre Wildheit, ihre Kniffe; meistern heißt wirklich kennen und verstehen oder mit anderen Worten: Macht haben.

Wer aber die Natur der Dinge kennt und es versteht, Streit zu vermeiden, kann auch selbst eingreifen und die Welt ausnutzen.

Er kann nicht nur eine Zeitlang seine Umgebung binden und bändigen, er vermag auch ein dauerndes Solidaritätsgefühl zu erzeugen, so daß er „Friede“ zwischen sich und den Wesen um sich her befestigen kann. Er kann sich mit einer Seele außerhalb des Menschenkreises verbinden, ihr gewisse Verpflichtungen gegen sich unter gegenseitiger Verantwortlichkeit auferlegen, Verpflichtungen, die hinter der Ehre der Verwandten nicht zurückbleiben. Aber das kann nur dadurch erreicht werden, daß er mit dem Tiere „Seele mischt“, wie es in der alten Sprache heißt. Er pfropft sich Seele von dessen Seele auf, so daß zwischen den beiden Arten Leben eine ähnliche Identität entsteht wie diejenige, die alle Individuen der Tiergattung in körperlicher Gleichheit zusammenhält. Eine solche Vereinigung findet durch Übertragung von Seelenteilen statt, und wo sie geschieht, muß sie eine volle und ganze Übertragung der fremden Natur auf den Ziehbruder bewirken. Der Mensch eignet sich die Seele eines neuen Verwandten an und erwirbt sowohl das Recht als auch die Kraft, das Heil des Tieres zu gebrauchen, wenn es not tut. Bei den germanischen Völkern finden sich nur wenige verstreute Erinnerungen an die Zeit, wo die Menschen sich mit den Tieren verbanden, aber bis in die historische Zeit hinein finden wir Zeugnisse von einem sogar sehr starken Gefühl der Blutsbrüderschaft. In der Nähe des Hofes Eriks des Roten auf Grönland erschien eines Winters ein großer, weißer Bär, der ringsum sein Unwesen trieb, und als Thorgils, der sich zu der Zeit als Gast auf Brattahlid aufhielt, das Tier erlegte, um das Leben seines kleinen Sohnes zu retten, wurde er von allen Männern gepriesen. Nur Erik schwieg, und wenn er auch nicht Widerspruch dagegen erhob, daß das tote Tier, wie üblich, für nützliche Zwecke verwendet wurde, so verstand man doch, daß er über Thorgils' Tat erbost war. Etliche sagten, daß Erik „alten Glauben“ an die Bestie gehabt hatte, und die Saga deutet an, daß das Verhältnis zwischen den beiden Männern von dem Tage ab noch kühler als vorher; Erik versuchte sogar, Thorgils in Lebensgefahr zu bringen.

Der Wolf wurde allgemein als ein unheimliches Raubtier betrachtet, als ein Ungeheuer, das zu Utgard gehörte, aber als Teil der Schlacht ging das Raubtier in die Seele des Berufskriegers ein. Die Sprache gebrauchte zwei Wörter, *vargr* und *úlfr* („Wolf“); *vargr* ist die Jötenbestie und kein Mann konnte *vargr* sein, ohne daß er des Friedens beraubt und Trollen ausgeliefert war und tierisch in den Wäldern herumstreifte. „Wolf“ dagegen ist der

Freund des Königs, und oft tragen Männer seinen Namen. Um dem alten Sinn gerecht zu werden, müssen wir lieber sagen, daß die Sprache zwei Wörter gebrauchte, weil es zwei Wesen gab, das Tier, das mit dem Manne ein Bündnis schließt, und die wilde Bestie der Trolle. Der Gebrauch von Wolf als Ehrentitel für Krieger und als Mannesname und noch mehr das Vorhandensein von *Ylfing* oder *Wylfing* als Geschlechtsname besagt, daß die Menschen einen Vertrag mit dem Tier schließen, die Fremdheit des Tieres überwinden und ein enges Bündnis mit ihm eingehen konnten; solche Wolf-Männer hatten sicher Wolf-Natur, die Stärke eines Wolfes und Anteil an seinen Gewohnheiten. Nach den Andeutungen der alten Literatur ist es leicht zu erraten, daß die Ylfinge wirkliche Wolfs-Männer waren, und vielleicht weisen einige Sätze in einem der eddischen Gedichte auf eine halb vergessene Wirklichkeit zurück: in dem Lied von Helgi, der ein „Sprößling der Ylfinge" war, spricht der junge Fürst einmal, als er sich verkleidet hatte, von sich selbst als dem grauen Wolf. Ketil Lachshaken gehörte einem Geschlecht an, das auf den Lofoten wohnte, wo die Leute sich vorwiegend von dem Reichtum der See ernährten. Sein Name wird durch einen Mythos in der Geschlechtssaga erklärt, ein ganz sicheres Zeichen, daß irgendeine innere Verbindung zwischen dem Mann und dem Fisch bestand. Vielleicht besitzen wir auch die legendäre Abspiegelung einer wirklichen Tatsache in der Geschichte von Otr, dem Fischer, der sich in einen Otter verwandeln konnte, wenn er Fische für seine Mahlzeit fangen wollte. Die Worte, mit denen die Völsungasage das Wesen dieses Otters beschreibt, gehen viel zu sehr ins einzelne, um ganz aus späterer Romantisierung hervorgegangen zu sein; wahrscheinlich hat der Verfasser sich auf volkstümliche Weisheit, wenn nicht auf alte Überlieferung gestützt. „Otr war ein großer Fischer, tüchtiger als andere Männer; er nahm die Gestalt eines Otters an, tauchte in den Fluß und fing Fische mit dem Maul ... Er hatte in hohem Maße die Gewohnheiten des Tieres und liebte es, in Einsamkeit mit geschlossenen Augen zu fressen, um nicht zu merken, wie sein Futter verschwand." In die Ynglingasaga hat der Verfasser zufällig ein merkwürdiges Bruchstück einer Familiensaga eingefügt, das sich auf einen Sperling bezieht. Wir hören, daß König Dag so klug war, daß er die Sprache der Vögel verstand, und daß er außerdem einen Spatzen besaß, der weit herumflog und seinem Herrn Nachrichten brachte. Auf einem seiner Streifzüge setzte der Spatz sich auf ein Kornfeld, um die Ähren zu picken, worauf der Bauer einen Stein aufnahm und ihn tötete. Als Dag erfuhr, in welchem Lande der Vogel sein Leben verloren hatte, machte er einen Rachezug dorthin und verheerte grausam das Land des Töters.

Kraft seiner Beherrschung der Natur kann der Mann auch die Seelen verbinden und das Wesen der einen Seele der andern aufpfropfen. So beseelt er das Werk seiner Hände und stattet seine Geräte mit den Eigenschaften aus, die sie für ihren Beruf nützlich machen können. Wenn er ein Bündel Federn an seinen Pfeil bindet, so gibt er seinem Fluge die Sicherheit des Vogels, vielleicht auch etwas von der Kraft des Vogels, wenn er auf seine Beute niederschießt, so wie er auch ganz gewiß sich selbst ein Stückchen Vogelnatur verleiht, wenn er an seinem Körper Federn befestigt. Oder er mag sich kraft seiner künstlerischen Fertigkeiten damit begnügen, ein Stück Natur abzubilden. Er hämmert eine Schlange in sein Schwert ein, legt „eine blutig bemalte Schlange an der Schneide entlang", so daß sie „ihren Schwanz dem Schwert um den Nacken schlingt", und dann läßt er das Schwert „beißen". Oder er verwendet eine andere Kunst: er singt eine bestimmte Natur in seine Waffe hinein. Er härtet sie im Feuer, schmiedet sie mit Kunst und List, wetzt sie, schmückt sie und „legt das Wort auf sie", daß sie eine beißende Schlange, ein verzehrendes Feuer sein soll. So zimmert er auch sein Schiff mit der Erfahrung eines Schiffsbauers, bemalt es, setzt vielleicht ein Tier an den Vordersteven und heißt es mit der Sicherheit eines Pferdes das Wasser treten. Natürlich genügen die bloßen Worte nicht, wenn kein „Heil" an ihnen ist; sie wirken nur, wenn der Sprecher sie „ganz", d. h. „heil" machen kann. Wie er das fertig bringt, ist eine Frage, die zu behandeln hier zu weit geht; aber je besser wir unsre Vorfahren kennenlernen, um so mehr werden wir wohl ein kleines Geheimnis nach dem anderen ergründen.

Der Dichter ist ein großer Heiling. Er hat mehr Wortheil als andere Männer – das erkennt man deutlich nicht nur an dem Wohlklang seiner Worte, sondern auch an ihrer Wirkung auf Menschen und Naturerscheinungen. Wir sind in unsrer Einseitigkeit geneigt, nur das Ästhetische an seinen Schöpfungen zu betrachten. Als ob seine ganze Kunst darin bestände, zu schildern, wie die Schlange des Kampfes von der Hand des Kriegers geschwungen wird und sich seinem Feind tief ins Gehirn bricht, wie das Feuer des Kampfes geflammt und bei jedem Schlag einen Mann totgebissen hat, als der Held es schwang, wie die Vögel des Kampfes singend vom Bogen geschwirrt sind, wie die Meerrosse, die Wellentreter das Fischfeld getreten haben. So leichthin dürfen diese Bilder nicht abgefertigt werden. „Meerroß" ist kein Vergleich; der Dichter sagt nicht, daß das Schiff zu vergleichen sei mit – nein, das Schiff i s t, was er sagt; das Schiff geht nicht über die Wellen, so wie ein Pferd auf dem festen Wege trabt, sondern das Pferd des Meeres tritt die Wellen mit sicherem Schritt. Die dichterische Abbildung des Kriegers als „Baum des Kampfes", die für den betriebsamen Skalden in jedem zweiten Vers als Flickwort dient, scheint dem Norden eigen zu sein; jedenfalls gibt es keine sichere Spur dieser Figur in der Dichtung der anderen germanischen Völker. Aber ob sie nun speziell skandinavisch ist oder nicht, sie hat die Ehrwürdigkeit des Alters. Die späteren Dichter ergehen sich in dem Bilde von den Kriegern als Bäumen, die im Sturm des Streites wild ihre Arme schwingen, während der Leichentau über den Stamm sickert; die Umschreibung an sich sagt nur, daß der Krieger der dickstämmige, festverwurzelte Baum ist, der manchem Hieb der Axt widerstehen konnte, ohne umzufallen. Die Schilderung der Esche im Runenlied ist vielleicht hier der beste Kommentar: „fest im Boden, standhaltend, auch wenn viele Männer angreifen", Worte, die beleuchtet werden durch das Hinundherschwingen des Gedankens zwischen der zähen Esche als Baum und dem unüberwindlichen Eschenspeer. Sicherlich war der Dichter ein großer Heiling, der als erster seinen Häuptling mit einer Seele erfüllte, deren hervorragendste Eigenschaft die zähschwingende Festigkeit der Esche war. Die Schönheit der poetischen Figur liegt in ihrer Wahrheit, denn wenn die Umschreibungen keine Wirklichkeit ausdrückten, so hätten sie keine dichterische Berechtigung.

Durch unzählige Verwandtschaftsbeziehungen sind die Naturen kreuz und quer verknüpft, bis die Welt in einem Friedensgewebe hängt. So zieht der Mensch die Seelen in seinen Kreis. In unserem Zeitalter ist der Kriegsruf: Herrschen! Sei Herr über die Erde, unterwirf dir die Schöpfung, ist die Losung des Tages, und es scheint, daß dieses Gebot sympathetisch den Herzschlag unsrer Kultur trifft und ständig den Takt angibt, nicht nur für ihre Taten, sondern auch für ihre Spekulationen. Alle Hypothesen über vergangene Zeiten in der Geschichte unsres Stammes gehen von der Behauptung aus, daß der Mensch durch einen immerwährenden

Kampf vorwärtsgeschritten ist, und daß die Zivilisation der Erfolg dieses Kampfes des Menschen ums Dasein ist. Aber die moderne Zivilisation mit ihrem Schrei nach Herrschaft und ihrer Betrachtung des Lebens als fortgesetzten Streites ist eine zu enge Basis für Hypothesen, um die Geschichte glaubhaft zu machen. Die Entwicklungstheorie des allgemeinen Kampfes ums Futter und die Theorie vom Überleben der Besserausgerüsteten ist nur ein ätiologischer Mythos, wie die Ethnologen sie haben, eine einfache Erfindung, um die moderne europäische Zivilisation zu erklären, indem man unsere Geschichte, ihren Wettkampf und ihr ausschließliches Interesse für materiellen Fortschritt auf den Schirm der Vergangenheit projiziert. Wenn alte und primitive Kulturen im Lichte der modernen ökonomischen Probleme gezeigt werden, müssen alle ihre Größen- und Tiefenverhältnisse zerstört werden; einige Ausschnitte treten verschärft hervor, andere werden in den Schatten gerückt, ohne Rücksicht auf die Harmonie, die dem moralischen und intellektuellen Leben anderer Völker innewohnt; der Anblick als Ganzes wird durch solch ein mutwilliges Spielen mit dem Scheinwerfer noch viel mehr verfälscht als durch irgendwelche eigensinnige Verdrehung der Tatsachen.

Der Grundton der alten Kultur ist nicht Streit und auch nicht Herrschaft, sondern Versöhnung und Freundschaft. Der Mensch bemüht sich, mit den Tieren, den Bäumen und den Mächten ringsum Frieden zu schließen, oder noch tiefer, er wünscht, sie in sich hineinzuziehen und sie zu Verwandten seiner Verwandten zu machen, bis er es nicht mehr vermag, eine feste Linie zwischen seinem eigenen Leben und dem der umgebenden Natur zu ziehen. Die Kultur ist viel zu kompliziert – und wir können hinzufügen: viel zu unnütz –, als daß sie ihre Erklärung finden könnte in der harten Arbeit des Menschen für die Bedürfnisse und Genüsse des Lebens. Und das Spiel der Intelligenz und der Vorstellungskraft des Menschen ist nie – bis auf die letzte Zeit vielleicht – von dem Verlangen nach Nahrung und Kleidung beherrscht worden. Der Kampf ums tägliche Brot und um die Aufrechterhaltung des Lebens bis zum morgigen Tage ist in der frühen Gesellschaft meist sehr scharf, und es scheint, daß die Anstrengung ein Aufgebot aller Fähigkeiten und Kräfte erforderte. Aber als Lebewesen, das für seine Nahrung kämpft, ist der Mensch ein schlechter Haushalter; jedenfalls versteht er nur schlecht, die Ausgabe an Energie auf den Bedarf des Tages einzuschränken. Es ist mehr als Anstrengung in seiner Arbeit; es ist eine überschießende Kraft, ein Beweis, daß die Energie, die ihn antreibt, viel komplizierterer Art ist als der bloße Instinkt zur Aufrechterhaltung des Lebens. Er wird von einem unbändigen Drang dazu angetrieben, die ganze Natur in sich aufzunehmen, sie durch aktive Sympathie irgendwie menschlich – „geheuer" – zu machen.

Der primitive Mensch ist nie imstande gewesen, seinen Bedarf auf das streng Notwendige zu begrenzen. Seine Freundschaften unter den Seelen sind nicht auf die Geschöpfe beschränkt, die für seinen Körper nützlich oder für sein Leben gefährlich sind. Wenn wir sehen, wie der Mensch in seiner Dichtung, seinen Mythen und Legenden ein Gegenstück zu seiner Umgebung aus der Phantasie erzeugt, wie er seine Feiern, manchmal sogar sein ganzes Leben, nach dem Himmel und dem Gang der Gestirne einteilt, wie er an seinen Festtagen die ganze Erschaffung seiner begrenzten Welt in einer langen Reihe von kultischen Auftritten dramatisiert, dann bekommen wir einen Eindruck von der Wichtigkeit, die die Untermauerung seines geistigen Daseins für ihn besaß. Sein Freundeskreis reicht vom hohen Licht des Himmels bis zu dem Wurme, der in der Erde wühlt. Er umfaßt nicht nur den Käfer, der sich vielleicht gut essen läßt, sondern auch harmlose Insekten, die nie in seine Liste von Leckerbissen aufgenommen wurden; er umfaßt nicht nur die Giftschlange, sondern auch unschädliche, kriechende Dinger, die nur von der Tatsache her, daß sie zu seinem Lande gehören, einen Anspruch auf seine Aufmerksamkeit erheben können.

Die Spuren, die uns vom kultischen Leben unsrer Vorfahren überliefert sind, sind spärlich, aber doch zahlreich genug, um uns zu zeigen, daß die Alten Beziehungen zu hohen und niedrigen Dingen unterhielten. Sie konnten, wie wir zu erkennen meinen, mit den laufenden und wachsenden Wesen Freundschaft schließen. Ihr Leben war sowohl ein Sonnenleben als auch ein Mondleben. Die Sonne hatte so sehr in ihrer Seele Eingang gefunden, daß bestimmte Handlungen in der Richtung von Osten nach Westen ausgeführt wurden. Wenn Heil in einem Unternehmen sein sollte, mußte es der Sonne nach ausgeführt werden, vom Osten nach Westen. Wenn der schwedische König seine *Eriksgata* ritt – eine Art Huldigungszug durch die Ortschaften des Königreichs –, so mußte er sich in der Richtung der Sonne durchs Land bewegen; und mit der Sonne, können wir annehmen, trugen die Männer das Feuer, wenn sie einen neuen Hof weihten und das öde Land ihrem

Heil unterwarfen. Als Island mit der Zeit dichter bevölkert wurde und es keinen Überfluß an Land mehr gab, wurde beschlossen, daß kein Mann mehr Land nehmen durfte, als er an einem Tage mit Feuer umgehen konnte. Man sollte ein Feuer anzünden, während die Sonne im Osten stand, dann weitergehen und in Sichtweite das nächste anzünden und so fort, bis das letzte Feuer mit der Sonne im Westen flammte. Bis in die alltäglichen Gewohnheiten gilt das Gesetz von der Sonne. Mit der Sonne soll das Trinkhorn von Hand Hand zu Hand um den Tisch gereicht werden. Es scheint, nach einer Stelle in der Saga der Droplaugsöhne zu schließen, daß die Männer unter gewöhnlichen Umständen mit der Sonne ums Haus gingen. Grim und Helgi verirrten sich in einem Unwetter und ahnten nicht, wo sie waren, als sie plötzlich zu einer Hauswand kamen; sie gingen mit der Sonne um den Platz herum und entdeckten, daß es Spakbessis Opferhaus war. Daß sie so gingen, bewirkte nach Bessis Ansicht, daß der Sturm noch 14 Tage anhielt. Wenn wir uns darauf verlassen können, daß der Sagamann Bescheid gewußt hat, muß es wohl die Bewegung ums Götterhaus gewesen sein, die dem Wetter einen so kräftigen Antrieb gegeben hat, daß es nur schwer wieder zum Stillstand kommen konnte. Umgekehrt zwingt man, wenn man gegen die Sonne geht, die Natur in sich zurück, so daß sie zerbricht und ausgerenkt wird. Wir hören, daß die Zauberweiber auf Island verwüstende Bergstürze bewirken konnten, indem sie um ihr Haus herumgingen. Die Zauberin Groa, die einen Groll auf die mächtigen Ingimundsöhne hatte, bereitete ein Todesgastmahl vor und schickte eine freundliche Einladung an ihre Opfer, aber wie gewöhnlich zeigte das Heil und die Weisheit des Geschlechts sich als zu stark, und die Gäste wurden durch Träume am Erscheinen verhindert. Nach Sonnenuntergang ging Groa gegen die Sonne um ihr Haus, blickte nach den Berggipfeln empor und schwenkte ein Tuch, in welches ihr Gold eingebunden war, und mit einem Seufzer: „Es ist hart, dem Heil dieser Ingimundsöhne zu widerstehen", und dem Wunsche: „Mag nun geschehen, was vorbereitet wurde", schloß sie die Tür hinter sich. Da ging ein Bergsturz über das Haus nieder und alle kamen um. Dasselbe Mittel verwendete Audbjörg, um Rache zu nehmen an Berg Kurzbein für die Demütigung ihres Sohnes. Sie konnte in der Nacht vor Unruhe nicht schlafen. Es war stilles Wetter mit klarem Frost. Sie ging hinaus und wandelte gegen die Sonne um ihren eigenen Hof herum, hob den Kopf und witterte nach allen Himmelsrichtungen. Sogleich schlug das Wetter um, ein Schneetreiben setzte ein, der Wind brachte Tauwetter, und eine Lawine ging über Bergs Wohnung nieder, wodurch 12 Menschen den Tod fanden.

Für jemand, der das Geschäft kennt, mußte diese Bewegung gegen die Sonne wohl nicht durchaus unnatürliche Folgen haben; sie konnte sogar, wenn sie weise gegen ein bestimmtes Ziel gerichtet wurde, Nutzen stiften. Jedenfalls lesen wir von einem Mann, der ein Unwetter zum Aufhören brachte, indem er gegen die Sonne um einen Kreis herumging, der von seinen Gefährten gebildet war; daß er es für notwendig erachtete, dabei Irisch zu sprechen, beweist wohl nur, daß die Kultur eigentlich schon zu Ende und die Zeit für den Mystizismus gekommen war, den einfachen Sinn, den die Kultur mit ins Grab genommen hatte, durch ihr praktisches oder spekulatives Abrakadabra zu ersetzen. Die Handlung an und für sich mag wohl ihr Ansehen noch von der Kultur gehabt haben.

Die engen Beziehungen zwischen dem Menschen und der Sonne werden auch durch die Rechtsbräuche bestätigt. Gesetzliche Beschlüsse und Kaufverträge waren nicht rechtskräftg, wenn sie nicht im Lichte der Sonne oder bei vollem Tageslicht ausgefertigt worden waren. Es ist ungesetzlich, bei Nacht, nachdem die Sonne hinter den Wald gegangen ist, einen Eid zu nehmen, um ein schwedisches Beispiel anzuführen. Tötung bei Nacht wurde als Mord verurteilt, und der Grund ist nicht die Heimlichkeit der Tat. Was im Dunkeln getan wurde, ist ganz und gar verschieden von dem, was im Bund mit der Sonne oder im Geiste und in der Kraft der Sonne ausgeführt wurde. Um die volle Schwere – oder sagen wir die psychologische Kraft – der Redewendung zu erfassen: „Nächtliche Tötung ist Mord“, müssen wir bedenken, daß Mord eine unehrenhafte Tat, ein Neidingswerk ist, das die moralische Verfassung des Täters unterminiert; es erzeugt irgendeinen krankhaften Zug in seinem Charakter oder, wie die Alten sagen würden, eine Befleckung seiner Seele. Infolgedessen fehlt bei Taten, die im Dunkeln ausgeführt werden, die gesunde, ehrenhafte Initiative, für die das volle Heil des Täters nötig ist, und bei der allmählich zunehmenden Schwäche mag ein dämonisches Element sich einschleichen.

Vom Mond erfahren wir bei Tacitus, daß er die Volksversammlungen regulierte; bei Neu- und Vollmond versammelte sich das Volk auf dem Thing, „denn bei allen Unternehmungen betrachten sie diesen als den besten Anfang“. Auch Cäsars Bemerkungen über die Wahl der Tage bei den Germanen haben offenbar tiefe Bedeutung: „Ariovist und seine Leute wußten aus den mahnenden Wahrsagungen der Frauen, daß sie nicht auf Sieg hoffen konnten, wenn sie vor Neumond den Kampf eröffneten." Es ist leicht, diese zufälligen Andeutungen zu vermehren, und zwar aus dem modernen Volksglauben mit seinen Hunderten von Regeln über das, was bei zunehmendem Mond getan werden soll und was aufgeschoben werden soll, bis der Mond im Schwinden ist; und soviel Weisheit können wir mit aller Vorsicht aus dieser trüben Quelle schöpfen, daß wir sagen können, daß der Einfluß des Mondes nicht auf Sachen des öffentlichen Lebens beschränkt war, sondern das ganze Leben, sogar das alltägliche, durchdrang. Aber leider ist die Einsicht in das Wesen des Mondes verlorengegangen, und sein Charakter steht jetzt vor uns wie ein dunkles Rätsel. Nur soviel wissen wir, daß es der Mond war – der Jahrzähler –, der den Gang der Zeit und der Tage bestimmte und also den Tagen ihre Kraft gab, indem er ihnen seine Seele einflößte; das Heil der Zeit sank und stieg wie Ebbe und Flut mit dem des Mondes.

Wir können nicht im Zweifel sein über die Bedeutung der sich mit der Sonne bewegenden Gedanken; die Männer empfingen und befestigten die Sonnennatur in sich. Auf diese Weise müssen sie gewaltige Kräfte und viel Heil gesammelt haben; aber wenn sie durch diese Freundschaft gutes Glück gewonnen haben, erwarten sie notwendigerweise auch noch ein zweites, nämlich Seelenfrieden. Daß die Alten Ehrfurcht vor der Sonne empfanden, daß sie sich vor ihr fürchteten und versuchten, ihre Kräfte zu erwerben, daß sie wünschten, Nutzen aus ihr zu ziehen, ihre Gunst zu gewinnen und sie unter ihren Willen zu beugen – das ist alles wahr, denn es ist alles ein und dasselbe; was Menschen erstreben und was sie erreichen, ist Friede und gegenseitige Verantwortlichkeit. Ohne gegenseitige Durchdringung der Naturen ist keine Verwandtschaft möglich. Die Männer machen die Natur zu einem Teil von sich selber, indem sie dem fremden Element etwas aus ihrem eigenen Leben aufpfropfen oder, was für sie dasselbe ist, etwas von jenem fremden Leben in sich hereinholen.

Aber der Mann sieht ein weiteres Ziel vor sich, wenn er Freundschaft schließt und mit den Seelen um sich seine Seele tauscht. Indem er ein Netz von Gemeinsamkeit webt, führt er Friede und Ordnung in die Welt ein. Die Nordländer sagen, daß es einmal eine Zeit gegeben hat, wo die Welt nicht geheuer war, wo die

Jöten nach Belieben herrschten und sich als Herren des ganzen Daseins ausbreiteten. Aber ein Stamm von mächtigen und klugen Wesen fiel über sie her, und jetzt sitzt die Brut der Unholde an den Grenzen, nagt an Knochen und beißt ihre Nägel. So ist das Land von dem Unland gesondert, das *heore* von dem *unheore.* Aber bis zum heutigen Tage kann die Grenze nur durch strenge Wachsamkeit gehalten werden. Es heißt, daß die Götter das erste große Blutbad unter den Ungeheuern veranstalteten, den Urjöten töteten, so daß seine Brut haufenweise in seinem Blute ertrank, und den Rest aus Midgard hinausfegten. Und immer noch macht Thor, der Hüter Midgards, seine Vernichtungszüge; es ist noch Gefahr, sogar für Sonne und Mond; bald versucht der eine, bald der andere Bewohner Utgards, sie seinem Jötenwillen zu unterwerfen. Die jetzige Ordnung und Schönheit dieser „lieblichen Welt" ist nicht von selbst entstanden; sie wird durch die sorgliche Pflege irgendeines Gottes oder Helden bewirkt. Und in diesem Punkte sind die Nordländer der gleichen Ansicht wie die Völker in anderen Teilen der Welt. Der Verfasser der Völuspa, der ein mittelalterlicher Philosoph mit selbständigen Gedanken war, aber für seinen Stoff aus alten Mythen schöpfte, hat uns eine Schilderung des Zustandes des Himmels bewahrt, wie dieser war, bevor die ordnenden Mächte sich durchgesetzt hatten: „Die Sonne kannte ihre Säle nicht, der Mond kannte seine Macht (d. h. Heil, Bestimmung) nicht. Die Sterne kannten ihre Stätte nicht."

In der legendären Form, die die Mythen bekamen, als sie durch die Philosophie einer neuen Religion zu Erzählungen reduziert wurden, scheint es, als ob die schicksalhafte Stärkeprobe zwischen Göttern und Jöten stattgefunden habe, während die Bewohner der Erde in atemloser Spannung zuschauten. Der Dichter gibt seinen Bericht in der Form der Vergangenheit, als wäre es etwas, das nun überstanden wäre; aus der Gestaltung der Worte scheint hervorzu gehen, daß die Zuhörer ein gesteigertes Sicherheitsgefühl genossen haben, indem sie sich den Augenblick ins Gedächtnis zurückriefen, wo das Schicksal der Welt auf der Schneide gestanden hatte und sich dann nach der rechten Seite neigte. Aber die literarische Form, welche die Mythen in der Wikingerzeit und später in den Händen der Dichter annahmen, verdunkelt den wirklichen Sinn, der den Zuhörern geläufig war, wenn die Sagen bei den Feiern rezitiert und durch Kult und feierliche Gebräuche erläutert oder richtiger ergänzt wurden. Der Kampf wird Tag für Tag mitten in der Menschenwelt geführt, niemand kann sicher sein, Licht und Wärme zu erhalten, wenn nicht er und seine Genossen durch irgendeine feierliche Handlung häufig die Bande zwischen sich und den hohen wandernden Lichtern stärken. Wenn das Bündnis nur einen Augenblick versagt, verlieren die Himmelskörper ihren Weg, und dann tritt der Zustand ein, den der Dichter der Völuspa noch kannte und beschreiben konnte.

Die Gefahr, die so drohend am Himmel hängt, lauert ja tatsächlich auf jede Seele in Midgard. Hinter aller Sicherheit steht die ernste Tatsache, daß die Naturen Keime zur Feindschaft in sich tragen; sie können sich verirren, sie können „ungeheuer" werden. Und manchmal tun sie das, wenn die Menschen nicht sich selbst und ihr Heil bewahren und damit ihr Bündnis mit ihrer Umgebung; da wird der feucht-kalte Boden unfruchtbar, da verliert das Vieh die Gabe, Nutzen zu spenden, und die Bäume werden Träger des Unheils; die Fische wandern in geschlossenen Zügen nach dem Meer aus, während die See zerstörend das Land überflutet. Soll der Friede der Welt aufrechterhalten werden, so müssen die Menschen große Selbstbeherrschung üben und gleichzeitig große Achtsamkeit und Sorgfalt darauf verwenden, bei allen Festen und kultischen Neuanfängen zu tun, was sich gehört.

Ohne diese innige Verbindung zwischen dem Menschen und den anderen Naturen um ihn herum könnten weder er noch Midgard existieren. Die Mythen erzählen uns, wenn sie richtig gelesen werden, daß der Mensch eine wohnliche, wohlgeordnete Welt mitten im Chaos geschaffen habe, und daß er, um zu leben und zu gedeihen, ständig seine Verbindung mit jeder einzelnen Seele aufrechterhalten und so unaufhörlich die feste Ordnung der Welt neuerschaffen müsse. Der primitive Mensch hatte nie daran gedacht, triumphierend auf eine ewige Ordnung der Dinge zu verweisen; er hatte das Gefühl der Sicherheit, aber nur weil er wußte, wie die Gesetzmäßigkeit der Welt zustande gekommen war und deshalb sagen konnte, wie sie aufrechterhalten werden sollte.

Der Mensch ist nie fähig, alle Wesen zu umarmen und den ganzen Kreis der Schöpfung in seine Sympathie und sein Verständnis einzubeziehen. Die ausgeschlossenen Wesen drängen sich an die Grenzen der Wirklichkeit als eine drohende und beunruhigende Macht. Durch alle Kulturen geht eine Scheidelinie, die die warme freundliche Wirklichkeit von den kalten strengen Tatsachen trennt – das Bekannte vom Unbekannten oder das „Geheure" vom „Nicht-

Geheuren". Und tief in allem Menschentum verwurzelt liegt die Furcht vor dem Unbekannten, ein Gefühl, das, so einfach und klar es scheinbar ist, doch bei näherem Zusehen von einer Tiefe zur andern abwärts führt. Zuoberst liegt die Furcht vor dem Willen, den keine Verpflichtung an Schaden und Zerstören hindert; kaum verborgen unter dieser Oberflächenfurcht lauert die Angst davor, was dem Fremden einfallen mag, zu welcher Tat es Stärke genug haben mag, es lauert die rastlose Unsicherheit, die entsteht, wenn man keine Möglichkeit sieht, die Gefahr abzuwägen. Aber diese Furcht vor dem Unbekannten erstreckt sich in Wirklichkeit weit über das Gefühl hinaus, daß eine Gefahr Leib und Leben bedroht, sie führt zu einer qualvollen Vorahnung, wo die Verzweiflung jeden Augenblick ausbrechen möchte; denn wo die Seelen nicht irgendwie zusammengeschweißt sind, muß der Mensch darauf vorbereitet sein, katastrophalen Ereignissen ausgesetzt zu werden. Die Kräfte, die von der fremden Seite ausgehen, sind von anderer Art und wirken sich auf andere Weise aus, so daß der Leidende vielleicht die Wirkung nicht fühlt, bevor der Schaden geschehen ist, und jedenfalls keine Verteidigungsmöglichkeiten besitzt, die zur Abwehr des Einflusses geeignet sind.

Die Trennungslinie geht durch alle Kulturen hindurch, aber ihr Verlauf ist bei jedem Volk verschieden, und es ist nie möglich, eine Regel darüber aufzustellen, welche Wesen auf dieser oder jener Seite der Grenze zu finden sind. Natürlich sind Wüste und Saatland, rauhe Berge, wilde Wälder oder liebliche Wiesen mit ihren Lebewesen durch eine scharfe Grenze getrennt. Aber die Ursache dafür, daß ein Tier in die Gemeinschaft hineingezogen und ein anderes als „ungeheuer" ausgeschlossen wird, muß in der individuellen Erfahrung jedes Stammes gesucht werden. An einem Ort ist die Schlange ein heiliges Tier, an einem anderen ist sie ein böses Untier, wie im nördlichen Europa, wo das sich windende, beißende Reptil verwünscht und ins Dämonenland verwiesen wurde. Spätere Mythologie vereinigt den Fenriswolf, die Midgardschlange und Hel (oder Tod) zu einer Familie und nennt Angrboda, eine Jötin, ihre Mutter; diese Konstruktion ergibt sich aus der Tatsache, daß Fenrir, der Hauptwolf oder der Vater der Wölfe, und die große Schlange mit dem Tode zusammen ihren Ursprung und ihr Heim in der ungeheuren Welt der Jöten hatten.

Die Kluft geht bis in die Welt der Menschen hinein. Die Menschheit besteht eigentlich aus all den Geschlechtern und Stämmen, mit welchen unser Volk Verkehr hat, denn Genossenschaft bedeutet dauernder Austausch an Friede, Ehre und Heil; außerhalb der Umzäunung drängen sich die „Fremden", und die Fremden sind eine andere Art von Menschen, weil ihre Art und ihre Gesinnung unbekannt sind. Wenn sie Zauberer genannt werden, betont das Wort nur die Tatsache, daß ihre Taten den Taten von Dämonen und Unholden gleichen, finster und launenhaft sind und keine sichere Berechnung erlauben. Das einzige Mittel, die Bosheit der Fremden zu überwinden, ist, eine Verbindung mit ihrem Heil und ihrer Ehre einzugehen und mit ihnen die Seele zu tauschen; dadurch werden Wille und Gefühl in den beiden Parteien gleichgerichtet, und von da ab greifen ihre Taten ineinander, anstatt sich zu durchkreuzen. Zwischen den Menschen mag Kampf sein, Gemeinschaft mag von Feindschaft abgelöst werden, aber der Kampf ist menschlich und wird nach den Regeln der Ehre ausgefochten; gegen Fremde haben die Menschen ständig Krieg, und die Kriegsführung muß auf die boshafte Erfindungsgabe der Dämonen eingestellt werden. Gegen Ungeziefer oder wilde Bestien können Menschen keine Verantwortlichkeit und keinen Edelmut empfinden.

Daß Utgard voll ist von Zauberei und Ungeheurem, wissen alle, aber die Furcht, mit der der Mensch über die Grenzen des menschlichen Lebens hinausspäht, ist doch anders beschaffen als seine Furcht vor heimatlicher Zauberei. Denn wenn ein Mitglied der Gemeinschaft sich vom geistigen Verkehr mit seinen Brüdern ausschließt, oder wenn der Anreger der ungeheuren Dinge sich innerhalb der Grenzen zwischen Land und Unland niederläßt, liegt seine Anwesenheit wie ein Alp auf allen Gedanken und lähmt Wille und Kraft. Seine Handlungen, ja sogar seine Gedanken sind eine dauernde Gefahr für das Heil der Bewohner; sie werden unweigerlich Streit zwischen den Nachbarn hervorrufen und die Fruchtbarkeit des Landes verzehren. Ihre Anwesenheit ist ein Bruch im Kosmos und ebenso zerstörend für die geistige Sicherheit, wie die Sonne oder die Erde es sein würden, wenn sie aus der Freundschaft der Menschen ausbrächen und irregingen. Um die Welt zu erhalten, muß der Mensch alle Zauberer mit ihren Häusern und all ihren Gütern zerstören und vernichten. Die Grenze, die die Zauberer von dem Menschengeschlecht trennt, ist so scharf, weil sie unabhängig ist von jeder oberflächlichen Sonderung zwischen Schwarz und Weiß; sie kann nie verwischt werden, wie sehr auch die Taten und Kräfte der Zauberer denen der gewöhnlichen Menschen gleichen, und sie kann nicht schärfer werden durch die Tatsache, daß die Künste des Zauberers weit ins Dunkle hineinreichen.

Wir sehen in der nordischen Literatur, daß die Künste der Zauberer sich nicht stark von den kultischen Handlungen gewöhnlicher Menschen unterscheiden; wenn er sich verwandelt oder Dinge unkenntlich macht oder Sinnestäuschungen zustande bringt, mag er vielleicht irgendeinen besonderen Trick kennen, von benachbarten Völkern aufgeschnappt – z. B. von den Lappen –, aber im allgemeinen folgt er den Spuren, die durch das Erlebnis seines Stammes vorgezeichnet sind. Er wird gehaßt, weil er seine Künste im Geiste der Dunkelheit und Abgeschlossenheit ausübt; er ist ein Fremder, der außerhalb der Umzäunung des Friedens steht, und deshalb sind seine Taten jedenfalls voll von Ungeheurem, und wenn sie außerdem eine unheimliche Grausamkeit bezeugen, so sind diese Eigenschaften nur eine notwendige Offenbarung der Natur seines Willens.

Es ist wahrhaft mühevoll, ein menschliches Wesen zu sein, weit mehr als man von den menschlichen Bedürfnissen und menschlichen Bedingungen aus glauben sollte. Der tägliche Bedarf an Nahrung, Wohnung, Feuer, Bekleidung, Waffen zur Abwehr des Feindes, notwendigen Geräten kann mit seinen unaufhörlichen Forderungen die Menschen wohl voll in Anspruch nehmen; aber der Kampf ums tägliche Brot kann nicht die Hitze im Blut hervorrufen, die einen Mann über sich selbst hinaustreibt. Es mag schon als eine schwierige Aufgabe erscheinen, die Sonne und den Mond zwingen zu müssen, ihrem Lauf zu folgen, die Schleusen des Regens in rechtem Maße offenzuhalten, die Fische an die Küste zu binden, die Wälder im Frühling mit Laub auszuschmücken und die Harmonie der Welt zu erhalten; aber diese Aufgabe wird nichtsdestoweniger von einer anderen überschattet, die weit schwieriger und unabweisbarer ist: die Gedanken in ihren Bahnen zu halten und die Seele als Einheit zu bewahren. Der Gott, der das Universum gestaltet, ist nur eine große Maske; und hinter der Maske ist ein Mann, der an der nicht weniger erhabenen Aufgabe arbeitet, eine klare und zusammenhängende Einheit aus der Masse seiner Erlebnisse zu schaffen. Die Furcht, die den Menschen dazu bringt, die Natur mit seinem eigenen Willen und Gefühl zu verknüpfen, ist tiefer als alle Furcht um seine körperliche Sicherheit, denn sie ist die Furcht vor dem inneren Chaos. Wir Europäer sind in dem Sinne Spätgeborene, daß unsre sozialen und wissenschaftlichen Errungenschaften durch verschiedene Stufen von dem direkten Erleben der Welt entfernt sind; unsre Psychologie und unsre Philosophie sind aufgebaut aus scholastischen Modifikationen des Denkens, das von den ersten Griechen, Israeliten und Germanen ausgeführt wurde, deren Nachfolger und geistige Erben wir sind. Der moderne Mensch, der sich für viel weiser als seine Vorfahren hält, leitet seine größte Stärke gerade aus dem Teil seines geistigen Werkes her, den er am ehesten als kindlich oder „abergläubisch" verachten kann. Wir erwachen in einer beleuchteten Welt, wo wir nur eine Kerze anzustecken oder ein Licht anzuknipsen brauchen, wenn die Sonne nicht am Himmel ist oder der Mond im dunklen Viertel; wir finden uns in einer wohlversorgten Speisekammer sitzend, wo wir nur das Essen, das wir benötigen, zu holen brauchen. Wir haben uns unabhängig gemacht von dem rhythmischen Schwingen der Natur zwischen Fülle und Dürre, Wachstum und Welken, und die Launen der Natur berühren uns nicht direkt, sondern treten in der Verkleidung von ökonomischen Krisen, Stürmen auf dem sozialen Gebiete, auf. Wir betrachten die Welt als eine richtige, gutgehende Maschine, und diese ganze Ordnung der Dinge nehmen wir als eine Selbstverständlichkeit hin. So wie wir hier im gemeinsamen Mittelpunkt unzähliger Kreise stehen, in denen Sonne, Mond und Sterne, Sommer und Winter, Tag und Nacht, große und kleine Tiere, Vögel und Fische sich ohne Unterlaß bewegen, ohne herausgeschleudert zu werden, fällt es uns nie ein, diese Regelmäßigkeit den großen Taten unsrer Vorfahren zuzuschreiben; noch weniger machen wir uns klar, daß ohne sie hier ein Chaos gewesen wäre, das uns arme Wichte verschlungen hätte.

Der Mensch wird in einen überwältigenden Ozean von Lauten und Gesichten hineingeboren, die einzeln, ohne Verbindung oder Einheit, auf ihn eindrängen, und es wird ihm überlassen, die wogende Masse in Formen und Gebilde zu ordnen. Er muß Sonne und Mond, Wolken und Regen, Tiere und Bäume zu zusammenhängenden Gestalten formen und allen diesen abgerissenen, augenblicklichen Erscheinungen eine Bahn schaffen, so daß sie sich zu einer dauernd erkennbaren Form vereinigen. All dieses Hervorgucken von Köpfen, Schlagen von Schwänzen, Glänzen von Augen und fließenden Bewegungen muß gesiebt, in Körper sortiert und als Wolf, Fuchs, Dachs bezeichnet werden. Die Arbeit, Ordnung und Harmonie herzustellen, verlangt Auswahl und Aussonderung sowohl als auch Summierung; wir können keine Sonne und kein

Tier machen, die den ganzen Gegenstand der Erfahrung einschließen; also ignorieren wir kühn einen Teil der Tatsachen oder schaffen manchmal zwei Wesen, die einander decken, wie es die Germanen mit dem Wolf machten, und wie wir es heute tun mit der Blume der Schönheit und der Blume der Botanik. Um aber eine Einheit zu schaffen, müssen wir auch notwendigerweise einige Verbindungsglieder herbeischaffen, die Theorie genannt werden können, für uns aber ein Teil der Erfahrung sind. Die dunklen Massen, die an den Gipfeln der Berge hängen, können als zu den Bergen gehörend, als ein Teil ihrer Natur oder Seele erkannt werden – dies wird oft die primitive Anschauung sein; oder die Wolken mögen von ihren Ruheplätzen getrennt werden und mit dem Dampf, der aus einem kochenden Kessel steigt, kombiniert werden zu einer besonderen, dem Wasser verwandten Materie, – so macht es die moderne Erkenntnis, die einen sehr wichtigen Punkt der Wirklichkeit opfert, um an einer anderen Stelle Übereinstimmung zu erreichen. Nach unsrer Einteilung werden Feuer und Stoff getrennt, und wir übersehen kühn die Tatsache, daß gewisse Steine Funken schlagen und gewisse Holzarten, wenn sie gerieben werden, Feuer hervorbringen. Die primitiven Menschen haben die Tatsachen in ein anderes Muster geordnet, indem sie sagten, daß Feuer zu der Natur oder zu der Seele von Holz und Stein gehört – die Funken werden beim Feueranzünden gezeugt und empfangen; infolgedessen besteht eine innige Verwandtschaft zwischen Steinen und Bäumen einerseits und dem Feuer, das vom Himmel herunterkommt, andererseits.

In unsrer Auffassung von Menschen und Tieren fußen wir auf der äußeren körperlichen Übereinstimmung und Fortdauer und schaffen so eine Menge von isolierten Individuen, wo der ursprüngliche Mensch Offenbarungen großer Seelen oder Ideen sieht. In unsrer Welt ist die Realität des Menschen durch den begrenzten und isolierten Gehalt seines Körpers bestimmt, und seine Seele besteht aus den Gedanken und Gefühlen, die auf sein isoliertes Gehirn beschränkt sind. Die Abgesondertheit des Menschen ist so groß in unsrer Kultur und so ausschlaggebend für unsre Erfahrung, daß wir an allen anderen Tatsachen vorübergehen, nämlich an den geistigen Wirkungen seiner Anwesenheit, der Macht seiner Worte und der unvermeidlichen Verkettung des Schicksals zwischen Individuen, die eine Familie und oft einen noch größeren Verband von Menschen, unter der Unklugheit und Schuld eines Sünders leiden zu lassen. Für einen großen Teil der Neuzeit war das Individuum die Realität, von welcher aus alle praktischen und theoretischen Fragen gelöst werden sollten, man betrachtete alle die anderen Tatsachen als sekundär, war bereit, in der Form von Problemen mit ihnen zu ringen, und steigerte sie noch, indem man eine Lösung auf die andere schichtete, auch wenn sie sich als unlösbar erwiesen. Dagegen vereinigt die primitive Kultur die ganze Masse von Tatsachen zu der Wirklichkeit, die Mensch heißt, und baut eine „Seele" auf, in welcher die Macht der Worte und der geistigen Ausstrahlung, die „suggestive" Kraft und die Berührung der Hände ebensogut enthalten ist wie Gestalt und Züge, eine Seele, in welcher die gegenseitige Verantwortung der vielen genau so berücksichtigt ist wie die Verantwortlichkeit des Individuums.

Die menschliche Seele

Mitten in der Welt von Seelen steht der Mensch, und er steht da kraft einer Seele, eines Lebens. Diese Seele kann genau dieselben Antithesen tragen wie die anderen Seelen oder Naturen in Midgard. Man mag gern in der angelsächsischen Rätselsprache beginnen und sagen: „Ich weiß ein merkwürdiges Ding; es ist unsichtbar, steht aber doch in der Halle vor aller Augen; es ist nicht größer als sechs Fuß, und doch kann niemand mehr als ein Ende von ihm sehen; es kann mit Händen und ohne Hände gefühlt werden, und doch kann niemand es greifen und festhalten; es geht über die Heide und durch die Brandung so schnell wie eine Wolke im Sturm, und ein Hund kann es einholen; es fliegt in der Luft, und doch liegt es schlafend in der Halle." Es ist an den Stoff gebunden und kann sich frei bewegen trotz Zeit und Raum und Schwerkraft. Es ist formlos wie die Wärme, wenn sie bei einem Händedruck von dem einen Arm in den anderen hinübergleitet, und unsichtbar, wenn es als eine Kraft von einem Krieger auf seine ganze Schar überströmt und sie alle wie einen Mann erfüllt. Und es ist gezwungen, früher oder später Gestalt anzunehmen.

Wenn wir wissen wollen, was menschliches Leben ist, so müssen wir zuallererst unsre vorgefaßten Meinungen über den Gegensatz von Seele und Körper ablegen und einfach nach den entscheidenden Kennzeichen der menschlichen Natur suchen oder, mit anderen Worten, nach ihren Erscheinungsformen.

Wir können es mit dem Namen *megin* bezeichnen; in diesem Worte liegt die Vorstellung von einer Kraft, und in diesem Worte begegnet sich alles Lebende. Die Seele der Erde, ihr Megin, wird oft als eine köstliche Essenz erwähnt. Ein Trank, dem Erdmegin beigemischt wird, ist stärker als irgendeine andere Flüssigkeit, wie Erdmegin andererseits eine geistige Stärkung zu erhalten scheint, wodurch die gar zu mächtige Wirkung des Bieres aufgehoben wird. „Das Wetter hat auch sein Megin, das Megin des Wetters sind die Wolken", sagt man. In den frühesten Zeiten, bevor die Welt vollkommen geordnet war, existierten Sonne und Mond, aber sie kannten nicht ihre Seele, ihr Megin, sie wußten nicht, was ihre Kraft, ihre Bestimmung, ihre Laufbahn war.

Diese Andeutungen werden uns helfen, das Megin des Menschen zu verstehen. Das Megin des Menschen ist seine Kraft – und vor allem seine körperliche Kraft. Aber das Megin des Menschen enthält noch etwas außerhalb des Menschen Liegendes; es enthält Kraft, Tat, Sieg. Und schließlich reicht das Megin bis in die Seelenstärke hinauf, so daß der, der sein Megin verliert, bewußtlos umfällt, wie wir sagen würden.

Das, was den Gott – oder den Asen – von allen anderen Wesen unterscheidet, ist natürlich die Tatsache, daß er *ásmegin* hat, die Seele eines Asen oder eines Gottes mit ihren mächtigen Eigenschaften. „Wenn du wächst, Vimur, so wächst mein Asenmegin bis in den Himmel", ruft Thor, als er mitten im Urgardflusse steht, der anschwillt, bis er um seine Schultern schäumt. Thor hatte auf seinen gefahrvollen Wanderungen reichlich Gelegenheit, sein volles Asenmegin anzulegen, wenn die Jötenmächte sich um ihn verdichteten, und wir sehen, daß seine Gottheit nicht nur als wundervolle Stärke und als Zorn hervorquoll, sondern auch als göttliche Größe der Gestalt.

Wiederum wird die Seele *fjör* genannt, ein Wort, das beinahe vollständig mit der alten Welt untergegangen ist; *fjör* ist Leben, das, was bewirkt, daß der Mensch geht und spricht und im Lichte daheim ist. Fjör ist auch die Seele, d i e Seele, die nach dem Tode ihre eigenen Wege wandert. Fjör ist das Ich, das macht, daß ein Mann Mann ist, es ist der Mann selbst und kann deshalb von einem Körper gesagt werden, auch nachdem der Tod ihn berührt hat. Und als Heil trägt es den Mann, gibt seinem Witz Flügel, gibt ihm Gedanken, erhält ihn und bringt seinen Plänen Erfolg. Als Hakon Æthelstansfostri als Thronforderer in sein Heimatland zurückkam, schien es eine kurze Zeit, als ob die Naturkärfte ihn überwältigen würden; seine Flotte wurde zerstreut, und das Gerücht verbreitete sich, daß Hakon mit ihr untergegangen wäre. König Erik empfing die Botschaft als eine willkommene sichere Nachricht, aber Gunhild, die Königin, schüttelte den Kopf; sie war eine weise Frau und wußte, daß Hakon „Fjör" hatte – und es zeigte sich denn auch, daß er samt seinem Schiff wohlbehalten Norwegen erreichte.

Die Seele wird ferner *hugr*, altsächsisch und althochdeutsch *hugi*, genannt, wodurch sie als Wunsch und Neigung, als Mut und Gedanke gekennzeichnet wird. Der Hugr inspiriert das Benehmen des Mannes, seine Taten und seine Rede sind dadurch bestimmt, ob sie aus einem ganzen Hugr, einem kühnen Hugr oder einem betrübten Hugr hervorgehen. Es wohnt in ihm und treibt ihn vorwärts; so schließt Loki, als er vor den Göttern sein Herz erleichtert hat: „Jetzt habe ich gesagt, wozu mein Hugr mich trieb." So sagt Sigurd, als er den Drachen getötet hat: „Mein Hugr trieb mich." Er sitzt im Inneren und rät oder warnt. „Mein Hugr sagt mir", ist ein gewichtiges Argument, denn wenn der Hugr etwas gesagt hat, ist die Sache ziemlich erledigt. „Er scheint mir unzuverlässig, du sollst sehen, er wird bald die böse Seite hervorkehren; es ist mir nicht recht, daß er bei dir ist, denn mein Hugr sagt mir Schlechtes von ihm", so warnt Ingolf seinen Bruder, damit er einen Landstreicher zur Tür hinausjage. Ein Winter verging, und Ingolf konnte sagen, daß alles gekommen war, wie sein Hugr ihm vorausgesagt hatte. Und Atli Hasteinson, aus edlem Stamme, bestellt zuversichtlich sein Haus nach dem Kampf mit Hrafn: „Du, mein Sohn, wirst deinen Vater rächen, wenn du nach deinem Geschlecht artest, und mein Hugr sagt mir, daß du ein berühmter Mann werden wirst und deine Kinder nach dir." Und wenn der Hugr unruhig ist und man vielleicht mit Gudrun sagen kann: „Lange zögerte ich, lange waren meine Hugar in mir geteilt", da ist das Leben nicht gesund. Wenn aber ein Mann den guten Rat aus seinem Innern befolgt und sein Ziel erreicht hat, da entringt sich seiner Seele ein Siegesschrei: es ist sein Hugr, der ihm im Busen lacht. – Manchmal hat die Seele ihr Wissen unmittelbar erhalten, wie wir sagen würden; manchmal hat sie es erworben, indem sie das Land ausspähte, und dann mag es vorkommen, daß der Feind den Hugr seines Gegners auf sich zukommen sieht, entweder in menschlicher Gestalt oder in der Gestalt eines Tieres. Er träumt von Wölfen und wird belehrt, daß es die Hugar von Männern waren, die er gesehen hat.

Schließlich begegnet die Seele uns als „Mut" (altisländisch *móðr)*. Der Mut eines Mannes ist sein Sinn, das Wollende und das Starke, das Lange-Erinnernde, das, was sowohl Kränkungen als auch Freundschaft im Vordergrunde seines Bewußtseins lebendig erhält, und die Kühnheit, die nicht erlaubt, daß Wille und Erinnerung einander in Unentschlossenheit aufzehren. Mut ist eigentlich die Seele ganz und gar, in vollständig wachem Zustande. Wenn Thor ganz er selbst ist, zeigt er sich in seinem göttlichen Mut *(ásmóðr);*

die Jöten legen Jötenmut an, wenn sie ihr volles Wesen haben. Damals, als die Götter mit einem Baumeister einen Vertrag geschlossen hatten, wonach er die Mauer um Asgard bauen sollte, und ihm Sonne und Mond und Freyja obendrein für das Werk versprachen, wenn es vor dem ersten Sommertag vollführt sei, wußten sie nicht, mit wem sie es zu tun hatten. Die Arbeit schritt mit erschreckender Geschwindigkeit fort, der Hengst des Baumeisters schleppte in der Nacht ganze Felsblöcke zusammen, und am Tage stapelte der Meister sie fest aufeinander. Als er Asgard fast ganz eingekreist hatte, so daß man anfangen konnte, die Maße für die Türöffnung zu nehmen, kamen die Götter zusammen, um zu beraten, und da fiel es ihnen ein, daß Loki der Vermittler gewesen war, als der Vertrag gemacht wurde. Und nun wurde Loki gezwungen, ihnen zu versprechen, daß er einen Weg aus der Schwierigkeit finden wolle. Da geschah es, daß der Hengst des Baumeisters brünstig wurde und, von einem Wiehern im Walde gelockt, fortsprang. Sein Herr lief die ganze Nacht, konnte ihn aber nicht fangen, und am nächsten Tage stand er da und betrachtete die Lücke; jetzt fehlten nur zwei Tage, dann war es Sommer – und er fuhr auf in Jötenmut. Aber als die Götter merkten, daß es ein Bergthurse war, der gekommen war, ließen sie Vertrag Vertrag sein und riefen Thor, damit er mit einem Schlage seines Hammers die Rechnung zahle. Wenn einer Jötenmut anlegt oder anwendet, ist es so zu verstehen, daß in ihm alle solchen Eigentümlichkeiten enthalten sind – Gewalttätigkeit und Grausamkeit –, wie auch Züge, die ihn als ein Wesen aus dem Dämonenland bezeichnen.

Wir werden näher und näher an das Allerheiligste im Mittelpunkt der Seele herangeführt. Das Leben ist an der Ehre zu erkennen. Wir haben erfahren, wie innig das Heil und die Ehre verbunden sind, oder richtiger, wir haben gesehen, daß beide nur verschiedene Seiten derselben Sache sind. Die Alten waren fest überzeugt, daß ihr Heil in dem Augenblick dahinsiechte, wo sie ihr gutes Ansehen unter den Menschen verlorengaben, den Ruhm ihrer Vorfahren vernachlässigten, ihren eigenen guten Ruf nicht behaupteten oder irgendeine ehrlose Tat begingen. Ihre Gewißheit war auf Erfahrung gegründet. Sie erkannten die Wichtigkeit einer geziemenden Hochschätzung der Ehre an ihren Wirkungen auf Gesundheit und Rührigkeit des kommenden Geschlechts, auf seine Körpergröße, seine Muskeln, seinen Mut; ja, sie wußten, daß die

Schande ein Kind im Mutterleib töten und Frauen unfruchtbar machen konnte. Die Ehre war nichts Geringeres als das Leben selbst, und wenn ein Mann seine Seele in einem halberstickten Zustande hielt, würden seine Nachkommen in ihrem Wuchs behindert sein, als Schwächlinge zur Welt kommen, verkrüppelt und ohne Kühnheit. Wenn ein Mann aber andererseits seine Seele genährt und sein Leben bereichert hatte, indem er Herrschaft über die Ehre anderer gewann, dann würden Helden in seinem Hause geboren werden, Männer mit scharfen Augen und mächtigen Kräften, Kinder, die nach den Waffen griffen, bevor sie noch der Wiege ganz entwachsen waren. Eine Nacht alt, erscheint der Held im Ringpanzer – so durfte man von einem Ylfing sagen; in mehr alltäglichem Stile heißt es vielleicht, daß der Knabe seinen Zuchtmeister tüchtig am Barte zupfte und seine erste Tötung in einem Alter beging, wo andere Kinder sich in die Rockfalten der Mutter verkriechen. Vielleicht waren auch solche Kräfte in den Kindern, daß sie selbst das Leben forderten. Wir hören von einem Knaben namens Thorstein, einem Sohn von Asgrim, der ein hervorragender Mann in Telemarken war, daß er bei der Geburt ausgesetzt werden sollte, um zu sterben; aber während der Knecht Vorbereitungen machte, das Kind fortzutragen und es zu begraben, hörten alle Anwesenden das Kind singen: „Laßt mich zu meiner Mutter hinein; es ist kalt hier auf dem Fußboden; welch anderer Platz paßt für einen Jungen als der am Herde seines Vaters? Hört auf mit dem Wetzen, laßt den Rasen sein – ich habe eine Zukunft unter Männern."

Aber obschon die Kinder ein sicherer Gradmesser für den Zustand der Seele sind, besagt das doch nicht, daß man auf die kommende Generation warten muß, um zu sehen, wie Schande an der Lebenswurzel nagt. Für den Isländer sind die beiden Sätze: „seine Ehre erhalten" und „sein Heil erhalten" synonym; wenn er sagt: „Ich glaube nicht, daß ich meine Ehre behaupten kann, wenn ich in dieser Sache stillsitze", haben seine Worte ein Gewicht, das beweist, daß dieser Satz jedenfalls für das Herz, wenn nicht für das Gehirn, gleichbedeutend ist mit der Meidung des Todes, Erhaltung des Daseins.

Die Ehre hat die Realität des Lebens oder der Seele, und deshalb wird die Bitterkeit des Todes durch eine Hoffnung auf Auferstehung im Ruhme beseitigt. Der Held freute sich nicht nur bei dem Gedanken, daß soundso viele der Nachwelt seinen Namen nennen würde; sein sicheres Vertrauen in die Zukunft lag in der Gewißheit, daß bei dieser Nennung des Namens und bei diesem Lobe sein innerstes Ich sich ausbreiten, herrschen und genießen, das Leben leben würde. Der Norweger sagt: „Besitz stirbt, Sippen sterben, du selbst stirbst wie sie. Eines weiß ich, das ewig lebt: des Toten Tatenruhm". Beowulf tröstet den trauernden König: „Trauere nicht, weiser Mann, besser ist es, einen Gesippen zu rächen, als sehr über ihn zu trauern; ein jeder von uns wird das Ende sehen von seinem Leben in dieser Welt; mag, wer kann, vor seinem Tode Ruhm gewinnen, das ist die größte Freude für den Krieger, wenn das Leben zu Ende ist." Diese Worte bedeuteten zu der Zeit, wo sie ausgesprochen wurden, vielleicht nicht mehr als wir ungefähr aus ihnen herauslesen, wenn wir die Zeilen wiederholen; aber für jene Zeit haben sie ihre Kraft in einer Realität, die weit übertrifft, was wir uns unter Nachruhm vorstellen können, einer Realität, die wir erst gebührend einschätzen lernen, wenn wir das Wort Nachruhm durch ein Wort wie Wiedergeburt oder Auferstehung ersetzen.

Im Nachruhm fortzuleben, am liebsten, solange die Welt steht, das war der größte Ehrgeiz des Nordländers. Das Wort drängte sich ihm in den feierlichsten Augenblicken des Lebens von selbst auf die Lippen: Als Höskuld seinen Sohn mit einem Segen in seinem neuen Hof willkommen heißt, formen seine Glückwünsche sich schließlich so: „Das glaube ich fürwahr, daß sein Name lange genannt werden wird." Und dieser Durst nach Ruhm geht durch alle germanischen Länder. Der Schrei nach Ehre über den Tod hinaus, nach etwas, was über den Tag des Helden hinaus dauern soll, klingt ebenso heischend durch die christlichen Verse im Heliand wie je von den Lippen eines Heldendichters. „Es ist die Freude des Mannes, fest zu seinem Herrn zu stehen, willig mit ihm zu sterben. Das wollen wir alle, ihm folgen, wo er geht, unser Leben für wenig erachten und mit dem Fürsten im fremden Lande sterben. Dann wird uns doch wenigstens Ehre zuteil und Nachruhm bei dem kommenden Geschlecht", – so ermuntert Thomas die anderen Jünger. Der angelsächsische Seefahrer, der seinen Christus nicht recht dazu bringen kann, den Wogen zu befehlen, weder denen in ihm, noch denen außer ihm, klammert sich in seinem Urteil über die Toten an denselben Glauben. Vor ihm liegt die ganze Welt traurig und trostlos wie ein Chaos von Mühen, Strapazen, Entbehrungen und Enttäuschungen, von Trennungen, wo man Begegnungen erwartete. Er findet nichts, das Bestand hat. Siechtum, Alter und Kampf wetteifern miteinander, das Menschengeschlecht auszuplündern. Es gibt also nichts anderes, worauf man bauen kann, als das Lob der Nachwelt. Sein Rat ist: Gebraucht die Zeit, bevor das Ende kommt, zu männlicher Tat gegen Feinde und Teufel, damit die Kinder der Menschen dich preisen mögen, und dein Ruhm unter den Engeln leben mag. Ein Spätling, der er ist, betrachtet er das Mannesalter der Welt als abgeschlossen; die Zeit, wo die Menschen lebten und dem Leben trauten, Kleinode spendeten und im Heil gediehen, weil sie stark waren, die Zeit ist für immer vorbei – so klingt sein Klagelied. Und mit der Inkonsequenz der Bitterkeit richtet er seine Anklage gegen das Dasein selbst und macht ihm vor aller Augen den Vorwurf der grundsätzlichen Erbärmlichkeit. Aber obschon die Zyniker zu allen Zeiten gleich sind, trägt ihre Resignation doch den Stempel ihrer Zeit und ihres Aufenthaltsortes. Der eine sagt: Gut, laßt uns essen und sterben, der andere: Lasset uns denken und sterben, der Seefahrer sagt: Laßt uns sterben und im Gedenken fortleben.

Wenn wir das Wort Nachruhm als etwas auffassen, das ausschließlich auf den Lippen anderer liegt, etwas, was abhängig ist vom Wohlwollen fremder Leute und von ihrer Gabe, einzuschätzen, was groß war, dann wäre es doch schließlich ein zu unsicherer Wert, um den Germanen mit dem Tod zu versöhnen oder sogar den Tod zu einem Gewinn zu machen. Die Freude über einen großen Ruhm hatte ihre unbezwingliche Stärke und ihren idealen Wert in der Tatsache, daß sie auf einer Realität fußte. Das Ruhmesleben nach dem Tode war ein wirkliches Leben.

Es ist leicht genug für uns, die Begeisterung in dem Todesstolz der Alten zu fassen. Wir haben ein offenes Auge für das Flammende und Leuchtende in den Worten, aber wir sind jetzt kaum imstande, nachzuempfinden, daß sie Wärme verbreiten konnten. Der moderne Leser denkt wohl, daß er dem Dichter die allergrößte Ehre antut, wenn er die Worte möglichst im geistigen Sinne nimmt, aber tatsächlich tötet er durch seine ideale Bewunderung nur ihr wahres Leben. Einen anderen Ausdruck für den Wert eines Namens gibt die alte Ermahnung an die Krieger, die wir in dem norwegischen *hirđskrá finden* – dem Gesetz für das Königsgefolge –: „Bedenk, wer einmal als Neiding stirbt, wird nie ein andermal (d. h. wieder) ein braver Mann, sondern so wie er mit diesem Namen stirbt, so soll sein Andenken mit diesem Nachruhme leben.“ Hier spricht die alte Realität noch eine deutliche Sprache. Wenn es uns gelingen kann, diese Ermahnung buchstäblich zu nehmen, wie sie da steht, während unsre Seele noch voll ist von jenen Lobpreisungen des Ruhmes nach dem Tode, dann werden wir selbst sowohl die Feierlichkeit als auch den Lebensernst im Trachten der Alten nach großem Nachruhm fühlen.

Der Name geht also von seinem Träger aus wie ein Sieger und legt die Welt zu seinen Füßen, er geht vorwärts ohne Furcht vor Leben und Tod, weil er die Seele in sich hat, nein, an sich die Seele ist. Wenn der Mann körperlich stirbt, konzentriert sich das ganze Leben in seine Ehre, seinen Nachruhm, seinen Namen, und setzt darin ungestört sein Leben fort; es kann jeden Augenblick einen neuen Körper ausfüllen und ihn zu einem Leben in Ehre und Heil anregen. Wird der Name einem Nachkömmling gegeben, dann steigt die Seele wieder ans Licht, als wäre nichts geschehen. Er ist wiedergekommen, sagen die Leute.

Ein anderes Wort, das die menschliche Seele bezeichnet, ist das isländische *aldr,* altsächsisch *aldar,* das vom Standpunkt unsrer Sprachen aus an einigen Stellen als „Alter, Lebenszeit“, und an anderen Stellen einfach als „Leben“ wiedergegeben werden muß. Die Textstellen sprechen von „Alter verlieren“, „Alter aufs Spiel setzen“, „Alter von einem anderen nehmen“. Ein Mann kann sein Alter wagen und es verlieren, er kann das Alter eines anderen Mannes in der Schlacht von ihm nehmen. Alter ist der Fjör, der in der Brust sitzt, in welchen das Schwert eindringen kann, um zu beißen. Aber diese Seele oder dieses Leben existiert nicht nur in einer blassen Verallgemeinerung wie eine weiße Tafel, auf die die Welt ihren Schatten wirft. Sie hat einen Inhalt, sie ist ein Schicksal. Nach dem Helgiliede kamen die Nornen zu dem Hofe, als der Held geboren wurde, und schufen oder bildeten sein Alter; sie verhießen ihm, er solle der berühmteste König mit dem höchsten Ruhm unter allen Fürsten werden.

Von der Geburt ab ist das Alter eines Mesnchen bestimmt, sagen die Norweger, und meinen damit, daß seine Geschichte, wie wir sagen würden, oder sein Schicksal, wie sie selber es ausdrücken würden, etwas Gegebenes sei; durch solche und solche Geschehnisse soll er seinem Ende zugeführt werden. Man kann in seinem Zeitgenossen einen Helden aus der Vergangenheit wiedererkennen an seinem Mut und an dem Inhalt und der Stärke seiner Ehre, aber auch sein Lebenslauf legt, und vielleicht am deutlichsten, Zeugnis ab von dem Zusammenhang zwischen Vergangenheit und Gegenwart. Wenn wir wissen, welche Art Seele in einem Manne ist, können wir mit unmittelbarer Sicherheit sagen, was ihn erwartet, und wie sein Ende werden wird. Das Schicksal eines Mannes ist vorausbestimmt und damit Freunde und Feinde, Bündnisse und Streit, Überlieferung und Lebensziel; und mit den Eigentümlichkeiten eines Geschlechtes folgt in rhythmischer Wiederholung dieselbe Geschichte. Atli Hasteinson lehnte nach dem Kampf mit Hrafn eine freundliche Einladung von Önund ab: er wollte lieber nach Hause gehen, denn aller Wahrscheinlichkeit nach folgte aus seinem Namen, daß er an seinen Wunden sterben sollte, so wie der Vater seines Vaters Jarl Atli tat, dessen Name und Leben er trug.

Den besten Kommentar liefert folgende Stelle in der jüngeren Edda: „Gute Nornen aus edler Geburt schaffen einen guten Alter, aber wenn Männer ins Unglück geraten, waren böse Nornen am Werke." Die Nornen waren eigentlich nichts anderes als die Offenbarung des Heils und der Geschichte des Geschlechts.

Unser Wort Schicksal kann man im Sinne unserer Vorfahren kaum auf das Leben und seinen Gang anwenden, weil wir das Schicksal im wesentlichen als eine geheimnisvolle und unberechenbare Macht auffassen; das Schicksal war bei unseren Vorfahren ein Wesen mit Impulsen, Leidenschaften, Eigentümlichkeiten, mit der Neigung, sich immer für eine bestimmte Seite einer Sache zu entscheiden, Kampf und Entscheidung durch die Waffen der Unterhandlung vorzuziehen – oder auch ständig nach Schlichtungsmöglichkeiten auszuschauen; mit der Neigung, lieber einen Mann zu viel als einen zu wenig zu töten oder immer das zu tun, was einem am wenigsten frommt. Wir haben es immer mit einem individuellen Schicksal zu tun, mit einem, das einem einzelnen Manne gehört und ihn von allen anderen unterscheidet, und dieses Schicksal hat einen Anspruch darauf, Seele genannt zu werden. Es kann ausströmen und sich anderen einverleiben, es kann aber auch eine individuelle Wiedergeburt erleben. Nach den Prosastellen im eddischen Helgiliede wurden Helgi, Sigmunds Sohn, und seine Geliebte, Sigrun, für Reinkarnationen von Helgi Hjörvardson und Svafa gehalten, und man glaubte, daß sie selbst darauf in den Gestalten von Helgi Haddingjaskati und Kara Halfdanstochter, wiedergeboren wurden. Wir haben hier drei gleichlaufende Sagen von einem Helden, dessen mächtiger und hastiger Lebenslauf seine Ursache in dem Verhältnis zu einer halb überirdischen

Frau hat. Helgi Hjörvardson wird von der Walküre Svafa zur Tat geweckt und durch das frevelhafte Gelübde seines Bruders, ihn von seiner rechtmäßigen Liebe zu verdrängen, dem Tode geweiht; Helgi Hundingstöter gewinnt auf seinen Kriegszügen die Liebe und den Schutz der Sigrun, einer Tochter Högnis, aber um ihretwillen muß er Högni töten und dadurch seinen eigenen Fall vorbereiten. Die dritte Sage kennt man nur durch eine verblaßte Andeutung in einer mythischen Saga, wo Helgi, zu hoch mit dem Schwerte schlagend, die ihn schirmende Geliebte und Beschützerin verwundet und dadurch selbst Heil und Leben einbüßt. Wie die einzelnen Teile dieser Trilogie sich in Ursprung und Beziehung zueinander verhalten, wissen wir nicht; wir können nur soviel sehen, daß der Grund dazu, daß sie so miteinander verflochten sind, in der Ähnlichkeit des Schicksals liegt, welches das Paar verbindet. Helgi und Svafa kehren nicht ins Leben zurück, aber das Leben hat die Gruppe wiedergeboren: den Helden und die Walkürenjungfrau und ihre Liebe mit dem tragischen Ausgang.

Derjenige, der in den Liedern diese Interpolationen vornahm, wird kaum durch eine Spekulation zu dieser Hypothese der Wiedergeburt gelangt sein; aber ob nun Keime für diese Verknüpfung in den Sagen selbst vorhanden waren oder nicht – jene Prosazeilen haben ihre Berechtigung in den alten Vorstellungen. Das Leben erkennt man an seinen Taten. Die Seele hat einen ihr zugehörigen Lebenslauf: das ist eine ihrer Eigenschaften. Das Schicksal, oder, wie wir auch sagen können: die Geschichte, ist so wenig wie das Heil etwas, was außerhalb des Menschen liegt; es hängt auch nicht lose an ihm als eine notwendige Folge seines Charakters. Es ist das Heil selbst, es ist seine Natur. Es wird aus ihm geboren auf dieselbe Weise wie Fruchtbarkeit und Sieg. Auf dieser Identität zwischen Schicksal und Wille beruht der kühne Fatalismus der Nordländer.

Und so ist es auch keine Sprache der Resignation, die wir bei einem Atli hören. Die Nordländer ließen sich nicht vom Schicksal mitschleppen, sie gingen freiwillig, sie wählten selbst das, von dem sie wußten, daß es ihre Bestimmung war, sie wählten das Unvermeidliche aus freiem Willen, so paradox das auch klingen mag. Das Schicksal war für sie eine Notwendigkeit, der die Menschen nicht entgehen konnten, aber sie empfanden es gleichwohl als eine Sache des Willens. Sie nahmen die Pläne und Ratschläge der Verwandten mit derselben Wärme in sich auf wie ihre eigenen, und auf gleiche Weise durchlebten sie mit wachen Sinnen das Schicksal ihrer Vorfahren. Sie griffen fest in ihre Bestimmung ein mit einem Willen, der des Schicksals eigener Wille war – hier liegt das Geheimnis ihres hartnäckigen Lebensgefühls, ihrer unerschütterlichen Zufriedenheit mit der Sicherheit des Daseins. So ließen sie sich aber auch abhalten, jemals in die Tiefe zu gehen, um nach Schätzen zu suchen, während sie andererseits nie daran dachten, sich hinwegzuträumen und hinwegzutrösten über das, was ist und sein muß.

Name und Schicksal durchdringen sich gegenseitig. Der Name war eine mächtige Zauberkraft, weil er die Geschichte nicht nur des Trägers, sondern seiner Vorfahren und des ganzen Geschlechts mit sich führte. Taten liegen in seinem Klang verborgen und sie können in einem Beinamen aufblühen, so daß der Name ein kurzes Heldengedicht wird. Solche Namen wie An Bogenschwinger, Sigurd Fafnirstöter oder Hrœrek Spangenwerfer sind Kernstücke von Familiensagen.

Aber eine ganze Seite der Seele ist noch nicht berührt worden. Zur Natur gehört der Körper. Wenn die Mutter ihr Kind geboren hatte, wurde es zu dem Vater getragen, damit er sehen sollte, welcher der alten Verwandten hier wieder ans Licht gekommen sei. Möglicherweise konnte sein scharfer Blick in den Bewegungen des Kindes den Charakter des Verstorbenen erkennen. Manche Kinder kamen mit geballter Faust zur Welt, andere ließen wohl gleich am Anfang ihrer Laufbahn den Schrei eines Helden ertönen. Das Kind sieht vielversprechend aus, sagen die Männer, er wird ein harter Geselle werden, aber treu zu seinen Freunden. Aber vor allem suchte doch der Vater in den Zügen, den Augen, der Gestalt des neugeborenen Kindes nach Ähnlichkeit. Die Seele verändert sich nicht. Kraftvolle Glieder, scharfe Augen, gelockte, helle Haare waren keine zufälligen Eigenschaften der Heldenseele, so wenig wie die Härte und Kälte eines Steins zufällige Eigenschaften sind, die eine Steinseele als Kleid anlegt. Es ist ein ständig wiederkehrender Ausdruck in den Sagas, daß der zukünftige Häuptling an seinen Augen zu erkennen ist. Er hat scharfe Augen, er macht die Augen scharf nach der Art der rechten Kampffürsten – so lesen wir von Helgi Hundingstöter. Ebenso bei der Geburt von Sigurd Fafnirstöter: Der König freute sich, als er die scharfen Augen sah, die er im Kopfe hatte, und sagte, daß niemand seinesgleichen sein würde. Die Augen sind in der Poesie der Adelsbrief des Häuptlings: ein Blick, der sowohl Menschen als auch Tiere einschüchtern und bändigen konnte. Sigurds Mörder mußten zweimal unverrichteter Sache aus der Kammer hinausgehen, denn die Augen des Völsungs waren so scharf, daß nicht viele es wagten, seinen Blick zu erwidern. Die Pferde sprangen zur Seite und wollten nicht auf Svanhild treten, solange ihre Augen offen waren. Saxos Beschreibung von Olo Vigetus ist eine kleine Abhandlung über den Heldenblick: Olos Augen waren so scharf, daß sie den Feind härter trafen als die Waffen anderer Männer; die mutigsten duckten sich unter seinem Blick. Er kommt unbekannt zu des Königs Hof. Die Tochter des Königs pflegte auf ihrem Rundgang durch die Halle sich die Gäste anzusehen; an ihren Gesichtszügen konnte sie ihre Eigenschaften und ihren Stand ablesen. Aber beim Anblick von Olos Gesicht fällt sie dreimal ohnmächtig zu Boden. „Hier ist ein Held aus königlicher Geburt", sagt sie, und alle rufen ihm zu, daß er seine Kappe abwerfen soll. Als er ihren Wunsch erfüllt, starren alle anwesenden Männer voller Bewunderung seine Schönheit und seine goldenen Locken an, aber er hielt seine Augenlider tief gesenkt, „damit sie nicht die Augen sehen sollten und erschrecken".

Saxo verwundert sich als moderner Mensch über den Scharfblick des Mädchens; jedenfalls findet er es richtiger, eine so scharfe Unterscheidungsgabe sozusagen in Gänsefüßchen zu setzen mit einem „man glaubte", daß sie den Stand und die Geburt des Gastes aus seinen Zügen lesen konnte. Aber tatsächlich gehört keine große Kunst dazu, einen König herauszufinden. Es ist für ihn aussichtslos, sich verkleiden zu wollen. Mag er den Rock einer Dienerin anziehen, sich ein Tuch um den Kopf binden und die Mühle drehen, man wird doch sehen, daß die Magd scharfe Augen hat, dies junge Blut stammt nicht aus einer Hütte; er muß durchaus die Mühle so drehen, daß die Steine zerspringen und der Mühlkasten auseinanderfliegt. Eine solche Erscheinung und solche Kräfte gehören ein für allemal zu seinem Heile, zu seiner Natur. Groß, stattlich, schön muß er sein, um ein Häuptling zu sein, und anders konnte er als Häuptling gar nicht sein. Wenn die Seele wiedergeboren wird, formt sie einen Menschen um sich mit solchen Gliedern, solchen Augen, solchen Haaren, denn anders vermag sie es nicht. Oder wir dürfen vielleicht eher sagen, daß die Seele selbst hellhaarig, blauäugig und muskelstark ist – das ist doch schließlich der wahre Sinn.

Alle diese verschiedenen Bestimmungen von dem Wesen einer Seele verschmelzen in dem einen Wort: Heil. Die Seele ist Heil in dem allumfassenden Sinne, der sich uns auftut, wenn wir geduldig ihre Tätigkeit in ihrem ganzen Kreis verfolgen. Wenn das Heil zu Ende ist, dann, das wissen wir, ist das Leben zu Ende, nicht weil es von gewissen äußeren Bedingungen abhängig war, sondern weil es das Dasein selbst war, das aufhörte, als das Heil abbrach. Im Heil sein, sich im Heil zeigen, bedeutet dasselbe wie im Licht und Leben hervortreten.

Diese belebende Kraft des Menschen, die sich unter verschiedenen Aspekten offenbart, ist nach unserer Terminologie annäherungsweise als Seele zu bezeichnen, aber wir können sie auch Leben oder Dasein nennen, ohne die Betrachtungsweise zu ändern. Hier macht sich der gewaltige Unterschied zwischen der primitiven und der modernen Erfahrung bemerkbar. Wenn wir versuchen, mit unseren Gedanken die Voraussetzungen zu erforschen, die die Grundlage bilden, wenn wir von der Kraft reden, die sich in uns bewegt und uns bewegt, dann entsteht wohl die Vorstellung von einem klaren, durchsichtigen Strom, der in seinen Lauf Gefühle und Stimmungen aufnimmt; das Leben haben wir mit allen anderen Geschöpfen gemeinsam, und es wird menschliches Leben, indem es rein menschliche Elemente annimmt oder entwickelt. Anders steht es mit dem Leben, das die Taten unsrer Vorfahren vorwärts trug; das Leben war für sie rein menschlich; und nicht bloß eine nur menschliche, sondern eine persönliche Sache, so persönlich wie ein Spitzname. Kraft und Wirkung sind für unsre Erfahrung so weit getrennt, daß wir die Frage einschieben können: wir wollen sehen, welche Wirkung von dieser Kraft ausgeht; für das primitive Denken sind Kraft und Wirkung eins, und sie wachsen gemeinsam.

Sobald wir unsre „Seele“ durch das Wort Hamingja ersetzen, wird der Gedanke aus unsrer blassen Lebensbetrachtung in die vollblütige und körperhafte Betrachtung der Vorzeit übertragen. Hamingja ist eine Natur, die nur auf ihre wesentlich bestimmte Weise wirken kann und nur zu dem Zweck, der in ihr selbst liegt. Hamingja ist ein Charakter, der sich nur als dieser oder jener bestimmte Mensch offenbaren kann, aber andererseits seine vorbestimmte Wirkung hervorrufen muß: diese besondere Ehre, diesen Willen und dieses Schicksal, ein Charakter, der auch diese oder jene Persönlichkeiten schaffen muß in ihren eigentümlichen Beziehungen nach außen und innen. Deshalb kommt sie bald als ein Mann, bald als etwas Menschliches, hier als eine Persönlichkeit, dort als eine Kraft – und immer ist sie sie selbst, nie mehr und nie weniger. Ob sie nun in körperlicher Gestaltung irgendeiner Art an der Spitze eines Heeres marschiert oder ob sie von einem Manne ausgeht und in den Erdboden dringt und die Saatsprossen durch die Krume brechen läßt, das bedeutet keinen Unterschied in ihrer Natur. Das Heil bildet, das wissen wir, eine dichte Einheit, gleichartig durch und durch und unteilbar. Deshalb besitzt jede einzelne Eigenschaft des Mannes die ganze Kraft der Hamingja; Ruhm nach dem Tode trägt in sich eine lebende Seele oder ein lebendes menschliches Wesen. In dieser Homogenität des Lebens ist die notwendige Voraussetzung gegeben für solche Ausdrücke wie das altenglische: „Die Heiden fielen friedlos auf dem Schlachtfelde", und „es kam für ihn die Zeit, wo er eine Trennung vom Frieden leiden sollte". Diese Stellen werden nicht verstanden, wenn sie einseitig als Zeugnis genommen werden, daß das Leben auf Erden für die Vorfahren der Angelsachsen in erster Linie ein gemeinsames Leben, ein Friede war; sie können auch nicht als Beispiele für einen poetischen Gebrauch von Friede im Sinne von Seele genommen werden. Die Erklärung liegt tiefer: Friede war wirklich eine Form des Lebens, und das bedeutet für das germanische Denken die Seele selbst, und so hieß Friede und Heil verlieren buchstäblich sterben.

Hier verlieren die Gegensätze, die für uns von größter Wichtigkeit sind, ihre Bedeutung. Körper – Seele, neutral – persönlich, Ganzheit – Bruchstück, diese Definitionen haben wohl einen Platz in dem alten Denken, aber sie sind nicht grundlegend. Wenn wir von dem Hugr eines Mannes lesen, daß er seinem Feinde in der Gestalt eines reißenden Wolfes begegnet, dann wissen wir, daß er eine persönliche Seele ist; wenn uns erzählt wird, daß ein Mann einen kühnen Hugr hat, dann wissen wir oder wir glauben zu wissen, daß von einer Charaktereigenschaft gesprochen wird. Aber in anderen Fällen geraten wir doch in ernste Zweifel; wenn ein Mann sich von seinem Hugr angetrieben oder gewarnt fühlt, ist es dann der Geist – nämlich sein eigener Sinn, wie wir sagen würden – oder ein Geist – etwa sein Schutzgeist –, der in ihm spricht? Solange wir es für sicher halten, daß die beiden einander ausschließen, können wir nur zögernd Für und Wider abwägen beim Lesen eines Verses, wie z. B. desjenigen, den Gro über ihren Sohn singt: „Wenn Feinde dir den Weg versperren und Böses im

Sinne haben, da ändre sich ihr Hugr, dir zu dienen, und ihr Sinn werde zum Frieden gewendet." Jetzt schwindet jedes Entweder – Oder; Hugr ist überall ebenso persönlich wie er unpersönlich ist.

Das alte Denken schwingt nicht hin und her über dem Gegensatz zwischen Seele und Körper. Es besteht ein Gegensatz zwischen der materiellen und der geistigen Existenz, und die Abweichung zwischen den beiden Formen von menschlicher Offenbarung ist groß genug, um die Gedanken in Bewegung zu setzen, aber doch nicht weit genug, um sie in zwei feindliche Lager zu spalten.

Die Spannung zwischen der Existenz des Geistigen und der Wahrnehmung des Handgreiflichen durch die Sinne ist noch nicht so stark geworden, daß die beiden Pole jeder für sich Erfahrungen an sich ziehen und sie in zwei Gruppen festhalten, wodurch ein Bruch oder ein Problem entstünde. Für moderne Menschen, die unter dem Einfluß hellenistischer Philosophie und Religion stehen, sieht es aus, als ob die primitiven Menschen über ein Loch hin und her springen, von Widerspruch zu Widerspruch, aber es war keine Kluft und kein Widerspruch in ihnen. Die Verbindung besitzt eine solche Solidität, daß sie jedem Druck, den die Tatsachen auf sie ausüben mögen, standhalten kann. Solange wir den Körper ins Auge fassen, können wir so anhaltend und einseitig, wie wir wollen, bei der körperlichen Begrenzung des Menschen verweilen; und wenn wir den Menschen vom geistigen Standpunkt aus betrachten, so brauchen wir unsere Beschreibung der launenhaften Seele nicht mit Beschränkungen zu umgeben – aus Angst, daß unsere früheren Worte gegen uns zeugen möchten. Erst wenn wir jedem das Seinige gegeben haben, und zwar voll und unbeschnitten, was sie beanspruchen können, erst dann können wir das Gleichgewicht zwischen den beiden aufrechterhalten.

Niemand wird der Seele die Kraft absprechen, sich vom Körper trennen zu können, um ein freies, ungebundenes Dasein zu führen, während der Körper scheinbar, und vielleicht auch in Wirklichkeit, leer daliegt wie ein Haus ohne Bewohner. Die Seele kann gehen, wohin sie will, ihre eigenen Geschäfte ausführen, ausspähen, vorbereiten und auch für die ganze Person handeln. Es gibt eine Geschichte vom fränkischen König Gunnthram, die sich hierauf bezieht. Es wird erzählt, daß er einmal, als er auf der Jagd war, von großer Müdigkeit überfallen wurde und sich neben einem Bach schlafen legte; als er aufwachte, konnte er sich noch erinnern, daß er auf einer eisernen Brücke über den Fluß gegangen war und in einen Berg hinein, wo große Schätze an Gold lagen. Die Seele hatte richtig gesehen, denn als die Männer hingingen, um an der Stelle, die der König angegeben hatte, zu graben, fanden sie ungeheure Schätze. Aber derjenige, der den Kopf des Königs im Schoß gehalten hatte, hatte gesehen, daß eine kleine Schlange aus des Königs Mund herausgekommen war, während er schlief, und am Wasser hin und her gekrochen war, bis er ein Schwert über den Bach gelegt hatte. Da war sie plötzlich über die Brücke und in ein kleines Loch in der Bergseite hineingeschlüpft und kurz darauf war sie denselben Weg zurückgekommen.

Wir wissen, daß die Seele – jedenfalls ab und zu – gehen kann, wohin sie will; aber wir wissen auch, daß sie ihren Körper in sich trägt. Wenn diese königliche Schlange unterwegs jemandem begegnet wäre, der stark genug gewesen wäre, ihr zu schaden, so hätte der König beim Erwachen die Spuren davon an seinem Körper sehen müssen. Jeden Augenblick kann diese Seele sich zu einem Körper entfalten, als ob sie das Innere nach außen drehte und nun äußerlich den Stoff zeigt, den sie in ihrem ätherischen Zustand nach innen trägt. Und dann erscheint sie nicht nur als eine Vision, ein Abbild der Person, sondern als ein harter und fester, kräftiger Körper, ein Corpus, das man durchaus nicht durchdringen kann, ohne es zu merken. Die Fylgja eines Mannes – so wird die Seele in diesem Zustand bei den Isländern genannt – kann sowohl mit ihren Waffen schlagen, als auch mit ihren Armen pressen, daß einem der Atem vergeht. Es wird von zwei isländischen Bauern erzählt, daß sie sich eines Nachts zwischen ihren Höfen in Tiergestalt trafen und den Streit des Tages ausfochten; und als sie am Morgen erwachten, lagen sie beide mit zerschlagenen Gliedern und sannen über die Begebenheiten der Nacht nach.

Die nordischen Fylgjengeschichten deuten unverkennbar an, daß die Seele einen Vorteil vor der Persönlichkeit in ihrer Gesamtheit hat: sie kann wählen, welche Gestalt sie annehmen will. Wenn der Körper ruht, benutzt die Seele die Gelegenheit, eine andere Form als ihre gewöhnliche anzulegen, eine, die besser für den augenblicklichen Bedarf paßt. Wir hören von Männern, die die Gestalt von Vögeln annehmen, um durch die Luft zu reisen oder um sich Eingang durch Öffnungen zu verschaffen, die auf keiner anderen Straße zu erreichen sind als auf dem „Weg der Bienen". Als die Tötung Gunnars und Högnis drohend nahte, hatte Kostbera, Högnis Frau, warnende Träume von Atlis Seele, die in die

Halle kam. „Mir schien, ich sah einen Adler herein und bis ans Ende der Halle fliegen; bitter ist, was uns jetzt erwartet; er troff von Blut; ich sah an seinen drohenden Mienen, daß es Atlis Hugr war“, heißt der Vers in den Atlamal – und die Worte spiegeln, so poetisch sie sind, eine alltägliche Realität.

Gunnhild, die Königin des norwegischen Königs Erik Blutaxt, war eine kluge, unbeugsame Frau, deren starker Hugr die Vorstellungskraft ihrer Zeitgenossen so sehr erregte, daß sie als ein halb übernatürliches Wesen in die Geschichte übergegangen ist. Es geschah, daß Egil, der kein Freund des Königs war, an der Küste Schiffbruch erlitt und die Gastfreiheit des Königs beanspruchen mußte. Egil hatte keine andere Möglichkeit, das Wohlwollen des Königs zu gewinnen, als daß er ein Loblied verfaßte. Aber in der Nacht, als er an seiner Höfudlausn („Hauptlösung“) arbeitete – an dem Gedicht, das seinen Kopf lösen sollte –, wurde er von einem Vogel gestört, der ständig am Fenster zwitscherte. Späte Sagaverfasser zweifeln nicht daran, daß der Vogel kein anderer war als der Hugr der unversöhnlichen Königin.

Wo Stärke not tat, pflegte die Seele in der Gestalt eines Bären oder mit den Kräften eines Bären zu nahen. „Da sehen Hjörvard und seine Männer, daß ein großer Bär vor König Hrolf und seinen Männern geht und immer dem König am nächsten; er tötet mit seiner Tatze mehr Männer als fünf von des Königs Recken. Schwert und Pfeil gleiten an ihm ab, was ihm aber in den Weg kommt, Roß oder Mann, schlägt er nieder und zermalmt es mit seinen Zähnen.“ Der Bär war Bödvar Bjarki, dessen Körper schlafend zu Hause in der Halle saß.

Ohne Zweifel ist diese Fähigkeit, eine andere Gestalt annehmen zu können, etwas, was für die Seele eigentümlich ist, wenn sie vom Körper getrennt ist. Trancezustand oder zeitweiliges Absterben des Körpers sind die Vorbedingungen dafür, daß die Seele volle Freiheit erhalten und jene andere Natur entfalten und alle die Eigenschaften verwerten kann, die in der angenommenen Form liegen: ihre massive Erscheinung, ihre besonderen Gaben, ihre Schnelligkeit und Wildheit. Sobald Bödvar aufwachte und seinen Heldenkörper um sich zog, verschwand der Bär. Wir führen aber unwillkürlich unsre Vorurteile mit uns, wenn wir diese Überreste des alten Denkens auf unsre Art zu denken übertragen. Der Hugr hätte den Körper eines Bären nicht annehmen können, wenn sein Heil nicht etwas von der Bärennatur in sich gehabt hätte.

Die Elemente, aus welchen die Seele sich einen Körper (altnordisch: *hamr*, althochdeutsch: *hamo*) baut, werden nicht von außen geholt; sie liegen in ihr und sind gleichfalls in dem alltäglichen Körper vorhanden; wer wirklich als Wolf, als Bär, als Ochse, als Adler erschien, hatte immer die Charaktermerkmale des Wolfs, des Bären, des Ochsen oder des Adlers in sich. Sein Heil war von der Art, daß ihm eine wesentliche Verwandtschaft mit dem Tiere eigen war; er benutzte dessen Stärke und List, dessen Mut, Ahnungsvermögen und Spürsinn auch bei Tageslicht und in seinem eigenen Körper. Und wenn die menschliche Gestalt im Schlafe gebunden liegt, können die anderen besonderen Gaben, die in ihrem Wesen mit enthalten sind, äußere Gestalt annehmen. Vielleicht sollte man lieber sagen, daß die menschliche Form gezwungen ist, herrenlos zu verbleiben, wenn die anderen Kräfte ihre formgebenden Eigenschaften entfalten. Und wenn wir einen so ursprünglichen Vertreter von Seelenkräften wie Bödvar näher betrachten, können wir, obwohl die Geschichte ihrem Mutterboden entrissen worden ist, doch noch die Muttermale erkennen. Der Name Bjarki bedeutet Bär und die Geschichte von seinem Ursprung enthält vielleicht noch den Schatten einer Spur, daß er einer Bärensippe angehört hat, die eine Art Frieden mit dem Bären geschlossen hatte – so wie die Ylfinge mit dem Wolf –, und diesen Frieden als ihr gemeinsames Heil gepflegt hatte, indem sie ständig etwas von der Natur des Tieres in sich aufnahm. Der Name seines Vaters war Björn (Bär), seine Mutter hieß Bera, was Bärin bedeutet, und sein Vater hatte zu der Zeit, wo der Sohn gezeugt wurde, die Gestalt eines Bären. Die Geschichte von dem unglücklichen Schicksal seines Vaters, der seiner Tugend wegen von einer Stiefmutter verzaubert wurde, ist mit Romantik und Erfindungen gewürzt, aber von den frühesten Zeiten an kommt ein Bär in der Geschichte vor. Wenn die Form, in welcher sie uns überliefert ist, nur ein mittelalterliches Märchen ist, so ist die Geschichte über das Urbild einer Familiensage geformt, die unsern Vorfahren bekannt war. Es ist nicht unwahrscheinlich, daß Bödvar sein Zeichen irgendwo an seinem Körper gehabt haben mag, so wie die Merowinger ihre Schweineborsten am Rücken entlang hatten.

In späteren Zeiten, als die alte Wirklichkeit zu etwas halb Erfundenem abgeschwächt worden war und die Literatur dem Einfluß der mittelalterlichen Poesie unterlag, wurde der Hamr manchmal als ein Balg beschrieben, in welchen der hineinschlüpft, der seine Gestalt ändert, und den er zurückläßt, wenn er zu seinem eigenen Körper zurückkehrt. Aber dieser Einfall sitzt lose über dem ursprünglichen Gedanken, der überall in der lebenden Sprache zum Vorschein kommt. Ursprünglich war der Hamr, wie es dem Verfasser der Atlamal noch halb bewußt ist, die Seele selbst, der Hugr oder die Hamingja. Der Mann, der an seinem Heil Schaden erlitten hatte und also nicht mehr sein volles Megin hatte, ist *hamstoli,* d. h. seines Hamr beraubt; er kann sich nicht erinnern, verstehen oder träumen. Wenn ein Mann seinen Hamr anlegte, zog er seine ganze Stärke an sich und nahm alle seine Kräfte in Anspruch. Nicht alle hatten diese Kraft zu „hamen" *(hamask)* im gleichen Grade; der starke Mann, der viel und mächtiges Heil hatte und deshalb seinen Willen sowohl als auch seinen Hugr in mächtigen Gestaltungen herumschicken konnte, wurde *hamramr,* d. h. stark an Seele, genannt. Das niedere Volk hat in diesem Punkte den alten Glauben bewahrt, daß starke Charaktere imstande sind, sich gleichzeitig an verschiedenen Stellen zu zeigen, und nach dem unmißverständlichen Zeugnis der Wikingerzeit bezeichnet *hamramr* die Kraft, eine andere Gestalt anzunehmen und als Tier zu erscheinen. Dieses ist der höchste Grad der betreffenden Kraft – aber sicher war es eine Eigenschaft, die sich beim Manne, auch wenn er in seiner normalen körperlichen Gestalt war, als Ungestüm in der Schlacht bemerkbar machte, als Unverwundbarkeit, als Unempfindlichkeit gegen Schmerzen und als vermehrte körperliche Stärke. „Dann nahmen sie ihre Schwerter und bissen in die Ränder ihrer Schilde, gingen um das Schiff herum, an der einen Reling hin, an der anderen zurück, und töteten alle Männer; später gingen sie heulend ans Land", – dies ist die Bödvar-Natur, die im vollen Tageslicht auftritt. Solche grimmige Krieger wurden *berserkir* und *ulfheđnar* genannt, weil sie als äußere Tracht Bären- und Wolfsfelle trugen, und diese Ausstattung hatte ohne Zweifel mit ihrer Stärke und Wildheit zu tun. Von einem Mann, der Odd hieß, wird erzählt, daß er in einer einzigen Nacht quer durch Island vom äußersten nördlichen Punkt bis zum südlichsten ging, da seine Schwester dringend seine Hilfe brauchte; ob er als Bär dahingetrottet, ob er geflogen ist oder seine Beine gebraucht hat, wissen wir nicht; eins genügt: es war die Tatsache, daß er *hamramr* war, was ihm die Schnelligkeit verlieh.

In christlichen Zeiten wurde das Wort *hamramr* zu einem brandmarkenden Adjektiv degradiert, und in seinem Verfall hat es dasselbe Schicksal wie *fjölkunnigr,* das später auf die Individuen angewendet wurde, die zum alten Brauch hielten und also Zauberer wurden. Eigentlich bedeutete *fjölkunnigr* oder „vielwissend" bloß: fähig sein, sein Heil auf mannigfaltige Weise zu benutzen, wie ein Mann es unbedingt sein mußte, wenn er Kenntnis von den vergangenen Dingen hatte und Einsicht und Einfühlung besaß, die ihm ermöglichten, aus den Seelen um ihn herum Kraft zu holen.

Zu der Zeit, wo Olaf Tryggvason das Land durchstreifte, um Christi Licht in alle norwegischen Heime und Herzen zu tragen, gab es einen Mann im äußersten Norden, Raud genannt, der sich hartnäckig gegen die königliche Bekehrung wehrte, indem er die Küste von Stürmen verteidigen ließ. Eine ganze Woche kämpfte die Flotte des Königs gegen den Wind in der Mündung der Förde, ohne vorwärts zu kommen, aber zuletzt wurden die heidnischen Windstöße überwältigt durch reichliche Verwendung von Kerzen, Kreuzen und Weihwasser, und es gelang dem König, Raud zu fangen und ihn in die Hölle zu schicken, als er sich zu aufsässig zeigte, um auf der Stelle seinen Glauben zu ändern. Der trotzige Heide wurde vom Gefolge des Königs – oder von seinem frommen Biographen – als *fjölkunnigr* verspottet; aber Olaf, der dem Sturm trotzte, bis er ihm gehorchte, der sein Heil ausschickte, um seinen Freunden Hilfe zu bringen und den Gedanken seiner Feinde der Weisheit zu berauben, ja der sogar gelegentlich erschien, um in Gefahr eine tödliche Waffe vom Kopf seines Dieners abzuwenden, muß *hamramr* und *fjölkunnigr* gewesen sein wie irgend jemand, wie es bei einem Mann aus gutem königlichen Stamme ganz natürlich ist.

Die Widersacher des allerchristlichsten Königs gaben ihm mit gutem Recht den Beinamen *fjölkunnigr,* wenn sie auf mystische Weise von Olafs „Heil und Hamingja" überwältigt wurden. Beide hatten sie recht. In dem Fall von Fremden, deren Kräfte und Wege anderer Art sind, muß *fjölkyngi* tatsächlich Zauberei sein, und es ist also keine Verdrehung der Worte, wenn Christen und Heiden einander der heimlichen Künste beschuldigten. Als die christliche Hamingja und der christliche Gott das Feld behaupteten, da wendeten die Männer des neuen Glaubens natürlich das Wort ganz gegen ihre Feinde und machten es zu einem vorwurfsvollen Beinamen für Leute des alten Glaubens.

So ist es klar, das kein Widerspruch besteht zwischen dem neutralen Leben, der geistigen Kraft, die ein Mann auf seine Umgebung ausstrahlt, und der persönlichen Seele, die auf eigenen Beinen herumspaziert und mit Händen nach den Dingen greift. Die beiden sind nur gegensätzliche Pole desselben Heils. Wir haben gesehen, wie die Hamingja eines Mannes ausgehen und sich wie ein Nebel auf den Sinn eines anderen legen, seinen Weitblick beschatten, seine Initiative ersticken und die Kraft aus seinen Plänen saugen kann; und wir brauchen uns den Handelnden durchaus nicht als einen Mann zu denken, der mit den Händen würgt, mit dem Munde saugt, mit den Füßen tritt. Die Hamingja des Königs verpflanzt sich von seiner Hand als Wärme in die des Kriegers, wenn er dessen Hand ergreift; seine Hamingja geht als eine Kraft in die Männer ein und erfüllt ihre Körper, indem sie sie bis zur äußersten Fingerspitze durchdringt und von dort in die Waffen überspringt. Sogar das Voraussehen ist Hamingja, die aus der Tiefe der Seele steigt und sich in dem verbreitet, der prophezeit: „Ich weiß kraft meines Voraussehens und von unserer *ættarfylgja* (das ist: die Hamingja der Sippe), daß große Trauer aus dieser Heirat für uns entstehen wird", so warnt Signy in der Völsungasaga, als ihr die Heirat mit Siggeir vorgeschlagen wird. Aber in jedem Augenblick kann die Hamingja in ihrer vollen Persönlichkeit hervorspringen. Nur eine kleine Umstellung in der Beobachtung, und sie wandelt sich aus einem Etwas in einen Jemand. Auf gleiche Weise geht der Hugr des Nordländers oft von dem Begriff Sinn, Wille, Lust, Gedanke in das über, was wir unter Seele verstehen mitsamt allen ihren Nuancen, weshalb eine Erscheinung des Mannes außerhalb seines Ichs, wie die in der Sage von Gunnthram geschilderte, wohl mit den Worten bezeichnet werden kann: „Es ist ein Hugr, dem wir begegnet sind." „Das sind Menschenhugar", sagt ein Mann, der seine Feinde im Traum gesehen hat, und das wird ja in nüchternen Worten heißen, daß die Seelen dieser Feinde spähend, lauernd, vorbereitend um ihn herumschleichen.

Es besteht auch kein Gegensatz zwischen dem Hamr und dem Mut und dem Megin. Der Jöte wird sofort erkannt, wenn er seinen vollen Jötenmut, die wilde, wütende Seele der Riesen, anlegt, genau so wie Thor imstande ist, das gewaltige Anschwellen des Flusses zu dämpfen, wenn er sein Gottes-Megin anlegt. Der metaphorische Ausdruck, daß der Geist seinen Körper in sich trägt – wenn er metaphorisch ist – läuft Gefahr, der Wahrheit einen Anschein von Tiefsinnigkeit zu geben; wenn wir aber alles getan haben, um der

Versuchung zu entgehen, die Worte als modernen Witz aufzufassen, enthalten sie allerdings gerade das, was gesagt werden muß. Wir haben unzweifelhaft das Recht, gerade eine solche Redewendung wie diese zu gebrauchen, daß das neutrale Heil Persönlichkeit als eine Eigenschaft neben all seinen anderen Eigenschaften in sich trägt, oder vielleicht noch besser, daß es mit einer Persönlichkeit durchtränkt ist, genau wie es mit Sieg und Fruchtbarkeit und Weisheit durchtränkt ist.

Das Leben ist ein einheitliches Ganzes, aber es ist teilbar. Die Seele kann in kleinen Bruchstücken herumgestreut werden. Wenn jemand eine große Seele hat, eine solche, die einen Mann zum König macht, so kann er seine Seele unter seine Krieger teilen, so daß ein Teil nach dem Osten geht, um einen Aufruhr zu ersticken, ein anderer Teil nach dem Westen auf eine Seefahrt, und ein dritter irgendeinen friedlichen Auftrag an anderer Stelle besorgt. Unzweifelhaft hätte es das Volk als ein betrübliches Zeichen von fehlender geistiger Kraft bei ihrem König betrachtet, wenn es einer seiner ausgesandten Seelen – ob er nun zu der Zeit drei oder sieben Heere im Felde hatte – an Sehen oder Hören, Weisheit oder Tatkraft gefehlt hätte. Jede von seinen „Reden", alle seine mächtigen Gedanken und Ratschläge, müssen mit Augen und Ohren ausgestattet werden. Die ganze Seelenmasse ist auf dieselbe Weise mit Menschentum durchtränkt, wie ein Stein mit Härte, der Baum mit Baumheit, so daß der Mann in jedem kleinen Teil seiner Ehre tödlich verletzbar ist. Es ist möglich, einen Mann körperlich zu töten, indem man eine seiner „Ratschläge" tötet. Wenn ein Häuptling einmal in vier Teile geteilt wird, wird sein Körper unzweifelhaft als Ganzheit bei einem dieser Viertelfürsten anwesend sein; aber das schließt nicht ein, daß die anderen drei inkognito oder unsichtbar verbleiben müssen, oder daß sie im geringsten vor dem ganzen Mann im Vollbesitz seiner Eigenschaften zurückstehen. Jeder von ihnen kann sehr wohl das lockige Haar, die scharfen Augen, die frische Gesichtsfarbe und die stattlichen Glieder des Häuptlingsheils anlegen. Wir können, wenn wir wollen, dem Mann vier Seelen zugestehen. Aber jede dieser vier Seelen enthält nichtsdestoweniger jeden Augenblick die Mit-Seelen und ist in jeder Beziehung für sie verantwortlich. Tatsächlich sind sie, wenn wir die Sache im tiefsten Grunde untersuchen, gar nicht getrennt. Trennung im Raum bedeutet nichts oder beinahe nichts.

Die Worte *megin, módr, fjör* und andere dienen dazu, das Betragen und die Bedingungen der Hamingja zu erläutern, aber es würde völlig willkürlich sein, die Beschreibung der Seele auf die Aufzählung einer Anzahl von beseelten Zuständen zu beschränken. Dieselbe umfassende Bedeutung von „Leben“ als „Seele“ wohnt in allen Wörtern, die seelische Vorgänge beschreiben. Isländisch *heiþt* bedeutet Feindschaft oder Haß, und zwar gefühlten Haß sowohl als auch feindliche Gedanken und Wünsche, ausgeschickt, um als niederdrückende Kraft in den Sinn des Feindes einzugehen, oder um gegen den gehaßten Mann im Hinterhalt zu liegen; es offenbart sich als Schlacht und als mächtige Schwerthiebe. *Munr* (gotisch: *muns)* bedeutet Liebe und Freude, aber es ist Liebe als eine Offenbarung der Seele; wenn der Held in seinem Grabhügel betrauert – wie Helgi in dem Gedicht der Edda –, daß er der Freude und Länder *(munar ok landa)* beraubt ist, so ist *munr* nicht als Freude am Leben zu verstehen, sondern als Leben, das in sich freudvoll ist. Auch an anderen Stellen können wir die Schwere des Wortes nicht fassen, wenn wir es nicht als Seele oder Leben wiedergeben. Idun, die die Äpfel der Jugend in Gewahrsam hatte, wird von einem Dichter so bezeichnet: die Magd, die den *munr* der Götter vermehrte – die durch Darreichung der unsterblichen Nahrung die Götter vor Alter und Schwäche bewahrte. In Wirklichkeit kann kein einziges Wort, das einen geistigen Prozeß bezeichnet, in entsprechenden Ausdrücken der modernen Psychologie wiedergegeben werden, ohne entweder ungehörig erweitert oder ungehörig verengt zu werden.

Die Seele des Menschen ist die Seele der Sippe

Die alte Lebensbetrachtung führt notwendig den Gedanken über das Individuum hinaus; immer hält man innerhalb der Sippe Ausschau, um den Ursprung seines Willens und seines Schicksals zu finden. Die Ehre, die das Individuum seinem Nachfahren mit der Bitte überliefert, sie wie ein Banner hoch ins Licht aufzurichten, ist schließlich nur ein Anteil des Individuums an jener Ehre, die alle Verwandten vereint behüten und gemeinsam genießen. Diese großartige Ausrichtung auf ein Ziel, ein Schicksal und den Willen, nie mit weniger als einem Königreich zufrieden zu sein, sich immer verpflichtet zu fühlen, den eigenen Ruhm als den größten innerhalb des Gesichtskreises zu sehen, ist in der Tat – und nicht weniger als die scharfen Augen – etwas, was einem ganzen Kreis von Männern angehört. Es freut das Auge des Vaters, wenn er sich und seine Verwandten in den Söhnen wiedererkennt, wenn er, wie es heißt, „das Heil der Sippe" in seinem Sohne sieht.

Sie hatten alle einen gemeinsamen Hugr, waren eines Sinnes. Die Schädelwände bildeten für die Gedanken keine Grenzen; was in der Seele eines Verwandten warm geworden war, erreichte die Sippengenossen nicht als Kälte oder Fremdheit. Sie waren eines Körpers, soweit ihr Friede und ihre Ehre sich erstreckten. Die Verwandten waren identisch – so sicher wie der einzelne Hirsch, der über den Pfad springt, mit anderen Hirschen identisch ist und die ganze Hirsch-Natur, die ganze große Hirsch-Seele in sich trägt. Und der Schmerz, der durch die ganze Kette der Verwandten lief, wenn ein Glied einen Schlag bekam, war mehr als ein geistiges Leiden. Die Glieder und der Hugr meldeten es, wenn ein Unglück geschehen war, lange bevor ein Bote die Neuigkeit brachte. Dieselbe Todesgefahr drohte ihnen allen. Sie hatten ein Leben gemeinsam. Man konnte von zwei Zeitgenossen, Vater und Tochter, sagen, daß sie e i n Leben hatten und daher am selben Tage starben. Diese Gemeinsamkeit des Lebens ist nur eine stärkere Form für das, was unter allen Verwandten vorhanden ist. Freilich, die ganze Familie wollte nicht mit dem Vater sterben, nicht sofort jedenfalls, aber wir wissen schon zur Genüge, wie schicksalschwer der Fortgang des einen die Zukunft aller Familienmitglieder beeinträchtigte, wie sorgfältig alle in bezug auf ihre geistige Gesundheit sein mußten, wie eifrig sie alle nach Verstärkung der Seele, nach Wiederaufrichtung verlangten. Die Friedensgenossen eines toten Mannes waren „feige" – todgeweiht – und ihr Leben konnte nur durch energische Bekämpfung der Todeskeime im Organismus der Sippe gerettet werden.

In einer wallisischen Geschichte sagt der König zu einem unbekannten Verwandten: „Wer bist du, da mein Herz dir entgegenschlägt, und ich weiß, daß du von meinem Blute bist." Diese Worte mögen der einfachste Ausdruck eines alltäglichen Gefühls sein, und sie stammen sicher aus einer Zeit, wo jeder Verwandte aus Erfahrung den besonderen Schlag des Friedens in seiner Brust kannte. „Der Hugr sagte es ihm", hätte ein Norweger sagen können, denn er fühlte an den Bewegungen des Heils in sich, daß Heil von seinem Heil sich näherte, so wie er auch das Herannahen eines Feindes an einem fremden Heil spürte, das auf dem seinigen „lag" und es unbrauchbar machte. Eine gute Frau, Orny, die Tochter des angesehenen Häuptlings Geitir, war von einem norwegischen Gast verführt worden, und als das Kind geboren wurde, befahl ihr Bruder, daß es ausgesetzt und seinem Schicksal überlassen werden sollte. Aber der Knabe wurde von einem Nachbarn gefunden und von ihm an Sohnes Statt angenommen. Als er noch klein war, lief er auf den Höfen herum und kam so auch als Gast nach Krossavik, dem Heim seiner Mutter. Eines Tages kam er, wie Kinder es tun, Hals über Kopf ins Zimmer gestürzt und fiel auf der Diele hin so lang er war; da geschah es, daß sein Großvater in Gelächter ausbrach, während Orny zu weinen anfing. Der kleine Thorstein ging geradenwegs zu Geitir und wollte wissen, worüber er lachte. Aber der alte Mann sagte: „Das war, weil ich etwas sah, das du nicht gesehen hast; als du hereinkamst, lief ein weißer Bär vor deinen Füßen, und über den bist du gestolpert, weil er plötzlich stehenblieb, als er mich sah; ich glaube, du bist von höherer Geburt, als man annimmt." – Daß er hier die Fylgja des Knaben sah, genügte, um in Geitir das Verwandtschaftsgefühl zu erwecken, und als der Knabe abends nach Hause gehen sollte, bat ihn der alte Mann, oft wieder zu kommen, und fügte hinzu: „Ich möchte glauben, daß du hier Verwandte hast."

Die Verwandten bilden zusammen eine Seele – und doch waren

sie natürlich so und so viele Individuen. Die Sippe ist nicht eine Einheit in dem Sinne, daß sie mit einem Wesen mit vielen Köpfen verglichen werden kann. Die Verwandten sind auch nicht Inhaber eines gemeinsamen Lebenskapitals, das sie gemeinsam verwalten. Die Gemeinschaft liegt viel tiefer, so daß jeder Streit zwischen dem Individuum und der Sippe als Ganzheit vollkommen außer Frage gestellt ist. Wir finden die Wahrheit auch nicht durch ein Kompromiß, das die Forderungen auf der einen oder anderen Seite herabsetzt. Die Individuen sind jedes für sich getrennte Individualitäten, jedes ist eine Person, und sowohl Realität wie Persönlichkeit sind so ausgeprägt, daß sie als Wille gegen Wille auftreten können. Aber die Persönlichkeit, die den einen Verwandten zu einem Charakter macht, ist dieselbe, die seinem Bruder oder seinem Sohn die silhouettenhafte Schärfe gibt. Die Verwandten besitzen einander, sie existieren ineinander, jeder einzelne unter ihnen schließt die gesamte Seele in jeder seiner Taten ein.

Der einzige Weg, die Eigentümlichkeiten dieser gemeinsamen Seele nachzuerleben, ist wohl der, zu sehen, wie die Lebenseinheit das praktische Verhalten der Menschen beeinflußt. Durch die gegenseitige Abhängigkeit der Verwandten wie auch durch ihre individuelle Selbständigkeit wird der Gedanke lebenswahr und treu erläutert. Die alte Gesellschaft erlaubt der Persönlichkeit nicht, in sich irgendwelche Bedeutung zu besitzen. Ein Mann, der allein denkt und handelt, ist ein moderner Begriff. In früheren Zeiten hatte der Einsame keine Möglichkeiten. Seine genialsten Gedanken würden in der Einsamkeit verschwinden, genau wie er selbst verschwand, ohne eine Spur zu hinterlassen. – Die alleinstehende Kiefer welkt dahin, keine Rinde und kein Grün bedeckt sie, sagen die Havamal; und diese Worte haben die buchstäbliche Bedeutung, daß der Baum, der allein auf dem Felde steht, nur welken kann. Er verbraucht seine ganze Kraft, um die zersetzende Wirkung von Wind und Fäulnis doch nur eine kurze Zeit aufzuhalten. Das Individuum konnte für sich nur als Knecht oder Neiding existieren, es konnte kaum noch den tierischen Teil des menschlichen Lebens in sich bergen. Ein Freigelassener war deshalb ein so unvollständiges Wesen, weil er keine rechte Sippe hatte. Der Sippenmann ist frei; weil er im Gehege der Sippe steht, zermalmt ihn kein Gewicht von oben. Anders ist es mit dem Freigelassenen, er steht allein und muß daher eine Macht über sich haben.

Im Gehege der Sippe stehen bedeutet Glied einer festen Ordnung sein, die von keiner Genialität und von keiner Seelenkraft geändert werden kann. Wir haben eigentlich kein Wort, womit wir solche Gewohnheiten messen könnten, die den Willen jedes Mannes dorthin biegen, wohin er nicht will, so als handle er aus freiem Antrieb. Was wir brauchen, ist eine Bezeichnung für ein Gesetz, das die Pläne des Individuums weder hindert noch unterdrückt, sondern sich als Kraft und Initiative den Gedanken und Bestrebungen jedes selbständig denkenden einzelnen Mannes beimischt, der unter dem Einfluß dieser Regel steht. Der Friede legt Rücksicht auf die Verwandten in Pläne hinein, die noch im Zustande der Empfängnis sind, und wenn es geschieht, wie es wohl vorkommen kann, daß ein Mitglied der Sippe vom Geiste der Aufsässigkeit gegen seine nächsten Verwandten erfüllt wird, trägt sein widerspenstiger Wunsch schon den Willen seines Widersachers in sich verborgen, wenn er zur Welt kommt. Eine Veränderung an der ererbten Ehre, an dem, was die Vorfahren als recht, nützlich und notwendig angesehen hatten – gleichgültig ob diese Veränderung sich auf das Verhältnis zu den Menschen bezog oder auf das, was wir Arbeitsmethoden, d. h. ehrwürdige Sitten, nennen – eine solche Veränderung ließ sich kaum mit dem Willen e i n e s Mannes durchführen. Die Gesetze, die unsere Beziehungen zu unseren Mitmenschen beherrschen, sind gewissermaßen steifer und weniger biegsam als die sozialen Regeln der alten Gesellschaft, aber dafür lassen sie auch einen Weg offen für Kunstgriffe und verschiedene Ansichten. Wir können das Gesetz umgehen, wenn es für das Gewissen zu eng ist, wir können ihm mit dem Munde huldigen und unsere Seelen retten, ohne es zu brechen; wir können unsere Stellung in der Menschheit behaupten, indem wir ein äußeres offizielles Leben führen, uns auf diese Weise vor geistiger Isolation retten und die Fühlung mit der nächsten Umgebung gewinnen, die notwendig ist, wenn ein Mann in Ruhe mit seinem Werk fertig werden will. Zu jenen Zeiten konnte ein Mann weder mit List noch Trotz die Grundgesetze des Lebens durchbrechen, ohne dadurch den Kopf in die Schlinge zu stecken. Ein Mann stand fest im Sippengehege und nur, was sich erreichen ließ, ohne diese Kette zu zerreißen, war überhaupt erreichbar.

Aber andererseits wäre es übereilt und gegen alle Erfahrung, wenn wir hieraus schließen würden, daß der Sippenmann notwendigerweise stumpfer und weniger charaktervoll gewesen sei als die isolierten Individuen der modernen Zeit, oder daß er weniger

Möglichkeiten gehabt hätte, das, was wir seine Persönlichkeit nennen, zu entwickeln. Solange die Stärke nach außen gekehrt ist und nicht den unverletzbaren Frieden und die Ehre angreift, hat die Sippe keine Wahl, sondern muß entweder die widerspenstigen Mitglieder schützen oder sie aus sich ausstoßen, und ein gesunder Stamm wird nicht gern eigenes Blut vergießen. Solange die Unternehmungen der Individuen von der Ehre und dem „Schicksal", das in ihnen ist, inspiriert werden und ihr Ehrgeiz die Fortsetzung der Taten ihrer Vorfahren ist, können sie sich gehen lassen und ihre Verwandten nach sich ziehen. Der Friede liefert die Verwandten der Gnade des Individuums – und seiner Initiative – aus. Er kann die Ehre in die Höhe schrauben, so viel er will; die anderen haben keine Wahl, sie müssen folgen; sie können ihn nicht herabzwingen, sie haben kein anderes Mittel gegen ihn als die Macht der überredenden Worte; sie können versuchen, ihn zu überzeugen, wenn er aber Vernunftgründen nicht zugänglich ist, sind sie gezwungen, auf seine Unternehmungen einzugehen und sowohl an der Verantwortung wie an der Gefahr teilzunehmen. Die Tatsache, daß er selbst ein Teil der Seele ist, befähigt ihn, die ganze Seele zu zwingen. Der Mann, der eine zehnfache oder hundertfache Seele hat, besitzt nicht nur eine innere Stärke, die in einem Manne fehlt, dessen Leben auf seinen eigenen Körper beschränkt ist, sondern er hat auch tiefere Möglichkeiten, ein reicher und vielseitiger Charakter zu werden.

Der Friede war ein härteres Grundgesetz als wir heutzutage leicht eins finden werden, aber anderseits war er auch eine Kraft, die verwendet werden konnte, zum Guten wie auch zum Bösen. Ein Mann kann sich seinen Weg bis in den Mittelpunkt des Heils erzwingen und sich das Heil zu eigen machen. Er kann die Seelen anderer der seinen angleichen und sie von seiner Seele abhängig machen und dann die Menschen vorwärtsschleudern, gegen welches Ziel er will, solange er seiner selbst und seines Heils gewiß ist. Es gibt kaum eine formale Macht, die der starke Mann ergreifen und mit seiner Begabung, seinem Mut, seiner Initiative, seiner Klugheit, seiner List, seinem frechen Eigensinn inspirieren kann; aber er hat etwas, was besser ist: er macht die anderen zu einem Teil seines Gedankens und seines Willens und verleibt sie sich gleichsam seelisch ein; der starke Mann benutzt seine Gefährten, wie er seine Glieder benutzt.

Die Herrschaft in einer solchen Sippen-Gesellschaft ist von besonderer Art; sie ist hier und dort, sie ist überall und schläft nie. Aber es gibt keine durchaus dominierende Gewalt. Der Kreis hat vielleicht seinen Hauptführer, aber der kann niemanden nach seinem Willen zwingen. Auf Island zeigt sich dieser Mangel an Subordination im schärfsten Licht. Island hatte Männer, die gern aus ihrem eigenen Beutel für die Ausschreitungen ihrer unruhigen Verwandten zahlten, wenn sie nur den Frieden erhalten und zukünftiges Blutvergießen verhindern konnten; aber ihr Friedensstiften war dauernd ein Flickwerk. Es gab keine Gewalt über die, die nicht recht handelten. Fest gegen sie aufzutreten war etwas, was sogar der Kühnste in der Verwandtschaft nie tun konnte, denn es war ganz ausgeschlossen, daß die Sippe ihre eigenen unbotmäßigen Mitglieder hätte verleugnen und sie ihrem Feinde auf Gnade und Ungnade ausliefern können. Als Chrodin, ein Mann aus edlem Stamme, wegen seiner Gewandtheit und seinem gottesfürchtigen Betragen zum Majordomus von Austria erwählt wurde, lehnte er es mit den bedeutungsvollen Worten ab: „Ich kann Austria keinen Frieden bringen, weil alle Mächtigen des Landes meine Verwandten sind. Ich kann sie nicht züchtigen und kann keinen mit dem Tode bestrafen, sie werden sich vielmehr, gerade wegen ihrer Verwandtschaft mit mir, erheben und mir Trotz bieten."

Die primitive Seele wird im allgemeinen von den europäischen Historikern so geschildert, als gehörte sie ausschließlich der Mythologie und der Religion an; aber um ihren wahren Charakter zu begreifen, müssen wir bedenken, daß sie auch ein psychologisches Wesen ist. Weit davon entfernt, aus dem Glauben und der Grübelei abgeleitet zu sein, ist sie in allererster Linie ein Objekt der Erfahrung, eine alltägliche Realität. Der Unfreie hat keine Seele, sagen unsere Vorfahren; und sie wissen es, weil sie gesehen haben, daß sie in ihm fehlt. Wenn ein Unfreier sich in einer gefährlichen Lage befindet, handelt er wie ein Blinder, er stürzt nieder und tötet sich selbst aus lauter Furcht vor dem Tode. Wie ein seelenloser Mann sich benimmt, erfahren wir aus der Geschichte vom Kampfe bei Örlygsstad, wo der weise und edle Häuptling Arnkel seinen Tod fand. Als Arnkel unerwartet von einer überlegenen Macht angegriffen wurde, schickte er seinen Knecht nach Hause, um Hilfe zu holen. Unterwegs wurde der Bote von einem anderen Knecht angerufen – und fing bereitwillig an, ihm bei einer Fuhre Heu zu helfen. Erst am Abend, als sie daheim fragten, wo Arnkel sei, erwachte der Knecht und besann sich darauf, daß sein Herr mit Snorri bei Örlygsstad kämpfte. Man braucht keine Hypothese über Seele und Leben, um die Tatsache festzustellen, daß dem Knecht Hugr und Hamingja fehlten; seine Seelenlosigkeit ist erkennbar an dem fehlenden Glanz seiner Augen. Die einzige Möglichkeit für einen Knecht, sich zu etwas Ähnlichem wie einem menschlichen Wesen zu erheben, ist, sich von dem Heil und Leben seines Herrn erfüllen zu lassen, und so sind Treue und Ergebenheit die edelsten Tugenden bei einem Unfreien.

Eine ausgezeichnete Erläuterung zu der Art, wie ein Knecht es vermag, seinen Herrn ins beste Licht zu rücken, gibt eine kurze Geschichte aus der Landnama. Einmal im Herbst suchte eine Schar von Männern, die an der isländischen Küste Schiffbruch erlitten hatte, Zuflucht auf einem abgelegenen Hofe, der Geirmund, einem edlen Häuptling von königlicher Geburt, gehörte. Der unfreie Verwalter lud die ganze Gesellschaft ein, den Winter als Geirmunds Gäste zu verbringen, und als er von Geirmund gefragt wurde, wieso er es gewagt hätte, das Haus mit Fremden zu füllen, antwortete er: „Solange Männer in diesem Lande leben werden, werden die Menschen nicht vergessen, was du für ein Mann warst, da dein Knecht es wagte, so etwas zu tun, ohne deine Erlaubnis einzuholen."

Eine absolute Einheit, eine Lebensgemeinschaft innerhalb der Sippe, muß in der Ungleichheit, in dem Wesensunterschied allen anderen Kreisen gegenüber begründet sein. „Unser" Leben ist nicht nur eigentümlich an Charakter, es hat seinen eigenen Stamm, seine eigenen Wurzeln und trinkt aus seinen eigenen Quellen. Es scheint nur die eine Folgerung möglich, daß unsere Vorfahren den Begriff Menschheit auf ihren eigenen Kreis beschränkten und alle Personen außerhalb ihres Friedens als nicht menschlich betrachteten; aber diese Folgerung, die unsere blasse, aber ausgedehnte Kategorie Menschheit zur Voraussetzung hat, ist nicht stichhaltig für die alte oder primitive Kultur. Die Frage nach menschlichen Wesen oder nicht-menschlichen Wesen, nach menschlichem Leben oder nicht-menschlichem Leben lag außerhalb der Ebene, auf der sich ihre Gedanken bewegten; das Problem konnte in der Form, die es für uns unwillkürlich annimmt, nicht gestellt, geschweige denn beantwortet werden.

Die alte Welt war anders eingeteilt als unsere. Der Unterschied liegt nicht so sehr in der Tatsache, daß die Grenzen anders verliefen und daß sie anderer Art waren. Auf der einen Seite war der

Mensch von der Natur getrennt durch ein tiefes Gefühl der Fremdheit, das er wohl auf einigen Punkten durchbrechen, aber nie ganz überwinden konnte. Auf der anderen Seite wird die Fremdheit, wenn er die Kluft zwischen sich und den umgebenden Seelen überschritten hat, in enge Freundschaft verwandelt. Wenn er seine Abneigung gegen dieses oder jenes Tier überwunden hat, geht er gleich zu dem anderen Extrem über und nennt das Tier seinen Bruder und zwar mit vollem Ernst, der deutlich zeigt, daß er die menschliche Würde nicht als ein Klassenprivileg betrachtet, das gewisse zweibeinige Geschöpfe als eine besondere Kaste abtrennt und ihnen einen besonderen Stand über allen anderen Geschöpfen anweist. Er sieht den Abstand zwischen sich und dem Bären nicht größer als den zwischen Bär und Wolf; jeder der drei ist ein unabhängiges Lebewesen und ihre Beziehungen zueinander können also nie in einer bestimmten Stufenfolge ausgedrückt werden wie bei uns, da wir immer den Menschen zuoberst und nicht zwischen die beiden setzen. Die lebenden und nicht lebenden Dinge der Welt bilden nicht eine Skala, die bei der anorganischen Welt anfängt und alle Grade bis zum Menschen als Krone der Schöpfung durchläuft. Die Natur ist für den primitiven Menschen ein Reich voll von freien, selbständig existierenden Seelen, menschlichen und nicht-menschlichen, die sich alle auf derselben Existenzlinie befinden und durch Bande der Freundschaft oder Verwandtschaft alle Arten von Verbindungen eingehen können. Bei den primitiven Völkern ist ein Wurm dem Menschen nicht ferner und nicht näher als ein Tiger – kein Wesen ist von vornherein als niedrig in der Skala klassifiziert. Der Unfreie steht nicht in unserem Sinne des Wortes außerhalb der Menschheit, er hat nur kein eigenes Leben und wird also nicht als Seele gerechnet. Seine Existenz ist so schwach ausgeprägt, daß er nicht einmal Unrecht tun und nicht zur Rechenschaft gezogen werden kann, wogegen andererseits Tiere nicht von der Ehre ausgeschlossen sind, zur Verantwortung ihrer Taten aufgefordert und verurteilt zu werden.

Wenn wir die Grenze überschreiten, die unsre Zivilisation von der primitiven Kultur trennt, treten wir in eine ganz und gar andere Welt. Die Welt, die von Seelen bewohnt ist, bildet nicht eine weite Ebene, auf der Geschöpf Geschöpf berührt, Seite an Seite stehend wie in unsrem Universum, wo die Dinge und Wesen hauptsächlich von außen als raumfüllende Körper betrachtet werden. Der Gesichtskreis unsrer Vorfahren war scheinbar viel enger als unserer, der Gedanke erreichte früher die Wände der Welt; aber der kleinere Kreis enthielt viel mehr als wir auf ein entsprechendes Feld zusammendrängen könnten. Tatsächlich ist die Geräumigkeit Midgards unbegrenzt, denn dieses Volk-Heim besteht aus einer Menge von Welten, die übereinandergreifen und deshalb in ihrer Ausdehnung vom Raum nicht abhängig sind.

In Midgard laufen die Tiere nicht durcheinander aus und ein, und sie stoßen und drängen sich nicht um einen Platz. Der Wolf wird Heidegänger genannt, weil die Heide ein Teil seiner Seele ist, aber er ist doch deshalb nicht notwendig mit dem Hirsch verwandt, der den Namen Heidetreter trägt. Der Aufenthaltsort des Wolfes ist nicht derselbe wie der des Hirsches, wie nahe sie auch geographisch zusammenfallen. Die Heide als Heide war etwas für sich, eine selbständige Seele und auch ein Raum; aber wenn wir Heidegänger oder Heidetreter sagen, kommen wir zu ihr nur durch das Tier, das den Vordergrund ausfüllt, entweder durch den grauen, äserfressenden, „frechen" Wolf – dann ist die Heide ein Unglücksattribut – oder durch den gekrönten, „eichenschutz-suchenden", „kopfzurückbiegenden" Hirsch – dann ist die Heide eine Seeleneigenschaft.

In der Sphäre, die wir summarisch mit der Formel Tag und Nacht abfertigen, war Platz für eine Menge Seelen, die einander als unabhängige Wesen trafen, sich als Ganzheiten gegenüberstanden anstatt einander zu beschränken. Erst wohnen da Tag und Nacht. Der Tag ist der helle oder strahlende und der schöne. Aber er hat auch andere Charaktermerkmale, wie es die Angelsachsen andeuten, indem sie ihn lärmend nennen oder die Zeit der Regsamkeit, die Zeit, wo die Menschen geschäftig sind.

Unabhängig von Tag und Nacht erscheint die Sonne unter den Menschen, und ihre individuelle Natur wird ausgedrückt in den Namen: Immerstrahlende, Schrecken der Jöten, Flüchtige. Die Sonne lenkt ihre Hengste, Frühwart und Allschnell mit demselben Recht wie der Tag sein Roß Leuchtmähne – so betont die mythische Sprache ihre gegenseitige Unabhängigkeit. Das Wesen der Nacht ist Dunkelheit und Schwärze, Schlaf und Traum, aber ihre Natur enthält auch Angst und Unheimlichkeit – daher stammt sie aus Jötenheim. Doch ihre Seele reicht noch weiter: die Herrschaft über die Zeit muß mit unter das Heil der Nacht gehört haben, da unsre Vorfahren nach Nächten rechneten. Der Mond ist auch eilig, aber er besitzt andere Kräfte: er zählt die Jahre und wehrt schlechte

Gedanken ab; er ist also gänzlich verschieden von dem anderen Licht.

Diesen großen Göttern folgt eine Reihe von kleineren Gottheiten, die für uns mit Ausnahme einiger Überbleibsel aus Mythen nur Namen sind. Ny, der wachsende, klarscheinende Mond, und Nid, der abnehmende Mond oder die mondlose Nacht, leben als „Zwerge" in einem Katalog über kleinere mythologische Wesen. Wir dürfen uns nicht darüber wundern, wenn wir die Phasen des Mondes als vom Mond getrennte Wesen mit eigener Natur finden; ihre frühere Unabhängigkeit hat schwache Spuren in den Versen der Völuspa über die Götter hinterlassen, die Nacht und Nid ihre Namen gaben, und in der Lehre der eddischen Vafthrudnismal über die Götter, die Ny und Nid hinaufsetzten, damit man nach ihnen die Jahre zählen konnte. Von Bil und Hjuki, zwei Wesen, die mit dem Mond verbunden sind, würden wir nichts wissen, wenn sie nicht in die Geschichte mit hineingekommen wären, weil man sich in den literarischen Zeiten einer Sage aus ihrer Vergangenheit erinnern konnte, nach welcher sie zum Brunnen gingen und vom Mond gestohlen wurden. Es ist möglich, daß Bil die Beziehung zwischen dem Mond und dem Unwohlsein der Frau repräsentiert – aber dies ist nur eine Ahnung, die durch die Mythen anderer Völker angeregt wird.

Unter dem Himmel fahren heulende Stürme und treibender Schnee, und sie sind nicht bloße Diener, die den Willen eines größeren ausführen, so wenig wie Ny und Nid; sie sind unabhängige Seelen, deren Natur durch solche Namen gekennzeichnet wird wie: Lärmender Reisender oder Baumbrecher, und sie haben ihren eigenen Ursprung, da sie Fornjots Söhne genannt werden. Nichtsdestoweniger hat der Himmel selbst sowohl Licht, weite Ausdehnung, Wolken, Sturm und hartes Wetter, wie Klarheit, Wehen und schwüle Hitze als „Megin" – wie wir aus den Namen ersehen, die ihm in der Poesie beigelegt werden; möglicherweise bildete auch die Sonne einen Teil seiner Macht. Und auf dieselbe Weise enthielt der Mond als Zähler der Zeit die Stunden des Lichtes und des Tages, ohne daß es der Unabhängigkeit dieser als Seelen Abbruch tat; diese Seite an der Persönlichkeit des Mondes wird in einem Mythos ausgedrückt, der den Tag zum Sohn der Nacht mit Delling macht.

Für einen modernen Geist, der sich der Frage in der Voraussetzung nähert, daß die Teile des Daseins zusammengeschweißt sind, ist es gefährlich, in Midgard hineinzugehen. Wenn man nicht sein Wesen ändern und so werden kann wie die Naturen in diesem Königreich, wird man zwischen den Seelenkolossen zermalmt, die den kleinen Raum erfüllen. Die Seelen kommen, wachsen in unbegrenzter Fähigkeit, neuen Raum auszufüllen, und überwältigen den Unerfahrenen von jeder Seite her. So groß ist die Unabhängigkeit jeder Seele, daß die widerspenstigen Seelen nicht einmal dadurch verschmolzen werden, daß sie einen gemeinsamen Ursprung haben; wenn jemals etwas ins Dasein trat – und nicht vielmehr alle Dinge schon von Anfang an da waren – dann sind Tag und Sonne, Mond und Nacht gleich selbständig entstanden. Die unerläßliche Bedingung, wenn man sich in Midgard zurechtfinden will, ist: alles, und jedes für sich, als weltformend und weltfüllend zu sehen und nicht als Teil einer Welt. Weder Tier noch Baum, Himmel noch Erde wird so betrachtet, als nähme es einen größeren oder kleinen Raum im Dasein ein, sondern als eine große oder kleine Welt.

Auf dieselbe Weise greifen die Seelen bei den Menschen übereinander. Jede Sippe enthielt das Heil und die Seele der Nachbarsippen und war dafür auch in den Freunden enthalten, ohne daß dadurch im mindesten die persönliche Unabhängigkeit beeinträchtigt worden wäre. Wo Volk dem Volke oder Stamm dem Stamme begegnet, kommt es nicht auf die von Menschen angefüllten, von einer politischen oder sprachlichen Grenze durchschnittenen Flächen an. Wohl haben beide Kreise eine irdische Grenze zwischen sich, aber diese Scheidelinie ist nur in die gemeinsame Oberfläche eingekerbt. Unter ihr liegen Freundschaft und Feindschaft, Verkehr und Streit mit all den Abschattungen, die der Charakter von Ehre und Heil diesen Beziehungen verleiht. Für den, der, selbst Seele, die anderen als Seelen empfindet, sind Freunde nichts außerhalb von ihm Seiendes: ihre Persönlichkeit, ihre Ehre, ihr Werk, ihre Vorfahren gehen in ihm auf als Teil seiner Natur. Und die anderen besitzen wiederum ihn und das seinige, nicht als einen Tributpflichtigen oder einen Untertanen, sondern als Inhalt ihrer Ehre. Jedes Volk– kleiner oder größer, der Intensität des Austausches entsprechend – ist die Welt, seine Stämme bewohnen die Erde, teils als bebautes Land, teils als ödes Land, und erfüllen sie bis an ihre entferntesten Grenzen. Unser Volk ist Midgard, und was außerhalb liegt, ist Utgard.

Außerdem ist die Erde selbst nicht eine Ebene, wo viele Stämme sich drängen, sondern, wie wir gesehen haben, ein lebendes Wesen, das vom Pflug und Säemann befruchtet wird, ein Weib – und doch die breite, grüne Ausdehnung des Bodens und der „Pfade". Und diese breite, schwangere, unbewegliche Erde ist ein Teil jeder Stammesseele und nicht eine gemeinsame Mutter aller. Aus den Sagen und aus dem Kult geht hervor, daß jeder Stamm seine eigene Geschichte vom Ursprung der Erde erzählt hat, ohne zu fragen, ob die Nachbarn nun ihrerseits auch das Recht hätten, zu berichten, wie die Welt, oder richtiger: ihre Welt, entstand. So ist es unter primitiven Völkern, deren Weltentstehungslehren näher bekannt sind, und so war es unter den alten Völkern im Norden, wie der Geist ihrer Mythen und die Vielfältigkeit ihrer Überlieferungen bezeugen.

Die Frage Mensch – Nicht-Mensch verschwindet also angesichts der einfachen Tatsache, daß alles, was nicht unser Leben ist, eine andere Seele hat, wir mögen sie nennen, wie wir wollen. Fremde haben keinen Wert vor dem Gesetze. In späteren Zeiten wurde ihnen eine illusorische Anerkennung in Gesetz und Urteil zugestanden, in älteren Zeiten war ihr Leben und Recht eine gleichgültige Angelegenheit. Man tötete kein Tier und fällte keinen Baum rein aus Müßiggang ohne irgendeinen vernünftigen Grund – mag dieser nun in der Schädlichkeit des Dinges bestehen, solange es lebt, oder in seinem Nutzen, wenn es tot ist. Um diese Beschränkung zu verstehen, müssen wir bedenken, daß primitive Menschen viel sorgfältiger danach streben, keine Seelen zu zerstören, als die Menschen der Zivilisation es tun, die keine Verantwortung gegen die Geschöpfe um sich herum empfinden, weil sie nur ihren „Sachwert" erkennen. So hätte man früher auch kaum einen Fremden nur deshalb niedergehauen, weil er existierte. Aber die Tötung eines Fremden unterschied sich prinzipiell nicht von der Zerstörung einer der unzähligen nicht-menschlichen Seelen des Daseins.

Umgeben von einem nebligen Horizont von Horden lallender oder sprachloser Menschen steht eine Gemeinschaft da, in der das Individuum einen bestimmten Wert vor dem Gesetze hat und von ihm als ein Wesen gleicher Art, wie der, der ihn angreift, bezeichnet wird. Das Mitglied einer Gemeinschaft hat das Recht, seine Habe in Frieden zu besitzen. Sein Leben ist teuer. Aber innerhalb des engen Kreises, der von einem gemeinsamen Gesetzes-Thing zusammengehalten wird, von einem gemeinsamen Häuptling, von gemeinsamem Krieg und Frieden, ist die Tötung eines Menschen schließlich kein Verbrechen gegen das Leben selbst, kann nicht einmal als etwas Unnatürliches angesehen werden.

Andererseits erhebt sich die Heiligkeit des Lebens in absoluter Unverletzbarkeit in dem Augenblick, wo wir in die Sippe treten, mit ihrem Urteil über Blutvergießen als Schändung des Heiligsten, als Verblendung, als Selbstmord. Der Ausschlag kommt so jäh und unverkennbar, wie wenn ein Nerv von einer Nadel berührt wird. Mit dieser kleinen Bewegung von der Gesellschaft in die Sippe hinüber haben wir die tiefste Kluft im Dasein überquert.

So ist das Leben in der Erfahrung der Alten – es ist kein bloßer Organismus, keine Sammlung von Teilen, die von einem verbindenden Prinzip zusammengehalten werden, sondern eine Ganz-Seele, die in jeder seiner Erscheinungen hervortritt. Das Dasein ist so gleichartig und persönlich, daß alle seine Teile sowohl wie alle seine Eigenschaften und Charaktermerkmale die ganze Schöpfung einschließen. Wenn ein Mann eine Handvoll Erde nimmt, hat er in seiner Hand die Ausdehnung, Festigkeit und Fruchtbarkeit der Erde; die Tatsache läßt sich erklären, wenn wir sagen, daß jedes Körnchen Boden dessen Seele und Wesen enthält; oder wir mögen sagen, daß der Bruchteil das Ganze umfaßt – beide Ausdrücke sind richtig und zugleich falsch, weil die Tatsache in unsrer Sprache nicht ausgedrückt werden kann, sondern nur in der Wiederverlebendigung einer uns fremden Erfahrung verständlich ist. Wenn ein Mann ein Tier verzehrt oder sein Blut trinkt, nimmt er Bärheit oder Wolfheit an, er nimmt durch seine Tat nicht nur die Wildheit und den Mut des Tieres an, sondern auch seine Gewohnheiten und seine Gestalt; die körperliche Form des Tieres geht in seine Konstitution über und mag sich in gewissen Augenblicken hervordrängen, vielleicht sogar bis zu vollständiger Verwandlung. Man kann die Sprünge eines Tieres nicht nachahmen, ohne daß eine innere Anpassung stattfindet, genau so wie man sich nicht wie eine Frau benehmen kann, ohne gewissermaßen ein weibliches Gefühl zu erzeugen, denn bei der daramatischen Nachahmung ruft der Tänzer das Wesen hervor, das sich in diesen Bewegungen ausdrückt, und nimmt die Verantwortung auf sich, ihm die Kraft der Offenbarung zu geben. Von einem Isländer wird erzählt, daß er einen menschenfressenden Bären tötete, um seinen Vater und Bruder zu rächen; und um die Rache vollständig zu machen, verzehrte er das Tier.

Von der Zeit an war es sehr schwer, mit ihm umzugehen, und seine Natur machte eine Veränderung durch, die nichts anderes war als die Bärheit, die in ihm wirkte. Auf ähnliche Weise sind die Menschen durch Freundschaftsbünde innerlich mehr oder weniger stark mit ihren Mitmenschen verbunden. So wie die Sippenbrüder nicht nur eine Seele, sondern in einem buchstäblichen Sinne, der modernen Gehirnen entgeht, ein Fleisch und ein Gebein sind, so ist die Seele der Sippe wirklich in den Seelen der Freunde und der Seele des „Nächsten" mit einbefaßt, um einen Ausdruck aus dem Neuen Testament zu gebrauchen, der jetzt die Kraft verloren hat, die er ursprünglich bei den Semiten wie auch bei den Germanen besessen hat.

Geburt

Im Kreise der Verwandten zeigt die Seele ihre Merkmale und ihre Stärke, aber die Hamingja der Sippe ist nicht auf das Menschengehege beschränkt, das das heilige Feld umschließt. Die Seele ist nicht etwas, was mit jeder Generation geboren und mit jeder neuauftretenden Geschlechterfolge erneuert wird. Sie dehnt sich nach vorne; unzweifelhaft wird sie auch die Sohnessöhne, von denen alle guten Verwandten hoffen und erwarten, daß sie einander folgen werden, durchfluten. Und sie erstreckt sich nach rückwärts über den allen bekannten Abschnitt der Vergangenheit hin, umfaßt die früheren Verwandten und reicht hinter ihnen in das Urdunkel hinein, aus dem die ältesten Ahnen hervorgegangen sind.

Die Seele, die sich in der gegenwärtigen Generation unruhig regt, ist ein Erbgut von den Vorfahren, die sie gestaltet haben, indem sie ihren Willen immer erfüllten, sie niemals hungern ließen, sondern gern und willig Ehre sammelten, so daß die Hamingja immer weiter über ihre früheren Grenzen hinauswuchs.

Woher hatte Harald Schönhaar sein Königsheil und woher seine Königsseele mit ihrer weitreichenden Ungenügsamkeit, mit ihren Plänen von einem geeinigten Norwegen und mit der Kraft, seinen Willen durchzusetzen? Die Frage ist in der Frühzeit gestellt worden und ist – jedenfalls teilweise – beantwortet worden. Der Sage zufolge wurde der Grund zu seiner Seele aus mancherlei Heil gelegt. Er selbst war ein Sohn von Halfdan dem Schwarzen, einem Fürsten, der sich in kleinerem Maßstab ziemlich ausgezeichnet und Siegesheil und Ernteheil besessen hatte. Halfdan war zuerst mit einer Tochter von Harald Goldbart in Sogn verheiratet, und bei der Geburt des ersten Sohnes nahm der Vater der Mutter den Jungen zu sich, gab ihm seinen Namen und sein Reich und zog ihn auf. Dieser Harald starb jung, ungefähr zur selben Zeit wie sein Verwandter gleichen Namens, und der Name ging dann – mit der Seele zusammen – auf seinen jüngeren Bruder über, der Tatsache zum Trotz, daß dieser von einer anderen Mutter geboren war, nämlich von einer Frau aus einem mächtigen Hersengeschlecht auf Hadaland. So wurden von mehreren Seiten her die Grundpfeiler für Haralds großes Königsheil errichtet. Wir können mit vollem Recht sagen, daß der erste König Norwegens eine sehr zusammengesetzte Natur war.

Das Halfdangeschlecht wurde das größte in Norwegen, weil seine Mitglieder verstanden, andere Lebensquellen in die ihrige einzubeziehen und sich bis zum Überfluß mit Hamingja zu erfüllen.

Die alten Vorfahren lebten in ihren Nachkommen, erfüllten sie mit ihrem Willen und wiederholten ihre Taten in ihnen. Eine höhnische Erwähnung der Dahingeschiedenen trifft in Wirklichkeit eine lebende Seele; denn während die Seele nach der Seelenwanderungslehre sich nur wiederholt und sich rettet, indem sie immer wieder ins Dasein tritt und von einem Körper in den anderen huscht, s i n d die Verwandten tatsächlich ihre Väter und die Väter ihrer Väter und erhalten diese durch ihr Sein. Da es dieselbe Seele ist, die die Alten zu Menschen machte und die jetzt aus der lebendigen Generation Träger von Ehre und Frieden schafft, schließt das Gegenwärtige die Vergangenheit nicht aus. Die Identität der Hamingja, die die Sippe trägt, schließt alle Verstorbenen mit ein.

Hier ist tatsächlich keine Rede von Vergangenheit und Gegenwart in der schonungslosen Art wie bei uns, die wir immer das Gesicht halb in einer dunklen Wolke begraben und ein feuchtkaltes Gefühl im Nacken haben. Die Zeit lag rings um jene Menschen ausgebreitet. Die Vergangenheit war ihnen Norden, die Zukunft Süden, das Gleichzeitige Osten und Westen: alles gewissermaßen gleich nahe, gleich anwesend. Und rechts und links, geradeaus und hinter ihnen war der Gesichtskreis vom Heil des Geschlechts begrenzt; die Zeit war von der Strömung dieses Heils so durchdrungen, wie es um die Menschen herum floß und sie durchflutete, sie und den Raum zwischen ihnen erfüllend; immer und überall mit der Kraft der Bewegung in sich, immer und überall mit der Fülle der Erweiterung, immer wieder sich zu einem Menschen kristallisierend, der seine Zeit im Lichte wohnte, um dann wieder hinunterzusinken, für andere Zeiten bewahrt. Für die Hamingja sind Gegenwart und Vergangenheit nicht übereinander gelagerte Schichten, sondern ein Doppeldasein, durch dessen Geisterwand der Mensch unbehindert hin- und hergeht.

Wenn ein neuer Mensch in die Familie trat, sagten die Nordländer ausdrücklich: Unser Verwandter ist wieder geboren, der und der ist zurückgekommen. Und sie bekräftigten ihre Aussage, indem sie dem Jungen den alten Namen gaben. Thorstein weiht seinen Knaben dem Leben mit den Worten: „Dieser Knabe soll Ingimund heißen und ich erwarte Hamingja für ihn wegen des Namens." Die Seele und das Heil des alten Großvaters Ingimund soll jetzt wieder ins Leben treten, zu neuer Wirksamkeit im Lichte. Später in der Geschichte erfahren wir, daß dieser jüngere Ingimund die Wiedergeburt seines Oheim Jökul bewirkt, indem er diese prophetischen Worte über seinen zweiten Sohn ausspricht: „Dieser Junge sieht tatkräftig aus: er hat scharfe Augen; wenn er lebt, wird er sicher über manchen Mann die Oberhand gewinnen, und er wird nicht leicht umgänglich sein, doch treu zu Freunden und Verwandten – ein großer Recke, wenn meine Augen sehen können; sollten wir nicht jetzt unseres Verwandten Jökul gedenken, wie mein Vater mich gebeten hat –, er soll Jökul heißen."

Die Festigkeit dieser Sitte der Namengebung beweist, daß die Alten ernst meinten, was sie sagten. Namen wurden nicht achtlos gegeben; die Sippe hatte einen Vorrat von gewöhnlichen Benennungen, die der Reihe nach getragen wurden. Die Kinder wurden nach einem verstorbenen Verwandten genannt und übernahmen den freigewordenen Namen. Es ist an und für sich sehr glaubhaft, daß Olaf Geirstadaalf auf Geirstad begraben wurde und später, ums Jahr 1020, sein eigenes Grab besuchte, oder, wie die Sache auch ausgedrückt werden kann, daß Olaf der Heilige einmal Olaf Geirstadaalf geheißen hatte und, wenn er wollte, sich an seine Wohnung auf Geirstad erinnern konnte. Die Leute fragten Olaf einmal, als er an dem Hügel seines Verwandten vorbeiritt, ob es wahr sei, daß er hier begraben sei; da soll er folgende Worte geäußert haben: „Hier bin ich gewesen, und hier ging ich hinein." Dieselbe unkirchliche Denkweise bestand auf Island. „Kolbein ist wiedergekommen", hören wir die Leute mit inniger Wiedererkennungsfreude sagen, als sie die Tapferkeit von Kolbeins Neffen, Thorgils Skardi, sahen; hier hatten sie den ganzen so sehr bewunderten Mann vor sich, seine Leutseligkeit, seinen Edelmut, seine Freude an Festen – überhaupt seinen ganzen Häuptlingssinn.

Während die Nordländer, indem sie den neuen Verwandten nach dem alten benennen, die Individualität des Wiedergeborenen betonen, folgen die übrigen germanischen Völker einer anderen Sitte, indem der Sprößling nicht direkt nach seinen Vorfahren benannt wird, sondern einen Namen bekommt, der Teile aus dem Namenmaterial der Verwandten enthält; und allem Anschein nach beruht die nordische Sitte auf einer Verengerung des dahinterstehenden Prinzips. Das Geschlecht hatte zwei oder mehrere Benennungen, in welchen es seinen Willen und seine Ehre ausgedrückt sah; die Verwandten trugen das eine oder andere dieser Familienzeichen, erweitert zu einem Namen durch Hinzufügung eines Wortes wie stark *(bald),* mächtig *(rik),* heilhaft (altengl. *red* und andere) oder *berht,* d. h. „strahlend“, „von weitem zu erkennen“. Die Fürsten von Kent hießen Eormenric, Eormenred, Eorconberht, Eorcongote und Æthelbeorht, Æthelred, ihre Frauen Eormenbeorh, Eormenhild, Eormengyth; *eormen* und *eorcon* sind beides Wörter, die etwas Großes und Ehrfurchtgebietendes im Heil des Kentischen Stammes bezeichnen. Das stolze und alte Geschlecht, das den Thron von Essex innehatte, nannte sich nach dem *seax,* dem „Kurzschwert“, nach *sige,* „Sieg“ und *sæ,* was vermutlich einfach „See, Meer“ ist; da waren Sæbeorht, Sæweard, Seaxred, Seaxbeald, Sigebeorht, Sigeheard, Sigebeald. Unter den Westsachsen finden wir *coen, cuth* und *ceol* vorherrschend, sie bezeichnen Vorwärtsschreiten, Ruhm und Schiffahrt (*ceol* ist wahrscheinlich „Kiel“ oder „Schiff“): Cuthwulf, Cuthgisl, Cuthred, Cuthwine, Ceolric, Ceolwulf, Ceolweald. Die northumbrischen Könige verkündeten ihre Götter – *os* – und ihre heiligen Plätze oder Thinge – *ealh* – in ihren Namen: die Männer hießen Oslaf, Oswulf, Oslac, Osweald, Ealhred, Ealhric, die Frauen Ealhfrith, Ealhfled. Im Beowulf lebt die Erinnerung an die alten Skjöldunge: Heorogar mit seinen Brüdern Hrodgar und Helgi und der nächsten Generation Heoroweard, Hredrek, Hrodmund und Hrodulf; diese hatten als Namenszeichen das Schwert, *heoru,* und Ruhm, *hroth, hreth.* Das fränkische Haus der Merowinger war stolz auf seinen *chlod* und seine *child,* „Ruhm“ und „Schlacht“. Das Zeichen der Ostgoten war, so weit man sehen kann, in erster Linie das alte heilige *amal;* aber daneben gab es noch das Königszeichen *theod,* das nicht nur Volk bedeutete, sondern im weiteren Sinne Größe bezeichnete, das, was gewöhnliche Maße übertraf: Theodomer, Theodoric, Amalaric und Frauen wie Amalafred, Amalaberg. Aus dem ersten Jahrhundert, aus der Morgendämmerung der nordeuropäischen Geschichte, werden uns durch südliche Annalen einige Namen überliefert, die in der königlichen Familie der Cherusker getragen wurden: Segestes, Segimundus und Segimerus sind die Namen dreier Verwandter in römischer Form; wir finden wohl in diesen Namen das Wort „Sieg" wieder.

Der Unterschied zwischen der alten allgemeingermanischen Art der Namengebung und der der Nordländer deutet vielleicht auf einen Bruch in der Denkart, auf eine Revolution, wobei das Individuum vorstieß und freie Hand bekommen hat, um – im Laufe der Zeit – das Bestmögliche aus sich zu machen. Aber bei allen geistigen Entwicklungen ist das Neue ganz im Alten und das Alte ganz im Neuen enthalten; der Unterschied besteht am Anfang in einer kleinen Änderung des Akzentes. Der Gegensatz zwischen den beiden Systemen bedeutet sicher nichts weiter als eine Ungleichheit in der Betonung des Persönlichen und des Allgemeinen. Vor der Periode, die das neue System der Namengebung erzeugte, hat es kaum eine Zeit gegeben, wo man den verstorbenen Ahnen überhaupt nicht im neugeborenen Kinde erkannt hätte. Damals sowohl wie später glaubten die Menschen an das Fortleben nach dem Tode; aber bei der Wiedergeburt der Sippe verweilte der Gedanke mehr bei der Vorstellung von ihrer Wiedergeburt als von seiner Wiederkehr. Die Toten setzten ihr Leben fort, bis sie vergessen oder sozusagen im Heil aufgelöst waren, und unterdessen ging die Wiedergeburt des Unerschöpflichen weiter.

Bei der Geburt eines Kindes bricht das Heil der Verwandten wieder in einem Individuum hervor. Vielleicht hatte das Ereignis eine äußere Veranlassung darin, daß ein Anteil am Heil frei geworden war; aber Tod und Geburt standen für die tiefere Einsicht nicht in so unmittelbarer Beziehung zueinander. Der Lebende kann nicht, indem er einfach in den Seelenborn springt, dessen Wasser in einem Nachfahren hervorquellen lassen. Wenn jemand geboren wird, so ist es ein Überfluten des Heilquells, und soll ein Toter ein solches Anschwellen hervorbringen können, so muß es kraft der ganzen Ehre geschehen, die er in sich trägt oder die die Rache für seinen Tod mit sich bringt. Wenn das Geschlecht seine Ehre vergrößert, dann stehen Verwandte auf und machen das Gehege weiter. Der Wille wird nicht unter eine größere Anzahl Individuen verteilt, sondern er wächst, so daß mehr Wille da ist und mehr Geräte nötig sind, um sein Werk auszuführen.

Wenn die Männer eines Geschlechtes reich an Ehre und Heil sind, gebären ihre Frauen Kinder. Das Heil muß durch die Mutter gehen, um Stärke fürs Leben zu gewinnen; aber die Tatsache, daß die Frau ihr Kind zur Welt bringt, genügt nicht, um es mit Leben zu erfüllen und ihm einen Teil des Heils zu geben. Im Norden wurde das Kind gleich zum Herrn des Hauses gebracht und von ihm mit einem Namen aufgenommen. Wir lesen z. B.: „Dieser Knabe soll Ingimund heißen, nach dem Vater seiner Mutter, und ich erwarte Heil in ihm, wegen des Namens." Oder: „Dieser Knabe soll Thorstein heißen, und ich wünsche, daß Heil dem Namen folgen mag." Die Bedeutung von diesem „erwarte", „wünsche" liegt mitten zwischen einem „Ich weiß" und einem „Ich bestimme, ich will, ich gebe ihm hiermit einen solchen oder solchen bestimmten Teil vom Heil, ich gebe ihm hiermit Geburt." Der Vater kann dieses sagen, weil er, mit dem Namen zusammen, die Seele selbst auf den Lippen hat, und sie auf das Kind ausatmet; er inspiriert ihm das Heil, den Charakter und den Willen, die Stärke und das Aussehen der Seele, die über ihm schwebt. Mit dem Namen gingen Heil und Leben und also auch Friede und die Würde eines Verwandten in das Kind ein. Erst dann hatte es eine lebende Seele. Hier und dort in den Gesetzen finden wir Spuren von einer Zeit, wo das Leben eines Kindes von dem Tag an gerechnet wurde, wo es einen Namen bekam. In England mußte man, sogar nachdem die Gesetzgebung soweit fortgeschritten war, daß das kleine Kind mit dem erwachsenen Manne gleichgestellt wurde, ausdrücklich alle früheren Unterscheidungen außer Kraft setzen durch die Hinzufügung: ob es einen Namen hat oder nicht. Bei den Franken wurde das Kind, das noch keinen Namen hatte, in einer Kategorie für sich gehalten; auf seine Tötung stand eine kleinere Buße als bei richtigen menschlichen Wesen.

Es würde als eine tiefe Kränkung betrachtet werden, wenn ein anderer von sich aus dem Kind einen Namen gäbe und dadurch seine Seele, seinen Körper und sein Schicksal prägte; und in dem germanischen Rechtsgefühl liegt ein fest eingewurzelter Haß gegen den, der es wagt, einem Mann einen Spitznamen zu geben und dadurch neue Seeleneigenschaften in ihn zu pflanzen. Andererseits kann gesagt werden, daß ein Beiname Heil bringt, da er ja die rühmliche Auszeichnung des Empfängers vermehrt; die Tiefe dieses Stolzes geht noch undeutlich aus dem „Aberglauben" späterer Zeiten hervor, nach welchem ein Mann mit zwei Namen länger lebe als ein Mann mit einem.

Ein Knabe, der seine Laufbahn mit einem reichen und mächtigen Namen anfing, mit einem, den sein Vater oder Großvater oder ein anderer Verwandter mit Ehre und Erfolg erfüllt hatte, ein solcher Knabe hatte von Anfang an einen großen Vorteil. Aufrichtige Christen wie König Magnus und sein treuer Mann Thorstein Siduhallson haben nicht ein Jota von ihrem zuversichtlichen Glauben an den Segen eines guten Namens verloren. Thorstein kommt auf dem Heimweg von einer Pilgerfahrt zu seinem König, als dieser im Sterben liegt und schon sein Haus bestellt und unter seine Mannen Geschenke verteilt hat. Nichts ist für den Spätkommenden übriggeblieben, aber Thorstein macht sich auch nichts aus solchem Besitz: „Aber das möchte ich, daß du mir deinen Namen gibst." Der König antwortet: „Du hast in mancher Beziehung von mir verdient, was das beste ist, und ich gebe dir gern diesen Namen für deinen Sohn. Wenn ich auch kein sehr großer König gewesen bin, so ist es doch auch keine Kleinigkeit für einen einfachen Bauern, seine Kinder nach mir zu nennen, da ich aber sehe, daß es dir etwas bedeutet, werde ich deiner Bitte willfahren. Mein Hugr sagt mir, daß Schmerz und Ehre in dem Namen liegen werden." Das Kind empfängt mit dem Namen ein Bruchstück vom Heil des Königs, aber dies muß er wissen, daß das Königsheil stark ist, so stark, daß ein gewöhnlicher Sterblicher kaum Kraft hat, es sicher bis ans Ende zu tragen.

Die Handlung des Vaters ist ebensosehr wie die Niederkunft der Mutter deutlich als ein Geburtsakt zu erkennen. Das kleine, namenlose Etwas hatte an und für sich noch keinen Anteil am Geschlecht, keinen Anspruch, Verwandter genannt zu werden; und wenn es üble Neigungen zeigte, mit anderen Worten: ein Neiding zu werden schien – wie es an solchen sicheren Zeichen wie Mißbildung oder stammfremden physischen Eigenschaften zu erkennen war – da wurde ihm einfach nicht erlaubt, in das Heil hineinzugehen, sondern es wurde außerhalb des Lebens gestellt, bis jede geringste Spur von Bewegung in ihm verschwunden war. Es wurde ausgesetzt, um zugrunde zu gehen. Der germanische Vater würde erstaunt eine so unsinnige Beschuldigung angehört haben, wie die, daß er ein lebendes Wesen ausgesetzt hätte; und wäre die Sache in einem Augenblick angeschnitten worden, wo er aufgelegt war, sie zu diskutieren, hätte er ohne Zweifel die irrigen Vorstellungen der Schwätzer mit einem Hieb seines Beils zurechtgerückt. Er wußte schon, was das Leben wert sei. Hätte das Kind schon den geringsten Teil am Frieden gehabt, wäre durch die Ausschließung eine Lücke entstanden, die die sorgfältigste und genaueste Behandlung erfordert hätte.

Der Vater hat einen so entscheidenden Einfluß darauf, daß aus dem Neugeborenen ein menschliches Wesen wird, daß man in Versuchung kommen kann, die Weihung als die eigentliche Geburt zu betrachten. Was ist der Wert des einfachen Geborenwerdens, wenn das Kind, bis es vom Vater oder von männlichen Verwandten aufgenommen wird, doch nur ein Ding ist, das man nicht einmal zu töten braucht, sondern einfach hinaussetzen kann als nicht zur Menschheit gehörend? Es mag für uns schwierig genug sein, das absolute Veto des Vaters in Übereinstimmung zu bringen mit der Lobpreisung der edlen Geburt bei den Alten und ihrer schielenden Verdächtigung der Männer, die den Namen des Vaters laut ausrufen mußten, damit nicht der ihrer Mutter genannt werde.

Für die Nordländer war hohe Geburt das einzige Anrecht auf Ehre und Ruhm oder im tieferen Sinne die einzige Bedingung, die dem Mann ermöglichte, jene Tüchtigkeit und jenes Selbstbewußtsein zu besitzen, die Ehre und Ansehen voraussetzten. Kein falscher Thronforderer konnte lange unentlarvt bleiben; der Wechselbalg konnte die Tatsache nicht verbergen, daß er keine Seele hatte, wie die Geschichte von dem vergeblichen Versuch der Königin Hagny beweist, die ihre beiden häßlichen, schwarzen Söhne mit dem schönen Kinde eines Unfreien vertauschen wollte. Die beiden untergeschobenen Knechtskinder lagen eines Tages auf dem Fußboden und spielten im Stroh, während Leif, der Wechselbalg, im Hochsitz saß und mit einem Fingerring spielte; da sagte der eine der Brüder: „Komm, wir wollen ihm den Ring wegnehmen"; der andere schwarze Knirps war gleich zur Probe bereit, aber Leif weinte bloß. Diese kleine Szene genügt dem Skalden Bragi, um den Zusammenhang zu erraten; er läßt die Königin wissen: „Zwei sind hier, die mir gefallen, Hamund und Geirmund, König Hjors Söhne, aber dieser Knabe, Leif ist ein Sohn der Dienerin, nicht deiner, hohe Frau – ein Lump wie nur wenige."

In dieser Geschichte finden wir mit polemischer Kraft besonders betont, was die stillschweigende Begründung für das Urteil der Nordländer über Menschen war. Im Alltäglichen äußert es sich in Spott über den Niedriggeborenen, Staunen über die Gaben des Emporkömmlings und am allerstärksten in der unmittelbaren Ehrerbietigkeit der Freien gegen Männer mit Tradition. So viel ist gewiß: Kein Mann konnte mutig und tüchtig sein, ohne einem mutigen und tüchtigen Geschlecht anzugehören. Wer aus einem großen Heil geboren war, hatte eine Garantie fürs Leben, die keiner haben konnte, der das Licht der Welt in ärmeren Verhältnissen erblickte; er konnte mit volleren Händen greifen, ohne Furcht, etwas zu verlieren. Er war sicher, diese und jene Eigenschaften des Heils zu besitzen – die zu der Hamingja seines Geschlechtes gehörten – und er würde immer mit unfehlbarer Sicherheit die einzig richtige und mögliche Entscheidung in einer Sache treffen.

Glum, der alte Heiling, hatte einmal ein Erlebnis, das ihm zeigte, daß ein Mangel hinsichtlich der Geburt, wenn er auch gut verborgen ist, doch im entscheidenden Augenblick hervorbrechen und einem die Gedanken rauben kann. In das Thvera-Geschlecht, das seine Herkunft direkt bis auf Wikingkari zurückverfolgte, einen der großen Anfänge in der norwegischen Genealogie, und das mütterlicherseits mit den Königen Norwegens verbunden war, war ein Tropfen unedlen Blutes hineingekommen; ein Mann, dem Glum die Freiheit geschenkt und der es irgendwie verstanden hatte, sich zu Reichtum zu erheben, hatte eine Verwandte – ihren Namen kennt man nicht – des Mannes geheiratet, der ihn freigegeben hatte. Ihr Sohn Ögmund war ein vielversprechender junger Mann, den Glum in sein Haus nahm und als seinen eigenen Söhnen ebenbürtig betrachtete. Als die Zeit gekommen war, ging Ögmund auch an Bord seines eigenen Schiffes ins Ausland, wie es sich für den Abkömmling aus großem Hause geziemte; und in ebenso geziemender Weise kündete er seine Ankunft in Norwegen an, indem er ein Langschiff rammte und es auf den Grund des Meeres schickte. Das Schiff gehörte Jarl Hakon, der natürlich bei der Nachricht in Wut geriet und die Überlebenden vom Wrack zu strenger Abrechnung mit den Zerstörern antrieb. Ögmund erhielt einen Hieb, der ihn den größten Teil des Winters ans Bett fesselte.

Und nun schien es, als hätte er plötzlich seinen ganzen Adel verloren. Er sah seinen Verwandten Vigfus Glumson als einen der Gefolgsleute des Jarls und wußte, daß der Jarl sich an dem rächen würde, wenn einem der Norweger etwas geschähe; und er konnte es kaum mit seiner Pflicht gegen Glum vereinigen, Unglück über Vigfus zu bringen. So dachte er und ließ den Hieb ungerächt. Aber Vigfus dachte anders; seine Erwiderung dringt über Ögmunds Rechtfertigungsversuch hinaus zum schwächsten Punkte: „Weder ich noch mein Vater schätzen es, daß du mich behütest, wenn ich es nicht selbst tue; es ist etwas anderes, was dich lehrt, so vorsichtig zu sein; wie zu erwarten war, artest du dem Knechtsgeschlecht mehr nach als den Männern auf Thvera." Und Glums bitterer Ausruf gegen Ögmund nach seiner Wiederkehr ist eine verstärkte Gegenstrophe hierzu: „Wer hatte dich gebeten, ihn zu behüten, wenn er sich nicht selbst behütete; lieber hätte ich euch beide tot und dich gerächt gesehen." Und er besinnt sich auf die alte Wahrheit: Unfreier Stamm hat Mangel an Männlichkeit. – Es war das Merkmal knechtischer Abstammung, daß unwichtige Dinge sich in seinen Augen vergrößerten, während die Männer vom echten Thvera-Stamm nur das sahen, worauf es ankam.

Die Nordländer hatten ein scharfes Auge für psychologische Anzeichen der Mischrasse; eine Redensart, die sie oft auf den Lippen hatten, war: „Wem artest du nach?" und wir haben keinen Grund anzunehmen, daß nur die eine Seite mitgerechnet wurde. Thorolfs Gegner, die Hildiridsöhne, die schon erwähnt wurden, kamen nie über den Mangel ihrer Abstammung hinweg; ihre Mutter war von niedrigerer Herkunft als ihr Vater; es war ein Fehler, den man in jedem Wort, das die sprachen, deutlich bemerkte: so wenn sie von hinten in die Halle schlichen, sobald Thorolf vorn hinausgegangen war, und die Taten ihres Gegners auslegten, erklärten und deuteten, während Thorolf es seinen Taten überließ, selbst für sich zu sprechen. Die Sagas bringen auch die Behauptung, daß die Schurkerei eines Mannes aus dem mütterlichen Blute herrühre.

Bei den übrigen altgermanischen Völkern findet man nur wenig Zeugnisse, die uns u n m i t t e l b a r das Urteil des Tages über die Halbbürtigen zeigen. Doch kann noch in den Tagen König Gunnthrams ein Bischhof, Sagittarius, wohl einsehen, daß Mißachtung der Geburt bei dem moralischen Verfall des Volkes mitwirkte: „Wie können die Söhne des Königs jemals herrschen, wenn ihre Mutter von der Knechtsbank geradenwegs in das Bett des Königs gegangen ist?" Das war sein ständiges Thema, wenn von ernsteren Dingen die Rede war. Die Erlebnisse des armen Sagittarius waren dergestalt gewesen, daß sie ihm, wie es bei Schwergeprüften vorkommt, die Augen für die Schwächen seines Gegners öffnen konnten; er war seines Amtes enthoben worden, ohne hinreichende eigene Verdienste zu besitzen, die er gegen die Ungerechtigkeit hätte stellen können. Gregor dagegen, der in seinem Panorama der fränkischen Gesellschaft einen Platz für seinen exzentrischen Amtsbruder gefunden hat, betrachtet die Sache mehr historisch: „Sagittarius hat sich nicht überlegt, daß heutzutage alle, die den König Vater nennen können, als Söhne des Königs betrachtet werden, von welcher Herkunft auch ihre Mutter sei." Aber auch wenn wir nicht Gelegenheit hätten, das Urteil in lauten Worten ausgesprochen zu hören, so könnten wir es aus dem praktischen Benehmen der Menschen herauslesen. Man erkennt die Wichtigkeit der Geburt auch außerhalb Skandinaviens deutlich genug. Dieses Feingefühl mußte natürlich in seiner stärksten Form als Abneigung gegen Heiraten mit Niedrigstehenden auftreten. Und wir hören tatsächlich von den Sachsen, daß sie gleiche Geburt als eine gesetzlich unerläßliche Bedingung für die beiden Eheschließenden aufstellen; keine Ehe durfte die Kluft zwischen Edel und Frei überbrücken, so wenig wie zwischen Frei und Freigelassen, Freigelassen und Unfrei. Unsre Quelle dafür, eine geistliche Biographie aus dem neunten Jahrhundert, zusammengestellt von einem Mönch, dessen ethnographische Kenntnisse sich auf etwa eine Seite mit Excerpten beschränken, gehört zu den Quellen, deren Sätze man nicht Wort für Wort ernst nimmt, sondern nur in Bausch und Bogen benutzt; ob die Worte sich auf ein geschriebenes oder auf ein ungeschriebenes Gesetz beziehen, ob sie viele Sachsen betreffen oder nur einen kleinen Kreis in einem bestimmten Zeitabschnitt, muß dahingestellt bleiben. Jedenfalls ist eine solche Klassenpedanterie kein allgemein germanischer Charakterzug. Aber das sächsische Kastengefühl mag vielleicht indirekt die ausgeprägte Achtung unsrer Vorfahren vor der Bedeutsamkeit des Blutes beweisen. Und die Sachsen zeigen sich sonst als sehr genaue Formalisten, die sicher bereit gewesen wären, aus dem Feingefühl ein tüchtiges Dogma zu machen.

Es sind zwei Dinge, worin alle guten germanischen Stämme einig sind: daß eine freie Frau, die sich einem Unfreien hingibt, der Unwirklichkeit des unfreien Daseins unterliegt und ihre Seele verliert, und daß eine unfreie Frau ihren Kindern Geist aus ihrem Knechtesgeist mitgibt. In Schweden hat die Kirche mit ihrem Haß gegen die Kebsehe und ihrer Mißbilligung der Knechtschaft gegen die vorherrschende Auffassung Protest erhoben. Dort kann das Gesetz so lauten, daß rechte Ehe immer dem Kind die Freiheit sichert. Aber rings um den Paragraphen stehen die alten Begriffe vom Menschen als dem, der durch eine Sippe geboren wird und seinen Wert aus einer Sippe und der Ehre einer Sippe hat. Die Worte finden sich zufällig in demselben Kapitel wie ein alter Satz, in welchem eine frühere Zeit ihre Verurteilung der Frau aussprach: die Frau, die mit einem Unfreien eine Ehe eingeht, soll rückwärts, oder richtiger: mit dem Rücken nach vorne, aus ihrer Sippe hinausgehen; das Wort rückwärts bedeutet eine schlimme Art des Ausganges, es bedeutet Schande und Verlust des menschlichen Standes.

Ein freier Mann hat natürlich das Recht, über seine unfreie Dienerin zu verfügen, aber Kinder, die in der Ecke der Knechte gezeugt werden, werden unfrei, ohne das Recht, wie die Kinder der freien Frau zu gehen, zu sitzen und zu erben. Dieses Kind sitzt in der Ecke und ißt aus seinem Napf zwischen den Knechten, heißt es in einem norwegischen Gesetz; dasselbe kann ausgedrückt werden, wie es in Dänemark geschieht: Hat ein Mann mit seiner Dienerin ein Kind gezeugt, und ist das Kind nicht frei gemacht worden, da soll der Vater nicht mehr für dessen Taten büßen als für die irgendeines Knechtes. Es ist die Frau, die dem Kind das Gepräge gibt; wir finden das auch in den Worten, in welchen die Langobarden das Recht eines Mannes, seine eigene Dienerin zu heiraten, festlegen: erst muß er ihr Freiheit geben und sie in den Stand einer rechtmäßigen Ehefrau erheben; dann werden ihre Kinder legitim und erbberechtigt; das Wort, das die Gesetze benutzen, um ihren neuen Stand zu bezeichnen, sei es nun *virdibora,* edelgeboren, oder *viderbora,* wiedergeboren, verkörpert deutlich den Gedanken, daß sie von einer Existenz in eine andere hinübergeht, in eine, die wirklich Leben ist.

In allen germanischen Gesetzen, soweit wir Zeugnisse besitzen, wird ein Unterschied gemacht zwischen Kindern, die in der Ehe geboren sind, und den illegitimen, obschon die letzteren sowohl freigeboren wie vom Vater anerkannt sein mögen. Bei den Langobarden wie bei allen Nordländern, Dänen, Schweden, Norwegern, heißt die Regel für die illegitimen Kinder: nicht wie die anderen, nicht berechtigt zum Anteil am Erbe, oder stärker: er mag ein Geschenk von seinem Vater bekommen und damit gehen, wohin er gehört. Welche Stellung nun auch der illegitime Freie bei den verschiedenen Völkern in der Sippe gehabt haben mag, es besteht ein tief eingewurzeltes Gefühl, daß ihm etwas fehlt, was die anderen besitzen, oder eine Furcht, daß er nicht so stark sei wie seine Verwandten, nicht ein Felsen, auf den man unbedingt ruhig bauen könne, oder daß das Erbgut in seinen Händen nicht sicher sei. Möglicherweise war ein solches Gefühl des Unterschiedes nicht immer und überall als der ausschlaggebende Faktor bei der sozialen Regelung der Lage des Bastards anerkannt, aber es hat immer zu dem Urteil, das über ihn gefällt wurde, beigetragen, wenn nicht aus Furcht, so wenigstens aus Vorsicht. Es gibt in einer isländischen Saga ein ganz alltägliches Ereignis und einige Worte, die auf die wesentliche Schwäche bei einer illegitimen Tochter hinweisen, nämlich, daß sie möglicherweise nicht imstande sein werde, den vollen Frieden und die volle Ehre ihres Vaters an ihren Gatten weiterzureichen. In dem letzten Kampf zwischen den beiden Helgis, Helgi Droplaugson und Helgi Asbjörnson, wurde der letztere von seinem Schwiegersohn Hjarrandi treu unterstützt. Der andere Helgi rief seinem jungen und frischen Gegner höhnend zu: „Ha, wie draufgängerisch wärest du gewesen, wenn es eine freigeborene Tochter von Helgi Asbjörnson wäre, die du zur Frau hättest." Die Worte hatten sicher einen Stachel, den sie reizten Hjarrandi, so daß er noch hitziger loslegte. Obschon die Anrede in ihrer Form ganz und gar isländisch ist und nicht zu unkritisch herangezogen werden darf, ist sie doch eine Anspielung auf eine Unsicherheit, die hinter jenen gesetzlichen Vorkehrungen steht, die dem Bastard einen Platz an der äußersten Grenze der Verwandtenlinie anwiesen. In diesem Punkte hatte die Kirche bei ihren Versuchen, die Stellung des Bankerts herabzusetzen und so die Monogamie zu stärken, einen Verbündeten in dem alten Denken, und zwar einen mächtigen Verbündeten, der aus starken, halbempfundenen Instinkten heraus handelte und also imstande war, große und schnelle Veränderungen herbeizuführen.

Freilich, ein Mann wird zu dem geboren, was er ist. Zwischen Ehe und loseren Verbindungen, zwischen Kindern, deren Eltern gleich waren, und solchen, deren Mutter keine rechtmäßige Hausfrau war, zwischen Geburt und Halbgeburt, geht eine der schärfsten Trennungslinien in der germanischen Denkart, eine Grenze, die nie verwischt wird. Wenn auch Tacitus sich auf eigene Faust Gedanken gemacht haben mag über die Feierstimmung der Barbarenfrau, wenn sie ihrem Bräutigam die Hand reichte und im Geiste die Gefahren überblickte, die sie sich mit ihm zu teilen entschlossen hatte, so stimmt seine Schilderung des Ehevertrags doch jedenfalls mit allen späteren Quellen überein, wenn er die Hochzeitsfeier als eine Haupthandlung im Leben unserer Vorfahren hervorhebt. Die „Ehe" (vgl. althochdeutsch *êwa*, „Gesetz") war eine Begebenheit, deren soziale und juristische Reichweite durch umständliche Zeremonien hervorgehoben wurde.

Sie wurde mit derselben wohlbedachten Sorgfalt geschlossen wie ein Friedensbund, wo die Grundlage durch Zusammenschweißen von zwei ganzen Sippen und ihrem Heil befestigt wurde; sie wurde behutsam vorbereitet durch eine Reihe von feierlichen Handlungen, die in ihren Formalitäten der gesetzlichen Wichtigkeit des Vorganges entsprachen.

Aber auch das Abwägen und Zurechtlegen der Tatsachen gibt uns kein rechtes Verständnis. Immer wieder wird es sich zeigen, daß unsere Wörter zu eng sind, und daß die Vorstellungen, die die Worte in uns hervorrufen, nicht mit den Gedanken übereinstimmen, auf denen die alten Einrichtungen beruhten. Wir geben heute dem Geburtsakt einen absoluten Wert, den dieser Augenblick in alten Zeiten nicht besessen hat, weil unser Begriff vom Leben als etwas rein Physischem vollständig verschieden ist von der primitiven Vorstellung von einem menschlichen Wesen. Das moderne Wort „Geburt" muß bis zu seinen äußersten Möglichkeiten ausgedehnt werden, um den ganzen gewichtigen Begriff von Stamm, Geburt und Familie zu umfassen. Geburt ist nicht nur Gebären und nicht nur die Zeremonie der Namengebung, sondern etwas darüber hinaus – es ist die Vergangenheit, die wieder hervorbricht.

Die soziale Stellung des Kindes beruht auf dem ganzen Vorgang seines Eintritts in die Welt und in die Welt seiner Sippe, einem Vorgang, der mit den Wehen der Mutter anfängt und mit der feierlichen Anerkennung durch den Vater und der Aufnahme in die Sippe endet. Es ist unmöglich, unmittelbar aus dem Schrei einer Frau zu schließen, daß ein Kind geboren worden ist; aber hier muß nicht unterschieden werden zwischen Entbindung und Verleihung der Seele, sondern zwischen dem doppelten Akt des Gebärens und der Namensverleihung, wodurch ein menschliches Wesen geboren wird, und der unwichtigen Entbindung, die keine eigentliche Geburt ist. Der einzige Ort, wo man sehen kann, was vor sich geht, ist in der Sippe selbst, und wenn wir dort als Verwandte unter Gesippen stehen, haben wir in dem einen Fall das Glück, einen Verwandten auf die Welt kommen zu sehen, im anderen sind wir bloß Zuschauer bei einem Geschehnis ohne Bedeutung, wobei ein Individuum an unseren Augen vorbeigeht ins Nichts hinaus, in die Unwirklichkeit der Knechtschaft oder vielleicht in eine Wirklichkeit hinein, mit der wir nichts zu tun haben.

Der Sohn erbt Geburt und Heil von seiner Mutter, aber sein

mütterliches Geburtsrecht wird nicht abgeleitet aus dem kurzen Augenblick, wo die Mutter handelt und der Vater wartet; es hängt ebensosehr von dem Leben ab, in das der Vater ihn hineinnennt. Geht man in der Geschichte zurück, um den Augenblick zu finden, aus welchem der Geburtsakt seine Bedeutung und seine Kraft herleitet, müssen wir erst bei dem Abend haltmachen, wo das Paar feierlich sein gemeinsames Leben beginnt; die Tatsache, daß sie sich offen zusammen zur Ruhe begeben, ist mehr als ein bloß juristisches Zeichen, daß ihre Verbindung alle Folgen einer Ehe haben soll. Aber dann werden wir auch finden, daß das Zusammensein vor der Brautbettführung, das „Bier", als ein sicheres Zeichen für die Tiefe und Echtheit der Verbindung hervorgehoben wird. Vom Bier kommen wir auf den Kauf zurück, der vorhergegangen ist, den gesetzlich bindenden Vertrag, der mit Geschenken bekräftigt wird, die besagen sollen, daß dieser Kauf das Zeichen ist, daß die beiden in Wahrheit verheiratet sind; die hohe soziale Stellung der Mutter ist davon abhängig, ob sie ehrenvoll mit Brautgeschenken gekauft worden ist. Aber auch hier sind wir nicht mit der Sache zu Ende, der Adel einer rechtmäßig verheirateten Frau glänzt am Morgen nach der Brautnacht, wenn der Gatte seine Frau mit dem Heiratsgut einer wahren Ehefrau ehrt. Mit vollem Recht wird die „Morgengabe" im Gesetz der Langobarden als der Schlußsegen hingestellt, der die Frau aus ihrem unfreien Stande erlöst und sie zur „geborenen" Hausfrau macht. Jede dieser Zeremonien kann für sich als die grundlegende und entscheidende genommen werden, ohne im mindesten die Bedeutung der übrigen zu beeinträchtigen; denn sie stehen alle als Beweise für die Tatsache, daß eine Veränderung in den Seelen der Betreffenden bewirkt worden ist. Vor der Heiratsverbindung waren die beiden Familienkreise sich fremd, jetzt sind sie durch eine Verschmelzung von Heil und Wille verbunden; von beiden Seiten ist Seele von der anderen Seele aufgenommen worden, so daß beide Hamingjas gestärkt aus der „Ehe" hervorgehen. In dem Augenblick, wo der Vater Heil aus einem anderen Heil zu sich nimmt und es mit seinem eigenen vereinigt, wird die Grundlage zu dem Leben eines ehelichen Sohnes gelegt. Und so kann der Knabe tatsächlich ein Strang, ein hartgedrehter Strang werden; aber er ist nicht aus zwei Strängen zusammengedreht, die lose nebeneinander liegen; sein Heil ist ganz und gar eins, das Heil des Vaters und der Mutter zugleich. Tatsächlich ist die Hamingja, die nun den Sohn inspiriert, im Vater vollauf tätig; der Vater ähnelt schon mit seiner Sippe der Sippe der Mutter und artet ihr nach; und das muß er, so gewiß er so viel von der Ehre der verschwägerten Gesippen in sich hat, daß er mit ihnen leiden und mit ihnen unter einem Schilde stehen kann. Das Prinzip der Geburt und der Namensweihe im Norden wird also vollständig erklärt durch den einfachen Auftritt, wo der Vater oder derjenige, der dem Kind den Namen gibt, sich für irgendeinen seiner eigenen Vorfahren oder einen aus dem Kreis seiner Frau entschließt und die Stellung des Kindes in der Sippe befestigt, indem er den Segen ausspricht: „Laß den Knaben seinen Namen und sein Heil nehmen!"

Aber um die volle Wirkung der gesetzlichen Ehe zu verstehen, ist es notwendig, sich daran zu erinnern, daß das Recht und die Befugnis zur Benennung eines Kindes nach den Magen nicht auf den Mann, der wirklich eine Frau aus der anderen Sippe geheiratet hat, beschränkt werden kann. Die Verschmelzung von Seele und Heil und Geschichte, die bei einem der heiratenden Sippenmitglieder bewirkt worden ist, muß durch den ganzen Stamm gehen und eine Veränderung in allen Mitgliedern, die eine Seele gemeinsam haben, bewirken. Mit anderen Worten, das Kind wird nicht nach seinem Muttervater oder -bruder genannt, sondern die ganze Sippe erneuert in ihm die Hamingja ihrer Magen.

Daher kommt es ganz natürlich, daß die Stammtafeln der alten Familien in sich Geschichte oder Epos sind und zugleich Abbildungen eines Charakters. Und obschon die Namensverzeichnisse für uns nur Kataloge sind, bar der reichen Erinnerungen, die mit den Namen der ursprünglichen Träger verbunden waren, können wir doch noch durch die alten und neuen Namen, die sich kreuzen und häufen, Einblicke gewinnen in Leben und Wachstum, ja sogar etwas von dem Ernst nacherleben, der für den Stamm selbst die Aufzählung gleichzeitig zu einem ernsten Geschäft und zu einer Erbauung machte.

Die Geschichte weiß nur wenig von König Penda von Mercia und noch weniger von seinem Vater, König Pybba. Wir müssen uns mit einigen Tatsachen aus den kirchlichen Geschichte begnügen, gerade so viel, wie in einem Vers in den Büchern der Chronika über einen König stehen kann, der das tat, was böse war vor den Augen des Herrn. Nur einen einzigen menschlichen Zug trägt diese Larve; als der Heide, der er war, benutzte er gegen die Christen, wenn sie nicht nach ihrem Glauben handelten, keine andere Waffe als Hohn. Dies erfahren wir, und an dieser höhnischen Fratze meinen wir einen der ausgeprägten Charaktere zu erkennen, die mit Recht einen Platz neben einem Harald, einem Jarl Hakon, einem Chlodwig erhalten sollten. Aber obschon Penda der Gründer eines Königreiches war und einer, der gleich Harald eine Häuptlingschaft zu königlichem Range erhob, ging er mit seinen Vorfahren unter; die Kultur stürzte ihn mit ihrem unerschütterlichen Urteil, weil er sich nicht von der Flut tragen ließ, sondern im Strom der Zivilisation scheiterte. In England wurde die neue Zeit und der neue Geist nicht wie in Norwegen in den alten Brauch hineingebaut; jeder Pfahl, der dort eingerammt wurde, um das Neue zu tragen, diente gleichzeitig dazu, das Alte zu bannen. Mit dem letzten Heiden fiel das Königreich selbst, und als es wieder aufstand, geschah es durch den ersten christlichen König von Mercia. Wenn aber das Königreich von Mercia nach dem Untergang seines Königs und seiner Kultur feststand, wenn es ohne Schaden die Krise durchmachte, die auf eine schöpferische Zeit folgte, wo Erhaltung an die Stelle des natürlichen Entwicklungsrhythmus treten muß, und wenn es sich nach der Krise als eine große Macht bewährte, so geschah das, weil jene unbarmherzigen Krieger, Penda und seine Verwandten, auch ratkluge Männer gewesen waren, die die Grundlage zu ihrem königlichen Heil fest und tief legten. Dieser Stamm besaß, gleich dem von Halfdan dem Schwarzen in Norwegen und dem der Merowinger im fränkischen Reich, die Klugheit, das große Heil der umgebenden Welt in ihre eigenen Seelen hineinzuleiten und ihre Hamingja immer wieder neu zu gebären, nicht nur stärker, sondern auch reicher, indem sie ihr Haus durchtränkten mit dem Siegesheil und dem Herrscherheil neuer Gegenden. Ein sicherer Beweis für das Talent dieser Fürsten von Mercia, ihr geistiges Wachstum zu fördern, indem sie neues Heil von außen gewannen, ist das Bündnis mit dem königlichen Hause der Westsachsen. Wann die beiden Familien zum ersten Male Magen wurden, weiß man nicht; nur dieses ist sicher, daß Pendas Schwester mit König Coenwealh von Wessex verheiratet war. Und nun sehen wir, daß einer der Brüder Pendas schon nach seinem Schwager benannt ist; er wird Coenwealh genannt, und obgleich der Friede bald gebrochen wurde, da der Westsachse seine Frau verstieß, gebrauchte Coenwealhs Zweig der Familie weiter nur westsächsische Namen. Außerdem wurde die neue Hamingja auf zwei von Pendas Enkel übertragen, auf Wulfheres Sohn Coenred und Æthelreds Sohn Ceolred, trotz der Tatsache, daß die Mutter des einen aus Kent, die des anderen aus Northumberland war.

Auch gegen Norden können wir den Bestrebungen des Stammes folgen. Pendas erbitterte Kämpfe mit den frommen Königen von Northumberland, Oswald und Oswiu, stehen irgendwie mit der Tatsache in Verbindung, daß zwei seiner Söhne Töchter von König Oswiu geheiratet hatten. Und schon in derselben Generation erscheinen in der Mercia-Stammtafel die eigentümlichen northumbrischen Namen, die von einer Sippe zeugen, die stolz auf ihre Götter war; Pendas Bruder Eowa nennt seine Söhne Alwih und Osmod. Auch das *æthel*, das in dem Namen eines der eigenen Söhne Pendas, Æthelred, auftritt, ist lange in Northumbria im Gebrauch gewesen, aber auf Grund seines allgemeinen Charakters ist es kein unzweideutiges Familienkennzeichen.

Ein anderer ehrgeiziger Stamm, dessen Namensliste noch Zeugnis ablegt von der bereichernden Kraft des Heils, sind die Merowinger. Ihr erster geschichtlicher Name ist Childeric. Dieser König könnte mit Recht der Harald Schönhaar der Franken genannt werden, und ebenso wie der norwegische Reichsgründer hatte er einen Teil seines Heils aus dem Nachbarreiche. Es wird in Form einer Erzählung berichtet, daß er sich einige Zeit im Osten, in „Thüringen" bei König „Bisinus" aufhielt, und daß die Königin des Ostlandes aus Bewunderung für seine Männlichkeit ihm nach Franken folgte und die Mutter des nächsten großen Mannes des Geschlechtes, Chlodwig, wurde. Was dieser Mythos, in moderne historische Proportionen übertragen, bedeutet, wissen wir nicht, aber daß er großes Gewicht hat, zeigen uns die Namen von Childerics Töchtern Audefleda und Albofleda, in denen wir ein *alb* und ein *aud* finden, die auf dasselbe mystische Thüringen mit seinem noch mystischeren König Bisinus zurückweisen. Später verband Childeric sich mit Theodoric dem Großen und gab ihm eine seiner Töchter zur Ehe; Chlodwig erwartete, wie ein Geschichtsschreiber ausdrücklich feststellt, große Dinge aus diesem Bündnis und beeilte sich deshalb, seiner Familie das Heil einzuverleiben, indem er seinen Sohn nach dem großen König der Goten benannte. Die folgenden Generationen zeichnen sich durch das Bündnis mit dem königlichen burgundischen Hause aus; Namen mit *gunth*, wie Gunthram, und *chrote*, wie Chrotesind, sind die Symbole der Vereinigung. Was die übriggebliebenen Namenverbindungen wie Ingomar, Chramn oder Charibert in der Geschichte des Stammes bezeichnen, können wir nicht erklären; man möchte raten, daß sie in den Annalen der Familie als Erinnerungen an die rivalisierenden fränkischen Stämme auftreten, die allmählich von der Linie der Sieger verschlungen wurden. Alle diese aufgenommenen Namen bedeuten zuerst Magschaft, aber dann auch Aneignung von Heil und Wille; wenn man soviel burgundische Seele in sich hatte wie die Merowinger, konnte man sich getrost in den fremden Orten niederlassen, ohne daß Gefahr bestand, daß einem das Heil im fremden Lande ausgehen würde.

Diesen alten Realisten gegenüber, die fremdes Heil und fremdes Recht in ihr eigenes Fleisch und Blut einsogen, reichen unsere schwachen Begriffe von Erwerbungen durch Ehe und durch Vererbung nicht aus. Unsere Wörter und Gedanken erlauben uns nur auf sehr langen Umwegen die Art von Seelengeschichte zu erfassen, die diese Familienverzeichnisse enthalten. Haben wir uns aber erst einmal so weit führen lassen, so steht die Genealogie als ein Ausdruck vor uns, der alles sagt und alles auf die richtige Weise sagt, als die authentische Erläuterung der Geburt, die durch keine andere vollständig ersetzt werden kann, und zwar aus dem Grunde, weil die Reihenfolge von Namen eine Reihe von Landmarken bildet, die der Strom des Lebens selbst abgesetzt hat. Und das Symbol, das sie uns vor Augen stellt, ist nicht ein Vater, der von seinem Platz in der Stammfolge aus einen suchenden Blick auf die zwei Wege wirft, die sich in ihm treffen, in der Hoffnung, irgend jemanden zu finden, der seinem Kinde einen Namen verschaffen kann; wir sehen einen Mann, der von dem Heil inspiriert ist, das in Wahrheit das seinige ist, ob nun er selbst oder ein anderer die letzte Vermehrung hinzugetragen hat, und der nun diese Hamingja nimmt und das „Alter" – oder Schicksal – seines Sohnes bestimmt.

„Ich wünsche diesem Knaben Heil in dem Namen": das ist ein Wort, das gerade das zu bewirken vermag, was nach altem Sprachgebrauch darin liegt. Wer es sagt, weiß, daß er seine Worte „ganz" oder wirklich *(heil)* machen kann. Das alte Denken hatte keine Achtung vor halben oder bedingten Resultaten; wenn ein Vater seinem Kinde kein wirkliches und unbeeinträchtigtes Leben geben konnte, so hatte er nichts vermocht. Er konnte in der Tat etwas von sich selbst und von seiner Seele nehmen, um einem Menschen, der schon aufgewachsen war, Geburt zu verleihen. Wenn die Isländer die tendenziöse Geschichte erzählten, wie Harald Schönhaar den König

Æthelstan zwang, einen seiner Söhne an Kindesstatt anzunehmen, indem er seinen Boten das Kind auf das Knie des englischen Königs setzen ließ, entschlüpfen dem Erzähler unwillkürlich die Worte: „Das Kind ist jetzt auf dein Knie gesetzt worden, und du mußt es jetzt fürchten und ehren, wie du deinen Sohn fürchtest und ehrst." Was der Verfasser und sein Kreis sich auch bei diesen Worten gedacht haben mögen, jedenfalls holen sie ihre Kraft aus der Erfahrung, daß eine solche Handlung wie die, zu der der Norweger Æthelstan überlistete, wirklich einen Faden spann zwischen dem Mann, der da saß, und dem Kind, das auf sein Knie gesetzt worden war; diese feierliche Handlung konnte eine Veränderung in den Beteiligten hervorrufen und nicht nur neue Verantwortung schaffen, sondern auch vollkommen neue Gefühle von Frieden und Verwandtschaft entstehen lassen.

Unzweifelhaft konnte die Seele in einem Mann erneuert werden, so daß er in eine andere Sippe hineingeboren wurde als die, zu der er ursprünglich gehörte. Bei einer solchen Adoption erhielt das neue Mitglied ein neues Heil, neue Pläne, neue Ziele seines Lebens, es hatte dann Erinnerungen und Vorfahren mit seinen neuen Verwandten gemeinsam, empfing ihren Frieden in seine Seele, ihren Willen zur Rache, ihre Ehre. Sogar durch das pompöse Latein von Cassiodorus hören wir den Widerhall des germanischen Zutrauens zu einem solchen Adoptivsohn; dieser Federfuchser Theodorics berührt gelegentlich die Erinnerung an Gensimund – „ein Mann, dessen Lob die ganze Welt singen sollte, ein Mann, der nur durch Adoption in Waffen ein Sohn des Königs geworden war, der aber eine solche Treue gegen die Amaler zeigte, daß er diese sogar auf ihre Erben übertrug, obschon man ihn selbst suchte, um ihn zu krönen. Deshalb wird sein Ruhm immer leben, solange der Name der Goten genannt wird."

Der Mann muß offenbar vollkommen neugeboren worden sein und eine gänzlich neue Seele erhalten haben. Eine Veränderung muß in ihm stattgefunden haben, eine Geburt, die nicht nur seine Denkart beeinflußte, sondern auch das, was wir seinen Charakter nennen mögen.

Der Halbbürtige war also nicht von der Möglichkeit ausgeschlossen, vollkommen geboren zu werden, er konnte erneuert oder vielmehr geradezu geboren werden, so vollständig, daß tatsächlich nichts übriggelassen wurde vom alten Körper oder von der alten Seele. Eine solche Wiedergeburt lag in der Handlung der Adoption, der Kniesetzung oder, wie die Schweden es nannten, Schoßsetzung. Wenn das Upplandgesetz in einem Paragraphen illegitime Kinder nach der späteren Heirat ihrer Eltern zu vollen Ehren zuläßt, sie aber in der Überschrift zu diesem Paragraphen „Schoßkinder" nennt, haben wir hier wiederum einen jener charakteristischen Widersprüche zwischen den Wörtern der alten Zeit und den Gedanken des Mittelalters. In den norwegischen Gesetzen finden wir die Adoption in ihrem vollen dramatischen Verlauf beschrieben: Ein dreijähriger Ochse wurde geschlachtet, und ein Schuh wurde aus dem Fell seines rechten Fußes gemacht; bei einem feierlichen Gastmahl wurde der Schuh auf den vornehmsten Platz der Stube gestellt, und ein Mitglied der Familie nach dem anderen setzte den Fuß hinein; erst der adoptierende Vater, dann der adoptierte Sohn und nach ihm die übrigen Verwandten. Von diesem Augenblick an hatte der Sohn das ganze Leben der Familie in sich, wie deutlich aus den gesetzlichen Folgen hervorgeht, die der Handlung zugeschrieben wurden; er erbt, rächt, führt Klage vor Gericht, ist einer der ihrigen. Die Formel, mit welcher der Vater die Würde dieses Verwandten bestätigt, enthält in alten Worten die Einheit der Seele, die wir mit „Heil" und „Ehre" und „Friede" ausdrückten: „Ich führe diesen Mann zu den Gütern, die ich ihm gebe, zu Gabe und Entgelt, zu Stuhl und Sitz, zu Buße und Ring und zu vollem Mannesrecht, als ob seine Mutter mit Brautgeschenk gekauft worden wäre."

Dasselbe mag im Schwedischen gesagt sein, wenn es heißt: Bis ein Mann adoptiert worden ist, darf er nicht unter Geschworenen stehen, darf keinen Kauf tätigen, und alles, was ihm getan wird, ist, als wäre es einem Knecht getan; aber wenn er rechtmäßig adoptiert worden ist, wenn die Verwandten ihr feierliches: „Wir nehmen ihn in die Sippe zu uns", ausgesprochen haben, da darf er vor Gericht sowohl angreifen als auch sich verteidigen und kann unter Eideshelfern einen Platz haben, wenn die Familie in einem Rechtsstreit zwischen Männern Zeugnis ablegt. Und wenn die Adoption auf rechte Art ausgeführt worden ist, dann ist der Adoptierte so vollständig geboren wie einer, der nackt und zappelnd zwischen den Knien einer hochgeborenen Frau gelegen hat; was er auch gewesen sein mag, Knecht oder freier Mann, niemand kann zwischen ihm und anderen des Stammes einen Unterschied finden. Er unterscheidet sich nicht dadurch von seinen Brüdern, daß er, ohne eine Mutter zu besitzen, von einem Vater geboren wurde, denn im Falle einer vollständigen Adoption war das Heil der Frau und ihrer Verwandten in der Seele eingeschlossen, die der Vater in ihn hineingenannt hatte. Das adoptierte Mitglied hatte eine ganze Seele und eine Vergangenheit empfangen.

In Norwegen wurde verlangt, daß alle Verwandten bei der Adoptionshandlung anwesend sein und in den Schuh treten sollten, damit sie einer nach dem anderen das Recht auf Leben und einen Anteil an den Rechten des Lebens an den neuen Mann weiterreichen konnten; Kinder, die noch nicht alt genug waren, um selbst an der Handlung teilzunehmen, bekräftigten die Adoption ihres Bruders auf ihres Vaters Arm sitzend, wenn er in den Schuh trat. Dieselbe Bedingung für die Gültigkeit der Adoption wurde wahrscheinlich von anderen germanischen Völkern verlangt, obschon wir daraus nicht schließen können, daß sie das Recht des Vaters auf dieselbe Weise beschränkten wie die Norweger. Der Hauptzweck der Handlung ist nicht, die Veränderung im Stand des jungen Mannes zu verkünden, sondern die Veränderung selbst wirklich zu machen, so daß sie als eine Tatsache vor die Welt treten konnte, die alle fühlen mußten. Das Kind saß nicht auf dem Arm des Vaters, um als eine Bekanntmachung zu figurieren; es strahlte Heil in den neuen Bruder hinein, und es würde, sobald es ein erwachsener Mann wäre, die Verwandtschaft fühlen, die es, ohne es zu wissen, gegründet hatte. Infolgedessen war die öffentliche Bekanntmachung auf dem Gesetzes-Thing, die vom dänischen und schwedischen Gesetz verlangt wurde, an sich nicht wirksamer als die Handlung, die ein Vater selbst unternahm, wenn er großes Heil in sich gesammelt hatte.

Außer den wahren Verwandten scheint es eine Klasse von Männern gegeben zu haben, die Leben hatten, die im Heil handelten, deren Ehre von der Sippe behütet wurde, denen aber doch etwas fehlte. Wenn die unfreie Mutter zur Zeit ihrer Niederkunft nach dem Vater schickte, und er einwilligte zu kommen, um das Kind aufzunehmen und ihm einen Namen zu geben, wie Höskuld es mit seinem Sohn Olaf tat, dann war der Knabe frei und konnte – wie Olaf – zu Ruhm aufsteigen; aber er war doch schließlich genötigt, bei der Teilung des Erbes abseits zu stehen und sich mit einem Geschenk zu begnügen, das der Vater ihm aus dem Ganzen zuerkannt hatte.

So beschreiben die Gesetze faktisch die Stellung des illegitimen Sohnes sowohl im Süden als auch im Norden. Der Vater konnte, wenn er wollte, seinen Sohn ins Leben hineinführen; aber nach seinem Tode hatte der Bankert keinen Anspruch auf den Besitz der Familie. Vom germanischen Standpunkt aus gesehen, ist offenbar etwas Unnatürliches an dieser Klasse von Verwandten, die nicht erben, aber doch einen Teil des Erbes als Geschenk erhalten können; die Ehre genug besitzen, um zum Eide herangezogen zu werden, die bei einer Gerichtshandlung auftreten und an Bußen wie auch an der Verheiratung der Frauen ihrer Sippe beteiligt sein können, aber schließlich doch, was sie selbst betrifft, immer mit einer geringeren Beteiligung als die anderen dastehen; Verwandte, denen man wohl die Aufrechterhaltung der Sippenehre anvertrauen konnte, aber nur, wenn kein besserer Mann am Leben war. Ihre Stellung ist ein Kompromiß, das dem Geist der Zeit widerspricht. Wir müssen aber bei der Tatsache stehenbleiben, daß eine solche Halbstellung möglich war innerhalb einer Gesellschaft, die auf der alten Kultur und auf der alten Ehre als der Grundlage alles Menschentums fußte. Wir können vielleicht das Schicksal dieser Halbbürtigen und die Ursache ihrer Schwäche aus den alten Worten lesen, die in Norwegen bezüglich des Adoptivsohns gebraucht werden, wenn er die ganzen Gebräuche bei der Aufnahme in die Sippe durchmacht: „Der Mann soll zum Schoße der Männer und Frauen geleitet werden." Wenn dies bedeutet, daß er damit sowohl auf väterlicher wie auf mütterlicher Seite vollständig eingesetzt wird, dann deutet der Satz gewiß den psychologischen Mangel an, der den Unadoptierten von seinen Brüdern trennte. In der Rechtssprache der Langobarden wird der legitime Sohn als voll geboren *(fulborn)* vor dem illegitimen, aber anerkannten Sohn ausgezeichnet, und da das Wort deutlich aus einer Zeit herrührt, wo der Unterschied eine Wirklichkeit und keine juristische Unterscheidung war, können wir um die buchstäbliche Meinung nicht herumkommen: vollständig geboren – im Gegensatz zu unvollständig geboren. Die Worte: „zum Schoße der Männer und Frauen geleitet", enthielten vielleicht nicht gerade den Sinn, daß die Zeremonie der körperlichen Mithilfe der Frau bedurfte, aber sie besagen, daß die Adoptierenden die Zustimmung ihrer Schwäger eingeholt hatten, den neuen Verwandten in das volle Recht einzusetzen, das die eheliche Verbindung ihnen selber zu sein schien.

Da Geburt eine Verschmelzung von Hamingjas bedeutet, sind verschiedene Grade von Geburt oder Adoption möglich. Die Aufnahme als Ziehkind in Skandinavien war ihrem innersten Sinne nach eine Adoptionshandlung, obschon sie nicht so durchgeführt wurde, daß sie die Verbindung des Kindes mit der Sippe des Vaters und der Brüder durchschnitt. Der Ziehsohn hatte seinem Ziehvater gegenüber das Gefühl von Frieden, so daß er eine Kränkung des letzteren als eine Beleidigung gegen sich selbst empfinden mußte und sein Recht behauptete, was andere auch über den Charakter dieses Rechtes denken mochten. Vigfus Glumsons Ehrfurcht vor einem Hallvard, dessen Charakter man wohl als zweifelhaft bezeichnen muß, ist kein übertriebenes Beispiel von der Intensität dieses Gefühls. Hallvard wurde als ein gieriger Mann betrachtet, und man munkelte, daß er in bezug auf die Wahl seiner Mittel wenig Bedenken hätte; vieles ließ darauf schließen, daß ein Dutzend Schafe und ein fettes Schwein ihren Weg zu seinem Hofe gefunden hatten, und sicher ist es, daß sie nie mehr den Weg zurückfanden. Sein Ende war schimpflich; als der Sohn des gekränkten Besitzers in einer rechtlichen Angelegenheit zu ihm kam, sah er auf den ersten Blick, daß der Kopf des Diebes lose auf seinen Schultern saß, und ersparte sich klüglicherweise die Mühe, ihn vor Gericht zu laden. Glum ließ ihn liegen, wie er sich selber gebettet hatte, ohne eine ehrliche Buße als Kopfkissen; aber Vigfus, der im Ausland gewesen war, als die Sache geschah, ruhte nicht, bis er dem Töter Hallvards begegnet war und seinem Ziehvater Rache mit ins Grab gegeben hatte.

Wo der Friede eingezogen war, mußten Hugr und Sinn sicher folgen; die Überzeugung oder richtiger die Erfahrung von diesem Seelenwechsel ist in dem Sprichwort erhärtet: ein Mann artet seinem Ziehvater bis zu einem Viertel nach.

Die volle und ganze Adoption bewirkt eine grundsätzliche Veränderung im Sohne, so daß alle seine Gedanken eine neue Richtung bekommen und das Schicksal oder Alter *(aldr)*, das bei seiner ersten Geburt in ihn gepflanzt wurde, mit dem seiner neuen Verwandten vertauscht wird. Seine frühere Vergangenheit, sogar seine Vorfahren, werden ausgelöscht und eine neue Abstammung wird ihm eingeflößt durch die Hamingja, die ihn jetzt einhüllt. Aber die schwächeren Formen von Adoption bedeuten nur eine Zugabe von Vergangenheit und Gegenwart zu der Hamingja, die durch normale Vererbung ihm überliefert worden ist. Hakon Æthelstansfostri entsagt nicht seinem Recht auf das Heil der norwegischen Könige, und wahrscheinlich war die Adoption von Gensimund in die Familie der Amaler näher mit der skandinavischen Ziehkindschaft verwandt als mit der schwedischen Schoßsetzung oder der norwegischen Schuhführung.

Wir müssen den Gedanken rückhaltlos gutheißen, daß ein Mensch mehrere Male geboren werden konnte; es klingt zwar wie ein Scherz, daß der einzelne dann zwei oder mehrere Väter erhielt, aber greifen wir die Worte ohne Furcht an, sie brennen nicht. Der Ziehsohn fühlte, daß der Mann, in dessen Hause er aufgewachsen war, sein Vater war, und er fühlte, daß er in dem Heim, wo seine Brüder waren, auch einen Vater hatte. Aber er betrachtete die Verwandtschaft nicht auf dieselbe Weise wie wir; er sagte nicht, was wir sagen, weil es ihm nicht einfiel, die beiden Väter zusammenzustellen und nun zu sagen: eins–zwei. Wenn wir wissen wollen, wie sein Gedanke verlief, so brauchen wir nur mit Verständnis zuzuhören, wenn der Sohn seinen Vater und der Vater seinen Sohn mit dem Namen *frændi,* Verwandter, ruft. Dieser Name war der Grundton aller engeren Familienbezeichnungen, auf dieselbe Weise, wie bei uns jetzt umgekehrt Vater, Mutter, Sohn, Bruder je nach den Umständen der Grundton in dem Wort Verwandter ist. Sippschaft besteht darin, einen Anteil an der Hamingja zu haben, nicht darin, geboren worden zu sein, und deshalb war die Vaterschaft vom Frieden überschattet und entnahm ihre Stärke dem Bande, das alle Mitglieder der Sippe vereinigte; der Erzeuger zeugte kraft seiner Verwandtschaft, und daher kommt es, daß „Verwandter" einen Klang von Innigkeit hat und das beste und passendste Wort ist, um das Gefühl von Vertrauen und Stolz auszudrücken, das der Erzeuger gegenüber dem Gezeugten hatte. Ein isländischer oder norwegischer Vater pflegte seine Ermahnung, seine Ermunterung oder sein Lob mit dem vertrauten „Verwandter" einzuleiten. „Thorstein, Verwandter, geh mit deinen Brüdern, du wußtest immer, wo ein sanftes Vorgehen das beste war", sagt Ingimund zu seinem ältesten Sohn, als Jökul aus dem Haus hinausstürzt mit Absichten, die keineswegs sanft waren.

In allem Äußeren ist Hakon Æthelstansfostris Leben eine kraftvolle Erläuterung der Macht der Formen. Harald Schönhaar hatte ihn mit Thora Mosterstang gezeugt, heißt es. Als die Mutter fühlte, daß ihre Stunde gekommen war, eilte sie zu Schiff von Mostr nordwärts nach Sæheim, wo der König sich aufhielt. Das Kind sollte bei König Harald und in seine Hände geboren werden. Aber sie kam nicht so weit, denn als das Schiff unterwegs anlegte, wie es bei Küstenfahrten Sitte war, um die Nacht über am Strande zu bleiben, gebar sie ihr Kind auf einem Stein an der Landungsbrücke. Anstatt Harald war es der nahe Freund und Schwager des Königs, Jarl Sigurd, der den Namen in das Kind pflanzte, und er benannte es nach seinem eigenen Vater, dem alten Jarl von Halogaland. Das Kind wurde also direkt in die mütterliche Seite von Haralds Familie hineingeboren und wurde vielleicht niemals richtig verwandtschaftlich mit Thoras Familie verbunden. Später hat Harald den Knaben unzweifelhaft als den seinigen anerkannt und ihn mit voller Gültigkeit als seinen Gesippen angenommen, da er ihn mit seiner Mutter an den königlichen Hof kommen und dort großziehen ließ. Als der 15jährige Hakon als Bekenner des Christentums von dem sagenhaften Aufenthalt bei seinem Ziehvater Æthelstan nach Hause kam, um sein Recht auf Erbschaft zu behaupten, war sein erstes, geradeswegs zu Jarl Sigurd zu gehen, und seine ganze mühevolle Regierungszeit durch war der Jarl von Hladir für ihn alles, was ein Verwandter sein konnte. Sigurds Solidarität ist unbedingt, sie ist unabhängig von Stimmungen, unangreifbar für irgend etwas, das dazwischenkommen konnte, sogar noch in dem Augenblick, wo Hakons neuer Glaube in scharfen Gegensatz zu der alten Denkart des Jarls und seines Kreises kam; die Hilfe des Jarls wird nicht begrenzt durch die etwaige Möglichkeit, daß er eine andere Stellung einnehmen könnte, und als er dem jungen König Vorwürfe macht, weil er sich die stolzen norwegischen Bauern durch seinen übertriebenen Eifer für Christus zu Feinden macht, tragen seine Worte nie den Stachel einer Andeutung, daß er selbst zu den Gegnern des Königs übertreten könnte. Als der älteste Sohn des Jarls geboren wurde, benetzte Hakon ihn mit Wasser und gab ihm seinen eigenen Namen; und der Knabe wuchs auf und wurde jener Jarl Hakon, dem es gelang, sich eine Zeitlang auf dem Throne Harald Schönhaars zu behaupten.

Tod und Unsterblichkeit

In der Einheit von Individuum und Sippe begegnen sich auch alle Gedanken über den Tod. Für den Nordländer genügte der Name, der Ruhm, um dem Tode alle Bitterkeit zu nehmen, denn der Nachruhm war ein wirkliches Leben, ein Leben in dem fortgeführten Heil und der Ehre der Verwandten.

Der Schrei nach Leben hat bei den Nordländern einen neuartigen Klang erhalten; wir fühlen durch ihn eine neue Zeit. Das Wort Ruhm hat in der Wikingerzeit einen geistigen Ton angenommen, und es läßt sich nicht leugnen, daß der Nachruhm seinen lichten Schein auf Kosten des inneren, wesenhaften Lebens erkauft hat; er ist so hoch gestiegen, daß er beinahe die Wurzeln zerrissen hat, die ihm irdische Nahrung gaben. Und wie es immer geht, wenn eine Kultur anfängt, ihre Werte zur Übergeistigkeit zu läutern, endeten die Ideale in Überspanntheit und Haltlosigkeit: der Schrei nach Ruhm klingt mehr und mehr angestrengt, als ob der Rufende sich selbst übertäuben wollte. An Stelle der Ehrenhelden der alten Zeit treten die Athleten auf dem Felde der Ehre auf, sie hetzen im Lande umher, um Ruhm zu suchen und stöhnen vor Lebensmüdigkeit, wenn sie niemanden finden können, mit dem sie ihre Kraft messen können. Der angestrengte Klang in diesem Schrei in den späteren Jahrhunderten, die ans Mittelalter grenzen, läßt vermuten, daß die umherschweifenden Krieger teilweise die Verbindung mit den Realitäten des Lebens verloren hatten. Und doch waren sie nicht so modern, daß sie den Gedanken hätten fassen können, daß die wahre und einzige Unsterblichkeit darin bestünde, daß die Leute nach dem Tode vom Verstorbenen reden. Der Ruhm und die Ehre, die einen sterbenden Mann trösten sollten, mußten zwingende Kraft haben, so daß sie nicht nur Lieder zu erzeugen vermochten, sondern auch einen Nachfolger, von dem die Ehre aufs neue ausstrahlte.

Ein anderer Zug der Wikingerzeit ist die aufkeimende Sorge um die individuelle Wiedergeburt. In der Einleitung zu der Vatsdœlasaga hören wir, wie das berühmte Geschlecht Ingimunds gegründet wurde durch die Verschmelzung einer norwegischen Sippe mit dem Heil eines königlichen Stammes aus Gautland, das weiter nach dem Osten zu lag. Die Verbindung stammt von einem Kampf zwischen dem norwegischen Jüngling Thorstein und einem Nachkommen der Gautland-Könige namens Jökul; bevor er stirbt, bittet Jökul seinen Töter, seine Schwester zu heiraten und den Namen in den Sprößlingen aus dieser Verbindung zu erneuern, „und ich erwarte Segen für mich daraus", fügt er hinzu. So kommt es, daß der Name Jökul im Vatsdœla-Geschlecht geführt wird. Dasselbe Thema kommt in einer anderen Saga vor, in der Svarfdœla, wo Thorolf, ein wackerer Jüngling aus Naumudal, der auf seinem allerersten Wikingzug eine tödliche Wunde erhält, in dem Augenblick, wo er stirbt, seinen Bruder bittet, seinen Namen auf die Nachkommen zu übertragen: „Mein Name hat nur eine kurze Weile gelebt, also würde ich vergessen werden, sobald du verschwindest; aber ich sehe, daß du die Sippe vergrößern und ein großer Heiling werden wirst. Ich möchte, daß du einen Sohn Thorolf nennst, und alle die Heilseigenschaften *(heillir)*, die ich gehabt habe, werde ich ihm geben; dann, glaube ich, wird mein Name leben, solange die Welt bewohnt ist." Und Thorstein antwortet: „Das will ich dir gern versprechen, denn ich erwarte, daß es zu unserer Ehre gereichen wird, und gutes Heil wird deinem Namen folgen, solange er in unsrer Sippe ist." Er hält sein Versprechen und der neue Thorolf wird seinem Verwandten gleich.

Diese Geschichten sind konventionell in ihrem Romantisieren und, was die Vatsdœla betrifft, ist die Erzählung nichts als eine nachträgliche Erklärung der faktischen Verbindung zwischen einem norwegischen und einem gautländischen Hause. Aber dieses Romantisieren spiegelt gewisse Neigungen der Sagazeit wider. In Thorolfs und Jökuls Sehnsucht danach, ihre Namen und ihren Ruhm im Lichte wiedererrichtet zu wissen, ist unzweifelhaft eine egoistische Leidenschaft enthalten, etwas, was dem angstvollen Hungern nach einer Zukunft und nach einer Hoffnung nahe steht, das wir aus anderen Zeiten und von anderen Ländern her kennen. Aber ihre Lebensgier wird befriedigt durch die Versicherung, daß ihre Ehre und ihr Heil nicht dahinwelken werden. Sie sind vollkommen damit zufrieden, ihr Leben in einem anderen Manne erneut zu leben, und die Frage nach ihrer eigenen Identität kann einfach nicht die Masse der alten Voraussetzungen durchdringen. In Thorolfs Worten: „Ihm (dem zukünftigen Namensbruder) werde ich all das Heil geben, das ich gehabt habe; und ich glaube, daß mein Name dann so lange leben wird, wie die Welt bewohnt ist", haben wir gewissermaßen zwei verschiedene Denkarten, die eine über der anderen: die alten Vorstellungen von Heil und Seele bildeten ein Muster, in welches neue Gedanken über die persönliche Unsterblichkeit des Helden, die Ausdruck heischen, unwillkürlich hineingepaßt werden.

Unsterblichkeit besteht also darin, im Heil und in der Ehre zu bleiben und sie gesichert zu wissen; mag der Gedanke an die eigene Wohlfahrt sich so mächtig erheben, wie er will, er kann nicht die Form annehmen: was soll aus mir werden? Solange das Leben unzertrennlich an eine Einheit geknüpft ist, so daß das Individuum überhaupt nicht als Individuum existieren kann, fehlt der Stachel, der den Gedanken an die eigene Inkarnation in Bewegung setzen könnte. Der tote sowohl als auch der lebende Verwandte lebt in seiner Sippe; er denkt ihre Gedanken und ihre Ehre, er will ihren Willen, er fühlt ihre Gefühle, er ist ihr Körper. Er wird durchwärmt von der herzerfrischenden Ehre, zu der er selbst den Grund gelegt hat, er nährt sich vom Heil, und er handelt, denkt und plant mit den Verwandten. Und so ist die Frage: Sein oder Nichtsein, von Beginn ausgeschlossen.

Wenn ein Mann sich vergewissert hat, daß sein Heil und seine Ehre in sicherem Verwahr sind, und er nun seine Augen schließt, geht er fort zu dem Ort, wo seine Verwandten wohnen – „geht fort, um seine Verwandten zu besuchen", wie Egil von seinem Sohne sagt – und kommt dort an in seiner ganzen, vollen Person mit Körper, Seele und vollständiger Ausrüstung. Nicht als ein Geist, der seine Hülle abgelegt hat und sich mit klappernden Zähnen den Weg zu Hel hinunterschleicht, sondern als ein menschliches Wesen mit menschlicher Natur.

Der ganze Mann setzt einfach sein Leben unter etwas anderen Umständen fort, aber immer im Heil, vielleicht ist es etwas weniger als vorher, vielleicht auch in gewissen Beziehungen etwas stärker. Er reitet sein Roß und trägt sein Schwert, das er auf dem Waffenthing, wo die Toten versammelt sind, blitzen läßt, und für seine unruhigen Fahrten braucht er eine dauerhafte Ausrüstung, eine gut geschmiedete Waffe, die sich geschickt handhaben läßt, so wie er es gewöhnt ist. Er ist eine solide Person, die man anfassen und mit der man kämpfen kann. Wir dürfen ihn freilich nicht ganz und gar nach den komisch-furchtbaren Wiedergängern charakterisieren, die in einem Teil der isländischen Sagas umgehen, Kerlen, die Leuten den Hals umdrehen oder vielleicht sogar mit ihrem eigenen Kopfe in der Hand herumlaufen, mit dem sie an die Türen klopfen. Aber indirekt offenbaren sie doch etwas von der Natur des Toten; jener Glam, der auf dem Dache des Hauses reitet, bis alle Balken krachen, und der nahezu Grettirs Arme und Beine gebrochen hätte; jener Thorolf Bœgifot, der den Hirten nachläuft und sie braun und blau schlägt, haben nicht viel Realität an sich, aber sie haben eine Realität hinter sich; sie stammen von handgreiflichen Abgeschiedenen her, die wohl fähig waren, einen Ringkampf mit Lebenden zu bestehen und vielleicht nicht eher nachgaben, als bis ihnen der Rücken gebrochen und der Kopf abgeschnitten waren.

Bei einer einzigen Gelegenheit – in der Geschichte von Hermod – hören wir, daß die Toten viel leichter auf die Helbrücke treten, als es die Lebenden tun. Als Hermod ausgeschickt wird, um den Gott Balder von den Toten zu holen, erfüllt sein fester Schritt auf der Brücke, die in das Tal des Todes führt, die Brückenwärterin mit Staunen. „Gestern", sagt sie, „ritten vier Scharen toter Männer über die Brücke, aber sie machten nicht soviel Lärm als der Schritt deines Rosses. Dein Gesicht ist auch nicht wie das Gesicht eines Toten." Aber diese Beobachtung hat vielleicht nur eine relative Gültigkeit. Nach den Erfahrungen der Lebenden zu schließen, die sich in die Unterwelt gewagt haben, waren sowohl Wege als auch Brücken gut und haltbar, offenbar für kräftige, gesunde Schritte, im Gegensatz zu der richtigen Geisterwelt, in der alles wankend ist. Der Verfasser der Eireksmal erreicht seinen Eingangseffekt mit voll erlaubten Mitteln, wenn er Odin aus dem Schlaf aufspringen läßt bei den weithallenden Schritten Erik Blutaxts und seiner Männer: „Was sind das für Träume? Ich dachte, daß ich im Morgengrauen für waffentote Scharen in Walhall Platz machte; ich weckte die Einherier und hieß sie aufstehen, die Bänke mit Stroh decken und die Bierhörner spülen; die Walküren sollten Wein herumtragen, als wäre es ein König, der käme." Der Traum war keine Täuschung, das merkt er daran, daß er sein Herz erwärmt, und er ruft: „Was tost da, Bragi, wie der Heerschritt von tausend Männern oder mehr?" „Die Wände dröhnen von Giebel zu Giebel", klingt die Antwort, „als kehre Balder heim in Odins Saal."

In den Versen von dem toten Helgi, den Sigrun in seinem Grabhügel besucht, hat die Vorstellung der Wikingerzeit von der Realität der Toten ihren idealen Ausdruck gefunden. Sigruns Dienerin ging eines Abends an dem Hügel vorbei und sah Helgi mit vielen Mannen in den Hügel reiten. Sie erzählte Sigrun, was sie gesehen hatte. Sigrun ging in den Hügel zu Helgi: „Lebloser König, erst ein Kuß, bevor du die blutbesprengte Brünne abwirfst. Deine Haare sind dick von Reif, Helgi. Durchnäßt bist du von Bluttau. Deine Hände sind feucht und kalt. Sag mir, was ich tun soll." – „Jetzt lassen wir uns den Trunk schmecken, obschon ich von Lust und Land getrieben bin, und niemand singe ein Klagelied, wenn mir die Wunden auch rot auf der Brust leuchten; jetzt ist das Weib gekommen – und hat die Tür hinter sich geschlossen – in den Grabhügel zu mir totem Manne." – „Hier habe ich ein Lager bereitet, Helgi, kummerlos; ich werde in deinen Armen schlafen, so fröhlich, als wärest du lebendig."

Dieser Helgi und diese Sigrun personifizieren in poetischer Verklärung die Gedanken der Wikingerzeit über die Beziehungen zwischen Tod und Leben. Die Menschen stellten sich die Toten so wie Helgi vor, und wie Sigrun standen sie zu ihnen, obwohl es natürlich nur die Ausnahmen waren, die sich berufen fühlten, mit ihnen zu Bett zu gehen. Alles, was diese beiden zueinander sagen, ist geprägt von einer romantischen, durchaus nicht germanischen Liebeszärtlichkeit. Es ist, sozusagen, ein neues Gefühl, das den Worten Farbe gibt, aber was ihnen Leben verleiht und die Begegnung des Paares so natürlich und selbstverständlich macht, sind die unreflektierten Vorstellungen des Dichters über die Toten. Es ist in diesen Versen nichts, was vermuten ließe, daß dieser ein auswendig gelerntes literarisches Stück hersagt.

Der Mann blieb im Tode der Mensch, der er war, was sein Äußeres und seine Gestalt betraf – ein wenig reduziert vielleicht, aber nicht verändert. Ebenso mußte er natürlich die Frische seiner Seele bewahren, so gewiß er ein ehrlicher Toter war; er blieb er selbst, mit derselben vollen Ehre, denselben Vorurteilen, demselben Familienstolz und derselben Familieneinseitigkeit wie auch derselben Ehrfurcht vor den Realitäten des Lebens. Hier liegt die Schwäche der komischen isländischen Wiedergänger. Sie unterscheiden sich von ihren Vorfahren dadurch, daß sie etwas verloren haben, und dies Etwas ist nichts weniger als das Menschentum; die Ehre und das Heil, welche die Aktivität des Toten in den Kreis einschlossen, wo nachlebende Verwandte sich bewegen und die Taten der Toten nach dem Ehrgeiz der Lebenden stimmen, sind in ihnen verwelkt. Der Verfasser der Eyrbyggjasaga steht auf sicherem Grunde. Er erzählt, wie eine Schar Männer, die draußen in der Förde ertrunken waren, die Lebenden belästigte, indem sie in der Nacht herankam und sich ans Feuer setzte. Zuletzt erdachte ein weiser Mann die List, die Macht des Gesetzes gegen die Aufdringlichen zu benutzen. Die toten Männer hörten in Ruhe den Sohn des Hauses zu Ende, als er die Vorladung wegen Hausfriedensbruches vorbrachte, aber sobald das Urteil über sie gefällt worden war, stand einer nach dem anderen vom warmen Feuer auf und ging in die Kälte hinaus. – Der tote Mann bewahrte seine Anhänglichkeit gegen das Heim und sein Interesse an allem, was auf dem Hofe geschah. Es war ganz natürlich, daß er für sich selbst eine gute Wohnstätte aussuchte, mit einer freien, weiten Aussicht über die Nachbarschaft und sein Heim. Oder er wünschte so nahe wie möglich bei dem Hause zu sein, so daß er dauernd seine gewohnte Arbeit verrichten konnte. Thorkel Farserk war ein sehr kraftvoller Mann, sowohl an Geist als auch an Körper; er war mit Erik dem Roten nach Grönland gefahren, und einmal, als Erik zu Besuch kam und kein seetüchtiges Boot am Land war, schwamm er nach einer Insel in der Förde hinaus und holte ein Schaf zum Schlachten. Kein Wunder, daß er nach seinem Tode friedlich auf seinem Hof herumging und sich nützlich machte.

Eine gute Illustration der Einheit des Toten mit seiner Vergangenheit erhalten wir in dem einseitigen, aber klaren Lichte der Humoreske, wenn wir in der Grettirsaga von der Tätigkeit Kars des Alten nach dem Tode lesen; er wohnte in einem tüchtigen Grabhügel, der gut mit Balken verstärkt war, und von hier aus führte er einen kleinen Feldzug gegen die Bauern der Gegend, so daß er im Verein mit seinem lebenden Sohn, Thorfin, den Familienbesitz so erweiterte, daß derselbe nachher die ganze Insel Haramarsey dicht bei Süd-Mœri umfaßte. Natürlich erlitt keiner der Bauern, die Thorfins Schutz genossen, einen Verlust. Kar trieb also exklusive Familienpolitik, nur mit den höheren Mitteln, die ihm jetzt zur Verfügung standen.

Auch das, was das Adelszeichen des freien Mannes war, seine Fröhlichkeit, ging mit ihm in das höhere Dasein hinüber. Man konnte den Toten in seinem Hügel oder auf seinem Schiff von seinem Reichtum oder seinem Nachruhm singen hören, in Versen wie die, von denen man weiß, daß sie von dem Hügelbewohner

Asmund von Langaholt gesungen worden sind. Dieser angesehene Mann war in seinem Schiffe begraben worden, und die Familie hatte ihm mit kluger Sorgfalt einen Knecht mit in den Hügel gegeben; da aber diese Gesellschaft durchaus nicht nach seinem Geschmack war, bat er, man möchte diesen weinerlichen Kerl wieder herausnehmen. Und nun hörte man ihn singen mit dem stolzen Triumphieren des Lebens: „Jetzt bemanne ich allein das Schiff; besser gefällt es dem Kampfgewohnten, Platz zu haben, als von niedrigem Gefolge gedrängt zu werden. Ich lenke mein Fahrzeug, und dessen werden Menschen lange eingedenk sein."

Was das Leben eigentlich ist, erfährt man erst richtig, wenn man seine Auflösung sieht. Es gehört zum Wesen der Gesundheit, kalt ablehnend zu sein; aus Notwendigkeit und nicht aus Neigung geht daher der Seelenforscher zum kranken Gemüt, um zu erfahren, was im gesunden vorgeht. Wenn wir die Vorstellungen verschiedener Völker vom Tode nicht kennten, würden wir in den meisten Fällen ihre Gedanken über das Leben nicht verstehen. Die Auflösung zeigt uns nicht nur, was ihnen das Leben wert ist, sondern auch, worin dieses Leben besteht.

Wir finden bei unseren Vorfahren nicht die geringste Furcht vor dem Lebensende. Wir hören, daß sie mit einem trotzigen Lachen durch das Unvermeidliche gingen; oder sie begegneten dem Gedanken an ein irdisches Ende mit überzeugter Gleichgültigkeit, die deutlich zeigte, daß sie dieser Begebenheit keine große Bedeutung beimaßen. Das Leben war in seiner Realität so stark, daß der Tod ihm gegenüber einfach nicht zählte und auch keinerlei Druck auf seine Ansprüche ausüben konnte. Trotz war ein Teil der Ehre und ein Teil dessen, was von einem Mann verlangt wurde, und wir sind deshalb genötigt, die Wurzeln dieser Todesverachtung tief in der Seele zu suchen. Die nordische Auffassung des Lebens wird vollkommen klar in dem Bilde gezeigt, das Tacitus von den jungen Männern gibt: „Wenn ihr Vaterland in langem Frieden und Untätigkeit dahinfault, suchen die meisten der hochgeborenen Jünglinge einen Weg zu solchen Völkern, die im Krieg sind, weil diese Männer von Natur aus nicht für Frieden und Stille sind, und weil es leichter ist, Ruhm zu gewinnen, wo die Gefahren gegeneinander spielen ..." – unzweifelhaft eine der echtesten und am wenigsten romantischen Schilderungen des Tacitus. Diese „hochgeborenen Jünglinge" haben kaum in einer Umgebung gelebt, wo der Tod als ein Gegenstand der Furcht aufgefaßt wurde, als etwas, was von hinten herangeschlichen kommt und einem kalt über den Nacken haucht.

Wenn ein Mann seinen letzten Hieb bekommen und eingesehen hatte, daß damit sein Leben zu Ende war, ging er mit festen Schritten nach dem Hügel und ließ sich dort für die Zukunft nieder, sehr zufrieden mit der Ausstattung, die die Verwandten ihm mitgegeben hatten. Aber ist er schließlich nicht doch ein geringerer Mann geworden, als er bei Lebzeiten war? Selbstverständlich mußte sein Heil wohlbehalten sein, damit er sein Leben innerhalb der Tore des Grabes fortführen konnte; aber das besagt nicht, daß er alles mit sich nahm. Wird er etwa schwächer an Körperkraft? Sinkt seine Weisheit, seine Kraft des Vorhersehens? Hat er weniger Aktivität? Die Antworten auf unsere Fragen sind verwirrend widerspruchsvoll. Wir finden angedeutet, daß der Tod einem Manne tiefere Weisheit und höhere Einsicht in die Zukunft geben kann. Warum sollte Odin hinausgehen und die tote Völva befragen, wie er es in dem Eddagedicht Vegtamskvida tut, wenn nicht deshalb, weil die Toten manchmal auf der höchsten Stufe der Einsicht standen? Und Odins Reise zu dem Königreich der Toten hatte unzweifelhaft seine Vorbilder im wirklichen Leben. Der alte Kar scheint seine Vitalität vermehrt zu haben, nachdem er in sein Grab gesetzt worden war, aber zu anderen Zeiten ist es deutlich, daß ein starker Mann nach seinem Hinscheiden einen ziemlich ausgeprägten Rückgang zeigt. Manchmal erreicht das Leben beim Hinübergehen eine entschieden geringere Höhe des Glücks. Als Helgi im Grabhügel Sigrun begegnet, spricht er, als wäre diese Begegnung mit all ihrer Freude etwas, was er dem Leben raubt; er will Glück haben, gerade weil er von Lust und Land vertrieben worden ist. Aber auf der anderen Seite bekunden die Bilder aus Walhall eine Neigung, Leben und Tod zu vertauschen und den künftigen Zustand als eine Erhöhung des Lebensgefühls zu betrachten. Auf den Feldern des Todes wächst eine unerschöpfliche Ernte an Ehre; das muß die tägliche Schlacht vor den Toren Walhalls bedeuten. Das ist ein klarer und starker Ausdruck für die Überzeugung, daß das Dasein nicht an Stärke verlor. In den Hallen des Todes wird das fröhliche Beisammensein fortgesetzt, Leben in Ehre und Friede mit Freude; – alles das, wovon nach unserem Befund das Leben im höchsten Sinne abhing, nimmt der Held mit sich durch die Pforte des Grabes.

Walhall gehört in eine besondere Sphäre der Kultur. Das tatenreiche, lärmende Leben der Einherier ist kaum denkbar ohne den überschwenglichen und überhastigen Lebensrhythmus der Wikingerzeit, wo solche Ideale wie Ehre und Nachruhm in dem Grade gesteigert wurden, daß die Wurzeln sie nicht tragen konnten, und sie sich zu Tode blühten. Aber Walhall konnte nicht lose auf die Erde gebaut werden, es mußte seinen Grund tief in dem allgemeinen Gefühl haben. Vor der poetischen Heiligsprechung eines Schlachtenhimmels muß ein unmittelbarer Glaube an die Zukunft dagewesen sein, und zwar nicht ein schwacher Glaube hoch in den Wolken, sondern eine sichere Überzeugung, daß der Mann sich selbst im Grabhügel wiederfindet. Aus der Geschichte in der Eyrbyggja von dem Ende Thorstein Dorschbeißers können wir uns einen Begriff machen, wie das Einherierdogma als Familienmythos ausgesehen hat. Es wird erzählt, daß am selben Abend, wo Thorstein ertrank, ein Schäfer den Helgaberg offen sah: Im Inneren des Hügels brannten große Feuer – wie in der Halle natürlich – und man hörte lustiges Lärmen und den Klang von Trinkhörnern; als der Mann scharf lauschte, konnte er Stimmen unterscheiden, die Thorstein und seine Begleiter willkommen hießen und ihn aufforderten, im Hochsitz seinem Vater gegenüber Platz zu nehmen. Dieser Schäfer bringt uns Botschaft von einer Alltagswelt und von einem alltäglichen Gedankengang, die ohne ihn spurlos verschwunden gewesen wären. Er gibt uns zur gleichen Zeit die Möglichkeit, zu verstehen, was es ist, das die Einherier zu so kraftvollen Gestalten und ihr Leben mit Odin zum Mythos macht und nicht zur „Dichtung". Aber andererseits ist es leicht zu sehen, warum der Glaube an Walhall etwas von seinen Voraussetzungen grundsätzlich Abweichendes wurde. Der sichere Glaube ist seiner selbst bewußt geworden. Bevor die Streit- und Trinklust der Recken in der Halle des Todes – der nordischen „Mannesfreude" – ein erhöhter Lebensgenuß werden konnte, mußte eine Reflexion kommen, durch welche der Wert des Lebens vom Leben selbst losgelöst und unabhängig betrachtet wurde. Die unerschrockene Haltung dem Tode gegenüber hat denselben Prozeß durchgemacht wie Ehre und Nachruhm: sie waren erst Realitäten und wurden dann ideale Werte, um als Eigenschaften der Virtuosität zu enden.

Und nun auf der anderen Seite Helgis ergreifende Klage über das, was er verloren hat! Die Szene gehört mehr dem germanischen Mittelalter als dem nordischen Altertum an, dürfen wir sagen. Die

Empfindsamkeit des Helden, sein wehmütiges Verweilen bei seinem Verlust und bei seiner Sehnsucht ist mittelalterlich im Ton. Aber die Wehmut ist trotzdem begründet in dem Denken der alten Zeit. Das moderne Element liegt in der Tatsache, daß der Gegensatz zwischen Vergangenheit und Gegenwart in lyrische Stimmung ausschlägt. Der Gegensatz ist nicht vom Helgi-Dichter eingeführt, aber er bekommt ein neues Aussehen, weil die Männer sich ihrer selbst und ihrer Gefühle bewußt werden. Wir können den Gegensatz nicht ganz und gar beseitigen, indem wir die Geschichten in historische Perspektiven ordnen. Tatsächlich sind die hellere und die dunklere Auffassung des Zustandes nach dem Tode nicht so weit voneinander getrennt, daß sie sich feindlich gegenüberstehen können; sie vervollständigen einander, gelegentlich greifen sie aufeinander über. Die Schwierigkeit, die wir fühlen, liegt nicht in den Antworten, sondern in der Frage. Es ist natürlich für uns, das Problem im allgemeinen so aufzustellen: ist der Tod ein Vorteil oder ein Unglück? Verbessert der Tod die Verhältnisse eines Menschen oder nicht? Und wir verlegen unser Problem in die Diskussion über primitive und alte Völker und ihre „Ansicht über den Tod". Die Germanen hatten keine ständige, immer gültige Lösung, weil sie kein immerwährendes Problem hatten; der Tod ist für sie nur eine Abart des Lebens, abhängig von den Kräften, die im Sonnenlicht tätig sind. Der tote Mann lebt in seinen Verwandten in jeder Bedeutung des Wortes: sein Heil ist verkörpert in denen, die ihn überleben, und das Leben, das er im Grabe und in der Nähe des Grabes führt, hat jetzt wie früher seinen Ursprung im Heil der Verwandten. Es ist gewiß ein Unterschied, ob ein Mann „Land und Lust" sozusagen ohne Entgelt verliert und einfach in den Schatten hinübergleitet, oder ob er sich umgekehrt gerade im Augenblick seines Todes mit Ehre, Heil und Leben erfüllt, indem er in einem Kreis von niedergehauenen Feinden fällt, sich mit deren warmem Blut bespritzt und deren Ehre als Nahrung für seine eigene verwandt hat. Aber schließlich kann der Held, der eine Schar von Feinden mit ins Grab nimmt, nicht selbst bestimmen, ob er sich seines Reichtums erfreuen soll. Seine Fähigkeit, den gewonnenen Überfluß auszunutzen, hängt davon ab, wieweit die überlebenden Verwandten den Überschuß aufnehmen und ihn retten können vor einem Verfaulen durch Brachliegen.

Ein Mann starb also so, wie seine Lebenskraft es ihm erlaubte. Der große Heiling glitt mit einem kleinen Stoß über das Riff und segelte weiter. Geringere, ärmere Leute strandeten vielleicht und gingen unter, verschwanden. Wer einen großen Vorrat an Seele hatte, konnte nach menschlicher Berechnung immer leben; der Seelenarme war in der äußersten Gefahr, daß er seinen Vorrat in dieser Welt aufbrauchte.

Der Glaube an das Heil, das sich in der Sippe vererbt, kann zu einer Klassenorganisation führen, sobald äußere Umstände die menschliche Neigung zu Folgerungen in der Richtung nach einem sozialen System lenken. Die stolzen Heilinge finden sich vereinigt in einem gemeinsamen Gefühl von Lebensverwandtschaft, die niedrigeren Typen versammeln sich zu einem geistigen Mittelstand oder werden zu einem solchen zusammengeworfen, und mitten zwischen diesen beiden mag vielleicht ein Pufferstaat von Halbadel entstehen, der aufwärts zielt, aber unweigerlich abwärts gleitet. Und mit dieser Standesorganisation erfolgt hier und jenseits eine gerechte Verteilung des Lebens für hoch und niedrig – in enger Übereinstimmung mit den Qualifikationen der Geburt. Auf diesem Wege können Völker zu einem so klaren und festen System kommen wie das, das bei gewissen Südseeinsulanern herrschte, bevor europäische Demokratie störend eingegriffen hatte. Bei den Tonga-Insulanern ging die Unsterblichkeit zwischen der ersten und dritten Rangklasse zu Ende; das heißt: die erste Klasse, die die Häuptlingsfamilien umfaßte, war voll berechtigt zu einem Leben in der Unterwelt; die zweite Klasse im Jenseits beruhte auf einer Art von persönlichem Adel des männlichen Oberhauptes einer am Hofe wirklich diensttuenden Familie mit Nachfolge des ältesten Sohnes nach dem Tode des Vaters – beinahe in englischem Stil. Unser Berichterstatter sagt freilich, daß es Menschen unter den Ausgeschlossenen gäbe, die das unsichere Vertrauen zu sich selbst dem sicheren und geordneten Ausschluß vorzogen; das alte System war also nicht ganz überwunden.

Die Nordländer gelangen nie zu einem System der Unsterblichkeit, das nach so schönem Muster geordnet wäre. Wir finden hier und da eine beginnende Klassenbildung, wie wenn zum Beispiel gewisse Gesetze eine steigende Skala für Wergeld einsetzen, entsprechend der sozialen Stellung des Getöteten; die Häuptlinge mochten Männer göttlicher Abstammung genannt werden, aber die Großen haben doch kaum irgendwo ihre Stellung kraft Zugehörigkeit zu einer Kategorie eingenommen. Und die fortschreitende Entwicklung war gewiß nirgends so weit gediehen, daß eine Staatskontrolle und Regulierung des jenseitigen Lebens eingerichtet wurde, als diese Entwicklung selbst jäh aufhörte. Die in der Wikingerzeit so häufige Einrichtung von Königshallen für die in Waffen getöteten Männer, für ertrunkene Männer und für redliche Ackenbauern wurzelt im Volksglauben: es wurde als sicher betrachtet, daß die Männer im kommenden Leben sich finden, gemeinsam trinken und richten würden, und daß sie das Bedürfnis nach festen Formen und überlieferten Sitten nicht verloren hätten, das die Versammlungen der Gesetzes-Thinge geregelt hatte; aber der Begriff eines Reiches der Toten kam nie über die Vorstellung von Dichtern hinaus, die durch Berührung mit der christlichen Eschatologie angefeuert wurden. Jeder hatte für seine eigene Zukunft zu sorgen und sollte im Jenseits entsprechend seinen diesseitigen Mitteln und Kräften seinen Lohn empfangen. Er mußte weiter von dem Heil der Sippe getragen werden. Der König führte ein königliches Leben im Hügel; die spärliche Existenz des Tagelöhners würde vielleicht gerade genügen, um ihm eine kleine Spanne Zeit eine Schattenexistenz im Grabe zu geben. Nach allem, was wir aus den Gedanken des Alltagslebens im Norden ersehen können, hatte jede Sippe ihren eigenen Hades; und wenn eine Sippe nicht mächtig genug war, um eine passende Wohnstätte für ihre Hingeschiedenen zu schaffen, standen gewiß keine öffentlichen Hallen für heimatlose Seelen offen.

Der König sitzt als König in seinem Hügel und herrscht wahrscheinlich als König von dort aus, genau wie er im Leben in seiner Halle gesessen und kraft seiner Verwandten von dort aus geherrscht hat und gleichzeitig sein Sippenheil auf die Nachbarn ringsum hat wirken lassen. Er ist im Tode König kraft dessen, was er ist, nicht kraft dessen, was er war. Und was er ist, hängt vollkommen von dem Unternehmungssinn seiner Verwandten ab.

Der Neiding

Der Tod war nicht gefährlich – für die, die etwas hatten, wovon sie leben konnten.

Der Tod enthielt mehr Möglichkeiten, als er je bei uns umfassen kann; er eröffnete sowohl Ausblicke auf behagliches Wohlsein wie auf jeden denkbar möglichen Grad von geistiger und körperlicher Armut, er stellte sowohl Macht wie vollständige Vernichtung in Aussicht. Man sollte meinen, einem so willkürlichen Herrn gegenüber wäre Platz für viele Arten von Gefühlen, für das kühnste Vertrauen wie für das kläglichste Versagen; aber alle Zeugnisse deuten darauf, daß die Schwankungen nicht groß waren, und wir sind vollauf berechtigt, von Gefaßtheit dem Tode gegenüber als einem Kennzeichen der germanischen Kultur zu sprechen. Nichts bekundet, daß das Gefühl jemals unter eine leidenschaftslose Gelassenheit gesunken ist. In all den Urkunden, die erhalten sind, findet man, soweit ich weiß, keine Spur von Furcht vor der Veränderung, noch weniger einen Angstschrei. Von der Seelenruhe in der germanischen Haltung, bei der Leben und Tod so nahezu gleich wiegen, daß eine Umstellung kaum eine heftige Erschütterung der Seele hervorrufen kann, ist also ein weiter Weg zu der Furcht oder richtiger der starken Abneigung der großen Veränderung gegenüber, die bei anderen Völkern so scharf hervortritt, eine Abneigung gegen den Tod als etwas Unnatürliches, für das es nur e i n e Erklärung gibt: daß es durch die Bosheit von anderen Menschen oder von Geistern entstanden sei. Bei näherer Betrachtung besteht aber doch eine engere Verwandtschaft zwischen den beiden Auffassungen des Todes, als es auf den ersten Blick scheint. Sie können schließlich doch bis zur gleichen Seelenschicht zurückverfolgt werden. Die frohesten Kühnen gestehen den armen, die um ihr Leben zittern, zu, daß der Übergang von dem einen Zustand zum anderen eine gewisse Gefahr enthält.

Die alte Sprache hat ein besonderes Wort für einen Mann, der schon den Keim zum Tode in sich trägt, einen, den der Tod schon berührt hat: er wird „feige“ genannt (altsächsisch *fêgi*, isländisch *feigr*). Ein feiger Mann ist kein guter Kamerad; es ist kein Heil in ihm. Einen solchen erkennt man daran, daß seine Ratschläge verdreht sind, sein Witz ihn im Stich läßt. Er kann nicht einmal von der Weisheit anderer Gebrauch machen. Als Njals Feinde herangeritten kamen und in Sehweite des Hauses erschienen, befahl der Alte seinen Söhnen und seinen Anhängern, ins Haus zu gehen. Skarphedin, der nicht gern in einem leicht entzündlichen Gebäude eingeschlossen werden wollte, schüttelt den Kopf über den Befehl des Vaters: „Jetzt ist unser Vater vom Tode gezeichnet", meint er, und er fügt resigniert hinzu: „Doch kann ich gern meinem Vater in diesem willfahren und mit ihm im Hause sein, denn ich fürchte mich nicht vor dem Tode." So weit kann es also kommen mit einem, der so ratklug war, so weitsichtig, mit einem, dessen Scharfblick noch nie versagt hat; der herannahende Tod blendet seine Augen, so daß er nicht voraussehen kann, daß das Haus über seinem Kopfe angesteckt werden wird. In einem früheren Kapitel ist erzählt worden, wie die stolze Frau Thurid, die große Witwe, eine unwahrscheinliche Rache über den Töter eines Verwandten ihres Gatten brachte; die vollständige Verblendung ihres Gegners, Sigurd, leistete ihren tiefen Plänen Vorschub: er wollte, daß sein Bruder Thord sie trotz aller Bedenken heiraten sollte, und er wollte sie trotz allen dringenden Vorstellungen besuchen. „Du mußt feige sein, daß du so losstürzt", sagt Thord resigniert. Der unheimliche Charakter der „Feigheit" wird auch deutlich durch die enge Verbindung, die diese mit Friedlosigkeit hat – die beiden Wörter werden oft zusammengestellt. Feige nimmt die Bedeutung von unselig, untauglich an – heillos mit anderen Worten.

Der Tod ist Ernst, das lassen die Nordländer uns deutlich verstehen. Und gerade die Lustigkeit beim Erbbier bezeugt, daß Gefahr nahe ist. Die Zeit des Sterbens bezeichnet eine Krise, die schlimme Folgen haben kann, wenn die rechten Maßregeln nicht getroffen werden. Alle, die mit den Verstorbenen in Frieden vereinigt waren, stehen am Rande des Unglücks. Die Todesverachtung entsteht ausschließlich aus der Gewißheit, über alle Maßnahmen zu verfügen. Der Todesverächter ist mit dem, der den Tod fürchtet, einig in der Auffassung des Todes als eines Einbruchs in das Heil, einer Kränkung des Lebens, die so schnell wie möglich wiedergutgemacht werden muß. Und wenn niemand da ist, der zur Verantwortung gezogen werden kann, mag es geschehen, daß die

Furcht in eine Wut übergeht, die sogar gegen das Unsichtbare anrennt. Egils Klagelied enthält ein erschütterndes Bekenntnis, daß das Entsetzen direkt vor der Tür steht und sich jeden Augenblick als das Überlegene geltend machen kann.

In normalen Fällen bedeutet der Tod ein Scheitern des Lebens, und wenn der einzelne, der so getroffen wird, mit seinen Verwandten wieder flott werden und ungeschädigt weitersegeln soll, muß es eine Wiederaufrichtung irgendeiner Art geben, um die Keime des Unheils auszurotten. Wenn es ein Todesfall war, der Rache forderte, und die Rache ausblieb, da sah die Zukunft für den Verstorbenen finster aus.

Die furchtbare Drohung, die im Tode lauert, wird bestätigt durch die Geschichte von Hjörleif, der von seinen eigenen Knechten ermordet wurde, kurz nachdem er sich auf Island niedergelassen hatte. Der norwegische Jüngling, der mit seinem Ziehbruder Ingolf in Island landete, kann beanspruchen, zu den großen Heilingen gerechnet zu werden. Er stammte aus einer Familie von hohem Ansehen und hatte sein Erbteil an Ehre auf alljährlichen Fahrten in seiner Jugendzeit selbst vermehrt. Gleich nach der Landung in der neuen Heimat baute er sich ein Haus und verblieb den Winter über ruhig dort; aber beim Beginn des Frühjahrs fing er an, das Land zu bebauen, und da er nur einen Ochsen hatte, spannte er seine irischen Knechte mit vor den Pflug. Sie hatten aber die Arbeit satt und töteten den Ochsen in der Hoffnung, daß ihr Herr nun fortgehen und den Bären jagen würde, der vermeintlich das Haus heimgesucht habe. Als er allein im Walde war, fielen sie über ihn her und töteten ihn; sein Leichnam blieb auf dem Felde liegen, bis Ingolf im Frühjahr kam und ihm ein Grab machte. „Elendes Schicksal für einen tapferen Mann, daß Knechte seine Töter werden sollten“: diese Klage Ingolfs sagt uns, daß ein großes Unglück geschehen ist, aber wenn der Sagaschreiber hier aufgehört hätte, würden wir kaum den vollen Umfang des Kummers kennen, der auf Ingolf lastete. Das Land war öde, als Ingolf es fand – die Knechte waren nach der Untat geflüchtet. Und öde verblieb es lange Zeit; denn Hjörleif suchte als böses Gespenst die Nachbarschaft heim und machte sie unsicher – „nicht geheuer“ – so daß niemand dort wohnen konnte.

Es mag sein, daß wir beim Gebrauch des Wortes Tod nicht ins Zentrum getroffen haben, weil wir das Wort Tod in unserem eigenen Sinne, als Stillstand des Herzens, gebraucht haben. Wir haben nur die Möglichkeit des Todes getroffen, nicht den Tod selbst. Mitglied einer Sippe zu sein bedeutete, Anteil an einem individuellen Leben mit seiner Summe von Genuß und Tätigkeit zu haben; und der gemeinsame Besitz des Lebens wurde also beim Ende des Daseins in diesem Licht des Tages nicht zerstört, vorausgesetzt, daß der Tote Verwandte hinterließ, die seine Ehre aufrechterhielten und mit allen seinen Gefährten die Verbindung bewahrten, sowohl mit denen hier wie mit denen anderswo. Aber die Gemeinsamkeit konnte zerbrechen. Die Isolation des Neidings war etwas, das die Lebensader zerriß und jede Hoffnung vertilgte; und sehen wir jetzt genau hin, so werden wir bei unseren Vorfahren Todesfurcht genug entdecken, genug von jener welken Todesfurcht, die alles, was an Adel im Manne ist, erstickt und nur den panischen Aufschrei des Tieres in ihm übrigläßt, oder ihn vielleicht brutaler macht als irgendein Tier.

Der Neiding ist es, der mit Recht den Namen eines Toten tragen sollte, denn er ist das genaue Gegenteil des Menschen. In seinem Leben kehrt die menschliche Hamingja die falsche Seite nach außen. Seine Waffen schneiden nicht. Sein Schiff hat nie guten Wind. Der Kraftstrom, der seinen Äckern Erntesegen schenken sollte, bleibt aus: seine Felder verdorren, sein Vieh stürzt.

In den Flüchen gegen die, die sich gegen das Leben vergangen haben, finden wir das Bild des Neidings klar übertragen. „Mag das Schiff nie fahren, das unter dir fährt, wenn auch der erwünschte Wind von achtern streicht. Mag das Pferd nicht springen, das unter dir springt, wenn du auch Sprung auf Sprung vor Feinden fliehst. Mag das Schwert nicht schneiden, das du zückst, außer wenn es über deinen eigenen Kopf niedersaust." So sagt Sigrun zu ihrem Bruder Dag, als er seinen Schwager erschlagen hat.

Eine entsprechende Weihe an die Mächte des Neidingslebens findet sich verkleidet in dem ersten Buch von Saxo, wo der Fluch von einem Weibe über Hadding ausgesprochen wird, nachdem er „mit vielen Schlägen ein Tier unbekannter Art getötet hatte": „Ob du zu Fuße übers Feld schreitest oder Segel hißt auf der See, soll der Haß der Götter dir folgen, und überall sollst du sehen, daß die Elemente sich deinen Zielen widersetzen. Auf dem Lande soll dein Fuß straucheln; auf der See sollst du herumgetrieben werden; ein immerwährender Sturm soll um dich heulen, wo du gehst; nie soll das Eis auf deinen Segeln tauen. Kein Dach soll dir Schutz gewähren – verkriechst du dich unter eins, soll es im Sturme einstürzen. Deine Herden sollen vor Frost umkommen. Alles soll welken und sich beklagen, daß dein Atem es berührt hat. Du sollst gemieden werden wie ein Pestkranker – keine Seuche sei stinkender als du!"

Die Geschichte, wie sie hier steht, ist uns nicht klar; vielleicht war es so, daß Hadding und das Tier, oder eher noch die Menschengemeinschaft und das Tier, gegenseitige Verpflichtungen hatten; Haddings „Unheil" würde dann darin bestehen, daß er mit oder ohne Willen gewaltsam etwas überfallen hatte, von dem Leben und Wohlfahrt im Lande abhing. Jedenfalls gibt die Beschreibung der Folgen der Tat eine so gute Charakteristik des ewigen Fluches des Neidingswerks, wie es überhaupt möglich ist: Heil im Kampf, im Erwerb, Windheil, alles ist hin. Alles, was der Mann anfaßt, zerbröckelt, denn anstatt Leben geht Tod von ihm aus.

Die Pläne des Neidings sind unfruchtbar. Wenn sie auch gesund und weise genug aussehen und scheinbar mit aller Klugheit gemacht worden sind, hat die Spannkraft sie doch verlassen. Es wird sich zeigen, daß sie, wie auch seine Waffen, gegen alle menschliche Berechnung nach rückwärts in sein eigenes Gesicht statt nach vorn schlagen. Diese Wirklichkeit des geistigen Todes ist der Stachel in dem Fluch, den die alte Vettel Grettir in seiner Friedlosigkeit ins Gesicht schleudert: „Hier sage ich dir, daß du vom Heil, vom Glück und Segen und von aller schützenden Kraft und Klugheit verlassen sein sollst, um so mehr, je länger du lebst." Wenn Grettir bei den Worten wie von einer Schlange gebissen hochgeht, so geschieht es nicht deshalb, weil er weiß, daß man allerlei Künste von solch einem Zauberweib erwarten kann, sondern eher, weil sie ihn mit teuflischer Einsicht durch ihre mächtigen Worte an seiner wunden Stelle trifft und mit einem giftigen Stich seinen Widerstand gegen alle Zauberei lähmt. Sie beginnt damit, ganz nüchtern seinen Zustand festzustellen: „Diese Männer [Grettir und sein Bruder] dürften heillos sein in ihrer Kühnheit; hier werden ihnen gute Bedingungen geboten, aber sie stoßen sie von sich, und nichts führt gewisser zum Schlimmen, als Gutes nicht empfangen zu können." Kurz übersetzt in die moderne Sprache: „Ihr könnt ja sehen, wie es um ihn steht; er ist ja nicht bei Sinnen, er ist gezeichnet." Hier trifft sie den Ausgestoßenen, den Mann, den die Gesellschaft für einen Neiding erklärt hat, und jetzt braucht sie nur die Worte in der Wunde selber weiter wirken zu lassen. Wenn es in einer jüngeren Saga von einem anderen Ausgestoßenen heißt, daß er alles im voraus sah, aber nichts dagegen machen konnte, ist es ein neuer Beweis dafür, welch instinktives und sicheres Verständnis die Menschen auf Island für das Überlieferte hatten: der Satz enthält das negative Gegenstück zu dem Bericht von dem stolzen Heil der Ingimundsöhne.

Vor den Augen des Neidings ist alles in Nebel gehüllt. Er weiß nicht, was die Folge seines Tuns sein wird. Seine Taten sind nicht geladen mit der glücklichen Willenskraft, die sie zu ihrem Ziele führt. Das Zeichen des Neidings ist, daß bei ihm Kühnheit und Heil, Kraft und Erfolg einander nicht mehr begleiten. Wenn ein Mann seinen Stand verliert und im Begriff ist, aus dem Menschenleben hinauszugleiten, da wird seine moralische Beschaffenheit treffend mit den Worten ausgedrückt: „Er war tapfer genug, aber kein Heiling."

Aber der Zwiespalt im Neiding geht noch tiefer, er zerteilt die Seele, so daß Wille und Hugr einander nicht erreichen können. Wir lesen in einer isländischen Saga von einem Ausgestoßenen, der selbst sagen konnte: „Es ist gegen meinen Willen, gemeinsam mit diesen Übeltätern zu plündern und zu zerstören" – und doch blieb er bei ihnen. Die Quelle des Heils ist ganz und gar vertrocknet. Der Neiding hat keine Macht über sich selbst. Er hat keine Ehre, und so ist jede moralische Urteilskraft verschwunden. Er wird feige, und er wird boshaft. Alles, was ein ehrlicher Mann verabscheut, wird beim Neiding Gewohnheit und Brauch: Eide und Gelöbnisse zu brechen, Frauen und Waffenlose zu töten, im Dunkeln und in der Finsternis zu morden, den zu betrügen, der sich als Freund auf einen verläßt, den Frieden zu brechen. Er ist friedlos. Alle sind seine Feinde. Seine Freundschaft ist gleich der der Wölfe, die in Rudeln zusammenlaufen, aber in der Not einander zerreißen. Die angelsächsischen Merkverse beschreiben seinen Zustand und schildern mit einem merkwürdigen, aber doch natürlichen Mangel an Unterscheidung zwischen ausgestoßenem Mann und ausgestoßener Bestie seinen Zustand so: „Freundloser, heilloser Mann nimmt Wölfe als Gefährten, die falschen Raubtiere, oft zerreißt ihn der Genosse. Er begräbt tote Männer in sich und heult vor Hunger. Er erhebt kein Klagelied, keine Wehklage über den Tod, der graue Wolf; nein, er lechzt immer nach mehr." Oder, wie es im Altnordischen mit noch stärkerem Nachdruck auf den Mangel an Friedensgefühl heißt: „Sollen wir uns wie Wölfe betragen, miteinander streiten, wie die Hunde der Nornen, die gefräßigen, gezeugt von der öden Wildnis?"

Der Neiding haut in blinder Zerstörungswut um sich. Altschwedische Niederschriften von Urteilen zeigen ihn noch in all seiner Entsetzlichkeit als die ethosverlassene Bestie, die er ist, wenn er dem lebenden Gott voll ins Gesicht speit, flucht, als hätte er alle Teufel zur Verfügung, und alle ohne Ansehen der Person herausfordert. Es war einmal einer, der einen Pfarrer zwang, ihm Bier zu geben, und mit dem Krug zum Friedhof ritt, um allen Teufeln, die er bei Namen nennen konnte, zuzutrinken und sie zum Kampf zu fordern. Von einem anderen wird erzählt, daß er bei seiner Gefangennahme frei alle Missetaten gestand und nur von dem Gedanken an das ungetane Böse, das er jetzt nicht begehen konnte, geplagt war; wenn es ihm nur gelungen wäre, eine einzige Woche seine Freiheit zu gewinnen, um die Sachen so zu ordnen, daß er etwas gehabt hätte, wofür er hätte sterben können, da wäre er zufrieden gewesen. Ein solcher Bosheitswahnsinn ist die germanische Friedlosigkeit; mag sein, daß ihre Symptome bei den Bauern in Småland im 17. und 18. Jahrhundert durch ein wenig geänderte Verhältnisse reguliert waren – christlich geworden sind, wenn wir wollen –, die Art des Wahnsinns ist doch dieselbe.

Verglichen mit der erstarrten Verzweiflung dieses „ungeheuren" Neidingsschreckens sehen die isländischen Ausgestoßenen beinahe verblichen aus. Es leuchtet ein, daß eine Saga nicht von einem Auswurf der Menschheit handeln kann; aus Niederträchtigkeit und bestialischer List läßt sich kein Pathos ableiten; das Pathos des Lebens selbst ist, wie die Niederschrift der Urteile deutlich zeigt, aus zu hartem Stoff, als daß eine Idealisierung damit arbeiten könnte. Die isländischen Räubergeschichten sind Verwandtschafts- und Freundschaftsgefühlen entsprungen; sie schildern oder verherrlichen den Menschen in dem Ausgestoßenen und nähern sich mehr und mehr dem modernen Typ von Räubergeschichten, in welchen gerade der Ausnahme eine gewisse Romantik anhaftet.

Um so größer ist für den Leser die Wirkung der Entdeckung, daß die Sagaerzähler ihre Helden nicht vom Kainszeichen freimachen *können*. So tief eingewurzelt ist das Gefühl, daß der Übergang in den Zustand des Ausgestoßenen eine Veränderung im Charakter ist, daß die Isländer, sogar in den romantischen Tagen der Epigonenkunst, einen Charakter auf seinem Weg über diese Grenze hinaus nicht unverändert erhalten können. Kein gesunder

Nordländer benimmt sich wie Gunnar von Hlidarendi, der als Ausgestoßener, der seine eigenen Versprechungen gebrochen hatte, auf Island umherwandelte: er nimmt die Einladung Olaf Pfaus an, auf seinem Hofe Zuflucht zu suchen, und bleibt, als die Zeit kommt, zu Hause, einfach weil ihm der Wille zu gehen fehlt; oder literarhistorisch ausgedrückt, kein Erzähler käme auf den Gedanken, einem Heiling die Wankelmütigkeit zuzuschreiben, die für einen Neiding bezeichnend war. Und ein bewunderter, volkstümlicher Held wie Grettir sinkt im Laufe seiner Friedlosigkeit ethisch (dies Wort natürlich in der alten Bedeutung genommen). Im Lichte des verschönenden Mitgefühls erscheint das tragische Element nur noch bitterer, wenn ein Mann Räuberei und Neidingswerk mit jenen gemischten Gefühlen treibt, in denen die beiden Komponenten Selbstverachtung und Einsicht in die Vergeblichkeit des Widerstandes sich wechselseitig hervorheben.

Selbstbewußtsein gibt es nur, wo Heil ist, wo es eine Ehre gibt, für die gekämpft werden soll, und wo der Kampf zur Bereicherung an Ehre führt. Beim Neiding, der nur ein Schein-Menschenleben führt, sind Streit und Verteidigung nur ein blindes Beißen und Schnappen und Knurren wie bei einer Bestie, oder richtiger wie bei gewissen Bestien, den Neiding-Bestien. Je mehr er schafft, um so größere Schande bringt er über sich selbst. Nicht einmal der letzte Trost, der einem lebenden Mann offensteht, sich in seinem Tode Ehre zu ertrotzen, ist ihm geblieben. Er besitzt nicht genügend Ehre, um der Rache würdig zu sein. Ihn töten bedeutet nur, ihn unschädlich machen.

Ohne Frieden und ohne Freude – das ist das Ende von der Saga des Neidings; diese beiden „ohne“ reißen die Kluft zwischen Verwandtschaft und Neidingschaft auf. Ohne das Leben, das im Gefühl der Verwandtschaft besteht, in der stillschweigenden Erinnerung an die Geschichte des Sippenheils in einem selbst und in der Sippe, ohne das Vertrauen des Sippenstolzes auf die Zukunft kann niemand die Lebenszeichen haben: Das wohlige Gefühl des Gesprächs, wenn man sich auf der Bank ausstreckt, und das halb höhnische, halb jubelnde laute Gelächter, das scheinbar von der Bewegung selbst hervorgerufen wird, wenn ein Mann „stolz auf seine Stärke“ zum Laufschritt übergeht. Ein Mann kann nicht die Lungen zu einem lauten Lachen füllen, wenn die Adern ihre Ventile zuklappen. Im Neiding ist die Lebensader gestört, und deshalb verebbt alle Kraft zur Freude schnell.

Der Tod bedeutet, richtig betrachtet, einen Zustand ohne Heil. Wir müssen bedenken, daß das Wort absolut zu nehmen ist, so daß kein Platz für Zwischenzustände bleibt und der Gedanke an eine Übergangsform sich gar nicht einschleichen kann. Die armen Leute von niedriger Herkunft hatten ein sehr dünnes Heil, so dünn, daß es vielleicht von oben gesehen überhaupt unsichtbar war, aber niemand konnte ein Mann des Unheils genannt werden, solange er Haus und Heim und Sippe besaß und sich noch als Verteidiger einer Ehre fühlte. W i e arm man sein konnte, ohne aus der Menschheit herauszufallen, weiß ich nicht; die Grenze lag möglicherweise bald höher, bald niedriger, je nach der Lage der Dinge in der Gesellschaft. Aber sogar die Allerärmsten mußten, so sicher, wie sie lebendig waren, ein Heil besitzen, in dem sie lebten, und das sie in religiöser Innigkeit pflegten. Auch die Knechte können nicht als eine Art Übergangsform betrachtet werden, denn sie stehen voll und ganz außerhalb jeder Form von Heil. Sie haben kein Leben in sich selbst, aber sie werden von der Kraft ihres Besitzers erfüllt und werden im Gleichgewicht gehalten, solange diese auf sie wirken darf. Es gibt keinen anderen Zwischenzustand als den, in welchem sich junge Männer zwischen der Tötung des Vaters und der Rache befanden; ein Zeitabschnitt, wo sie wie die Schatten herumgingen, mit all der Unheimlichkeit eines Schattendaseins, und weite Umwege machten, um alle Männerversammlungen zu meiden. Der Übergang, der sich mit der Sicherheit und Unvermeidlichkeit der Zeit vollendet, wenn er nur sich selber überlassen bleibt, ist der einzige Zwischenzustand zwischen Heil und Heillosigkeit.

In den modernen Sprachen hat Unglück etwas Positives an sich. Unsere Zivilisation hat das Unheil mit einer Art Adel durchtränkt oder es wenigstens in sentimentales Pathos gekleidet. Aber in alter Zeit war Unheil oder Heillosigkeit, wie die Isländer es nennen, durchaus übel, eine Entblößung, ein Negativum, wo jede Idealität, ohne festen Halt zu finden, unterging. Die Furchtbarkeit des Todes besteht darin, daß er das Menschliche vernichtet und etwas anderes an seine Stelle setzt. Der Neiding ist nicht ein bloßes Nichts, durch das man heil durchgehen kann, wie man einen Geist zerspaltet. Die Germanen verabscheuten ihn, er war für sie das verächtlichste aller Wesen, aber sie fürchteten ihn noch mehr, als sie ihn verabscheuten.

Mächtige Kräfte sind in ihm losgelassen. Er könnte sie nicht bezähmen, auch wenn er es wollte. Aber er will nicht. Wer keine Ehre besitzt, hat keinen Willen im menschlichen Sinne; aber dann gibt es eine andere Art von Willen oder richtiger Trieb, der ihn hält und ihn regiert. Unsere Vorfahren erblickten den Gegensatz zum Willen nicht in Schlaffheit und Mangel an Willenskraft, sondern in etwas, das eher Zauberei genannt werden muß, die sinnlose, wahnsinnige Bosheit, die von geheimnisvollem Unheilswesen begleitet sein kann. Wir wissen aus den Sagas, welche Atmosphäre von Furcht von diesen wirklichen Zauberern und Zauberweibern ausging; und wir wissen, daß das Dämonische in ihnen nicht in solchen einfachen Kunststücken steckte, wie aus der Ferne zu wirken, ihren Willen durch die Luft zu schicken, die Gestalt zu ändern und durch Zeit und Raum zu wandern. Ob ihre Handlungen und Bewegungen äußerlich mehr oder weniger denen der Menschen gleichen, ist tatsächlich unwesentlich, weil sie auf alle Fälle in anderen Dimensionen als den menschlichen stattfinden und von anderen und fremden Beweggründen getragen werden. Das Charakteristische des Zauberers ist die boshafte Ziellosigkeit, die seine ganze Handlungsweise kennzeichnet – im Gegensatz zu dem Manne, der in allem, was er tut, zielbewußt ist, im Guten wie im Bösen. Die Waffen eines Mannes mögen tatsächlich die Eigentümlichkeit haben, daß keine Wunde, die sie schlagen, heilen kann; aber das Heil ist es, das ihnen die Kraft gibt, und Heil ist aus dem Blut des Besitzers zu gewinnen, wenn er aus Rache erschlagen wird. Ein Zauberer aber hat Seelengift sowohl in seiner Hand wie in seinen Waffen, und sein Blut ist eine Pestilenz, vor der man sich hüten muß, daß man sie nicht mit den Händen oder Kleidern berühre. Deshalb sind seine Augen so böse, daß ein Blick von ihnen genügt, um die Fruchtbarkeit einer Gegend abzusengen, und diese Perversität seiner Seele ist es auch, die in allen Anwesenden bei seinem bloßen Erscheinen Gesichtstäuschungen hervorruft. Er kann ausgerottet werden, aber weil er so giftig ist, muß seine Zerstörung mit der größten Sorgfalt vorbereitet und ausgeführt werden, so daß man nach der Tat mit der Überzeugung nach Hause gehen kann, daß man nichts von seinem Eiter an seinen Kleidern hat, und daß er ganz und gar von der Erde ausgelöscht worden ist. Die Menschen versuchen, ihn zu Staub zu verbrennen, einen Steinhügel über ihn zu häufen, ihn mit einem Pfahl in die Erde festzuspießen oder ihn weitab vom Lande zu ertränken – keine Sicherheitsmaßregel ist zu umständlich.

Die Scheu vor dem Zauberer, die Art des Hasses, der Begier nach seiner Vertilgung – dies alles läßt sich auf den Neiding beziehen. Die Bauern haben noch ihre Furcht behalten vor den unheimlichen Landstreichern in der Menschenwelt, deren bloße Anwesenheit Unheil bringt. Wenn ein Dieb, ein Mörder, eine Hure, eine Zauberin – das heißt in der alten Sprache: Neidinge – die nackte Brust eines zarten Kindes anblicken, wird das Kind die Schwindsucht bekommen; oder, was dem alten Denken noch näherliegt, wenn eine Hure einen Mann schlägt, wird er nie mehr fähig sein, sich gegen einen Feind zu wehren. Alles, was in ihm ist, wird von dem Krebsschaden vergiftet. Der Fluch über Hadding besteht nicht nur darin, daß er überall, wohin er geht, das Unheil mit sich trägt, das versehentlich andere trifft – er dünstet ja geradezu Pestilenz aus. Die Giftigkeit des Neidings ist die Realität des Lebens, die hinter dem Anathema des Gesetzes über den Ausgestoßenen steht. Keiner darf mit ihm verkehren, mit ihm im selben Hause sitzen oder schlafen, und dieses Verbot ist aus der tiefliegenden Ursache hervorgegangen, daß die Leute ihr Brot und ihren Schlaf nicht durch seine Gesellschaft vergiften lassen wollen. Das Hauptkennzeichen des Neidings ist, daß man nie weiß, was er tun wird; in ihm zeigt sich dieselbe Unberechenbarkeit, die den dämonischen Charakter des Jöten stempelt. Nichts in ihm, nichts um ihn ist, was es zu sein scheint, sondern immer etwas anderes. Ausgestoßener, oder Friedensbrecher, und Ungeheuer sind Wörter, die einander folgen, wenn die Leute sprechen. Wenn der angelsächsische Dichter das Schicksal Ismaels, der ein Gegner seiner eigenen Sippe war, beschreiben soll, nennt er ihn *unheore* und kampfwild. Der Neiding wird mit derselben Mischung von Haß, Verachtung und Entsetzen betrachtet wie die wirklichen Jöten in Utgard, und aus keinem anderen Grunde als dem, daß er zu den Horden der Ungeheuer gehört. Eine Veränderung seines Wesens ist geschehen; das gesunde Blut ist verdorrt, und schädliche Flüssigkeiten sind statt dessen hinzugekommen; Eiter fließt in seinen Adern an Stelle von Blut, wie bei den Jöten.

Es wird von einem starken Mann, Thorstein Ochsenfuß, erzählt, daß er eine garstige Balgerei mit einem Jötenweib hatte, und nach der Zeit war er ein wenig wunderlich und hatte etwas Unheimliches an sich. Der Erzähler läßt die Frage offen, ob sein Unglück daher rührte, daß er während des Kampfes etwas von ihrem Speichel geschluckt hat, oder ob es eine Krankheit war, die aus seinen ersten Lebenstagen stammte, wo er als kleines Kind ausgesetzt worden war. Es ist interessant, zu sehen, daß der Zustand eines Kindes, das nicht rechtmäßig in die Sippe hineingeboren worden war, auf dieselbe Ebene gestellt wird wie die Mächte, die bei Nacht in der Welt umgehen.

Utgard ist also eine Macht, die außerhalb steht und das Menschenleben bedrückt; es schiebt sich in Haus und Heim hinein, wenn die Menschen nicht Wacht halten. Kein Wunder, daß ein Kampf gegen etwas so Furchtbares mit der größten Kraft geführt werden muß. Wenn der Böse ein König ist, da ist die Gefahr für seine Umgebung um so größer, weil er gerade im Mittelpunkt des Heils liegt wie ein giftiger Wurm und auf den Schätzen der Könige brütet. Es ist eine Sache, die alle angeht, wenn sein Heil aufgelöst wird, und – wie wir in Buslas Fluch über König Hring lesen – „Berge wanken, die Welt in Aufruhr gerät, das Wetter sich verschlechtert und Dinge geschehen, die nicht geschehen sollten". Will man vermeiden, von seinem Atem erstickt zu werden und all das Seinige von Frost und Reif vernichtet zu sehen, so hat man keinen anderen Ausweg, als ihn von der Erde zu vertilgen. Und er wurde tatsächlich mit allen Wurzeln ausgerottet.

Das Reich der heillosen Toten

In der Schar der Toten stehen dann alle die, in welchen das Leben sich fehlerhaft gezeigt hat. Es gibt solche, die von Natur aus heillos sind – Krüppel, Feiglinge und Narren –, denn das erste Kennzeichen des Heils ist ein gesunder Körper und ein gesunder Verstand. Noch in der Neuzeit sind die Bauern des Nordens geneigt gewesen, die Gebrechlichen in dieselbe Klasse zu setzen wie heillose Diebe und Mörder; und wenn man in alter Zeit gewissenhaft darüber wachte, daß der Eintritt solcher elender Wesen ins Dasein überhaupt vermieden wurde, geschah es, weil jeder Mangel am vollen menschlichen Charakter als Verbrechen und nicht als Unglück im modernen Sinne betrachtet wurde. Andere wiederum waren im Heil geboren, aber eines schönen Tages kam, ehe sie sich's versahen, der Jöte und steckte seinen Kopf mitten durch ihr Heil. Der Tod konnte plötzlich emporspringen, so daß ein Mann ohne vorhergehende Warnung seine Seele bersten fühlte. Eine Niederlage schon enthielt Gefahr. Wenn der starke Mann einem stärkeren begegnete, der ihn plötzlich von Land und Heil vertrieb, dann sank er abwärts, sicher und rettungslos, und endete in dem niedrigen Zustand eines Neidings; er verlor allmählich sowohl Willen wie Kraft, sich selbst zu behaupten. Bei Besiegten und Gefangenen wurde durch die knechtische Furcht und Untätigkeit jeder Adel ausgetrieben. Fafnirs Worte enthalten eine wirkliche Kraft, wenn er Sigurd daran erinnert, daß sein Vater ungerächt gefallen und seine Mutter gefangengenommen worden war: „Wärest du im Kreise deiner Verwandten aufgewachsen, hätte man dich viel mächtigere Hiebe austeilen sehen können; nun bist du aber ein Knecht und ein Gefangener, und die Menschen wissen, daß der Gefesselte ewig zittert." – Wenn der norwegische Dichter, erfüllt von dem christlichen Gedanken an die Unsicherheit des Irdischen, ein Beispiel aus dem Leben sucht, das die Falschheit des Reichtums zeigen soll, sagt er: „Sie glaubten nicht, Unnar und Sævaldi, daß ihr Heil sie verlassen könnte, aber sie wurden nackt und aller Dinge beraubt"; und der Gedanke reißt ihn weiter, kopfüber in die letzte Zeile hinein: „... und sie liefen wie Wölfe nach dem Walde."

Nun wundern wir uns kaum über den unruhigen Eifer, mit dem Jarl Hakon der Jüngere den Gedanken an Heillosigkeit beiseite schiebt, als Olaf auf geistigem Gebiete seinen Sieg über ihn bis ans Ende verfolgt, indem er sagt: „Es ist wohl wahr, daß ihr Verwandten schöne Männer seid, aber euer Heil *(hamingja)* ist zu Ende." „Nein", antwortet Hakon, „nein, dieses ist kein Unheil *(óhamingja)*, was über uns gekommen ist; es ist lange so gewesen, daß Häuptlinge abwechselnd gesiegt haben; ich bin noch kaum aus der Kindheit heraus, und wir waren nicht darauf vorbereitet, uns wehren zu müssen; wir erwarteten keinen Streit, und es mag wohl geschehen, daß wir uns ein andermal glücklicher zeigen." Die fieberhafte Atemlosigkeit dieser Worte verrät eine lauernde Furcht, die die Erfahrungen der Vergangenheit in die Seele eingepreßt haben. Und auf der anderen Seite, wenn der Schiffbruch des Lebens keine so unbestreitbare Tatsache gewesen wäre, hätte das Paradoxon keinen Raum gehabt, daß Menschen manchmal die Freiheit verlieren und doch scheinbar etwas vom Frieden behalten konnten. „Sie war die Waschmagd – oder die unfreie Dienerin – der Königin und doch nicht ganz ohne Heil", sagt eine norwegische Quelle über Alfhild, Olafs Kebse und die Mutter Magnus' des Guten.

Der Fall eines Mannes konnte auch langsam angeschlichen kommen; es war dann, als ob Kräfte und Heil auf unerklärbare Weise verwelkten, und der Mann fühlte, daß sein Sprung und sein Hieb ihr Ziel verfehlten. In der Beschreibung König Heremods im Beowulf fühlen wir die steigende Unruhe der Gefolgsleute, als sie sehen, wie die Neidingsfratze sich täglich deutlicher in den Zügen des Fürsten zeigt: „Er wuchs nicht heran zur Freude der Scyldinge, sondern zur Schlacht und zum bitteren Tod für die Dänen. In aufwallenden Zorn ließ er seine Tischgenossen niederhauen, die mit ihm Schulter an Schulter Stehenden, bis der hohe König e i n s a m aus der Menschenfreude fortging. Doch hatte der mächtige Gott ihn hoch über alle Männer gehoben und ihn mit Macht und wonniger Herrschaft gestärkt, aber in seiner Brust wuchsen blutgrimmige Gedanken. Er gab seinen Dänen keine Ringe, wie es sich geziemte. Freudlos erwartete er die Zeit, wo er die Früchte seiner Taten erntete: langwierigen Krieg im Lande" – wo er, wie einfach festgestellt wird, „unter Jöten fiel", unter den Auswurf Utgards, und sein Leben wie ein Neiding endete.

Aus Island haben wir in der Grettirsaga die Geschichte eines Mannes, in dem die Unfruchtbarkeit von früh an emporkeimte. Er schien stark und scharfsinnig genug, furchtlos und rührig, aber seine Ratschläge und seine Taten gingen immer fehl, so daß die Folgen als Schläge auf ihn selbst niederfielen. Es scheint, daß sein großer Ringkampf mit dem Unhold Glam den Anfang seines Unheils gebildet hat, und dies ist auch ein guter alter Gedanke, der seinen natürlichen Ausdruck in dem Fluch des sterbenden Ungeheuers findet, als es kündet, daß von jetzt ab jeder Plan seines Bezwingers sich zu Unheil und Schande wenden soll. Aber noch vor dieser schicksalsschweren Begebenheit waren die Zeichen an Grettir sichtbar. Die Worte, die sein Oheim vor jenem Kampf mit dem Ungeheuer sprach, sind uns überliefert: „Es ist wahr, wie gesagt wird, daß Heil eins ist, Raschheit etwas anderes"; und wiederum: „Es gibt Männer, die eine kleine Strecke voraussehen, sich aber nicht gegen das Gesehene wehren können." Und noch viel früher haben kluge Männer wie Thorarin der Weise genug gesehen, um sich vor dem wilden Kerl mit den eisernen Kräften in acht zu nehmen; als sein Ziehsohn Bardi sich Grettirs Hilfe für seinen großen Rachezug gesichert hat, erhebt Thorarin entschieden Einspruch: „Gewiß steht Grettir weit über anderen Männern, und spät werden Waffen ihn zur Strecke bringen, wenn sein Heil hält, aber ich habe kein Vertrauen in dies Heil; es wäre gut für dich, nicht lauter heillose Männer unter deinen Begleitern zu haben." Und es wurde so bestimmt, wie Thorarin angeraten hatte.

Wie Glam prophezeit hatte, so kam es. Als Grettir einmal in der Not Leben und Gesundheit seiner Begleiter rettete, indem er schwimmend von dem norwegischen Festland Feuer nach der Schäre hinaustrug, wo sie nahe daran waren, umzukommen, gab er gegen seinen Willen Anlaß zu einem Unglück, das ihm auf Island viele Feinde verschaffte. Als er, mit Eis bedeckt, ins Haus gestürzt kam, dachten die Leute, daß er ein Unhold wäre, und bewarfen ihn mit Scheiten und Feuerbränden vom Herd, so daß er sich nur mit Mühe und Not mit den brennenden Kohlen hinausretten konnte; aber die Funken hatten das Stroh des Fußbodens angesteckt, und am nächsten Morgen war auf dem Platze nur ein Haufen Asche. Unter den im Feuer Umgekommenen waren zwei Söhne von Thorir Skeggjason auf Adaldal, einem mächtigen isländischen Bauern. Grettir erhält von König Olaf die Erlaubnis, sich durch die Feuerprobe von dem Verdacht zu reinigen, aber mitten während der Probe packt ihn das „Unheil", und er schlägt einen Knaben, der ihn werhöhnt, mitten in dem Hause Gottes zu Boden. Wieder klingt das schwermütige Wort über ihn: „Du bist ein Mann von großem Unheil, Grettir, und es wird sich nicht leicht bessern lassen." Und jetzt wird er unaufhaltsam in die endlose Ausgestoßenheit getrieben, weiter und weiter in die Neidingschaft hinein, bis er als jämmerliches Opfer einer Zauberei endet.

Diese Schilderung der Neidingschaft Grettirs ist eines der größten und ergreifendsten Zeugnisse von der Macht der Todesfurcht über die Seelen der Menschen. Man konnte so weit gehen, den Freibeuter zu bewundern, aber man konnte die Gedanken und die Worte, in die sich diese Bewunderung hüllen mußte, nicht von der unheimlich tiefen Dunkelheit befreien, aus der sie stammten.

Typisch für nordische Denkweise ist die Abneigung dagegen, eine bestimmte Tat als den Ausgangspunkt der Neidingschaft zu bezeichnen; die Menschen waren geneigt, zurückzublicken und die Symptome in früheren Taten zu suchen. So war es auch, als Sigurd Slembi, der norwegische Thronforderer aus dem 12. Jahrhundert, die Krone forderte, auf die er das alleinige Recht zu haben glaubte, nachdem er seinen Bruder getötet hatte; diese unheilvolle Tat ließ die Leute sofort an seine Geburt denken. „Wenn du wirklich ein Sohn von Magnus und Thora bist, so war deine Geburt unheilverheißend, und so ist es auch gekommen, wenn du deinen Bruder ermordet hast." Freilich, eine bestimmte Tat – oder die Unterlassung einer Tat – Mord, feiges Benehmen, gebrochener Eid, Tötung ohne Rache, Diebstahl – bildet einen absoluten Anfang und bringt Neidingschaft in der betreffenden Person hervor; sie ist der Ursprung seines Unheils, wie die Leute in Norwegen sagen. Die Äußerung des Angelsachsen über jene Gefolgsleute des Königs, die bei ihrer gemeinen Flucht Schande über ihr Geschlecht brachten, würden die Nordländer durchaus verstehen und ihr herzlich zustimmen; er sagt: „Nie mehr soll jemand aus ihrer Sippe nun froh nach dem Golde greifen." Dieses „nun" würde mit seinem ganzen schicksalsschweren Gewicht im Ohr des Nordländers widerhallen. Aber der Ursprung läßt doch auch die Gedanken nach früheren Symptomen ausspähen. Es war das Unglück des Mannes, daß er keine Rache nahm, aber warum wurde keine Rache genommen? Die Antwort bleibt nicht lange aus, denn alle erinnern sich sofort an etwas, das vor langer Zeit geschah. Die ganze Vergangenheit des Neidings wird als Zeuge gegen ihn aufgerufen, weil Neidingschaft zu guter Letzt nur die Folge eines inneren Fehlers des Heils ist. Er hätte nie seine erste Missetat begangen, wenn er nicht innerlich durch seine Veranlagung gezeichnet gewesen wäre. Was der Nordländer mit Ursprung meint, ist in Wirklichkeit dies: in diesem Augenblick kam die Neidingschaft, die in ihm verborgen lag, in dieser Tat zum Vorschein, und von dieser Tat aus wurde sein ganzes Leben vergiftet.

Außerdem kann der Tod auch aus dem Hinterhalt nach dem ausholen, der ganz harmlose Taten tut. Wenn die Sippe nicht die Macht hat, die Sache ihres Verwandten mit Hilfe der Waffen oder wenigstens mit einer Buße zu behaupten und sich daher den Frieden durch Aufopferung des Übeltäters erkauft, so wird dieser ein hoffnungsloser Neiding und ein Wolf-Mann, und zwar auf Grund solcher ehrenvoller Angriffstaten, wie ein Totschlag oder ein offener, gewaltsamer Überfall auf des Nachbars Besitz es sind. Die Gefahr lauert auf den Mann jenseits des Grabes so gut wie hier. Ein Held, der den Tod einem Leben in Schande vorzieht und sich unter seine Ehre und sein Heil begräbt, hat sich keineswegs für immer sein Dasein gesichert. Wenn er von seinen Verwandten aufgegeben wird oder als der letzte seines „Volkes" fällt, so daß niemand hinterlassen wird, der das Erbe antreten kann, da besteht alle Gefahr, daß er böse wird und als ein Dämon Menschen und Tiere verfolgt, um so furchtbarer, je mächtiger er bei Lebzeiten war. Es sind nicht nur die Gedanken der Lebenden, die von Qual verwirrt werden, wenn die Sippe gezwungen ist, eins ihrer Mitglieder ungerächt zu lassen – wenn sie ihn „unheilig" liegen lassen muß, wie die Nordländer mit einem Worte sagten, das zu verstehen gibt, daß der Ungerächte seiner Würde und seines Wertes beraubt ist.

Der tote Mann siecht dahin im Einklang mit den Lebenden, und die Zukunft, die ihn erwartet, wenn das Leben aufhört, ist so entsetzlich, daß die Furcht vor dem Aussterben des Geschlechts durch viele Jahrhunderte mit allen Schrecken der Hölle wetteifern und diesen die Macht über die menschlichen Seelen nehmen kann. Und die Gefahr wird zu allen Zeiten gleich groß bleiben, wie viele glückliche Jahre der Tote auch hinter sich haben mag. Es gibt Neidinge dort draußen in der Nachwelt, die einst ehrliche Tote waren; sie haben keine Wiedergeburt erreicht, weil ihr Geschlecht verfiel und ausgelöscht wurde; sie sind nicht von klugen und achtsamen Verwandten am Leben erhalten worden, und dann kommt die Zeit heran, wo die Leute spüren, wer es war, der in früheren Tagen an dieser Stätte gelebt hat.

Der Bewohner eines Hügels hat nichts Furchteinflößendes an sich, wenn es feststeht, daß er ein Verwandter ist. In der Saga geht Hervör vertrauensvoll zu dem Hügel ihres Vaters Angantyr und grüßt ihn als einen ihrer eigenen; und der tote Krieger hat seinen Frieden und seine Ehre nicht vergessen; er gibt freundliche Warnungen und reicht ihr sein herrliches Schwert als freies Geschenk. Wenn andererseits Fremde im Hügel lagen, die kein Lebender zu seinen Verwandten rechnen konnte, da war der Ort einfach unsicher und „nicht geheuer". In den Drachengeschichten finden wir in etwas fremder Tracht die heimatliche Erfahrung, daß jeder einsame oder vergessene Held grimmige Gewohnheiten annimmt. Der grausame Drache, der Beowulfs Tod bewirkte, lag brütend auf den Hinterlassenschaften eines erloschenen Geschlechts. Der letzte Mann des Stammes versteckte seinen Schatz in der Höhle mit einer Klage über die edlen Helden, die der Kampftod bis auf den vorletzten Mann fortgerissen hatte; hier endete sein Leben, und der alte Feind, der Dämmerungsschleicher, legte sich auf das Gold und hütete den Hort, der für ihn selbst von keinem Nutzen war. Wir können ruhig annehmen, daß anfangs der, der den Schatz verborgen hatte, oder seine Nächsten, einst so edel und kühn, den Platz des Ungeheuers eingenommen haben. Dem Nordländer ist der Gedanke wohl vertraut, daß ein toter Mann an seinem Besitz zum Trollen wurde und das Gold gierig mit seinem Neidingsgift beschützte.

Die einfache Trennung von Geschlecht und Land genügt, um das Leben zu gefährden; kein Mann konnte länger als eine gewisse Zeit von seinem eigenen Seelenvorrat leben. „Es ist übel, im Unland zu leben", sagen die Leute des Nordens, und in dem Spruch liegt mehr als ein Hinweis auf den Charakter der Unsicherheit. Ohne Zweifel hatten die Alten ihr Heimweh, aber ein solches Alltagswort taugt nicht, eine Vorstellung von dem zu geben, was sich in der Seele eines Abwesenden senkte und hob, wenn er wie Hengest – im Beowulf – weit von seinem Erbsitz entfernt saß und „an zu Hause dachte". Die Isländer sagten, daß *landmunr* im Gast wirksam wäre, und mit diesem Wort wird die Sehnsucht nach der Heimat gleich gegen einen bestimmten Kulturhintergrund gestellt; denn dieses *munr* enthält nicht nur die Bedeutung von Liebe und Wille, es bezeichnet eine Ganzheit, auf welche diese Eigenschaften passen:

Seele, Leben. Noch näher werden wir an die Wirklichkeit gebracht durch den angelsächsischen Gebrauch von *feasceaft* für den Landflüchtigen. Die Freudlosigkeit, die in diesem Wort liegt, ist nicht von der sanften, melancholischen Art, die die Dichter inspiriert, sie ist eine Krankheit des Hugr, die die Einsamkeit zu etwas schlechthin Häßlichem macht. *Feasceaft* ist ein Wort, das gleich gut für den Ausgestoßenen paßt, wie für das Ungeheuer Grendel selbst, den Bewohner von Utgard.

Verbannung war eine Amputation, und diese war um so schlimmer, als es kein einzelnes Glied war, das amputiert wurde, sondern der ganze Mann; ein Mann aus einem der germanischen Stämme, der mit Gewalt aus dem Kreise seiner Verwandten fortgeführt und als Gast des römischen Volkes in irgendeiner zivilisierten Binnenstadt untergebracht wurde – wie die sigambrischen Häuptlinge von Augustus –, mochte wohl soweit kommen, daß er sich den Tod wünschte. Oder nahm er sich vielleicht das Leben aus Furcht vor dem Tode, weil er keinen anderen Ausweg sah, wieder ins Leben zurückzukommen, als seine Seele in die richtige Umgebung zurückkehren zu lassen? Die südlichen Menschen verstanden nicht viel von den Gefühlen einiger „eingeborener" Häuptlinge und wollten auch nichts davon verstehen; sie wußten, daß die Barbaren den Zustand nicht aushalten konnten und sich aus „Ekel am Leben" töteten, wie Dio Cassius sagt. Aber diese Leiden werden heftiger, wenn wir den Satz in die Sprache der Verstoßenen übersetzen.

Ächtung ist in den Händen der Gesellschaft eine furchtbare Waffe gegen Friedensbrecher, die nicht gut tun wollen. Die Waffe schlägt so schmerzhaft, weil sie den Lebensnerv selbst trifft. Der Geächtete ist ausgestoßen, nicht nur aus der Gesellschaft, sondern aus dem Leben. Aber wiederum hängt die Wirkung des Urteils ganz von den Verwandten des Verurteilten ab, davon, ob sie die Verbannung ausführen wollen, indem sie seine Lebensader durchschneiden. Denn wenn auch die ganze bekannte Welt einen Mann ausschließt und ihn allen bösen Geistern ausgeliefert erklärt, hat es nicht die geringste Wirkung auf seine geistige Wohlfahrt, solange seine Verwandten ihn erhalten und ihm erlauben, aus ihrem Lebensborn zu trinken – immer vorausgesetzt, daß die Verwandten ein Heil haben, das stark genug ist, um die mächtige Kraft der Worte abzuwehren, die auf sie eindringen.

Bei unseren Vorfahren kann man erhabene Beispiele von Unterwerfung unter den allgemeinen Willen neben erstaunlicher Verachtung der Ordnung und der Gesetze finden. Ihr Rechtsbewußtsein war aktiver und deshalb elastischer, als es jemals bei Leuten werden kann, die dem Richter seinen Platz neben dem Gesetzbuch anweisen und einen wohlbestallten Schutzmann hinter den Verbrecher stellen, bereit, sich instruktionsgemäß seiner anzunehmen. Heutzutage sind die Rechtsbegriffe in der ganzen Bevölkerung mehr oder weniger gleichartig; die Furcht vor der Justiz erhebt sich kaum zu etwas, was mit Recht Ehrfurcht genannt werden könnte, und der Trotz schrumpft meist zusammen zu einem unsicheren Vorteilziehen aus den Umständen und zu einem Suchen nach Löchern in den Gesetzesparagraphen. In der germanischen Gesellschaft waren die Rechtsmittel juristische Anpassungen an die Alltagsgebräuche, und sie holten ihre Kraft aus der inneren Erfahrung der beiden Parteien. Folglich gingen die Gefühle der Männer, wenn sie sich einer gerichtlichen Verurteilung gegenüber sahen, weit tiefer als heutzutage. Männer konnten sich durch ein Wort versklavt fühlen, und sie konnten mit überlegenem Hohn das feierlichste Anathema verachten; einer mag bei einem Ächtungsurteil erstarren, während sein Nachbar es vielleicht nur als eine Beleidigung betrachtet, möglicherweise von zu unbedeutender Art, als daß sie sein Interesse erwecken könnte. Wo die Rechtsmittel Wurzeln schlagen, dort halten sie mit furchtbarer Stärke fest, aber wo sie die Ehre nicht fassen, dort sind sie leer und kraftlos. Gehorsam gegen das Gesetz und Trotz gegen das Gesetz – Worte, die nur im weiteren Sinne zu verwenden sind – haben die gleiche Macht, weil sie aus derselben Schicht der Seele kommen; sie heben einander nicht auf, sondern können nebeneinander existieren, sogar in einer und derselben Person, ohne irgendein Gefühl der Zersplitterung.

Wir wissen, daß das niedere Volk bis in die moderne Zeit hinein seine alte Wertung der Ächtung bewahrt hat. Die Könige waren meist fortschrittliche Männer, im Bund mit denjenigen Ideen über das Gesetz und die königliche Gerechtsame, die von der westlichen Zivilisation und der römischen Kirche verbreitet wurden. Die Bauern hielten sich an die alten Gesetze, die in den Herzen und nicht in Büchern lebten. Kein Wunder, daß des Königs Überzeugung, daß Recht Recht ist und Recht sein muß, furchtbar in Widerstreit gerät mit dem Unvermögen der Bauern, über die grundlegende Moral hinauszukommen, daß Recht als Recht gefühlt werden muß oder sonst nicht existiert. Der Töter sitzt daheim im Schutz altertümlicher Verwandtschaft, und der König sitzt in seinem Hof im Lichte der modernen Kultur und durchforscht die Sprache nach Worten, die stark genug sind, um Verwendung zu finden gegen diese aufsässigen Kerle, die eine Verurteilung auf Ächtung über sich ergehen lassen, ohne sich vom Fleck zu rühren. „Es ist unerträglich, daß sie sich in ihrer Ungerechtigkeit behaupten sollten“, sagt Hakon Magnusson im Jahre 1315. Und diesmal hat der König recht; die Bauern sind im Begriff, Gesetzverächter zu werden, nicht, weil ihr Gefühl und ihr Rechtsbewußtsein sich geändert hätte, sondern weil das Recht ein anderes geworden ist; es ist endgültig von der Vormundschaft der Erfahrung befreit worden und unter den mächtigen Schutz der logischen Schlüsse gestellt worden. Und doch hatte der Bauer kein Gefühl dafür, daß er im Unrecht war, denn die Erfahrung seiner Vorfahren war noch stark in ihm. Ein Mann ist kein Geächteter, solange eine Schar von Verwandten willig und fähig ist, ihn zu halten; erst wenn er vom Leben abgetrennt worden ist, wird er ein gefährliches Wesen, ausgestoßen und gemieden.

Aber wenn der Bannspruch gesprochen ist und die Sippe sich von dem verurteilten Manne losgesagt hat, indem sie den Eid mitgeschworen hat, mit welchem das Gesetzesthing ihn „hinausschwört“, oder die Thingmänner sich durch Aneinanderschlagen der Waffen gegenseitig gegen ihn verpflichtet haben, ist der Ausgestoßene tot. Er ist aus dem Leben der Menschen hinausgeschleudert und kann gejagt werden, „so weit Menschen Wölfe jagen“, weil er ein Wolf, *vargr*, ist, „des Heils und der Freude bar“. Als Geächteter und als Neiding trägt er den „Wolfskopf“, das heißt ursprünglich, er ist in einen Wolf verwandelt, läuft wild auf der Heide herum und zerreißt Äser. Und doch kann er durch einen Schritt über die Schwelle wieder ins Leben eintreten, wenn er nur einen Kreis finden kann, der willig ist, ihn in sein eigenes Leben aufzunehmen und ihn als Bruder wiederzugebären. In dem Augenblicke, wo er in einem Hause begrüßt wird und einen Platz angeboten bekommt, fällt die tierische Natur von ihm ab, und er ist wieder ein Mensch.

Die Worte, die Gudrun in den grönländischen Atlamal über ihre und ihrer Brüder Jugendtaten spricht, mögen wirklich mit dem buchstäblichen Ernst der Prosa gesprochen sein: „Wir befreiten aus dem Walde, den wir retten wollten, wir gaben dem Heil, der nichts besaß.“

Wenn Leben und Tod die beiden schematischen Größen wären, als die sie manchmal im praktischen Sinne gelten, würden sie die ganze Existenz ausfüllen, ohne einem Gedanken Raum zu lassen, sich zu verstecken, und sie würden dann bei der Übersetzung aus allen Sprachen und in alle Sprachen die sichersten Wörter sein. Aber nun sind sie keine Quantitäten, sondern Qualitäten, und die Aufgabe, sie aus einer Sprache in die andere zu übersetzen, kann jahrelange Studien kostet. Wir haben das Wort „sterben" von unsren Vorfahren geerbt, und wir verwenden es für denselben Vorgang wie sie, aber tatsächlich hat seine Bedeutung eine so große Veränderung durchgemacht, daß die sprachliche Kontinuität kaum genügt, um die beiden Ideen zu einer Begriffsgestaltung zu vereinigen.

Im Altskandinavischen ist es möglich, einen Ausdruck zu bilden wie diesen, der sich auf die Unterwelt bezieht: „Männer sterben in jene Welt hinein." Und ohne Kommentar über die Echtheit dieser Redensart können wir das Wort als einen nützlichen Hinweis nehmen, der besagt, daß der Tod dann also ein zusammengesetzterer Begriff war, als er es jetzt ist (oder zu sein scheint, denn auch unsere Wörter sind Träger zusammengesetzter Begriffe, die uns nur deshalb einfach erscheinen, weil sie uns von Kindheit an vertraut sind). Es war gewissermaßen stets erforderlich, näher zu definieren, wohin Männer starben. Das Verhältnis zwischen Leben und Tod, das jetzt so unbedingt gegensätzlich erscheint, war eher das zweier Gruppen von Zuständen, die miteinander verkettet waren. Jetzt bedeutet der Vorgang Aufhören des Lebens, während es in jenen Tagen ein Übergang von Leben zu Leben war; jetzt ist Sterben der große Einschnitt im Dasein, aber für die Alten konnte der Übergang von einem Zustand in den anderen, der das Leben des Heils unberührt ließ, nie als Katastrophe gelten. Wenn wir also nicht das Wesentliche in unserem Worte aufgeben wollen, seine Bitterkeit, seinen Hinweis auf das Ende und auf die Änderung von Plänen, seine Beziehung zu der Lichtung der Reihen, sein absolutes „Halt!", so kann keine Etymologie uns Äquivalente in der alten Sprache geben. Wir müssen die Hoffnung aufgeben, ein genaues Gegenstück in jener Kultur zu finden, aber in dem Übergang von Heil zu Unheil kommen wir der unwiderruflichen Wandlung am nächsten, die wir mit diesem düsteren Worte bezeichnen.

Dieser Tod konnte einen Mann bei lebendigem Leibe treffen, und genau so gut konnte er ihm im Reich der Toten begegnen oder an der Grenze zwischen diesen beiden. In der Möglichkeit, daß das

Ausatmen das Scheiden der Seele bedeuten könnte, lag die Gefahr, die die Veränderung zu einer Krise machte, nicht nur für den Verstorbenen, sondern auch für seine Nächsten. Die Hinterlassenen trafen alle Vorsichtsmaßregeln, wie wir uns vorstellen können, obgleich wir nicht viel von den Zeremonien, die einen Todesfall begleiteten, wissen. In der isländischen Literatur finden wir keine anderen Vorsichtsmaßnahmen direkt beschrieben als *nábjargir*, die Leichenrettung, die hauptsächlich in seinem Zudrücken der Nasenlöcher bestanden zu haben scheint: aber zweifellos hatten frühere Zeiten ein umfassenderes Ritual. Sicher gab es üble Wahrzeichen bei einer Leiche, die noch nicht so behandelt worden war, ganz besonders, wenn die Katastrophe durch eine Gewalttat entstanden war, die Rache erforderte. Wahrscheinlich ist eine Totenschau gehalten worden, um die Todesursache festzustellen; wenn die Wunden gezählt waren, übernahm wohl einer der versammelten Verwandten, selbst Hand anlegend, feierlich die Verantwortung für die Regelung der Sache und stellte sich an die Spitze des Unternehmens, indem er die *nábjargir* ausführte. Auch sonst, wenn etwas Ungewöhnliches an der Todesart vermuten ließ, daß „Unheil" das Haus betroffen hatte, war Anlaß vorhanden, vorsichtig mit dem Verstorbenen umzugehen. Als Gudmund der Mächtige, der Häuptling auf Mödruvellir, von innen zu Tode erstarrte, als er einen Mann einen merkwürdigen Traum erzählen hörte, verbot die Hausfrau allen, den Leichnam zu berühren, bis sein Bruder Einar ihn untersucht hätte; die Weisheit des letzteren entschied sofort die Sache so, daß es die Macht des Traumes war, die seine edlen Teile in Eis verwandelt hätte, und darauf brachte er die Leiche in Ordnung. – Leute, die von Ungeheuern getötet worden waren, waren mehr als andere geneigt, auf unheimliche Weise umzugehen, und dasselbe geschah, wo eine Pestseuche wütete. Gleichgewicht und Sicherheit waren nicht wiederhergestellt, bevor die Begräbnisfeier mit den rechten Riten und Gebräuchen begangen worden und der tote Mann auf seinen Platz „gewiesen" worden war – „nach Walhall gewiesen", wie der Ausdruck in späterer Sprache durch Modernisierung einer alten Formel heißt. Nichtsdestoweniger dürfen wir nicht ausschließlich die unheimliche Seite betonen; denn für Leute, die in ihrem Heil befestigt waren, war dieses Interregnum doch nur eine kurze Pause, in welcher das Leben für eine knappe Zeit zum Stillstand gebracht worden war; es gab zuverlässige Mittel, die Sicherheit sowohl für die Toten als auch für die Lebenden wiederherzustellen. In zweifelhaften Fällen dagegen, wo die Rache unsicher war, wo das Heil wankte, da war Tod im Hause.

Die Idee der Vernichtung hat sich immer als sehr schwer faßbar erwiesen, und der Gedanke tappt noch im Dunkeln, ohne imstande zu sein, das reine Nichts oder das absolute Aufhören zu entdecken. Unsere Vorfahren hatten praktische Gründe, wenn sie versuchten, einen absoluten Tod zu bewirken. Es war nicht daran zu denken, in einem und demselben Bezirk mit Dämonenseelen zu leben; sie waren viel zu unheimlich und viel zu wirksam. Auf irgendeine Weise mußte man versuchen, sie in die Wildnis der Dämonen hinüberzubeschwören, wo sie ihre Verwandten und ihre Bekanntschaften hatten. Aber Utgard lag nun einmal sehr nahe an der Welt der Menschen, und man wußte nie, wann diese unheilkündenden Wesen wieder an den Türen waren; keiner konnte sicher sein, sich nicht eines Abends spät zerschlagen zu finden. Er war vielleicht besser, den Spuk rein körperlich zu binden, indem man Steine auf ihn häufte oder einen Pfahl durch ihn stieß, oder ihn auf irgendeine Außenschäre brachte, wo die viele Feuchtigkeit seine Beweglichkeit hindern mußte. Aber oft genug geschah es, daß alle Vorsichtsmaßregeln vergebens waren, wie durchgreifend sie auch ausgeführt wurden. Dann wurde Zerstörung auf Zerstörung gehäuft, vielleicht wurde erst der Kopf abgehauen, dann der ganze Körper verbrannt und die Asche in die See gestreut – in der Hoffnung, so die Seele zu Atomen zu zerstäuben, die so klein wären, daß sie faktisch nicht vorhanden wären. Aber das Aufhören des Daseins selbst, als letzter und entscheidender Gegensatz zum Leben, wurde nie erreicht. Gedanke und Hand stießen den Gegenstand bis an eine gewisse Grenze hinaus und ließen ihn im Nebel versinken; aber dieser Nebel war doch schließlich nichts als Vergessenheit. Der Ruhm enthält, wie wir gesehen haben, im buchstäblichen Sinne die höchste Form der Seele und den stärksten Ausdruck des Lebens, und so ist es im alten Sinne wörtlich wahr, daß der entgegengesetzte Pol des Lebens eine tiefe Vergessenheit ist, wo niemand mehr den Namen und die Wohnstätte des Helden kennt.

Der Aufbau der Sippe

Vor diesem Hintergrund steht der alte Dichterhäuptling auf Borg, Egil Skallagrimson, in wahrhaft tragischer Größe da, als er über seinen ertrunkenen Sohn klagt und Ägirs Dirne herausfordert, die er auf dem Vorgebirge stehen oder in der Tiefe den teuren Leichnam furchtbar schütteln sieht. In einer Welt, wo alles Hamingja ist, sind seine Worte von tiefer Leidenschaftlichkeit und echter Schwermut erfüllt. Wenn das Wort titanisch über u n s r e Lippen kommt, so denken wir an eine Herausforderung der himmlischen Mächte; denn titanischer Trotz ist unser höchster Ausdruck für menschliche Hilflosigkeit; ein Titan ist in unserer Welt der, der es aufgegeben hat, die Welt bewegen zu wollen, und sich absichtlich selbst zerstört, um zu zeigen, daß unsre Köpfe nur gemacht worden sind, um an dem, was stärker ist, zerschmettert zu werden. Aber der Gegensatz zwischen unserer Welt und der, in welcher Egil sich bewegt, tritt schärfer hervor, wenn wir den modernen Titanen, der als ein einzelner außerhalb der Welt gegen die tauben und blinden Mächte des Universums gestellt worden ist, mit einem Egil vergleichen, der als Vertreter einer Welt steht, in welcher der Mensch den Mittelpunkt bildet und die Natur mit starken Seelenbanden an sich bindet. Es ist kein titanisches Widerstreben, kein Trotz, kein Größenwahn, was den alten Häuptling erfüllt, sondern die einfache Realität, daß die Hamingja des Menschen groß genug ist, um die Sonne, den Mond und die ganze Welt zu umfassen und Götter herauszufordern, ganz ohne den titanischen Beigeschmack von großartiger Sinnlosigkeit. Vielleicht hat seine Verzweiflung einen modernen Beiklang; Egil gehört in eine Zeit, in welcher die Verbindung mit der westlichen Christenheit merkwürdige Umwälzungen in den Seelen der Menschen hervorrief; aber im selben Augenblick, wo die geistigen Gemeinschaftsbande zwischen ihm und uns geknüpft zu sein scheinen, zerstreut die Art seiner Melancholie jede Vertrautheit. Er ist heillos, weil das Heil und die Hamingja seines Geschlechts fehlgeschlagen sind; er hat wenige hinter sich, so klingt seine Klage, und das bedeutet, daß in ihm Dürftigkeit und Mangel an Stärke ist. Nicht deshalb, weil seine Feinde Götter sind und er nur ein Mensch ist, verzweifelt er. Hätte er nur Helfer genug zur Seite, würde er zu seinem Worte stehen und den Kampf mit den Mächten aufnehmen, die seinen Sohn gestohlen haben.

Wenn auch alle anderen Gedanken, die von menschlichen Gehirnen ausgehen, immer das beschränkende Gepräge von Zeit und Ort tragen, sollte man doch glauben, daß wenigstens das Zahlenreich ein gemeinsames Feld wäre, wo Leute aller Rassen und aller Sprachen sich treffen könnten. Und doch entfliehen wir nicht einmal hier dem Babel der Kultur. Viele Verwandte und viele Kinder zu haben, war in alter Zeit eine Lebensnotwendigkeit, eine zahlreiche Sippe war ein Zeichen von großem Heil. Dies klingt in fremden Worten so, als wäre es ganz einfach, aber was keine fremde Sprache ausdrücken kann, ist die Intensität dieses Bedürfnisses nach Verwandtschaft. Tacitus kann vom Germanen sagen, daß er um so eher einem glücklichen Alter entgegensieht, je mehr Verwandte er väterlicher- und mütterlicherseits hat. Während für den Römer viele stärker waren als einer, ist für die germanische Vorstellung einer von vielen an sich stärker als einer von wenigen. Wir zählen die Zahlen zusammen, eine um die andere, und erhalten eine Summe, unsere primitiven Vettern sehen die Zahl als etwas, das jedem Mitglied der zahlreichen Sippe Kraft einflößt.

Nach Erledigung der Frage: Was ist die Sippe? – taucht die nächste Frage auf: Wo ist die Sippe? Wir haben zwar den Inhalt der Seele beschrieben, aber das Problem steht noch aus: Wie weit erstreckt sie sich, welche Leute gehören zu ihr und welche stehen außerhalb?

Schon manche Forscher haben mit diesem Problem in der einen oder anderen Form gerungen, wenn sie sich auf Gebieten befanden, wo die Bevölkerung in Stämmen und Sippen und Geschlechtern auf sie zumarschierte. Und sie haben wohl oft genug die Sache aufgegeben und sich mit einer Definition begnügt, die bestenfalls die Haupttatsachen deckte und den Rest sich selber überließ. Sie haben vielleicht mit einem Stamm zu tun gehabt oder etwa mit einer Sippe, die durch die Bande des Blutes und durch Rache im Verhältnis zur übrigen Welt zu einer unlöslichen Einheit verbunden war; und sie haben mit Bestürzung gesehen, daß dieses unlösliche Ganze plötzlich in zwei Teile auseinanderfiel, die einander in innerer Fehde tapfer halfen, die Mannheit und das Gefühl des Blutes am Leben zu erhalten, wenn der Friede um sie gar zu erdrückend wurde.

Die Tatsachen werden einander fortwährend widersprechen, und das Problem wird allen Lösungsversuchen widerstehen, solange wir – Neueuropäer, die wir sind – davon ausgehen, daß ein solidarisches Ganzes in einer festen Zahl ausdrückbar sein muß, und es für gegeben halten, daß die Familie in einer Reihe von Generationen aufzählbar sein müsse.

Das Geheimnis der primitiven Gesellschaft ist nicht in äußeren Formen, sondern in der Energie des Sippengefühls zu suchen. Die eine unveränderliche Realität ist Frieden und Solidarität, und diese Realität ist so stark, daß sie aus den Verwandten einen Leib und eine Seele macht; aber die Ausdehnung der Seele wird nach dem Bedarf des Augenblicks bestimmt. Einmal kann eine Körperschaft von Männern als einheitliche Sippe handeln, ein andermal zerspalten sie sich in ein paar streitende Gruppen. Das Geheimnis der Kraft, die in dem Prinzip des Friedens enthalten ist, ist nicht, daß sie eine bestimmte Anzahl Männer erfordert, um wirksam zu sein, sondern daß ihre Spannkraft sammelnd auf den Kreis wirkt, soweit die Gelegenheit ihr ein Wirkungsfeld gibt.

Es ist also nicht die Konstruktion der Seele, die den Unterschied zwischen ihnen und uns ausmacht. Das Leben eines modernen Menschen hat auch viele Achsen und dreht sich in verschiedenen Kreisen. An einem Tage ist er ein Familienmensch, am nächsten Tage Bürger seines Landes; eine Stunde handelt er als Mitglied einer Körperschaft, in einem anderen Augenblick als sein eigenes Ich, als ein Individuum, und seine Gedanken und Gefühle wechseln an Kraft und Inhalt entsprechend der Aufgabe, die ihm gestellt wird. Der Unterschied zwischen modernen Individuen und den primitiven Sippenmenschen liegt in dem Wesen der Kreise und der Intensität des Gefühls. Im bürgerlichen Leben ist das einzelne Ich des isolierten Individuums das stärkste und lebendigste von allen Ichs, und alle anderen Lebensformen holen die Kraft des Gedankens und die Wärme des Gefühles aus der Erfahrung der Seele, wenn sie allein und mit ihrem eigenen privaten Glück beschäftigt ist. Als der wahre religiöse Mensch gilt der, der sich grenzenlos um seine eigene Erlösung bemüht und so lernt, sich für die Seelen anderer zu interessieren. In der primitiven Kultur geht der Strom in anderer Richtung. Der Kreis kann sich nie um eine einzelne

Seele zusammenziehen, und die mächtigsten Antriebe im Individuum gehen aus dem Leben hervor, das es mit seinen Brüdern gemeinsam hat. Die Sympathie im bürgerlichen Menschen mag stark und tröstend sein, aber sie ist viel zu schwach, um endgültiger Formen zu bedürfen, und viel zu unartikuliert, um soziale Institutionen schaffen zu können; im primitiven Menschen ist die Sympathie so überwältigend und so grundlegend, daß sie alle Formen der Gesellschaft ohne Ausnahme bestimmen muß, und das Leben in den verschiedenen Kreisen ist so intensiv, daß es sich in äußeren Formen und Gesetzen verwirklichen wird.

Das Problem der primitiven Gesellschaft kann nicht dadurch gelöst werden, daß wir nach einem typischen Kern der Gesellschaft suchen, ob nun Geschlecht, Sippe, Stamm oder Horde, und die mannigfaltigen Formen des Daseins als Variationen oder Evolutionen eines grundlegenden Systems erklären. Die Frage, die uns gestellt war, nimmt diese Form an: wie weit hinaus wird die innere Kraft in einer wirklichen Kultur wirksam sein? Wie klein kann der Kreis sein, und was ist seine äußerste Möglichkeit? Was kann die Sippe enthalten, und was ist von vornherein ausgeschlossen?

Wenn wir die Wiederkehr der Namen in den Sippen beobachten, können wir uns einen Begriff machen von der möglichen Ausdehnung der Verwandtschaft, da eine Familie sich keinen Namen zu eigen machen konnte, wenn das Recht dazu nicht durch ein geistiges Bündnis begründet war. In den Gebräuchen der Namengebung, wie sie sich in Skandinavien gestalteten, finden wir einige Andeutungen der Bildungsfähigkeit der Seele. Die Sitte der Benennung nach älteren Verwandten zeigt uns, daß in erster Linie Blutsverwandte in der direkt aufsteigenden Linie zu der Seele gehörten. Oft läßt man Großvater und Urgroßvater im Kinde wiederauferstehen, wenn sie vor seiner Ankunft dahingegangen sind, und mit gleicher Häufigkeit werden die Brüder des Großvaters und des Vaters ins Leben gerufen, sobald sie gestorben sind. Weiter wird das Heil der Schwäger eifrig in die Sippe geholt, indem das Kind nach seinem Muttervater, Mutterbruder oder noch ferneren Verwandten mütterlicherseits benannt wird; aber die Namengebung ist nicht auf die direkte Wiedergeburt durch die Person der Mutter beschränkt. Die ganze Hamingja, die die verbündete Sippe besitzt, steht der Familie zur Verfügung. Sehr oft erscheinen jüngere Brüder und Schwestern des Bräutigams oder der Braut als lebende Zeugen des Ehebundes zwischen den beiden Familien, der Vater wird sich häufig seiner neuerworbenen Schwäger in Kindern erinnern, die nach der Heirat seines Sohnes oder seiner Tochter geboren sind. Und noch stärker herrscht die Neigung, Kinder nach Leuten zu benennen, die wir als angeheiratete Verwandte zweiten Grades bezeichnen könnten, vielleicht sogar in drittem oder viertem Grad. Wenn die Verbindung eingegangen ist, nutzt die gesamte Sippe die Schwägerschaft als Gesamtheit aus.

Das Vatsdœla-Geschlecht bietet reiche Illustration zu dem hier Gesagten: seine vielen Geschlechtsüberlieferungen zeigen – ob sie nun nach unserem engeren Begriff historisch sind oder nicht –, was die Menschen über ihre eigenen Namen dachten. Der erste Mann des Geschlechts, der im vollen Lichte der Geschichte dasteht, ist Thorstein, ein Norweger, der der Geschlechtsüberlieferung zufolge eine Braut aus dem königlichen Hause Gautlands gewann. Als Thorstein einen Sohn bekam, wünschte er gleich das Heil der gautländischen Edlen in seiner Familie zu verankern, und er nannte den Knaben nach dem Vater seiner Frau, Ingimund. Die ursprüngliche Wahrheit der Familiensage wird durch diesen Namen bezeugt, der entschieden nicht norwegisch ist, sondern einen gautländischen Klang hat. Ingimund setzte die beiden Linien in seinen Kindern fort. Erst gedachte er seines eigenen verstorbenen Vaters Thorstein, darauf ließ er Jökul, den Bruder seiner Mutter, in seinem zweiten Sohne erstehen, und als ihm eine Tochter geboren wurde, nannte er sie nach seiner eigenen Mutter, der gautländischen Fürstin Thordis. Mit seinem Sohne Thorir besiegelte er seine eigene Verwandtschaft mit den berühmten Jarlen von Mœri im westlichen Norwegen; Ingimund war mit einer Tochter von Jarl Thorir dem Schweigsamen verheiratet. Mit seinen anderen Kindern griff er weit aus in ferne Kreise der Verwandtschaft. Durch einen isländischen Zweig der Mœri-Familie wurde er mit einem vornehmen Häuptling, Thord Illugi, verwandt, und als Ingimund ein unehelicher Sohn geboren wurde, nannte er ihn Smidr nach Thords Sohn, Eyvind Smidr. Nun gehörte Thord Illugi durch seinen Vater unmittelbar einem weitverbreiteten Geschlecht an, das stolz war, seine Abstammung bis zu Björn Buna, einem Gautkönig in Norwegen, zurückverfolgen zu können, und als Ingimund noch eine Tochter bekam, gedachte er einer Jorun aus diesem Geschlecht. Schließlich ist sein Sohn Högni ein Zeuge der Tatsache, daß Ingimund alle Verwandte der Nachfahren von Björn Buna zu seiner Verwandtschaft rechnete; denn ein Zweig jenes Hauses verband sich mehrfach mit Nachkommen eines berühmten norwegischen Königshauses in Hördaland, von dem viele Sagen lebten, die in der Halfsaga ein Echo finden, und in dieser Sippe war Högni der Weiße kurz vor der Zeit, wo Island besiedelt wurde, eine hervorragende Gestalt. So leitete die Vatsdœla-Familie durch eine große Zahl von Kanälen Heil und Hamingja in die Sippe.

Aber der Kreis ist nicht mit der väterlichen und mütterlichen Seite abgeschlossen. Auch die Familie des Stiefvaters mag einen Vorrat an Heil enthalten, zu dem man gerne Zutritt hätte; auf einer solchen Sitte beruht es, daß Erling Skjalgson, der eine Tochter von Astrid und Tryggvi heiratete und dadurch mit Olaf Tryggvason verschwägert wurde, einen seiner Söhne nach Astrids späterem Manne Lodin nennt. Erlings Tochter wurde Geirthrud genannt, und es besteht große Wahrscheinlichkeit, daß dieser Name, der keine früheren Vertreter in Norwegen hat, von einer Königin Geira hergeleitet ist, mit der Olaf Tryggvason während seiner Verbannung aus Norwegen in Wendland verheiratet gewesen sein soll. So mögen auch frühere Ehen den Grund der Ehre gelegt haben, die für sich und seine Familie zu erhalten wünschenswert erschien. Als der Skalde Hallfred sich eine schwedische Frau nahm, nannte er ihren Sohn nach ihrem früheren Gatten und bewahrte so das Heil des verstorbenen Schweden. Der ungestüme Isländer Glum hatte eine Tochter, Thorlaug, die mehrere Male verheiratet war; in ihrer letzten Ehe gebar sie einen Sohn, und in ihm erneuerte sie den merkwürdigen Namen ihres früheren Gatten, der Eldjarn geheißen hatte.

Die Namengebung würde unzweifelhaft enthüllen, daß noch weitere Möglichkeiten für den gesunden Hunger der Seele bestanden, wenn nur unser Stoff umfangreicher wäre oder uns wenigstens in gewissen Beziehungen erlaubte, eine Verbindung herzustellen zwischen den trocknen Namensregistern und der Geschichte der Träger. Wir können es als sicher betrachten, daß sowohl Adoption als auch Ziehkindschaft ihre Spuren in den Genealogien hinterlassen haben, aber ganz sichere Fälle können kaum genannt werden.

So weit diese Möglichkeiten reichen, so weit hat die Verwandtschaft Bedeutung, und sobald an den Frieden appelliert wird, treten die Männer in einer geschlossenen Schar zusammen, in welcher keine Rücksicht auf fern und nahe genommen wird, sondern alle einfach verwandt sind. Vor dem Gericht war der Eid des Individuums nur gültig, wenn er den Willen der ganzen Sippe in sich trug, und er mußte deshalb regelmäßig von einem Kreis von Eideshelfern gestützt werden, die mit ihrer Überzeugung die Behauptung desjenigen bestätigten, der als erster schwören mußte. Hier kann das Gesetz sich ruhig damit begnügen, so und so viele seines Geschlechts zu verlangen und sich darauf verlassen, daß das Leben in jedem einzelnen Falle von vornherein bestimmt hat, wer unter diese Überschrift einzubeziehen ist, und daß der Name Verwandter immer einen Mann deckt, der in der Eideskette seinen Platz ausfüllen kann.

Das Wirken dieser Verwandten nach innen zeigt sehr bald, daß sie kein lose verbundener Trupp sind, zusammengehalten bloß von einem schwachen Gefühl des Gegensatzes zu allen anderen. Die Einheit, die sie bilden, hat genügend praktische Festigkeit, um die Funktionen eines sozialen Organismus auszuüben. Wenn es sich darum handelt, das Leben für einen Minderjährigen zurechtzulegen oder eine Frau aus der Familie zu verheiraten, da tritt einer aus der Sippe als Träger der Verantwortlichkeit hervor, nämlich der natürliche Vormund oder, wenn dieser ausfällt, dann der nächste in der Verwandtschaft – nach dem Vater der Sohn, dann der Bruder und so weiter bis zu den entfernteren Verwandten, wie nun eben die Regel lautet. Aber hinter dem Individuum entdecken wir meist einen geschlossenen Männerkreis, und wir finden ständig in den Andeutungen der Gesetze, daß die Verwandten aus dem Dunkel hervortreten und sich bei allen wichtigen Unternehmungen nicht nur als interessierte Teilnehmer zeigen, sondern auch Achtung vor ihrer Teilnehmerschaft fordern. Wenn angedeutet wird, daß Mündel bei den Verwandten Schutz gegen Übergriffe seitens des Vormundes suchen können, oder daß die Sippe einschreiten kann, wo es sich zeigt, daß ein Vormund plündert anstatt zu schützen, da ist dieses vorbeugende Gesetz nur ein blasses Überbleibsel aus einer Zeit, wo die Sippe die Vormundschaft ausübte, und das Individuum, sogar der Vater selbst, nur als der Vertreter und das Werkzeug der Verwandten wirkte. Die Angelsachsen geben der vollen Wirklichkeit Ausdruck, wenn sie bei der Verlobungsfeier die Verwandten der Braut und des Bräutigams einander gegenüberstellen, sozusagen als verhandelnde Parteien, die mit einem Munde alles versprechen, was versprochen werden soll, und gleichzeitig eine Person einzeln aussondern, die als Obmann für die Partei einsteht.

In der Sache nun, die die Seele der Sippe in die stärkste Bewegung versetzte, in der Sache von Lebensverlust und Wiederaufrichtung, werden alle zu einem verschmolzen, soweit der Friede noch den geringsten Einfluß auf die Gedanken der Menschen hat. In den isländischen Alltagsschilderungen ist das lebendige Gefühl noch handgreiflich als wirksam zu erkennen; der einzelne fühlt den Ruf, einen günstigen Augenblick im Fluge zu ergreifen, ohne erst lange nahe oder ferne Verwandtschaftsbeziehungen nachzurechnen. Hier und da finden wir Sippenversammlungen erwähnt, wo ein Leiter der Rache mit dem vollen vereinigten Willen des Geschlechts als seiner Vollmacht ausgestattet wird, um die Verantwortung zu übernehmen, daß die Sache zu einem befriedigenden Abschluß gebracht wird; und ob nun eine solche Sitte in früheren Zeiten durchaus allgemein war oder nur eine Form unter anderen, sie entsteht jedenfalls direkt aus dem Sippengefühl. Andererseits fällt die Wahl unter normalen Bedingungen immer auf denjenigen, der durch Geburt für das betreffende Recht und die betreffende Pflicht zunächst in Frage kommt, der als Sohn zu Vater, Vater zu Sohn oder Bruder zu Bruder mit dem Getöteten verwandt war. Die Verantwortlichkeit der Verwandten nimmt an Gewicht zu, je näher sie dem Zentrum stehen, wo der getötete Mann liegt. So schwierig es auch sein mag, eine gemeinsame, unbedingte Verpflichtung mit einer Rangabstufung an Verantwortlichkeit für den einzelnen Mann oder eine kleine Gruppe zu verbinden, so lange man die Welt vom Standpunkt des Individualismus oder aus dem Kreis des Kommunismus betrachtet: für den, der sein Leben in einer Hamingja lebt und unter sozialen Verhältnissen, die aus deren Kraft geschaffen worden sind, für den fallen die beiden Tatsachen gut zusammen.

In Sachen, die für die Sippe solche Bedeutung hatten wie Heirat oder Vormundschaft oder Rache, war eine bestimmte Unterscheidung notwendig, um die auszuschließen, die nicht betroffen waren, und diese Bestimmung ist überall bei den Germanen in dem einzigen Wort enthalten: Verwandte – nicht mehr und nicht weniger. Keine anderen Wörter, wie sorgfältig sie auch umschrieben werden mögen, könnten genauer ausdrücken, welche Personen betroffen waren, oder welche Personen die Verantwortlichkeit fühlten, weil die Qualifikation auf einem inneren Gemeinschaftsgefühl beruhte und nicht auf einem Aufzählen von Verwandtschaftsgraden. Das Leben würde in jedem bestimmten Fall die Männer bezeichnen, die Verwandte des Verstorbenen oder des Unmündigen waren.

Wenn wir dazu übergehen, den Aufbau der Sippe im einzelnen zu erörtern, können wir, wie es scheint, nichts Besseres tun, als die Regeln über Zahlung und Entgegennahme des Wergeldes zum Führer zu nehmen. In Norwegen bestand die Buße für Mannestötung hauptsächlich in drei „Ringen". Der erste Ring wurde vom Töter an die nächsten Verwandten des Getöteten gezahlt: Sohn und Vater. Der zweite wurde Bruderring genannt, mit ihm wurde die Kränkung an den Bruder des Erschlagenen gebüßt; seine Beschaffung war auch eine Bruderangelegenheit im Kreis der Angreifer; mit dem dritten zahlten die beiden Vetternkreise, die Vaterbrüdersöhne, einander. Die Bedingungen deuten noch auf eine Zeit, wo Ringe die gewöhnliche Form der Werteinheit waren. Mangel an Vertretern der einen oder anderen Gruppe beeinflußte die Buße nicht; das Recht zu empfangen und die Verpflichtung zu zahlen würde in einem solchen Fall auf einen der anderen übergehen, so daß, um einen äußersten Fall zu setzen, der Töter selbst alle drei Ringe zahlte und der Erbe die ganze Buße empfing. Zahlung der drei Ringe war indessen nicht genug, um den Töter und seine nächsten Verwandten von ihrer Verpflichtung zu lösen; vor ihnen standen noch drei weitere Klassen von Verwandten, deren jede eine Buße für den erschlagenen Verwandten verlangte: von den Graden über den Vettern und unter den Brüdern – Oheimen und Neffen auf der männlichen Seite – verdünnten sie sich durch Mutterbrüder und Schwestersöhne bis zu entfernten Verwandten auf beiden Seiten. Und wenn alle diese Empfänger die größeren oder kleineren Bußen genommen haben, die ihnen von den Ringmännern zustanden, können sie noch auf verschiedene Geschenke von den entsprechenden Kreisen in der Sippe des Töters rechnen. Erst wenn dieses ganze Netz von Bußen durch die Sippe gezogen worden ist, wird der Friede gegenseitig erklärt.

In Dänemark stehen der Töter und der Sohn des Getöteten sich Angesicht zu Angesicht gegenüber, und ihre väterlichen und mütterlichen Verwandten bilden auf beiden Seiten eine geschlossene Schar. Die Buße wird in drei gleiche Teile geteilt, und von diesen zahlt der Töter oder sein nächster Verwandter für ihn einen Teil, die beiden anderen gehen von und zu den beiden Seiten der Sippe; und auf der Versammlung der Verwandten werden die Verpflichtungen in kleinere und kleinere Ansprüche geteilt, wie allmählich die Verwandtschaft immer dünner wird. Die beiden Seiten antworten jede für sich; solange ein einziger Mann auf der väterlichen

Seite übrig ist, haben die mütterlichen Verwandten keine Pflicht, mehr als ihren eigenen Teil des Blutgeldes zu zahlen; wenn aber der Zweig ganz ausgestorben ist, dann müssen die anderen die doppelte Last tragen. Und sollte es geschehen, sagt Eriks Gesetz in sicheren, altertümlichen Worten, daß keine Verwandten auf der mütterlichen Seite zu finden sind, und der von dem Erschlagenen Gezeugte unfrei oder außerhalb des Landes ist, so daß niemand seinen Stamm kennt, und wenn die Sippe des Vaters einen Teil genommen hat und noch einen dazu, da soll ihr Verwandter nicht unbezahlt bleiben, wenn er ein freier Mann war, denn er soll vollauf gebüßt werden – und die Verwandten auf der väterlichen Seite nehmen alle die Bußen. Auf der endgültigen Friedensversammlung, wo der Töter den ganzen Betrag der Buße in Anwesenheit seiner Verwandten und der Familie des Getöteten zahlte, versprach ihm der führende Mann mit zwölf seines Geschlechts vollen Frieden und volle Sicherheit.

Das entsprechende System, das bei den Franken Brauch war, ist leider in den Gesetzen nicht klar ausgedrückt. Was geschah, wenn alles ging, wie es sollte, das wußten alle zur Genüge, und man hielt es nicht für nötig, solche Selbstverständlichkeiten in das Gesetzbuch einzutragen. Was aber in dem Falle eines armen Kerls geschehen sollte, der nicht das geringste hatte, womit er zahlen konnte, das war etwas, was Niederschrift verlangte – und das ist infolgedessen alles, was wir erfahren. Unsere Stellung ist also diejenige von zufälligen Zuschauern bei einer nur im äußersten Falle stattfindenden Handlung; als Zuschauer müssen wir uns unsere eigenen Schlüsse über den gewöhnlichen Verlauf des Lebens bilden, indem wir beobachten, was die Leute als dringlichstes Tun betrachten, wenn die Sache einen gefährlichen Stand erreicht hat. Der Paragraph des Gesetzes führt uns direkt zu einem Auftritt, wo ein Töter seinen ganzen Besitz in die Waagschale geworfen hat, ohne die Buße damit leisten zu können; er geht dann feierlich in Anwesenheit seiner Verwandten in sein Haus, nimmt eine Handvoll Erde und wirft sie auf seinen nächsten Verwandten, womit er die Verantwortung von sich auf einen anderen, der sie tragen kann, abwirft. Dann nimmt er selbst den Stab in die Hand und springt über den Zaun, so daß alle sehen, wie entblößt er ist. Wenn sein Vater und seine Brüder schon alles geleistet haben, was sie leisten konnten – und das Gesetz scheint vorauszusetzen, daß sie das getan haben –, dann fällt die Handvoll Erde auf den Nächsten außerhalb ihres Kreises und kann so die Reihe entlang gehen: drei Verwandte auf der väterlichen und drei auf der mütterlichen Seite, jeder natürlich Vertreter eines Zweiges der Familie. Wenn alle genötigt gewesen sind, sie liegen zu lassen, soll der Töter auf dem Thing ausgeboten werden, damit der oder die, die eine Verpflichtung ihm gegenüber fühlen, hervortreten können, und nicht bevor er dreimal auf dem Gesetzesthing schweigend empfangen worden ist, hat er sein Leben verwirkt als einer, der seine Buße nicht leisten konnte.

Wir stehen als Zuschauer staunend da. Da die alten Franken in diesem Stück nicht auftraten, um uns eine Freude zu bereiten, sondern um ihrer selbst, um ihres eigenen bescheidenen Vergnügens willen, haben sie vieles im Dunkeln gelassen, ohne auch nur in einem Aparté dem Zuschauer eine kleine Erklärung zu geben. Ob das Gesetz nun voraussetzt, daß der Töter die ganze Buße zahlte, oder ob es sein eigener Ring war, den er nicht beschaffen konnte, und deshalb seinen Verwandten überlassen mußte – darüber mögen die Zuschauer, wenn sie Lust haben, den Rest ihres Lebens diskutieren. In einem Satz wird uns aber in klaren Worten gesagt, daß die Buße in zwei gleiche Teile geteilt wird, von denen der eine an den Sohn, der andere an die Verwandten geht, weiter, daß diese Verwandten durch je drei auf der väterlichen und mütterlichen Seite vertreten sind, und daß die drei das ihnen Zustehende in immer kleinere Teile teilen, je nach der Nähe der Verwandtschaft. Ein Verwandter hat kein Recht, ohne auch eine entsprechende Pflicht zu haben – oder einmal eine solche gehabt zu haben.

Zwischen dem Norweger, der mit seinen Verwandten dasitzt und die Beträge in Bruchstücken von Ringen und Bruchstücken von Verwandtschaft berechnet, und dem Franken, der seinen letzten Sprung über die Türschwelle macht, fort von Haus und Heim, ausgezogen bis auf das Hemd, ist der Unterschied größer, als die äußeren Umstände zuerst anzeigen. Aber die nationalen Eigentümlichkeiten können nicht die tiefe Übereinstimmung im wesentlichen verbergen. Und das erste, was dem Beobachter auffällt, ist wohl die gegenseitige Verantwortlichkeit. Die Geometrie der Bußberechnung bei den Norwegern bezeugt scharfe Köpfe – und sicher beweist sie außerdem einen starken Drang, Familieneinheit gegen Familieneinheit zu sehen und zu fühlen; auf jede mögliche Weise werden die verschiedenen Grade bei Buße und Gegenbuße miteinander verglichen, Klasse gegen Klasse und Mann gegen Mann.

Die Verwandten sind in Gruppen geteilt, und die Verantwortung fällt nach der Klasse; aber über aller Einteilung steht die gemeinsame Verantwortung. Die Buße muß beschafft werden, und wenn die eine Seite wegfällt, müssen die anderen eintreten und die Lücke ausfüllen; wenn ein Glied in der Kette der Verwandtschaft fehlt, so fällt die Last auf das nächste; das volle Gewicht kann auf die Verwandten hinüberrollen, wenn der Täter selbst nicht zu zahlen vermag, und es kann von einem leeren Platz unter den Verwandten auf den Töter selbst zurückfallen. So wie eine einzelne Seite oft ein Mehropfer leisten muß, so soll sie auch als Empfänger jeden nicht beanspruchten Teil erhalten; denn der wichtigste Punkt ist der, daß für den gefallenen Mann voll und richtig gebüßt werden soll – „denn ihr Verwandter soll nicht ungebüßt sein, wenn er ein freier Mann war, es soll volle Buße gezahlt werden für ihn", um noch einmal den gewichtigen altertümlichen Satz im dänischen Gesetzbuch anzuführen. Einen merkwürdigen Hinweis auf die Ehre, die dem Getöteten seitens der Familie des Töters zustand, gibt das Gesetz von Gotland. Auf dieser Insel hatten sich die Menschen in christlichen Zeiten drei Kirchen als Zufluchtsstätten vorbehalten, und „wenn es geschieht, daß der Teufel am Werk ist, und ein Mann einen anderen tötet, soll der Töter flüchten mit Vater, Sohn und Bruder und in dem Heiligtum Zuflucht suchen, aber wenn sie nicht leben, müssen ihre Plätze von anderen Verwandten ausgefüllt werden". Alle müssen die Rache tragen, solange irgendein Teil von dem, was fällig ist, ungezahlt bleibt, das ist das grundlegende Prinzip bei allen Germanen, ein Prinzip, das seine Stärke offenbart, wenn es Könige und Prälaten zwingt, ihm in Urteilen und Verfluchungen endlos zu widersprechen.

Erst auf dem Hintergrunde dieser elastischen Einheit kommen die juristischen Einschränkungen, die sich hier und dort finden, zu ihrem Recht. Man bedurfte oft, jedenfalls in späteren Zeiten, einer Bestimmung darüber, wo die Verwandtschaft aufhören sollte, wie auch einer Grenze, innerhalb welcher man sicher war, verantwortliche Männer zu treffen. Wenn man dann drei Verwandte väterlicher- und drei mütterlicherseits als den festen Stock im Gegensatz zum freiwilligen aufstellte, oder man den dritten Grad oder den siebenten Mann als äußerste Punkte bestimmte, traf man natürlich die Entscheidung, wie das Leben sie zurechtlegte: man suchte die Stelle aus, wo die Verwandtschaft gewöhnlich verebbte, oder wo sie sich zu einer weiteren Persönlichkeit verflüchtigte, die nur unter einem größeren Druck der umgebenden Welt mitempfunden wurde. Einen interessanten Wink gibt es in einem dänischen Gesetzbuch: der Teil der Buße, der von jedem Verwandten zu zahlen ist, wird gewöhnlich für jeden Grad, den der Büßer vom Töter entfernt ist, halbiert, aber der Teil kann sich nicht auf einen niedrigeren Betrag als einen Örtug verkleinern (das Drittel einer Unze) – so wird die Frage nach den Grenzen der Verwandtschaft durch eine geschickte Erfindung automatisch gelöst. Eine lose Aufzeichnung des Faktischen, mehr können die Gesetze nicht werden; vieles, was in der Wirklichkeit der Gesellschaft einen mehr als nur oberflächlichen Stempel aufdrückte, kommt im Durchschnittsschema der Gesetze nur mit knapper Not zu Worte. Durch einen Zufall hat das Edikt der Langobarden die Ziehbrüder unter denen mit aufgezählt, die einen Eid ablegen können; vermutlich wurde die Solidarität der Freundschaft besonders hervorgehoben, um die Geschlechtsbande zu stärken, die bei den Langobarden im Begriff waren, sich zu lockern; aber obschon die Verordnung vom Eifer der Gesetzgeber beeinflußt ist, das alte Rechtssystem, das Eideshelfer erforderte, aufrechtzuerhalten, ist sie doch nicht weniger bedeutsam als Zeugnis für die in früheren Zeiten innige Verbindung der Schwurbrüder mit der Sippe. Aus Island wissen wir, daß die Hilfe der Ziehbrüder in gewissen Racheangelegenheiten beansprucht wurde, und es stimmt also mit dem alten Geiste überein, wenn ihnen in gewissen norwegischen Systemen ein Recht zugesichert wird, Buße zu empfangen. In den christlichen Zeiten, als die Taufe eine innige Verwandtschaft zwischen Paten und Patensohn schuf, trat diese geistige Verwandtschaft in Recht und Pflicht des alten Brauches ein; jedenfalls war in England der Pate berechtigt, Wergeld für seinen Patensohn zu empfangen. In der Wirklichkeit war die Grenze viel zu schwankend, als daß sich irgendeine gesetzliche Bestimmung damit hätte befassen können, ohne sich selbst aufzulösen.

Aber mitten im großen Kreise bemerken wir bald eine kleinere Gruppe von Menschen, die sich stets geschäftiger bewegt als die Umgebung: einerseits der Töter und sein Haus, andererseits die Erben. Wenn auch der nächste Verwandte von außen an die Stelle des Töters treten und „seine Axt aufheben“ muß, wenn er selbst, sein Vater und seine Brüder wegfallen, so kann doch die stellvertretende Pflicht nicht das Bild einer kleineren Hamingja verwischen, die der Verwandte in erster Linie als seine Seele empfindet, in welcher er gewöhnlich lebt, sich bewegt und sein Dasein hat. In diesen Seelenkern sind die einbezogen, die wir die nächsten Verwandten nennen würden, aber auch dieser innere Kreis war nicht immer oder überall derselbe. In diesem Punkte können die Regeln für Zahlung von Wergeld nur ein grobes Bild geben, und die einzige Art, die Gesetze psychologisch zu verwerten, ist die, das Hauptgewicht auf die Abweichungen zu legen. In Dänemark und auch in den südlicheren Ländern, soweit wir nach den spärlichen Andeutungen der Quellen urteilen können, ist es eine familienartige Gruppe, Vater, Sohn und Bruder, die im Zentrum steht; auf norwegischem Gebiet sieht es eher so aus, als ob sich die Seele quer durch die Sippe zöge. Das stärkste Licht fällt auf Sohn, Bruder und Vetter. Die Gesetzesmänner des Frostathings nehmen sogar Vaterbruder und Brudersohn mit Vetter und Vetterssohn mit in die engere Gemeinschaft hinein und reichen so den Angelsachsen die Hand, die jedenfalls den Vaterbruder als eine Hauptstütze in der Familie betrachteten. Es kann wiederum geschehen, daß Vater und Sohn bis zu einem gewissen Grade den Bruder in den Schatten stellen, und an anderer Stelle steht der Bruder als ein besonders naher Verwandter auf, der für den bedeutungsvollen zweiten Ring einsteht.

In diesem engen Kreis meint man die Wirkung des täglichen Zusammenlebens im Dampf des gemeinsamen Kochkessels und im Rauch des gemeinsamen Herdes zu spüren. Es würde eine glatte Theorie geben, wenn die Großsippe das Paar von Häusern verträte, die mit dem Rücken gegeneinander standen, um Sturm und Wetter besser zu überdauern. Aber nirgends gibt es bei den Germanen ein System von so großartiger Einfachheit. Die Gefährten fanden einander in der Schlacht und ordneten sich nach Stamm und Verwandtschaft, heißt es, und wer glaubt es nicht? Und daß das Geschlecht lokal einigermaßen zusammenhielt, auch in jenen rastlosen Zeiten, wo das Volk im Lande hin und her gespült wurde und nicht jede Gruppe an ihrem eigenen Ort festsaß, das ist mehr als wahrscheinlich; Cäsar erzählt ja von den Sueben, daß sie jedes Jahr die Äcker wechselten, und ihre Obrigkeit teilte Stämmen und Geschlechtern ihr jährliches Los nach eigener, höherer Weisheit zu. Niemand, der sich in Cäsars Lage versetzen kann, als er diese Menschenscharen beobachtete, wird darauf kommen, diese Worte als Zeugnisse zu nehmen, die sich auf eine Untersuchung des

Familienverhältnisses innerhalb der einzelnen Gruppen gründen, und niemand wird es wagen, aus solchen allgemeinen Worten zu schließen, daß die lokalen Linien irgendwo genau mit den Geschlechterlinien zusammengefallen waren.

Natürlich hatte die Struktur der Seele ihr Gegenstück in der sozialen Ordnung. Es ist kein Zweifel, daß das Sippengefühl gewöhnlich nachbarliche Sympathie als eine verstärkende Kraft voraussetzte, und gewiß war das Zusammenleben im Hause während des Aufwachsens auch ein mitwirkender Faktor, und zwar ein sehr starker. Aber gewohnheitsmäßige Kameradschaft genügt nicht, um die Seeleneinheit zu erklären, die zwischen Verwandten bestand; und auch die Kraft des Friedens ist in ihrer Stärke nicht vom täglichen Verkehr abhängig. Wenn Männer eine Freundschaft von absoluter Solidarität schlossen, besiegelten sie ihren Bund, indem sie versprachen, „zu handeln und zu rächen, als wären sie Sohn oder Bruder". Diese alte und bedeutungsvolle Wendung muß durch einen anderen altertümlichen Spruch von zwei Freunden ergänzt werden, die miteinander durch dick und dünn gegangen waren, „als wären sie von zwei Brüdern gezeugt"; in diesen Worten schwingt eine Erfahrung, die nicht notwendig mit dem Gefühl zusammenfällt, miteinander aufgewachsen zu sein. Die innerste Lebensgemeinschaft war eben nicht darauf beschränkt, von einem gemeinsamen Vater abzustammen. Die Regeln für Zahlung von Wergeld zeigen zum Überfluß, daß einige der Verwandten der Mutter, besonders vielleicht ihre Brüder, aber auch ihr Vater und die Söhne ihrer Brüder und Schwestern, einen Kreis sehr nahe am Zentrum bildeten, und jede Vermutung, daß die Verwandten mütterlicherseits ihren Platz späteren Veränderungen in der Familie verdankten, widerspricht dem vereinten Zeugnis des Lebens und der Gesetze. Jeder, der wohl bewandert ist in der Geschichte und Literatur der Germanen, wird wissen, wie der Aufruf in Notfällen unmittelbar an die Verwandtschaft der Mutter ergangen ist, und wie bereitwillig diese Freundschaft ihren Verwandten zu Hilfe gekommen ist. Die Solidarität wird von vielen Sagen bestätigt, wenn zum Beispiel der Held zu dem Bruder seiner Mutter geschickt wird, um guten Rat zu holen, oder wenn seine Rache für den Vater seiner Mutter zur Hauptaufgabe seines Lebens gemacht wird, zu der Tat, die ihn als Ehrenmann bezeichnen soll. Dasselbe wird auch in Sprichwörtern angedeutet, wie zum Beispiel in der Behauptung, daß ein Mann seinen Mutterbrüdern am meisten gleicht. Schon Tacitus hat das verstanden, wenn er sich veranlaßt sieht, die Beobachtung einzuschieben, daß eine besonders warme Anhänglichkeit zwischen Oheimen und Schwestersöhnen besteht.

Die Sippe ist keine vergrößerte Familie, aber andererseits ist jede Theorie, die die Gruppe von Vater und Söhnen als unbedeutend betrachten möchte, von Anfang an unhaltbar.

Genealogie

Der gründlichste Versuch, die Verwandten in ein umfassendes System einzuordnen, wurde in Norwegen gemacht. In seinen Regeln für Zahlung des Wergeldes teilt das Gulathing-Gesetz die Betroffenen in drei Gruppen von Männern, von denen jede einen der Hauptringe zahlen oder empfangen muß; aber zu diesen Ringmännern kommen noch drei Klassen von anderen Verwandten, die Empfänger genannt werden –*uppnámamenn* –, weil sie gewisse Sonderbußen beanspruchen können. In der ersten Gruppe der Empfänger sind solche vereinigt wie Vater-Bruder, Bruder-Sohn, Mutter-Vater, Tochter-Sohn; die zweite Gruppe setzt sich zusammen aus Bruder-Tochter-Sohn, Mutter-Bruder, Schwester-Sohn und Vetter durch Vater-Schwester und Mutter-Bruder, und schließlich treffen sich in der dritten Gruppe Mutter-Schwester-Sohn, Vettern-Sohn, Vater-Vetter, Mutter-Mutter-Bruder und Schwester-Tochter-Sohn. Getrennt von diesen Empfängern gibt es noch einige Parteien, die zu der Sache zugezogen werden können und *sakaukar* genannt werden, einzubeziehende Empfänger; zu ihnen werden gerechnet der Sohn und der Bruder, deren Mütter unfrei waren, und Halbbrüder, die dieselbe Mutter haben. Aber die Aufzählung ist noch nicht vollständig. Das Gesetz fügt noch eine neue Gruppe hinzu, bestehend aus Männern, die durch Heirat mit der Sippe verbunden sind; der Mann, der die Tochter eines Mannes hat, der seine Schwester hat, weiter Stiefvater und Stiefsohn, Schwurbruder und Ziehbruder.

Diese Tabellen sind kompliziert genug, um ein Schwindelgefühl in einem modernen Kopfe zu erzeugen, der nicht gewohnt ist, Familienrechnungen über Größen mit zwei oder drei Faktoren hinaus zu verfolgen. Welcher Trost ist es da, sich bei den weniger erfindungsreichen Brüdern der Norweger niederlassen zu können mit der Überlegung, daß gekünstelte Systeme ihren Ursprung in gekünstelten Formen haben müssen. Aber Einfachheit – das heißt etwas, was für den Bau u n s e r e r Gehirne angenehm ist – ist leider doch kein unfehlbares Kriterium für hohes Alter. Komplikationen entstehen auch, wenn ein zusammengesetzes Gefühl, das in praktischen Dingen immer sicher geht, alle seine instinktiven Bewegungen in Zahlen ausrechnen soll und mit sich selbst kämpft, bis es staunend vor seiner eigenen Unergründlichkeit steht.

Bevor wir die norwegischen Gesetzesmänner bezichtigen, daß sie modernen Tendenzen huldigen oder Neuerungen vornehmen, müssen wir feststellen, daß sie durch ihren Scharfsinn ein System geschaffen haben, das dem alten Sippengefühl widerstrebt und ein modernes Familienbewußtsein zeigt, aber ihre Regeln für die Verteilung der Bußen sind wiederum besonders dazu geeignet, alle diese Leute in Kategorien einzuordnen, die jede Berechnung nach Linien und Graden durchkreuzen. Sie werden in Herden gesammelt – Vater-Bruder, Bruder-Sohn, Tochter-Sohn, Mutter-Vater für sich, Mutter-Bruder, Bruder-Tochter-Sohn, Schwester-Sohn für sich – in Gruppen, die gewiß nicht zu dem Zwecke erfunden sein können, die Nähe der Vewandtschaft nach unseren genealogischen Prinzipien anzugeben. Es sollte uns beruhigen, daß die Gesetzessprecher an anderer Stelle, nachdem sie sich bemüht haben, die Regeln der Erbschaft in ein ordentliches System zu bringen, mit einem resignierten Appell an die individuelle Beurteilung des einzelnen Falles schließen: Im übrigen muß jeder versuchen, es selbst herauszubekommen, „so mannigfaltig sind die Wege der Verwandtschaft unter Menschen, daß niemand für alle Erbschaft Regeln machen kann, in jeder neuen Sache muß geurteilt werden, wie es ihrem Wesen nach am besten erscheint". Die Gruppenordnung ist unzweifelhaft auf einem Prinzip gegründet, das in der Denkart der Germanen weite Voraussetzungen besaß.

Es ist offenbar, daß hier ein Mann am Werke ist, der kämpft, um widerspenstige Gedanken in ein System zu bringen, das nicht für diese gemacht war. Und das ist in höherem oder geringerem Grade die Schwierigkeit bei allen germanischen Gesetzen, daß sie den Versuch machen, Sippengefühl umzusetzen in ein Aufzählen von Verwandten nach Graden und Generationen, das dem einheimischen Denken fremd war. Die römische Zivilisation ließ die Geschichte wie Zweige oder Äste auf Familienbäumen wachsen, und für die Beziehungen von Menschen zueinander hat sie nur die eine Formel anerkannt: Vater zeugte Sohn, und Sohn zeugte Enkelsohn. Die Isländer lernten die Kunst, chronologische Gedichte und Stammbäume zu machen und wurden sogar Meister auf diesem Gebiete, denn ihre Gedanken waren außerordentlich geschärft durch den Umsturz aller Familienangelegenheiten, den ihre Auswanderung mit Kind und Kegel in ein neues Land verursacht hatte, und sie waren durch den engen Verkehr mit Leuten von den westlichen Inseln sehr aufgeklärt. So kommt es, daß die Familiengeschichte nach der Kolonisation Islands ein System von klaren genealogischen Linien darstellt, während vor dieser Begebenheit alle Geschichte in einem anderen Geiste ersonnen und in „Mythen", wie wir die uns fremde Form nennen, ausgedrückt wurde. Auf der Auswandererinsel wußte der einfachste Bauer jede Kleinigkeit seiner Herkunft durch Abstammung und Heirat von der ersten Siedlung im Lande an, wogegen sehr wenige unter den ersten Siedlern selbst mehr als ihren Großvater kannten, und alle hervorragenden Gestalten der Geschichte mit einem Vater oder höchstens mit einem Großvater eingeführt werden.

Sogar in der königlichen Familie selbst vertritt Harald Schönhaars Vater den Anfang der Geschichte. Haralds Zeitgenosse, der mächtige Jarl auf Mœri, hat kaum mehr als gerade noch einen Großvater; dasselbe gilt für Jarl Hakon auf Hladir, während sein gefährlichster Gegner, Jarl Atli auf Gaular, in der Geschichte nur als Sohn seines Vaters eingetragen ist. Der am edelsten geborene von allen ersten Ansiedlern auf Island, Geirmund, dessen Vorfahren mit vollem Recht Könige waren, mußte in der Geschichte bloß als Sohn von Hjör weiterleben. Alles, was hinter diesen zwei oder drei vorgeschichtlichen Generationen steht, ist Mythos. Und während die isländischen Bauern mit ihrem Geschlechterstolz sich in bezug auf die wissenschaftliche Genauigkeit ihrer Berechnung zu Führern Europas aufwarfen, finden wir in Norwegen keine große Änderung der genealogischen Begriffe der Menschen; noch im elften und zwölften Jahrhundert sehen wir vornehme Familien merkwürdig unvermittelt in die Geschichte eintreten.

„Ein Mann hieß Finnvid der Findling; er wurde in einem Adlernest entdeckt, in seidene Tücher gewickelt. Von ihm stammt das Geschlecht ab, das der Arnunga-Stamm heißt. Sein Sohn war Thorarin Bullibak, sein Sohn Arnvid, der der Vater von Jarl Arnmod war. Er ist der Stammvater der Arnmœdlinge." Das ist die einfache Genealogie von norwegischen Großen im 11. Jahrhundert. Gewöhnlich führen die Stammbäume durch ein paar Glieder zu einem Grabhügel, wie zum Beispiel von Bardi, dem Fürstensproß, der in Bardistad begraben war, oder Ketil, der in Vinreid liegt. Genau dieselbe Eigentümlichkeit findet sich in den angelsächsischen Überlieferungen von den Ahnen der königlichen Stämme in Großbritannien.

Es wuchsen in den Gehirnen der Engländer oder Isländer nicht plötzlich neue Organe heran. Sie hatten von Haus aus gelernt, der Vergangenheit treu zu sein und sie dauernd lebendig zu erhalten; sie formten nur die alte Überlieferung auf neuer Grundlage um. Auch früher hatten Menschen ihre Familiengeschichte gepflegt und sie von Generation zu Generation weitergereicht, aber in einer Form, die mit der Betrachtung der Zeit als einer Ebene übereinstimmte und die Seele als immer anwesend ansah.

Glücklicherweise brauchen wir nicht unsichere Spekulationen darüber anzustellen, wie die Nordländer ihre Abstammung berechneten, bevor sie die Genealogien des Südens kennenlernten. Unter den literarischen Hinterlassenschaften Skandinaviens finden sich ein paar Gedichte, die uns als Zuhörer in den Kreis der Häuptlingshalle einführen, wenn seine mächtige Hamingja gepriesen und seine Ahnen aufgezählt wurden. Das Hyndluljód der Edda ist gewiß, so wie es dasteht, nicht reines Familiengut; es ist von einem Dichter überarbeitet worden, der in den poetischen Fertigkeiten der Wikingerzeit bewandert gewesen ist, und er hat es durch einige Hinzufügungen aus der mythologischen Schatzkammer verschönert. Aber die Zutaten berühren nur den äußeren Rahmen des Gedichtes; der Kern ist ein norwegischer Familienstammbaum, wie man sie in der väterlichen Halle vorzutragen pflegte. In der Mitte des Gedichts steht ein junger Edeling namens Ottar, der offenbar einem vornehmen Geschlecht in Westnorwegen angehört, und die Worte lauten ein wenig verkürzt so:

„Ottar war gezeugt von Innstein und Innstein von Alf dem Alten, Alf von Ulf, Ulf von Sæfari, Sæfari von Svan dem Roten.

Der Name deiner Mutter war Hledis; eine Frau mit köstlichen Ringen und Halsschmuck war sie, die dein Vater als sein hochgeehrtes Weib nahm. Ihr Vater war Frodi und ihre Mutter Friaut; dieses ganze Geschlecht wurde zu den Großen gerechnet.

Früher lebte Ali, der reichste der Männer, und noch früher Halfdan, der Höchste unter Skjöldungen. Alle wissen von den großen Schlachten zu erzählen, die der kühne Held schlug.

Er verband sich mit Eymund, hoch verehrt unter den Männern, und tötete Sigtrygg mit kalter Schwertschneide; er führte Almveig heim, hoch an Wert unter Frauen; achtzehn Söhne wurden diesem Paar geboren. Von ihnen stammen Skjöldunge, von ihnen Skilfinge, von ihnen Audlinge und Ynglinge; von ihnen stolze Bauern, von ihnen Häuptlinge – sie alle sind dein Geschlecht.

Hildigunn war ihre Mutter, Tochter von Svafa und Sækonung – sie alle sind dein Geschlecht. Merk es dir wohl, es bedeutet viel, daß du dies weißt, und höre jetzt noch mehr.

Dag heiratete Thora, Mutter der Helden, in dem Geschlecht wurden Recken geboren, allen voran: Fradmar und Gyrd und die beiden Freki, Am, Jösurmar und Alf der Alte. Merk dir's wohl, es bedeutet viel, daß du dies weißt.

Ihr Freund wurde Ketil, Klyps Erbe, genannt; er war Muttervater von deiner Mutter; da war Frodi und vor ihm Kari, und früher noch war Alf geboren.

Dann Nanna, Nökkvis Tochter – ihr Sohn war durch Heirat mit deinem Vater verwandt; es ist alte Verwandtschaft; und weiter noch kann ich zählen, sowohl Brodd wie Hörfi – sie alle sind dein Geschlecht.

Isolf und Asolf, die Söhne Ölmods, mit ihrer Mutter Skurhild, die Tochter Skekkils. Mit vielen Männern kannst du dich verwandt sehen. Alle sind dein Geschlecht, Ottar.

In Bolm im Osten wurden die Söhne von Arngrim und Eyfura geboren, die Berserker, die zerstörend über Land und See dahinrasten, wie Feuer springt.

Ich kenne Brodd und Hörfi; sie dienten im Königsgefolge bei Hrolf dem Alten.

Alle Söhne von Ermanrik, durch Heirat verwandt mit Sigurd, der den Drachen erschlug.

Dieser König stammte von Völsung ab, und Hjördis (Sigurds Mutter) war von Hraudungs Geschlecht, aber Eylimi (ihr Vater) stammte von den Audlingen – sie alle sind dein Geschlecht.

Gunnar und Högni, Gjukis Erben, und Gudrun ihre Schwester ... sie alle sind dein Geschlecht.

Harald Kampfzahn, Hrœreks Sohn, war geboren von Aud, Ivars Tochter, aber Radbard war Randvers Vater. Diese Männer waren den Göttern geweiht – starke, heilige Könige – sie alle sind dein Geschlecht."

Der Dichter beginnt dann die Götter des Geschlechts aufzuzählen.

Die Aufzählung von Ottars Vorfahren beruht nicht auf Empfängnis und Zeugung. Der Dichter nennt eine Anzahl Hamingjas, die Ottar und seinen Verwandten angehörten. In der Mitte stehen als Hauptstamm der Sippe Ottar, sein Vater und seine Mutter mit ihren nächsten Verwandten, und rings um sie sind eine Unmenge von Kreisen angeordnet, die ineinander übergreifen, einige auf Zeugung, andere auf Heirat, wieder andere vielleicht auf Ziehkindschaft beruhend. Unter diesen Hamingjas sind rein norwegische Geschlechter sowie das Hördakari-Geschlecht, das durch Klyp und Ölmod angedeutet wird, ein berühmter Stamm, der auf Island mit dem Gesetzgeber Ulfljot berühmt wurde und sich mit Erling Skjalgson auf Soli in die Geschichte Norwegens eintrug. Es sind Geschlechter aus dem Osten, wie das durch Angantyr auf Bolm in Schweden eingeführte. Es sind dänische Stämme wie die Skjöldunge; und die Verbindungen Ottars reichen sogar über Skandinaviens Grenzen hinaus und ziehen das Heil von Völsungen und Burgundern mit in seine Seele.

Innerhalb dieser Kreise mögen einige Hinweise auf Vaterschaft und Sohnschaft vorkommen, die die Männer in Beziehung zueinander stellen, aber parallel zu diesen Hinweisen laufen Wendungen, die bloß bestätigen, wie dieser oder jener Held in alten Zeiten „war" oder „lebte", oder die bestätigen, daß „dieses eine alte Verwandtschaft ist".

Ein anderes Gedicht, das den Stolz einer norwegischen Familie verkündet, sind die Ynglingatal. Dieses monumentale Gedicht ist von einem der größten Skalden des 9. Jahrhunderts, Thjodolf, zu Ehren eines Gaukönigs namens Rögnvald Heidumhærri verfaßt. In diesem Gedicht werden die Verwandten Rögnvalds in direkter Linie bis zu den göttlichen Königen von Upsala aufgezählt, und obschon es in den Versen keine Hinweise gibt, daß der eine König den nächsten zeugte, haben die Kommentatoren vielleicht nicht so ganz unrecht, wenn sie vermuten, daß es Thjodolfs Absicht gewesen ist, die Vorfahren in einer genealogischen Linie zu verbinden. Wahrscheinlich sind die Ynglingatal ein Kompromiß zwischen dem alten System und der modernen Form von Stammbäumen, die nun aufkam. Diese Art, alte Tatsachen in modernem Stil wiederzugeben, wird durch die angelsächsischen Stammbäume belegt, in welchen die Gruppen von Vorfahren zu einer Stufenleiter aufeinandergebaut werden; die originelle Anordnung verrät sich manchmal dadurch, daß ein Begründer eines Geschlechts oder ein Gott automatisch in die Mitte der Liste gestellt und zu einem Sohn sterblicher Männer gemacht wird. So zeigen auch Thjodolfs Ynglingatal Spuren von dem Prozeß der Anpassung: das alte Kreissystem blickt durch die Zeilen hindurch.

Die Verse Thjodolfs sind zusammengedrängt und oft dunkel – für uns –, weil der Dichter, wie schon angedeutet, nicht einen historischen Bericht verfaßte, sondern Tatsachen andeutete, die in der Halle seines Auftraggebers wohlbekannt waren. Snorri hat einen Kommentar hinzugefügt, der zum Teil von einem sinnreichen Leser aus den Versen herausgezogen worden ist, zum Teil aber zweifellos auf Sonderdaten beruht, die er offenbar durch Ausfragen von Personen beschafft hat, die mit der Familie bekannt waren.

Nachdem der Dichter in den ersten Versen die göttliche Abstammung von Frey durch Sveigdir und Fjölnir bewiesen hat, beginnt er mit Vanlandi die Reihenfolge der irdischen Könige, und das Gedicht fährt, kurz umschrieben, so fort:

Vanlandi fand seinen Tod durch Zauberei. Ein Weib aus dem Geschlecht der Trolle zermalmte ihn mit ihren Füßen, und der Scheiterhaufen des Königs loderte am Ufer des Flusses Skuta.

Der Kommentar fügt hinzu: Vanlandi wrude von einer Nachtmahr erdrückt. Er hatte eine finnische Königstochter geheiratet und hatte seine Braut verlassen, um nie wiederzukehren; seine Frau beauftragte eine Zauberin, ihn durch Zauber nach Finnland zu locken oder ihn zu töten.

Visbur wurde vom Feuer verschlungen, als die Söhne den boshaften Zerstörer des Waldes gegen ihren Vater aufreizten, so daß er den großen Fürsten in der Halle zu Tode biß.

Kommentar: Visbur verließ seine erste Königin, und ihre Söhne rächten sie.

In alten Zeiten geschah es, daß Schwertmänner die Erde mit dem Blute ihres eigenen Herrn tränkten, als die Schweden in der Hoffnung auf eine gute Ernte blutige Waffen trugen gegen *Domaldi,* den Hasser der Jüten.

Kommentar: Hungersnot herrschte im Lande, und als alle anderen Mittel, das Unheil zum Stillstand zu bringen, fehlschlugen, opferten die Schweden ihren König.

Domar wurde am Fyrir auf den Scheiterhaufen gelegt, als tödliche Krankheit diesen Edeling aus Fjölnirs Stamm gebissen hatte.

Es kam die Zeit, wo Hel sich einen königlichen Helden aussuchen wollte, und *Dyggvi,* der Herrscher des Yngvivolks, fiel vor ihrem Griff.

Durstig nach Ruhm folgte *Dag* dem Geheiß des Todes, als er nach Vörvi zog, um seinen Sperling zu rächen.

Sicher gefiel die Tat Skjalfs nicht der Kriegerschar, als sie, die Königin, *Agni,* ihren rechtmäßigen König, an seinem Halsband in die Höhe zog und ihn das kalte Roß des Galgens reiten ließ.

Kommentar: Agni führte Krieg in Finnland und nahm eine Königstochter gefangen; in der Hochzeitsnacht, als der König im Rausche war, band sie ein Seil um seinen kostbaren Halsring und warf es über einen überhängenden Ast.

Alrek fiel zu der Zeit, wo er und *Erik,* die Brüder, Waffen gegeneinander trugen; diese beiden Verwandten Dags schlugen sich mit Zaumstangen. Nie hat man früher gehört, daß Freys Kinder Pferdegeschirr im Kampf benutzten.

Yngvi fiel; er blieb auf dem Platze, als *Alf,* der Hüter des Altars, eifersüchtig sein Schwert rötete; es war Bera, die wirkte, daß zwei Brüder einander töteten.

Kommentar: Bera, Alfs Königin, zog seinen Bruder Yngvi vor.

Jörund wurde im Limfjord seines Lebens beraubt vor langer Zeit; des Seiles Roß trug den König in die Höhe, der vorher Gudlaugs Leben genommen hatte.

Kommentar: Jörund wurde vom norwegischen König Gylaug getötet zur Rache für seinen Vater Gudlaug.

Aun wünschte sich Leben, bis er wie ein Kind Milch aus dem Horn trank. Mit dem Leben seiner Söhne kaufte er sich selber Leben.

Kommentar: Aun opferte jedes zehnte Jahr einen seiner Söhne, um sein eigenes Leben zu verlängern.

Egil, Tyrs Edeling, groß an Ruhm, flüchtete aus dem Lande, und das Ende dieses Edelings aus dem Skilfingstamme war, daß ein Ochse das Kopfschwert in sein Herz stieß.

Kommentar: Egil, der mehrmals von einem Aufrührer aus seinem Lande vertrieben worden war, wurde zuletzt auf der Jagd von einem wilden Stier getötet.

Ottar fiel unter die Krallen der Adler bei Vendil vor Frodis Dänen; die Schweden konnten von den Jarlen des Inselreichs erzählen, die ihn schlugen, als er Kampf anbot.

Kommentar: Ottar hatte Händel mit Frodi, dem König von Dänemark.

Adils, Freys Edeling, stürzte vom Pferd und starb, Alis Feind, worauf sein Gehirn mit dem Staub von Upsala vermischt wurde.

Snorri kennt Adils als einen Gegner von König Ali von Norwegen und König Hrolf von Seeland.

Die Halle brannte nieder über *Eystein* bei Lofund, Männer aus Jütland verbrannten ihn in dem Hause.

Das Gerücht ging, daß *Yngvar* vor dem Völkerheere von Estland fiel; die Ostsee erfreut den schwedischen König mit ihren Gesängen.

Önund, der Feind der Esten, fiel vor dem Haß des Kebssohns; harte Steine deckten den Töter Högnis.

Der Kommentar weiß nicht, warum Önund Högni getötet hatte, oder wer der Krebssohn war, der ihn rächte.

Feuer, der brüllende Hausdieb, trat mit heißen Füßen durch *Ingjald* auf Ræning. Sein Tod wurde unter den Schweden berühmt, weil der edle Sproß der Götter lebendig seinen eigenen Scheiterhaufen ansteckte.

Kommentar: Ingjald hatte Händel mit den Königen von Schonen, und als er unerwartet von Ivar Weitfahe gefangengenommen wurde, begrub er sich und alle seine Krieger unter den flammenden Balken seiner eigenen Halle.

Das glühende Feuer zertrennte die Kriegsrüstung des schwedischen Königs *Olaf*, dieser Nachkomme der Lofdunge war längst aus Upsala verschwunden.

Halfdan wurde traurig vermißt von den Friedensstiftern, als er auf Thoten starb, und Skæreid in Skiringssal beugt sich über den Überresten des Königs.

Eystein ging zu Hel, an Bord des Schiffes vom Mast erschlagen. Der gautländische König ruht unter Steinen, wo Vadlas eiskalter Strom der See begegnet.

Halfdan, der seinen Sitz in Holtar hatte, wurde von siegreichen Mannen in Borro begraben.

Gudröd, der vor langer Zeit lebte, wurde von Asas Knecht auf der Küste von Stiflusund schimpflich erschlagen.

Kommentar: Gudröd hatte Asas Vater getötet und sie gegen ihren Willen geheiratet.

In alter Zeit herrschte *Olaf* über Upsi und Vestmar und das Königreich Grenland, ein göttlicher Fürst; von Krankheit getötet, liegt der tapfere Führer der Heerscharen in seinem Grabhügel bei Geirstad.

Den besten Kenn-Namen, den je ein König unter dem Blau des Himmels trug, hat *Rögnvald,* der *Heidumhærri* genannt wird.

Im Mittelpunkt des Bildes steht Rögnvald mit dem stolzen Beinamen Heidumhærri, dessen Sinn uns leider verlorengegangen ist; er herrschte um 900 auf Geirstäd im südlichen Norwegen. Sein Vater, Olaf Geirstadaalf, ist wohlbekannt von anderen Bruchstücken aus dem mythischen Wissen des Stammes; ohne Zweifel ist er ein historischer König, aber sein Menschentum ist halb in Göttlichkeit aufgegangen, wie sein Nachname Geirstadaalf zeigt, der „Gott" oder „Schützer von Geirstad" bedeutet. Mit anderen Worten, Olaf ist der Halbgott und Stammvater des Hauses; eine Linie, und zwar die von Rögnvald direkt aufwärts, endet mit Olaf.

Über ihm steht auf der Linie von Gudröd zu Olaf und Halfdan ein deutlich abgesonderter Kreis von Männern. Diese Reihe von Namen, die möglicherweise eine direkte Folge von Vätern und Söhnen darstellt, bildet einen wichtigen Zweig von Rögnvalds Hamingja, nämlich den Zweig, wodurch der Gaukönig auf Geirstad mit der Familie, die Norwegen eroberte, verbunden war, und zwar durch die Person Harald Schönhaars. Die Einheit dieses Kreises wird bestätigt durch die Tatsache, daß die Namen Olaf, Halfdan und Gudröd in Harald Schönhaars Dynastie wiederholt werden. Das Wirkungsfeld dieses Stammes liegt in den Grenzländern zwischen Norwegen, Schweden und Dänemark, und, zusammengehalten mit der Bruchstücken von Familiensagen, die der Verfasser der Ynglingasaga glücklicherweise ans Licht gezogen hat, geben diese Verse ein Bild von den Vestfold-Königen, die Kleinfürsten aus dem südlichen Norwegen bekriegten oder beschützten, aber auch mit den Königen aus dem angrenzenden Osten, nämlich Gautland, Händel hatten. Das letztere Land bildete in jenen Tagen einen Bezirk für sich und lag halb unabhängig zwischen Norwegen und dem alten Königreich von Upsala. Diese Verbindung ist durch Ingjald bestätigt, der durch seinen Namen und seine Königin Gauthild innig mit Gautland verbunden ist. Ingjalds Platz in der Welt ist durch die Überlieferung gegeben, daß er von Ivar Weitfahe besiegt wird, einem Erobererkönig aus Schonen im Süden des heutigen Schweden.

Hinter diesem festen Bestand sind verschiedene Gruppen zu erkennen, obschon es nicht immer möglich ist, die genaue Stelle anzugeben, wo sie sich vereinigen. Durch Adils und seinen Vater Ottar werden wir in eine Welt eingeführt, die im Beowulf von einer anderen Seite aus gesehen wird. Nach Snorri und den nordischen Quellen, die hauptsächlich aus den Familienlegenden norwegischer Fürsten herrühren, kämpfte Adils mit Hrolf Kraki aus Seeland, ohne viel Ehre zu gewinnen, aber er erwarb sich Ruhm, als er Ali von den Opländern oder – nach anderen Darstellungen – von Norwegen besiegte. In dem angelsächsischen Gedicht – das von einer anderen Familiengeschichte herrührt – wird ein Durchblick in eine kleine Welt eröffnet, wo vier fürstliche Geschlechter sich im Kampf und Trinkgelage begegnen. Am höchsten im Ruhm stehen die Skjöldunge oder die Speer-Dänen von Lejre auf Seeland, Heorogar und Hrodgar, und in der jüngeren Generation Hrodulf; und als Gegner dieser mächtigen Speermänner erscheinen in erster Linie die Hadubarden: Froda und sein Sohn Ingeld, der mit einer Skjöldungen-Fürstin, der Tochter von Hrodgar, unglücklich verheiratet war. Auf der einen Seite standen die Geaten oder Gautlandmänner – Hygelac voran – und auf der anderen Seite die „Schweden", Ohthere (Ottar) und Eadgils (Adils) und ihr Verwandter Onela (Ali), der das Königreich an sich reißt und von seinem Neffen Eadgils erschlagen wird. Es ist eine Geschichte von Streitigkeiten und Freundschaften zwischen Gaukönigen in Südskandinavien vor der Zeit, wo der Norden drei ethnographische und politische Gruppen herauskristallisiert hatte, Schweden, Norwegen und Dänemark. Zu demselben Kreis wie Adils gehört ohne Zweifel Aun der Alte; obschon er vielleicht nicht identisch ist mit dem Eanmund, den der Beowulf als Eadgils' Bruder kennt, trägt er doch in seinem Namen das Zeugnis, daß er mit den Schweden verwandt ist, denn das Familienkennzeichen Ead ist in Aun enthalten, obschon es durch phonetische Veränderungen verdunkelt ist.

Einen ganz anderen Kreis vertreten Yngvar und Önund; sie haben ihre Gesichter nach dem Osten gekehrt, nach den schwedischen Wikingländern in Estland, wo Yngvar vor dem Volke des Festlands fiel und Önund, der Feind der Esten, ihn rächte.

Im obersten Teil des Familienverzeichnisses können wir mindestens zwei Geschlechterkreise unterscheiden.

Der eine hat als Zentrum die unglücklichen Brüder Erik und

Alrek, die einander töteten, während sie auf der Jagd waren, und die Söhne Alf und Yngvi, die sich um eine Frau stritten. Sie sind durch ein Familienschicksal verbunden, und ihre Geschichte ist in Vanlandi, Visbur und Agni schon in Umrissen vorhanden; dieses Geschlecht ist dadurch gekennzeichnet, daß alle seine Männer den Ratschlägen von Frauen unterliegen. Wir haben hier ein Geschlecht von Königen, deren Aldr oder Hamingja eine besondere Färbung hatte, so daß sie ihren Frauen ausgeliefert waren. Nun gehören diese Könige zu einem anderen Teil der Welt, was aus der Tatsache hervorgeht, daß ihre Kriegszüge auf Finnland beschränkt sind – dort verheerten sie das Land, von dort holten sie sich ihre Frauen, von dort kam der Nachtmahr aus dem Trollgeschlecht, der Vanlandi zu Tode trat. In diesen Männern lernen wir das berühmte Geschlecht der Ynglinge kennen, dessen Sitz in Upsala war.

Schließlich ist eine andere Reihe in diese Gruppe eingeschoben: Domaldi, Domar, Dyggvi, Dag. Wohin sie gehören, ist schwer zu sagen; Domar wird ein Yngling genannt und wird bei Fyrir in Uppland verbrannt; Dyggvi wird auch dem Yngvi-Stamm zugezählt, wogegen Domaldi als Feind der Jüten bezeichnet wird. Aber so viel ist sicher, daß wir mit Dag plötzlich wieder in Norwegen sind, oder jedenfalls in Bezirken, die verhältnismäßig nahe liegen, denn er erscheint nicht nur immer wieder in den Familienregistern der norwegischen Könige, sondern sein Name wächst unter den Kindern Harald Schönhaars empor. Ohne Zweifel ist er der mythische Stammvater eines Häuptlingsgeschlechts, der Daglinge, in den südlichen Teilen von Norwegen oder Schweden, und es ist möglich, daß Rögnvald durch dieses Geschlecht mit den Ynglingen verbunden ist. Es sind auch einige Hinweise in anderen Stammbäumen, daß Dyggvi und seine Mutter Drot von den Nachkommen Harald Schönhaars als zu ihren Vorfahren gehörend anerkannt wurden, und in ihren Stammtafeln werden sie als Nachkommen von Dag angeführt. Dieses beweist nicht etwa, daß Dyggvi wirklich von Dag abstammte, sondern nur, daß die Daglinge die Hamingja von Dyggvi besaßen und sie durch irgendein Bündnis auf das Königsgeschlecht von Norwegen übertrugen.

In den Ynglingatal bekommen wir einen kurzen Einblick in eine Familienüberlieferung, die innerhalb derselben Linien wie das Hyndluljód verläuft. All dieses beweist zum Überfluß, daß wir, um das Stammgefühl und das Stammessystem alter Zeiten zu verstehen, unsre Gedanken über Verwandtschaft vollständig revidieren und unsren Stammbaum durch andere Bilder ersetzen müssen. Verwandtschaft wurde vom Standpunkt einer individuellen Familie, dem Zentrum einer Anzahl nichtkonzentrischer Ringe, gesehen, und so galt die Berechnung der Verwandtschaft in einem Geschlecht nicht für andere Familien, was Personen betraf, die gemeinsame Verwandte beider waren. Die Kreise waren auf verschiedene Weise verkürzt, so mögen wir die Tatsachen in unsrer mathematischen Sprache ausdrücken. Wir können nicht in unsrem Sinne Geschichte schreiben, indem wir verwandte Genealogien vergleichen und ihre Daten in unser chronologisches System einordnen. Rögnvald Heidumhærri und Harald Schönhaar hatten einen väterlichen Großvater gemeinsam und würden nach unsrer Berechnung wirkliche Vettern sein, aber die Ynglingatal waren nicht Haralds Stammbaum, und sie könnten auch nicht mit seinem Stammesgefühl in Übereinstimmung gebracht werden, wie wir sehr wohl aus den genealogischen Listen der königlichen Familie wissen. Harald teilt Gudröd und Halfdan mit seinem Vetter Rögnvald, aber diese Vorfahren führen in Haralds Fall nicht zu den Ynglingen hinauf, sondern zu norwegischer Herkunft; er berührt die Hamingja seines Vetters durch Dag und durch Ingjald und Frodi, die alle unter den Vorfahren des Königs wiedererscheinen, aber diese Verwandtschaften erstrecken sich nicht nach Osten und verbinden ihn nicht mit den Schweden. Freilich, wenn Harald in seiner Vergangenheit die Reihenfolge Alrek, Erik hat, sind wir voll berechtigt, etwas vom verhängnisvollen Geschlechtswillen zu erkennen, der so laut durch die Ynglingatal klingt; diese Hamingja ging in das Heil Haralds über, aber sie war viel weniger ausgedehnt. In allen anderen Teilen verlaufen die beiden Geschlechter jedes in seiner Bahn, und diese Bahn ist durch eine andere Neigung des Geschlechtsheils bestimmt. Das Haraldgeschlecht zeigt seinen Ehrgeiz, indem es seiner Hamingja das Heil der dänischen Wikingerhäuptlinge und Eroberer einverleibt, wie dies durch die Anwesenheit Ivar Weitfahes und der Ragnar-Sprößlinge in seinen Registern bewiesen wird. Und durch diese aufsteigenden Geschlechter aus den unruhigen Zeiten im Anfang der Geschichte des Nordens dehnt diese norwegische Sippe sich weiter nach außen, bis zu den Skjöldungen und zu den Völsungen der Franken. Unter Haralds Vorfahren waren Sigurd Fafnirstöter und die Nibelungen, die in nordischen Liedern berühmt waren. Infolgedessen sind die göttlichen Plätze in Haralds Geschlecht nicht mit Frey und Yngvi besetzt, sondern mit Odin und Skjöld, dem halbgöttlichen Ahnherrn der Skjöldungen.

Es ist immer notwendig, die letzte Person auf der Liste festzuhalten, den Mann, von dem aus das Geschlecht gesehen wird; wenn er verlorengeht und die Tafel so ihr Familienzeichen verliert, können wir nie ihren Wert rekonstruieren, und wo einzelne Glieder ausfallen, können sie nie durch Vergleich mit einem anderen Stammbaum, nicht einmal durch den eines leiblichen Vetters, wieder richtig eingesetzt werden.

Die Kreise, die durch Heirat oder auf andere Weise in die Lebensgemeinschaft gezogen wurden, werden nicht aus ihrer früheren Verbindung gelöscht, bevor sie in die Umhegung der Freundschaft und Verwandtschaft eingegangen sind. Jedes Geschlecht trug die Ehre, das Heil und den Ruhm, die seine Seele ausmachten, mit sich fort, und wenn sie durch Heirat verwandt wurden, erwarben Ottar oder Rögnvald die Vorfahren ihrer neuen Schwäger.

Für moderne Leser besteht nicht ein Grad-, sondern ein Wesensunterschied zwischen solchen „tatsächlichen" Personen wie Klyp oder Ölmod und einem Drachentöter wie Sigurd Fafnirstöter, der in die Dichtung gehört, wie wir sagen würden. Aber die Schwierigkeit liegt nur bei uns; in alten Zeiten war Sigurd ein genau so wirklicher Verwandter wie irgendeine historische Persönlichkeit. Gar manche norwegische und isländische Familie fühlte sich mit dem berühmten Töter des Drachen und mit seinen burgundischen Schwägern verwandt.

Alle diese Geschlechter hatten rechtmäßig die fränkische oder burgundische Hamingja erworben, indem sie einheirateten oder sonst Lebensbündnisse mit Kreisen schlossen, die die Taten der südlichen Helden besaßen. Wir vermögen noch die Glieder zu zeigen, durch welche die Familien des Nordens mit den mächtigen Geschlechtern am Rhein verbunden waren. Wie Harald Schönhaar das Recht erhalten hat, burgundische, fränkische und gotische Könige unter seine Vorfahren einzureihen, geht deutlich aus seinem Stammbaum hervor. Seine Familie ist verwandt mit dänischen Königen, die die Verwandtschaft mit dem Hause Ragnar Lodbroks für sich in Anspruch nahmen, und diese Könige hatten Vorfahren, die mit Fürsten in Rußland oder an den südlichen Küsten der Ostsee verwandt waren. Einige isländische Familien schlossen augenscheinlich auf Zügen nach den westlichen Inseln das Bündnis, das Sigurd in ihre Hamingja brachte; sie ließen sich dort vorübergehend nieder und kamen in Berührung mit Nachkommen von dänischen Wikingerstämmen, in erster Linie mit denen der Söhne Ragnar Lodbroks.

Im Falle Ottars sind wir nicht ganz ohne Hinweis, wie er eine so ferne Hamingja erwarb wie die, die in Sigurd und den burgundischen Königen von Worms wirkte. Es ist schon gezeigt worden, daß einige Personen im Hyndluljód eine Verwandtschaft zwischen dem Helden des Gedichtes und dem Geschlecht bezeichnen, dessen mächtigstes Mitglied Erling Skjalgson war, der „König" der Rugier. Erling heiratete Astrid, Tryggvis Tochter, ein Enkelkind von Harald Schönhaar, und wurde der Schwager des norwegischen Königs Olaf Tryggvason. Es ist nicht unwahrscheinlich, daß Erling und das Hyndluljód nahezu Zeitgenossen sind, und in Erlings Heirat haben wir vielleicht eine Erklärung dafür, wie dänische und südliche Hamingja in führende Familien von Westnorwegen hineingesickert war.

Diese Tatsachen geben uns einen anderen Blick auf die alte Dichtkunst und Saga als die rein literarische Theorie, die jetzt üblich ist und die auf der ziemlich naiven Auffassung beruht, daß moderne literarische Bedingungen auf alle Zeiten und Kulturen anwendbar sind. Gedichte und Novellen sind für uns solide Waren, die von Dichtern auf den Markt gebracht und in Büchern Kunden, die einen festen Preis bieten, über den Tisch gereicht werden. Aber die Sagas und Gedichte der alten Zeit waren der Besitz bestimmter Personen, Selbstoffenbarungen bestimmter Geschlechter. Die Sagas beziehen sich nicht auf einen Verfasser, sondern auf einen Besitzer, einen, der die Vergangenheit bejaht, wie sie hier dargestellt ist, an ihr festhält, auf sie stolz ist und von ihr abhängt. Die wahre Saga, die ursprünglich durch die Wiederholung des mündlichen Wortes inspiriert ist, hat sich tatsächlich nie vom persönlichen Auftrag abgelöst. Sogar die isländischen Sagas, die in der künstlerischen Form stark von europäischer Literatur beeinflußt sind, tragen noch die Anzeichen auf der Stirn, daß sie vom Standpunkt eines Geschlechts erzählt worden sind und die private Vergangenheit des Geschlechts ausdrücken. Die Völsungasaga ist das Präludium zu der Saga von Ragnar Lodbrok, und sie endet mit Höfdathord, dem Häuptling von Skagafjord, der der Berechnung der Landnáma zufolge der fünfte Mann nach dem berühmten Wikingerhäuptling war. Die Hervörsaga – die Saga vom Schwerte Tyrfing – trägt den Stempel ihrer Zugehörigkeit in den Genealogien am Schluß, die auf eine norwegische und isländische Familie hinweisen – das Angantyr-Geschlecht –, das mit Stolz seine Verbindungen mit dem königlichen Hause von Schweden hervorhob. Der Beowulf ist in der Hand des jüngsten Verfassers richtige Literatur geworden, aber bei einer näheren Untersuchung der westsächsischen Stammbäume mit ihrem Beow und Scyld bekommen wir einen Wink bezüglich der Kreise, in welchen man für die Sage Interesse hegte.

Übereinstimmend mit unseren Beobachtungen über die Methoden der Skalden, die ihre Themen von benachbarten Literaturen borgten und ihre Vorgänger in der Kunst nachahmten, sprechen wir von alten Sagen, die von Land zu Land wandern, und wir stellen sinnreiche Spekulationen darüber an, wie die Sigurdsage von den Franken am Rhein zu den Skalden im Norden gewandert sei. Aber in Wirklichkeit wurden die Lieder und Sagen nicht lose weitergegeben, sie lebten sich durch die Welt, von einem Kreis von Menschen zum anderen. Sie sind überhaupt nicht Sagen, nicht poetische Schätze, sondern Erlebnisse, die in den Seelen der Menschen lebendig und schöpferisch erhalten bleiben. Sie sind von Ort zu Ort weitergegeben worden, indem Seele in Seele gezogen wurde und Anteil bekam an dem Heil, das die andere enthielt. Sie gingen mit dem Mädchen, das in reichem Schmuck in das Heim ihres Gatten trat und eine Ehre mit sich brachte, die hochgesinnt war und zur Tat ansporte; sie wurden verbreitet, wenn ein Mann sich mit seinem Blutsbruder vereinigte und ein Teil von ihm wurde, seine Vorfahren, seine Taten, seine Gedanken empfing, von seiner Hamingja gebunden wurde. Das Vorherrschen der Taten und Geschicke der Völsunge in der skandinavischen Poesie bestätigt die Tatsache, daß die Ehre der Völsunge ein Erbstück in einigen der führenden, einflußreichsten Geschlechter der Wikingerzeit war.

Wenn wir zu dem Hyndluljód als dem treuesten Abbild des alten Geschlechts zurückkehren, sehen wir jetzt, daß die genannten Kreise in ihrer Gesamtheit zu Ottar und seinen Verwandten gehören. Alles, was die verbündeten Familien hatten und waren, floß in das Heil des Mannes. Und diese geistige Verschmelzung ist von größerer Tiefe, als wir zuerst vermuten, weil Ottars Verwandtschaft nicht im Wesen eine Anzahl Personen war, sondern eine Masse von Taten – Ehre, Heil und „Schicksal“. Die Namen des Stammbaumes sind von Epitheten und kurzen Beschreibungen bedeckt, die das Leben bekunden, das in den alten Helden gepocht hatte und nach ihnen in ihren Nachkommen pulsierte, und die von Geschehnissen und Errungenschaften erzählen, in welchen ihre Ehre sich offenbart hatte. Wir können die Gedichte nicht verstehen, wie sie von den Zuhörern der alten Welt verstanden wurden, weil für sie jedes Epitheton und jede Zeile eine Menge von Erinnerungen wachrief. Unsere Dichterwerke erzählen eine Geschichte vor einer Zuhörerschaft, die zu wissen wünscht, wie alles geschah, wie es begann, und wie es endete; die alten Gedichte waren nur Hinweise oder Andeutungen, wodurch Taten, die in den Gedanken der Menschen lebten, hervorgerufen und vor ihren Augen lebendig gemacht wurden.

Das Geschlecht ist ursprünglich eine Hamingja, und als Seele wird es den neuen Verwandten einverleibt. Die Personen sind nur Repräsentanten der Hamingja, und ihre Macht besteht darin, daß sie imstande waren, das Leben, das, reich an hervorragenden Charakterzügen, durch ihre Vorfahren flutete, wiederzubeleben. Die Hamingja ist immer etwas Gegenwärtiges, und die Vergangenheit ist nur wirklich, insofern ihr Geschick in einer Reihe von vergangenen Generationen immer wieder erneuert worden ist. Diese alten Helden sind nie außerhalb der Wirklichkeit gewesen. Ein Sigurd, ein Hrolf, ein Ragnar sind immer wieder ins Leben gekommen, sind weiter geboren worden von Geschlecht zu Geschlecht, sie sind Vorfahren gewesen, deren Taten in neuen Menschenleben wiedergelebt worden sind.

Die Hamingja ist etwas Gegenwärtiges, sie ist eine lebendige Ganzheit, kein zusammengesetztes Wesen, das in mehreren Personen verkörpert ist. Wir sehen aus dem Beispiel eines Harald oder aus dem eines Ottar, wie eine Welt im individuellen Menschen zusammenströmte. Im König von Norwegen drängen sie sich: Norwegische Gaukönige und Häuptlinge, die kämpften, heirateten und ihre Hamingja vergrößerten, dänische Thronkönige mit einer Menge von Taten, hervorquellend aus dem Nichts der frühesten Zeiten, zusammen mit Heldengeschlechtern, die am Rhein oder auf den Steppen von Rußland lebten und kämpften. Es ist eine ganze Welt, nicht nur weit durch die Länder, sondern tief durch die Jahrhunderte. Alle Unterschiede der Zeit vergehen in der Lebenserneuerung, die ein paar Generationen enthalten.

Die Vorfahren sind also nicht Gestalten, die in aller Pracht auf einem hohen Pfeiler von Jahren sitzen, den sie über die Grade und Generationen hinweg erklettert haben. Die modernen und die alten Vorstellungen von dem Gründer eines Geschlechts sind verschieden. Wenn wir die Anzahl Sprossen vermissen, die erforderlich sind, um eine anständige Leiter zu bilden, müssen wir unsere Köpfe unter den Eintagsmenschen verstecken, die wohl sind, aber doch nicht behaupten können, daß sie gewesen sind. Der alte Vorfahr wohnte einfach in seinen Kindern, wenn er überhaupt existierte, und sein Erbe konnte ihn direkt ergreifen, wenn er die Hand auf seine eigene Brust legte. So zieht der Schwager oder der Freund den alten Helden sofort in seine Hamingja, indem er seine Verwandten berührt, und wenn er Blut und Sinn mit seinen neuen Brüdern gemischt hat, fühlt er die Kraft des Vorfahren in seinen eigenen Gliedern.

In all diesem erblicken wir eine Historie von anderem Aufbau als die unsrige, keine chronologische Reihenfolge von Begebenheiten, die an Daten aufgehängt sind wie an Haken, sondern lebende Begebenheiten, die durch die folgenden Generationen immer wieder aufs neue ans Licht kommen – ein wenig verändert in der Form vielleicht, aber im Kern dieselben. Geschichte ist für uns etwas Vergangenes und Erledigtes, eine Kristallisation von vollzogenen Ereignissen, die weder verwischt noch im geringsten von den späteren Begebenheiten beeinflußt werden können. Die primitive Geschichte aber ist lebendig und veränderlich: nicht nur ordnen spätere Zeitläufte die Geschehnisse zu neuen Mustern, sondern die Geschichte verschwindet, wenn sie sich nicht selbst fortpflanzt, und die Begebenheiten sinken hinab in dasselbe Nichts, das Begebenheiten bedeckt, die nie ins Dasein traten. Der primitiven Historie fehlen gewisse Zeitproportionen, die für uns die Grundlage aller geschichtlichen Wahrheit bilden, und infolgedessen kann sie nicht die Felsblöcke der Jahrhunderte handhaben und sie zu turmhohen Pyramiden aufbauen. Aber die primitiven und die alten Historiker können eins machen, was wir nicht können oder noch nicht imstande waren zu tun: sie können die Vergangenheit in ihrer Gesamtheit als Erklärung für die Gegenwart geben, wogegen unsere Geschichte nichts sein kann als eine Reihe von Torsos.

Das Geheimnis der Unvereinbarkeit der beiden Systeme liegt in der Tatsache, daß unsere Geschichte einen allgemeinen, selbständigen Organismus außerhalb der Erfahrung aller individuellen Menschen bildet, während primitive und alte Geschichte der

Besitz von Geschlechtern und Völkern ist. Diese Form ist unverständlich für moderne Menschen, deren Lebensabschnitte nach Jahren geordnet sind, die außerdem nie ineinander übergreifen, sondern in den eigenen speziellen Gräben laufen. Und deshalb wird alte Überlieferung bei uns naiverweise als willkürliche Erfindung oder als phantastischer Sagenkram betrachtet. Tatsächlich ist die Kluft zwischen den Systemen, obschon sie beide historisch sind, so breit, daß es keinen Schlüssel gibt, durch welchen die Tatsachen von der einen Methode in die andere übertragen werden können. Es ist verlorene Mühe, „Mythen“ analytisch in sagenhafte und historische Elemente zerlegen, um einen „Wahrheitskern“ herauszuschälen.

So löst sich das Problem des Aufbaus der germanischen Sippe von selbst. Es ist überflüssig, hinter den Gesetzen nach einem strengen System zu suchen, und es ist noch nutzloser, nach einem allgemeinen germanischen System zu suchen, von welchem die jüngsten Formen Variationen seien. Das Problem ist von vornherein weit eher ein psychologisches als ein soziales, die Form des Geschlechts ist vielmehr von einem inneren Zusammenhang als von einer äußeren Organisation abhängig. Alle, die dieselben Gedanken und Überlieferungen hatten, dieselbe Vergangenheit und denselben Ehrgeiz, besaßen eine Seele und gehörten zu einem Geschlecht. Dieser innere Zusammenhang muß sich notwendigerweise zu einem starken äußeren Organismus entwickeln, aber die Kraft wirkte sich aus in lebendigen Körperschaften von Männern, die außerordentlich nachgiebig gegen die formende Berührung der Umstände waren und bei den verschiedenen Völkern verschiedene Formen annehmen mochten. Es ist absolut kein Grund, anzunehmen, daß die Norweger und die Dänen, die Langobarden und die Angelsachsen jemals genau dieselben sozialen und gesetzlichen Sitten hatten.

Das Geschlecht war eine lebendige Einheit, bald weiter, bald enger, wechselnd mit der Stärke der Hamingja und sich dem Augenblick anpassend. Es hatte als Kern einen Freundesbund, der nie zersplittert werden konnte. Dieser Kern war nie mit der Familie oder mit dem väterlichen Heim identisch; er enthielt nicht nur die Schwäger, sondern er dehnte sich buchstäblich in die Breite aus, wie es durch die Nebeneinanderstellung von Söhnen und Brudersöhnen in derselben Kategorie angedeutet wird. Unter dem Druck des Augenblicks und unter bestimmten politischen Bedingungen konnte er zu der Dimension eines Stammes oder sogar eines Volkes anschwellen. Normalerweise war der Staat keine Hamingja; die Geschlechter waren durch Treue zu einem Häuptling zusammengehalten und als Mitglieder einer Gerichtsordnung um ein Gesetzes-Thing oder um Beratungsplätze gesammelt, wo das Volk mehrmals im Jahr zusammenkam. Diese rechtliche Gemeinschaft hinderte die Geschlechter nicht daran, ihr Recht getrennt zu behaupten und unter sich Händel auszutragen. Das Gesetzes-Thing bedeutete nur, daß Streitigkeiten unter den Mitgliedern vor die Gemeinschaft gebracht und entweder durch Urteil oder Schlichtung nach den geltenden Formen entschieden werden konnten. Wenn aber das Volk einmütig handelte – im Krieg, auf Wanderzügen, bei irgendwelchen gemeinsamen Unternehmungen –, verschmolzen alle die individuellen Hamingjas zu einer, und *ein* Friede herrschte als höchster mit *einer* Ehre im ganzen Verband. Zu solchen Zeiten war Töten Mord und Neidingswerk. Es gibt keine Vorspiegelungen in der primitiven und alten Gesellschaft; die Gefährten sind wirklich von einer Hamingja und folglich eines Körpers. Und wenn die Genossenschaft sich lockerte und die Alltagsformen wieder Macht gewannen, schlief die Hamingja oder wurde vorübergehend aufgehoben, wie wir sagen würden, aber sie hörte nicht auf zu existieren.

Bei den Germanen war diese größere Hamingja gewöhnlich – aber nicht notwendigerweise – die des Königs oder des Häuptlings. In Kriegszeiten ging das Heil seines Gefolges in ihm auf, und so wurden seine Götter und Vorfahren die Götter und Vorfahren des ganzen Volkes. In der Geschichte kann man nicht unterscheiden zwischen dem Geschlecht des Königs und dem Volk, das er führte, einfach deshalb, weil die beiden fremden Stämmen gegenüber identisch waren.

Ohne Wiedergeburt keine Ewigkeit. Es ist notwendig, diesen Satz voll zu erfassen, um zu verstehen, was es bedeutet, Leben zu haben – oder so zu sterben, daß niemand den Namen des Toten kennt.

Nachwort

Bei der Umwandlung von Namen und Worten habe ich Klarheit und Leserlichkeit einer schwerfälligen Pedanterie vorgezogen, da ich annehme, daß interessierte Leser jederzeit imstande sein werden, die Formen des alten Textes auch in dieser weniger feierlichen Aufmachung wiederzufinden.

Vielleicht wird es besser sein, noch hinzuzufügen — obgleich es eigentlich überflüssig ist –, daß die Textstellen zitiert werden, um das psychische Bild der Sagenerzähler näher zu beleuchten. Ihre Berichte von Tatsachen sind wahr, gleichviel ob sie sich genau so Anno X zugetragen haben oder nicht; denn in der Tat nähert sich die Beschreibung von Begebenheiten durch geistig zeitgenössische Schriftsteller weit mehr der Wahrheit als die von uns bei einer kristischen Sichtung der Quellen rekonstruierten Tatsachen, weil sie Geschichte mit einer lebenden Seele sind und nicht nur totes Tatsachenmaterial. Wir sprechen von unserer kritischen Methode als einem Mittel, den Wahrheitskern herauszufiltrieren, aber oft besteht unsere Arbeit darin, die Schale abzulösen und die Frucht fortzuwerfen. Unsere historische Forschung ist nichts als ein Versuch, eine Realität in die Bedingungen einer andersgearteten hineinzutragen, und es besteht dabei die Gefahr, daß während dieses Prozesses die Wahrheit sich verflüchtigt. Es ist gewiß interessant und manchmal auch wichtig, festzustellen, wie und wann eine Schlacht ausgefochten wurde; von weit größerer Bedeutung aber ist die Frage, w a s überhaupt zu jener Zeit eine Schlacht war.

Mit Hinsicht auf das Prinzip der Übersetzung möge es mir erlaubt sein, meine Ausführungen in den „Nordischen Mythen und Sagen", Jena, 1929, zu zitieren, die ich in die Praxis umzusetzen versuchte:

Eine wörtliche Übertragung ist wertlos – wenn sie nicht in Verbindung mit dem Text als Kommentar gelesen wird – und kann leicht Irrtümer hervorrufen, da sie die Zusammenhänge, aus denen sich der Sinn der Worte ergibt, unberücksichtigt läßt. Jedes Wort wurzelt in der Erfahrung der Menschen und empfängt seine Kraft aus der Harmonie des Erlebnisses, das die Wirklichkeit enthält; hinter dem Wort steht immer die Kultur des Sprechers, sein Sinn erschließt sich nur demjenigen, dem es gelingt, das Wohlwollen der Gemeinschaft zu gewinnen, der es entstammt.

Um die alten Textstellen richtig auszulegen, muß man einen Teil des darin mit Einbezogenen und Angedeuteten in die Übertragung hineinnehmen und so eine Atmosphäre schaffen um das wörtliche Symbol [1]).

Als Erläuterung hierzu siehe z. B. II unter *koma fram.*

[1]) Bei der Übertragung aus dem dänischen Text des Verfassers wurden bei Zitaten aus den Sagas weitgehend die Übersetzungen der Sammlung „Thule" (Eugen Diederichs Verlag, Jena) zugrunde gelegt (Anm. d. Übers.).

Schrifttum

Aistulf = Mon. Germ. Hist. Leg. IV.

Amira = Amira: Nordgermanisches Obligationenrecht. I-II. 1882–1895.

And. Sun. = Andreas Suneson in Schlyters Skånelagen.

AS Vocab. = Anglo-Saxon and Old English Vocabularies, ed. by Wright. 2nd ed. ed. by Wülcker. London 1884.

Austf. = Austfirðinga sögur, udg. v. Jakob Jakobsen. 1902–03.

B A Po. = Bibliothek der Angelsächsischen Poesie. 2. Ausg. von Wülcker.

B A Prosa = Bibliothek der Angelsächsischen Prosa, herausg. v. Grein etc.

Band. = Bandamanna saga, in Nordiske Oldskrifter X. 1850.

Bard. = Barðar saga snæfellsáss, ved Vigfússon. Kopenhagen 1860.

Beda = Beda. Ecclesiastical History of the English People. Ed. by Thomas Miller. London. 1890–1898.

Beow. = Beowulf, herausg. v. A. Holder. 2. Aufl. 1899.

Bisk. = Biskupa sögur. Kaupmannahöfn 1858.

Bjark. = Bjarkøretten. N G L I.

Bj. H. = Bjarnar saga Hitdœlakappa, in Nordiske Oldskrifter IV. 1847.

Bosworth-Toller = Bosworth-Toller: An Anglo-Saxon Dictionary. Oxford 1882.

Bouquet = Bouquet: *Recueil des historiens des Gaules, etc.* 1738 u. folg.

Budst. = Budstikken. Kristiania.

Cæsar = Cæsar: *De bello Gallico.*

Cahen = M. Cahen: *Études sur le vocabulaire religieux du Vieux-Scandinave.* Paris 1921.

Cart. Lang. = Cart. Lang. Mon. Germ. Hist. Leg. IV.

Cass. = Cassiodorus: Varia. Mon. Germ. Hist. Auct. XII.

Cavallius = Hyltén-Cavallius: Wärend och Wirdarne. Stockholm 1864–1868.

Chartæ = Chartæ Hist. Patriæ Mon. Aug. Taur. 1886.

Cluny = Bernard: *Recueil des chartes de ... Cluny.* 1876–77.

Cod. Cav. = Codex Diplomaticus Cavensis. Neapoli 1873–1874.

Cod. Lang. = Codex Diplomaticus Langobardiæ. Hist. Patriæ Mon. Aug. Taur. 1873.

Daae	=	L. Daae: Norske bygdesagn. I–II. 1870–1872.
Da. Gild.	=	Danmarks Gilde- og Lavsskråer, udg. af C. Nyrop.
Dipl. Isl.	=	Diplomatarium Islandicum. Kaupmannahöfn 1857 bis 1876. Reykjavik 1903 ff.
Dipl. Norv.	=	Diplomatarium Norvegicum. Kristiania 1847 ff.
Djurklou	=	Djurklou: Unnarsboarnes lif.
		Die Lieder der Edda sind nach Bugges Ausgabe zitiert.
Edd. Min.	=	Eddica Minora, v. Andreas Heusler und Wilhelm Ranisch. Dortmund 1903.
Egil	=	Egils saga, udg. af Finnur Jónsson. København 1886–1888.
Eids.	=	Eidsiva, N G L I, S. 375 u. f.
Eirik	=	Eiriks saga rauða, v. Gustav Storm. København 1891.
Eng. Gilds	=	English Gilds, ed. by Toulmin Smith. Early English Text Society 40. London 1870.
Er. L.	=	Eriks sællandske Lov, udg. v. P. G. Thorsen. København 1852.
Eyrb.	=	Eyrbyggja saga, udg. af G. Vigfússon. Leipzig 1864.
Fagr.	=	Fagrskinna, udg. af Finnur Jónsson. København 1902–1903.
Feilberg	=	H. F. Feilberg: Ordbog over jyske almuesmål. Kjøbenhavn 1886–1914.
Ficker	=	Ficker: Forschungen zur Reichs- und Rechtsgeschichte Italiens. IV. 1874.
Finn.	=	Finnboga saga hins ramma, v. Gering. Halle 1879.
Flat.	=	Flateyjarbok. Christiania 1860–1868.
Fornald.	=	Fornaldarsögur, udg. af C. C. Rafn. København 1829–1830.
Fornm.	=	Fornmanna sögur. København 1825–1837.
Forns.	=	Fornsögur, herausg. v. Vigfússon und Möbius. Leipzig 1860.
Fost.	=	Fóstbrœðra saga, v. Konrad Gíslason. København 1852.
Fredegar	=	Fredegar. Mon. Germ. Hist. Script. Mer. II.
Fritzner	=	Fritzner: Ordbog over det gamle norske Sprog. Kristiania 1886–1896.
Frost.	=	Frostatingsloven. N G L I.
Gaslander	=	Gaslander: Svenska Landsmålen. Bihang I.
Gering	=	Hugo Gering: Vollständiges Wörterbuch zu den Liedern der Edda. Halle 1901.
Gisli	=	Gísla saga Súrssonar, in Nordiske Oldskrifter VIII. 1848.
Glúma	=	Glúma, Islenzkar Fornsögur. I. København 1880.
Graff	=	E. G. Graff: Althochdeutscher Sprachschatz. Berlin 1834–1846.

Grágás = Grágás, udg. af V. Finsen. København 1852.
Gregor = *Grégoire de Tours: Histoire des Francs. Collection de textes.* Paris 1886–1893.
Grenoble = I. Marion: *Cartulaire de ... Grenoble.* Paris 1869.
Grettir = Grettis saga, in Nordiske Oldskrifter XVI. 1852–59. Wenn auf bestimmte Kapitel hingewiesen wird, bezieht es sich auf die Ausgabe in Altnordische Saga-Bibliothek.
Grimm: Myth. = J. Grimm: Deutsche Mythologie. 4. Ausg. 1875–58.
Grimm: Rechts. = Jacob Grimm: Rechtsaltertümer. 3. Ausg.
Grønbech = Vilh. Grønbech: Religionsskiftet i Norden. 2. Ausg. in Kampen om mennesket. København 1930.
Gul. = Gulatingsloven. N G L I.
Gull. = Gullþoris saga, udg. af Kr. Kålund. København 1898.
Gut. = Gutalag och Gutasaga, udg. af H. Pipping. 1905–07.

Half = Hálfs saga, in Norröne skrifter af sagnhistorisk indhold, udg. af Bugge.
Hav. Is. = Hávarðar saga Ísfirðings, in Nordiske Oldskrifter XXVIII. 1860.
Heid. = Heiðarviga saga, udg. v. Kr. Kålund. København 1904.
Heims. = Heimskringla, udg. v. Finnur Jónsson. 1893–1901.
Heliand = Heliand, herausg. v. Eduard Sievers. Halle 1878.
Herv. = Hervarar saga, in Bugges Norröne skrifter af sagnhistorisk indhold.
Hist. Fris. = Meichelbeck: Historia Frisingensis. 1724–1725.
Hrolf = Hrólfs saga kráka, v. Finnur Jónsson. København 1904.

Islend. = Íslendinga sögur. II. Kjøbenhavn 1847.
Islendingabóc, udg. af Finnur Jónsson. Kaupmannahöfn 1887.
Jordanes = Jordanes. Mon. Germ. Hist. Auct. V.
Jy. L. = Valdemar den Andens jydske Lov, udg. v. P. G. Thorsen. København 1853.
Kormak = Kormaks saga, herausg. v. Th. Möbius. Halle 1886.

Landn. = Landnámabók, udg. af Det Nordiske Oldskriftselskab. København 1900.

Landslov = N G L II.
Laxd. = Laxdœla saga, udg. v. Kr. Kålund. København 1889 bis 1891.
Lex Alam. = Mon. Germ. Hist. Leg. I tom. 5.
Lex Baj. = ebenf. III.
Lex Burg. = ebenf. III.
Lex Franc. = Lex Franc. Cham., gewöhnlich zitiert aus Fontes Juris Germanici Antiqui. 1869.

Lex Fris.	=	Mon. Germ. Hist. Leg. III.
Lex Rib.	=	ebenf. V (Fontes Juris Germanici Antiqui. 1869).
Lex Sal.	=	Lex Salica, herausg. v. Heinrich Geffcken. Leipzig 1898.
Lex. Sax.	=	Mon. Germ. Hist. Leg. V.
Lex. Thur.	=	ebenf. V.
Lieb.	=	Die Gesetze der Angelsachsen. Herausg. v. Liebermann. Halle 1903.
Liut.	=	Liutprand: Leges. Mon. Germ. Hist. Leg. IV (gewöhnlich zitiert aus Fontes Juris Germanici Antiqui. 1869).
Ljósv.	=	Ljósvetninga saga, Íslenzkar Fornsögur. I. 1880.
Loersch	=	Loersch und Schröder: Urkunden zur Geschichte des deutschen Privatrechts. 2. Aufl. 1881.
Lud.	=	Mon. Germ. Hist. Leg. IV, S. 522 u. f.
Lund	=	J. M. Lund: Beskrivelse over Øvre-Telemarken. 1785.
Mork.	=	Morkinskinna, udg. af Unger. Christiana 1867.
Murat. Ant.	=	Muratori: Antiquitates Italicæ.
Murat. Script.	=	Muratori: Rerum Italicarum Scriptores.
Neoc.	=	Neocorus: Chronik des Landes Dithmarschen. Herausg. v. Dahlmann. Kiel 1827.
N G L	=	Norges gamle Love.
N. h. T.	=	Norsk historisk Tidsskrift.
Nicol.	=	Nicolovius: Folkslifvet i Skytts Härad.
Njála	=	Njála, udg. af Det Nordiske Oldskriftselskab. København 1875.
Ol. kon.	=	Saga Ólafs konungs hins helga, udg. af Munch og Unger. Kristiania 1853.
Ol. s. h. h.	=	Olafs saga hins helga, udg. af Keyser og Unger. Kristiania 1849.
Ol. Tr.	=	Saga Ólafs konungs Tryggvasonar, udg. af Munch. Kristiania 1853.
Østg.	=	Østgötalagen, udg. af C. J. Schlyter.
Papp.	=	Pappenheim: Ein altnorwegisches Schutzgildestatut. Breslau 1888.
Paul. Diac.	=	Paulus Diaconus.
Proc.	=	Procopius: Gotica.
Ragnar	=	Ragnars saga loðbrokar, v. Magnus Olsen. København 1906–1908.
Ratchis	=	Mon. Germ. Hist. Leg. IV.
Redon	=	Courson: *Cartulaire de ... Redon.* 1863.
Reykd.	=	Reykdœla saga, in Íslenzkar Fornsögur. II. København 1881.
Richt.	=	Richthofen: Altfriesisches Wörterbuch.
Roth.	=	Edictus Rothari. Mon. Germ. Hist. Leg. IV (ge-

	wöhnlich zitiert aus Fontes Juris Germanici Antiqui. 1869).
Roz.	= Rozière: *Recueil général des formules, etc.* Paris 1859.
Saxo	= Saxo, udg. af P. E. Müller og J. M. Velschow.
Schlyter: Glossar	= Samling af Sveriges Gamla Lagar, utg. af C. J. Schlyter. XIII. Lund 1877.
S E	= Snorra Edda, udg. af Finnur Jónsson. København 1900.
S E (A M)	= Snorra Edda. Hafniæ 1848–1887.
Skjald.	= Den norsk-islandske Skjaldedigtning, udg. af Finnur Jónsson. B København og Kristiania 1908–1915. Vgl. auch Norröna Lovkväden, utg. av Ivar Lindquist.
Skråord.	= Klemming: Skråordningar. Stockholm 1856.
Skånel.	= Skånelagen, udg. af C. J. Schlyter. Lund 1859.
Småst.	= Klemming: Småstycken på Forn Svenska. Stockholm 1868–1881.
Stað.	= Staðarholtsbók, udg. af Finsen.
Sturl.	= Sturlunga saga, ed. by G. Vigfússon. Oxford 1878.
Sublac.	= Allodi: Il Regesto Sublacense. 1885.
Svarfd.	= Svarfdœla, Íslenzkar Fornsögur. III. København 1883.
Sv. Kr.	= Sverres Kristenret. N G L I.
Sv. Landsm.	= Svenska Landsmålen. Bihang I. 1883–1884.
Sv. Med.	= Klemming: Svenska Medeltidsdiktar.
Syv	= Peder Syv: Danske Ordsproge. 1688.
Tac.	= Tacitus: Germania.
Tardif	= Tardif: *Monuments historiques*. 1866.
Thév.	= M. Thévenin in *Collections des textes pour servir à l'étude ... de l'histoire*. III.
Thiele	= Danmarks Folkesagn, udg. af Thiele.
Th. Hr.	= Þordar saga hredu, udg. af Fridriksson. 1860.
Unger	= Studier tilegnede Unger.
Upl.	= Uplandslagen, udg. af Schlyter.
Vaissete	= Vaissete: *Histoire générale de Languedoc*. 1872–73.
Vald. L.	= Valdemars sællandske Lov, udg. v. P. G. Thorsen. 1852.
Vallaljot	= Íslenzkar Fornsögur. II. København 1881.
Västg.	= Västgötalagen, udg. af C. J. Schlyter.
Vols.	= Vǫlsunga saga, in Bugges Norröne skrifter af sagnhistorisk indhold.
Wille	= Wille: Sillejords Beskrivelse. 1786.
Will. Malm.	= William af Malmesbury, ed. by Stubbs.

Beinahe alle Sagas sind in Altnordischer Sagabibliothek, Halle 1892 ff., erschienen.

Die Lieder der Edda (nach Bugges Ausgabe zitiert):

Alvis.	= Alvíssmál.
Atlak.	= Atlakviða.
Atlam.	= Atlamál.
Baldr.	= Baldrs draumar.
Faf.	= Fáfnismál.
Fjöls.	= Fjölsvinnsmál.
Grim.	= Grimnismál.
Grip.	= Grípisspá.
Gro.	= Grógaldr.
Gud.	= Guðrúnarkviða I, II, III.
Ham.	= Hamðismál.
Harb.	= Hárbarðsljóð.
Hav.	= Hávamál.
Hel.	= Helreið Brynhildar.
Helg. Hj.	= Helgakviða Hjörvarðssonar.
Helg. Hund.	= Helgakviða Hundingsbana I, II.
Hym.	= Hymiskviða.
Hynd.	= Hyndluljóð.
Lokas.	= Lokasenna.
Oddrun.	= Oddrúnargrátr.
Regin.	= Reginsmál.
Rig.	= Rígsþula.
Sigrd.	= Sigrdrifumál.
Sigurd.	= Sigurðarkviða.
Sigurd. sk.	= Sigurðarkviða en skamma.
Skirn.	= Skirnismál.
Sol.	= Sólarljóð.
Svip.	= Svipdagsmál.
Thrym.	= Þrymskviða.
Vaf.	= Vafþruðnismál.
Vkv.	= Völundarkviða.
Vsp.	= Völuspá.

Angelsächsische Gedichte sind zitiert nach Bibliothek der Angelsächsischen Poesie. 3. Ausgabe von Wülcker:

And. = Andreas, I 1.
Byrhtnoth, I 358.
Christ, III 1.
Cräftas, III 140.
Dan. = Daniel, II 476.
Elene II 126.
Exod. = Exodus, II 445.
Gen. = Genesis, II 318.
Guth. = Guthlac, III 55.
Jud. = Judith, II 294.
Juliana, III 117.
Phön. = Phönix, III 95.
Rätsel, III 183.
Satan, II 521.

Anhang

1. *Ráđ*, angelsächsisch: *Rǽd*

Bei unserer Wiedergabe isländischer oder altenglischer Texte sehen wir uns gezwungen, in viele Wörter zu zerlegen, was für die alten Germanen ein geschlossenes Ganzes war. *Ráð* kann als die Kraft erklärt werden, die von innen kommt und in Ratschläge, Befehle, Pläne hinausströmt; es ist die Weisheit, die Worte und Gedanken erfüllt, die Gerechtigkeit, die sie erleuchtet, die Herrscherkraft, auf Grund deren das Volk den Befehlen gehorcht. Aber nicht einmal dies ist umfassend genug: *ráð* ist nichts, was von innen kommt und die Worte mit Sinn belädt; um die in dem Ausdruck enthaltene Wirklichkeit festzustellen, können wir nichts anderes sagen, als daß *ráð* die Seele und lebendigen Bruchstücke des Inneren darstellt, die, losgelöst vom Ganzen und auf andere übertragen, als Ratschläge helfen, als Befehle zwingen. Aber auch so entgeht uns die wesentliche Wahrheit, daß die Seele nichts ist als ein Attribut des Lebens, „Heil". Es ist unmöglich, mittels moderner Bezeichnungen eine Formel zu konstruieren, die alle Tatsachen deckt, und wir müssen zu einer Tabulatur von Erläuterungen unsere Zuflucht nehmen, um die Richtung der Idee anzudeuten.

Ráð = erteilte und empfangene Ratschläge.

= Überlegung, Plan, Urteil; *láta ráð mœta ráði* entspricht annähernd unserem: List mit List begegnen, Flat. I, 46, vgl. II, 284, Z. 36; dies wurde als *ráð* angesehen, wurde als ein guter Plan betrachtet; *fjörráð:* Anschläge gegen das Leben eines Menschen (vgl. Heliand 4480); *köld ráð:* feindliche, böse Absichten, Vkv. 31, Lokas. 51; *ráð* „beißt" einen Menschen, Sigurd sk. 64. Aber *ráð* kann auch ein gesundes Urteil sein, gerades, ehrenhaftes Betragen; wenn Abimelech sich vor Gott rechtfertigt, indem er sagt, er sei fest in *rǽd*, so meint er damit soviel wie einen guten, moralischen Charakter, Gen. 2645. Der Gegensatz ist in den gefallenen Engeln zu finden, die nicht ihren eigenen *rǽd* durchsetzen wollen, sondern sich von Gottes Liebe abwandten, oder Eva, die sich in *unrǽd* führen ließ, Gen. 24, 700.

Diese Sätze enthalten mehr als ein einfaches ethisches Urteil; das Wort umschließt die Folgerungen. Die Sodomiten erwirkten ihr eigenes *unrǽd*, sündigten und führten ihr eigenes Verderben herbei. Wenn Abraham Lot vorschlägt, davonzuziehen, weil ein unwürdiger Streit zwischen denen entstanden ist, die Frieden halten sollten, so fügt er hinzu, daß es *rǽd* für beide ist: richtig, klug und die beste Handlungsweise, Gen. 1937, 1913, vgl. And. 1645; Heliand 1458, 1850, 2700.

= Macht, Herrscherkraft. Jesus hat mein *rǽd* unter dem Himmel vermindert, so beschwert sich Satan. Der Vater des Mädchens hat *ráð*, ihre Heirat zu bestimmen. Ein Unternehmen geschieht in Übereinstimmung mit des Königs *ráð*, Befehl, ohne den *ráð*, Zustimmung der Verwandten; ein Mann legt allen *ráð* in eines anderen Hand, liefert sein Eigentum aus, beispielsweise an seinen Erben, um sich, wie wir sagen würden, auf sein Altenteil zurückzuziehen. *His sylfes rǽde, sylfre rǽdes* = aus freiem Willen, Elene 918, Dan. 457; And. 1498; Gul. 67, 71; Flat. I, 207, Z. 25; Egil S. 18; *taka við fé ok ráðum eptir föður sinn*, Forns. 126; Juliana 99, usw., siehe die Wörterbücher.

= Wille, Wunsch und Sinn, Gedanken, Weisheit: Sigurds *ráð* ist verwirrt, seitdem er um das Mädchen seiner eigenen Wahl zugunsten eines anderen Mannes warb, Grip. 36; *rǽd* und Schnelligkeit der Auffassung, Elene 553.

Ráð ist die innere Kraft, die nicht nur Fortschritt schafft, sondern dieses notwendigerweise tun muß, Wille und Folgewirkung sind identisch. Weil *ráð* Heil ist, muß es gleichzeitig das sein, was wirkt und was bewirkt wird. Wenn dem Leser nicht die umfassende Bedeutung des Wortes klar ist, so kann er den Ausruf Hrodgars nicht verstehen, mit dem er Beowulf den furchtbaren Ort beschreibt, wo die Riesen wohnen: *Nu is se rǽd gelang eft æt þe ánum*, oder das volle Gewicht von Satans Triumphausbruch: *mid swilcum mæg man rǽd geþencean*, Beow. 1376, Gen. 286.

= Zustand, Verhältnis, geschaffen und erhalten durch „Heil“, Hav. 109; *una vel við ráð sitt*, *Njála* S. 27; Gul. 58: ein Mann kann den *ráð* seines Kebssohnes durch Adoption verbessern; Gen. 424; Dan. 30, Christ 126. Vgl. Heliand 1607, 1202, 1462 vgl. 4166.

= Heirat, Ehestand.

2. Angelsächsisch: *Spéd*, Heil

Die altenglischen Dichter bemühen sich, die geistigen Lehren des Christentums der alten Seelenkunde aufzupfropfen, und dieser Widerstreit zwischen Form und Inhalt, der sich in jeder zweiten Strophe bemerkbar macht, ist von außerordentlichem Interesse, indem er uns die Kraft und die hartnäckige Lebensfähigkeit der altgermanischen Kultur vor Augen führt. Sehr oft bleibt die Sprache hinter dem Gedanken zurück und entartet daher nicht selten in nur äußerlich satzfüllende Phrasen; und es ist keineswegs leicht zu entscheiden, wieweit der Dichter eine klare Idee auszudrücken hatte oder einfach das Wortgeklingel zur bequemen Ausfüllung von Versen benutzte. Diese Analyse des angelsächsischen Vokabulariums soll dazu dienen, das herauszubringen, was man etwa als das Unterbewußtsein der Wörter bezeichnen könnte; die bei der Wiedergabe der poetischen Sprache spürbare Schwierigkeit ist hauptsächlich der Tatsache zuzuschreiben, daß dieses Unterbewußtsein die bewußte Grundidee des Dichters durchbricht und die Phantasiebilder über seine Absicht hinaus steigert.

Im Altsächsischen wird der Heiling *feraht* genannt, ein von *ferah* abgeleitetes Adjektiv, welches Leben, Heil und Seele bedeutet. *Feraht* umfaßt Weisheit und Wissen, Treue und Ehrenhaftigkeit: *heill hugr.* Es wird auf die Jünger als treue Soldaten Christi angewendet, auf Zacharias als weise und opferkundig, auf die gerechten Richter, deren Lohn im Himmel ist, auf den edlen Sinn, den gastlichen Sinn, denjenigen, der Brüderschaft übt, auf die rechte Gesinnung Gott gegenüber, auf Frömmigkeit (Heliand 1238; 73, 93, vgl. 22; 1310; 1559; 1957; 4653; 3001).

Zunächst ist da jenes *spéd,* das der Krieger braucht: *wígspéd, herespéd, sigespéd.* Hrodgar war Kriegsheil und ruhmvolle Stärke in der Schlacht verliehen; Gott gewährte den Dänen das Gewebe des Kriegsheils (Kriegs-*spéd),* siehe Beow. 64, 697, And. 646, Christ 673.

Ferner finden wir *spéd* angewandt in Verbindung mit Wörtern wie Weisheit, Geschicklichkeit. Tubal Cain war ein geschickter Schmied durch sein *snyttro spéd.* Als Gott den Bau des Turmes zu Babel verhinderte, verloren die Erbauer ihr Heil oder die Macht der Rede, *sprǽce spéd. Spéd* ist das, was der Stärke und der Tatkraft die Macht verleiht, Wirkungen zu erzeugen, was das Maß der Kraft ausreichend, ja sogar überschwellend macht. Enoch, der Fürst des Volkes, errichtete nach seinem Vater Führerschaft und *freodospéd.* Gott verwirrte die Erbauer von Babel durch seinen *mihta spéd.* Jesus heißt seine Jünger, in die Welt hinauszugehen, Götzen verfolgen und Frieden in die Herzen der Menschen zu säen durch *meahta spéd,* d. i. kraft des Geistes jener Macht, die in ihnen war. Die Verdammten stehen vor dem Gericht, zitternd, wenn Gott sie durch sein *dæda spéd* richtet (Gen. 1084, vgl. 1957, B A Po. III, 1, S. 154, V. 77, vgl. Cräftas 9 [*ib.* S. 141, man beachte den Zusammenhang mit der folgenden Zeile!]; Heliand 1901 [Monac.] *spod,* Weisheits-Heil,

Gen. 1686, 1198, 1696, vgl. Dan. 335; Christ 488, Satan 622, Guth. 225).

Sodann ist *spéd* gleich der Ausführung einer Tat, einer Kraft, die sich durchsetzt, Sieg, Fortschritt. Ein Versprechen ist wertlos für denjenigen, der es empfangen hat, wenn nicht *spéd,* Erfüllung, folgt. Ein Mann kommt *spédig* in seinem Gang, d. h. er geht rasch; mit großem *spéd* vorwärtsschreiten, bedeutet sowohl rasch als auch kraftvoll, mit Energie geladen, wie damals, als Gottes Geist sich über den Wassern bewegte *miclum spédum.* Der Dichter begann, Beowulfs Tat im Liede zu verherrlichen, alles in *spéd:* mit Kunst, Meisterschaft, ohne nach Worten suchen zu müssen (siehe Guth. 225, Gen. 2059, Exod. 153; Gen. 2384, 1783, vgl. Cräftas 53; Gen. 121; Beow. 871; Heliand *unspuod* = Sünde, 3454).

Die Erde ist *spédig,* wenn sie reiche Ernte hervorbringt; *unspédig,* unfruchtbar, war das Land, das unseren Vätern nach ihrem Fall gegeben wurde, damit sie ihre Kräfte daran erschöpfen sollten. Dasselbe gilt für den Mann: *spéd* ist sein Dasein, und er gebiert Kraft (Gen. 962, vgl. 1660; Exod. 513, Gen. 1366, vgl. Cräftas 6). Derselbe Gedanke wird mit *tuddorspéd* ausgedrückt, was Heil in Nachkommenschaft und Kraft des Zusammenhalts bedeutet.

An einigen Stellen kann *spéd* durch Gebrauch, Beschäftigung, Anwesenheit oder Überfluß wiedergegeben werden; *villa spéd* bedeutet einen machtvollen Willen – und gleichzeitig, daß der Wille sein Ziel erreicht, oder mit anderen Worten: gute Dinge im Überfluß (Gen. 1660, 2363 usw.). So bedeutet *spédig* einfach reich; Besitz, Vieh, Kostbarkeiten sind die Erscheinungsformen des Heils. Der eigentliche Name für den Familienbesitz, den Wohlstand des Geschlechts, ist *eád:* Seine Söhne verwalteten *eád* nach ihm und zeugten Söhne; der Held verließ sein irdisches *eád* und starb; Gott schenkte Abimelech Zunahme seiner Nachkommen, seines *eád* und seines Besitzes (Gen. 2802; 1602, 1627, 1891, 2756). *Eád* ist gleichbedeutend mit dem altskandinavischen *auðr,* in welchem die Bedeutung von Gütern, Wohlstand überwiegt. „Hundings Söhne forderten von Sigmunds Sohn *auðr* und Ringe, denn sie hatten eine große Beraubung und den Tod ihres Vaters an diesem Fürsten zu rächen ...“; „Es ist gut, über das Erz des Rheines zu gebieten, mit Freude über *auðr* (d. i. Fafnirs Schatz) zu herrschen und dazusitzen als jemand, der Heil genießt“, Helg. Hund. I, 11, Sigurd. kv. 16. Aber eine so einfache Übersetzung führt nicht zum vollkommenen Verstehen des Begriffes *eád.* Das angelsächsische *eád* birgt das volle Gefühl, daß man auf das Glück bauen kann, das Gefühl von Gesundheit und Wohlsein, Glück, Freude am Leben, das Gefühl der Stärke, der Kraft und der Ehre. Der christliche Gebrauch von *eád* klärt uns über den weiten Verwendungsbereich des Wortes auf.

Das wunderbare Land, wo der Vogel Phönix lebt, liegt *eádig* da, während ringsum auf der Erde die Sintflut wütet. Nach dem Beowulf leben die Dänen vor Grendels Angriff in Glück und Freude, *eádig*, in der Königshalle, und mit dem Wunsche: „Sei *eádig!*" dankt die dänische Königin Beowulf für seine Tat. Der Gedanke an das himmlische Glück *(eád)* verzehrt Satan nach seinem Fall; das Wort dient oft, um die Glückseligkeit des Himmels zu bezeichnen. Jesus ist in Ewigkeit gepriesen, weil niemals ein Anfang seines *eád*, seiner Stärke und Herrlichkeit gewesen war. Angesichts der Lieblichkeit des Vogels Phönix, der Stärke seiner Schwingen, wird gesagt, daß Gott ihm solches *eád* gegeben habe. Die Assyrer sind Gegenstand verächtlichen Mitleids: „ihre Ehre, ihr *eád*, ihre Tatkraft waren erschöpft", als ihr Oberhaupt durch Judiths Schwert getötet dalag (Phönix 446; Beow. 100, 1225; Gen. 402; Christ 1294, 1401; Guth. 1165; Phönix 638, 319; Judith 273).

Dies muß der Leser im Gedächtnis behalten, wenn er sich den Inhalt der Strophen in seiner ganzen Schwere vergegenwärtigen will, in denen die Herabsetzung des Stammes des Ruben beschrieben wird, der einen niedrigeren Platz einnehmen mußte, weil er durch Sünde die Führerschaft verwirkt hatte: sein Bruder hatte ihm *eád* und Adel geraubt. Wenn wir lesen, daß die Söhne *eád* annehmen und verwalten, daß die Verwandten „in gutem Einvernehmen *eád* und Ehre vermehren", so haben die Sätze mehr Gewicht als es möglich wäre, ihnen in einer Sprache zu geben, in der *eád* entweder nur Glück oder aber Macht oder Erbschaft oder Besitztümer bedeuten müßte; niemals können wir in das Wort „Besitz" die gesteigerte Bedeutung eines Familienglücks hineinlegen, die, untrennbar mit Erbschaft verbunden, diesem einen Wert beimessen und zugleich das verbindende Glied zwischen den Menschen und ihren Gütern bilden würde. In seiner vollsten Bedeutung als das Heil oder das Leben, das ein Individuum zu einem Verwandten oder zu einem menschlichen Wesen macht, kommt das Wort noch bei den Nordländern vor; die Zukunft eines Mannes, der einen Friedensbruch begangen hat, indem er seinen Schwager tötete, wird folgendermaßen beschrieben: Er soll wie ein Wolf in die Einöde laufen, des *auð* und aller Freude bar (siehe Exod. 339; Rätsel 27, 23; Helg. Hund. II, 33; vgl. Heliand *od* und verwandte Wörter).

Der volle, einheitliche Sinn von *eádig* ist auch dann erhalten, wenn es von einem Menschen gebraucht wird, um die ganze Menschlichkeit zu bezeichnen (Gen. 1476, 1885, 2595, 2833 usw.); siehe die charakteristische Strophe Gen. 1107: Adam bekam einen braven Sohn, er war *eádig* und wuchs auf zur Freude seine Eltern.

Die gleiche Bedeutung von Leben, Heil und Ehre ist in dem Wort *blœd* enthalten (Beow. 18, 1013, 1299, 1703, 1124; Gen. 1890, vgl. 1608, 859, Judith 63); Reichtum an Verwandten bezeichnet es Exod. 318; *mannheill*, gesellschaftliches Ansehen: Dan. 455, 164; Kriegsheil: Judith 122, B A Po. III, 1, S. 150, V. 68; Erfolg, Weisheit: Cräftas 103 (B A Po. III, 1, S. 143), Phönix 549.

3. *Dómr*

Dóm = Glück und Macht: Beow. 1528, Gen. 56, 1199, 2082, Exod. 570, Jud. 196, 266, B A Po. I, 294 (85) vgl. die Ableitungssilbe in *freodóm, wisdóm, cynedóm.*

Dóm = Macht als Wille: Beow. 895, 2964, Exod. 520, And. 1695, Guth. 82, 744 vgl. Dan. 143.

Dóm = der Wille, der zu seinem Ziel gelangt, d. i. Entscheidung, Urteil: Beow. 441, 978, Gen. 1625, 1915, Dan. 190.

Dóm = Herrscherkraft: Beow. 2147, 2776, B A Po. I, 360 (38).

Dóm = *Ehre:* Beow. 1470, 1491, 1720, 2179, 2666, Jud. 300, B A Po. I, 363 (129).

Dóm = Ruhm: Beow. 885, 1645.

Dóm = Ruhm nach dem Tode, Leben, daher in christlicher Sprache: Ewiges Leben, Erlösung: Beow. 2820 vgl. 1388. In unserer Übersetzung dieses Wortes müssen wir notgedrungen die Idee in ihre verschiedenen Aspekte zerlegen, anstatt sie zu verstärken. Beim Vergleichen einer Reihe von Texten wie Dan. 163/4, 478/9, 762/3 wird der Leser bemerken, daß *dóm* an einer Stelle Heil und Ehre und an einer anderen Ehre und Heil bedeutet.

(Vgl. dazu Band II, Kap. 2, sowie unter *dómr* im Kap. „Völuspa" im II. Band.)

4. *Heill, séls*

Die Einheit von Körper und Seele prägt die Ideen von moralischem und ethischem Wert. Sünde ist einfach Krankheit und durchdringt den ganzen Menschen, mit allem, was zu seiner Person gehört. Sünde kann ihren Ursprung in geistiger Schuld haben, wie in ungesetzlichem Töten, Verletzung der Keuschheit, Erleiden einer Kränkung, Mangel an Wagemut; aber der Makel wird den Körper und die Habe des Übeltäters durchdringen, indem er ihn unrein macht und ansteckend für alle, die mit ihm in Berührung kommen. Andererseits aber kann sich die Sünde auch durch den Körper einschleichen; angesteckt von Dingen, die *unheore* sind, und durch die geringste Befleckung der Hände, arbeitet sie sich in den Menschen hinein, Gedanken und Beweggründe vergiftend, und – wenn nicht aufgehalten – die Seele zerstörend und sie jäh in Neidingschaft stürzend. – Das nordische Adjektiv *heill* bezeichnet die körperliche Ganzheit eines Mannes: gesund, ohne Wunden und geistig gesund; *heill hugr* enthält Ehrenhaftigkeit, Geradheit und Wohlwollen; *heil ráð* bedeutet Pläne oder Ratschläge, die sicher erfolgbringend sein werden und in den besten Absichten gegeben sind. Der geistige und ethische Sinn wird von dem Übersetzer der gotischen Bibel betont, der für Gut und Böse keine bessere Übertragung fand als *séls* und *unséls*. Die Kraft des Worts geht verloren, wenn es differenziert wird, vgl. z. B. Hav. 156: Männer, die kraftvoll in die Schlacht und aus der Schlacht schreiten, *heilir hildar til, heilir hildi frá, koma þeir heilir hvaðan,* dazu Beow. 300, 1974, 1503; auch Formeln wie: *wes hale, mæl heill,* was nach unseren Vorstellungen einen Glückwunsch und den Wunsch andeutet, daß die geäußerten Worte wirksam und kräftig sein mögen.

Heill, Heil, Hamingja (vgl. auch Band II über *heimta heill;* es ist kein Unterschied in der Bedeutung zwischen fem. und neutr. vorhanden): Svarfd. 17, Flat. I, 538, Grettir 176, Austf. 95, Njála 4, Gró. 16, Beow. 1217 vgl. 204, Ancient Laws and Institutes of England 356 (32); siehe auch Graff IV, 864/5.

Waffenheil: Forns. 48, Z. 10, Kormak 20.

Illu heilli: Flat. II, 189, Islend. 141, Gud. I, 22, Hel. 4.

Góðu heilli = Heil Dir, Svarfd. 7.

Heil, Segen, der aus einer kultischen Handlung erwächst und sich in guten Wahrzeichen offenbart; *leita heilla:* Flat. I, 144 vgl. 145, Egil 152, Heims. III, 450, Kormak 46, Bard. 7, Landn. 7, Z. 1, vgl. Hynd. 49/50; *til heilla,* Heil und gutes Wahrzeichen, Eyrb. Kap. 44, Forns. 123, Landn. 7, Z. 15; dazu das Sprichwort: *fall er farar heill,* Mork. 116, vgl. Regin 19/20, vgl. 22; kultische Geräte, Sigrd. 17.

5. Utgard

(s. o. S. 143 ff.)

In Norwegen besteht Utgard aus ungeheuren Wäldern, öden Felsen, Bergen, über die Stürme dahinrasen, naß und schlüpfrig oder mit Rauhreif bedeckt, aus reißenden, schäumenden Flüssen, SE 44 ff., 88, 89 vgl.

Vsp. 36, Grim. 27, Skjald. I, 139 ff., Skirn. 10, Svip., Saxo I, 420 ff., Adam Brem. IV, 38, 39/40 (weiteres im II. Band).

In formelhaften Märchendarstellungen begegnet uns das traditionelle Bild des norwegischen Utgard: Eine Lichtung im Wald unter steil überhängenden Felsen, oft in Nebel gehüllt (Fornald. III, 387, 412, 471, Flat. I, 257/8, 527, Islend. 434, Austf. 188/9, Ól Tr. 44/5, Flat. I, 398 vgl. 278).

Eine Schilderung von Utgard ist in den Beschreibungen des Weges enthalten, der zu Hel führt, vgl. Bugge: Norr. Skr. 69, S E 59, Fornald. III, 653, usw., Fornald. III, 568 ff., Islend. 466 vgl. Bardarsaga snæfellsáss.

Über den Utgard von Halogaland siehe Fornald. II, 107 ff.; vgl. auch Band II, Ende des 2. Kapitels.

Beschreibungen der Bewohner von Utgard in der Hymiskvida, ferner Fornald. III, 482, Islend. 464, Flat. I, 21, 219.

In anderen Gegenden wird Utgard als ein Gebiet von undurchdringlichen Wäldern dargestellt, Jarnvidr genannt, das von Dämonen in Wolfsgestalt heimgesucht wird, S E 17 vgl. Sturl. I, 4; auch Heliand 1121. Dazu Volkskundliches bei Grimm: Myth. I, 381, III, 132. Als Wald voll von Sümpfen und Mooren im Beow. 103/4, 161/2, 1348 ff., 1402 ff.; der Jöte *ib.* 120/1, 726/7, 983/4, 1615 ff., B A Po. I, 340 (42).

Das Unheimliche der flachen Ebene bei Saxo I, 51.

6. Naturen

Als Ergänzung der Andeutungen im Text seien hier einige „Naturen" verzeichnet, sofern es möglich ist, ihr Megin und ihre Seele aufzuspüren.

Für das Studium primitiver und alter Religionen sind unsere Botanik und unsere Zoologie von ebensowenig Nutzen wie unsere Psychologie. Wir müssen mit der Feststellung dessen beginnen, was die Dinge im Lichte primitiver Erfahrung waren, wir müssen lernen, wie wir sehen sollen, und was wir sehen und hören sollen, und wir müssen genau so primitiv hören und fühlen wie Kinder, denen das Wissen um die Dinge beigebracht wird, und für jedes neue Volk somit eine neue Wissenschaft aufbauen. Ehe diese Arbeit nicht getan ist, sollten wir lieber nicht zu dreist von unserem Verständnis primitiver Religionen sprechen. Die Aufgabe ist alles andere als leicht; ich kenne in der Tat keine, die in höherem Maße wissenschaftliche Hingabe und stoffliche Einfühlung erfordert – offene Augen und einen offenen Sinn. Die Geringfügigkeit und der zufällige Charakter der literarischen Überbleibsel der alten Religionen hemmen uns, aber Not kennt kein Gebot und keine Unmöglichkeit.

Unsere Aufgabe wird noch dadurch erschwert, daß die Erfahrung dem Walten der Phantasie Grenzen setzt. Wir haben mit den Dingen um uns die Fühlung verloren; unsere Erfahrung ist bis ins tiefste impressionistischer Art. Nur ein flüchtiger Schimmer der Natur dringt zu uns und bildet den Ausgangspunkt unserer Empfindung. Um die Tiefe und Tragweite der alten und primitiven Sprache zu erfassen, genügt es nicht, eine lange Reihe von charakteristischen Merkmalen zusammenzufügen, wir müssen, soweit es möglich ist, eine Synthese konstruieren, wir müssen versuchen, die „Natur“ und Heil eines Dinges als ein organisches, lebendes Ganzes zu erfassen. Unwillkürlich drängen sich uns beim Lesen der Dichter jener alten Zeit unsere eigenen impressionistischen Vorstellungen auf; wir nehmen jedes Wort für sich als Träger der jeweiligen Augenblicksstimmung, und so mißlingt es uns, die Ganzheit des Bildes zu begreifen. Wenn der Dichter ein Bild des „seefahrenden“ Schiffes entwirft, so nehmen wir nicht das ganze Schiff in uns auf, sondern nur den Augenblick unseres Eindrucks von dem Schiff, wie es müßig am Strande liegt, und unbewußt ergänzen wir: Siehe, jetzt hat es Ruhe, das Schiff, das die See gepflügt hat und bald neuen Stürmen ausgesetzt sein wird. Wenn wir lesen, daß das Schwert nicht nur grau und scharf, sondern gleichzeitig auch das „Überbleibsel“ des Hammers, das Werk des Schmiedes und das Erbstück von einem gewissen Menschen ist, so müssen wir versuchen, uns vorzustellen, daß der Krieger das Werk des Hammers und die Geschichte irgendeines Vorfahren und irgendeines Sieges schwingt. Die See oder das Wasser ist ebenso *kolblár* und ausdehnbar, wenn es in einem Kübel getragen wird, wie wenn es in Wogen am Horizont rollt, ebenso salzig, wenn es vom Schiffsdeck aus beobachtet wird, wie wenn ein Schwimmer hineintaucht.

Was den poetischen Stil des Nordens anbelangt, so ist es wahr, daß die Sprache der Skalden und besonders die Dichtung der Angelsachsen barock ist; dieser Barock aber hat die angeborenen Charakterzüge folgerichtig weitergeführt, und er gibt somit primitive Gedanken in Hautrelief wieder.

Tag

Ljóss, Helg. Hund. II, 51; *berht,* Heliand 5767 (niemals blau).
Mythisch, Vaf. 12, 25, S E 16 (Sk nfaxi).
dægwóma, Guth. 1191, Exod. 344; *dægrédwóma,* Guth. 1266, And. 125,

vgl. Grimm: Myth. 622, aber *dægwóma* bedeutet nicht Anbruch des Tages, selbst wenn *dægwóma* der Nacht folgt, siehe Guth. 1191.

Sonne

Berht, Heliand 3125;

hedar, hador, heiðr, Heliand 5714, Christ 693, Phönix 212, Grim. 39;

huit, Heliand 2605;

snigli, Heliand 2625, 3577;

woruldscandel, dægcandel, rodores candel, Beow. 1965, 1572, And. 835 usw. sind folgerichtige Weiterführungen, wenn auch umgedeutet; vgl. B A Po. I, 375 (15);

heofones wyn, Beow. 1801; *wyncandel,* Guth. 1186; ängstlich, fliehend, S E 17, Grim. 39;

Macht, Glück spendend, s. o. S. 191;

Dämonen zum Erstarren bringend (Gegensatz zur Nacht), Alvis. 16, 35, Helg. Hj. 29/30;

ártali, Vaf. 23;

mythisch, Vaf. 23, Grim. 37, S E 16/17.

Nacht

þyster, Jud. 34, Heliand 4359, 4668, 4911;

wann, Beow. 702;

brúnwann, And. 1306;

deorce, Phönix 98, B A Po. III, 191 (9), Guth. 1191, Beow. 2211;

sweart, Beow. 167, Heliand 4998 vgl. Richt. s. u. Nacht;

nípende, Beow. 547, 649;

Schlummer und Traum, Alvis. 30;

nihtes nearwe, Guth. 1183, Elene 1239, B A Po. I, 290 (7); Nörfi, S E 16, Vaf. 25, Alvis. 29 vgl. S. Bugge: Helgedigtene S. 97;

dämonisch böse, vgl. o. S. 147 und 192.

Mond

Torht, Heliand 3628;

skyndir, der Eilige, Alvis. 14;

Macht gegen Feinde, Háv. 137;

ártali, Alvis. 14, Vaf. 23;

mythisch, Vaf. 23, 25, S E 16/17.

Himmel

Hlýrnir, Alvis. 12, S E (A M) I, 470, 592;
vindofnir, Alvis. 12;
drifandi, hreggmimir, leiptr, S E (A M) I, 470;
vindbláinn, viðbláinn, viðfeðmi, S E (A M) I, 592;
Ýmis hauss, usw., S E (A M) I, 314 ff.;
in heiða himin, Harb. 19 (in mythischer Formel);
heiðþyrnir, s. u. unter „Hirsch".

Erde

Fjölnýt, Sigrd. 4, vgl. B A Po. I, 316 (69): *firum to nytte;* vgl. *dreám, manndreám, seledreám, wyn;*

weit, ausgedehnt, *wíd, rúm, gin, brád,* Beow. 1965; Gen. 104, 114, 123, 154, 213, 1350, 1538, 2451; Jud. 2, 349; Christ 357; Heliand 2585, 4314; B A Po. I, 3 (51);

eormengrund, Beow. 859, altnordisch *jörmengrund,* Grim. 20;

þruma, unbeweglich, S E (A M) I, 586 vgl. den Gebrauch des Verbs Grim. 8;

ernährend, wachsend, B A Po. I, 345 (73) vgl. 316 (68), Alvis. 10, Edd. Min. 131;

mildtätig, Macht, Glück, Háv. 137; Christ 1530; B A Po. I, 319;

Wege, Beow. 840, 866; Gen. 2050; Phönix 178, And. 206, 775, Elene 467, 1014; Christ 1530, Guth. 1012, 1224; Alvis. 10; Háv. 106; Bald. 3, Oddrun. 3, 8. Wege bedeutet nicht Landstraße, sondern spielt auf die Möglichkeit von Reisen an; Pfade oder Wegsamkeit ist ein Kennzeichen der Erde, vgl. Homer;

grün, Alvis. 10; *grœnar brautir,* Faf. 41, Rig. 1, Skjald. 139 (1); vgl. Exod. 312, And. 776;

Thors Mutter, S E 16; Thrymsk. 1, Skjald. 17 (14);

Steine = die Knochen der Erde, Skjald. 12 (26); Gras = ihr Haar, Skjald. 170 (3); klaffend, Skjald. 93 (2) vgl. Hallfreds Witz, Skjald. I, 147 *(breiðleitr);*

fæðm bearm, B A Po. I, 316.

See, Welle, Wasser

Kühn, kühl, *svalr, svalkaldr, úrsvalr,* regenkalt, *cealde streámas,* Hynd. 38, Gud. II, 21, Vsp. 3, Grim. 7, Helg. Hund. II, 13, Beow. 1261;
kolblár, nicht mit unserem Schwarz identisch, *bláar unnir,* Sigrd. 10;

fealu, Beow. 1950, B A Po. I, 377 (36), III, 141 (53), And. 421, 1538, 1588;

salzig, S E (A M) I, 492 ff. vgl. Beow. 1989;

breit, Beow. 507, 2473, 1551;

der Weg und das Land der Schwäne, Möwen usw., Skjald. I, 4 (19), 41 (24), Beow. 200, 1861, B A Po. I, 310, Z. 25; der Fische, Wale und Seehunde, *álheimr,* Alvis. 24, S E (A M) I, 324, Beow. 10, B A Po. I, 384, Z. 28, 292 (60);

der Weg oder das Land der Schiffe und der Seefahrer, S E (A M) I, 324, Beow. 1429.

Feuer

Frekr, der Wolf der Erle, Skjald. I, 12 (29), s. AS *frécne;* Heliand: *grimm endi gradag,* 4369, usw.;

mildtätig, Háv. 68, 137: *tekr við sóttom;*

aldrbari, vgl. Gud. II, 39;

Heilkraft, N G L I, 328 (134) vgl. Grimm: Myth. 502 (571);

Heiligkeit und heilige Kraft des Feuers, siehe II, Kap. 7 und bem. *funi,* Feuer als kultisches Element, Alvis. 26, *ib. vagr.*

Hirsch

Duneyrr, S E, Index;

gaghals, Grim. 33, *hábeinn,* Gud. II, 2, *hadstupa,* Beow. 1368.

Wahrscheinlich beziehen sich einige der Umschreibungen ursprünglich auf Renntier oder Elch und sind später auf den Hirsch übertragen worden.

Eikþyrnir, S E (A M) I, 590, aus einer Wurzel, die schattig, überdeckend bedeutet (in bezug auf diesen Gedanken siehe B A Po. III, 233, Z. 15/16), vgl. dieselbe Wurzel im aktiven Sinn in *hei þyrnir,* der Himmel;

mótro nir, S E (A M) I, 478, 590, II, 484, 567; vgl. B A Po. I, 331 (6): *morstapa* (Auerochse).

Bär

Iugtanni, blájaxl, fetvíðnir, breiðvegi, S E (A M) I, 498, 589;

alt, *Bera sceal on hæðe eald and egesfull,* B A Po. I, 339 (17 ff., 29 f.).

Wolf

Tier der Schlacht, Jud. 206;

on wealde, Jud. 206, Elene 28, B A Po. I, 379 (65); *holtes gehlé a,*

Elene 113 vgl. S E (A M) I, 591; *mearcweard,* Exod. 168, B A Po. I, 339 (18); *hlanc,* Jud. 205;

grau, B A Po. I, 379 (64), 288 (82), 349 (151), III, 148 (13), S E (A M) I, 591;

Aasfresser, *hrægifr,* Gud. II, 29, S E (A M) I, 476 ff.; *valdýr,* Vsp. 55; *hæðstapa,* B A Po. III, 148 (13); *hei ingi,* S E (A M) I, 591.

Adler

Úrigfeðera, Elene 29, 111, B A Po. I, 291 (25);
salowig-pád, Jud. 211;
hyrnednebba, Jud. 212.

Rabe

Wælgifre, Jud. 207, Elene 110;
wælfell, Elene 53, vgl. Beow. 3025, S E (A M) I, 486 ff., vgl. *valgammr;*
hildegrǽdige, Exod. 162, *wælceásega,* Exod. 164;
wann, Jud. 206, Exod. 164, Gen. 1983, Beow. 3024; *salwigfeðera,* Gen. 1448; *sweart,* Gen. 1441, 1449; *sealobrún,* B A Po. I, 16 (37); *salowig-pád,* 379 (61); *blác,* Beow. 1801; *dökr,* Reginsm. 20; *dǫgglitr,* Helg. Hund. II, 43;
deáwigfeðere, Exod. 163, Gen. 1984, Helg. Hund. II, 43;
árflognir, S E (A M) I, 488;
hyrnednebba, B A. Po. I, 379 (62).

Habicht

Veðrfǫlnir, S E (A M) I, 488.

Schwert

Grau, scharf, beißend, brennend, kühl – der Krieger weiß, wie es sich anfühlt, Hynd. 15, usw.

Sein Ursprung ist Teil seiner Natur: Das Werk des Hammers und der Feile, Beow. 1032, 2829, B A Po. III, 188 (VI, 8); das Werk des Schmiedes oder eines berühmten Herstellers, B A Po. I, 11 (2), 375 (6), III, 188 (VI, 8), 196 (XXI, 7), Beow. 455, 1562; der Weg des Wetzsteines, Skjald. 32 (8), vgl. *bein* in Lex. Poet.

Es muß hier hinzugefügt werden, daß das Schwert eine ihm besonders eigene Geschichte, Charakter, Wille und Schicksal enthält. Es ist die Geschichte, der *nautr,* die Gabe eines gewissen Menschen (vgl. Band II, Kap. 1 und 3).

7. Stammbäume

Alle Linien der Familienähnlichkeit verzerren sich, sobald die Überlieferungen in der Verkleidung eines Stammbaumes wiedergegeben werden. Wenn wir z. B. in unserer chronologischen Weise versuchen, die Ynglingatal und die Haleygjatal in Einklang zu bringen, ergeben sich recht erstaunliche Resultate; aber der moderne Einwand, daß Godgests Urenkel kaum durch Godgests Freund, Adils' Urgroßvater, erschlagen und durch Godgests Enkel gerächt werden konnte, ist nicht dazu angetan, bei den Alten einen Mangel an Tatsachensinn aufzudecken. Er beweist nur die Vergeblichkeit aller modernen Versuche, aus alten Überlieferungen neuzeitliche Chronologie gewinnen zu wollen; er mag jedoch dazu dienen, einen neuen Weg zur Erforschung der Vorgänge dieser schicksalvollen prähistorischen Jahrhunderte zu eröffnen. Die Nachforschung muß von den Voraussetzungen des Stoffes ausgehen, und dann werden die Überlieferungen sich als sehr brauchbare Dokumente erweisen, frei von „phantastischer Willkür"; die Stammbäume zeigen klar, wie und wo die Sippen sich berührten, und auf Grund solcher Tatsachen kann eine fesselnde Geschichte der Wechselwirkungen zwischen den skandinavischen Völkern geschrieben werden.

Um den vollen Wert der skandinavischen Verzeichnisse aufzuzeigen, müssen wir die Widersprüche besonders beachten. Der letzte Mann oder die jeweils durch ihn repräsentierte Familie ist für das Verzeichnis ausschlaggebend; verschiedene Kombinationen von Vorfahren sind wertvoll, weil sie den Aufbau verschiedener Geschlechter anzeigen. Die Literatur ist voll von mythischen oder prähistorischen Stammbäumen, Überbleibseln von Familientraditionen; die meisten von ihnen sind jetzt schwer unterzubringen, weil die Verzeichnisse aus ihrem Zusammenhang herausgerissen und als historische Gegenstände oder als spannende Geschichten überliefert worden sind. Ein lehrreiches Beispiel ist die Geschichte der Skjöldunge. Im Beowulf werden sie als eine dänische Sippe eingeführt, die mit den Hadubarden Krieg führt; die skandinavischen Quellen gehen meistens auf die Zeit zurück, wo die Hamingja der Hadubarden von den Skjöldungen aufgenommen worden war, ihre Familienüberlieferungen der Saga des dänischen Hauses einverleibt waren und ihre Könige unter dessen Ahnen aufgezählt wurden. Auf der anderen Seite finden wir sie im Beowulf zu einer Zeit, wo sie mit den Gautland-Königen eng verbunden sind, und wir sehen die Wirkung dieser Verbindung in dem direkt oder indirekt mitgeteilten Verzeichnis der Ahnen; es ist eine Möglichkeit vorhanden, wenn auch keine sehr große, daß dieser aus Skjöldung- und Gautland-Hamingja gebildete Ring durch Familienbeziehungen innerhalb des angelsächsischen Hauses entstanden ist. Von der Hervör-Heidrek-Sippschaft ist eine beträchtliche Zahl von „Verkürzungen“ erhalten; neben solchen von Hyndluljoð und Hervararsaga findet sich eine in Flateyjarbók I, 26, eine andere ebenda 279, und zu diesen muß noch der Stammbaum von Eyvind Austmaðr gestellt werden (s. u. S. 415 u. 421.)

Die alte Art, Verwandtschaft wie sich durchschneidende Kreise aufzuzeichnen, blieb in Norwegen noch bestehen, nachdem die Isländer längst von englischen und irischen Gelehrten gelernt hatten, in genealogischen Kategorien zu denken. Ein interessantes Beispiel ist in dem Verzeichnis von König Haralds Verwandten erhalten geblieben, oder vielmehr in dem Bild seiner Hamingja, Flat. I, 24 ff.; die Linien sind in genealogischer Reihenfolge durchgeführt, aber das ursprüngliche System ist überall hinter den Stammbäumen erkennbar. Die Verzeichnisse können eine Inventaraufstellung der Sippen genannt werden, deren Ehre und Heil in Haralds Hamingja hineintraten. Spätere Geschichtsschreiber haben die Komposition durch Hinzufügung eigener Forschungsergebnisse verbessert, aber die Ergänzungen haben die echten Überlieferungen des Hofes nicht wesentlich verdunkelt. Die Verzeichnisse sind vollkommen unabhängig von den Ynglingatal. In der Ynglingasaga wird die Dichtung als sagenhafte Geschichte Norwegens benutzt, aber dies ist die Erfindung eines Geschichtsschreibers; der Grund liegt nahe genug – in einem berühmten Gedicht, das dem nach Urkunden suchenden späteren Geschichtsforscher vorlag, war Rögnvald unsterblich gemacht worden.

Ein jüngerer Dichter, Eyvind Skaldaspillir, setzt den Jarlen auf Hladir ein Denkmal, das mit dem der regierenden Könige Südnorwegens zu vergleichen ist. Zweifellos hatte sowohl derjenige, der den Auftrag erteilte, als auch der Künstler, der ihn ausführte, jenes Vorbild vor Augen, aber das bedeutet keineswegs, daß der Inhalt der Haleygjatal in irgendeiner Weise dem der Ynglingatal an innerem Wert nachsteht. Die Theorie, daß ein Dichter auf die Idee hätte kommen sollen, Jarl Hakons Herz zu ergötzen und seinen Ruhm zu vermehren, indem er willkürlich eine selbstkonstruierte Ahnentafel aufgestellt hätte – diese Theorie ist zu phantastisch, um erörtert zu werden. Eyvinds Genie äußerte sich darin, daß er die Erfindung des älteren Dichters seinem eigenen Gebrauch anpaßte, indem er die Kreise in eine gerade Linie ordnete, und somit tat er für Hakon, was Thjodolf für Rögnvald getan hatte: er kleidete seine Hamingja in die neumodische europäische Form.

Einer näheren Betrachtung teilen sich auch die Haleygjatal in Kreise auf, die zumeist die Sippschaften der nordnorwegischen Häuptlinge darstellen. Unglücklicherweise ist der größte Teil des Gedichts verlorengegangen, und wir besitzen nur Auszüge der Namenverzeichnisse. In der sprachlichen Aufmachung der dänischen Historiker heißt es:

Odin und Skadi	Heimgest, Hulds Bruder	Havar
Sæming	Gylaug	Harald Trygill
Godhialt	Gudlaug	Thrond
Sverdhialt	Mundill der Alte	Harald
Hadbrod	Hersir	Herlaug
Himinleig	Brand der Jarl	Herlaug
Vedrhalt	Brynjolf	Grjotgard
Havar (Handrammi)	Bard	Hakon, Jarl auf Hladir
Godgest	Hergils	Sigurd
		Jarl Hakon

Der Gründer der Familie des Jarls im engsten Sinne war Grjotgard, der Mann mit dem Namen, der lange Zeit hindurch das besondere Eigentum der Sippe war. Ob Grjotgards Vorfahren in dem Gedicht, Herlaug und Harald, sein Vater und Großvater sind, oder – wahrscheinlicher vielleicht – seine angeheirateten Verwandten, im alten Sinne nahe Verwandten, ist ein Geheimnis, das die Toten mit sich nahmen; wir wissen nur, daß zwei Brüder, Herlaug und Hrollaug, zu Harald Schönhaars Zeit Könige von Naumudal waren, und der Name Herlaug in dem Geschlecht der Jarle auf Hladir üblich war. Von den übrigen Namen des Verzeichnisses fallen uns Brynjolf und Bard auf, als alte Bekannte aus den nördlichen Teilen Norwegens, der Heimat des Hakon-Geschlechts. In Godgest, König von Halogaland, der König Adils' Freund genannt wird, und auch in der Gudlaug-Gylaug-Gruppe, berühren sich die Linien der Jarle auf Hladir und Rögnvald Heidumhærri, und wenn man die beiden miteinander vergleicht, so ist ihre Ringform sofort deutlich erkennbar.

In historischen Zeiten waren die Jarle von Halogaland ziemlich weit im Süden, in Mœri, fest ansässig, und ihr Geburtsrecht wird besiegelt durch ihre Hamingja, wie sie in den Familienverzeichnissen erscheint. Da ist Hamingja von dem Geschlecht der Naumudal-Könige, wie solche von Gudlaug-Gylaug, von Godgest-Heimgest – wenn Heimgest Hulds Bruder genannt wird (was zweifellos auf Überlieferung beruht), so soll damit vielleicht angedeutet werden, daß die Frau, Huld, ein Bindeglied der Familiengefühle der Jarle auf Hladir war; da ist Blut von gutem Bauernschlag und von Häuptlingsfamilien, wie das von Brynjolf und Jarl Brand und Jarl Harald; die Mœri-Hamingja liegt wahrscheinlich direkt in dem Namen Grjotgard verborgen; das Recht der Jarle, Drontheim ihren Wohnsitz zu nennen, ist fest begründet in dem Namen jenes Thrond, der als vierter Mann hinter Grjotgard steht. Von diesen heimatlichen Kreisen ausgehend, reicht die Hamingja bis weit in die Welt hinaus. Hakon nimmt eine Verwandtschaft mit den dänischen Königen in Anspruch, die Harald Schönhaar so teuer waren, und seine Forderung entspringt der Tatsache, daß Namen der dänischen Häuser – wie Heming und Aud – unter seinen Kindern wiederkehren; aber Hakons Verwandtschaft mit den südlichen Sippen durchläuft andere Linien.

Eine interessante Parallele ist in einer gelehrten Konstruktion enthalten, Flat. I, 22/3; sie chronologisiert verschiedene Ahnenkreise des Jarl-Geschlechts, von denen einige diese Sippe mit Halogaland verbinden, andere mit mächtigen Familien unten an der Westküste. Grjotgard repräsentiert augenscheinlich die Hamingja der Jarle von Mœri, vgl. Ágrip, Fornm. X, Kap. 12.

Die Überlieferungen der Isländer sind seit der Zeit der Landnahme genau genealogisiert, aber dennoch hat das alte System der Kreise seine Spuren hinterlassen, vor allem natürlich in den Gliedern, die bis Norwegen zurückreichen, nicht weniger jedoch ist es in späteren Zusammenstellungen erkennbar, daß die Isländer nicht auf einmal ihre ererbte Art der Ahnenaufzählung vergaßen.

Die bereits erwähnte gelehrte Aufstellung in Flat. I, 21 ff. ist auf Grund echter Familienüberlieferungen ausgearbeitet. Ein Bruchteil gehört den Jarlen auf Hladir an, ein anderer stammt von einem isländischen Wohnsitz. In dem Verzeichnis Jötunbjörn – Raum – Hrossbjörn – Orm Skjeljamoli – Knöttr, der der Vater von Thorolf Halmi und Ketil Raum war, und weiter: Thorolf Halmi – Helgi – Bersi – Thormod – Thorlaug – Tungu-Odd, zählt der letztgenannte Häuptling auf der einen Seite seine Verwandtschaft mit den Vatsdœlingen und auf der anderen die mit dem Landnahmemann Thord Thvari und der mächtigen Familie der Bresisöhne auf. Für den letzteren Teil ist Knöttr wichtig; er ist niemals als Vorfahr erwähnt, aber sein Name wird in der Bresi-Familie vererbt, vgl. Landn. S. 89 (Kap. 238), 182, 13.

Aus dem Stammbaum der Sturlunge ergibt sich eine erläuternde Parallele zu den Überlieferungen der Jarle auf Hladir. Die Familie von Hrafn stammte aus Drontheim und hatte, wie die Jarle, einen Strang der dänischen oder südskandinavischen Hamingja. Das drückt sich in ihrer Genealogie durch drei auf Thrond und durch ihn auf Harald Kampfzahn und

Hrœrek zurückgehende Glieder aus (Landn. 103, 235, Njála 99/100, Dipl. Isl. I, 505, S E [A M] III, LXXIV).

Eine andere, augenscheinlich echte Überlieferung findet sich in ziemlich zweifelhafter Umgebung, Fornald. III, 519 ff. Dem Stammbaum zufolge ist die Familie von Gull-Thorir mit den Jarlen auf Mœri und mit anderen nördlichen Sippen verbunden, sie stammt von Thrond ab, der ein Sohn von Sæming und Nauma ist (vgl. Vigda Ágrip, Kap. 12).

Die Stammutter der mächtigen isländischen Familie auf Hvamm war die majestätische „große Witwe" Aud. Sie ist auf den britischen Inseln zwischen Männern aufgezogen worden, die Königreiche errichteten, und ihr Name bezeugt die Verbindungen ihrer Verwandtschaft mit dänischen und südskandinavischen Königen. Wie die Tochter von Jarl Hakon wird sie nach der Aud *hin djúpauðga* genannt, die in der Geschichte als die Tochter von Ivar Weitfahe berühmt ist. Einer der Freunde ihres Vaters war Eyvind Austmaðr, der nach den Überlieferungen seiner isländischen Verwandten eine Abstammung von Hrolf, Ingjald und Frodi in Anspruch nahm. Eyvinds Sohn Helgi war mit Auds Schwester verheiratet, und sie verheiratete ihren eigenen Sohn mit Helgis Schwester Thurid. Aud war mit Olaf dem Weißen verheiratet, dessen Stammbaum einerseits Verwandtschaft mit den norwegischen Königen, andererseits mit Ragnar Lodbrok aufweist. Durch diese Genealogien erhalten wir die Familienkreise von Auds Nachkommen, die Männer auf Hvamm, und andere isländische Zweige dieser Sippen; ihre Überlieferungen stehen nicht im geringsten im Widerspruch zu dem Stammbaum von Olaf dem Weißen, so wie er von den englischen Historikern aufgezeichnet ist.

Eine Gruppe von Familien in Norwegen und auf Island wird durch einen gemeinsamen Vorfahren namens Hördakari zusammengehalten; der Name ist nicht im modernen Sinne als der eines fernen Erzeugers aufzufassen, sondern als der Hauptnenner einer Hamingja, die in alle diese Sippen mit hineinfließt. Die aufgezeichneten Genealogien geben uns keine Vorstellung von den linearen Verwandtschaften zwischen den verschiedenen Gruppen der Hördakarlinge. Eine Familie ist in der Geschichte durch den norwegischen Häuptling Erling Skjalgson bekannt, der mit den Königen von Norwegen verbunden war. Ein anderer Zweig wanderte aus, und ihm entstammte Ulfljot, der Gesetzgeber Islands; von dieser Familie sind zwei Genealogien überliefert, eine in Flat. I, 249 (vgl. Landn. 95), die andere in Vatshyrna (Bard. 93/4). Die letztere ist von besonderem Interesse, da wir erfahren, daß sie Ketil in Djupadal angehört und somit den Stolz seiner Familie darstellt. Ferner haben wir ein Verzeichnis, das Siduhall zugehört und eine lebhafte Wechselwirkung zwischen den Häusern zeigt, die durch diese beiden Männer vertreten sind (siehe Landn. 95).

Flat.:	Vatshyrna:		Landn.:
			Svasi Jotunn
	Hrolf aus Bergi		Hrolf aus Bergi
	Sölgi		Sölvi
	Bödvar		Kaun
	Kaun		Svina Bödvar
	Thorir Sviri		Thorir konung
Örn Hyrna	Onar		Örn Hyrna
An	Örn Hyrna		An
Aslak Bifrakari	Aslak Bifrakari	**Thorleif**	Thorleif Hvalaskuf
Ketil Hördakari	Ketil Hördakari	**Bödvar Snæthrima**	Bödvar Snæthrima
Thora	Thora	**Thorleif Midlung**	Thorleif Midlung
Ulfljot	Ulfljot		Bödvar
	Gunnar		Thorstein
	Ketil i Djupadal		Siduhall

Der Stammbaum von Ketil in Djupadal weicht von dem seines Großvaters Ulfljot ab und läßt eine Hamingja erkennen, die Bestandteile der durch Siduhall vertretenen Familie sich einverleibt hat, und umgekehrt hat diese Sippe sich Heil von den Hördakarlingen angeeignet. Zum Glück besitzen wir einige Andeutungen darüber, auf welche Weise dieses wechselseitige Interesse geweckt wurde; laut einer Überlieferung in Halls Zweig der Familie heiratete ein Verwandter unter ziemlich romantischen Umständen eine Frau, die die Witwe eines Hördakarlings war, und zog für einen ermordeten Mann Nachkommen groß – oder versuchte, sie großzuziehen (Flat. I, 21). Natürlich geht es nicht an, diese Überlieferungen verschiedener Höfe in Einklang zu bringen, indem man sie zusammenwirft oder An und Onar identifiziert (bem. Landn. 95).

Eine dritte Familie der Hördakarlinge mit isländischem Ruhm hat Hjörleif als Mittelpunkt. Seine väterliche Ahnentafel lautet: Hrodmar, Hroald, Hromund Gripson (Landn. 6), das Verzeichnis mütterlicherseits ist enthalten in Forns. 120, wie folgt: Hjörleif, Hrodny, Ketil Bifra,

Hördakari; diese Kreise berechtigen uns nicht dazu, Hrodmar und Hrodny als in einer Ehe vereinigt zu betrachten.

In der gleichen Weise drücken eine Reihe von Sippen in Norwegen und Island ihre verwandtschaftlichen Gefühle unter dem Namen von Vikingakari (vgl. oben Hördakari) aus. Aus einem der norwegischen Zweige ging Astrid hervor, die Mutter des Idealkönigs Olaf Tryggvason. Der Isländer Glum stammt väterlicherseits von Helgi Magri ab, aber, wie mehrfach festgestellt, war er mit seiner mütterlichen Verwandtschaft innig verbunden (vgl. Band II, Kap. 1 und 3), und seine Verwandtschaft auf seiten der Mutter wird in seiner Saga durch den Stammbaum zum Ausdruck gebracht (Gluma 13, vgl. Landn. 73):

Thorir
Eymund Akraspillir
Vikingakari

Bödvar	Sigurd
Astrid	Vigfus
Erik	Astrid
Astrid	Glum
Olaf Tryggvason	

Eine andere Familie, die von Audun Skökull nach Island gebracht wurde, ist durch Heirat mit den Vikingakarlingen verbunden. Auduns Zweig nahm durch Jarl Steinar in England Abstammung von Ragnar Lodbrok in Anspruch (Landn. 58). In Landn. 249 finden wir eine Zusammenstellung von Glums und Auduns Genealogien:

Ragnar Lodbrok
|
Hundasteinar ∾ Alöf

Björn	Erik
Audun Skökull	Sigurd Bjodaskalli

Vikingakari

Erik	Vigfus
Astrid	Astrid
Olaf Tryggvason	Glum

Dieser Stammbaum mag vielleicht durch den Versuch einer Harmonisierung entstanden sein, wahrscheinlicher aber ist es, daß er die Verwandtschaft zwischen isländischen Familien widerspiegelt und dem Hofe Glums angehört. Andrerseits heirateten die Familien Auduns und Ingimunds untereinander, und diese Verbindung zwischen Vatsdœlingen und Vikingakarlingen ist in einem kleinen Teil einer Genealogie verzeichnet (Fornald. II, 361/2, vgl. Landn. 59). In dem in Christiania Vidensk. Selsk. Forh. 1875, S. 100, veröffentlichten Verzeichnis finden wir denselben Kreis:

An Bogsveigir
Thorir
Ǫgmund Akraspillir
Sigurd Bjodaskalli

Die Genealogien waren Inhaltsverzeichnisse der Familienüberlieferungen, jeder Name war ein Gedicht. Unter dem belebenden Einfluß englischer und irischer Literatur entwickelten sich die Überlieferungen zu Sagas und wurden Gegenstand literarischer Behandlung, aber sie behielten ihren Charakter als Erbstücke bei und bezeugten die Familieninteressen, indem sie in einen Stammbaum endeten. Die Hervararsaga gehört zu einem norwegischen Stamm, der mit schwedischen Sippen verbunden war. Am Ende der Saga werden uns eine Menge Namen vorgeführt, die scheinbar ein Verzeichnis der schwedischen Könige darstellen, aber es ist nicht schwer zu erkennen, daß das Gravitationszentrum in Norwegen liegt. Die dominierende Gestalt ist Finn Skjalgi, ein Häuptling, der durch Heirat mit der Linie von Harald Schönhaar verbunden war. Ein Zweig der Skjalgi-Sippe wanderte nach Island aus, und seine Männer sind durch die Njála als die Gegner von Gunnar und Njal bekannt; ein anderer blieb in Norwegen und spielte in der inneren Geschichte des Landes eine hervorragende Rolle. Ihr größter Mann war Harek von Thjotta, der gefährliche Gegner Olafs; Harek hatte einen Vater von literarischem Ruf: Eyvind Skaldaspillir. Durch Astrid, die Mutter Olaf Tryggvasons, war die Skjalgi-Sippe mit den Vikingakarlingen verbunden, und durch Asta, die Mutter Olafs des Heiligen, mit einem in Mittelnorwegen wohnenden Geschlecht. In den Gegenden des Gudbrandtales saß offenbar eine Sippe, oder eine Anzahl von Sippen, die stolz darauf waren, den Titel von Jarlen zu tragen und wie Könige zu herrschen; die heiligen Eigenschaften dieser Männer offenbaren sich darin, daß sie Gudbrand genannt werden oder andere ähnlich aufgebaute Namen führen. Mittels der Stammbäume in der Landnama können wir die Hamingja dieses Stammes verfolgen, wie sie in die isländischen Sippen hineinfließt; der Name Gudbrand wurde in Ingimunds Familie durch seinen Sohn Thorstein auf Grund einer Verbindung mit den Vikingakarlingen wiederbelebt – Thorsteins Schwester Jorun war mit Asgeir verheiratet, dessen Schwestertochter Gudbrand Kulas Frau und die Mutter Astas war.

Ein anderer, diesen Norwegern eigentümlicher Name ist Gizur. Er kommt in den frühen Jahrhunderten isländischer Geschichte selten vor und ist in Norwegen nicht sehr gebräuchlich. Der berühmteste Träger dieses Namens auf Island, Gizur der Weiße, wurde in Erinnerung daran, daß sein Vater sich mit den Vikingakarlingen verbunden hatte, so benannt – dieser war Teit Ketilbjörns Sohn, der Alöf heiratete (s. Landn. 121). Der andere Gizur erscheint in der großen Familie von Kjallak; Kjallak erhielt den Namen für seinen Sohn durch seines Vaters Schwester, die mit Björn Austrœni verheiratet war; in Björns Linie wurde der Name Vigfus gebräuchlich, ein charakteristischer Vikingakari-Name. Wie wir später sehen werden, hat Björns Familie Verwandtschaftsbeziehungen zu den betreffenden Sippen. In Norwegen sind uns vor dem 10. Jahrhundert nur zwei Personen dieses Namens bekannt, und eine von ihnen ist Gizur, Gudbrands Sohn; vgl. auch die Strophe in Hervararsaga 345: *Gizur Gautum kváðu ráða.*

Auf diesen Umwegen werden wir mit einer Unzahl von norwegischen Sippen bekanntgemacht, deren Verbindungen von östlichen Interessen beeinflußt waren, die durch Heiraten miteinander verknüpft, von Häuptlingen beherrscht waren, welche den Prunk und Glanz der Könige verschmähten und ihre Titel mit bewußtem Stolz trugen. Während die Häuptlinge und Könige des westlichen Norwegens über die See Ausschau nach den westlichen Inseln hielten und die Jarle auf Hladir dänische Familienbeziehungen bevorzugten, fanden die Familien Mittelnorwegens Freunde und Verbündete in den schwedischen Häusern und unter den Königen schwedischer Herkunft, die in Rußland herrschten. Die Söhne Harald Schönhaars durchkreuzen die Nordsee in unruhvollen Tagen, die Olafs wenden ebenso selbstverständlich ihre Blicke nach dem Osten.

Die Hamingja dieser Sippen ist in der Hervararsaga abgebildet – oder, genauer gesagt, in den Sagen, die in der Hervararsaga in literarischer Form zusammengefügt sind; dieses Werk verkörpert die Überlieferungen, die den Sippenmännern als Vorbild dienten und von ihnen bei ihren Festen vorgetragen wurden. Im Mittelpunkt der Saga steht die Hervör-Heidrek-Sippe mit den Helden, die durch ihre schicksalsschwere Hamingja in eine Tragödie hineingezogen werden und sich über diese Tragödie zu großer Macht und großem Ruhm erheben; ihr Schicksal erweitert sich zu

Kreisen, die im Osten abbrechen, und ihre Geschichte gipfelt in der Schlacht, die auf den Ebenen Rußlands gegen die „Hunnen" ausgefochten wurde. Wo dieses bedeutende Haus seine Hochsitzpfeiler hatte, mag eine offene Frage bleiben – durch die Saga erfahren wir, daß die Geschichte und die Hamingja von Heidrek und Hervör schwedischen Sippen einverleibt worden ist und folglich einen Ring in dem Familienstolz der Vikingakari- und Gudbrandkreise bildete. Die Männer, die Verwandtschaft mit Heidrek für sich in Anspruch nahmen, haben andere Kreise, die durchaus schwedisch waren, wie es die Zusammenstellung der Sagen zeigt; Heidrek ist verwoben mit Angantyr, dem alten König von Oberschweden, aus dem Beowulf wohlbekannt als Ongentheow.

Unter den Häuptlingen und Gaukönigen, die ihr Scherflein zur Gestaltung von Englands Geschichte beitrugen, befand sich im Wikingerzeitalter Eyvind Austmaðr, der Mann aus dem Osten, d. h. aus Gautland; seine Mutter stammte nach den isländischen Genealogien durch Hrolf und Ingjald von Frodi ab. Als Aud nach dem Sturz ihres Gatten, Olafs des Weißen, auf Island ein Haus gründete, brachte sie die Tochter von Eyvind als ihres Sohnes Weib mit sich. Durch ein kleines Bruchstück einer Genealogie sind die Verwandten ihres Vaters, Ketil Flatnef, bekannt; es führt zum Hersen Vedrargrim und zu Hervör hin, die die Enkelin von König Eylaug genannt wird. Vielleicht ist es der Erwähnung wert, daß der Name Arngrim in dieser Familie zu existieren scheint; nach der Kjalnesingasaga war ein Enkel von Ketil so benannt, und Arnbjörn erscheint noch später wieder. Um diese Einzelheiten ins rechte Licht zu rücken, müssen wir uns vor Augen halten, daß sie nicht etwa biographische Daten als Grundlage für eine Lebensbeschreibung von Eyvind und Ketil sind, sondern den Familienstolz ihrer isländischen Nachkommen darstellen.

Ein charakteristischer Zug in den Genealogien dieser schwedischen und norwegischen Familien zeigt sich in dem häufigen Vorkommen von Namen wie Eymund und Eystein. Eine Enkelin von Helgi Magri hieß Eyja. Dieser Namenstyp hat sein sagenhaftes Gegenstück in der Hervararsaga: Eygrim Bolm und Eyfura (vgl. dazu Eylaug im Stammbaum von Ketil Flatnef).

Die Genealogien geben uns den Schlüssel zu einer rätselhaften Tatsache in der Hervararsaga: in dem dichten Gedränge alter Helden, inmitten des Getöses der Schlachten, die in Rußland gegen die „Hunnen" geschlagen wurden, taucht plötzlich, als sei sie vom Himmel gefallen, eine mystische Person auf – Gizur genannt. Er verschafft uns die Gewißheit, daß die Hervör-Hamingja in einer norwegischen Sippe wiedergeboren worden war, und daß die Sage ihr angepaßt und als ein Familien-*dómr* wiedererzählt oder wieder dargestellt worden ist.

Derselbe Kunstgriff der Übertragung alter Tatsachen in ein modernes System ist in den Verzeichnissen der angelsächsischen Könige angewendet worden, aber auch hier ist die Gruppenverwandtschaft klar erkennbar. Die Art, wie die Verzeichnisse im allgemeinen aufgestellt sind, zeugt von dem Eifer mittelalterlicher Kompilatoren, alles in Einklang zu bringen; ein tieferes Studium der Quellen wird es zweifellos ermöglichen, einige der Hamingjas der königlichen Häuser Großbritanniens auseinanderzutrennen und eine Vorstellung von ihren Beziehungen zu erhalten. Das berühmte Verzeichnis der Götter und Könige gehört den Wessexkönigen an und weist eine Reihe von „Kreisen" auf, durch welche die Hamingjas erkennbar werden, die durch Verbindungen verschiedener Art in das Leben der Sippe eingetreten waren. Neben ihrer Verbindung mit Northumberland legten diese Fürsten großen Wert auf ihre Verwandtschaft mit königlichen Sippen Südskandinaviens. Eine parallele Quelle ist der Beowulf, der als ein Zeugnis für die einem englischen Haus angehörenden Kreise anzusehen ist, das Verbindungen mit skandinavischen Königen anknüpfte und sich ihre Familienüberlieferungen mit dazugehörigen Hamingjas angeeignet hatte. Tatsächlich ist der Beowulf ein *dómr* – auf epischen Linien weitergeführt –, wahrscheinlich zu Wessex gehörend und eng verwandt mit den Überlieferungen, die im Stammbaum verarbeitet sind.

Als Erik Blutaxt in Walhall einzog, wurde er, der Eireksmal zufolge, von Odin als ein hochverehrter Gast empfangen. Es ist ein Zug von großer Bedeutung, daß der Gott die Helden von Völsungenruhm, Sigmund und Sinfjötli, auffordert, hervorzutreten und den Neuangekommenen, ihren echten Verwandten, im Paradies der Krieger willkommen zu heißen. In Nachahmung der Eireksmal schuf Eyvind seine Hakonarmal, um Hakon Æthelstansfostri zu feiern, aber an Stelle der Völsungenhelden schickt Eyvind Bragi und Hermod, die den König begrüßen und ihn zum Ehrensitz geleiten sollen. Der erstere ist wahrscheinlich mit dem Vorfahren Bragi identisch, der in dem Stammbaum der Haraldinger stark hervortritt; die Erklärung für die Berufung Hermods zum göttlichen Bürgen des norwegischen Königs, der eng mit einem englischen Haus verbunden war, ist möglicherweise in den angelsächsischen Genealogien zu suchen.

Anmerkungen

Einleitung

S. 20: Tacitus, Germania, Kap. 26, 18, 21.

Friede

S. 34: Njála K. 129 S. 666. — Egil K. 78. — Thurid und Thora, Færeyinga s. im Flatöbuch I–II.

S. 35: Thora, Flatöbuch II S. 404.

S. 36: Sonatorrek, Egils Saga 362 u. f., vgl. hinsichtl. d. Übersetzung von „Die Wege der Seelen" I 217 und 274.

S. 43: Björn, Bj. H. 66. — Throndr, Flatöbuch I 127. — An anderer Stelle, Ljósv. 120/1.

S. 45: Knudsgilde, Flensburg 5 (S. 8), Odense 6 (S. 22) usw.; Flensburg 21 (S. 11), Odense 9 (S. 23), Malmö 4 (S. 36), 7 (S. 37), 17 (S. 39); Eriksgilde Kallehave 4 (S. 60); Småst. 21, 104/5, 108, 119/20, 145; Papp. 157 (36, 40). — Friesisch, Richthofen: Friesische Rechtsquellen 123.

S. 46: Gudrun, Gud. I 20, II 9, 10.

S. 47: Gisli und Thorkel, Gisli 28 u. f.

S. 48: Das Hildebrandslied, s. z. B. Piper: Die älteste deutsche Literatur 145 u. f.

S. 49: Saxo I 356 u. f.; Isländisch, Fornald. II 484.

S. 50: Angantyr, Hervararsaga 289.

S. 51: Beowulf 2444 u. f.

S. 52: Thorkel, Gisli 35. — Knudsgilde, Flensburg 15 (S. 10), Odense 2 (S. 21), Malmö 3 (S. 35) usw. — Flensburg 16 (S. 10), Odense 5 (S. 21), Malmö 3 (S. 36), vgl. 10 (S. 37), 38 (S. 42) usw. Småst. S. 106. — Knudsgilde Flensburg 7 (S. 8), 9 (S. 9), Papp. S. 164 (17). — Knudsgilde Odense 13 (S. 24), 32 (S. 27), Malmö 6 (S. 37), 30, 33, 34 (S. 41), St. Hedinge 6 (S. 47), 30, 33, 34 (S. 52), Eriksgilde Kallehave 6 (S. 60), 32, 36, 37 (S. 65), vgl. Sct. Hansgilde Uggeløse 9 (S. 102), Småst. 107, Papp. S. 157 (39). — Knudsgilde Flensburg 1 (S. 7), 3 (S. 8), Malmö 1 (S. 35), St. Hedinge 1 (S. 45), Eriksgilde Kallehave 1 (S. 59), Papp. S. 155 (32).

S. 54: Egil K. 81. — Hallfred, Forns. 90.

S. 55: Askel, Reykd. K. 4 u. f.

S. 58: Thorvald, Glúma K. 21. — Hrolleif, Forns. 30 u. f.

S. 59: Vallaljot K. 5.

S. 60: Heliand 1492 u. f.

S. 61: Band 22 u. f. — Signy, Völs. K. 55 u. f., B A Po. III 183, vgl. Schofield in Publications of the Modern Language Association of America 17 S. 262.

S. 64: Steingrim, Reykd. 59. — Ingolf, Forns. 62 u. f.

S. 65: Zaun der Verwandten, *frændbalkr, frændabalkr, frændgarðr* (Sonatorrek 6), *ættbalkr; ættarskarð* (Frost. Einleitung 8) = Verlust eines Verwandten; *hǫggva skarð i ætt* (Egil 231 Z. 11, vgl. Forns. 6 Z. 24) = Tötung eines Verwandten.

S. 66: Laxdœla 186 u. f. — Um Frieden bitten, Dan. 222, And. 918, Beow. 2282; bei den Zitaten aus dem Beowulf habe ich die Übersetzungen von Clark Hall (Beowulf) und Gummere herangezogen. Den Text II K. 4 habe ich von Gummere übernommen. — Gottes Friede, Exod. 422, Gen. 1347, 1838, 1760, 1299, vgl. Dan. 466, 716, And. 336.

S. 68: *pax*, in der älteren lateinischen Sprache war *pax* dem germanischen „Frieden" näher, wie es die religiöse Terminologie zeigt.

S. 69: Befestigte Stätten, Dan. 64. — Der Friede der Engel, Gen. 19 vgl. 78/79, ebenf. Gen. 1725, Beow. 1164 *(sybb)*. — Maria, Christ 166. — Dänenkönig, Beow. 1707. — Finn, Beow. 1096, vgl. ebenf. 2922. — *sybb æfter sorge*, And. 1568. — Frieden der Frau, Skirn. 19, vgl. Háv. 51, 90.

S. 70: Verwandtschaft, Guðrúnarhv. 16, 17. — *liss* der Verwandtschaft, s. z. B. Rätsel 27, 25. — Huld des Königs, Beow. 3182.

S. 71: Gottes Gnade, Gen. 1889, 2332. — *liss* = Freude, Lust, Gen. 1671, 1486, 2688, 1175, 2663; Begrüßung der Gäste, *liss*, Gen. 2824, 2737. — Hallfreds *erfidrápa* 21, s. Skjald. 154 (19), vgl. Beow. 1076 u. f. — Hávamál 103. — froh, z. B. Helg. Hund. I 49, II 14, Grip. 3, Beow. 367, 863; 2149. — Beowulf 1173, 2025. — Genesis 57. — *Manndreám*, Beow. 1715, 1264, Gen. 1176, oder *gumdreám* (*guma* = Mann), Beow. 2469.

S. 72: Bußloser Kampf, Beow. 2441. — Von dort aus zog er, Beow. 520.

Ehre

S. 74: Genesis 1512. — Hávarðar saga Ísfirðings.

S. 75: Hav. Is. 18.

S. 76: Paul. Diac. 6, 45.

S. 77: „Nicht weinen", Flat. I 129.

S. 79: Verstümmelung einer Leiche, Hav. Is. K. 11, vgl. Grettir 186, 187, 191, 192. — Die Gesetze drücken auch hier das innerste Wesen der Ehre klar aus. Sie gehen besonders streng gegen die Tötung vor, die nicht mit blanken Waffen geschehen oder etwa mit einer Mißhandlung der Leiche verbunden ist. Gelegentlich finden wir das alte Wort Neidwerk als Bezeichnung für solche Taten, vgl. z. B. Gul. 178, 238, 241. Entsprechende Bestimmungen finden sich auch anderswo. Die Sitte, die von den Franken her bekannt ist, durch Aufspießen des Kopfes von Toten die Rache bekanntzugeben, hat natürlich nichts mit Verstümmelung zu tun. — auf andere Art umkam, z. B. Heid. 52, 54 u. f. — sie hatten für ihren Verwandten Ehre erhalten, z. B. Glúma, 71/2.

S. 80: Hjörleif, Landn. 8; Hav. Is. 29. — Frost. Einleitung 8.

S. 82: Njála 666. — Kveldulf, Egil Kap. 24, 27. — Hall, Njála 819, 825. — Hieb mit dem Stecken, Flat. II 395/6. — Thorleif, Eyrb. Kap. 39, 41.

S. 84: Njála 185 u. f. — Knudsgilde Flensburg 14 (S. 9), Odense 22 (S. 25), Malmö 15 (S. 38), St. Hedinge 15 (S. 49) usw.

S. 86: Grágás I 149; I 147, 149; II 184. — Gul. 195, 160, 196; Frost. 4, 39, Einl. 6.

S. 87: halb-humoristisch, Landslov 4, 20; Anhang vom Jahre 1293, N G L III 21, König Magnus' Hofgesetz vom Jahre 1274, K. 28.

S. 88: Volle Buße, Gul. 196.

S. 89: Die Norweger, Gul. 185.

S. 91: Das verdiente Maß nicht übersteigt, Landslov 4, 20. — Reformvorschlag, Frost. Einl. 5.

S. 92: Gul. 152, 171, 186. — sein „Recht" — das Recht eines Mannes ist seine Ehre, das ist sozial anerkannt und festgelegt. Dieses Recht ist sein natürliches Recht als Mann, jede Handlung gegen ihn wird von der Gesellschaft als Kränkung anerkannt. Die Buße, die er fordern kann, und die das Gesetz ihm gewährleistet, ist sein „Recht". Ein Mann hat dasselbe Recht hinsichtlich seiner weiblichen Verwandten wie für sich selber, Frost. 10, 37, Gul. 197. Wenn die Ehre vermehrt wird, folgt das Recht nach. In Norwegen sind die verschiedenen Grade der Ehre in Klassen eingeteilt: *lendr maðr* hat doppelt so viele Rechte wie *höldr maðr*, und freie Bauern haben doppelt soviel Recht wie einfache Bauern, Gul. 200. Wer dreimal Bußen nimmt, ohne sich zwischendurch zu rächen, hat kein Recht, also kann auch niemand dessen Recht verletzen, noch kann er eine Buße fordern, Gul. 186. Männer, deren Zeugnis vor Gericht verworfen worden ist, haben gar kein Recht mehr, Frost. 13, 25; vgl. außerdem Frost. 14, 12. — Lex Burg. 2; Lex Alam. 45; diese Bestimmung bezieht sich auf den Hausfrieden, aber indirekt zeigt sie, wie die Leute damals die Rache betrachteten.

S. 93: Lex Sal. 41 § II. — Gundhartus, s. Jaffé: Bibl. Rer. Germ. 4 S. 469. — Über die Ermahnungen der fränkischen Könige siehe Capitularia Reg. Franc. Monum. Germ. Hist. Legg. Sectio II 1/2, Register unter *faida*. — Lex Sax. Kap. 57, 59, 18, 19.

S. 94: Lex Fris. 2; eine eigentümliche Verbesserung, die nur zu verstehen ist, wenn man weiß, wie sie entstanden ist: Wenn der Täter im Lande blieb, war der Anstifter verantwortlich nach altem Gesetz; im Falle aber, daß der Töter flüchtete, wurde der neue Gesichtspunkt: „Verbrechen" geltend gemacht an Stelle des alten: „Kränkung", aber hinter diesem Wechsel war ein Zugeständnis an die persönliche Auffassung. Man versteht leichter, wie die Alten sich auf diesen merkwürdigen Mittelweg hineinverirrten, wenn man die analoge Entwicklung in Norwegen betrachtet, wo es den Verwandten auferlegt wurde, die Hälfte des Wergeldes aufzubringen, wenn der Töter aus dem Lande flüchtete – und zwar gerade damit die Grundregel von der persönlichen Verantwortlichkeit des Täters leichter durchgeführt werden konnte, Frost. Einl. 4. — Lex Fris. 1, 13. — Der Gesetzgeber der Langobarden, Roth. 45, 74, 138, 326, 387; Liut. 136; 135; 119.

S. 95: Dänen, Jy. L. 2, 26; Er. L. 3, 49 (S. 118 Z. 7); Skånel. S. 220.

S. 96: Schweden, Östgötal. Ezþöre B 2, 2; Västg. II Add. 7, 11; usw. — „Unrechte Rache", Upl. 87. — Verordnung Valdemars II, Skånel. 446. — Gotland, Gutal. S. 15, 15 (K. 13 Schlyter).

S. 97: Eriks Lov 3, 29.

S. 98: Gutal. 9.

S. 99: Friesland, Grimm: Rechts. S. 878/9.

S. 100: *frýjuorð,* Gull. 22. — Gregorius, Heims. III 419/420.

S. 101: Jedermanns Neiding, z. B. Flat II 238, 557; Egil 191; Svarf. 15. — Upplandslag S. 275. — Die Langobarden, Roth. 381, 198.

S. 102: Wir wollen Abhilfe schaffen, Kormak 43.

S. 103: Lieber fort als feige, Austf. 69 Z. 1; 82 Z. 21; Forns. 6 Z. 24. — Prosa-Edda, S E 57/8.

S. 104: Hredel, Beow. 2466. — Beowulfs Gefolgsmannen, Beow. 2884 u. f.

S. 106: Gesippe ungerächt, Forns. 38 u. f., vgl. Heid. 53. — nicht gelacht haben Austf. 165.

S. 109: Balder, Vsp. 33/34; Bald. 11; Saxo I 126.

S. 110: Gudrun, Ham. 3. — Thurid, Heid. 73.

S. 111: Sigrid, Heims. II 270. — Thorgerd, Laxd. 200. — Prokop II 29.

S. 112: Gregor 5, 32; 6, 36. — Roth. 189, 221.

S. 113: Schwedische Gesetze, Østg. Ärf. 1. — Bonifacius: Epist. Jaffé 172.

Ehre als die Seele der Sippe

S. 118: Das Gleichgewicht in den isländischen Sagas, siehe z. B. Ljósv. Kap. 23/7.

S. 119: Sich der Angelegenheiten anderer annehmen, Hav. Is. 6; Forns. 33/4, 44/5; Njála 432.

S. 120: *þegnskaparmaðr,* Grettir 63. — Kostneiding, Grim. Einl.; Beow. 1718 u. f.

S. 121: Atlak. 23, 25.

S. 122: Olaf, Heims. II 46 u. f.

S. 123: Lieber zu sterben, Fornald. III 601.

S. 124: Glúma K. 6. — Sigmund, Flat. I 136. — *verrfeðrungr,* Forns. 121 Z. 19, vgl. Islend. 29, 60; Forns. 4.

S. 125: Vatsdœla, Forns. 67 u. f.

S. 126: Paul. Diac. 1, 23.

S. 127: Beow. 2177 u. f. — Cass. 1, 38. — Thorgils, Forns. 127 u. f.

S. 129: *verrfeðrungr,* Ljósv. K. 23 Z. 38.

S. 130: Die schwedischen Bauern, Cavallius 2, 304, vgl. Frost. 2, 10.

S. 133: Kain, Gen. 1019, 1023.

S. 134: *ár,* Gen. 1842, 2435, 2685; Beow. 2606, 1099; Gen. 1533; Beow. 1272; Gen. 1509, 1348, 1889; Beow. 17 vgl. Heliand 2233, 3505, 2822, 5619, 4410; Gen. 1581 vgl. Elene 308; Beow. 2375, 1182; Gen. 1899.

Heil

S. 135: *ársæll,* z. B. Fagr. Kap. 2. — *fésæll,* Band. 11, 12; Eyrb. 52 Z. 19. — *byrsæll,* Fornald. II 152, 170; Saxo I 52.

S. 136: Flat. I 456; Kormak K. 15; Flat. III 384/5; Band. 5 Z. 15; Flat. II 329; Heims. I 356; Flat. I 236; Beow. 64, 391. — Penda, Beda III 18.

S. 137: Gregor II 30.

S. 138: Stiklastadir, Heims. II 489. — Olaf, Flat. I 492.

S. 139: Harald, Saxo I 361/362. — Harald, Flat. III 323.

S. 140: Gunnthram, Gregor 9, 21. — Sigdrifa, Sigrd. 4. — Olaf, Heims. II 36. — Jarl Hakon, siehe I 111. — Fjölnir, Heims. I 24 vgl. den schwedischen Erik *ársæli,* Heims. III 297, usw. — Das Heil des Königs, Flat. II 57; Forns. 97; Heims. II 106; Flat. I 331; Ljósv. 254; Forns. 101 Z. 8; 111 Z. 15.

S. 141: Hroi, Flat. II 73 u. f. — Burgunden, Ammian. Marc. 28, 5, 14. — Schweden, Heims. I 30.

S. 142: Norwegen, Fagr. Add. I 383; Heims. I 199, 252. — Hakon, Heims. I 281. — Olaf, Heims. II 521.

S. 143: Königsbilder, z. B. Harald Schönhaar, Fagr. 5, 11, 13; Heims. I 162; Olaf Tryggvason, Heims. I 409, Flat. I 463/4, 455; Olaf der Heilige, Heims. II 5, vgl. über Jarl Hakon, Heims. I 240, 356, Fagr. 58/9. — Beow. 1957, vgl. 3180.

S. 144: Häuptlingsideal, z. B. Forns. 14, Band. 9. — eine Forderung, vgl. *til frægðar skal konung hafa,* Heims. III 266, Skjald. II 129 (6). — Schwierigkeiten zu lösen, z. B. Laxd. 86. — Thorkel, Forns. 75/6.

S. 145: *mannheill,* Flat. I 302, II 160; Fagr. Add. 382/3.

S. 147: Segeln, siegen usw., vgl. *happskeytr,* S E, K. 29. — Heil in Weisheit, Band. 25, Forns. 43 Z. 7; 59 Z. 4; 39 Z. 19; 54 Z. 16; 57 Z. 7; 38 u. f.

S. 149: eine andere Saga, Islend. 34. — *hamingjumestr,* Egil 33/4. — *gæfuleysi,* Austf. 136/7. — Olaf, Heims. III 479.

S. 150: *hamingjusamligr,* Forns. 10 Z. 5; Flat. I 272, 311.

S. 151: Hallfred, Austf. 95 vgl. Landn. 90. — Thorstein, Forns. 58; 65 Z. 3; Gull. 34.

S. 152: Die Schlachtordnung des Keilers, Saxo I 363. — Thorleif, Forns. 98.

S. 153: Egil, Sonatorrek 24. — Olaf, Flat. I 455.

S. 154: Fridleif, Saxo I 267. — Er „verliert den Mut", Cavallius I 386. — Æthelfrid, Beda II 2.

S. 155: Olaf, Laxd. 85. — *Orðheill* = Fluch, z. B. Hynd. 49/50; *orðheill* kann auch das Heil bedeuten, das ein Mann im Ansehen anderer Leute, in ihren Worten, besitzt, Forns. 34.

S. 156: *rede,* Gen. 2031, vgl. 2181, 2460, 561; Beow. 172. Siehe Anh. 1.

S. 157: *heill hugr,* Forns. 14 Z. 3, vgl. *feraht,* Anh. 2. — Laxd. 34.

S. 158: Norwegischer Volksglaube, Daae II 32; N. h. T. 2 III 159, 166. — der letzten Dinge, siehe II Völuspa.

S. 159: Saldis, Glúma 36. — Sverrir, Flat. II 620.

S. 160: Hrut, Njála 4, vgl. Sturl. I 137. — Neidingschaft, Laxd. 192; Völs. 103; Helg. Hund. I 41; Kalf, Flat. II 360; Gisli 63.

S. 161: Hakon, Frost. Einl. 8. — Njála 431, vgl. Gull. 39.

S. 162: Unheil, Islend. 37, Njála 603, vgl. 641; vgl. Grettir 93/4. — *séls,* usw. siehe Anh. 4. — *gesælig* = reich, siehe Byrhtnoth 219.

Heil als das Leben der Sippe

S. 163: Sigurd, Fagr. 344; wenn Magnus Baarfuß Sigurds Vater wäre, müßte er ihn im „Unheil", d. h. mit der Schwester seiner Kebse, gezeugt haben. — Heil ist Kraft, vgl. die Bezeichnung Glúma 11, 15. — *kynnsæll,* Flat. I 549; Austf. 72; Gen. 2752. — *mannheill* usw., Forns. 34 Z. 11; 86; Band. 6; Gen. 2330.

S. 164: *sœmiligr,* Forns. 12 Z. 29; 10, 5; Flat. I 272, 311; Forns. 11. — Njála 611.

S. 165: nicht Heil, Egil 58. — *etja hamingju,* Heims. II 126, vgl. Forns. 54 Z. 15; Egil 14, 78.

S. 167: Sæmund, Forns. 34 Z. 14, vgl. Flat. I 312.

S. 168: Prok. II 14/15. — Jordanes K. 13.

S. 169: Västgötalag 36. — Snorri, Heims. II 142 u. f.

S. 171: Ingi, Heims. III 350. — Fredegunde, Liber Historiæ Franc. 36 (Monum. Germ. Scr. Rer. Merov. II 304).

S. 172: die Könige in Norwegen, Heims. I 366 u. f.

S. 173: Olaf der Heilige, Heims. II 77, 87, 240/1, 257 u. f.

S. 176: Olaf, Flat. I 236 K. 192.

S. 177: Sverrir, siehe Sverris Saga, Flat. II z. B. 621, 588/9, 633, 622.

Die Welt

In bezug auf das Folgende siehe Vilh. Grönbech: Primitiv Religion, Stockholm 1915.

S. 183: Bifröst, S E 18, 21.

S. 184: Utgard, siehe Anh. 5.

S. 185: Hræsvelgr, Vaf. 37.

S. 186: Hadding, Saxo I 51.

S. 187: Beow. 93, vgl. Heliand 3578. — *fjölnýt fold,* freudig, *dreám, manndreám, seledreám, wyn,* siehe Anh. 6.

S. 188: alle Toten, Helg. Hund. II 51.

S. 194: Rätsel, Herv. 245, 250.

S. 195: Schlachten beschreiben, Gen. 2087, 2158; Exod. 161; Elene 110; B. A. Po. I 14 (5), 16 (36/7); Beow. 3024; Helg. Hund. I 44/5, II, 8, 25; Skjald. 22 (3), 24 (13), 28 (3/4), 32 (11 u. f.), 149 (3, 6/7) usw.; vgl. *ulfs tannlituðr, ib* 43 (6), *ulfa greddir,* 150 (8). — Sigurd, Gud. II 7/8. — Ochsen, Odyss. I 92, vgl. z. B. Iliad. IX 466. — Fußflink usw., Iliad. I 215, 488, VII 404, usw. usw. — meerspaltend, Beow. 198, vgl. 1882. — Isländisch, Regin. 17 usw. — Skjöld, Beow. 33.

S .196: Altenglisches Gedicht, siehe Anh. 6. — taugefiedert, siehe Anhang 6. - in der Tanne wachend, Atlak. 11. — Astverderber, Ham. 5, vgl. S E (A M) I 330, Skjald. 47 (23). — der König, Beow. 607, 664. — Walküre, Helg. Hund. I 17, 45.

S. 197: Meisen, Faf. 32. — Gudrun, Atlak. 36/7. — Gunnar, *ib.* 31, vgl. 21. — Beow. 1967.

S. 201: unverstandene Wörter, siehe die Wörterreihen in S E (A M), vgl. Alvis. — Bock, *hornumskvali, hallinskíði,* S E (A M) I 588. — Bär, Rabe, Habicht, siehe Anh. 6. — *duneyrr,* siehe S E (F J) Index.

S. 202: *slithherde,* B A Po. I 351 (177). — schwache Andeutungen, wie weit wir davon entfernt sind, die Bedeutung der alten Worte zu begreifen, versteht man am besten, wenn man versucht, die Bezeichnungen der Farben zu übersetzen, AS *blác, wann, salu,* altnorwegisch *dökr.* — Das

Atlilied, Atlak. 31, 21.

S. 203: heiter, siehe I 70. — *eádig*, Beow. 2470, Gen. 1562, Jud. 152, 177. — in voller Ansicht, z. B. Beow. 2610 u. f., 457 u. f., 2000 u. f. — Schildträger, Jud. 42, Gen. 1060, vgl. z. B. 2867. — Homer, Odyss. IV 305.

S. 204: Judith 123 u. f.

S. 205: Wealtheow, Beow. 612. — das Pferd, z. B. Iliad. III 327, X 474, 520, 568/9; V 323, VIII 433, X 491; IX 127, XI 708. — die Burg, Beow. 116, 713, And. 763, Dan. 673; Beow. 308: mit dem goldgeschmückten Saal, den sie von ferne sahen, vgl. 994; 313, 1199, 2313; Gen. 1821, 2401 u. f. — Hügel, z. B. Iliad. I 157. — die Erde, z. B. Iliad. XI 619, XVI 635, Odyss. III 453, XI 52, Gen. 907, vgl. 1752, Beow. 1551, die nur bedeutet „unter der Erde", vgl. Phönix 178. — Rechts-Phraseologie, Gul. 23, 149; Frost. XIII 9; Landslov VII 47 n., N G L II 314 (K. 16), vgl. Richt. s. u. Nacht, Grimm: Rechts. 34/5; breite Gerste, weißer Weizen, B A Po. I 315.

S. 206: Homer, Iliad. XVI 765.

S. 207: Der Bewaffnete, Gen. 195, vgl. 2745.

S. 208: Sprichwort, Faf. 35. — Föhre, Grág. I 206, Háv. 50. — Eiche, Harb. 22, vgl. Egil 249, vgl. Hel. 6. — Esche usw., Regin. 22, Helg. Hund. II 50, Ham. 5. Siehe auch S E (A M) I 412, vgl. *askr*, Skjald. 37 (21), *þollr, ib.* 15 (5), *hlynr*, Sigrd. 20, *börr*, Atlam. 30, *apaldr, Helg.* Hj. 6. Die Artsnamen sind spät und von anderen Gebieten übernommen: *viðr, lundr* bedeuten Wald, *meiðr* ist „Pfosten", vgl. Deutsch Baum; für *tré* vgl. Griechisch *drys;* skaldische Kenninger: *olgyldir*, der Wolf der Erle = Feuer usw., vgl. *alheimr*, das Land der Schwäne, Möwen = die See.

S. 211: „die ganze Welt", Grágás I 206.

Seele und Leben

S. 217: Rabe, siehe Anh. 6.

S. 218: Walgierig, Leichenungetüm, Heidegänger, im Walde, grau, siehe Anh. 6. Bem. B A Po. I 339 (17 u. f., 29 u. f.), interessant durch das *sceal*, das das innewohnende Megin ausdrückt.

S. 222: Sonne und Mond, siehe Anh. 6.

S. 223: Heidrek, Herv. 251/252. — Wallend usw., S E (A M) I 324. — Egil, Skjald. I 35 (7/8). — Ran usw., S E (A M) I 324 u. f.

S. 224: Helgi, Helg. Hund. I 28 u. f. — Erde, siehe Anh. 6.

S. 225: Eyvind, Heims. I 226/227.

S. 226: Fornjots Söhne, S E (A M) I 330. — Töchter des Ägir, *ib.* 324. — Frigg, *ib.* 172, 180.

S. 227: Hel, vgl. I 163/164.

S. 228: Nymphen, Iliad. XXI 213, Theogon. 126, 154 u. f.

S. 229: Runenverzeichnis, B A Po. I 333/334; die Bäume sind in Gruppen geordnet, je nachdem ob sie genießbare oder ungenießbare Früchte, ob sie hartes oder weiches Holz haben; vgl. Schwedisch *döfviþ, bærutræ, bærandstræ, aldintræ* usw., s. Schlyter: Glossar, Grimm: Rechts. 506/507. Einige Hinweise können vielleicht der Volksitte entnommen werden, aber die Wissenschaft von Griechenland und Rom ist durch die Mönche in so hohem Grade in den allgemeinen Volksglauben eingedrungen, daß es vergeblich ist, irgendwelche Schlüsse zu ziehen, jedenfalls solange, bis die Zoologie und die Botanik der Hellenen nicht gründlich durchforscht worden ist.

S. 230: Mittagshügel usw., siehe Zitate in Fritzner: *náttmálavarða.*

S. 231: Bjarni, Skjald. II 1 (2). — Plutarch, Cæsar K. 19. — Mond, siehe I 225.

S. 232: See, siehe Anh. 6. — Ägir und Ran, S E (A M) I 324, 336, 338, vgl. oben 173/174. — Erde, siehe Anh. 6.

S. 233: Angelsächsische Formel, B A Po. I 319. — ein Weib, siehe Anh. 6.

S. 234: Lehrgedichte, B A Po. I 339 (17 u. f., 29/30). — fünfte Sonne usw., siehe Fritzner unter *sól,* Bosworth-Toller unter *móna.* Bemerk die Warnung in Cockayne: Leechdoms usw. III 243.

S. 235: Dellings Sohn, S E 16. — Vindsvalr, Svasudr, *ib.* 94/95.

Die Kunst des Lebens

S. 237: Feuer, siehe Anh. 6.

S. 238: Ich kenne deinen Namen, Faf. 1/2, bezugn. auf die Macht, die man über einen Mann gewinnt, wenn man seine Namen-Seele beherrscht.

S. 239: Erik, Forns. 148/149.

S. 240: Das Lied von Helgi, Helg. Hund. II 1. — Ketil, Fornald. II 111/112. Bemerk besonders die Geschichte von Raben-Floki, siehe hierzu II K. 13. — Otr, Völs. 112. — Die Ynglingasaga, Heims. I 33.

S. 241: Pfeil, Skjald. 21 (5), vgl. Edd. Min. 111: *arnljóð.* — Schlange, Helg. Hj. 9; „Nacken" ist die willkürliche Wiedergabe eines unbekannten Wortes; vgl. Helg. Hund. I 8, Skjald. 159 (13) usw. und Kormak 19/20, Beow. 1698, Jud. 222. — Beißen, Helg. Hund. II 33, usw. — „legt das Wort auf sie", vgl. Njála 23. Vgl. den altertümlichen Ausdruck Fornald. III 230 und hier II Anh. 9a, 9b. — Feuer, vgl. Skjald. 58 (7), 148 (9), Helg. Hund. I 51, vgl. S E (A M) I 420 u. f.

S. 242: Schiff, Skjald. 20 (3/4), vgl. 2 (8), 129 (11), 151 (5), Regin. 16, S E (A M) I 440 u. f.; And. 488, 513, Elene 226, 236, B A Po. I 334 (47, 66). — Runenlied, siehe I 222.

S. 244: Eriksgata, Söderm. 188. Bem. die Ordnung der Landnahme im Landnámabók.

S. 245: Island, Landn. 103. — Mit der Sonne, siehe Anh. 6, Da. Gild. II 8 (35) vgl. Flat. II 298, Bisk. I 225, und der Ausdruck *at sólu,* Bisk. I 70, 137. — Droplaugsöhne, Austf. 148. — Groa, Forns. 59. — Audbjörg, Gisli 33, vgl. Grettir 177, Eyrb. K. 52.

S. 246: Unwetter zum Aufhören brachte, Forns. 78; Islend. 154 muß sicher eine aufhebende Wirkung haben. — Eid in der Nacht, z. B. Østg. Ræfst. 12; Grimm: Rechts. 813. — Nächtliche Tötung, Heims. II 254, III 450, Egil 219. — Tacitus 11. — Cæsar: Bell. Gall. I 50.

S. 247: Der Jahrzähler, siehe Anh. 6.

S. 248: Urjöte usw., S E 14, 42.

S. 249: Völuspá 5.

S. 250: Spätere Mythologie, S E 32.
S. 252: Künste der Zauberer, z. B. Forns. 41 u. f.

Die menschliche Seele

S. 256: Das Megin der Erde, Hynd. 38, Gud. II 21, Háv. 137, B A Po. I 319. — Das Wetter, Alvis. 18. — In den frühesten Zeiten, Vsp. 5.

S. 257: Körperliche Kraft, Rig. 9. — Bewußtlos, isländisch *úmegin*, vgl. B A Po. III 200 (14). — *ásmegin* S E I 146, 170, 286, Hym. 31. Das Verbum *magna* bedeutet mit Kraft erfüllen, Seele übertragen. — *fjör*, Gen. 184, 908, Heliand 5703; Beow. 2123, 2424, Gen. 1385, Heliand 3351, 4059; Gen. 1618, 2065, Exod. 384; Mensch, Beow. 1152, Vsp. 41; Seele, Heliand 263, 2277 vgl. AS *ferhð*, Sinn, Verstand, vgl. And. 1332. — Hakon, Fagr. 25 vgl. Glum Geirasons Gedicht, Skjald. A 77 V. 8 Var., wo *fjör* klar genug erscheint. — *hugr*, Lokas. 64, Faf. 6, Hym. 14, Gull. 30 Z. 18, 34 Z. 21, Glúma 19 Z. 99, Flat. I 251 Z. 5, Forns. 65, 126 Z. 18, Gud. II 6, Thrymsk. 31, Hav. Is. 46, Thord Hr. 37/38, Islend. 90/91, usw. usw.

S. 258: *ásmódr*, S E I 274.

S. 259: Jötenmut, Vsp. 50, Grotta. 23, S E I 136, 270.

S. 260: Ylfing, Helg. Hund. I 6 vgl. Völs. 90 Z. 22. — Thorstein, Landn. 111.

S. 261: Besitz stirbt, Háv. 77; *dómr* darf nicht in der späteren Bedeutung von Beurteilung genommen werden, es ist ein altes, volles Wort. „Trauere nicht", Beow. 1384; siehe hier II Kap. 2, Völuspa V und Anh. 3. — Höskuld, Laxd. 85. — Heliand 3996. — Seefahrer, B A Po. I 293/294.

S. 262: *hirðskrá*, N G L II 420.

S. 263: *aldr, aldar*, Beow. 510, 1002, 1371, 1447, 2396 usw.; 1434 vgl. 2981 und Skjald. 32 (10); Regin. 15, Faf. 36, Bald. 8. — Schicksal, Helg. Hund. I 2, Skirn. 13, S E (A M) I 72, 74, Flat. I 358 Z. 5 vgl. *horfinalda* = *horfinheilla*, Heims. III 420.

S. 264: Atli, Forns. 126. — Jüngere Edda 22. — Helgi, Norr. Fornk. 178, 191, 201, Fornald. II 374/375.

S. 266: An, Fornald. II 326/327. — Hrœrek, Fornald. I 364 u. f., Landn. 216, Z. 10, 104 Z. 1, Njála 100 Z. 4, Flat. I 26 Z. 14 usw. — Zu dem Vater getragen, Forns. 23, 26 vgl. Egil 98; Ragnar 135/136 vgl. Flat. I 97; vgl. auch Bisk. I 410, Will. Malm. III 1. — Scharfe Augen, Helg. Hund. I 6, Völs. 110, 157, 184.

S. 267: Saxo I 370/371, 392. — Aussichtslos sich verkleiden zu wollen, Helg. Hund. II 2 vgl. Saxo I 70; Gegensatz Bj. H. 43. — Seele = Körper, vgl. S E 89; Thors Megin wächst um die Wette mit dem Strome, und so wird es ihm möglich, den Kopf über Wasser zu halten.

S. 268: Heil, siehe z. B. Beow. 1124 vgl. Jud. 63, Elene 489, Dan. 709.

S. 269: Friedlos usw., Elene 127 vgl. Beow. 1587, 3003, Gen. 1142, vgl. 1071, 1127, And. 181, 1427.

S. 270: Gro, Gró. 9. — Gunnthram, Paul Diac. III 34 vgl. Flat. III 330.

S. 271: Isländische Bauern, Landn. 109 vgl. Völs. 92. — Ich benutze den Ausdruck „Weg der Bienen" auf die Verantwortung von Finnur Jónsson, siehe Egil 366, 423. — Atlam. 19.

S. 272: Gunnhild, Egil 221. — Bödvar, Hrolf 100.

S. 273: *hamr*, siehe Vsp. 40, Vaf. 37, Grip. 43, Háv. 155, Skjald. 14 (2), Heims. I 18, 316; bem. den Sprachgebrauch Helg. Hj. 5 prosa, Landn. 109, S E 69, 73, Völs. 85 usw.: *bregða*, welches eine Verwandlung von innen her andeutet. — Bjarki, Hrolf 49 u. f., vgl. Finnur Jónssons Einleitung XVIII. — Merowinger, Grimm: Myth. I 324/325, denn die Legende ist doch wohl durch etwas mehr als ein bloßes Mißverständnis infolge ihres königlichen Haarwuchses veranlaßt.

S. 274: *hamr* = Balg, z. B. Völs. 95, vgl. Hrolf 52 Z. 15; das Schwanengefieder, Vkv. Einl., Hel. 6 vgl. Skjald. 16 (12); im übrigen — scheinbar — die alte grundlegende Überlieferung in Hromund Gripsons Saga, Fornald. II 373 u. f. — *hamstoli*, Flat. III 323 Z. 6 vgl. Z. 16; Egil 266. — Das niedere Volk, Cavallius I 360. — *hamramr*, Landn. 109, Herv. 302 vgl. Egil 84; Heims. I 17/18, Gull. 42; Kveldulfs Geschlecht war hamram, und diese Männer hatten in ihrem Gefolge nur Krieger, die hamram waren, Egil 4, 76. Solche Stellen wie Fornald. II 390, III 424 sind interessant, weil ihr Sprachgebrauch auf die alte Denkart hinweist. – *berserkir* und *ulfheðnar*, Forns. 17 Z. 12 vgl. Völs. 96 Z. 1. — Odd, Landn. 86, vgl. Islend. II 152.

S. 275: *fjölkunnigr*, Flat. I 208 *(bis)*, 250, 252; 521 vgl. I 373, II 148; Forns. 78 vgl. 33; 54, 67; Rückbleibsel in der Terminologie, Fornald. III 261. — Raud, Heims. I 396 u. f. — Olaf, vgl. I 110, 119; Flat. I 276 Z. 26. — Feinde, Flat. I 382 vgl. 380 Z. 28.

S. 276: Hamingja, Flat. I 258/259. — Signy, Völs. 89. — Hugar, Hav. Is. 46. — Jötenmut, siehe oben 259. — Thor, siehe oben 257.

S. 278: Helgi, Helg. Hund. II 46. — Idun, Skjald. 16 (11).

Die Seele des Menschen ist die Seele der Sippe

S. 279: Das Heil der Sippe, Forns. 15. — Am selben Tage starben, Flat. II 423.

S. 280: Wallisische Geschichte, Mabinogion (Lady Guest) II 258. — Orny, Flat. I 252/253.

S. 281: Hávamál 50.

S. 284: Friedenstiften, siehe auch I 54 u. f. und die Bem. Vall. 175. — Chrodin, Fredegar III 58. — Der Unfreie hat keine Seele, Eyrb. K. 18, 37. — Die Augen des Unfreien, vgl. Hrolf 23, Fagr. 22 und oben 208/209, vgl. die Formulierung Flat. I 250 Z. 4.

S. 285: Geirmund, Landn. 47.

S. 286: Der Unfreie kann nicht zur Rechenschaft gezogen werden, z. B. Wilda: Strafrecht 655/656. Bem. die tiefe Psychologie der Formulierung Västg. I Mandr. 4, II Drap. 9: der Zweck ist Schutz des freien Mannes; siehe auch Egil 299, vgl. Flat. I 77. — Tiere, Finnb. 23 Z. 20 vgl. Landn. 86 (Odd).

S. 287: Heidegänger, siehe I 218 und Anh. 6. — Unheimlichkeit, siehe Anh. 6.

S. 288: Ny und Nid, Vsp. 6, Vaf. 25. — Bil, S E 17. — Sturm usw.,

Alvis. 18, 20, S E (A M) II 486, 569, *kvistskaða,* Ham. 5 vgl. S E 330 und Skjald. I 47 (23). — Himmel, siehe Anh. 6. — Delling, S E 16.

S. 289: Gemeinsamer Ursprung, vgl. auch die hebräische Genesis. — Die Erde, vgl. I 224, 232 und Anh. 6.

S. 291: nimmt Bärheit an, z. B. Saxo I 87, Heims. I 62. — Isländer, Landn. 86.

S. 292: aus dem Neuen Testament, Colosser II 2 u. 19.

Geburt

S. 293: Harald, Fagr. 3/4.

S. 295: Thorstein usw., Forns. 12 Z. 2; 23 Z. 26. — Olaf, Flat. II 135. — Kolbein, Sturl. II 234.

S. 296: Stammbäume, Englisch, siehe W. G. Searle: Anglo-Saxon Bishops, Kings and Nobles, Cambridge 1899. Fränkische, gotische und langobardische Stammbäume siehe die Übersetzungen von Gregor von Tours, Jordanes und Paulus Diaconus in Geschichtschreiber der deutschen Vorzeit.

S. 297: Segestes usw., Tac. Ann. I 57, 71 vgl. Gustav Storm in Arkiv for nordisk Filologi IX 199. In Skandinavien finden sich auch aus historischen Zeiten Spuren davon, wie die Namen gebildet wurden, aber diese sind öfters unkenntlich geworden infolge der Lautveränderung. Beispiele von Slettubjörns Kindern: Arnbjörn, Arnoddr, Arnfriðr, Landn. 67, und Bárdr Báreks Sohn, Landn. 105, sind nicht eigentlich selten, aber sie gehören meist den ältesten Generationen an.

S. 298: Das Kind wird dem Vater gebracht, Forns. 12 Z. 23, 23 Z. 21 vgl. Völs. 100; die Worte des Vaters: „Ich erwarte, hoffe oder wünsche" sind aktiver und mehr schöpferisch als in unserer Kultur. — gebe ihm hiermit Geburt, vgl. Cass. IV 2: *procreamus,* vgl. Regin. 14, welches tiefer geht, als man erst denkt. Bem. „Geburt geben", vom Vater gesagt, Sigurd. II 18 usw. — England, Lieb. 589 (70, 15). — Franken, Lex Sal. 24 vgl. Lex Rib. 36, 10. — Spitzname, Staðarh. 391/392, Grágás II 182, Lex Sal. 30 (4), Gul. 196, Frost. X 35 (Bem. das Verbum *jamna,* das eine wirkliche, keine übertragene Bedeutung hat). — zwei Namen, Austf. 18/19.

S. 299: Thorstein, Flat. III 330.

S. 300: Hagny, Half 40/41, Landn. 38.

S. 301: Glum, Flat. I 332 u. f., vgl. Njála 845 u. f., Landn. 97.

S. 302: Die Hildiridsöhne, Egil 33 u. f. — Die Herkunft der Mutter, Forns. 30 Z. 25. — Sagittarius, Gregor V 170 (20).

S. 303: Die Sachsen, Mon. Germ. Script. II 675. — die Frau, Lex Burg. 35, Lex Rib. 58, 18, Roth. 221 (die Pflicht ist enthalten in dem öffentlichen Recht der Einmischung). — Schweden, Upl. Ærf. 19, Vestm. II Ærf. 14. In Dänemark und Schweden traten zu der Zeit, wo die Landschaftsgesetze ihre endgültige Form annahmen, große Veränderungen ein in der Stellung der Knechte und in ihrem Verhältnis zu den geringeren Freien, siehe Wilda in Zeitschrift für deutsches Recht XV 241/242.

S. 304: Norwegisches Gesetz, Frost. X 47: er ist von der Ecke und dem Napf freigegeben; Gul. 57, 104; Skånel. 61, vgl. Anh. 14. — *virdibora,* Rothar 222; *viderbora* kann nicht als bloßer Schreibfehler betrachtet werden. — Geringere Stellung der illegitimen Kinder, Rothar 154, 158 u. f., vgl. 145, 171; geringere Rechte in anderen Beziehungen als Erbe, 161, 162. In Norwegen haben uneheliche Söhne ein sehr bedingtes Erbrecht, Gul. 104, Frost. VIII 8. Siehe Anh. 14.

S. 305: Helgi, Austf. 162. — Tacitus 18.

S. 307: Gemeinsames Leben beginnen, usw., Grágás I 222, 226, Gul. 124, Östg. Ærf. 8, siehe auch II Kap. 4. — Langobarden-Gesetz, Roth. 222; die Glosse: *id est donatio in morgincap* trifft ja sicher im Zentrum, vgl. form. und exp.

S. 308: Unter einem Schild, der Ausdruck ist Gregor V 11 (17) entnommen, vgl. Roth. 164/165. — Penda, siehe besonders Beda II 20, III 21, 24.

S. 310: Childeric, Gregor II 11, Fredegar III 11 u. f. — *aud*, Auduin heißt ein Sohn von Menia, die mit einem Bissa verheiratet gewesen sein soll, der kein anderer sein kann als jener Bisinus. Wir sind nicht berechtigt, seine Genealogie in moderne Termini zu übertragen. Auduins Platz in der Reihenfolge der Könige scheint in der Wirklichkeit auf Verbindungen zwischen seinen langobardischen Vorgängern und dem thüringischen Hause zu beruhen. Wacho soll mit einer Tochter von Pisen verheiratet gewesen sein, Lex Turing., Mon. Germ. Hist. Leg. IV 643, 644. — Theodoric, Jordanes 57 (295/296), der jedoch die Verwandtschaftsverhältnisse ein wenig durcheinanderwirft. — Ingomar usw., ich begründe diese Annahme auf die fragmentarischen Hinweise Gregors auf die Politik Chlodwigs und seine Verhaltungsmaßregeln den Gaukönigen gegenüber, z. B. Chararic, Gregor II 30 und Sigeberht, 27, 29.

S. 312: Æthelstan, Fagr. 20 u. f. — Cassiodorus VIII 9.

S. 313: Schoßkinder, *skötsetubarn*, Upl. Ærf. 18. — Adoption, Gul. 58, Frost. IX 1, III 13, VIII 1.

S. 314: Schwedisch, Östg. Ærf. 20. — Höskuld, Laxd. 32.

S. 315: Zum Schoße der Männer und Frauen, Frost. IX 1 vgl. Hertzbergs Glossar. Der Ausdruck ist recht dunkel und wird nicht klarer in IX 15. Vielleicht ist die letzte Formulierung von einem weiteren Gebiet übernommen und den Tatsachen dieses Paragraphen angepaßt worden, so daß sie sich in der Wirklichkeit auf ein Kind bezieht, das nicht vom Vater anerkannt worden ist und dessen Mutter kein Heil hat, d. i. ein uneheliches Kind ohne Rechte, II, 6. — *fulborn*, Roth. 154. — Ziehkinder, vgl. Cassiodorus' Ausdruck *procreamus*, Varia IV 2.

S. 316: Ziehvater, s. Glúma 48 u. f., 56 Z. 78; vgl. die starke Verpflichtung, die man auf Island empfindet dem Ziehvater seines Kindes gegenüber, Austf. 151/152 vgl. Njála 600 u. f., und das Motiv in Thord Hredas Saga, auch Regin. 13 u. f. — Artet seinem Ziehvater nach, Njála 177.

S. 317: Thorstein, Verwandter, Forns. 36. — Hakon, Heims. I 155/156, 165, 182.

S. 318: Vorwürfe macht, Heims. I 186/187, 191 u. f.

Tod und Unsterblichkeit

S. 319: Athleten, z. B. Fost. und Grettir K. 31, 40 (Schluß).

S. 320: Jökul, Forns. 7. — Thorolf, Svarfd. 17/18 vgl. 89; vgl. aus späteren Zeiten z. B. Nicolaissen: Fra Nordlands Fortid 9, N. h. T. 2 III 165.

S. 321: Egil, Skjald. 36 (18). — Furchtbare Wiedergänger, Grettir K. 32 u. f., Eyrb. K. 34, Forns. 131, Svarfd. 70, 75.

S. 322: Hermod, S E 59. — Eireksmal, Skjald I 164. — Helgi, Helg. Hund. II 40 u. f.

S. 324: Eyrb. K. 55. — freie Aussicht, Islend. 185, Svarfd. 89, Laxd. 47. — Thorkel, Landn. 35/36. — Kar der Alte, Grettir K. 18 vgl. Ragnar 169, auch Egil 87 u. f.

S. 325: Asmund, Landn. 24/25. — Tacitus 14.

S. 326: Odin, Bald. vgl. Vsp. 28. Draußen zu bleiben und Troll aufzuwecken, um heidnische Künste zu treiben, ist verboten, Gul. 32, Frost. V 45, und dieses Verbot bezieht sich ohne Zweifel auch auf Verkehr mit den Toten. — Geringere Höhe des Glücks, vgl. die Liebe der alten Nordländer zum Leben — *frekr er hverr til fjörsins,* Austf. 83 — mit ihrer Todesverachtung.

S. 327: Eyrb. K. 11.

S. 329: Tonga, das Beispiel stammt von Mariner: The Tonga Islands.

Der Neiding

S. 331: feige, Njála 659.

S. 332: Thurid, s. I 26, Flat. II 399 u. f. vgl. 160: „du bist wohl nicht in allem ein Heiling", d. h. du weißt nicht, daß diese Reise dein Tod wird. Vgl. z. B. Ljósv. 185. — Feige und friedlos, Vald. L. S. 61 vgl. Richt. 724, *fai* und friedlos. AS *fǽge* bedeutet teils „verurteilt, des Todes" und teils in christlichem Sinne des Wortes „elend", d. h. neidinghaft (z. B. Christ 1518 vgl. 1537, Guth. 532). Wahrscheinlich ist das Wort ursprünglich verwandt mit AS *fáh* = feindselig, ein starkes Wort, das in „ungeheuer". „friedlos" übergeht. Daher die Furcht vor dem Fluch des feigen Mannes, in den Worten des Sterbenden lag die Möglichkeit für alles Böse.

S. 333: Hjörleif, Landn. 6 u. f., 102.

S. 334: Flüche, Helg. Hund. II 32/33, Saxo I 48/49, Edd. Min. 127.

S. 335: Grettir K. 78.

S. 336: Nichts dagegen machen konnte, vgl. Islend. 90 mit 69, 81, 98 u. f. und Grettir K. 34. Wenn der Tod sich nähert, zeigt sich immer eine gefährliche Eigenschaft: alles im voraus sehen, aber nichts dagegen machen können. — Tapfer genug, Gisli 54, 71, Islend. 105, Gull. 30. — Plündern, Islend. 90. — Merkverse, B A Po. I 349. — Altnordisch, Ham. 29: streiten, nämlich über Schuld und Nichtschuld; die Worte sind die von Sörli und bilden die Antwort auf den vorhergehenden Vers. Vgl. die tragische Schilderung des Lebens, das die isländischen Geächteten führten, z. B. Grettir K. 55.

S. 337: Niederschriften von Urteilen, Cavallius II 357/358.

S. 338: Gunnar, Njála 352 vgl. 354/355, auch in der folgenden Anm. zu S. 339. Moderne Leser empfinden nicht, wie stark And. 29 ist, bis sie einsehen, daß Friedlosigkeit einfach identisch ist mit Tod.

S. 339: Zwischenzustand, Forns. 39. — Heillosigkeit, *gǽfuleysi,* z. B. Grettir K. 52, Austf. 136/137.

S. 340: Handlungen und Bewegungen, der Unterschied zwischen Heil und Zauberkraft lag im Charakter der Seele. Später, als die christliche Denkweise solche Eigenschaften als *fjölkyngi* und Hamramheit verurteilte, wurden diese vollkommen als Zauberei betrachtet, vgl. oben I 215, auch Flat. I 260. — Abzusengen, Laxd. 135, Heims. I 145. — Zerstörung der Zauberer, Eyrb. K. 20, Heims. I 377, Laxd. 132/133, Gisli 118.

S. 341: Die Bauern, Cavallius I 378 vgl. z. B. Nicol. 62/63. — Ismael, Gen. 2287. — Thorstein, Flat. I 260.

S. 342: Busla, Edd. Min. 127 V. 3. — Dinge geschehen, die nicht geschehen sollten, die Worte im Text besagen, daß alles, die Natur sowohl wie das moralische Leben, ausgerenkt ist und der gesetzmäßigen Ordnung widerspricht — es wird „ungeheuer".

Das Reich der heillosen Toten

S. 343: Bauern des Nordens, siehe z. B. Cavallius I 378/379. — Fafnir, Faf. 7. — Unnar, Sol. 9.

S. 344: Jarl Hakon, Fagr. 146. — Alfhild, Ól s. h. h. 34 vgl. Flat. II 236, mit einer interessanten Variante. — Heremod, Beow. 1709 vgl. 901.

S. 345: Grettir 85, 82, 72, 90 u. f. Bei dem Wortwechsel zwischen Grettir und Jökul muß man bedenken, daß auch dieser letzterer an seinem Heil eine wunde Stelle hatte, vgl. Landn. 61 Z. 30. Von Gisli Surson gilt dasselbe, er ist kein Unglücklicher im modernen Sinne. Der Traum, der Segen des Menschen, ist ihm ein Fluch geworden. Vgl. auch die Folgerichtigkeit, mit welcher Vöflu-Gunnar in Gullþoris Saga geschildert ist.

S. 346: Sigurd, siehe I 163. — Ursprung seines Unheils, z. B. Islend. 63/64, Vall. 159. – Angelsachsen, Beow. 2884, wo kein Zweifel besteht hinsichtlich einer Textkorrektur.

S. 348: Der Bewohner eines Hügels, Herv. 215/216 vgl. Flat. II 7/8 und Nachklang Gull. 10. Selbstverständlich sind die eigenen Toten und die Toten der Freunde nicht Troll, also Unholde, aber alle anderen Toten sind es; deshalb bedeutet Hügelbewohner ein Ungeheuer, vgl. N G L I 362 (25), II 308 usw., vgl. auch Fornald. III 378. — Drache, Beow. 2231 u. f., Flat. I 203 vgl. Gull. 13, 47, Fornald. III 558. — Unland, Njála 21. — Hengest, Beow. 1127/1128. — *landmunr,* Flat. II 321, 328 vgl. I 269/270. *munr,* in bezug auf diesen anderen Sprachgebrauch weise ich auf Gering hin, vgl. auch z. B. Skjald. I 30 u. f. (1, 19) und *mun stœrandi* über Idun, Skjald. I 16 (11). Wenn Helgi in Helg. Hund. II 46 sagt: *Þótt mist hafem munar ok landa,* ist es schwer zu entscheiden, wie bedeutungsvoll das Wort an dieser Stelle und zu dieser Zeit ist — ob wir bei der Übersetzung die Freude betonen und nebenbei an das Leben denken sollen, oder ob wir das Leben ausdrücken und die Freude als gegeben betrachten sollen.

S. 349: *feasceaft,* ohne Verwandtschaft, Gen. 2175 vgl. 2100, 2699 vgl. Beow. 2373, 7; einsam zwischen Fremden, Gen. 2836, 2821, And. 181; friedlos Beow. 2285, 2393; der Zustand, der für den Einsamen, Schicksalslosen charakteristisch ist, And. 1556, 367, Christ 175, B A Po. I 291 (27), auch Gen. 2269; als Bezeichnung für den Unhold, Beow. 973. — Selbstmord der Germanen, Dio Cassius, 55, 6.

S. 350: Die Sorgen des Königs, siehe z. B. N G L III 110.

S. 351: Hinausschwören, Jy. L. II 22, Skånel. 139 vgl. S. 311 (Schlyter), Upl. Kun. 9 vgl. Heims. III 346. Vgl. die angelsächsische Vorschrift, Lieb. 186 (1) und der Sprachgebrauch in den Gilden, z. B. Da. Gild. I 22 (5). — Wolfskopf, Lieb. 631 (6, 2), altnordisch *vargr*, Lex. Sal. 55, 2: *wargus*. Helg, Hund. II 33, I 36 muß auch buchstäblich verstanden werden. Derselbe Realismus steht hinter den Worten Bisk. I 47 Z. 9. — Gudrun, Edd. Min. 129/130, Atlam. 99; der Sinn ist ziemlich verworren Völs. 181.

S. 352: hineinsterben, Vaf. 43.

S. 353: *nábjargir*, Eyrb. K. 33, besonders Njála 516/517, Egil 211/212, Heid. 25/26. — Gudmund, Ljósv. 198/199. — „Umgehen", besonders im Falle eines heillosen Toten, wo keine Wiederaufrichtung zu haben war, an Krankheit gestorbene, Eyrb. K. 53, Eirik 24 u. f., Tod vor Knechteshand und vor Neidingen, Grettir K. 32 u. f. Von Bedeutung ist Beow. 1053, weil hier ein dritter die Buße zahlen muß. Die Möglichkeit bestand auch, daß unheilvolle Eigenschaften während dieser kritischen Zeitspanne zur Herrschaft gelangen konnten, Eyrb. K. 33 u. f., Laxd. 48, Forns. 131/132. — Auf seinen Platz gewiesen, Flat. I 62 vgl. Heims. I 219.

S. 354: Zerstörung, Laxd. 87 vgl. Eyrb. K. 34, 63.

Der Aufbau der Sippe

S. 356: Tacitus K. 20.

S. 358: Ich bin genötigt, das gesamte genealogische Material, das mir zur Verfügung stand, hier auf das Allernotwendigste zu beschränken; in den Anmerkungen kann ich nur einige Beispiele unterbringen. Dieser Stoff verdient eine umfassende Behandlung. — Jüngere Brüder und Schwestern, Geirmund, der Sohn von Björn Gullberi, ist offenbar benannt nach dem Vater seiner Schwägerin, ein Beispiel unter vielen.

S. 359: Das Vatsdœla-Geschlecht, ferner: Thorsteins Sohn Ingolf bekam ohne Zweifel seinen Namen von dem berühmten Ingolf, dessen Frau der Björn Buna Sippe angehörte; der Name Surt, das in der nächsten Generation aufkommt, findet sich unter den Nachkömmlingen von Ketil Flatnef und seinen Schwägern, und wird in das Laxdœla-Geschlecht gebracht von Kjartan, der durch Heirat mit der Vatsdœla-Familie verbunden war.

S. 360: Lodin, Heims. II 30 vgl. I 360. Flat. I 288/289 ist die Erfindung eines phantasiereichen Geschichtsschreibers, vgl. S. 299, wo das böse Gewissen des Verfassers deutlich zum Vorschein kommt. — Geira, Heims. I 294/295. — Hallfred, Forns. 103/104. — Eldjarn, Ljósv. 237, Reykd. 123, 126/127.

S. 361: seines Geschlechts, z. B. Er. L. I 2, Vald. L. I 20, Skånel. 2, 110 vgl. z. B. Roth. 360, 362, Lex Burg. VIII 1 oder Östg. Eþz. 23, Ærf. 8; Västg. I Mandr. 3; Smål. Krist. 13; Hels. Jor. 14 usw.; Roz. 479/480.

S. 362: Vormundschaft, wie in Lex. Sax. 42, 45. — Respekt fordern, Gul. 51, 71, 117, Frost. IX 22, XI 9, 10 vgl. IV 38, IX 20, XI 17/18, Skånel. 56/57, And. Sun. 23, Er. L. I 48, III 11, Iy. L. I 8, 30, Östg. Gipt. 18/19, Västg. I Ærf. 4, 8, 9, 15, Vestm. I Gipt. 3, Hels. Ærf. 7, Lieb. 106 (38) vgl. 48 (1, 2), Roz. 221/222, 225, 228, 243, 253, 400, 468,

Lex Burg. XIV 4, XXIV 2, Lex Fris. IX 11, Lex Sal. 35, 5, Roth. 182, Liut. 146 usw. usw. — plündert, Skånel. 56, Er. L. I 48. — Angelsachsen, Lieb. 442.

S. 363: Wergeld, siehe Anh. 15.

S. 367: ein interessanter Wink, siehe Anh. 15. — Ziehbrüder, Roth. 362, auf Island haben wir das klassische Beispiel Fost.; Gul. 239 vgl. auch *gegyldan*, Lieb. 66 (27). — In den christlichen Zeiten, Lieb. 122 (76).

S. 368: Frostathing, Frost. VI. Bisp. I 10: näher als *þriðja brœðra* und ferner als *nesta brœðra*. — die Angelsachsen, sehr interessant in diesem Zusammenhang ist *halsfang*, gleichviel welche Bedeutung man ihm beimessen will; es ist das Recht des Sohnes, des Bruders und des Vater-Bruders, Lieb. 392; vgl. Anh. 15. — Den Bruder in den Schatten stellen, Lex Sax. 19 nennt ausdrücklich den Töter mit Söhnen und sonst niemanden, vgl. Schwedisch Gut. 15 (siehe I 288/289). — ordneten sich nach Stamm, Tac. 7. — lokal zusammenhalten, Cæsar IV 1, VI 22 vgl. Tac. 26; *chunni* = *tribus* ist also kein Beweis dafür, daß die Verwandten durchaus sich gemeinsam bewegten und zusammenhielten.

S. 369: wie Sohn oder Bruder, z. B. Flat. I 166 vgl. Gul. 239. — Von zwei Brüdern gezeugt, Oddrun. 11. — Wergeld, siehe I K. XVI und Anh. 15. — Sagen, z. B. die Verwandtschaft zwischen Beowulf und Hygelac, in der Edda Helg. Hj. und Grip.; besonders interessant ist die Bemerkung betreffend Flosi und Lopt, Landn. 112 Z. 19. — Mutterbrüdern gleichen, Islend. 29 vgl. Bisk. I 134. — Tacitus 20. Das Wort *mágr* bedeutet im Skandinavischen und Gotischen Schwäger, während es in anderen Sprachen Verwandte im allgemeinen bezeichnet; ähnlich das Wort *sippe*, das im Deutschen Verwandte bedeutet, aber in den skandinavischen Sprachen nur Verschwägerte. Diese Tatsache besagt scheinbar, daß der Gebrauch einer gemeinsamen Grundlage entsprungen ist, wo die beiden Wortgruppen ursprünglich das Herzblatt des Geschlechts bezeichneten.

Genealogie

S. 371: Das Gula-Thing-Gesetz, siehe Anm. 15. — *sakaukar*, Gul. 236/237 vgl. Frost VI 5/6.

S. 372: Resignierter Appell, Gul. 105. Auf Island ist die Verbindung nur noch eine Form (schematisch geordnet), so daß Verwandte mütterlicherseits als eine symmetrische Parallele zu Verwandten väterlicherseits behandelt werden, Grágás I K. 113.

S. 373: Der Jarl auf Mœri, Flat. I 221, Landn. 96. — Jarl Atli auf Gaular, Landn. 114. — Geirmund, Landn. 38. — Arnmœdlinger, Fagr. 389. — Bardi, siehe Christ. Vid. Selsk. Forh. 1875 S. 100 u. f.

S. 376: Dies ist eine alte Verwandtschaft, vgl. *hitt vas fyrr*, Ynglingatal V. 5. — Ynglingatal, Skjald. 7 u. f. vgl. Islendingabóc 18.

S. 377: Snorris Kommentare, Heims. I 27 u. f.

S. 382: Haralds Geschlecht, siehe Anh. 7. — Drot, Saxo I 351 u. f., Heims. I 32, Flat. I 25.

S. 384: Haralds Geschlecht, Flat. I 25/26.

S. 385: Höfdathord, Landn. 68.

*

Ein ausführliches Sachverzeichnis befindet sich am Schluß des 2. Bandes.

Seitenvergleich

mit der deutschen Originalausgabe. Es ist jeweils angegeben, auf welcher Seite der neuen Ausgabe die betreffende Seite der Originalausgabe beginnt. (O = Originalausgabe, N = Neue Ausgabe)

O – N	O – N	O – N	O – N	O – N
11 – 17	49 – 64	87 – 113	125 – 160	163 – 208
12 – 18	50 – 65	88 – 114	126 – 161	164 – 209
13 – 19	51 – 66	89 – 115	127 – 163	165 – 210
14 – 20	52 – 68	90 – 116	128 – 164	166 – 213
15 – 21	53 – 69	91 – 117	129 – 165	167 – 214
16 – 23	54 – 70	92 – 118	130 – 166	168 – 215
17 – 24	55 – 71	93 – 120	131 – 167	169 – 216
18 – 25	56 – 74	94 – 121	132 – 169	170 – 218
19 – 26	57 – 75	95 – 122	133 – 170	171 – 219
20 – 28	58 – 76	96 – 124	134 – 171	172 – 220
21 – 29	59 – 77	97 – 125	135 – 173	173 – 221
22 – 30	60 – 79	98 – 126	136 – 174	174 – 223
23 – 32	61 – 80	99 – 127	137 – 175	175 – 224
24 – 33	62 – 81	100 – 129	138 – 176	176 – 225
25 – 34	63 – 82	101 – 130	139 – 178	177 – 226
26 – 35	64 – 84	102 – 131	140 – 179	178 – 228
27 – 36	65 – 85	103 – 132	141 – 180	179 – 229
28 – 37	66 – 86	104 – 133	142 – 181	180 – 230
29 – 39	67 – 87	105 – 135	143 – 183	181 – 231
30 – 40	68 – 89	106 – 136	144 – 184	182 – 233
31 – 41	69 – 90	107 – 137	145 – 185	183 – 234
32 – 43	70 – 91	108 – 138	146 – 186	184 – 236
33 – 44	71 – 92	109 – 139	147 – 188	185 – 237
34 – 45	72 – 94	110 – 141	148 – 189	186 – 238
35 – 46	73 – 95	111 – 142	149 – 190	187 – 239
36 – 48	74 – 96	112 – 143	150 – 191	188 – 241
37 – 49	75 – 97	113 – 144	151 – 193	189 – 242
38 – 50	76 – 99	114 – 146	152 – 194	190 – 243
39 – 51	77 – 100	115 – 147	153 – 195	191 – 244
40 – 53	78 – 101	116 – 148	154 – 196	192 – 246
41 – 54	79 – 103	117 – 150	155 – 198	193 – 247
42 – 55	80 – 104	118 – 151	156 – 199	194 – 248
43 – 56	81 – 105	119 – 152	157 – 200	195 – 249
44 – 58	82 – 106	120 – 153	158 – 201	196 – 251
45 – 59	83 – 108	121 – 155	159 – 203	197 – 252
46 – 60	84 – 109	122 – 156	160 – 204	198 – 253
47 – 61	85 – 110	123 – 157	161 – 205	199 – 254
48 – 63	86 – 111	124 – 158	162 – 207	200 – 256

O – N	O – N	O – N	O – N	O – N
201 – 257	227 – 290	253 – 322	279 – 354	305 – 387
202 – 258	228 – 291	254 – 324	280 – 355	306 – 388
203 – 251	229 – 293	255 – 325	281 – 356	307 – 390
204 – 260	230 – 294	256 – 326	282 – 357	308 – 391
205 – 262	231 – 295	257 – 327	283 – 358	309 – 393
206 – 263	232 – 296	258 – 329	284 – 360	310 – 394
207 – 264	233 – 297	259 – 330	285 – 361	311 – 395
208 – 266	234 – 299	260 – 331	286 – 362	312 – 397
209 – 267	235 – 300	261 – 332	287 – 363	313 – 398
210 – 268	236 – 301	262 – 333	288 – 365	314 – 399
211 – 269	237 – 303	263 – 334	289 – 366	315 – 400
212 – 271	238 – 304	264 – 335	290 – 367	316 – 401
213 – 272	239 – 305	265 – 337	291 – 369	317 – 402
214 – 273	240 – 306	266 – 338	292 – 371	318 – 404
215 – 274	241 – 308	267 – 339	293 – 372	319 – 405
216 – 276	242 – 309	268 – 341	294 – 373	320 – 407
217 – 277	243 – 310	269 – 342	295 – 374	321 – 408
218 – 279	244 – 311	270 – 343	296 – 375	322 – 409
219 – 280	245 – 313	271 – 344	297 – 377	323 – 411
220 – 281	246 – 314	272 – 345	298 – 378	324 – 412
221 – 282	247 – 315	273 – 346	299 – 380	325 – 414
222 – 284	248 – 316	274 – 348	300 – 381	326 – 415
223 – 285	249 – 318	275 – 349	301 – 382	327 – 416
224 – 286	250 – 319	276 – 350	302 – 383	328 – 418
225 – 287	251 – 320	277 – 351	303 – 385	329 – 419
226 – 289	252 – 321	278 – 353	304 – 386	330 – 420
				331 – 422